Windows Server 2016

Mehr aktuelle Bücher zum Thema **Programmierung** finden Sie unter: **http://bit.ly/ Flyer-Programmierung** oder Sie scannen einfach diesen Code.

Jörg Schieb

Windows Server 2016

Bibliografische Information der Deutschen Nationalbibliothek
Die Deutsche Nationalbibliothek verzeichnet diese Publikation in der Deutschen
Nationalbibliografie; detaillierte bibliografische Daten sind im Internet über
<http://dnb.d-nb.de> abrufbar.

Bei der Herstellung des Werkes haben wir uns zukunftsbewusst für umweltver-
trägliche und wiederverwertbare Materialien entschieden.
Der Inhalt ist auf elementar chlorfreiem Papier gedruckt.

ISBN 978-3-95845-477-4
1. Auflage 2017

www.mitp.de
E-Mail: mitp-verlag@sigloch.de
Telefon: +49 7953 / 7189 - 079
Telefax: +49 7953 / 7189 - 082

Lektorat: Sabine Janatschek
Sprachkorrektorat: Petra Kleinwegen
Coverbild: © cookiecutter / fotolia
Covergestaltung: Christian Kalkert, www.kalkert.de
Satz: III-Satz, Husby, www.drei-satz.de
Druck: Medienhaus Plump GmbH, Rheinbreitbach

Inhaltsverzeichnis

Teil I   Allgemeine System-Administration **19**

1   Windows Server 2016 – Neues, Lizenzierung und Download. **23**
1.1   Neuerungen in Windows Server 2016   23
    1.1.1   Container   23
    1.1.2   Nano Server   24
    1.1.3   Speicher effektiv klonen.   25
    1.1.4   Storage Spaces Direct.   25
    1.1.5   ReFS als Standard.   26
    1.1.6   Hyper-V-Upgrades im laufenden Betrieb.   26
    1.1.7   Hyper-V: Netzwerk-Adapter und Speicher im laufenden
        Betrieb hinzufügen   27
    1.1.8   Verbesserungen bei Netzwerken.   28
    1.1.9   Neues beim Speicher-QoS   28
    1.1.10 Neue Funktionen für die PowerShell   28
1.2   Lizenzen und Preise   29
    1.2.1   Vergleich der Editionen von Windows Server 2016.   30
    1.2.2   Das neue Lizenz-Modell.   30
    1.2.3   Folgen für den Server-Administrator   31
    1.2.4   Was können Sie als Administrator tun?   32
    1.2.5   Konkrete Schritte zur Klärung von Lizenzierungsfragen . . .   33
1.3   Windows Server 2016 beziehen   34

2   Windows Server 2016 installieren oder darauf upgraden **37**
2.1   Systemanforderungen.   37
    2.1.1   Prozessor.   37
    2.1.2   RAM   37
    2.1.3   Speicher-Controller und Festplattenplatz.   38
    2.1.4   Netzwerk-Adapter.   39
    2.1.5   Sonstige Anforderungen   39
2.2   Möglichkeiten zur Installation   39
2.3   Neu installieren   40
    2.3.1   Erstellen eines USB-Installer-Mediums   41
    2.3.2   Setup von Windows Server 2016 starten   46

	2.3.3	Welche Version ist die richtige?	48
	2.3.4	Festplatte einteilen	51
	2.3.5	Administrator-Konto einrichten	53
	2.3.6	Auf Updates prüfen	56
	2.3.7	Einteilung der Festplatte beenden	57
2.4		RAID-Spiegelung einrichten	59
	2.4.1	Was ist überhaupt ein RAID-System?	59
	2.4.2	Einrichtung von RAID 5 in Windows Server 2016	61
2.5		Automatisierte Installation über die PowerShell	62
2.6		Als Upgrade installieren	63
2.7		Cluster-Aktualisierung	65
2.8		Aktivierung bei Microsoft	65
2.9		Zusammenfassung	65
3		**Server-Manager zur Konfiguration nutzen**	67
3.1		Was ist der Server-Manager?	67
3.2		Wichtige Konfigurationsaufgaben	68
	3.2.1	Server-Namen ändern	69
	3.2.2	Zweiten Benutzer anlegen	69
	3.2.3	Automatische Updates aktivieren	71
	3.2.4	Zeitzone korrigieren	72
	3.2.5	Remote-Desktop einschalten	73
3.3		Rollen und Features hinzufügen und entfernen	74
	3.3.1	Rollen und Features hinzufügen	74
	3.3.2	Rollen und Features bei Bedarf wieder entfernen	77
	3.3.3	Fazit	79
3.4		Server-Manager bei der Anmeldung nicht automatisch öffnen	79
3.5		Zusammenfassung	80
4		**Grundlagen des Windows Server-Systems**	81
4.1		Task-Leiste	82
4.2		Start-Menü	83
	4.2.1	Server ausschalten oder neu starten	84
	4.2.2	Kacheln anheften	87
	4.2.3	Kacheln lösen	88
	4.2.4	Ordner ans Start-Menü anheften	88
4.3		Mehr Platz auf dem Bildschirm dank virtueller Desktops	89
	4.3.1	Hintergrund	89
	4.3.2	Neuen virtuellen Desktop anlegen	90

	4.3.3	Desktop entfernen	90
	4.3.4	Fenster auf anderen Desktop verschieben	91
4.4		Info-Center	92
4.5		Microsoft Edge	93
	4.5.1	Alles neu ...	93
	4.5.2	... aber nicht ganz	93
4.6		Im Windows-Explorer navigieren	93
4.7		Die Ordner-Struktur: Wo befinden sich welche Dateien?	96
4.8		Dienste verwalten	98
	4.8.1	Über den Task-Manager	98
	4.8.2	Mit der Dienste-Verwaltung	101
	4.8.3	Dienste manuell entfernen	106
	4.8.4	Mit der PowerShell und Eingabe-Aufforderung	107
4.9		Zusammenfassung	111

5		**Benutzer und Gruppen einrichten und verwalten**	113
5.1		Passphrasen – die sicheren Kennwörter	113
5.2		Benutzer verwalten	114
	5.2.1	Lokale Benutzer erstellen	114
	5.2.2	Domänen-Benutzer erstellen	120
	5.2.3	Eigenschaften für Konten setzen	124
	5.2.4	Benutzer löschen	132
5.3		Gruppen verwalten	134
	5.3.1	Lokale Gruppen	134
	5.3.2	Active-Directory-Gruppen	140
5.4		Häufige Aufgaben von Administratoren	147
	5.4.1	Vergessene Kennwörter	147
	5.4.2	Ausgesperrte Benutzer	148
5.5		Active-Directory-Verwaltungscenter	149
	5.5.1	An Aufgaben orientierte Oberfläche	150
	5.5.2	Nach Objekten suchen	152
	5.5.3	Navigation anpassen	153
	5.5.4	Benutzer erstellen	154
	5.5.5	Gruppen anlegen	155
	5.5.6	Der PowerShell-Verlauf	156
5.6		Active-Directory-Modul für Windows PowerShell	160
	5.6.1	Benutzer	160
	5.6.2	Gruppen	166
5.7		Zusammenfassung	170

6	**Freigegebene Ordner erstellen und verwalten**	173
6.1	Das steckt hinter der Rolle Datei-/Speicherdienste	173
6.2	Freigaben erstellen	175
6.2.1	Über den Server-Manager	175
6.2.2	Freigaben auf Remote-Computern erstellen	178
6.3	Benutzer-Limits einrichten	179
6.4	Freigaben in Active Directory veröffentlichen	180
6.5	Berechtigungen verwalten	181
6.5.1	NTFS-Berechtigungen	181
6.5.2	Freigabe-Berechtigungen	182
6.5.3	Ähnlichkeiten zwischen Freigabe- und NTFS-Berechtigungen	182
6.5.4	Freigabe- und NTFS-Berechtigungen verändern	183
6.5.5	Kombinieren von Freigabe- und NTFS-Berechtigungen	185
6.6	Mit Freigaben verbinden	187
6.7	Netz-Laufwerke nutzen	187
6.7.1	Mit dem Explorer einrichten	187
6.7.2	Per Eingabe-Aufforderung verwalten	189
6.7.3	Netz-Laufwerke wieder löschen	190
6.7.4	Mit der PowerShell verwalten	190
6.7.5	Zentrale Nutzung per Active Directory	191
6.8	DFS (Distributed File System) unter der Lupe	194
6.8.1	Rollen hinzufügen	194
6.8.2	Begriffsklärung	195
6.8.3	Separates oder domänenbasiertes DFS?	196
6.8.4	DFS-Wurzel erstellen	198
6.8.5	Verknüpfungen zu einer DFS-Wurzel hinzufügen	199
6.8.6	DFS-Replikationen konfigurieren	200
6.8.7	Das Konzept hinter der DFS-Replikation	201
6.8.8	DFS-Replikation verwalten	201
6.8.9	Anwendungsbeispiele	203
6.9	DAC (Dynamic Access Control): Daten-Freigaben 2.0	204
6.9.1	Datei-Freigaben besser sichern	204
6.9.2	Zugriff über Gruppen und AD-Eigenschaften von Benutzern regeln	206
6.9.3	Daten durch Geräte-Attribute sichern	207
6.9.4	Berechtigungen zentral über Vorlagen steuern	208
6.10	Mit effektiven Berechtigungen Fehler beim Zugriff beheben	209

7	**Einführung in die Shell**	211
7.1	Was ist die Shell?	211
7.2	PowerShell oder CMD?	212
	7.2.1 Unterschiede im Überblick	212
7.3	Die Bash in Windows	214
7.4	Die Shell aufrufen	214
7.5	Befehle eingeben	215
	7.5.1 Sonderzeichen und Maskierung	222
7.6	Shell anpassen	224
7.7	Shell-Variablen	226
	7.7.1 Umgebungs-Variablen in Windows	226
	7.7.2 Benutzer- und System-Variablen	227
	7.7.3 Umgebungs-Variablen in Windows Server 2016 abrufen	227
7.8	Einführung ins Shell-Scripting	228
	7.8.1 Die Umgebung	228
	7.8.2 Batch-Programmierung	229
	7.8.3 Batch-Dateien mit Parametern aufrufen	231
	7.8.4 PowerShell Skripte im Vergleich zu Batch-Dateien	231
	7.8.5 Wichtige PowerShell-Befehle	233
7.9	Skripte in der PowerShell	234
	7.9.1 Bedingte Verzweigungen	235
	7.9.2 Schleifen	237
7.10	Zusammenfassung	240
8	**Zustand des Servers prüfen**	243
8.1	Schnelle Übersicht im Task-Manager	243
8.2	Leistung genauer überwachen	248
	8.2.1 Ressourcenmonitor	250
8.3	Blick unter die Haube: die Sysinternals Tools	252
	8.3.1 Was sind die Sysinternals Tools?	253
	8.3.2 Ausführen der Tools über Sysinternals Live	254
	8.3.3 Die einzelnen Tools der Sysinternals	254
8.4	Server-Status in der PowerShell aufführen	255
	8.4.1 Herausfinden, ob Server online sind	256
	8.4.2 Informationen von einem Server abrufen	257
8.5	Laufwerke verwalten	260
	8.5.1 Übersicht über die Datenträger-Verwaltung	260
	8.5.2 Partition verkleinern	261

	8.5.3	Partition vergrößern	262
	8.5.4	Laufwerk formatieren	262
	8.5.5	Defragmentierung – das steckt dahinter	263
8.6	Speicherplätze		265
	8.6.1	Was sind Speicherplätze?	265
	8.6.2	Vorteile von Speicherplätzen	265
	8.6.3	Schutz der gespeicherten Daten	266
	8.6.4	Speicherplätze einrichten	266
	8.6.5	Storage Spaces Direct	268
8.7	Fehler bei Festplatten beheben		269
	8.7.1	Integrität der Festplatten prüfen	269
	8.7.2	Anzeige des freien und belegten Speichers	270
	8.7.3	Größe von Benutzer-Profilen ermitteln	271

9	**Sicherung, Active-Directory-Back-up und -Wartung**		**273**
9.1	Daten schützen durch Redundanz		273
9.2	Vorteile eines »echten« Back-ups		273
9.3	Online-Back-up (Cloud-Back-up)		274
9.4	Back-up auf lokale Datenträger		275
9.5	Back-up im Netzwerk		275
9.6	Windows-Server-Sicherung		275
	9.6.1	System-Abbild-Sicherung erstellen	275
	9.6.2	System-Abbild-Sicherung wiederherstellen	278
	9.6.3	Einzelne Dateien und Ordner aus einer Sicherung wiederherstellen	280
9.7	Backup in der Azure-Cloud		281
	9.7.1	Recovery Services-Tresor anlegen	282
	9.7.2	Back-up-Agent herunterladen und installieren	284
	9.7.3	Drosselung der Übertragung aktivieren (optional)	286

10	**Windows Server 2016 im Betrieb überwachen**		**289**
10.1	Server zu den vertrauenswürdigen Computern hinzufügen		290
10.2	Nutzung von Server-Gruppen		291
	10.2.1	Server-Gruppe erstellen	291
	10.2.2	Vorhandene Server-Gruppe bearbeiten	292
	10.2.3	Server-Gruppe löschen	292
	10.2.4	Remote-Server neu starten	293
	10.2.5	Einstellungen des Server-Managers exportieren	294

10.3   Entfernte Server verwalten per PowerShell   294
        10.3.1   Verfügbare Befehle des ServerManager-Moduls der
                  PowerShell abrufen   295
        10.3.2   Installierte Rollen und Features bestimmen   295
        10.3.3   Windows-Features installieren und entfernen.   296
        10.3.4   Remote-Installation nutzen   297
10.4   Best Practices Analyzer   297
        10.4.1   So funktioniert der Best Practices Analyzer   298
        10.4.2   Best Practice Analyzer über den Server-Manager
                  anzeigen   298
        10.4.3   BPA-Überprüfung starten   299
        10.4.4   BPA-Scans per PowerShell ausführen   301
        10.4.5   BPA-Module laden   301
        10.4.6   Überprüfung durchführen   302
        10.4.7   Ergebnisse abrufen.   302
        10.4.8   Ergebnisse als Datei speichern   304
        10.4.9   Alle verfügbaren Scans ausführen   304
10.5   System- und Programm-Ereignisse auswerten   305
        10.5.1   Ereignisanzeige starten   305
        10.5.2   Übersicht über die Ereignisanzeige   305
        10.5.3   Benutzerdefinierte Ansichten erstellen und nutzen   309
        10.5.4   Neue benutzerdefinierte Ansicht erstellen.   311
        10.5.5   Benutzerdefinierte Ansicht filtern   311
        10.5.6   Benutzerdefinierte Ansichten exportieren und
                  importieren.   312
        10.5.7   Das Prinzip hinter den Windows-Protokollen   313
        10.5.8   Anwendungs- und Dienst-Protokolle: Ein näherer Blick . . .   314
        10.5.9   Ereignis-Protokolle abonnieren.   314

11   Netzwerk-Grundlagen – TCP/IP, DHCP und DNS   321
11.1   Fachbegriffe verständlich erklärt   321
11.2   Protokolle in Netzwerken: TCP und UDP.   322
11.3   Das IP-Protokoll.   322
        11.3.1   Die Rolle der Subnetz-Maske   323
        11.3.2   Übersetzung von Netzwerk-Adressen (NAT)   324
11.4   Die Rolle der Ports.   325
11.5   ICMP und Pings   325
11.6   IP-Adresse des Servers konfigurieren   327
        11.6.1   Statische IP-Adresse konfigurieren.   327

11.7   Verwaltung von IP-Adressen über DHCP und IPAM 329
11.7.1   Voraussetzungen zur Einrichtung von IPAM 330
11.7.2   Obergrenzen für die IPAM-Verwaltung 331
11.7.3   IPAM-Server installieren 331
11.7.4   IPAM-Server konfigurieren 332
11.7.5   Nutzung von IPAM 337
11.7.6   IPv4- und IPv6-Adressblöcke und Adressbereiche
hinzufügen 337
11.8   DNS und Auflösung von Namen 340
11.8.1   Das Prinzip hinter der DNS-Server-Rolle 341
11.8.2   DNS-Server installieren 343
11.8.3   Integration mit anderen DNS-Servern 344
11.8.4   Zonen zur Verwaltung von Namensbereichen einsetzen . . . 345
11.8.5   Rückwärts-Suche – so funktioniert sie 350
11.8.6   Arten von DNS-Datensatz-Typen 351
11.8.7   DNS-Clients und Namens-Auflösung verwalten 353
11.8.8   Zusammenfassung 353

12   Remote-Desktop und entfernte Administration 355
12.1   Wie funktioniert Remote-Desktop? 355
12.2   Der technische Hintergrund 355
12.3   Der Aspekt der Sicherheit 356
12.4   Server für Remote-Desktop konfigurieren 356
12.5   Remote-Desktop-Verbindung herstellen 358
12.6   Remote-Desktop-Gateway 359
12.6.1   Wozu ist ein Gateway nötig? 360
12.6.2   Remote-Desktop-Verbindungsclient 360
12.6.3   Erforderliche Dienste und Features für
Remote-Desktop-Gateway 360
12.6.4   Remote-Desktop-Gateway aktivieren 361
12.7   Remote-Desktop unterwegs nutzen 364
12.7.1   Von einem Windows-Client 364
12.7.2   Von einem macOS-Client 365
12.7.3   Von einem Linux-Client 366
12.7.4   Von einem iOS-Client 366
12.7.5   Von einem Android-Client 368
12.8   Windows Remote Management Service 368
12.8.1   WinRM aktivieren 369
12.8.2   WinRS nutzen 369

Teil II Windows Server 2016 im Detail 371

13 Einrichtung des DHCP-Servers 373
13.1 Wie funktioniert DHCP? 374
13.2 Die Technik hinter dem Protokoll 374
13.3 DHCP-Server installieren 375
13.4 DHCP-Server verwalten 377
13.5 DHCP-Failover einrichten 381

14 Einführung in gemeinsam genutzten Speicher und Cluster 383
14.1 Storage Spaces Direct 384
    14.1.1 Was ist der Vorteil? 384
14.2 Grundlagen des gemeinsam genutzten Speichers 384
    14.2.1 Storage Area Network 385
    14.2.2 iSCSI 385
14.3 Ressourcen-Manager für Datei-Server 391
    14.3.1 Ressourcen-Manager für Datei-Server installieren 391
    14.3.2 Kontingente konfigurieren 392
    14.3.3 Kontingente anwenden 393
    14.3.4 Datei-Filter einrichten 394
14.4 Einführung in die Cluster-Technik 397
    14.4.1 Anforderungen zum Erstellen eines Clusters 399
    14.4.2 Funktionen eines Clusters....................... 399
    14.4.3 Einen Cluster einrichten 399
    14.4.4 Ersten Knoten zum Cluster hinzufügen............... 400
    14.4.5 Funktion des Clusters prüfen 403
    14.4.6 Weiteren Server zum Cluster hinzufügen 404
14.5 Rollende Upgrades für Cluster-Betriebssysteme........... 404
    14.5.1 Vorteile des rollenden Upgrades.................... 405
    14.5.2 Prinzip der rollenden Aktualisierung eines Clusters....... 406
    14.5.3 Ablauf der Aktualisierung eines Clusters im laufenden Betrieb.. 406
    14.5.4 Einschränkungen des rollenden Upgrades 408

15 Active Directory in Windows Server 2016 409
15.1 Einführung und Grundlagen von Active Directory.......... 410
15.2 Einrichten einer Gesamt-Struktur mit einzelner Domäne........ 413
    15.2.1 Ein Wort zum Datei-System 416
    15.2.2 Name der Domäne............................ 417

15.2.3 Active Directory und DNS 418

15.2.4 Ein Wort zur Funktions-Ebene 418

15.3 Zweiten Domänen-Controller hinzufügen 419

15.4 Globaler Katalog für den zweiten Domänen-Controller 420

15.5 Organisations-Einheiten, Benutzer und Gruppen anlegen 421

15.5.1 Organisations-Einheiten. 421

15.5.2 Benutzer und Gruppen in Active Directory erstellen. 423

15.6 Server zu einer Domäne hinzufügen 423

15.7 Domänen-Controller außer Betrieb nehmen. 425

15.8 Einführung in Azure Active Directory 425

15.8.1 Erste Schritte. 427

15.8.2 Synchronisierung von Azure Active Directory 428

15.9 Mit einem Arbeits-Konto verbinden. 429

16 **Webserver-Verwaltung mit IIS** 431

16.1 IIS-Server installieren 431

16.1.1 Einzelteile des IIS-Servers hinzufügen oder entfernen 432

16.2 Bindungen und virtuelle Hosts. 432

16.3 Konfiguration einer Site-Architektur 433

16.4 Planung der Website für Wir-Programmieren 434

16.5 Die Rolle des Standard-Dokuments 437

16.6 Weitere Websites bereitstellen 438

16.7 Die Sache mit dem WWW 440

16.8 Integration des FTP-Moduls 441

16.8.1 FTP-Rolle hinzufügen 442

16.8.2 FTP-Site einrichten. 442

16.9 PHP im IIS-Server einrichten. 443

16.10 Lesbare URLs im IIS-Server nutzen. 444

16.11 Fehler- und Status-Codes 450

16.11.1 Detaillierte Fehler anzeigen. 451

16.12 Verschlüsselung. 452

16.12.1 Zertifikat anfordern 452

16.12.2 Zertifikat installieren 454

16.12.3 SSL-Funktion für Website aktivieren 454

17 **Die Alternative: Apache** 457

17.1 Warum Apache auf Windows? 457

17.2 Apache installieren 457

17.3 Website mit Apache hosten. 460

17.4	Apache-Webserver konfigurieren	461
17.5	Mehrere Websites mit Apache anbieten	462
18	**Exchange**	**465**
18.1	Neuerungen in Exchange Server 2016	465
	18.1.1 Outlook im Web	465
	18.1.2 Leichtere Weitergabe von in der Cloud gespeicherten Dateien	466
	18.1.3 Schnellere Such-Funktion	466
	18.1.4 Mehr Sicherheit	467
	18.1.5 Automatische Archivierung	467
	18.1.6 Bessere kombinierte Bereitstellung innerhalb und außerhalb der Cloud	467
18.2	Von Exchange Server 2010 auf 2016 umsteigen	468
	18.2.1 Installierte Version überprüfen	468
	18.2.2 Voraussetzungen erfüllen	468
	18.2.3 Active-Directory-Schema für Exchange Server 2016 installieren	469
	18.2.4 Exchange Server 2016 installieren	470
	18.2.5 AutoDiscover-URL aktualisieren	470
	18.2.6 Ursachen möglicher Fehler herausfinden	470
Teil III	**Sicherheit genauer betrachtet**	**473**
19	**Wirksamer Schutz gegen Bedrohungen**	**475**
19.1	Control Flow Guard	475
19.2	Device Guard	476
	19.2.1 So arbeitet Device Guard	476
19.3	Die wichtige Rolle des TPM-Moduls	476
19.4	Festplatte mit BitLocker verschlüsseln	477
	19.4.1 BitLocker installieren	477
	19.4.2 BitLocker aktivieren	478
19.5	Credential Guard	478
	19.5.1 Anforderungen an die Hard- und Software	479
	19.5.2 Credential Guard einrichten	480
19.6	Windows Defender	481
19.7	Windows Defender ATP	481

Inhaltsverzeichnis

19.8   Strategien zur Sicherung des privilegierten Zugriffs   483
       19.8.1   Kurzfristig: Häufige Angriffe unterbinden.   485
       19.8.2   Mittelfristig: Aktivitäten von Administratoren im Auge
              behalten   486
       19.8.3   Langfristig: Proaktiv für Sicherheit sorgen.   487
19.9   Microsoft Passport   488
19.10   Active Directory Federation Services   489

20   Konfiguration der Firewall   491
20.1   Standard-Einstellungen festlegen.   491
20.2   Eingehenden Port öffnen   494
20.3   Firewall über die PowerShell konfigurieren   496
       20.3.1   Standard-Einstellungen anpassen   496
       20.3.2   Genaue Kontrolle über die einzelnen Profile   496
       20.3.3   Ausnahme-Regel für einen Server-Dienst erstellen.   497
       20.3.4   Gruppierte Regeln bearbeiten   499

21   Windows-Updates verwalten.   501
21.1   Nach Updates suchen   501
21.2   Die Rolle der Windows Server Update Services   502
       21.2.1   WSUS in Windows Server 2016 installieren   502
       21.2.2   WSUS konfigurieren   504
       21.2.3   WSUS-Server im Netzwerk bereitstellen   507

Teil IV Erweiterte Funktionen   511

22   Server-Virtualisierung mit Hyper-V   513
22.1   Server-Virtualisierung – was steckt dahinter?   513
       22.1.1   Der technische Hintergrund   514
       22.1.2   Einsatz-Beispiele für Virtualisierung   515
       22.1.3   Vorteile einer virtuellen Umgebung   516
       22.1.4   Nachteile der Virtualisierung.   516
22.2   Erste Schritte mit Hyper-V   517
       22.2.1   Hardware-Anforderungen   517
       22.2.2   Software-Anforderungen   518
22.3   Die Hyper-V-Architektur.   519
22.4   Installation und Konfiguration von Hyper-V.   520
22.5   Der Hyper-V-Manager   523

22.6   Virtuelle Datenträger verstehen   524

     22.6.1   Festplatten-Controller   526

     22.6.2   Virtuelle Festplatte anlegen   526

     22.6.3   Virtuelle Festplatten warten.   527

     22.6.4   Typ einer virtuellen Festplatte ändern   529

22.7   Virtuelle Switches   529

     22.7.1   Arten virtueller Switches   529

     22.7.2   Virtuelle Switches erstellen und konfigurieren   530

22.8   Virtuellen Computer erstellen   532

     22.8.1   Voraussetzungen   532

     22.8.2   Eintrag in Hyper-V anlegen   533

     22.8.3   Konsole öffnen   536

     22.8.4   Gast-System installieren   537

22.9   Virtuellen Computer mit der PowerShell anlegen   538

22.10   Zeit-Reise mit Prüfpunkten   539

23   **Minimalistisch, aber nützlich: Der Nano Server**   541

23.1   Wichtige Unterschiede beim Nano Server   541

23.2   Installation von Nano Server   542

     23.2.1   Nano Server in einer virtuellen Maschine   543

     23.2.2   Nano Server auf einem physischen Computer   545

23.3   Nano Server als Teil einer Domäne in Active Directory   546

23.4   Weitere Treiber hinzufügen   547

23.5   Installation häufig benötigter Funktionen im Nano Server   547

23.6   Nano Server nachträglich zu einem Domänen-Controller

     hinzufügen.   548

23.7   Nachträglich weitere Rollen und Features installieren.   550

24   **Isolierte Anwendungen mit Containern**   553

24.1   Was ist ein Container?   553

24.2   Container am Desktop-PC nutzen   554

24.3   Interne Struktur von Containern   555

24.4   Vorteile von Containern   556

     24.4.1   Einfachere Entwicklung.   556

     24.4.2   Besser skalierbar.   557

     24.4.3   Schnellere Bereitstellung.   557

24.5   Windows-Server-Container im Vergleich mit

     Hyper-V-Containern   557

24.6   Verwaltung von Containern   559

24.7   Voraussetzungen zum Betrieb von Windows-Server- und
        Hyper-V-Containern   559
24.8   Windows Server-Container bereitstellen   559
24.9   Basis-Abbilder bereitstellen.   561

25   **Active Directory Federation Services**   563
25.1   Moderne Technik zur Anmeldung – warum nötig?   563
        25.1.1   Einfach und konsistent.   563
        25.1.2   Flexibler   563
25.2   Prinzip von AD FS   564
25.3   Erforderliche Komponenten   564

26   **Kompatible Server-Anwendungen von Microsoft**   565

        Stichwortverzeichnis   567

Teil I

Allgemeine System-Administration

In diesem Teil:

■ **Kapitel 1**
Windows Server 2016 – Neues, Lizenzierung
und Download 23

■ **Kapitel 2**
Windows Server 2016 installieren oder darauf
upgraden. 37

■ **Kapitel 3**
Server-Manager zur Konfiguration nutzen 67

■ **Kapitel 4**
Grundlagen des Windows Server-Systems. 81

■ **Kapitel 5**
Benutzer und Gruppen einrichten und verwalten. . . 113

■ **Kapitel 6**
Freigegebene Ordner erstellen und verwalten 173

■ **Kapitel 7**
Einführung in die Shell 211

■ **Kapitel 8**
Zustand des Servers prüfen. 243

■ **Kapitel 9**
Sicherung, Active-Directory-Back-up und -Wartung 273

■ **Kapitel 10**
Windows Server 2016 im Betrieb überwachen 289

■ **Kapitel 11**
Netzwerk-Grundlagen – TCP/IP, DHCP und DNS. . 321

■ **Kapitel 12**
Remote-Desktop und entfernte Administration 355

Für die ersten Schritte mit Windows Server 2016 sind schon jede Menge Hintergrund-Infos nötig. In diesem Teil wird im Detail beleuchtet, welche Kosten auf den Nutzer eines Windows-Servers für das System zukommen. Wonach richten sich die Lizenz-Gebühren? Welche Besonderheiten gilt es dabei zu beachten? Und was kostet Windows Server 2016 nun tatsächlich?

Windows Server 2016 lässt sich auf mehreren Wegen beziehen. Die meisten werden den direkten Download von Microsoft bevorzugen. Zur Lizenzierung gibt es hier auch mehrere Alternativen.

Um Windows Server 2016 nutzen zu können, will das System natürlich erst einmal auf dem Server eingerichtet werden. Zwei Szenarien spielen hier eine große Rolle, fast wie beim klassischen Desktop-PC: Entweder man setzt das System ganz neu auf. Das hat den Vorteil, dass die Konfiguration frisch eingerichtet wird und keine Altlasten übernommen werden.

Andererseits ist ein neu installierter Server oft auch gleichbedeutend mit Wartung, Ausfall und dadurch auch mit mehr Kosten. Deshalb entscheiden sich einige Administratoren lieber für eine Aktualisierung ihres vorhandenen Servers, etwa von Windows Server 2012 oder 2012 R2. Wer bisher auf eine Alternative in Form eines Linux-Servers schwor, kommt um eine Neu-Installation allerdings nicht herum. Windows Server 2016 lässt sich übrigens auch in einem virtuellen Container einrichten anstatt als Root-Server.

Der zentrale Bereich zur Verwaltung der Funktionen von Windows Server 2016 ist der Server-Manager. Darin lassen sich die unterschiedlichen Komponenten Ihres Windows-Servers bequem hinzufügen, bearbeiten und entfernen. So wird aus dem Server mit nur wenigen Klicks beispielsweise ein Webserver, indem die entsprechende Rolle hinzugefügt wird.

Administratoren, die bereits am Desktop-PC mit Windows gearbeitet haben, finden sich auch auf Windows Server 2016 sofort zurecht. Desktop, START-Menü, Windows-Explorer – all dies sieht ähnlich aus wie am Desktop-PC. Für Benutzer, die aus der Linux- oder macOS-Welt stammen, ist der kurze Überblick über den Windows Server 2016-Desktop allerdings sicher interessant und vor allen Dingen nützlich.

Auf jedem Server nehmen die Dienste eine besondere Stellung ein. Denn für fast jede Rolle des Servers gibt es einen dafür zuständigen Dienst. In Windows Server 2016 lassen sich die Dienste auf verschiedene Art und Weise verwalten, starten und stoppen – neben dem Task-Manager gelingt dies auch über die Dienste-Verwaltung, per PowerShell oder die Eingabe-Aufforderung.

Die Verwaltung von Benutzern und Gruppen gehört mit zu den Kernaufgaben von Administratoren. Zum Beispiel gibt es immer wieder Benutzer, die sich ausgesperrt haben, etwa, weil sie sich nicht mehr an ihr Kennwort erinnern können.

Zudem wichtig und gut zu wissen: die Konfiguration des Netzwerks. Denn Sinn eines Servers ist ja unter anderem, mehrere Computer zentral zu vernetzen und den Zugriff untereinander im Netzwerk zu steuern. Da gibt es einiges zu beachten – wir erklären, worauf es ankommt.

Ist der Windows-Server dann im Netzwerk oder gar im Internet erreichbar, muss man zu seiner Administration auch nicht mehr direkt vor dem Server sitzen – in vielen Rechenzentren ist dies auch gar nicht möglich. Für solche Fälle bietet Windows Server 2016 auch die entfernte Verwaltung über Remote-Desktop an. So kann der Administrator von überall und mit beliebigen Geräten auf den Windows-Server zugreifen.

Kapitel 1

Windows Server 2016 – Neues, Lizenzierung und Download

Mit Windows Server 2016 bietet Microsoft seit Ende September 2016 die Vorteile der neuesten Generation für Server-Systeme an – mit flexibler Lizenzierung und vielerlei Einsatz-Möglichkeiten, wie wir im Verlauf dieses Buches sehen werden.

In diesem Kapitel untersuchen wir zunächst, welche neuen Funktionen Windows Server 2016 bietet und wieso diese nützlich sind. Anschließend klären wir die Frage, woher Sie Ihre Lizenz für das System bekommen – denn ganz kostenlos wie bei den Linux-Systemen ist Windows Server natürlich nicht. Schließlich finden Sie heraus, wie Sie an die Setup-Dateien für das System gelangen.

1.1 Neuerungen in Windows Server 2016

Wer momentan Windows Server 2012 oder 2012 R2 einsetzt und sich fragt, ob ein Upgrade auf Windows Server 2016 sinnvoll ist, interessiert sich bestimmt für die neuen Funktionen. Hier die interessantesten in der Übersicht:

1.1.1 Container

Zur Isolierung einzelner Komponenten von den anderen auf dem Server genutzten Komponenten eignen sich die neuen Container besonders gut. Zwei Konzepte werden von Windows Server 2016 unterstützt: Einerseits Windows Server-Container und andererseits Hyper-V-Container.

- Windows Server-Container funktionieren ähnlich wie bei Docker in Form von Anwendungen, die auf dem System aufsetzen.

- Hyper-V-Container hingegen laufen als vollständig separate virtuelle Maschinen, nutzen ihre eigene Kopie des Windows-Kernels, belegen aber nicht so viele Ressourcen wie herkömmliche virtuelle Maschinen. Mit Hyper-V-Container wird sogar eine verschachtelte Virtualisierung möglich, bei der virtuelle Gäste innerhalb von übergeordneten virtuellen Servern laufen. Zur Verwaltung gibt's neue Cmdlets für die PowerShell.

Container-Abbilder werden jeweils für ein bestimmtes System erstellt. Das bedeutet: Sie brauchen eine virtuelle Linux-Maschine, um auf Windows ein Linux-Container-

Abbild zu starten. Windows Server-Container sind in Windows Server 2016 integriert und direkt mit dem Docker-System kompatibel.

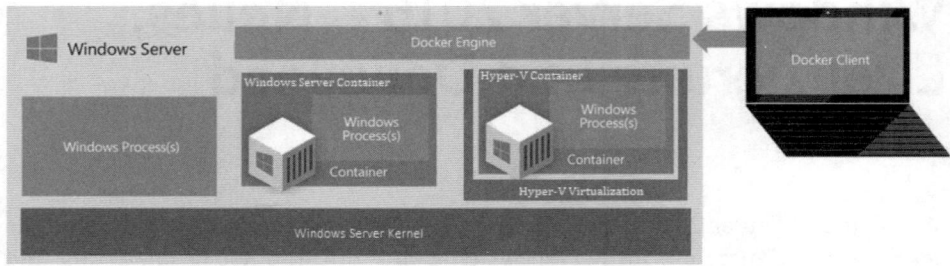

Abb. 1.1: Windows Server 2016 unterstützt zwei Arten von Containern.

Hinweis

Mehr über Container finden Sie in Kapitel 25 dieses Buchs.

1.1.2   Nano Server

Während der Arbeit an Windows Server 2016 hat Microsoft den vorhandenen Code umgeschrieben und vereinfacht. Das Ergebnis ist der *Nano Server* – die kleinste funktionierende Version von Windows Server, radikal ausgedünnt auf das Notwendigste.

Beim Nano Server gibt es daher nicht einmal eine Oberfläche, mal abgesehen von der Notfall-Konsole. Stattdessen wird der Nano Server remote über PowerShell-Befehle oder andere Tools administriert. Auf diese Weise lassen sich auch weitere Rollen zum Nano Server hinzufügen.

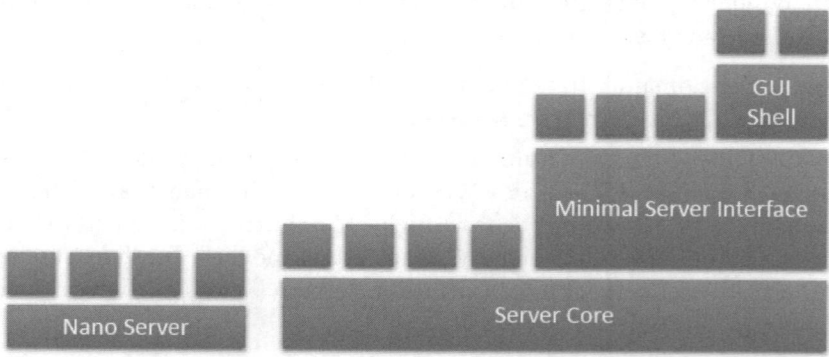

Abb. 1.2: Der Nano Server kommt ohne die meisten Windows-Komponenten aus und ist dadurch sehr schlank.

Wenn wir einen genaueren Blick auf die Ressourcen werfen, stellen wir fest: Eine Instanz des Nano Servers belegt nur 512 Megabyte Speicher auf der Festplatte und weniger als 256 Megabyte RAM, je nach Konfiguration. So eignet sich der Nano Server besonders als Host für virtuelle Maschinen, die dadurch mehr RAM für sich nutzen können.

Treten Probleme mit dem Netzwerk auf, nutzen Sie am besten die Notfall-Konsole, die immer direkt am Server aufgerufen werden kann.

Hinweis

Alle Details über den Nano Server stehen in Kapitel 24.

1.1.3 Speicher effektiv klonen

Bei Hyper-V unterstützt Microsoft die Replizierung schon länger. In bisherigen Windows-Server-Versionen war diese jedoch auf asynchrones Spiegeln virtueller Festplatten beschränkt. Ab Windows Server 2016 können Sie jetzt auch ganze Laufwerke auf Block-Ebene 1-zu-1 spiegeln. Zudem haben Sie die Wahl zwischen synchroner und asynchroner Replizierung.

Diese Funktion nennt sich *Speicher-Replikat* und kommt vor allem im Notfall zum Einsatz, wenn eine Live-Sicherung für den Fall eines größeren Problems ständig verfügbar sein muss. Übrigens funktioniert diese Spiegelung sowohl für einzelne Server als auch bei kompletten Clustern.

1.1.4 Storage Spaces Direct

Sowohl Windows 8 als auch Windows Server 2012 enthielten die Funktion *Storage Spaces*, die ähnlich wie RAID arbeitet, aber Software-basiert ist. In Windows Server 2012 R2 konnten Administratoren dann einen hochgradig verfügbaren Speicher-Cluster aufbauen, basierend auf der Storage-Spaces-Technologie. Einzige Voraussetzung: Sämtlicher Speicher muss über ein externes JBOD-Array für teilnehmende Nodes verfügbar sein und im JBOD-Array sollten SAS-Festplatten genutzt werden.

In Windows Server 2016 können Storage Spaces jetzt auch viel einfacher genutzt werden, und zwar mit den direkt an die beteiligten Nodes angeschlossenen Laufwerken. Die Synchronisierung erfolgt dabei über das Netzwerk und das SMB3-Protokoll. Diese Funktion läuft übrigens auch mit neuer Hardware, etwa NVMe-SSD-Laufwerken, unterstützt dabei aber gleichzeitig ältere SATA-Festplatten.

> **Wichtig**
>
> Zur Einrichtung eines Clusters mit Storage Spaces Direct müssen mindestens vier Nodes verfügbar sein.

1.1.5   ReFS als Standard

Das Resilient File System (ReFS) ist eine weitere Funktion, die ihr Debüt mit Windows 8 und Windows Server 2012 feierte. Dieses Dateisystem ist von Grund auf dafür ausgelegt, weniger anfällig für beschädigte Dateien zu sein als der Vorgänger, das gute alte NTFS.

Jetzt wurde ReFS befördert: In Windows Server 2016 hat Microsoft ReFS zum bevorzugten Datei-System für Hyper-V-Workloads gemacht.

Dies wirkt sich direkt auf die Leistung in Hyper-V aus. Erstellen Sie zum Beispiel eine virtuelle Maschine mit einer Festplatten-Datei von fester Größe, wird diese fast ohne Verzögerung direkt nach der Bestätigung erstellt. Dasselbe gilt für Checkpoint-Dateien und beim Zusammenführen von virtuellen Festplatten.

> **Wichtig**
>
> ReFS weist den Speicher für solche Vorgänge »lazy« zu – das heißt, ohne ihn vorher zu nullen. Daher könnten sich in den zugewiesenen Bereichen noch Reste von zuvor darin gespeicherten Dateien befinden.

1.1.6   Hyper-V-Upgrades im laufenden Betrieb

Soll ein Server oder ein Computer auf ein neues System aktualisiert werden, stellt dies den Administrator vor vielfältige Herausforderungen. In vorherigen Versionen von Windows Server war es nicht möglich, einen Cluster zu aktualisieren, ohne ihn vorher auszuschalten. Dies kann für Produktiv-Systeme ein großes Problem darstellen, da sie darauf ausgelegt sind, ständig verfügbar zu bleiben.

Oft wurde dieses Problem dadurch angegangen, dass ein neues Cluster mit dem aktualisierten System aufgesetzt wurde, um dann die Workloads von dem alten Cluster im Live-Verfahren zu übertragen. Natürlich wurde dazu jeweils komplett neue Hardware benötigt.

In Windows Server 2016 werden jetzt Cluster-Upgrades von Windows Server 2012 R2 im laufenden Betrieb unterstützt. Das bedeutet, dass diese Upgrades ausgeführt werden, ohne dass der Cluster ausgeschaltet oder eine Migration auf neue Hardware durchgeführt werden muss. Durch rollende Cluster-Upgrades sollte es einfacher für Sie werden, Server-Umgebungen, die live verfügbar sind, im laufenden Betrieb auf eine neue System-Version zu aktualisieren.

1.1.7 Hyper-V: Netzwerk-Adapter und Speicher im laufenden Betrieb hinzufügen

In früheren Versionen von Hyper-V konnten Administratoren keine Netzwerk-Schnittstellen oder mehr RAM zu einer laufenden virtuellen Maschine hinzufügen. Ausfallzeit ist immer schlecht, doch manchmal müssen Änderungen auch sein. Deswegen ermöglicht Microsoft jetzt kritische Änderungen an der Konfiguration virtueller Maschinen, ohne dass diese dazu heruntergefahren werden müssen. Die wichtigsten Änderungen beziehen sich dabei auf Netzwerke und Speicher.

Wie in der folgenden Abbildung zu erkennen ist, sind die Einstellungen für den Netzwerk-Adapter im Dialog HARDWARE HINZUFÜGEN bei einer laufenden virtuellen Maschine nicht mehr deaktiviert. Somit können Sie als Administrator zum Beispiel Netzwerk-Adapter hinzufügen, während die VM läuft. Auf ähnliche Weise kann auch der Rahmen für VMs mit fest eingestellten Speicher dynamisch erweitert werden.

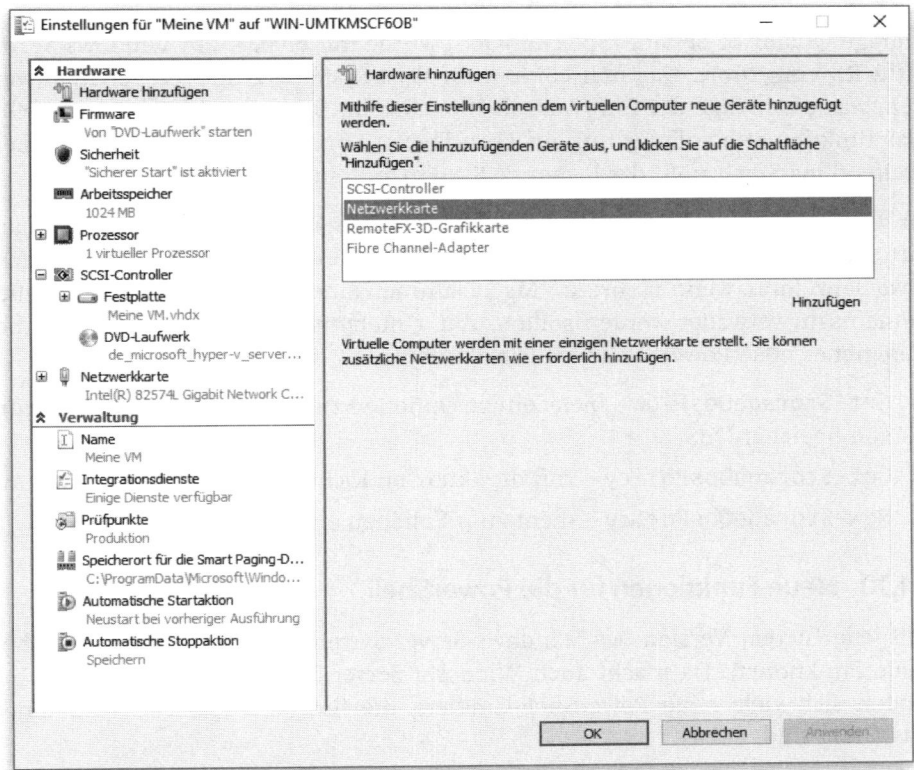

Abb. 1.3: Netzwerk-Adapter lassen sich nun im laufenden Betrieb zu virtuellen Computern hinzufügen.

1.1.8 Verbesserungen bei Netzwerken

Dank neuer Funktionen in Windows Server 2016 können Unternehmen und Hosting-Anbieter Traffic von mehreren Kunden zusammenführen und so die Anzahl der Netzwerk-Schnittstellen reduzieren. Das führt unter anderem auch zu gesenkten Kosten für die Hardware. Eine weitere neue Funktion nennt sich *Packet Direct*; diese ermöglicht es dem System, die Effizienz zwischen Workloads zu verbessern, wodurch sowohl kleine Pakete als auch Übertragungen großer Dateien ihr Recht bekommen.

Des Weiteren enthält Windows Server 2016 eine neue Server-Rolle, die sich *Netzwerk-Controller* nennt. Hier findet der Administrator eine zentrale Anlaufstelle zur Überwachung und Verwaltung der Netzwerk-Infrastruktur und der zugehörigen Dienste. Zudem ermöglichen die erweiterten Funktionen für Software-definierte Netzwerke einen L4-Load-Balancer sowie verbesserte Gateways zur Vernetzung mit Azure und mit anderen entfernten Standorten.

1.1.9 Neues beim Speicher-QoS

Storage Quality of Service (Speicher-QoS) wurde mit Hyper-V in Windows Server 2012 RS eingeführt. Dadurch können für Gast-Systeme Limits eingerichtet werden, was die Menge der Ein-/Ausgabe für einzelne virtuellen Maschinen angeht. Das funktionierte anfangs nur auf Host-Ebene. Kommt aber die QoS Host-übergreifend ins Spiel, stößt das bisherige System an seine Grenzen.

In Windows Server 2016 können Sie Speicher-QoS-Richtlinien jetzt für Gruppen virtueller Maschinen festlegen – und auf Cluster-Ebene durchsetzen. Das macht etwa dann Sinn, wenn mehrere VMs zusammen einen Dienst ergeben und daher gemeinsam verwaltet werden sollten. Zur Unterstützung dieser neuen Funktionen gibt es neue PowerShell-Cmdlets, darunter ...

- `Get-StorageQosFlow` – bietet einige Optionen zur Überwachung der Leistung von Speicher-QoS,
- `Get-StorageQosPolicy` – ruft die aktuellen Richtlinien-Einstellungen ab und
- `New-StorageQosPolicy` – dient zum Erstellen einer neuen Richtlinie.

1.1.10 Neue Funktionen für die PowerShell

Mit jeder neuen Version des Windows-Server-Systems hält auch die PowerShell neue Funktionen. Da macht auch Windows Server 2016 keine Ausnahme. Hier finden sich viele neue PowerShell-Cmdlets, die für ganz spezielle Funktionen zuständig sind.

Tipp

Das PowerShell-Cmdlet Get-Command liefert eine Liste von Befehlen, die sich zur weiteren Verarbeitung in eine Datei senden lässt. Im Kapitel über die Power-Shell finden Sie weitere Informationen unter anderem auch über diesen Befehl.

Neu hinzugekommen sind unter anderem PowerShell-Befehle für DNS-Einstellungen, für Windows Defender, für Hyper-V, für die Administration des IIS-Servers sowie Befehle für den Netzwerk-Controller, um nur einige zu nennen. Zudem lässt sich auch die Erstkonfiguration nicht nur von Windows-, sondern auch von Linux-Servern über die sogenannte *Desired State Configuration* (DSC) vornehmen. Dies kann zum Beispiel über den Paketmanager *OneGet* erfolgen.

Mehr und mehr Workloads beziehen sich auf virtualisierte Instanzen in der Cloud. Deswegen wird es immer wichtiger, dass jede Instanz so wenig Speicher und Ressourcen wie möglich belegt. Zudem nimmt auch die Automatisierung einen immer höheren Stellenwert ein. Deswegen macht es auch Sinn, in der Software, also im System, mehr erweiterte Funktionen für Netzwerk und Speicher anzubieten. Mit Windows Server 2016 hat Microsoft deswegen genau an diesen Punkten besonders kräftig gearbeitet.

1.2 Lizenzen und Preise

Zur Nutzung von Windows Server 2016 müssen Sie über eine gültige Lizenz verfügen. Sie haben mehrere Möglichkeiten, das System zu lizenzieren:

- Erstens können Sie einen Volumen-Lizenzvertrag mit Microsoft abschließen. Dadurch sparen Sie langfristig gesehen Geld für die Nutzung und Lizenzierung von Windows Server 2016 auf einer Vielzahl von Systemen, zum Beispiel in einer Webhosting-Firma. Zusätzlich können Sie die Installationsdateien dann über ein besonderes Portal herunterladen.
- Das Gleiche gilt auch für All-Inclusive-Pakete, zum Beispiel MSDN-Abonnements, denn diese enthalten kostenlose Lizenzen für Windows Server 2016.
- Zu guter Letzt können auch Unternehmen, die registrierte Microsoft-Partner sind und über die passenden Kompetenzen im Microsoft Partner Network verfügen, ihre eigenen Windows-Server-Lizenzen nutzen.
- Einzelplatz-Lizenzen stehen Ihnen natürlich ebenfalls zur Verfügung – lohnen sich aber nur bei einer geringen Anzahl Server.

Bevor wir uns näher ansehen, welche Optionen Sie zur Lizenzierung von Windows Server 2016 haben und was diese kosten, werfen wir einen näheren Blick auf die unterschiedlichen Editionen von Windows Server.

1.2.1 Vergleich der Editionen von Windows Server 2016

Zur Auswahl stehen drei Ausgaben von Windows Server, basierend auf der Größe Ihres Unternehmens und auf Ihren Anforderungen in Bezug auf Virtualisierung und Cloud-Computing. Diese drei Versionen von Windows Server 2016 unterscheiden sich wie folgt:

- Mit *Windows Server 2016 Datacenter* mit unbegrenzten Virtualisierung-Rechten profitieren Sie von den Vorteilen einer Skalierung auf Cloud-Ebene mit vorhersehbaren, niedrigeren Kosten.

- *Windows Server 2016 Standard* bietet dieselben Enterprise-Funktionen, allerdings ohne unbegrenzte Virtualisierungs-Rechte.

- Mit *Windows Server 2016 Essentials* fahren Sie richtig, wenn Sie einen ersten, mit der Cloud vernetzten Server einrichten möchten.

	Datacenter Edition	Standard Edition
Wichtigste Funktionen von Windows Server	•	•
OSEs/Hyper-V-Container	Unbegrenzt	2
Windows Server-Container	Unbegrenzt	Unbegrenzt
Nano Server	•	•
Neue Speicher-Funktionen, darunter Storage Spaces Direct und Speicher-Replikat	•	
Neue abgeschirmte virtuelle Computer	•	
Neuer Netzwerk-Stapel	•	
Lizenz-Modell	Core + CAL	Core + CAL
Preis	6.155 US-Dollar	882 US-Dollar

Tabelle 1.1: Die wichtigsten beiden Editionen von Windows Server 2016 im Vergleich

1.2.2 Das neue Lizenz-Modell

Technisch gab es bisher keinen Unterschied zwischen Windows Server 2012 Standard und Datacenter. Sie unterschieden sich nur in ihrer Unterstützung für virtualisierte Systeme – in der Standard-Ausgabe gab es Unterstützung für zwei Betriebssystem-Umgebungen (OSEs), während die Datacenter-Edition unbegrenzt viele OSEs unterstützte.

Server-Lizenzen gab es von Microsoft basierend auf der Anzahl der Prozessoren in einem Server. Mit Windows Server 2016 hat sich dies geändert: Ab sofort erfolgt die Lizenzierung pro Prozessor-Kern.

Sehen wir uns näher an, was das bedeutet: In früheren Ausgaben von Windows Server war die Anzahl der Kerne, mit denen ein Prozessor ausgestattet war, völlig unwichtig zur Berechnung der Lizenz-Anforderungen. Jetzt handelt es sich aber um den zentralen Aspekt der Lizenzierung – alles richtet sich nach der Anzahl der genutzten Kerne.

In einem Windows-Server verfügt jeder Prozessor über mindestens acht Kerne. Daher benötigt jeder Server mindestens acht Lizenzen, denn pro Prozessor müssen mindestens acht Kerne lizenziert werden.

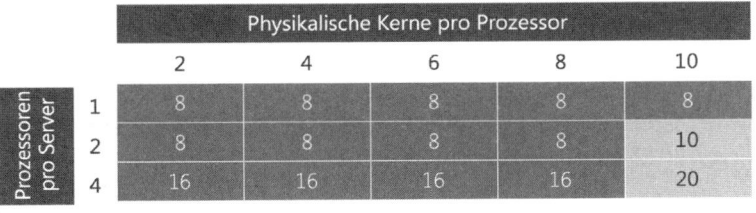

Physikalische Kerne pro Prozessor					
	2	4	6	8	10
1	8	8	8	8	8
2	8	8	8	8	10
4	16	16	16	16	20

■ Lizenz-Kosten
▨ Zusätzliche Lizenzierung erforderlich
Für Standard Edition kann zusätzliche Lizenzierung erforderlich sein.

Abb. 1.4: Anzahl der benötigten 2-Kern-Lizenzpakete (mindestens 8 Kerne pro Prozessor, 16 Kerne pro Server)

1.2.3 Folgen für den Server-Administrator

Durch das neue Lizenz-Modell entstehen keine Änderungen bei der Preisgestaltung für normale Server (mit bis zu zwei Prozessoren und jeweils acht Kernen). Doch Kunden, die Server mit mehr Leistung betreiben möchten, müssen draufzahlen. Die Lizenzierung für Zugriffsrechte (CALs) für den Windows Server bleibt aber gleich.

Sehen wir uns doch konkret an einigen Beispielen an, wie die neuen Lizenz-Kosten für Windows Server jetzt berechnet werden:

Angenommen, eine Lizenz für Windows Server 2012 R2 kostet dasselbe wie acht Kerne für Windows Server 2016. Eine schnelle Analyse der Kosten zeigt, dass Kunden mit Hardware, die 16 oder weniger Kerne hat, keine höheren Lizenz-Kosten zu erwarten haben. Andererseits ist bei Servern mit mehr physikalischen Prozessoren und mehr Kernen pro Prozessor ein Anstieg der Lizenz-Kosten zu erwarten.

Beispiel

Beim bisherigen Lizenz-Modell war für einen Server mit zwei physikalischen Prozessoren und zwölf Kernen pro Prozessor (also insgesamt 24 Kernen) eine einzige Windows-Server-2012-R2-Lizenz erforderlich.

Um denselben Server für Windows Server 2016 zu lizenzieren, benötigen wir eine Lizenzierung für 16 Kerne. Allerdings erfordert diese Konfiguration, dass 24 Kerne mit zwölf Lizenz-Paketen lizenziert werden, die über jeweils zwei Kerne verfügen. Daher ist bei diesem Server ein Anstieg von 50 % bei den Lizenz-Kosten für Windows Server zu erwarten.

1.2.4 Was können Sie als Administrator tun?

Alle Kunden, die über Lizenzen für Windows Server 2012 verfügen, sollten einen genauen Blick in die Lizenz-Vereinbarung mit Microsoft werfen. Microsoft hilft solchen Kunden bei der Umstellung auf das neue Lizenz-Modell, in dem Kunden mit aktiver *Software Assurance* (SA) 16 Windows-Server-2016-Kern-Lizenzen für jede Windows-Server-2012-R2-Lizenz erhalten können.

Für einige Kunden reicht diese Umstellung über den Faktor 16 allerdings nicht aus, um ihre gesamte Bereitstellung mit dem neuen System lizenzieren zu können. Diesen Kunden kommt Microsoft glücklicherweise entgegen: Kunden mit aktiver SA (zu dem Zeitpunkt, an dem Windows Server 2016 veröffentlicht wird) erhalten die Option, zusätzliche Lizenzen zu dokumentieren und zu beanspruchen, die über diesen 1:16-Faktor hinausgehen.

Der Vorteil? Bei Verlängerung der SA-Vereinbarung können Kunden Lizenzen basierend auf diesen dokumentierten Zusatz-Lizenzen anfordern. Das bedeutet im Klartext: Wer jetzt nicht handelt und diese zusätzlich benötigten Lizenzen dokumentiert, muss später zusätzliche Lizenzen kaufen.

Solche unnötigen Kosten lassen sich also elegant mit der Software Assurance vermeiden. Neben der Wartungs- und Support-Lizenz sticht ein bestimmter Vorteil der Software Assurance besonders heraus: Durch diesen Vertrag werden sämtliche neuen Versionen abgedeckt, die während seiner Laufzeit von Microsoft veröffentlicht werden. Deswegen sollten Sie darüber nachdenken, ob Sie jetzt in den Erwerb einer neuen Version zusammen mit Software Assurance investieren möchten.

Werfen wir doch noch einmal einen Blick darauf, was das konkret im Beispiel bedeutet.

Beispiel 1

Das Unternehmen A plant den Kauf einer Windows-Server-2016-Lizenz für einen Server mit zwei Prozessoren, die über jeweils zehn physikalische Kerne verfügen.

Die Lösung: eine Windows-Server-2016-R2-Lizenz mit SA.

Beispiel 2

Das Unternehmen B plant den Kauf einer Windows-Server-2016-Lizenz für einen Server mit vier Prozessoren, die über jeweils 16 Kerne verfügen.

Die Lösung: 2 Windows-Server-2012-R2-Lizenzen mit SA.

Tipp

Vorhandene Lizenzen mit Software Assurance lassen sich auch neuer Hardware zuweisen. Dies ist besonders dann praktisch, wenn Sie gleichzeitig mit der Umstellung auf Windows Server 2016 auch auf einen neuen Server wechseln möchten.

1.2.5   Konkrete Schritte zur Klärung von Lizenzierungsfragen

Als Erstes sollten Sie eine Bestandsaufnahme vornehmen. Das bedeutet: Sehen Sie sich die physikalische Konfiguration der Hardware an. Finden Sie heraus, über wie viele Prozessoren und Kerne die Hardware Ihres Servers verfügt. Dazu nutzen Sie am besten Software-Asset-Management-Tools, denn diese können schnell und effizient eine Bestandsaufnahme der Hardware-Eigenschaften vornehmen.

Im zweiten Schritt werfen Sie einen Blick auf die Unterschiede der verschiedenen Versionen von Windows Server 2016. Wie zuvor erwähnt, bietet Windows Server 2016 Datacenter mehr Optionen bei der Virtualisierung, in anderen Fällen wird auch eine Lizenz für Windows Server 2016 Standard ausreichend sein. Nähere Informationen darüber, welche Funktionen von Windows Server 2016 in Ihrem Umfeld benötigt werden, kann Ihnen Ihre IT-Abteilung nennen.

Nun kennen Sie die Eigenschaften Ihrer Hardware und wissen genau, welche Funktionen benötigt werden. Mit diesen Informationen in der Hand lassen sich die Auswirkungen auf die Kosten effektiv ermitteln.

Fassen wir also zusammen: Bei der Lizenzierung von Windows Server 2016 müssen Sie Augen und Ohren offenhalten.

1. Beginnen Sie damit herauszufinden, welche Eigenschaften (Prozessoren, Kerne) in Ihrer Umgebung vorhanden sind.

2. Bewerten Sie dann Ihre aktuelle Lizenz-Vereinbarung mit Microsoft und finden Sie heraus, ob die anvisierte Edition und der Programmtyp Ihren Anforderungen in der Zukunft entspricht (Produktfunktionen, Nutzungsrechte für Lizenzen, zum Beispiel in Bezug auf Virtualisierung usw.).

3. Mit diesen Informationen in der Hand können Sie sich dann mit Ihrer IT-Abteilung und den Projekt-Teams in Ihrem Unternehmen zusammensetzen und die Auswirkungen des Wechsels auf die Kern-basierte Lizenzierung von Windows Server 2016 besprechen.

1.3 Windows Server 2016 beziehen

Es gibt verschiedene Wege, über die Windows Server 2016 bezogen werden kann. Die meisten Administratoren bevorzugen den direkten Download von Microsoft. Behalten Sie jedoch im Sinn, dass Sie unter Umständen mehr als einen Server einrichten müssen. In diesem Fall sparen Sie Download-Zeit, wenn Sie die Setup-Dateien archivieren, anstelle sie immer wieder neu aus dem Internet herunterzuladen. Zudem sparen Sie dadurch auch Bandbreite.

Web

Umfassende und ausführliche Informationen über das Volumen-Lizenz-Programm von Microsoft finden Sie auf der Microsoft-Website unter der folgenden Adresse:

```
https://www.microsoft.com/de-de/Licensing/produktlizenzierung/
windows-server.aspx
```

Über eine solche Volumen-Lizenz erhalten Sie auch Zugriff auf das *Volume Licensing Service Center*. Wenn Sie bereits über eine Lizenz-Vereinbarung mit Microsoft verfügen, lässt sich Windows Server 2016 samt den benötigten Product Keys direkt über dieses spezielle Portal herunterladen:

```
https://www.microsoft.com/Licensing/servicecenter/.
```

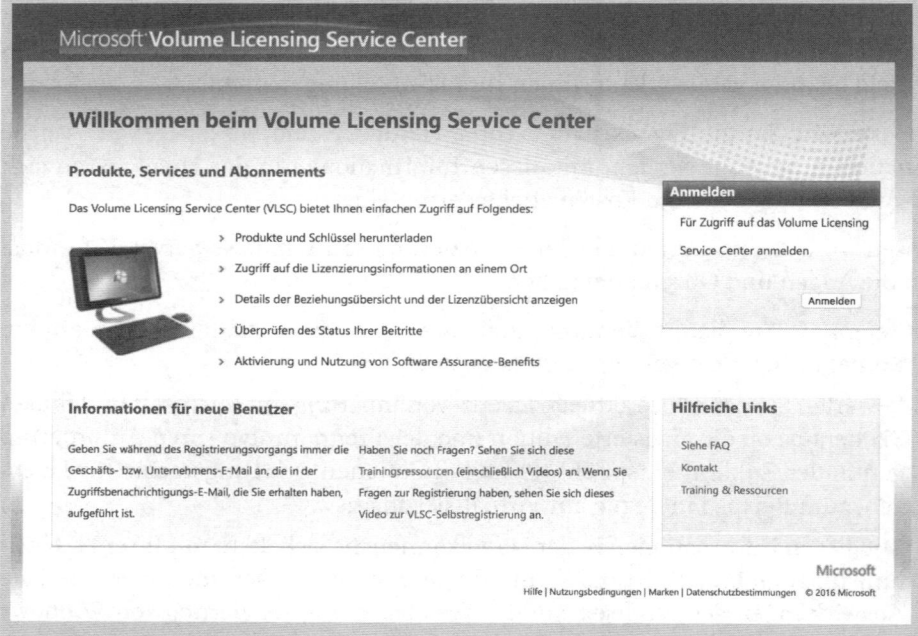

Sollen mehrere Server in einem Unternehmen mit Windows Server 2016 ausgestattet werden, ist es unter Umständen am günstigsten, auf die Volumen-Lizenzierung von Microsoft zurückzugreifen.

Es kann natürlich auch sein, dass die Volumen-Lizenzierung doch eine ganze Nummer zu groß für Sie und Ihr Unternehmen ist. In diesem Fall können Sie auch auf klassische Einzelplatz-Lizenzen von Windows Server 2016 zurückgreifen. Sie erhalten diese zum Beispiel über den Microsoft Store.

Web

Den Microsoft Store erreichen Sie unter `https://store.microsoft.com/`.

Darüber hinaus können Sie Lizenzen für Windows Server 2016 auch im klassischen Handel oder im Online-Handel erwerben.

Web

Eine gute Anlaufstelle für Einzelplatz-Lizenzen von Windows Server 2016 ist:

`http://www.edv-buchversand.de/microsoft/url.asp?cnt=windows-server`

Außerdem lässt sich Windows Server 2016 auch auf Amazon kaufen – besuchen Sie einfach diese URL:

`http://amzn.to/2c6ewR3`

Kapitel 2

Windows Server 2016 installieren oder darauf upgraden

Sie haben sich also die Installationsdateien und eine Lizenz von Windows Server 2016 besorgt und möchten diese jetzt auf einem neuen Server einrichten.

Da stellt sich die Frage: Welche Ausstattung muss dieser Server überhaupt haben, damit Windows Server 2016 darauf ausgeführt werden kann?

2.1 Systemanforderungen

Zur Nutzung von Windows Server 2016 sind gewisse Mindestanforderungen an den Prozessor, den RAM sowie den Speicher nötig. Nachfolgend ein Überblick:

2.1.1 Prozessor

Die Leistung von Windows Server 2016 hängt nicht nur von der Takt-Frequenz des Prozessors ab, sondern auch von der Anzahl der Prozessor-Kerne sowie der Größe des Prozessor-Caches.

Für Windows Server 2016 gelten folgende Mindestanforderungen an den genutzten Prozessor des Servers:

- 64-Bit-Prozessor mit mindestens 1,4 GHz
- Versteht sich auf den Anweisungssatz der x64-Befehle
- Unterstützung für NX und DEP
- Unterstützung für die besonderen Funktionen *CMPXCHG16b*, *LAHF/SAHF* und *PrefetchW*
- Unterstützung für *Second Level Address Translation* (EPT oder NPT)

2.1.2 RAM

In Sachen RAM muss das System mindestens über 512 MB verfügen.

Wichtig

Erstellen Sie eine virtuelle Maschine mit der minimal unterstützten Hardware-Konfiguration (1 Prozessor-Kern und 512 MB RAM) und versuchen dann, Windows Server 2016 auf dieser virtuellen Maschine zu installieren, wird das nicht funktionieren.

Stattdessen sollten Sie für die Dauer der Installation der virtuellen Maschine mindestens 800 MB RAM zuweisen. Nach Abschluss der Installation kann die Zuweisung des Arbeitsspeichers dann wieder auf 512 MB gesenkt werden – je nach der tatsächlichen Server-Konfiguration.

Hintergrund: Für die Dauer der Installation wird das Setup in ein sogenanntes RAM-Laufwerk geladen und dieses Laufwerk benötigt eben 256 MB zusätzlichen Speicher.

2.1.3   Speicher-Controller und Festplattenplatz

Server, auf denen Windows Server 2016 ausgeführt werden soll, müssen einen Speicher-Adapter verwenden, der mit der Architektur-Spezifikation *PCI Express* kompatibel ist. Das bedeutet im Klartext: Windows Server 2016 lässt sich nicht auf Computern nutzen, deren Laufwerke zum Start, für Daten oder für die Auslagerungsdatei ATA/PATA/IDE/EIDE verwenden.

Auf der System-Partition muss geschätzt mindestens 32 GB freier Speicherplatz vorhanden sein.

Wichtig

Betrachten Sie diesen Wert unbedingt als absoluten Minimal-Wert.

Wenn nur 32 GB frei sind, sollte die Installation von Windows Server 2016 im Server-Core-Modus – also ohne Desktop – mit der Server-Rolle *Webserver (IIS)* möglich sein.

Ein Server im Server-Core-Modus ist ungefähr 4 GB kleiner als der gleiche Server mit vollständiger Benutzeroberfläche. Damit die Installation so klein wie möglich wird, sollten Sie mit einer Server-Core-Installation anfangen und dann anschließend sämtliche Server-Rollen oder Features entfernen, die Sie nicht benötigen. Weitere Informationen über Server Core finden Sie weiter hinten in diesem Kapitel.

Unter manchen Umständen wird auf der System-Partition noch weiterer freier Speicherplatz benötigt:

- wenn das System über Netzwerk installiert wird.
- Computer, die über mehr als 16 GB RAM verfügen, benötigen mehr Speicher auf der Festplatte für die Auslagerungs-, Ruhezustand- und Dump-Dateien.

2.1.4 Netzwerk-Adapter

In Verbindung mit Windows Server 2016 genutzte Netzwerk-Adapter sollten mindestens über die folgenden Funktionen verfügen:

- Ethernet-Adapter, der mindestens Gigabit-Durchsatz erreicht
- Konformität mit der PCI-Express-Architektur-Spezifikation
- Unterstützung für die Pre-Boot Execution Environment (PXE)

Adapter, die Netzwerk-Debugging (KDNet) unterstützen, sind hilfreich, werden aber nicht vorausgesetzt.

2.1.5 Sonstige Anforderungen

- DVD-Laufwerk (falls das System über eine DVD installiert werden soll)

Für bestimmte Funktionen ist des Weiteren die folgende Ausstattung zu empfehlen:

- UEFI-2.3.1c-basiertes System und entsprechende Firmware mit Unterstützung für Secure Boot
- TPM-Chip (Trusted-Platform-Modul)
- Grafik und Monitor mit einer Auflösung von mindestens 1.024 mal 768 Pixeln
- Tastatur und Maus
- Zugang zum Internet

Hinweis

Zum Betrieb von Windows Server 2016 ist ein TPM-Chip nicht zwingend nötig, wohl aber zur Nutzung bestimmter Sicherheitsfunktionen, etwa für die Laufwerk-Verschlüsselung über BitLocker.

2.2 Möglichkeiten zur Installation

Gut, die Anforderungen wären also geklärt und unser Server passt in das geforderte Profil. Je nachdem, was auf dem Server schon vorhanden ist, haben Sie jetzt zwei Möglichkeiten:

- Entweder Sie aktualisieren das vorhandene System. Das hat den Vorteil, dass die vorhandenen Daten, die angepassten Einstellungen sowie die Server-Rollen nicht neu konfiguriert werden müssen, sondern im Großen und Ganzen vom vorherigen System übernommen werden können.

■ Oder Sie installieren Ihren Server komplett neu. Dann ist alles sauber und frisch, muss aber anschließend konfiguriert werden, damit es zu den Anforderungen in Ihrem Netzwerk und Umfeld passt.

Hinweis

Eine Aktualisierung auf Windows Server 2016 ist möglich, wenn als vorheriges Server-System Windows Server 2012 R2 installiert ist.

2.3 Neu installieren

Wird Windows Server 2016 neu auf einem System installiert, erfolgt dies so ähnlich wie bei der Installation eines neuen Windows-10-PCs. Das heißt im Klartext: Der Server muss vom Setup-Medium gestartet werden. Vier Wege haben Sie dazu:

■ Sie können Windows Server 2016 vom ISO-Abbild auf eine DVD brennen. Das setzt voraus, dass der Server über ein DVD-Laufwerk verfügt.

■ Oder Sie entscheiden sich für die Installation über einen USB-Stick. Dazu wird ein USB-Installer benötigt, über den der Server gestartet werden kann. Wir sehen uns gleich noch genau an, wie das im Einzelnen funktioniert. Vorteile dieser Methode: Erstens können Sie nach dem Anlegen des Setup-Sticks noch weitere Daten, die Sie ebenfalls für die Einrichtung des Servers brauchen, mit auf dem USB-Stick speichern. Und wenn Sie den Stick später nicht mehr als Setup-Medium brauchen, lässt er sich formatieren und wieder für etwas Anderes nutzen.

■ Drittens haben Sie die Möglichkeit der Installation über das Netzwerk, indem der Server direkt über ein vorbereitetes Abbild gebootet wird.

■ Und viertens können Sie im Falle von virtuellen Servern oder auch Clustern direkt mit der ISO-Datei von Windows Server 2016 arbeiten und das System auf diese Weise bereitstellen.

Tipp

Stichwort Boot-Vorgang: Wann immer unterstützt und möglich, sollte in den Einstellungen der Firmware (UEFI) beziehungsweise in den Optionen des virtuellen Computers die Funktion *Secure Boot* aktiviert werden. Nur so ist sichergestellt, dass der Server auch über die sichere Boot-Technik startet und im EFI-Modus arbeitet. Die Alternative wäre nämlich der altmodische BIOS-Modus, der heute zum Vorteil der Sicherheit nicht länger genutzt werden sollte.

Hinweis

Informationen darüber, wie Sie die entsprechende Einstellung aktivieren können, finden Sie im Hardware-Handbuch Ihres Root-Servers oder in der Online-Hilfe Ihres Hypervisors.

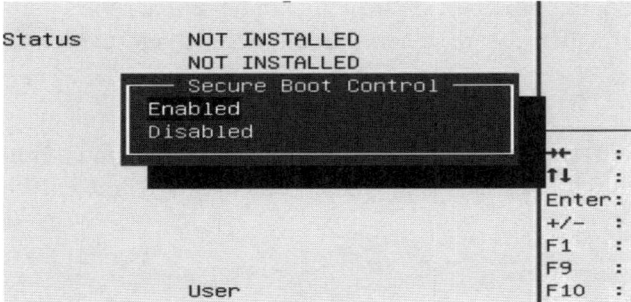

Abb. 2.1: Secure Boot in der Firmware einschalten

2.3.1 Erstellen eines USB-Installer-Mediums

Die Installation von Windows Server 2016 läuft über einen USB-Stick ohne Probleme ab – und meist schneller als per DVD. Zur Erstellung eines USB-Sticks für die Installation von Windows Server 2016 brauchen Sie Folgendes:

- das ISO-Abbild mit den Setup-Dateien
- einen USB-Stick mit mindestens 8 GB Speicher

Zuerst auf die ISO-Datei doppelklicken, sodass sie geladen wird. Sie erhält dann einen eigenen Laufwerk-Buchstaben zugewiesen, den Sie sich bitte merken. Im Beispiel ist das Laufwerk I (wie ISO).

Jetzt den USB-Stick an den Computer anschließen und sich auch den Buchstaben des USB-Laufwerks merken. In diesem Fall nennen wir den USB-Stick U (wie USB).

Nun eine Eingabe-Aufforderung mit Admin-Rechten öffnen:

1. Zuerst auf START klicken.
2. Jetzt geben Sie cmd ein.
3. Klicken Sie dann mit der rechten Maustaste auf den gefundenen Eintrag (oben im Menü).
4. Im Menü wird nun die Funktion ALS ADMINISTRATOR AUSFÜHREN aufgerufen.
5. Die Nachfrage zur Sicherheit bestätigen Sie ebenfalls.

Vorsicht

Mit den folgenden Befehlen wird das angegebene Laufwerk unwiderruflich und ohne Rückfrage gelöscht. Geben Sie also unbedingt das richtige Laufwerk an. Zudem kann eine Sicherung der Dateien auf dem USB-Stick ebenfalls nicht schaden.

Damit nichts schiefgehen kann, empfiehlt es sich, alle anderen externen Laufwerke zu trennen – so vermeiden Sie, dass versehentlich etwas gelöscht wird, das noch benötigt wird.

Im nächsten Schritt bereiten wir den USB-Speicher für die Setup-Daten von Windows Server 2016 vor. Durch Eingabe des folgenden Befehls startet die Partitionierung:

```
diskpart  [Enter]
```

In der Diskpart-Konsole rufen wir jetzt die Liste aller Laufwerke ab:

```
list disk  [Enter]
```

Die Liste sieht zum Beispiel wie folgt aus:

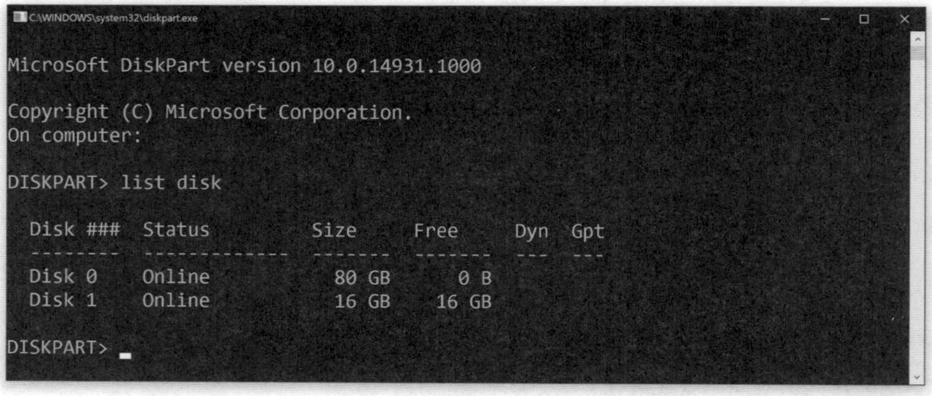

```
 C:\WINDOWS\system32\diskpart.exe                                    —   □   ×

Microsoft DiskPart version 10.0.14931.1000

Copyright (C) Microsoft Corporation.
On computer:

DISKPART> list disk

  Disk ###  Status         Size     Free     Dyn  Gpt
  --------  -------------  -------  -------   ---  ---
  Disk 0    Online          80 GB     0 B
  Disk 1    Online          16 GB    16 GB

DISKPART> _
```

Abb. 2.2: USB-Laufwerk in DiskPart

In der Tabelle finden wir unter anderem auch den USB-Stick; in diesem Fall trägt er die Nummer 1. Genau diese Nummer brauchen wir nun, um das USB-Laufwerk auszuwählen:

```
select disk 1  [Enter]
```

Wenn wir nun erneut den Befehl list disk [Enter] eingeben, sollte das USB-Lauf-werk die Markierung (*) tragen:

```
DISKPART> select disk 1

Disk 1 is now the selected disk.

DISKPART> list disk

  Disk ###  Status          Size     Free     Dyn  Gpt
  --------  --------------  -------  -------  ---  ---
  Disk 0    Online           80 GB       0 B
* Disk 1    Online           16 GB     16 GB

DISKPART> _
```

Nun wird das Laufwerk zunächst geleert:

```
clean [Enter]
```

Dann erstellen wir eine primäre Partition darauf:

```
create partition primary [Enter]
```

Anschließend wählen wir sie aus, ...

```
select partition 1 [Enter]
```

... um sie nun als aktiv zu markieren.

```
active [Enter]
```

```
DISKPART> clean

DiskPart succeeded in cleaning the disk.

DISKPART> create partition primary

DiskPart succeeded in creating the specified partition.

DISKPART> select partition 1

Partition 1 is now the selected partition.

DISKPART> active

DiskPart marked the current partition as active.
```

Jetzt noch ein Dateisystem anlegen:

```
format fs=ntfs quick label="WinSrv2016" [Enter]
```

Nun haben wir zwar eine Partition, sie hat aber noch keinen Buchstaben. Das holen wir jetzt nach. Rufen Sie dazu die Liste der Volumes ab:

```
list volume [Enter]
```

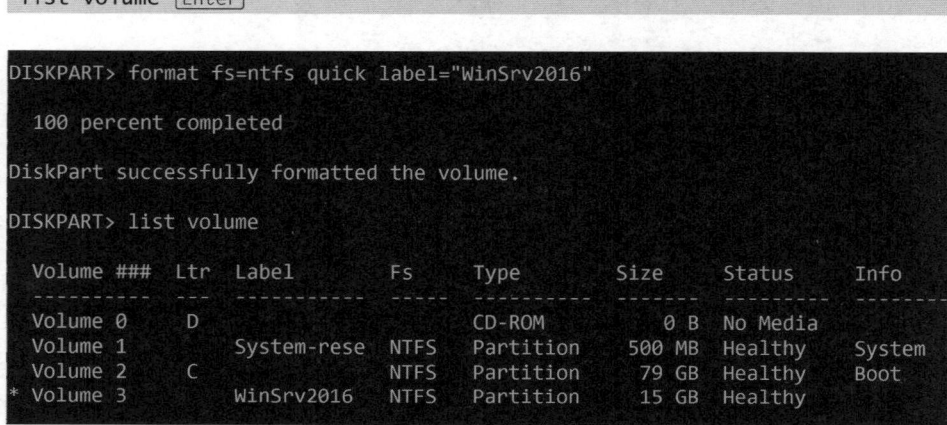

Die Partition ist noch immer ausgewählt – mit einem simplen Kommando bekommt sie ihren Buchstaben.

```
assign letter=U [Enter]
```

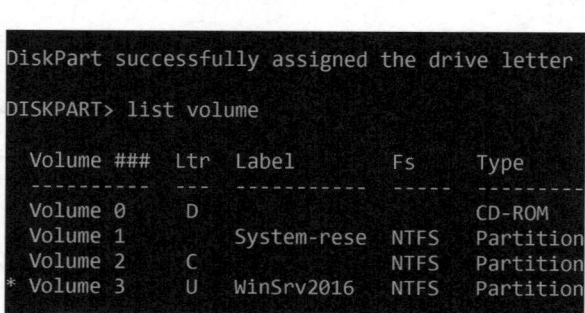

Zum Schluss wird die Partitionierung mit dem `exit`-Befehl beendet.

Nun ist das USB-Laufwerk vorbereitet, Sie können den Server aber noch nicht davon starten. Was fehlt, ist der sogenannte Boot-Sektor.

Hinweis

Mit diesem Boot-Sektor können Laufwerke zum Start des Servers verwendet werden. Er enthält die nötigen Informationen, damit von der jeweiligen Festplatte oder dem USB-Stick gestartet werden kann.

Wir befinden uns immer noch im Fenster der Eingabe-Aufforderung. Hier geben wir jetzt folgende Befehle ein, wobei wir anstelle von I den Buchstaben des ISO-Abbilds eintragen:

```
I: [Enter]
cd boot [Enter]
```

Nun werfen wir einen kurzen Blick in ein Explorer-Fenster. Was wir suchen, ist der Buchstabe des Laufwerks, das wir gerade auf dem USB-Stick formatiert haben. In unserem Beispiel trägt der USB-Stick immer noch den Buchstaben U.

Zurück im Fenster der Eingabe-Aufforderung sorgt folgender Befehl für das Kopieren des Boot-Sektors auf den USB-Stick:

```
bootsect /nt60 U: [Enter]
```

Sie sehen dann eine Ausgabe ähnlich wie die auf dem folgenden Bild:

Wird hingegen ein Fehler angezeigt, sollten Sie zunächst alle Fenster schließen, zum Beispiel Explorer-Fenster, in denen das Laufwerk des USB-Sticks geöffnet ist. Anschließend versuchen Sie es bitte erneut.

Jetzt, da von dem USB-Stick gestartet werden kann, müssen noch die Dateien des Installationsprogramms von Windows Server 2016 auf den Stick kopiert werden. Am einfachsten funktioniert das mit dem xcopy-Befehl:

```
xcopy  I:\*.*  U:\  /E  /H  /F  [Enter]
```

Hinweis

Sobald die Datei *install.wim* kopiert wird, dauert dies sehr lange. Das liegt daran, dass die Datei ca. 4 GB groß ist. Warten Sie einfach einige Minuten, bis die Datei vollständig kopiert wurde.

```
Administrator: Command Prompt - xcopy  I:\*.* U:\ /E /H /F          –  □  ×
I:\sources\hwcompat.dll -> U:\sources\hwcompat.dll
I:\sources\hwcompat.txt -> U:\sources\hwcompat.txt
I:\sources\hwcompatPE.txt -> U:\sources\hwcompatPE.txt
I:\sources\hwexclude.txt -> U:\sources\hwexclude.txt
I:\sources\hwexcludePE.txt -> U:\sources\hwexcludePE.txt
I:\sources\hypervcomplcheck.dll -> U:\sources\hypervcomplche
ck.dll
I:\sources\iasmigplugin.dll -> U:\sources\iasmigplugin.dll
I:\sources\idwbinfo.txt -> U:\sources\idwbinfo.txt
I:\sources\iiscomp.dll -> U:\sources\iiscomp.dll
I:\sources\imagingprovider.dll -> U:\sources\imagingprovider
.dll
I:\sources\input.dll -> U:\sources\input.dll
I:\sources\install.wim -> U:\sources\install.wim
```

Nach Abschluss des Kopiervorgangs kann auf dem Server die Installation von Windows Server 2016 über den angeschlossenen USB-Stick gestartet werden. Dazu müssen Sie oft die Boot-Reihenfolge im UEFI bzw. BIOS umstellen. Denn aus Sicherheitsgründen sollte die Boot-Reihenfolge normalerweise so eingestellt sein, dass nur von Festplatten gestartet werden kann, nicht aber von DVDs und/ oder externen Laufwerken, etwa USB-Sticks.

2.3.2   Setup von Windows Server 2016 starten

Wird der Server dann von der eingelegten DVD bzw. dem angeschlossenen USB-Stick gestartet und auf dem Server befinden sich bereits Daten auf der Festplatte, erscheint folgende Aufforderung:

```
Press any key to boot from CD or DVD......
```

Drücken Sie in diesem Fall einfach zum Beispiel auf `Enter` oder auf die `Leer-taste`.

Jetzt heißt es warten, bis die Setup-Dateien von Windows Server 2016 vom Installer-Laufwerk geladen wurden. Anschließend begrüßt Sie das Setup von Windows Server 2016 mit folgendem Dialogfeld:

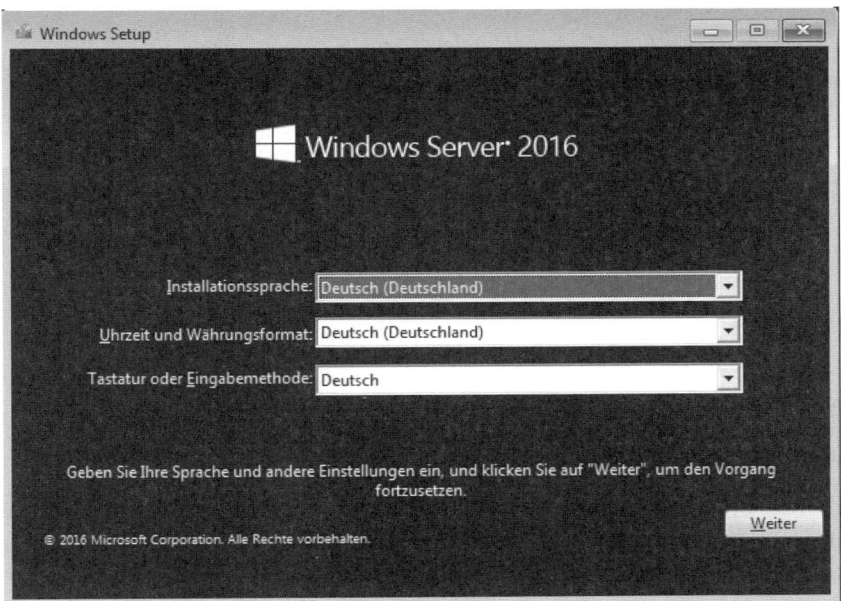

Für den deutschen Sprachraum können Sie die Einstellungen meist unverändert übernehmen. Möchten Sie die Installation von Windows Server 2016 allerdings in einer anderen Sprache vornehmen, etwa weil für Server in Ihrem Unternehmen Englisch Voraussetzung ist, haben Sie hier die Gelegenheit, die verwendete Sprache umzustellen.

Klicken Sie dazu unten rechts in der Ecke des Fensters auf WEITER. Anschließend folgt ein Klick auf die große Schaltfläche JETZT INSTALLIEREN.

Im nächsten Schritt erfolgt die Eingabe des Product Keys. Je nachdem, auf welchem Wege Sie Windows Server 2016 bezogen haben, finden Sie diesen entweder in Ihrer Bestätigungs-Email oder auf dem Paket, das Sie gekauft haben.

Tipp

Falls Sie den Product Key gerade nicht zur Hand haben, können Sie auch unten im Fenster stattdessen auf den Link ICH HABE KEINEN PRODUCT KEY klicken. In diesem Fall haben Sie später nach der Installation noch Gelegenheit, die Eingabe des Product Keys nachzuholen und Windows zu aktivieren.

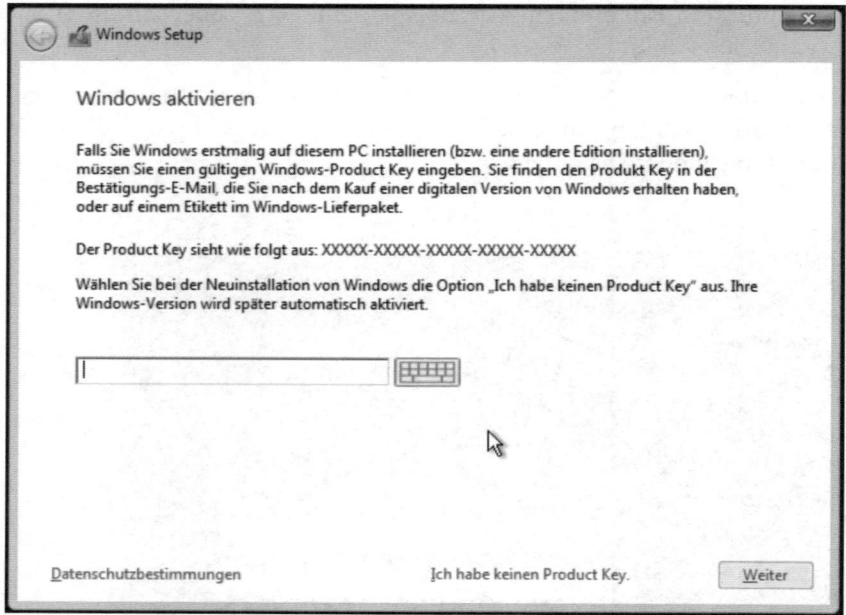

2.3.3 Welche Version ist die richtige?

Jetzt erhalten Sie je nach eingegebenem Product Key hier die Auswahl zwischen zwei oder vier unterschiedlichen Varianten von Windows Server 2016, von denen Sie sich für eine entscheiden müssen. Zur Auswahl stehen dabei folgende Editionen:

- Windows Server 2016 Standard
- Windows Server 2016 Standard (Desktop Experience)
- Windows Server 2016 Datacenter
- Windows Server 2016 Datacenter (Desktop Experience)

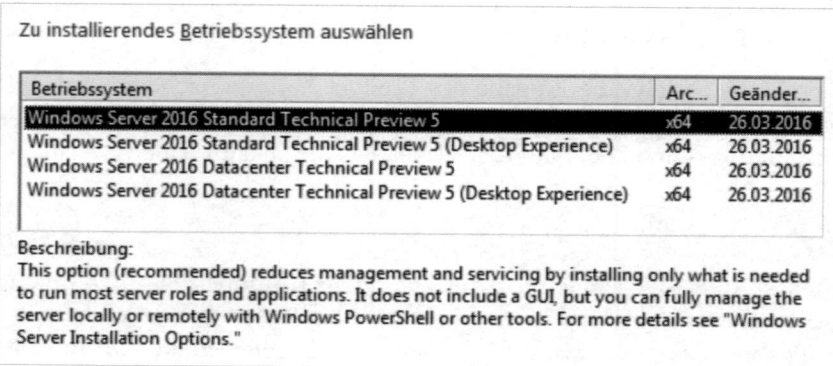

Mit jeder dieser Varianten werden unterschiedliche Funktionen installiert und nach der Installation stehen dem Administrator jeweils verschiedene Optionen für die Verwaltung des Servers bereit.

Bei genauerem Hinsehen stellen wir fest, dass die Auswahl sich zunächst in die zwei Editionen von Windows Server 2016 gliedert, nämlich Standard und Datacenter. Für jede dieser beiden Varianten gibt es dann eine Version mit und eine ohne Desktop Experience. Letztere wird oft auch als *Server Core* bezeichnet.

Hinweis

Worin der Unterschied zwischen Windows Server 2016 Standard und Datacenter besteht, wird in Kapitel 1 näher erläutert.

Was steckt nun genau hinter dieser ominösen »Desktop Experience«? Kurz gesagt: Die Variante ohne Desktop Experience ist genau das, was der Name sagt: Ein Server ohne Desktop.

Wie, ein Server ohne Desktop? Ja, richtig: Ähnlich wie die Standard-Installation vieler Linux-Distributionen, darunter auch Debian, können Sie auch Windows Server gänzlich ohne grafische Oberfläche nutzen. Die Verwaltung erfolgt in diesem Fall über Textbefehle sowie ferngesteuert über die PowerShell.

Wählen Sie bei der Installation also die Variante WINDOWS SERVER 2016 (DESKTOP EXPERIENCE) aus, entspricht dies der vollständigen Installation von Windows Server 2012 R2 mit installierter Desktop-Experience-Funktion. Wenn Sie hier hingegen die Auswahl nicht ändern, bleibt es bei der sogenannten Server-Core-Installation.

Die Server-Core-Option sorgt dafür, dass das System weniger Platz auf der Festplatte belegt. Zudem wird der Server ohne Desktop schlechter angreifbar. Deswegen ist es für den Produktiv-Betrieb zu empfehlen, Windows Server 2016 im Server-Core-Modus einzurichten, also ohne diese »Desktop Experience«.

Bei Auswahl der Variante mit »Desktop Experience« lassen sich Server-Rollen (Funktions-Bereiche) sowohl lokal über den Server-Manager installieren und verwalten als auch remote über die PowerShell. Auch die Microsoft Management Console wird in dieser Variante mit installiert.

Im Modus ohne Desktop steht die grafische Oberfläche nicht zur Verfügung; die Möglichkeiten des Administrators beschränken sich hier auf die Eingabe-Aufforderung und die PowerShell. Auf diesem Wege lassen sich dann lokal auch die Server-Rollen installieren, konfigurieren und bei Bedarf entfernen. Lokal steht die Microsoft Management Console nicht zur Verfügung.

Hier eine Liste der Server-Rollen, die bei einer Server-Core-Installation verfügbar sind:

- Active Directory-Zertifikat-Dienste
- Active Directory-Domänen-Dienste
- DHCP-Server
- DNS-Server
- Datei-Dienste (darunter der Datei-Server-Ressourcen-Manager)
- Active Directory Lightweight Directory Services (AD LDS)
- Hyper-V
- Druck- und Dokumenten-Dienste
- Streaming-Media-Dienste
- Web-Server (darunter ein Teil von ASP.NET)
- Windows-Server-Update-Server
- Active-Directory-Server für die Rechte-Verwaltung
- Routing- und Remote-Zugriffs-Server mit den folgenden Rollen:
  - Remote Desktop Services Connection Broker
  - Lizenzierung
  - Virtualisierung

Für die ersten Schritte mit Windows Server 2016 eignet sich der Server-Core-Modus allerdings weniger gut, da wir auf den Desktop zurückgreifen werden, um uns mit den einzelnen Funktionen und Optionen in Windows Server 2016 vertraut zu machen. Deswegen wählen wir jetzt zunächst einmal die Option mit Desktop Experience.

> **Tipp**
>
> Neben den zwei Varianten, die über den Setup-Assistenten angeboten werden, existiert noch eine dritte Möglichkeit, Windows Server 2016 einzurichten: der sogenannte Nano Server. Er kann allerdings nicht über den Setup-Assistenten installiert werden, sondern wird durch Konfiguration einer VHD-Festplatte eingerichtet. Weitere Informationen über den Nano-Server finden Sie in Kapitel 24.

Haben Sie sich für eine der Varianten entschieden – in diesem Fall wählen wir, wie gesagt, WINDOWS SERVER 2016 STANDARD (DESKTOP EXPERIENCE) aus –, folgt unten rechts wieder ein Klick auf WEITER.

Nun erscheint der Lizenzvertrag von Windows Server 2016, den Sie sich in Ruhe durchlesen und anschließend durch Aktivieren der entsprechenden Option annehmen sollten. Zum nächsten Schritt des Assistenten kommen wir wieder, indem wir auf WEITER klicken.

Da es sich hier um eine Neuinstallation von Windows Server handelt, wählen wir nun die Option BENUTZERDEFINIERT aus. Im Falle eines Updates von Windows Server 2012 R2 müsste die Installation nicht vom Setup-Laufwerk gestartet werden, sondern aus dem laufenden System heraus.

2.3.4 Festplatte einteilen

Jetzt wird der Partitionierungseditor angezeigt. Damit stellt sich für uns die Frage: Wie ist die Festplatte des Servers am sinnvollsten einzuteilen?

Für die minimale Größe des System-Laufwerks empfiehlt Microsoft selbst eine Größe von mindestens 32 GB. Dies beschränkt sich aber nur auf das reine System und berücksichtigt dabei nicht, dass im Laufe der Betriebszeit des Servers auch Updates, Aktualisierungen sowie weitere Programme eingespielt werden müssen – alles Inhalte, die zusätzlichen Speicher auf der System-Partition belegen.

Deswegen entscheiden wir uns für eine System-Partition von 60 GB. Dabei werden wir weitere Programme auf einer separaten Partition installieren, sodass sie nur wenig Platz auf dem System-Laufwerk belegen. Ist der Server als Remote-Desktop-Server gedacht – mit anderen Worten, wenn auch Dokumente und Profile einer ganzen Anzahl Benutzer darauf gespeichert werden sollen –, wären wir mit einer Größe von 100 GB sicher besser beraten.

Aber in unserem Fall ist dies zunächst nicht geplant, sodass 60 GB eine gute Wahl sind.

Im Setup-Assistenten sehen wir direkt, wieviel Gigabyte Speicher nutzbar sind. Wurde der Server bereits genutzt (und sind die Daten alle in einem Back-up gesichert), müssen die vorhandenen Partitionen zunächst gelöscht werden. Dazu markieren Sie die oberste und klicken dann auf LÖSCHEN.

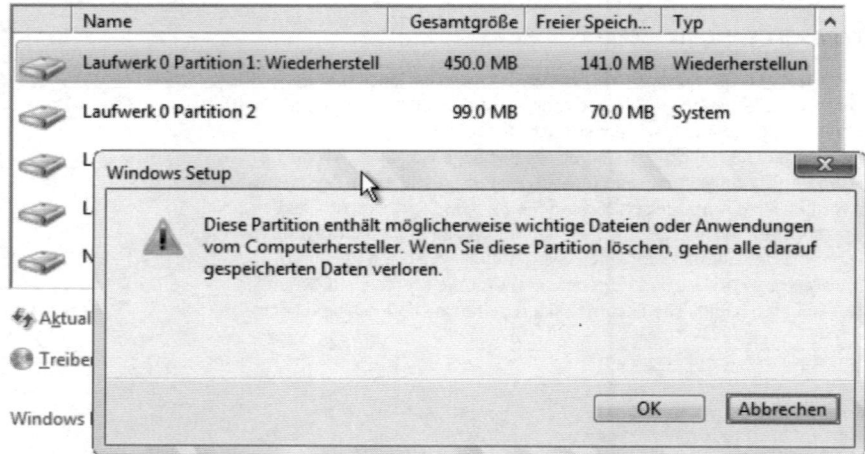

Jetzt noch die Warnung bestätigen, dass hier Daten unwiderruflich verloren gehen.

Ebenso verfahren Sie nun mit allen weiteren Partitionen, die Sie in der Liste sehen. Zum Schluss sollte nur noch ein großer Block mit nicht zugewiesenem Speicherplatz auf der Festplatte vorhanden sein.

Sind Sie gerade dabei, einen neuen Computer, sprich Server, einzurichten, ist die Festplatte vermutlich noch komplett leer. In diesem Fall müssen Sie die vorhandenen Partitionen natürlich nicht zuerst löschen, denn der Speicherplatz erscheint von vornherein als nicht zugewiesen und steht damit für uns zur Partitionierung bereit.

Durch Klick auf die Schaltfläche FORMATIEREN erstellen wir nun unsere System-Partition. Wie oben erwähnt, ist eine Größe von 60 GB für die meisten Server ausreichend.

Wichtig

Jetzt haben wir allerdings ein Problem: Die Größe der neu zu erstellenden Partition wird vom Setup-Assistenten nicht in Gigabyte abgefragt, sondern in Megabyte.

Das bedeutet: Wir müssen diese 60 GB zunächst von Gigabyte in Megabyte umrechnen. Wir rechnen also Folgendes: 60 mal 1024 (MB in einem GB), das ergibt 61440.

Ins Feld GRÖSSE tragen Sie also jetzt den Wert von 61440 MB ein. Durch Klick auf ÜBERNEHMEN wird die neue Partition erstellt.

Huch, was ist das? Windows weist darauf hin, dass zusammen mit der ersten Partition noch weitere, später unsichtbare Partitionen erstellt werden. Auf diesen versteckten Partitionen speichert Windows Dateien, die für den Notfall wichtig sind, im täglichen Betrieb aber keine Rolle spielen.

Sobald die neue Partition mit 60 GB (oder 59 GB) in der Liste der Laufwerke erscheint, markieren wir sie dort, bevor wir unten auf WEITER klicken.

Das Setup beginnt dann direkt mit der Installation der System-Dateien von Windows Server 2016 auf dem soeben ausgewählten Laufwerk.

Sie können sich jetzt in Ruhe zurücklehnen, denn das Kopieren der System-Dateien kann einige Zeit in Anspruch nehmen und läuft automatisch ohne weitere Rückfragen ab. Währenddessen startet der Server übrigens auch mehrmals automatisch neu.

2.3.5 Administrator-Konto einrichten

Bei der nächsten Rückfrage, die das Setup an Sie stellt, handelt es sich um die Abfrage eines Kennworts – und zwar für den Benutzer *Administrator*. Das ist der Super-User der Windows-Welt. Der Administrator kann alles, darf alles und hat überall Zugriff – ähnlich wie der Benutzer *root* in UNIX.

Einstellungen anpassen

Geben Sie ein Kennwort für das integrierte Administratorkonto ein, mit dem Sie sich an diesem Computer anmelden können.

Benutzername	Administrator
Kennwort	••••••••
Kennwort erneut eingeben	••••••••

Fertig stellen

Abb. 2.3: Administrator-Kennwort festlegen

Wichtig

Wählen Sie unbedingt ein sicheres Kennwort aus. Tipps für sichere Kennwörter kennen Sie als Administrator zur Genüge – denken Sie an Groß- und Kleinbuchstaben, Ziffern und Sonderzeichen sowie an eine Länge von mindestens 8, besser 10 oder noch mehr Zeichen.

Nach der Festlegung des Administrator-Kennworts erscheint direkt der Sperr-Bildschirm. Drücken Sie jetzt gleichzeitig die Tasten [Strg]+[Alt]+[Entf]. Durch das Drücken dieser Tasten-Kombination erscheint die Anmeldung, wo Sie das Kennwort, das Sie soeben festgelegt haben, eintippen und durch Drücken der [Enter]-Taste bestätigen. Die Anmeldung beim Administrator-Konto erfolgt dann umgehend.

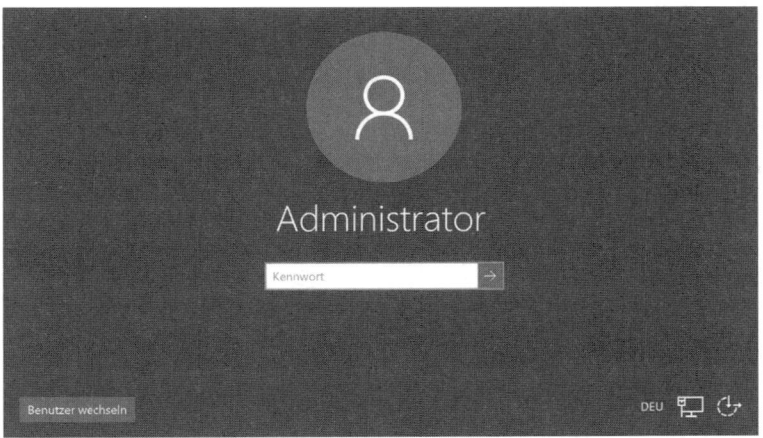

Direkt nach der ersten Anmeldung erscheint die Nachfrage, ob für das Netzwerk, mit dem der Server aktuell verbunden ist, die Erkennung von anderen Computern und Geräten aktiviert werden soll oder nicht. Wenn Sie hier auf JA klicken, werden die zugehörigen Dienste aktiviert und die Firewall-Ports geöffnet – andernfalls nicht. Steht der Server in einem Netzwerk, das durch eine separate Firewall vom Internet getrennt ist, können Sie die Erkennung anderer PCs und Geräte ruhig genehmigen. Ist der Server hingegen direkt mit dem Internet verbunden, zum Beispiel, weil es sich um einen Root-Server handelt, den Sie bei einem Anbieter gemietet haben, sind Sie mit NEIN auf der sicheren Seite.

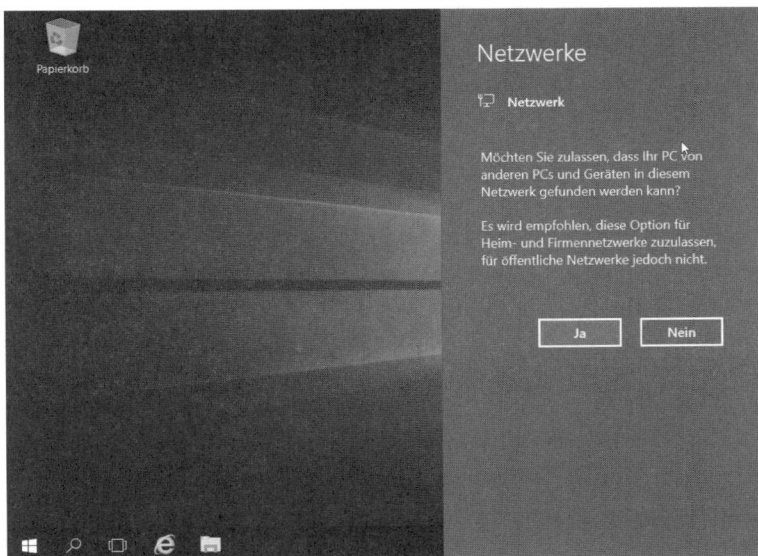

Abb. 2.4: Netzwerk-Eigenschaften konfigurieren

Nach der Anmeldung beim Administrator-Konto startet auch automatisch der Server-Manager. Mehr zu diesem Programm finden Sie im nächsten Kapitel. Für den Augenblick können Sie das Fenster des Server-Managers einfach schließen.

Geschafft! Damit haben Sie Windows Server 2016 erfolgreich installiert. Zwei Punkte stehen jetzt noch aus, um die Sie sich kümmern sollten:

- Verfügbare Updates sollten eingespielt werden und
- die Einteilung der Festplatte sollte abgeschlossen werden, damit alle Partitionen einsatzbereit sind.

2.3.6 Auf Updates prüfen

Wenn Sie zuhause Windows 10 einsetzen, wissen Sie bereits, wie Sie auch in Windows Server 2016 nach verfügbaren Patches und Aktualisierungen von Microsoft suchen können.

> **Hinweis**
>
> Die Suche nach Updates können Sie an dieser Stelle natürlich nur dann ausführen, wenn Ihr Server bereits mit dem Internet verbunden ist. Das ist immer dann der Fall, wenn der Netzwerk-Adapter eine passende Konfiguration vom DHCP-Server erhalten hat.
>
> Das sind alles böhmische Dörfer für Sie? Macht nichts – werfen Sie einfach einen Blick in die untere rechte Ecke der Task-Leiste und zeigen Sie hier auf das Symbol mit dem Monitor und dem Kabel. Steht in der erscheinenden Quick-Info INTERNET, sind Sie schon mit dem Internet verbunden und können also auch nach Updates suchen. Ansonsten müssen Sie zuerst die Netzwerk-Anbindung des Servers konfigurieren. Wie das genau funktioniert, steht in den Kapiteln 11 und 12.

Hier die nötigen Schritte, die Sie zur Suche nach Windows-Updates durchführen können:

1. Zunächst auf START klicken.
2. Links unten sehen Sie ein Zahnrad-Symbol, das Sie jetzt anklicken.
3. Dann zum Bereich UPDATE UND SICHERHEIT wechseln.
4. Oben folgt nun ein Klick auf den Button NACH UPDATES SUCHEN.
5. Jetzt noch kurz warten, bis das System verfügbare Updates ermittelt hat.
6. Die gefundenen Updates werden dann auch gleich automatisch auf den Server geladen und installiert.

7. Zum Abschluss der Installation der Updates fordert das System Sie noch dazu auf, den Server neu zu starten.

Hinweis

Dieser Neustart dauert unter Umständen länger als ein normaler Neustart. Denn währenddessen installiert das System die Updates, wozu eine Menge Dateien geändert werden müssen.

Die Installation der Updates ist abgeschlossen, sobald der Anmelde-Bildschirm wieder erscheint.

Tipp

Oft installiert Windows zunächst einige Updates, die für andere Aktualisierungen Voraussetzung sind. Deswegen sollten Sie nach der ersten Runde installierter Updates in den Einstellungen erneut nach Updates suchen. Manchmal werden dann erneut Updates gefunden, die zur Installation verfügbar sind.

2.3.7 Einteilung der Festplatte beenden

Während des Setups haben wir bisher nur die System-Partition in der Größe von 60 GB angelegt und Windows Server 2016 anschließend auf dieser Partition installiert. Jetzt, nachdem das System installiert ist, können wir weitere Partitionen erstellen. Dazu greifen wir auf die Datenträger-Verwaltung zu.

Sie erreichen die Datenträger-Verwaltung, indem Sie mit der rechten Maustaste auf den START-Button und im Menü, das dann erscheint, auf den Eintrag DATENTRÄGER-VERWALTUNG klicken.

Sie sehen dann ein Fenster, das ähnlich aussieht wie auf der folgenden Abbildung:

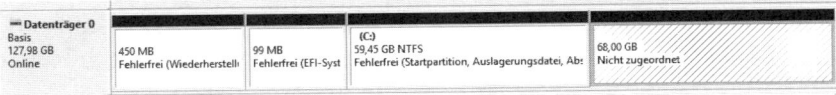

Hier ist rechts neben der System-Partition auch ein großer unpartitionierter Bereich zu erkennen. Genau in diesem Bereich werden wir jetzt weitere Laufwerke erstellen, damit wir sie anschließend zur Speicherung von Programmen, Dateien und weiteren Daten nutzen können. Das hat den Vorteil, dass bei einer nötigen Neu-Installation von Windows Server die Daten und Dokumente, die auf dem Server gespeichert sind, nicht verloren gehen, sondern nach der Neu-Installation des Systems weiter genutzt werden können.

Hier die nötigen Schritte zum Anliegen einer weiteren Partition auf der Festplatte:

1. Am rechten Ende der Festplatte sehen Sie einen großen schwarz oder grau markierten Bereich, der mit NICHT ZUGEORDNET beschriftet ist. Klicken Sie jetzt mit der rechten Maustaste auf diesen Bereich, sodass ein Menü erscheint.

2. In diesem Menü wählen Sie den Eintrag NEUES EINFACHES VOLUME aus.

3. Daraufhin startet ein Assistent, der Sie durch die einzelnen Schritte zum Erstellen einer neuen Partition begleitet.

4. Nachdem Sie jetzt auf WEITER geklickt haben, erscheint, ähnlich wie bei der Installation des Systems, die Abfrage nach der Größe der neuen Partition.

Tipp

Auch hier muss die Größe der Partition wieder in Megabyte angegeben werden. Die Umrechnung von Gigabyte erfolgt wieder durch Multiplikation mit dem Faktor 1024.

In unserem Fall haben wir noch und 70 GB restlichen Speicherplatz, den wir aufteilen möchten. In diesem Fall möchten wir eine Partition für Daten anlegen, deren Größe 30 GB betragen soll. Wir tragen also den Wert von 30720 MB als Größe für die neue Partition ein und bestätigen unsere Eingabe, indem wir auf WEITER klicken.

5. Jetzt können wir auswählen, wie das neue Laufwerk in Windows bereitgestellt werden soll:

   Wir können – ganz klassisch – dem Laufwerk einen eigenen Buchstaben zuweisen.

   Der Speicherplatz des Laufwerks kann aber auch in einem NTFS-Ordner bereitgestellt werden. Das hat den Vorteil, dass bei vielen Laufwerken kein eigener Buchstabe benötigt wird.

   In diesem Beispiel entscheiden wir uns dafür, der zweiten Partition einen eigenen Buchstaben zuzuweisen, hier ist es der Buchstabe W. Auf diesem Laufwerk werden wir später Dateien ablegen, die der Webserver im Intranet anbieten wird.

6. Nun möchte der Assistent von Ihnen noch wissen, wie das neu erstellte Laufwerk formatiert werden soll. Neben dem hier standardmäßig ausgewählten Dateisystem NTFS gibt es hier in Windows Server 2016 auch das Dateisystem ReFS.

Hinweis

Die Vorteile dieses Dateisystems werden in Kapitel 1 näher erläutert.

Zudem sollten Sie hier eine Bezeichnung für das neue Volume angeben, damit Sie das Laufwerk später im Explorer einfacher wiedererkennen können.

7. Die Option zur Schnellformatierung können Sie ruhig aktiviert lassen, denn dadurch erfolgt die Formatierung des Laufwerks wesentlich schneller als bei einer normalen Formatierung. Dies gilt hauptsächlich dann, wenn es sich um eine neue Festplatte handelt, auf der noch nie zuvor Daten gespeichert waren. Denn bei der Schnellformatierung wird nur die Dateisystem-Tabelle neu geschrieben, wohingegen bei der vollständigen Formatierung auch der gesamte zugehörige Speicherplatz genullt wird.

8. Sobald Sie dann im letzten Schritt des Assistenten auf FERTIG STELLEN klicken, beginnt Windows damit, die Partition zu erstellen und zu formatieren. Danach wird sie auch gleich eingebunden, sodass Sie darauf zugreifen und Daten darauf speichern können.

Sofern Sie in Ihrem Server-Umfeld weitere Partitionen auf dem Server benötigen, wiederholen Sie einfach die soeben gezeigten Schritte zur Erstellung weiterer Laufwerke in dem noch verfügbaren freien Speicher.

2.4 RAID-Spiegelung einrichten

Auch mit den Storage Spaces in Windows Server 2016 wird die Einrichtung eines RAID-Systems nicht überflüssig. Windows kann von virtuellen Datenträgern nicht starten, sodass diese Technik sich nur für Daten-Laufwerke eignet.

2.4.1 Was ist überhaupt ein RAID-System?

Die Abkürzung RAID steht für *Redundant Array of Inexpensive (Independent) Disks*. Wörtlich übersetzt bedeutet das ein redundantes Feld günstiger oder unabhängiger Festplatten.

RAID ermöglicht die Spiegelung und Sicherung von wichtigen Daten über mehrere Laufwerke verteilt. Das hat den Vorteil, dass eine gewisse Ausfall-Sicherheit gegeben ist. Wie gut die Daten im Notfall gesichert sind, hängt von dem sogenannten RAID-Level ab.

In den meisten Situationen werden Sie auf eine der folgenden fünf RAID-Level zurückgreifen:

- RAID 0
- RAID 1
- RAID 5
- RAID 6
- RAID 10

Jedes dieser unterschiedlichen RAID-Levels zeichnet sich durch verschiedene Eigenschaften aus:

- Für **RAID 0** werden mindestens zwei Festplatten benötigt. Die Leistung ist hervorragend, da Daten auf der einen und auf der anderen Festplatte gleichzeitig gespeichert werden können. Eine Fehlerkorrektur ist allerdings nicht möglich, da die Daten immer nur auf einem Laufwerk abgelegt werden. Geht eines der beiden Laufwerke kaputt, sind die Daten unwiderruflich verloren. Für Server mit wichtigen Daten ist RAID 0 also keine Option.

- Dann gibt es noch **RAID 1**. Auch hier werden mindestens zwei Laufwerke benötigt. Die Leistung ist identisch mit der einer einzelnen Festplatte. Alle Daten werden auf beiden Laufwerken gleichzeitig geschrieben – bei RAID 1 handelt es sich also um eine 1-zu-1-Spiegelung. Die Fehler-Toleranz ist optimal: Wird eines der Laufwerke beschädigt, sind alle Daten auf dem anderen Laufwerk weiterhin vorhanden.

- Beim Level **RAID 5** können Sie auf eine Mischung der Vorteile der zuvor genannten RAID-Labels zurückgreifen. Das heißt im Klartext: Sie brauchen mindestens drei Festplatten; die Leistung ist gut, denn Blöcke werden gespiegelt, und auch eine gewisse Redundanz ist gewährleistet, denn Paritäts-Informationen – also im Endeffekt Quersummen – werden auf allen drei Laufwerken verteilt gespeichert.

  Schlussendlich bedeutet das: Bei Ausfall eines der drei Laufwerke können mit RAID 5 die Daten über die anderen beiden Laufwerke vollständig wiederhergestellt werden. Allerdings dürfen keine zwei Laufwerke ausfallen, da dann zu wenig Informationen vorhanden sind, um die Daten aus dem verbliebenen Laufwerk wiederherzustellen.

- **RAID 6** entspricht weitgehend RAID 5 – mit dem Unterschied, dass hier mindestens vier Festplatten benötigt werden. Dafür können aber auch bis zu zwei der Laufwerke ausfallen, ohne dass Daten dabei verloren gehen.

- Schließlich gibt es auch noch eine fünfte Variante: **RAID 10**. Für dieses Level werden mindestens vier Festplatten benötigt. Die Redundanz ist hervorragend, denn sämtliche Blöcke werden gespiegelt gespeichert. Zudem ist auch die Leistung außergewöhnlich gut – sämtliche Blöcke werden gleichzeitig auf einer von zwei Festplatten verteilt gespeichert. Mit RAID 10 nutzen Sie somit die Vorteile sämtlicher anderer RAID-Versionen. Somit handelt es sich bei RAID 10 um die beste Option für irgendwelche besonders stark frequentierte oder unerlässliche Dienste oder Anwendungen (beispielsweise Datenbanken).

Fassen wir also zusammen: Es gibt fünf verschiedene RAID-Levels – von der einfachen Spiegelung über das verteilte Speichern von Informationen auf mehreren Laufwerken bis hin zur Kombination dieser beiden Techniken mit drei, vier oder noch mehr Festplatten.

2.4.2 Einrichtung von RAID 5 in Windows Server 2016

Wie gerade kurz umrissen, besteht RAID 5 aus drei oder mehr Laufwerken, von denen sich jedes auf einer eigenen physikalischen Festplatte befindet. Wie bei RAID 0 verwendet RAID 5 auch das sogenannte Striping, bei dem Datenblöcke auf Stripes aufgeteilt werden. Jeder Stripe wird dann auf eine andere Festplatte geschrieben.

RAID 5 unterscheidet sich jedoch beträchtlich von RAID 0: Unter RAID 5 werden nicht nur die Daten-Stripes geschrieben, sondern auch zusätzliche Paritäts-Informationen, über die sich die Daten im Notfall wiederherstellen lassen. Der Schlüssel zur Fehlertoleranz bei RAID 5 liegt in der Tatsache, dass die Paritätsinformationen für einen bestimmten Daten-Stripe immer auf einem anderen Laufwerk gespeichert werden als auf dem, wo die Daten liegen.

Das bedeutet, dass im Falle der Fälle – also bei Ausfall eines Laufwerks – über die zugehörigen Paritäts-Informationen, die auf einem anderen Laufwerk gespeichert sind, Fehler erkannt und Daten korrigiert bzw. wiederhergestellt werden können (dies wird auch als Regeneration bezeichnet).

RAID 5 verfügt also über enorme Vorteile gegenüber RAID 0. Es gibt allerdings auch einige Nachteile, die Sie bei der Erwägung dieser Speicheroption in Betracht ziehen sollten:

Erstens geht mit der Speicherung von zusätzlicher, nicht direkt benötigter Informationen über die Daten in Form von Parität-Bytes natürlich etwas Leistung verloren. Zweitens haben Sie bei Ausfall von zwei oder mehr Festplatten das Problem, dass nicht mehr genügend Paritäts-Daten auf den verbleibenden Laufwerken übrigbleiben, über die die Original-Daten wiederhergestellt werden könnten. Im Normalfall überwiegen die Vorteile von RAID 5 allerdings diese Nachteile bei Weitem.

In Windows Server 2016 richten Sie ein RAID 5 wie folgt ein:

1. Zunächst muss der Server, auf dem Sie RAID 5 einrichten wollen, natürlich über mindestens drei physikalische Laufwerke verfügen – und zwar zusätzlich zu der System-Festplatte.

2. Ist dies der Fall, starten Sie zunächst das System und öffnen dann durch einen Rechtsklick auf den START-Button die DATENTRÄGER-VERWALTUNG.

3. Bevor wir jetzt fortfahren, müssen die Festplatten sämtlich mit einem Partitionsschema initialisiert werden. Dies geschieht am einfachsten, indem Sie links auf den Datenträger mit der rechten Maustaste klicken. Im erscheinenden Menü finden Sie dann den Eintrag DATENTRÄGER INITIALISIEREN, den Sie durch Anklicken auswählen. Wenn Windows dann nach dem zu verwendenden Partitionsschema fragt, wählen Sie am besten das GPT-PARTITIONSSCHEMA aus.

4. Sobald alle diese Laufwerke initialisiert sind, klicken Sie mit der rechten Maustaste auf einen der noch leeren Datenträger. Hier finden Sie dann auch die Option zum Erstellen eines neuen RAID-5-Volumes.

5. Dadurch landen Sie in dem Assistenten zur Erstellung von RAID-5-Volumes. Klicken Sie zunächst auf WEITER, um dann die Liste der für das neue RAID-5-Volume verfügbaren Laufwerke zu sehen.

6. Zu Beginn erscheint nur das Laufwerk, auf das Sie mit der rechten Maustaste geklickt haben, in der Liste der ausgewählten Laufwerke. Sie müssen also noch zwei weitere Festplatten hinzufügen, bevor das RAID-5-Volume erstellt werden kann.

7. Markieren Sie die weiteren zwei Laufwerke und fügen Sie sie von der Liste der verfügbaren Laufwerke zur Liste der ausgewählten Laufwerke hinzu.

8. Sobald Sie mindestens drei Laufwerke ausgewählt haben, klicken Sie unten wieder auf die Schaltfläche WEITER.

9. Jetzt noch – wie bei der Erstellung eines einzelnen Laufwerks – das zu verwendende Dateisystem auswählen und die Formatierung durchführen.

Wichtig

RAID 5 wird als Software-Version von Windows nur für Daten-Laufwerke unterstützt, aber nicht für das System selbst. Wenn Sie die Vorteile von RAID 5 oder RAID 6 auch für das System selbst nutzen wollen, sollten Sie unbedingt auf einen Hardware-basierten RAID-Controller zurückgreifen.

2.5 Automatisierte Installation über die PowerShell

Sind jede Menge (virtueller) Server aufzusetzen, kommen Sie mit der obigen, manuellen Methode natürlich nicht sehr weit – die dauert viel zu lange.

Deswegen hier einige Befehle, mit denen sich ein ähnliches Ergebnis erzielen lässt. Im Gegensatz zur manuellen Installation lassen sich diese aber automatisieren, und zwar wenn sie in einem PowerShell-Skript zum Einsatz kommen.

Tipp

Wenn Sie die gesamte Installation automatisieren wollen, können Sie auch ein angepasstes ISO-Abbild erstellen. Fügen Sie darin eine besondere Datei namens Unattend.xml hinzu – sie enthält die Antworten auf die Fragen, die der Setup-Assistent Ihnen ansonsten der Reihe nach stellt.

Mehr Infos zum Format und den Optionen, die Sie in einer Unattend.xml nutzen können, finden Sie auf folgender englischer Website:

https://technet.microsoft.com/en-us/library/c026170e-40ef-4191-98dd-0b9835bfa580

Mit dem folgenden Skript lässt sich eine virtuelle Maschine erstellen und das Setup von Windows Server 2016 starten:

```
$VMName = "IhrVMName"

New-VM -Name $VMName -Generation 2 -SwitchName
Ext001 -MemoryStartupBytes 2048MB -NewVHDPath
"C:\Users\Public\Documents\Hyper-V\Virtual hard disks\IhrVMName.vhdx" -
NewVHDSizeBytes 60GB |

Set-VM -DynamicMemory -ProcessorCount 2

Add-VMDvdDrive -VMName $VMName -Path "C:\Users\Beispiel\Downloads\
de_windows_server_2016_x64_dvd_8512319.iso"

$dvd_drive = Get-VMDvdDrive -VMName $VMName

Set-VMFirmware -VMName $VMName -FirstBootDevice $dvd_drive

vmconnect.exe localhost $VMName

Start-VM -Name $VMName
```

2.6   Als Upgrade installieren

Windows Server 2016 kann nicht nur von Grund auf neu installiert werden, sondern auch in Form eines Upgrades, etwa von einer vorhandenen Installation von Windows Server 2012 R2. In diesem Fall starten Sie das Setup nicht, indem Sie den Server von der DVD oder dem USB-Stick hochfahren. Stattdessen wird die Upgrade-Installation direkt aus dem laufenden System heraus aufgerufen.

Wichtig

Erstellen Sie vor dem Upgrade auf Windows Server 2016 unbedingt eine vollständige Sicherung des Systems, etwa durch Klonen der Festplatte mit einem Back-up-Programm. Nur so sind wir auf der sicheren Seite, falls während der Installation ein Problem auftritt.

1. Legen Sie als Erstes die Setup-DVD ein oder schließen Sie den Installer-USB-Stick an.
2. Nun wird ein neues Explorer-Fenster geöffnet.
3. Im Bereich DIESER PC erscheint das Setup als eigenes Laufwerk und lässt sich durch Anklicken öffnen.
4. Falls daraufhin nicht das WILLKOMMEN-Fenster, sondern nur eine Liste aller Dateien und Ordner geöffnet wird, die auf dem Laufwerk gespeichert sind, rufen Sie jetzt noch die Datei SETUP.EXE auf.

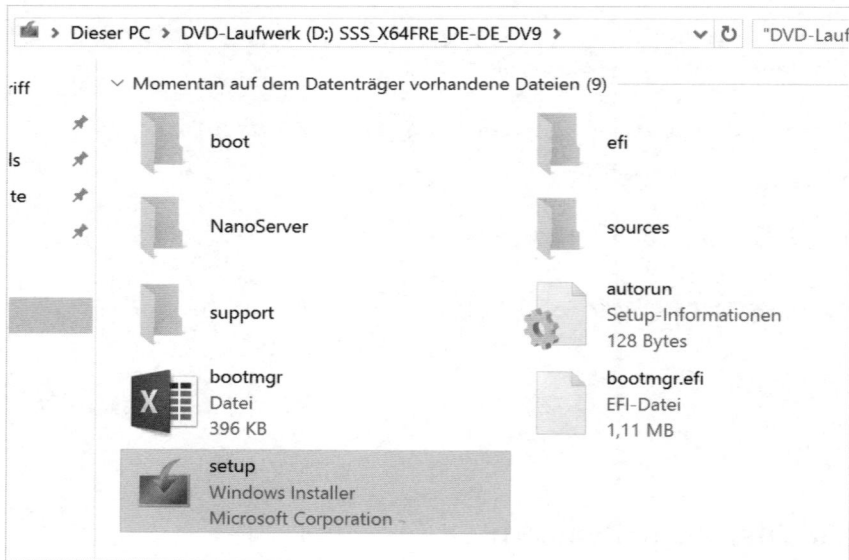

Die weiteren Schritte gleichen in etwa den Schritten bei der Neu-Installation. Im Unterschied dazu kann die Festplatte hier allerdings nicht nach Wunsch neu eingeteilt werden. Außerdem ist ein Upgrade nicht von jeder Quell-Edition des bisher genutzten Systems auf jede Variante von Windows Server 2016 möglich – die Ausgaben sollten schon zusammenpassen.

2.7   Cluster-Aktualisierung

Sie denken nicht über einzelne Server nach, sondern würden gern einen ganzen Cluster auf Windows Server 2016 upgraden? In diesem Fall können Sie von der Cluster-Aktualisierung im laufenden Betrieb profitieren. Die Beschreibung mit den einzelnen Schritten finden Sie weiter hinten, und zwar in Kapitel 15.

2.8   Aktivierung bei Microsoft

Haben Sie sich während der Installation dazu entschieden, die Eingabe des Product Keys zu überspringen, sollten Sie dies bald nachholen. Denn ohne eingegebenen Product Key läuft Windows nur 30 Tage lang als Test-Version. Innerhalb dieses Zeitraums sollten Sie das System durch Eingabe eines passenden Product Keys lizenzieren und gleichzeitig bei Microsoft aktivieren.

Sie können den Product Key jederzeit eingeben. Hier die nötigen Schritte dazu:

1. Rufen Sie zunächst die EINSTELLUNGEN auf, indem Sie auf START und dann auf das Zahnrad-Symbol klicken.
2. Jetzt öffnen Sie den Bereich UPDATE UND SICHERHEIT.
3. Auf der linken Seite navigieren wir nun zur Seite AKTIVIERUNG.
4. Rechts folgt dann ein Klick auf PRODUCT KEY ÄNDERN.
5. Anschließend geben Sie den Product Key ein, mit dem Windows Server 2016 aktiviert werden soll.

2.9   Zusammenfassung

In diesem Kapitel haben wir uns angesehen, wie sich Windows Server 2016 auf einem Server entweder neu oder als Upgrade installieren lässt und worauf Sie dabei achten müssen.

Im nächsten Kapitel geht es um Ihr »Cockpit« auf dem Windows-Server-2016-Desktop: den Server-Manager.

Kapitel 3

Server-Manager zur Konfiguration nutzen

Jetzt haben Sie Windows Server 2016 erfolgreich installiert und sehen den Desktop des Administrator-Kontos. Darauf wurde bei der Anmeldung automatisch der Server-Manager geöffnet.

3.1 Was ist der Server-Manager?

Der Server-Manager ist der zentrale Ort, über den Sie als Administrator Zugriff auf (fast) alle Einstellungen und Optionen Ihres Servers haben. In einem Cockpit hat der Pilot eine Tafel mit vielen Schaltern, Steuerungen und Reglern vor sich, über die er den Status des Flugzeugs erkennen und dessen Richtung und Flug beeinflussen kann.

Ähnlich haben Sie in Windows Server 2016 das Dashboard des Server-Managers: Hier können Sie Funktionen zu Ihrem Server hinzufügen, diese konfigurieren und anpassen – und bei Bedarf auch wieder entfernen.

Beim ersten Aufruf sieht der Server-Manager etwa wie folgt aus:

Abb. 3.1: Der Server-Manager nach dem Start

Das Fenster des Server-Managers gliedert sich dabei in mehrere Teile:

- Oben sehen Sie eine große Leiste, in der wir nicht nur zur letzten Ansicht zurückkehren können – ähnlich wie im Browser.

- Über die Fahne oben rechts haben Sie Zugriff auf Benachrichtigungen. Der Server-Manager informiert Sie in dieser Liste über wichtige Meldungen, die Ihrerseits einer Aktion bedürfen. Bei einem frisch installierten System ist die Liste allerdings noch leer.

- Rechts daneben stehen einige Menüs bereit:

  - Im VERWALTEN-Menü können Sie Rollen und Funktionen zu Ihrem Server hinzufügen. Neben dem lokalen Server ist über den Server-Manager auch die Verwaltung weiterer Server möglich – dazu dient der Punkt SERVER HINZUFÜGEN. Mehr dazu später.

  - Über das TOOLS-Menü haben Sie schnellen Zugriff auf viele Module, die Sie zur Konfiguration Ihres Servers immer wieder brauchen werden. In Kapitel 4 finden Sie eine Übersicht dieser Tools und der Aufgaben, die Sie mit ihnen durchführen können.

  - Im Menü ANSICHT lässt sich die Darstellung bei Bedarf verkleinern. Hilfreich ist dies zum Beispiel, wenn noch keine passenden Grafiktreiber installiert sind, zum Beispiel direkt nach der Installation von Windows Server 2016. Kann das System die Grafik nämlich nicht erkennen, wird der Monitor nur auf eine Auflösung von 1.024 mal 768 Pixeln eingestellt. Und bei dieser Auflösung müssten Sie im Server-Manager so viel scrollen. Bei einer Zoom-Einstellung von 75 % wird hingegen alles erkennbar.

- Am linken Rand lassen sich alle hinzugefügten Server schnell erreichen – zum Beispiel per Klick auf LOKALER SERVER.

- Und auf der rechten Seite sehen Sie stets die Übersicht über die aktuell aufgerufene Funktion und können sie dort beeinflussen.

3.2 Wichtige Konfigurationsaufgaben

Nach der Installation von Windows Server 2016 gibt es ein paar Dinge, die als Erstes erledigt werden sollten. Hier ein Schnelldurchgang mit den Punkten, um die wir uns direkt im Anschluss kümmern werden:

- Namen des Servers ändern
- Zweiten Benutzer anlegen
- Automatische Updates aktivieren
- Zeitzone korrigieren
- Remote-Desktop einschalten

3.2.1 Server-Namen ändern

Zunächst werden wir den Namen des Servers ändern. Denn mit WIN-KAUDER-WELSCH123 kann ich genauso wenig anfangen wie Sie und die Mitarbeiter in Ihrem Unternehmen. Der zufällige Name hat auch nur einen einzigen Sinn: dass bei der automatischen Einrichtung von Servern alle Installationen einen anderen, eindeutigen Namen erhalten.

Die Änderung des Server-Namens ist über den Server-Manager eine Sache weniger Schritte:

1. Zunächst links zum Bereich LOKALER SERVER wechseln.

2. Dann rechts in der Zeile COMPUTER-NAME auf den zufälligen Namen klicken, den der Setup-Assistent vergeben hat. Ein neues Fenster öffnet sich.

3. Hier klicken Sie auf ÄNDERN? und tippen dann den gewünschten neuen Namen für diesen Server ein.

4. Sobald Sie jetzt zwei Mal auf OK klicken, fordert das System Sie zu einem Neustart auf. Anschließend sollte im Server-Manager unter LOKALER SERVER der neue Name angezeigt werden.

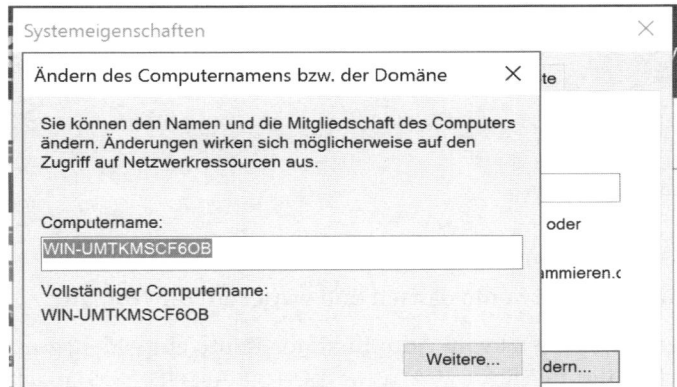

Abb. 3.2: Namen des Servers anpassen

3.2.2 Zweiten Benutzer anlegen

Was für Linux-Server und den *root*-Benutzer gilt, ist auch für Windows-Server von großer Relevanz: Die Arbeit mit dem Administrator-Konto sollte nur im Notfall erfolgen. Deswegen legen wir jetzt ein zweites Benutzerkonto an.

1. Dazu klicken Sie im Server-Manager oben rechts auf TOOLS, COMPUTER-VERWALTUNG. Ein neues Fenster öffnet sich.

2. Nun auf der linken Seite den Bereich SYSTEM, LOKALE BENUTZER UND GRUPPEN, BENUTZER öffnen.

3. Jetzt rechts auf WEITERE AKTIONEN, NEUER BENUTZER... klicken.

4. Geben Sie jetzt als Benutzernamen zum Beispiel Ihren Namen ein. Hier tragen wir `Beispiel` ein.

5. Darunter hinterlegen Sie noch ein Kennwort und wiederholen es.

6. Den Haken bei der Option BENUTZER MUSS KENNWORT BEI DER NÄCHSTEN ANMELDUNG ÄNDERN entfernen wir hier, denn wir werden das Konto ja selbst nutzen und legen es nicht für eine andere Person an.

Abb. 3.3: Neuen (Zweit-) Benutzer erstellen

7. Dann unten auf ERSTELLEN und anschließend auf SCHLIESSEN klicken.

8. In der Tabelle erscheint das neue Konto danach und wartet auf die Nutzung.

Wenn Sie mögen, können Sie sich jetzt vom Administrator-Konto abmelden, zum Beispiel über das START-Menü und Klick auf ADMINISTRATOR, ABMELDEN. Danach erneut [Strg]+[Alt]+[Entf] drücken, sich aber dann mit dem soeben erstellten neuen Konto anmelden.

Tipp

Der Server-Manager erscheint bei der Anmeldung automatisch – aber nur dann, wenn das bei der Anmeldung verwendete Benutzerkonto über Administrator-rechte verfügt.

Sie können den Server-Manager allerdings auch von dem gerade angelegten Konto aus erreichen: Klicken Sie dazu auf START und dann mit der rechten Maustaste auf die Kachel SERVER-MANAGER. Dann auf MEHR, ALS ADMINISTRATOR AUSFÜHREN klicken und das Kennwort des Benutzers ADMINISTRATOR eintippen – fertig! Dieses Vorgehen erinnert in mancherlei Hinsicht an den Linux-Befehl *sudo*.

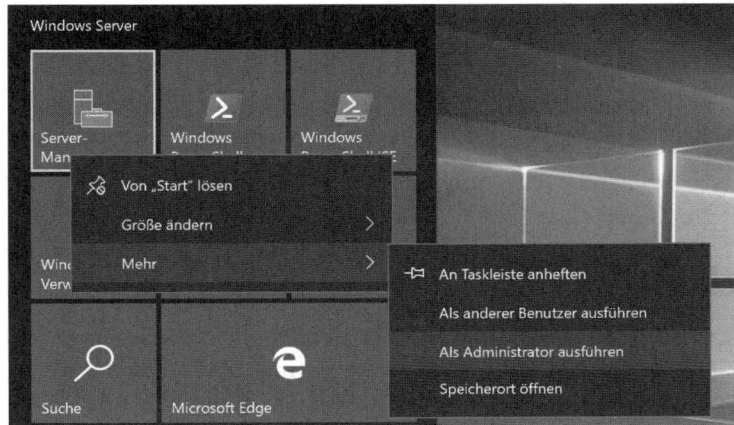

Abb. 3.4: Server-Manager als Administrator starten

3.2.3 Automatische Updates aktivieren

Im Internet ist jeder Computer ständigen Bedrohungen ausgesetzt. Besonders gilt das für Server, denn hier liegen oft wertvolle Informationen und Dokumente eines Unternehmens – ein lohnendes Ziel für Angriffe von Hackern. Und da Sie als Administrator für die Sicherheit des Netzwerks verantwortlich sind, wäre es gut, alle Optionen zu nutzen, die Microsoft Ihnen zur Absicherung des Servers bietet.

An vorderster Stelle sind hier, wie beim Desktop-Computer auch, die Windows-Updates zu nennen. Indem Sie den Server geschützt und auf dem neuesten Stand halten, richten Sie eine erste Barriere vor Hackern auf.

Automatische Updates lassen sich wie folgt konfigurieren:

1. Zunächst klicken wir auf START, EINSTELLUNGEN.
2. Jetzt zum Bereich UPDATE UND SICHERHEIT wechseln.
3. Auf der rechten Seite sehen Sie einen Link namens ERWEITERTE OPTIONEN.
4. In der Auswahl-Liste oben sollte der Eintrag AUTOMATISCH (EMPFOHLEN) eingestellt sein.

Wichtig

Bei Auswahl dieser Option werden alle verfügbaren Updates automatisch heruntergeladen und installiert. Bei Bedarf startet Windows Server 2016 dazu den Computer auch neu.

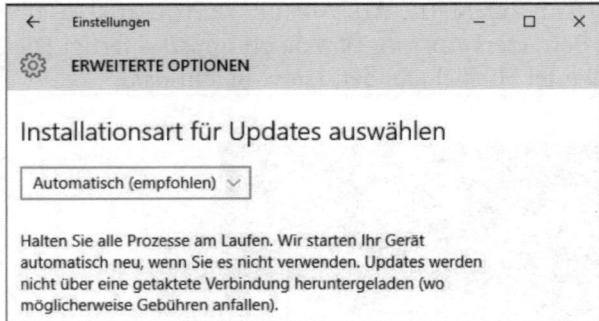

Abb. 3.5: Mit automatischen Updates sind Sie auf der sicheren Seite.

3.2.4 Zeitzone korrigieren

Zum Betrieb von Active Directory-Verzeichnis-Diensten und für weitere Dienste, die Sie auf Ihrem Server einrichten können, ist die richtige Zeiteinstellung von entscheidender Bedeutung.

Die Zeitzone und Uhrzeit lassen sich am einfachsten direkt über die Task-Leiste konfigurieren:

1. Zunächst unten rechts auf dem Monitor mit der rechten Maustaste auf die Uhrzeit klicken. Ein Menü erscheint.

2. In diesem Menü rufen Sie nun die Funktion DATUM/UHRZEIT ÄNDERN auf.

3. Sofern hier nicht bereits die korrekte Zeitzone ausgewählt ist, stellen Sie die richtige über das Auswahl-Menü ein.

Die Änderungen werden dabei sofort und automatisch übernommen.

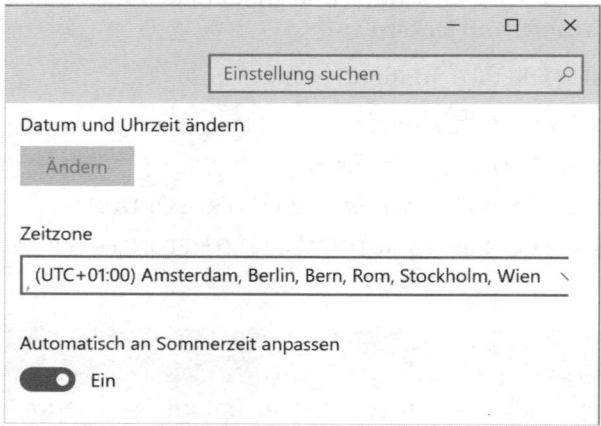

Abb. 3.6: Die Zeitzone lässt sich in den Einstellungen anpassen.

3.2.5 Remote-Desktop einschalten

Damit Sie nicht immer vor dem Server sitzen müssen, um ihn einzurichten und zu warten, können Sie auch den Remote-Desktop aktivieren. Damit haben Sie die Möglichkeit, von jedem Gerät aus auf den Server zuzugreifen und sich dort anzumelden.

Die Remote-Desktop-Funktion lässt sich in Windows Server 2016 beispielsweise über den Server-Manager aktivieren:

1. Zunächst im Server-Manager auf der linken Seite den Eintrag LOKALER SERVER auswählen.

2. Jetzt erscheint rechts die Zeile REMOTE-DESKTOP: DEAKTIVIERT. Hier folgt ein Klick auf das Wort DEAKTIVIERT.

3. Im erscheinenden Dialog markieren Sie die Option REMOTE-VERBINDUNG MIT DIESEM COMPUTER ZULASSEN.

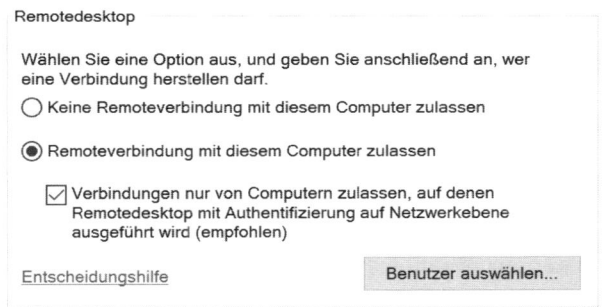

Abb. 3.7: Remote-Desktop muss gesondert aktiviert werden.

Normal erhält anfangs nur der angemeldete Benutzer Zugriff – in diesem Fall also ADMINISTRATOR. Wir wollen uns aber auch mit unserem vorher angelegten zweiten Benutzer über Remote-Desktop einloggen können. Den müssen wir aber erst zur Liste der erlaubten Benutzer hinzufügen.

4. Das Fenster SYSTEM-EIGENSCHAFTEN sollte immer noch geöffnet sein. Wenn nicht, klicken Sie im Server-Manager nochmal auf LOKALER SERVER und dann bei REMOTE-DESKTOP auf AKTIVIERT.

5. Im unteren Bereich des Dialogs sehen Sie einen Button namens BENUTZER AUSWÄHLEN?, auf den Sie nun klicken.

6. Dann auf HINZUFÜGEN? klicken. Ein Dialog zum Suchen von Benutzern erscheint.

7. Jetzt tippen Sie den Namen des Benutzers ein, den Sie als zweiten Benutzer zuvor angelegt hatten – in unserem Fall geben wir also `Beispiel` ein.

8. Nun noch mehrfach auf OK klicken.

Mehr Informationen über Remote-Desktop und den Zugriff von anderen Geräten mit Windows, macOS, Linux oder auch mobil von iOS oder Android finden Sie übrigens in Kapitel 12.

3.3 Rollen und Features hinzufügen und entfernen

Direkt nach der Installation »kann« der neue Windows-Server noch nicht allzu viel. Die Funktionen, die in Ihrem Umfeld benötigt werden, können Sie aber schnell nachrüsten. Mit diesem Konzept der Funktionsmodule – Microsoft nennt sie »Rollen« – ist das Basis-System noch recht schlank, da nicht sämtliche erdenklichen Features von Anfang an installiert sind.

Beispiel

Angenommen, aus dem Server soll ein Web-Server werden, der Webseiten im lokalen Netzwerk oder auch im Internet anbieten soll. In diesem Fall müssen wir die Server-Rolle »Webserver (IIS)« installieren.

3.3.1 Rollen und Features hinzufügen

Rollen lassen sich über den Server-Manager hinzufügen: Einfach oben rechts auf VERWALTEN, ROLLEN UND FEATURES HINZUFÜGEN? klicken.

Damit landen wir in einem Assistenten. Windows weist uns zunächst darauf hin, dass wir ...

- für den Administrator ein sicheres Kennwort nutzen sollten,
- gegebenenfalls statische IP-Adressen nutzen müssen, damit Clients auf die installierten Dienste zugreifen können und
- die neuesten Windows-Updates eingespielt haben sollten.

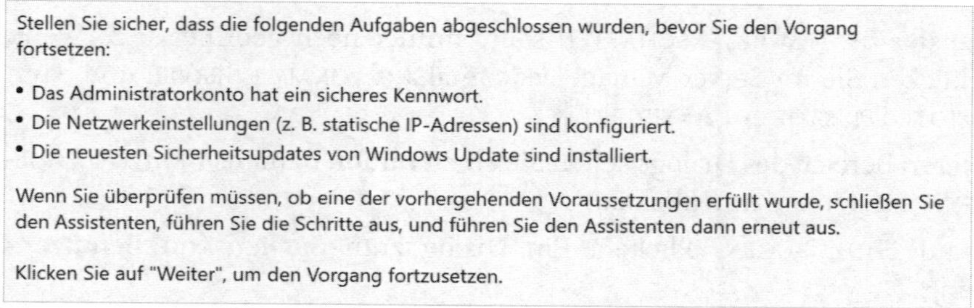

Stellen Sie sicher, dass die folgenden Aufgaben abgeschlossen wurden, bevor Sie den Vorgang fortsetzen:

- Das Administratorkonto hat ein sicheres Kennwort.
- Die Netzwerkeinstellungen (z. B. statische IP-Adressen) sind konfiguriert.
- Die neuesten Sicherheitsupdates von Windows Update sind installiert.

Wenn Sie überprüfen müssen, ob eine der vorhergehenden Voraussetzungen erfüllt wurde, schließen Sie den Assistenten, führen Sie die Schritte aus, und führen Sie den Assistenten dann erneut aus.

Klicken Sie auf "Weiter", um den Vorgang fortzusetzen.

Abb. 3.8: Beim Hinzufügen von Rollen müssen bestimmte Anforderungen erfüllt sein.

Sie können aber beruhigt sein, denn Sie wissen ja: Wir haben uns um diese Punkte schon gekümmert. Klicken Sie also einfach auf WEITER.

Zur Installation lokaler Rollen wählen wir im nächsten Schritt die Option ROLLEN-BASIERTE ODER FEATUREBASIERTE INSTALLATION und klicken dann auf WEITER.

In der Liste, die jetzt erscheint, ist der lokale Server schon markiert. Wir können also direkt wieder auf WEITER klicken. Nun sehen wir die Liste aller Rollen, die sich auf dem Server einrichten lassen. In diesem Fall interessieren wir uns für den WEBSERVER, den wir also mit einem Haken versehen.

Sind alle benötigten Rollen in der Liste mit einem Haken markiert, geht es mit einem Klick auf WEITER zum nächsten Schritt.

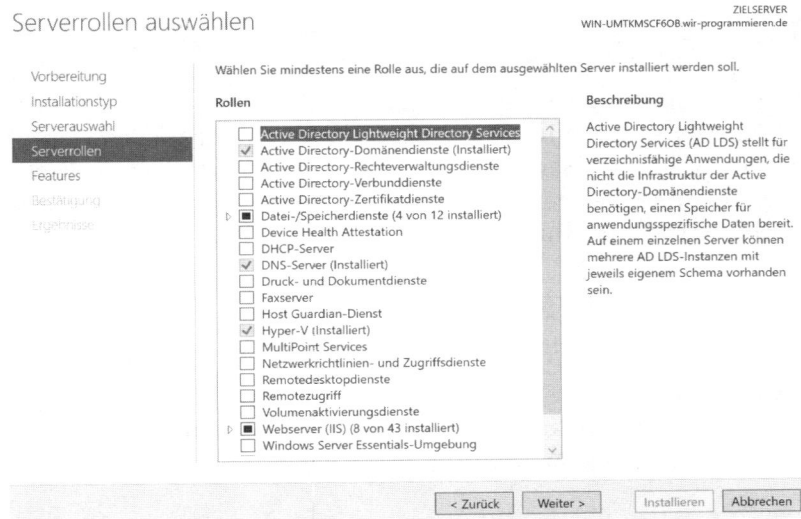

Abb. 3.9: Hier lassen sich die benötigten Rollen auswählen.

Auch hier erscheint wieder eine Liste, die sich allerdings nicht auf Server-Rollen bezieht, sondern auf einzelne Funktionen, die nicht unbedingt einer bestimmten Server-Rolle zugeordnet werden können. Darunter fallen zum Beispiel Elemente wie die Container, Cluster-Befehle oder auch der intelligente Hintergrund-Übertragungsdienst.

In unserem Fall benötigen wir allerdings keine dieser zusätzlichen Funktionen, da die für die Webserver-Rolle benötigten Features bereits im vorherigen Schritt automatisch für uns ausgewählt wurden. Wir können also direkt auf WEITER klicken und so zum nächsten Konfigurationsschritt fortfahren.

Für jede zusätzliche Server-Rolle, die wir zuvor ausgewählt haben, erhalten wir jetzt eine Einführung in die damit verbundene Installation von Diensten. Für den Webserver sind dies zum Beispiel:

- Allgemeine HTTP-Features
- Funktionen zur Komprimierung der Inhalte, sodass Besucher der Website die Daten zum Beispiel über GZIP übertragen können
- Filter für Anfragen an den Webserver – dies dient der Sicherheit
- Protokollierung von HTTP-Anfragen sowie die
- IIS-Verwaltungskonsole.

Klicken Sie jetzt einfach auf WEITER, dann landen wir auf einer Seite, auf der wir die geplanten Änderungen für den Server bestätigen können.

Hier fasst der Assistent zum Hinzufügen von Rollen und Features jetzt alle Änderungen, die wir durchführen möchten, nochmals übersichtlich als Liste zusammen.

Tipp

Zur Installation mancher Server-Rollen oder -Features ist unter Umständen ein Neustart von Windows Server 2016 erforderlich. Wenn Sie oben auf den Haken bei der Option ZIEL-SERVER BEI BEDARF AUTOMATISCH NEU STARTEN setzen, kann sich das System um diesen nötigen Neustart automatisch kümmern, ohne dass zuvor eine erneute Bestätigung Ihrerseits erforderlich wird.

Diese letzte zusammenfassende Seite des Assistenten können Sie nicht mit der Schaltfläche WEITER verlassen, stattdessen klicken wir auf INSTALLIEREN.

Jetzt können wir eigentlich nur noch warten, bis Windows Server 2016 die gewünschten Server-Rollen und Features hinzugefügt hat. Je nach Geschwindigkeit des Servers kann dies einige Augenblicke dauern.

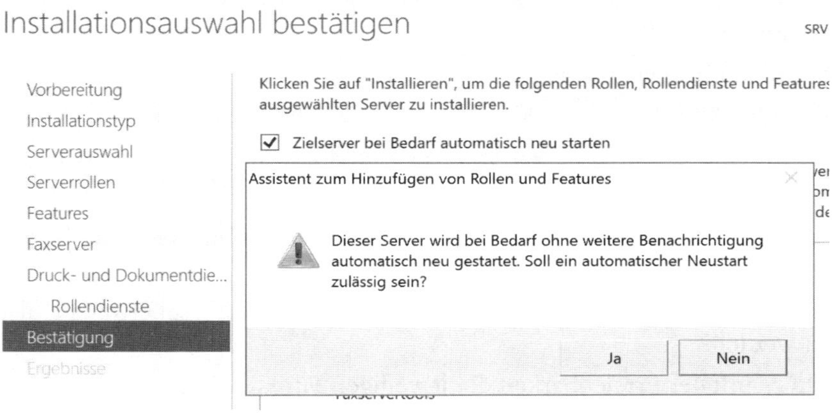

Installationsauswahl bestätigen   SRV

Vorbereitung
Installationstyp
Serverauswahl
Serverrollen
Features
Faxserver
Druck- und Dokumentdie...
   Rollendienste
Bestätigung
Ergebnisse

Klicken Sie auf "Installieren", um die folgenden Rollen, Rollendienste und Features
ausgewählten Server zu installieren.

☑ Zielserver bei Bedarf automatisch neu starten

Assistent zum Hinzufügen von Rollen und Features

⚠ Dieser Server wird bei Bedarf ohne weitere Benachrichtigung
automatisch neu gestartet. Soll ein automatischer Neustart
zulässig sein?

      Ja   Nein

Abb. 3.10: Der Windows-Server kann automatisch neu starten, falls nötig.

Zum Schluss lesen wir oben den Hinweis: INSTALLATION AUF "NAME DES SERVERS" WAR ERFOLGREICH. Daran ist zu erkennen, dass die neu hinzugefügten Server-Rollen und Features jetzt verfügbar sind. Wir können den Assistenten jetzt mit Klick auf den SCHLIESSEN-Button verlassen.

Wenn wir nun einen Blick in das Dashboard des Server-Managers werfen, stellen wir fest: Hier findet sich auch ein neuer Bereich für den soeben installierten Webserver namens IIS.

Auf ähnliche Weise klinken sich viele der verfügbaren Server-Rollen in den Server-Manager ein, sodass Sie stets eine zentrale Anlaufstelle zur Verwaltung Ihres Servers haben – ungeachtet der Funktionen, die der Server in Ihrem Netzwerk bzw. Ihrem Unternehmen übernimmt.

Jetzt erhalten wir übrigens Gelegenheit, uns den Bereich für Benachrichtigungen näher anzusehen. Klicken Sie oben im Server-Manager auf das Fahnen-Symbol, sehen Sie: Auch hier erscheint die Benachrichtigung über die erfolgte Installation des Features bzw. der Server-Rolle. Sie sind also immer genau im Bilde, was gerade mit Ihrem Server geschieht.

Haben Sie eine Benachrichtigung gelesen, können Sie diese schnell aus der Liste der Benachrichtigungen entfernen: Klicken Sie dazu einfach rechts bei der jeweiligen Benachrichtigung auf das X-Symbol. Sie wird dann aus der Liste der Benachrichtigungen entfernt.

3.3.2 Rollen und Features bei Bedarf wieder entfernen

Wenn Sie später feststellen, dass eine bestimmte Rolle auf dem Server doch nicht benötigt wird, können Sie sie auch wieder aus Windows Server 2016 entfernen – und so Ressourcen freigeben für die Rollen, für die der Server zuständig ist.

1. Zum Entfernen einer Server-Rolle oder eines Features öffnen Sie erneut den Server-Manager.

2. Klicken Sie dann oben rechts auf VERWALTEN und wählen Sie in dem dann erscheinenden Menü den Eintrag ROLLEN UND FEATURES ENTFERNEN.

Bevor Sie eine Rolle von dem Server entfernen, gibt es einige Punkte, an die Sie vorher denken sollten:

- Sind noch irgendwelche Daten in Bezug auf die Rolle zu sichern, die Sie von dem Server entfernen möchten?

- Müssen Einstellungen oder Daten auf einen anderen Server übertragen, also migriert werden?

- Wie steht es mit der Erreichbarkeit der jeweiligen Funktion? Ist die Ausfallzeit, die durch das Entfernen der Rolle entsteht, einkalkuliert?

- Und vor allem: Wissen die Mitarbeiter in Ihrem Unternehmen Bescheid darüber, dass gerade Wartungs-Arbeiten an dem Server durchgeführt werden?

Genau auf diese Punkte werden Sie auch durch den Assistenten zum Entfernen von Rollen und Features hingewiesen. Weil beim Entfernen Daten verloren gehen können, empfiehlt es sich in diesem Fall, diese Seite nicht zu überspringen. Lassen Sie also den Haken unten auf der Seite am besten weg.

Nach dieser einführenden Seite erfolgt im nächsten Schritt zunächst wieder die Auswahl des Servers, auf den die Änderungen angewendet werden sollen. In diesem Fall handelt es sich um den lokalen Server – der demzufolge bereits für Sie ausgewählt wurde. Sie können also die Auswahl einfach durch Klicken auf WEITER bestätigen.

Nun sehen Sie eine Liste mit sämtlichen Server-Rollen, die momentan installiert sind. Darüber hinaus werden in der Liste auch die Rollen angezeigt, die aktuell nicht auf dem Server eingerichtet sind – sie sind allerdings grau hinterlegt, weil etwas nicht Vorhandenes natürlich nicht entfernt werden kann.

Für unser Beispiel wollen wir uns ansehen, wie wir die Server-Rolle WEBSERVER (IIS) wieder aus Windows Server 2016 deinstallieren können. Wir entfernen (!) also einen Haken bei dem Eintrag WEBSERVER (IIS), bevor wir unten auf WEITER klicken. Das Entfernen des Hakens ist also in diesem Fall gleichbedeutend damit, dass die jeweilige Server-Rolle aus dem System gelöscht wird. Sie steht nach Abschluss des Prozesses also nicht mehr zur Verfügung.

Im nächsten Schritt des Assistenten haben wir darüber hinaus auch die Möglichkeit, bestimmte Features aus Windows Server 2016 zu entfernen. Vielleicht haben wir einige der Funktionen zusätzlich installiert, weil wir sie für den Betrieb der ausgewählten Server-Rolle benötigt haben und jetzt nicht mehr brauchen. In unserem Beispiel möchten wir allerdings keine der zusätzlichen Features entfernen, sodass wir direkt wieder unten auf WEITER klicken.

Im letzten Schritt des Assistenten sehen wir die Zusammenfassung der Funktionen und Server-Rollen, die gleich von Windows Server 2016 gelöscht, d.h. entfernt werden. Wie beim Hinzufügen von Server-Rollen und Features haben wir auch hier oben über der Liste die Möglichkeit, eventuell notwendige Neustarts automatisch zu veranlassen, sodass wir sie nicht nochmals manuell bestätigen müssen.

Sobald wir jetzt unten auf die Schaltfläche ENTFERNEN klicken, werden die markierten Rollen und/oder Features aus dem System entfernt, also deinstalliert. Dieser Prozess läuft automatisch ab und wir werden später wieder im Server-Manager, und dort im Bereich der Benachrichtigungen, über den Abschluss des Vorgangs informiert.

3.3.3 Fazit

Wie wir gesehen haben, ist mit dem Server-Manager, den Microsoft übrigens seit Windows Server 2008 von Grund auf neugestaltet hat, das Einrichten und Konfigurieren von Rollen und Features für Ihren Windows-Server problemlos und schnell möglich. So nutzen Sie alle Vorteile eines modular aufgebauten Systems, haben aber trotzdem sämtliche benötigten Funktionen schnell zur Hand, wenn Sie sie auf diesem Server benötigen.

Allerdings war dies nur eine kurze Einführung in den Server-Manager. Mehr Informationen über die Ansicht und Konfiguration von Leistungsdaten, die Überwachung mehrerer Server in einem zentralen Dashboard sowie über das Filtern, Sortieren und Abfragen von Daten in Kacheln des Server-Managers finden Sie in Kapitel 10, »Windows Server 2016 im Betrieb überwachen«.

3.4 Server-Manager bei der Anmeldung nicht automatisch öffnen

Jedes Mal, wenn Sie sich mit einem Administrator-Konto bei Windows Server 2016 einloggen, erscheint automatisch das Fenster des Server-Managers. Möchte man andere Konfigurationsaufgaben durchführen, ist der Server-Manager allerdings mitunter hinderlich. In diesem Fall können Sie den automatischen Start des Server-Managers auch verhindern.

Führen Sie die folgenden Schritte aus, damit der Server-Manager bei der Anmeldung bei einem Administrator-Konto nicht mehr automatisch erscheint:

1. Öffnen Sie den Server-Manager.
2. Klicken Sie jetzt oben rechts auf VERWALTEN, SERVER-MANAGER-EIGENSCHAFTEN.
3. In dem erscheinenden Dialog setzen Sie einen Haken bei der Option SERVER-MANAGER BEIM ANMELDEN NICHT AUTOMATISCH STARTEN.

4. Bestätigen Sie die Änderung, indem Sie unten auf die Schaltfläche OK klicken.

5. Das war's auch schon – ab sofort startet der Server-Manager nur noch dann, wenn er manuell aufgerufen wird, zum Beispiel über das START-Menü.

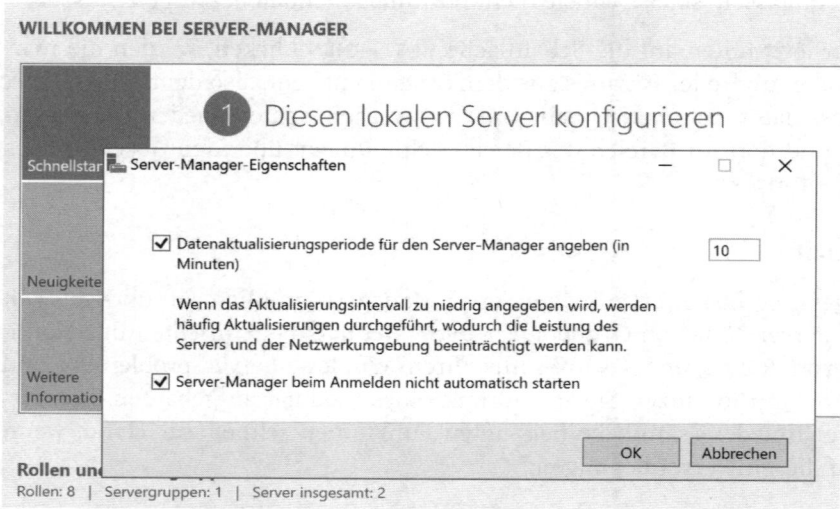

Abb. 3.11: Server-Manager beim Anmelden nicht starten

3.5 Zusammenfassung

Jetzt wissen Sie bereits, wie Sie auf Ihrem Windows Server 2016-System neue Rollen oder Features hinzufügen, und wir haben uns auch angesehen, wie Sie diese bei Bedarf wieder loswerden können.

Kapitel 4

Grundlagen des Windows Server-Systems

Wenn Sie mit Windows vertraut sind und vielleicht sogar schon mit Windows 10 gearbeitet haben, werden Sie keinerlei Probleme haben, sich auf dem Desktop von Windows Server 2016 zurechtzufinden. Haben Sie sich während der Installation für die Variante mit *Desktop Experience* entschieden, erscheint nach dem Abschluss des Setups der bekannte Desktop inklusive START-Menü und Windows-Explorer. Kommen Sie allerdings eher aus der Linux- oder macOS-Ecke, wird der kurze Überblick über den Desktop von Windows Server 2016 sicher nützlich und interessant für Sie sein.

Nach der Anmeldung beim Administrator-Konto – oder bei dem Konto, das wir im Kapitel über die Installation als Zweitkonto erstellt haben – sehen Sie zunächst das Fenster des Server-Managers. Schließen Sie es bitte, indem Sie oben rechts auf das X-Symbol klicken. So haben wir freie Sicht auf den Desktop und können uns dessen Elemente im Einzelnen kurz anschauen.

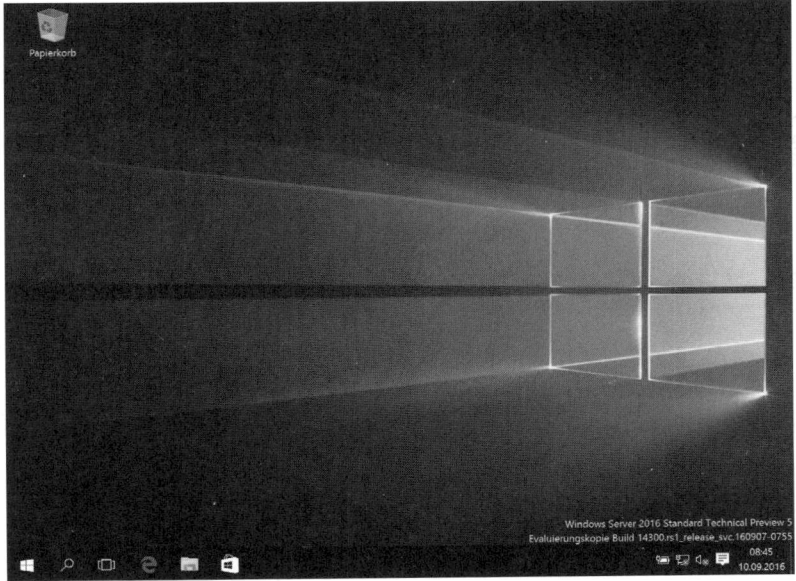

Abb. 4.1: Der Windows Server 2016-Desktop

Die Oberfläche von Windows Server 2016 gliedert sich in zwei Teile:

■ Den größten Teil des Bildschirms nimmt der Desktop mit seinen Symbolen ein. Hier findet sich direkt nach der Installation nur ein einziges Symbol, nämlich der Papierkorb.

■ Am unteren Rand des Monitors haben Sie Zugriff auf die Task-Leiste. Sie enthält ganz links den START-Button, über den Sie nicht nur Programme starten können, die auf dem Server installiert sind, sondern auch Zugriff auf wichtige Verwaltungsfunktionen haben. Über den START-Button lässt sich der Server im Bedarfsfall auch herunterfahren oder neu starten. Möchten Sie sich von dem aktuellen Konto abmelden, sind Sie ebenfalls im START-Menü richtig.

4.1 Task-Leiste

Direkt rechts neben dem START-Button sehen Sie das Symbol einer Lupe. Über diese Schaltfläche haben Sie schnellen Zugriff auf eine systemweite Suchfunktion, mit der sich nicht nur Dateien, Ordner und Programme finden lassen, sondern hierüber können Sie auch Einstellungen schnell aufrufen, um sie zu ändern.

> **Hinweis**
>
> Als Nutzer von Windows 10 sind Sie es wahrscheinlich gewöhnt, an dieser Stelle die Sprach-Assistentin Cortana vorzufinden, die Ihnen mit Rat und Tat intelligent zur Seite steht. Leider muss ich Sie enttäuschen: In Windows Server 2016 ist Cortana nicht enthalten. Sie müssen also mit der regulären, wenn auch systemweiten Suchfunktion vorliebnehmen.

Abb. 4.2: Die Task-Leiste in Windows Server 2016 Technical Preview 5

Neben dem Such-Button reihen sich dann weitere Funktionen und Programme von Windows Server ein. Gehen wir sie der Reihe nach kurz durch:

■ Zunächst wäre da die Schaltfläche TASK-ANSICHT, über die Sie, ganz wie bei Windows 10, auf mehrere virtuelle Desktops zugreifen können. Diese können jeweils unterschiedliche Fenster beinhalten, sodass Sie verschiedene Arbeitsbereiche effektiv voneinander trennen können. Nutzer von macOS kennen dieses Prinzip ebenfalls, und zwar in Form der Spaces. Wie Sie diese Funktion für virtuelle Desktops effektiv nutzen können, beschreiben wir später in diesem Kapitel.

■ Mit dem Symbol des blauen »e« verbinden viele Benutzer den Internet Explorer, einen Browser von Microsoft, der nicht unbedingt für seine gute Einhaltung von Web-Standards bekannt ist. In Windows Server 2016 hat Microsoft allerdings, wie auch in Windows 10, mit dem Internet Explorer als Standard-Browser gebrochen – zumindest in einigen Versionen (die Evaluierungsversion auf TechNet enthält derzeit, Stand Oktober 2016, weiterhin den Internet Explorer). Stattdessen finden Sie hier den Microsoft Edge-Browser. Auch zu diesem wichtigen Teil von Windows folgen an späterer Stelle in diesem Kapitel einige Erklärungen, damit Sie wissen, wie Sie auf dem Desktop von Windows Server 2016 beispielsweise Tools aus dem Internet herunterladen können, ohne dass Sie dazu erst einen alternativen Browser – zum Beispiel Mozilla Firefox oder Google Chrome – installieren müssen.

■ Der wohl am häufigsten benötigte Button in der Task-Leiste des Windows-Desktops ist das Symbol mit dem gelben Ordner. Dahinter versteckt sich der Windows-Explorer, der Datei-Manager in der Windows-Welt. Mit ihm können Sie auf die Dateien und Ordner zugreifen, die auf der Festplatte des Servers gespeichert sind. Zudem ist auch der schnelle Zugriff auf Netzwerk-Freigaben sowie angeschlossene Wechsel-Datenträger möglich. Mehr über den Windows-Explorer finden Sie ebenfalls in Kürze, und zwar noch in diesem Kapitel.

■ Über das letzte Symbol auf der linken Seite haben Sie, wie bei Windows 10 auch, Zugriff auf Programme und Erweiterungen aus dem Windows Store. Wie Edge ist auch der Store nicht in allen Versionen von Windows Server 2016 verfügbar.

Am rechten Ende der Task-Leiste sehen Sie Symbole für die Netzwerkverbindung und die Audio-Ausgabe. Und ganz am Ende erscheinen schließlich die aktuelle Uhrzeit und das Datum sowie das Info-Center mit Benachrichtigungen des Systems.

4.2 Start-Menü

Ein Klick auf den START-Button in der unteren linken Ecke des Monitors genügt, um das START-Menü anzuzeigen (Abbildung 4.3).

Hier finden Sie eine zweigeteilte Ansicht:

■ Auf der linken Seite erscheinen neben Ihrem Benutzer-Symbol auch Verknüpfungen zu den am häufigsten aufgerufenen Programmen sowie, etwas tiefer, Einträge für EINSTELLUNGEN-App und einen »Netz-Schalter«, über den Sie das System ausschalten oder neu starten können.

■ Ganz im Stil von Windows 8, 8.1 und Windows 10 erscheinen auf der rechten Seite des START-Menüs Kacheln. In Windows Server 2016 sehen Sie allerdings nicht die aus Windows 10 bekannten Apps, sondern spezifisch auf die Aufgaben von Administratoren angepasste Programme – darunter etwa der Server-Manager, den wir schon in Kapitel 3 kennengelernt haben, die Windows Power-Shell sowie den Microsoft-Edge-Browser.

Per Klick auf eine dieser Kacheln startet das zugehörige Programm. Wenn Sie möchten, können Sie diese Kacheln, ihre Anordnung und Gruppierung natürlich nach eigenem Bedarf anpassen.

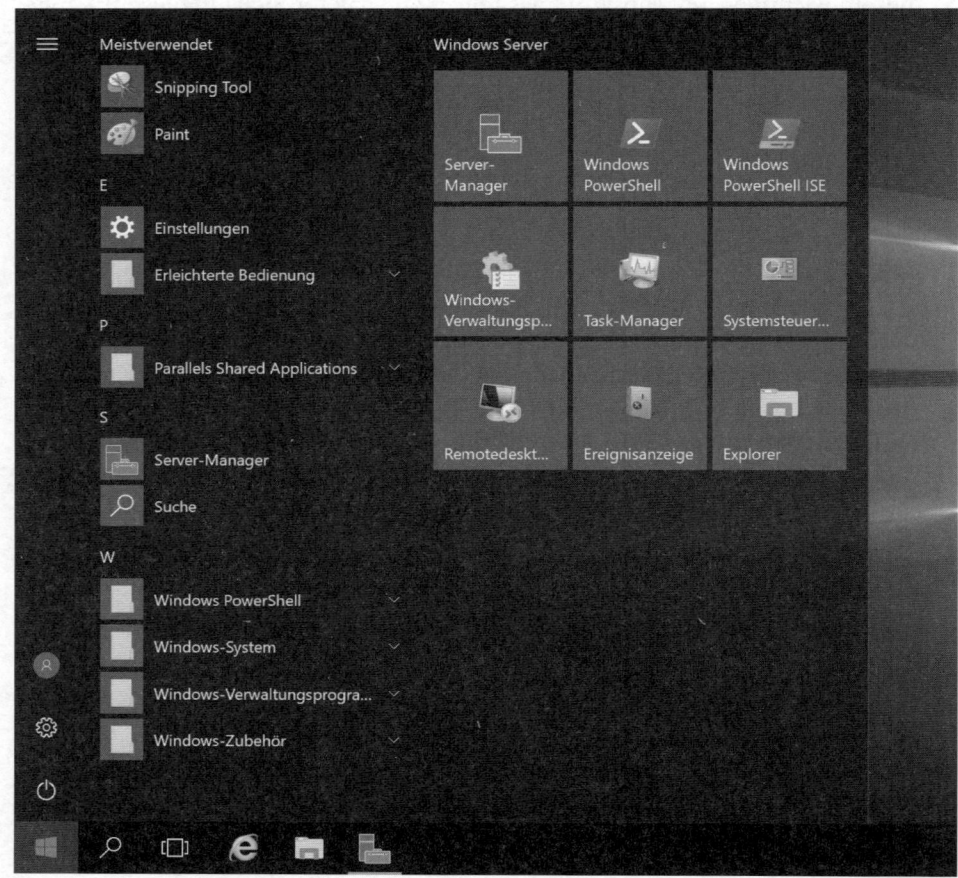

Abb. 4.3: Das START-Menü von Windows Server 2016

4.2.1 Server ausschalten oder neu starten

Für Sie als Administrator ist es natürlich extrem wichtig zu wissen, wie Sie den Server vom Desktop aus herunterfahren beziehungsweise neu starten können, wenn es denn erforderlich ist. Das START-Menü bringt zunächst Ernüchterung: Ein Klick auf EIN/AUS zeigt nur ein leeres Feld an.

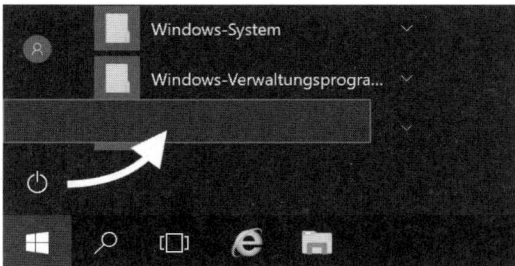

Abb. 4.4: Für Nicht-Administratoren ist das Ein-/Aus-Menü leer.

Das ist kein Fehler, sondern Absicht. Denn »normale« Benutzer, also solche ohne Administratorrechte, dürfen Windows Server 2016 nicht so einfach beenden, wann sie es wollen. Es könnte ja sein, dass der Server wichtige Dienste anbietet und deswegen nicht einfach ausfallen darf.

Zum Herunterfahren oder Neustarten des Servers brauchen wir tatsächlich das Administrator-Konto, dessen Kennwort wir direkt nach der Installation des Systems festgelegt hatten. Wir klicken also auf START, dann unten links auf das Benutzer-Symbol und wählen ABMELDEN. Nach erfolgter Abmeldung drücken Sie Strg+Alt+Entf, wählen dann unten links das Konto ADMINISTRATOR aus, geben das zugehörige Kennwort ein und melden sich an.

Wenn Sie jetzt im START-Menü bei EIN/AUS nachsehen, sieht die Sache schon anders aus: Nun bietet das System Ihnen die gesuchten Funktionen zum HERUN-TERFAHREN oder NEU STARTEN.

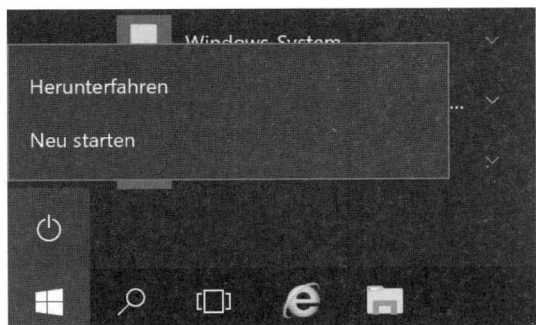

Abb. 4.5: Als Administrator stehen die benötigten Funktionen wie gewohnt zur Verfügung.

Im Unterschied zu Windows 10 wird die Aktion, die Sie hier auswählen, allerdings nicht direkt ausgeführt. Stattdessen fragt Windows Server 2016 zuerst nach dem Grund für das Herunterfahren bzw. den Neustart, der anschließend in das System-Protokoll eingetragen wird. Ein ähnliches Verhalten kennen Sie ja schon, wenn Sie schon mit einer früheren Version von Windows Server zu tun hatten – es sieht nur alles etwas anders aus.

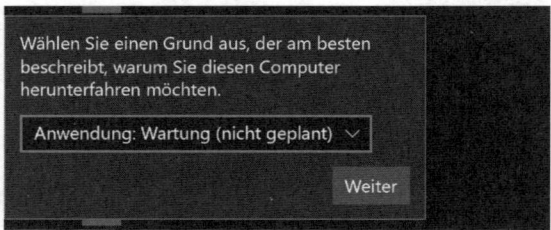

Abb. 4.6: Vor dem Herunterfahren oder dem Neustart muss der Grund dafür ausgewählt werden.

Tipp

Den alten Dialog gibt es auch noch. Klicken Sie einfach auf eine freie Stelle des Desktops und drücken Sie dann Alt + F4 …

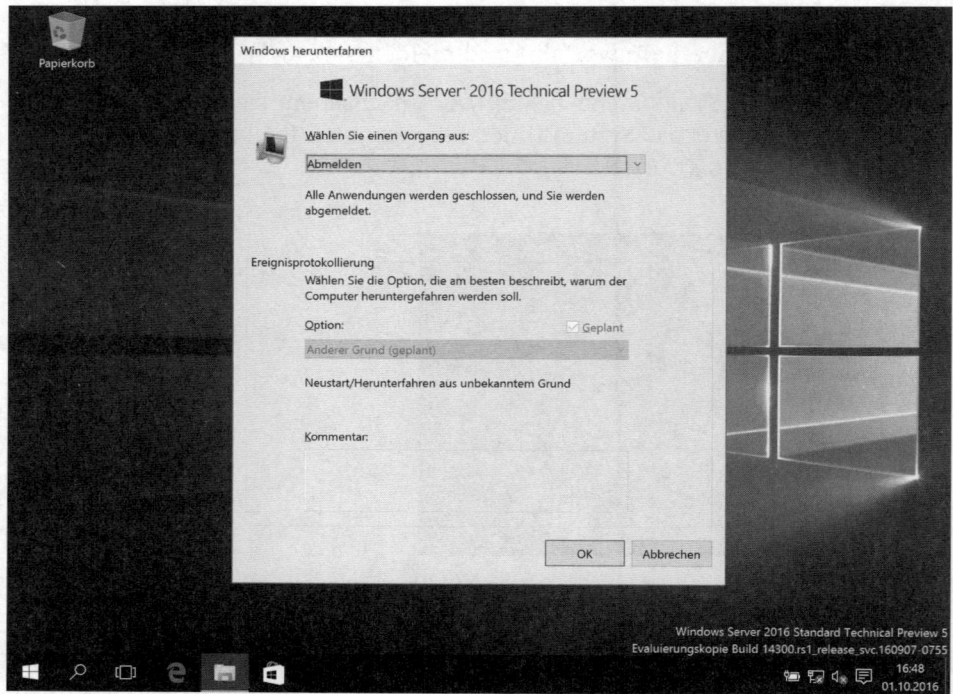

Abb. 4.7: Klassischer Herunterfahren-Dialog

4.2.2 Kacheln anheften

Für jedes Programm und jede App, die auf dem Server installiert ist, können eigene Kacheln ins START-Menü eingebunden werden. Das hat einen Vorteil: Zum Start des jeweiligen Programms müssen Sie nicht erst ewig in der Liste der Programme suchen, sondern klicken einfach auf die angeheftete Kachel.

Beispiel

Sehen wir uns ein Beispiel an. Wir wollen den Editor als Kachel anheften:

1. Zuerst klicken Sie auf START.
2. Scrollen Sie in der linken Spalte ganz nach unten, bis die Rubrik WINDOWS-ZUBEHÖR sichtbar wird.
3. In dieser Rubrik findet sich unter anderem der EDITOR, auf den Sie jetzt mit der rechten Maustaste klicken.
4. Im Kontext-Menü rufen wir dann die Funktion AN "START" ANHEFTEN auf.

Abb. 4.8: Über einen Rechtsklick lassen sich Programme als Kachel ins START-Menü einbauen.

Tipp

Sie können Apps und Programme auch einfach aus der linken Liste mit der Maus nach rechts ziehen. Die Kachel wird dadurch ebenfalls erstellt.

> **Tipp**
>
> **Wo ist die App?**
>
> Neu angeheftete Kacheln werden immer am unteren Ende der Kachel-Liste ein-
> gefügt. Manchmal ist die Kachel-Liste länger als der sichtbare Bereich des
> START-Menüs; scrollen Sie in diesem Fall nach unten, um die neu angeheftete
> App zu entdecken.

4.2.3 Kacheln lösen

Ähnlich einfach wie das Anheften einer App ans START-Menü lassen sich vorhandene Kacheln auch von der Kachelwand entfernen. Microsoft spricht da vom
»Lösen«. So gehen Sie dazu vor:

1. Zuerst wieder das START-Menü öffnen.
2. Jetzt mit der rechten Maustaste auf die App-Kachel klicken, die nicht länger
   angeheftet sein soll.
3. In dem Menü sehen wir direkt die gesuchte Funktion: VON "START" LÖSEN.

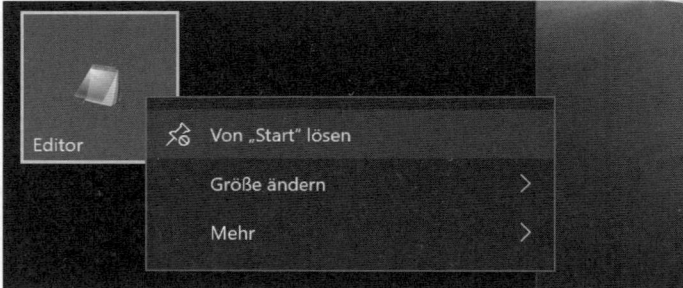

Abb. 4.9: Genauso einfach wie das Anheften ist auch das Lösen von Kacheln.

Sofort verschwindet die betreffende Kachel aus dem START-Menü. Aber keine
Angst: In der alphabetischen Liste, die links im START-Menü angezeigt wird, wird
die App weiterhin aufgeführt.

4.2.4 Ordner ans Start-Menü anheften

Ähnlich einfach wie Apps können auch Benutzer-Ordner an die Kachel-Wand des
START-Menüs gepinnt werden. Das ist besonders für häufig benötigte Elemente
eine gute Idee.

Ordner lassen sich über den Explorer ans START-Menü anheften. Dazu unten auf
das gelbe Ordner-Symbol klicken. Jetzt navigieren Sie zu dem Ordner, der angeheftet werden soll, und klicken ihn mit der rechten Maustaste an. Auch hier finden

Sie im Kontext-Menü den Eintrag AN "START" ANHEFTEN. Ein Klick auf den START-Button beweist: Der Ordner wurde tatsächlich wie gewünscht angeheftet.

4.3 Mehr Platz auf dem Bildschirm dank virtueller Desktops

Mehr Platz zu haben als das, was der physische Bildschirm hergibt, ist nicht nur ein Traum, sondern eine mächtige Technik, mit der sich Gruppen von Fenstern schnell organisieren und umschalten lassen.

4.3.1 Hintergrund

Virtuelle Desktops sind nicht neu. Schon in den 80er-Jahren schuf die Firma Xerox PARC eines der frühesten Systeme mit virtuellen Schreibtischen – und veröffentlichte damals auch eine Version für Windows 3.x.

Auch bei Microsoft arbeitete man schon vor Jahrzehnten an der Idee für virtuelle Desktops. Den Virtual Desktop Manager gab es als Teil der PowerToys bereits für das betagte Windows XP; später gab es ein Add-On der Sysinternals-Suite, das ebenfalls zur Einrichtung virtueller Desktops gedacht war.

Abb. 4.10: Virtuelle Desktops in Windows XP

Andere Systeme, darunter macOS oder auch viele Varianten von Linux, kennen das Konzept der virtuellen Schreibtische schon länger. Wenn Sie aus einer dieser

Welten kommen, sind Sie daher schon damit vertraut und werden sich freuen zu erfahren, dass Windows Server 2016 Ihnen ebenfalls die Arbeit mit virtuellen Desktops erleichtern kann.

Mit virtuellen Desktops ...

- bekommen Sie mehr Platz zur Gruppierung von passenden Fenstern,
- lassen sich Fenster und Fenstergruppen schnell finden und fokussieren,
- können Sie Fenstergruppen leicht neu organisieren und einzelne Programme verschieben, wenn sich Aufgaben ändern,
- behalten Sie die Kontrolle darüber, ob und wann Fenster wie auf Desktops aufgeteilt werden.

4.3.2 Neuen virtuellen Desktop anlegen

Ein neuer virtueller Desktop wird mit den folgenden Schritten angelegt:

1. Zunächst auf die Taskansicht-Schaltfläche klicken.
2. Jetzt folgt ein Klick auf den Button NEUER DESKTOP, der sich in der unteren rechten Ecke befindet, in der Nähe der System-Uhr.

Alternativ zum Klicken mit der Maus kann ein neuer Desktop übrigens auch mit der Tasten-Kombination ⊞+Strg+D angelegt werden.

Tipp

In Windows können Sie so viele Fenster mit Programmen und Ordnern öffnen, wie Sie brauchen. Ähnlich lassen sich auch beliebig viele virtuelle Desktops erstellen – so viele, wie Sie zur Organisierung Ihrer Administrator-Arbeit brauchen.

4.3.3 Desktop entfernen

Genauso einfach wie das Hinzufügen eines neuen virtuellen Desktops ist auch das Entfernen einer Oberfläche. Beim Entfernen eines Desktops werden die enthaltenen Fenster automatisch auf einen anderen offenen Desktop verschoben.

1. Als Erstes wird wieder auf die Taskansicht-Schaltfläche in der Task-Leiste geklickt.
2. Jetzt sehen wir einen Streifen mit lauter Ansichten aller virtueller Desktops.
3. Nun suchen Sie sich den Desktop heraus, der gelöscht werden soll. Zeigen Sie dann mit der Maus darauf.
4. Über der Vorschau des Desktops klicken Sie dann auf das ENTFERNEN-Kreuz.

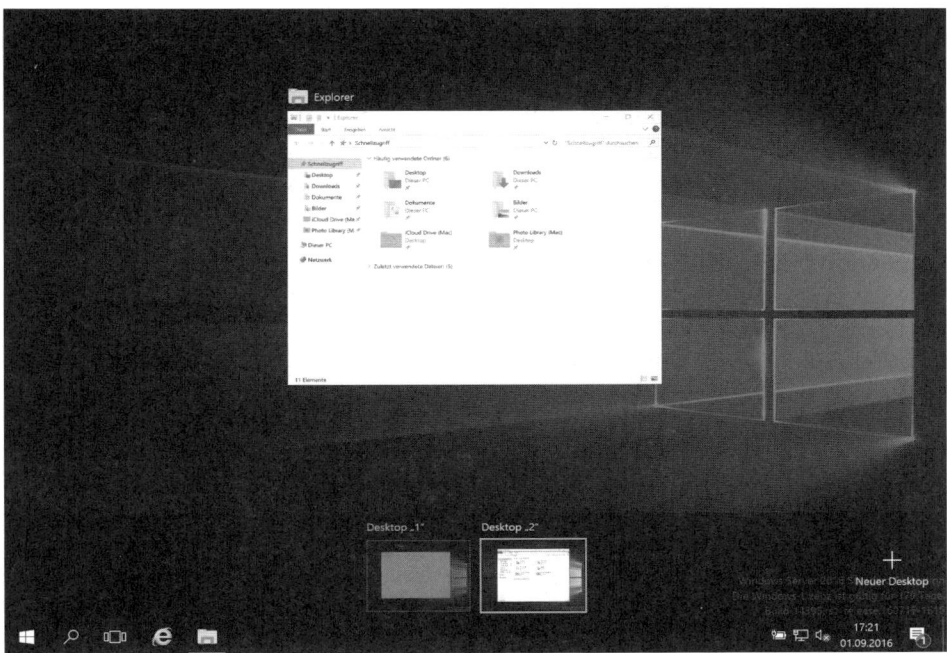

Abb. 4.11: Virtuelle Desktops in Windows Server 2016

4.3.4 Fenster auf anderen Desktop verschieben

Virtuelle Desktops machen natürlich nur dann Sinn, wenn man Programm- und App-Fenster auch auf einen bestimmten Desktop verschieben kann. Dazu sehen wir uns zunächst genau an, welche Fenster auf welchem Desktop erscheinen.

Ein Klick auf den Button der Task-Ansicht in der Task-Leiste genügt, um die Fenster des aktuell aktiven Desktops als Übersicht anzuzeigen. Um Einblick in einen anderen Desktop zu bekommen, zeigen Sie mit der Maus auf dessen Miniaturansicht und warten einen Augenblick.

Das Verschieben eines Fensters von einem Desktop auf einen anderen ist ähnlich intuitiv: Einfach die Miniaturansicht des jeweiligen Fensters auf die Vorschau des Ziel-Schreibtischs ziehen. Beim Loslassen der Maustaste wird das Fenster diesem Desktop zugewiesen.

Tipp

Wer nicht zuerst die Übersicht der Desktops sehen will, sondern direkt per Tastatur von einem zum nächsten Desktop umschalten möchte, für den stehen die Tastenkürzel ⊞+Strg+← beziehungsweise ⊞+Strg+→ zur Verfügung.

4.4 Info-Center

Jeder Windows-Nutzer kennt sie, die kleinen Sprechblasen, die von allen möglichen Hintergrund-Programmen gelegentlich in der Task-Leiste eingeblendet werden. Das Problem: Hat man sie einmal weggeklickt oder zu lange ignoriert, sodass sie sich selbst geschlossen haben, gibt es normalerweise keine Möglichkeit, sie wieder zurückzuholen.

In Windows Server 2016 ist das anders gelöst. Hier findet sich ein Konzept wieder, das sich schon auf mobilen Geräten bewährt hat, beispielsweise in iOS und Android: Die Mitteilungs-Zentrale. Sie wird in Windows Server 2016 *Info-Center* genannt. Hier sammelt das System alle angezeigten Benachrichtigungen und sortiert sie in eine übersichtliche Liste. Aus den Sprechblasen sind übrigens kleine Rechtecke geworden, die von der Seite herein- und wieder herausgeschoben werden.

Das Info-Center wird als Leiste am rechten Rand des Monitors geöffnet. Am unteren Rand des Info-Centers finden sich Kurzwahl-Schaltflächen für häufig benötigte Funktionen – etwa zum Einblenden der Notizen-App oder zum Öffnen der Einstellungen. Die anderen Buttons in diesem Bereich sind für unseren Server nicht so interessant.

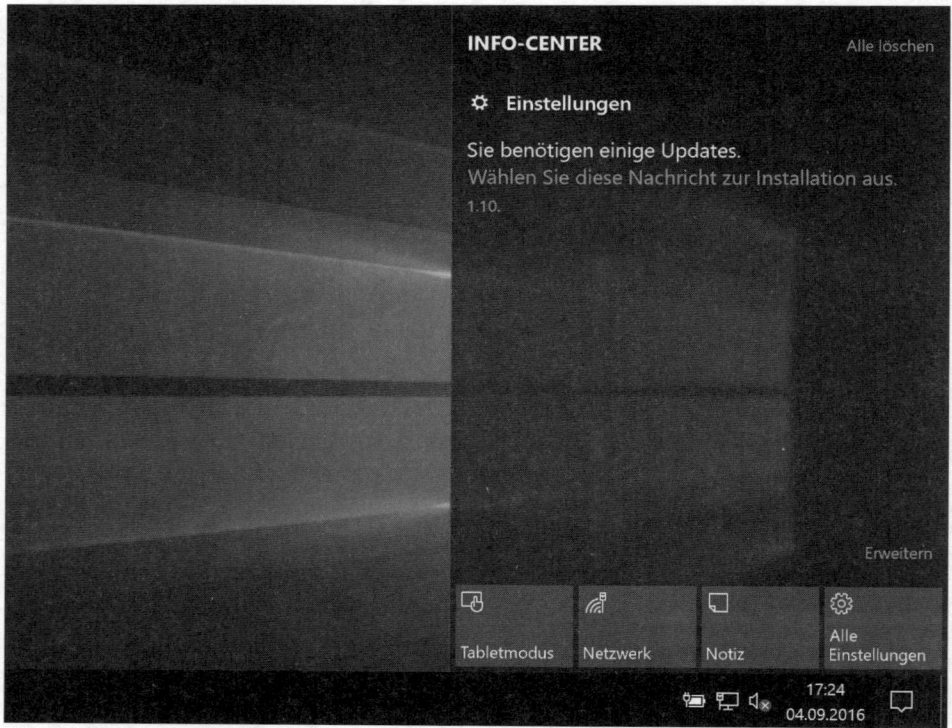

Abb. 4.12: Das Info-Center

4.5   Microsoft Edge

Das blaue »e« ist nicht einfach ein neu designtes Internet-Explorer-Logo, sondern steht für einen ganz neuen Browser, der in Windows Server 2016 zum Standard geworden ist: Mit Microsoft Edge wird das Surfen schneller und sicherer – auch als Administrator eines Servers. Ganz im Stil von Handy, Smartphone und Co. kommt dieser neue Browser als App.

Mit Edge räumt Microsoft mit altem Programm-Code auf und präsentiert einen rundum erneuerten Browser, der nicht nur superflott ist, sondern Webseiten auch besser anzeigt. Hier ein Überblick über dieses neue Internet-Programm und was Sie davon erwarten können.

Warum ein neuer Browser? Ganz einfach: IE hat schon mehr als 20 Jahre auf dem Buckel. Der Browser steht in Windows Server 2016 zwar noch parat – allerdings besonders für Intranet-Websites, die sich anders nicht zum Laufen bringen lassen.

Hinweis

Wie bereits erwähnt: Microsoft Edge ist nicht in sämtlichen Editionen von Windows Server 2016 enthalten. In den Tech Previews war Edge stets verfügbar; in der über Microsoft TechNet angebotenen Ausprobier-Version (Build 14393) sind allerdings weder Edge noch der Store enthalten.

4.5.1   Alles neu ...

In Edge ist alles neu. Aus der Sicht des Nutzers handelt es sich bei Edge um einen brandneuen Webbrowser mit einer neuen Oberfläche, nicht um irgendeine IE-Version mit einem neuen Look.

4.5.2   ... aber nicht ganz

Aus der Perspektive der Entwickler von Edge ist doch nicht alles ganz neu. Denn Edge verwendet eine Kopie des Darstellungs-Systems von IE, Trident, als Basis. Diese Kopie wird *Microsoft Edge HTML* genannt und wurde von den meisten Trident-/IE-spezifischen alten Techniken bereinigt. Die Änderungen stellen sicher, dass Edge mit anderen beliebten Browsern (Chrome, Safari, Firefox) mithalten kann und kompatibler zu modernen Web-Standards ist.

4.6   Im Windows-Explorer navigieren

Eines der für Sie als Administrator wichtigsten Programme auf dem Windows Server ist der Windows-Explorer. Mit ihm haben Sie einen Datei-Manager in der Hand, über den Sie alle Ordner und Dateien auf der Festplatte sowie zusätzlich auch Netzwerk-Pfade erreichen können.

Ach ja: Wenn Sie mit dem Explorer schon vertraut sind – etwa von Ihrem Desktop-PC –, können Sie diesen Abschnitt natürlich überspringen. Oder auch nicht. Denn der Explorer in Windows Server 2016 enthält oben das Menüband, das Sie vielleicht doch noch nicht kennen.

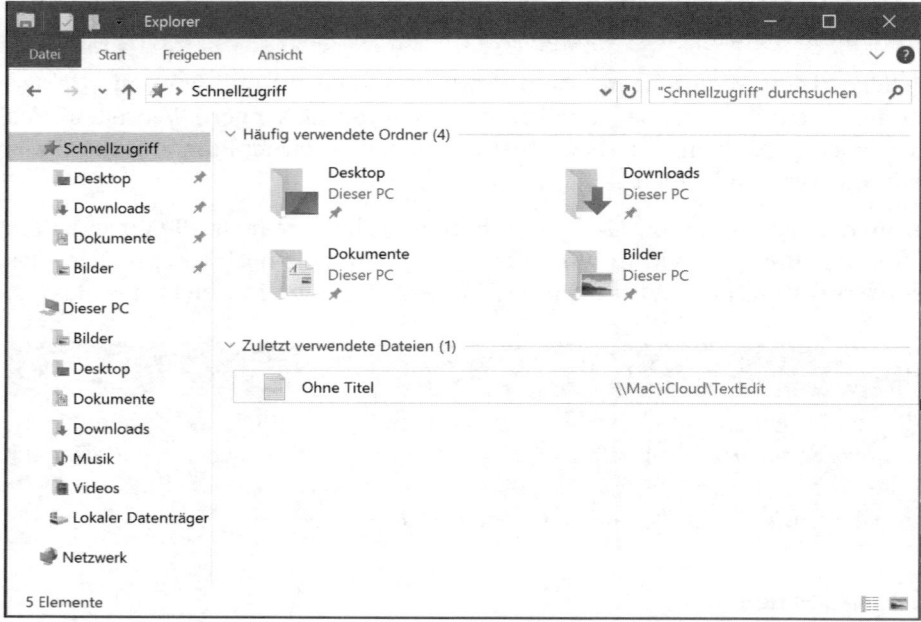

Abb. 4.13: Der Schnell-Zugriff im Windows-Explorer

Gestartet wird der Explorer durch Klicken auf das gelbe Ordner-Symbol unten in der Task-Leiste. Standardmäßig landen Sie dann in der Ansicht *Schnell-Zugriff*. In dieser Ansicht werden – ähnlich wie im START-Menü – die Programme, häufig benötigte Dateien und Ordner mit einem Klick erreichbar. Der Schnell-Zugriff arbeitet dabei halbautomatisch. Das bedeutet: Wenn Sie bestimmte Ordner besonders häufig öffnen, erscheinen diese über kurz oder lang im Schnell-Zugriff. Verwenden Sie einen Ordner dann länger nicht, verschwindet er auch wieder von dort.

> **Tipp**
>
> Damit Ordner, die Sie immer wieder brauchen, nicht mehr automatisch aus dem Schnell-Zugriff verschwinden, klicken Sie sie einfach links oben mit der rechten Maustaste an und wählen dann AN SCHNELL-ZUGRIFF ANHEFTEN. Diese Option finden Sie übrigens bei jedem Ordner, nicht nur bei den Einträgen, die schon automatisch in der Liste des Schnell-Zugriffs gelandet sind.

Unterhalb des Schnell-Zugriffs sehen Sie links den Eintrag DIESER PC. Hier sehen Sie sämtliche Laufwerke und Partitionen der Festplatte, plus eingelegte DVDs und angeschlossene USB-Sticks. Wenn Sie ein Netz-Laufwerk verbunden haben, also einem freigegebenen Ordner im Netzwerk seinen eigenen Buchstaben verpasst haben, erscheint dieser ebenfalls unter DIESER PC.

Sie mögen die Ansicht SCHNELL-ZUGRIFF nicht und wollen lieber, dass beim Start des Explorers direkt die Ansicht DIESER PC erscheint? Kein Problem, das lässt sich einrichten. Und zwar wie folgt:

1. Als Erstes in der Task-Leiste auf das Ordner-Symbol klicken, sodass sich ein Explorer-Fenster öffnet.

2. Danach oben im Menüband zum Tab ANSICHT umschalten und dort auf OPTIO-NEN klicken.

3. Oben ändern Sie jetzt die Einstellung DATEI-EXPLORER ÖFFNEN FÜR auf den Wert DIESER PC und bestätigen die Änderung dann unten mit Klick auf OK.

So einfach ist das! Ab sofort werden neue Explorer-Fenster immer direkt mit der Ansicht aller Laufwerke geöffnet.

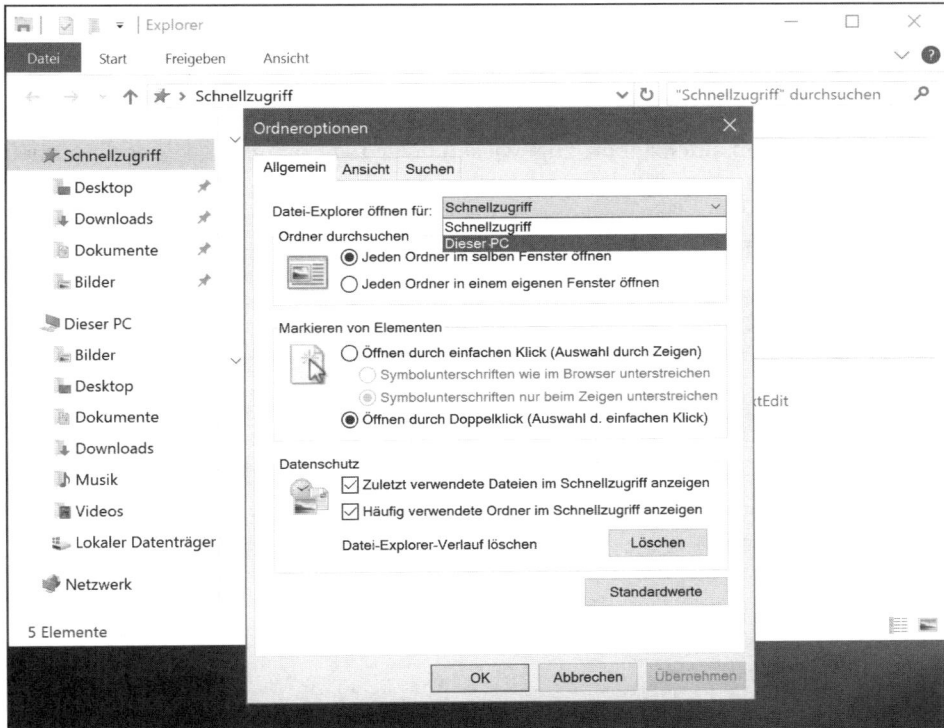

Abb. 4.14: Die Standard-Ansicht im Explorer lässt sich auf Wunsch umstellen.

4.7 Die Ordner-Struktur: Wo befinden sich welche Dateien?

Als Windows-Nutzer kennen Sie sich natürlich aus mit der Struktur und Einteilung der Ordner in Windows. Daran ändert sich auch bei Windows Server 2016 nicht viel. Sehen wir uns kurz an, welche Ordner für Sie am wichtigsten sind.

Zunächst stellen wir im Vergleich zu Unix-basierten Systemen (also auch macOS) fest: Laufwerke haben Buchstaben. Das Konzept der Mount-Punkte gibt es zwar auch in Windows, normalerweise werden aber Buchstaben verwendet. Dabei erhält die erste (sichtbare) Partition der ersten Festplatte den Buchstaben C.

Hinweis

Warum ist das so?

Ganz einfach: Früher hatten Computer bis zu zwei Disketten-Laufwerke, und noch immer reserviert Windows dafür die Buchstaben A und B. Es könnte ja sein, dass jemand sie aus dem Museum holt und in seinen modernen Server einbaut ... Aber im Ernst: Viele (schlecht programmierte) Anwendungen verlassen sich darauf, dass das System auf Laufwerk C gespeichert ist. Es gäbe also erhebliche Schwierigkeiten bei der Kompatibilität, wenn Microsoft das plötzlich ändern würde. Frei nach dem Motto: *Never touch a well-known system.*

Weitere Laufwerke bekommen dann mehr oder weniger nach dem Zufallsprinzip die nachfolgenden Buchstaben zugewiesen. Wer mag, kann diese auch manuell ändern – einfach einen Blick in die Datenträger-Verwaltung werfen. Das sollten Sie aber nur dann tun, wenn dadurch keine Programme Probleme machen, und das nur, weil die Buchstaben plötzlich anders lauten als zuvor.

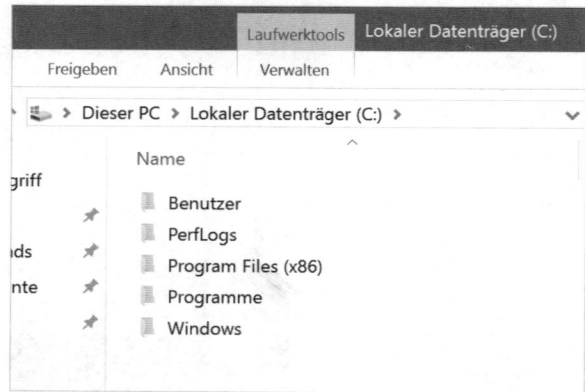

Abb. 4.15: Ordner auf Laufwerk C

Innerhalb des Laufwerks C finden Sie bei einem neu installierten Windows-Server-2016-System die folgenden Ordner:

- Benutzer
- inetpub
- PerfLogs
- Program Files (x86)
- Programme
- Windows

Klingt ja erstmal nach einer aufgeräumten Struktur. Nur – wo liegt was?

Im Ordner BENUTZER speichert Windows sämtliche Profile der Konten, die auf dem Server lokal vorhanden sind. Bei uns sind dies der Administrator sowie der Benutzer, den wir als zweiten Benutzer erstellt haben, also BEISPIEL. Zudem findet sich hier auch noch ein gemeinsam genutzter Ordner namens ÖFFENTLICH.

Der Ordner INETPUB nimmt die Dateien und Webseiten auf, die über die Webserver-Rolle (IIS) im Intranet oder Internet angeboten werden. Wollen Sie mit Windows Server 2016 eine Website hosten, gehören die Daten hier in einen der Unter-Ordner. In diesem Ordner finden Sie übrigens auch die Protokoll-Dateien über die Website-Aufrufe – eine unverzichtbare Informations-Quelle im Falle von Fehlern oder Angriffen auf Ihren Server.

Tipp

Den Ordner INETPUB finden Sie also nur, wenn auf dem Server die Rolle Webserver (IIS) installiert ist oder war.

Der Ordner PERFLOGS sollte theoretisch leer sein. Windows speichert hier vorübergehende Informationen über die Leistung des Systems. So steht »PerfLogs« eigentlich für »Performance-Logs«.

Auf einem 64-Bit-System – und das sollte jeder Server sein! – sehen Sie nun zwei separate Ordner, in denen installierte Programme zu finden sind. Einerseits landen alle 32-Bit-Programme, von denen es auch im Server-Umfeld noch viele gibt, im Ordner PROGRAM FILES (x86). Und andererseits finden Sie sämtliche »echten« 64-Bit-Programme im Ordner PROGRAMME.

Schließlich enthält der Ordner WINDOWS alle System-Dateien, darunter die Shell, Tools, Treiber, Ressourcen und Bibliotheken. Gibt es ein Problem mit dem System Ihres Servers, kann es sein, dass Sie zur Lösung auf Inhalte in diesem Ordner zugreifen müssen. Wenn Sie mal einen Blick hinein riskieren, stellen Sie fest:

Darin liegen jede Menge Unter-Ordner. Die müssen uns aber für den Moment nicht weiter interessieren.

4.8 Dienste verwalten

Ein zentraler Kern von Windows Server 2016 sind die einzelnen Dienste. Darunter verstehen wir im Windows-Umfeld Programme, die ohne sichtbare Oberfläche laufen und unsichtbar ihr Werk verrichten. Dienste sind zum Beispiel dafür zuständig, ...

- die Server-Uhr mit dem Internet zu synchronisieren,
- Updates einzuspielen,
- Dateien im Netzwerk freizugeben,
- virtuelle Computer über Hyper-V zu betreiben,
- Netzwerk-Anfragen korrekt zu bearbeiten,
- Module der installierten Server-Rollen auszuführen und vieles mehr.

Auch wenn Sie zusätzliche Server-Programme installieren, beispielsweise einen Mail- oder Datenbank-Server, werden diese in Form von Diensten eingerichtet.

Sie sehen also: Dienste sind wichtig und spielen bei vielen Funktionen des Servers eine Rolle. Und tritt ein Problem mit einer Funktion auf, kann es nicht selten einfach dadurch behoben werden, dass der zugehörige Dienst im Server neu gestartet wird. Das hat den Vorteil, dass nicht das gesamte System neu gestartet werden muss.

In Windows Server 2016 lassen sich die installierten Dienste auf dreierlei Weise verwalten:

- Über den **Task-Manager** können einfache Aufgaben wie das Starten, Stoppen und Neustarten eines Dienstes veranlasst werden.
- Mit der **Dienste-Verwaltung** erhalten Sie genauen Einblick in sämtliche Dienste. Hier können Sie auch festlegen, ob und wann ein Dienst beim System-Start automatisch ausgeführt werden soll oder nicht.
- Schließlich lassen sich Dienste auch über die eingebauten **Text-Shells**, nämlich die PowerShell und die Eingabe-Aufforderung, bequem verwalten.

Sehen wir uns nacheinander an, wie das im Einzelnen funktioniert.

4.8.1 Über den Task-Manager

Der Task-Manager ist die Schaltzentrale für alle laufenden Prozesse. Hier finden Sie neben den Programmen, die derzeit im Server ausgeführt werden, auch einen

Einblick in die Leistung des Systems und können – und das ist für unseren Fall interessant – die Dienste sehen und steuern.

Angenommen, Sie werden von einem Mitarbeiter benachrichtigt, dass der Zugriff auf freigegebene Ordner nicht mehr klappt. Ein erster Versuch zur Reparatur dieses Problems könnte darin bestehen, den zugehörigen Dienst neu zu starten.

Melden Sie sich also auf dem Server mit dem Zweitkonto an, das wir zur Administration erstellt haben. Führen Sie dann die folgenden Schritte aus:

1. Klicken Sie mit der rechten Maustaste auf eine freie Stelle der Task-Leiste.

2. In dem Menü, das daraufhin erscheint, rufen wir den TASK-MANAGER auf.

3. Zunächst präsentiert sich der Task-Manager in einer äußerst schlichten Ansicht: Wir sehen eine leere Liste mit der Bemerkung ES WERDEN KEINE APPS AUSGEFÜHRT. Sonst ist nichts zu sehen.

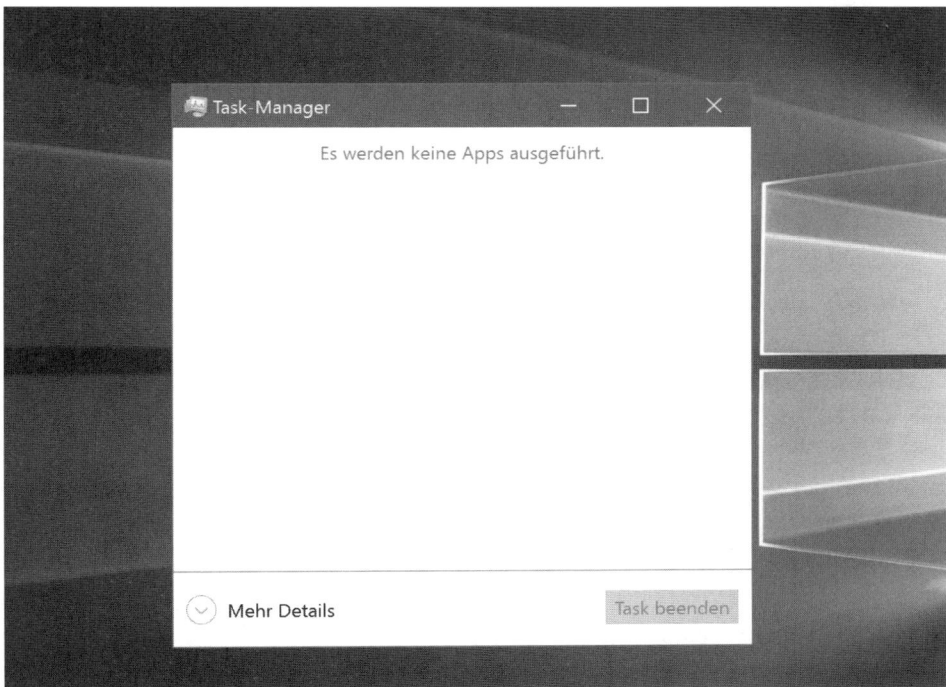

Abb. 4.16: Nach dem ersten Start verrät der Task-Manager noch nicht allzu viel.

4. Bei näherem Hinsehen können Sie allerdings unten links einen Button namens MEHR DETAILS erkennen, den wir nun anklicken.

5. Und siehe da, jetzt gibt der Task-Manager den Blick auf die Experten-Ansicht frei und zeigt sich etwas gesprächiger, denn eine Liste mit Hintergrund-Pro-

grammen erscheint. Über die Spalte CPU können Sie übrigens auf den ersten Blick erkennen, ob sich ein Dienst oder Programm aufgehängt hat, also nicht mehr richtig reagiert.

6. In unserem Fall interessiert uns allerdings mehr die Liste der DIENSTE. Klicken Sie also oben auf den entsprechenden Tab.

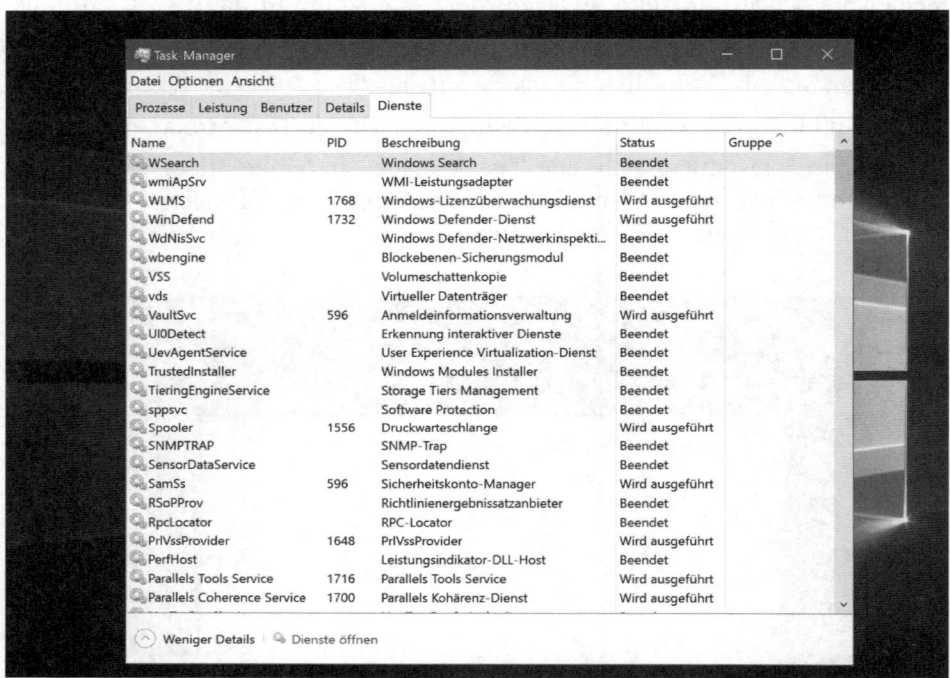

Abb. 4.17: Liste der Systemdienste im Task-Manager

Nicht wundern – schon direkt nach der Installation von Windows Server 2016 sind hier etliche Dienste aufgeführt, von denen einige aktiv sind. Diese erkennen Sie zum einen daran, dass sie eine Prozess-ID haben (PID), zum anderen steht in der Spalte STATUS die Information WIRD AUSGEFÜHRT.

In der vordersten Spalte sehen Sie dabei den internen Namen des jeweiligen Dienstes, während in der Spalte BESCHREIBUNG der lesbare und verständliche Name des Dienstes angezeigt wird.

Da wir in diesem Beispiel einen Fehler bei der Freigabe von Dateien beheben möchten, sortieren wir die Liste nun nach der Beschreibung. Dazu klicken Sie einfach oben auf das Wort BESCHREIBUNG, und schon sortiert Windows die Liste so, wie wir das haben wollen.

Was wir suchen, ist der Dienst mit dem schlichten Namen SERVER. Dieser ist für die Freigabe von Dateien und Druckern im Netzwerk zuständig. Scrollen Sie also bis zu diesem Eintrag, klicken Sie ihn dann mit der rechten Maustaste an und wählen Sie NEU STARTEN.

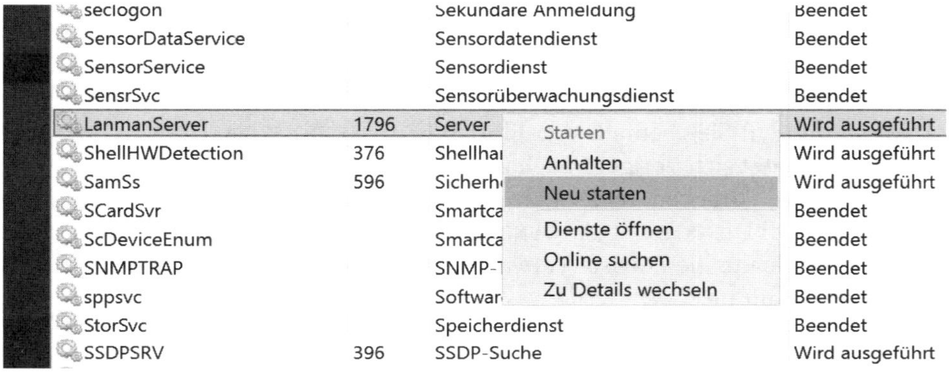

seclogon		Sekundäre Anmeldung	Beendet
SensorDataService		Sensordatendienst	Beendet
SensorService		Sensordienst	Beendet
SensrSvc		Sensorüberwachungsdienst	Beendet
LanmanServer	1796	Server	Wird ausgeführt
ShellHWDetection	376	Shellha...	Wird ausgeführt
SamSs	596	Sicherh...	Wird ausgeführt
SCardSvr		Smartca...	Beendet
ScDeviceEnum		Smartca...	Beendet
SNMPTRAP		SNMP-...	Beendet
sppsvc		Softwar...	Beendet
StorSvc		Speicherdienst	Beendet
SSDPSRV	396	SSDP-Suche	Wird ausgeführt

Kontextmenü: Starten / Anhalten / Neu starten / Dienste öffnen / Online suchen / Zu Details wechseln

Abb. 4.18: LanmanServer-Dienst neu starten

Tipp

Wenn Sie daran interessiert sind zu erfahren, welche Datei hinter dem Dienst steckt und wieviel Speicher er verbraucht, lässt sich auch das über den Task-Manager ermitteln. Dazu klicken Sie erneut mit der rechten Maustaste auf den jeweiligen Dienst und wählen dann ZU DETAILS WECHSELN.

Die Ansicht im Task-Manager schaltet dann auf den Tab DETAILS um, wobei der zu dem ausgewählten Dienst gehörige Prozess in der Liste markiert wird. So erkennen Sie beispielsweise auf Anhieb, dass der Dienst namens SERVER rund 20 MB Speicher belegt.

Einstellen, ob und wie Dienste beim Hochfahren von Windows Server 2016 ebenfalls automatisch anlaufen sollen, lässt sich über den Task-Manager allerdings nicht. Doch dafür enthält Windows Server 2016 die sogenannte Dienste-Verwaltung.

4.8.2 Mit der Dienste-Verwaltung

Sie erreichen die Dienste-Verwaltung auf dreierlei Weise:

■ Zum einen haben Sie direkt über den Task-Manager eine Möglichkeit, die Verwaltung der Systemdienste zu starten. Wechseln wir dazu nochmals zum Tab DIENSTE. Wenn wir jetzt in die untere linke Ecke sehen, stellen wir fest: Dort befindet sich ein Link namens DIENSTE ÖFFNEN. Ein Klick auf diesen Link mit dem Zahnrad-Symbol genügt und die Verwaltung der Dienste startet.

Wäre der Task-Manager gerade nicht gestartet, könnten wir auch noch schneller auf die Dienste-Verwaltung zugreifen.

■ Eine Möglichkeit haben Sie direkt über den SERVER-MANAGER: Hier genügen Klicks oben rechts auf TOOLS und dann auf den Eintrag DIENSTE.

■ Der dritte Weg führt über das sogenannte Administrator-Menü. Dazu klicken Sie mit der rechten Maustaste auf den START-Button. Daraufhin erscheint ein Menü, in dem Sie ebenfalls den Eintrag COMPUTER-VERWALTUNG finden. Dieses Menü lässt sich übrigens auch über die Tastatur erreichen, wenn Sie gleichzeitig ⊞+X drücken. In der Computer- Verwaltung navigieren Sie dann links zum Bereich DIENSTE UND ANWENDUNGEN, DIENSTE. Dann erhalten Sie auf der mittleren Spalte die Dienste-Verwaltung, eingebettet in das Fenster der Computer-Verwaltung.

Hinweis

Wenn Sie, wie empfohlen, ein zweites Konto – also das ohne Administrator-Rechte – für die Arbeit mit Windows Server 2016 nutzen, können Sie die Dienste-Verwaltung zwar starten und die darin aufgeführten Dienste und ihren Status auslesen. Eine Änderung des Status, also ein Beenden, Starten oder Neustarten der einzelnen Dienste, ist ohne diese Administrator-Rechte allerdings nicht möglich.

Damit Sie die nötigen Administratorrechte erhalten, obwohl wir in dem zweiten Konto arbeiten, klicken Sie zunächst auf den START-Button und dann mit der *rechten* Maustaste auf die Kachel des Server-Managers. Anschließend folgt im Menü der Aufruf der Funktion MEHR, ALS ADMINISTRATOR AUSFÜHREN. Sie erhalten dann Gelegenheit, das Kennwort des Benutzer-Kontos ADMINISTRATOR einzutippen und dadurch die nötigen Rechte zur Verwaltung der Systemdienste anzufordern. Über den Server-Manager, der daraufhin mit Administrator-Rechten gestartet wird, können Sie die Dienste-Verwaltung, wie zuvor erwähnt, über das Menü TOOLS erreichen.

Die Dienste-Verwaltung selbst ist sehr einfach aufgebaut und besteht im Prinzip nur aus einer langen Liste der Dienste – ganz ähnlich, wie diese schon im Task-Manager erkennbar ist.

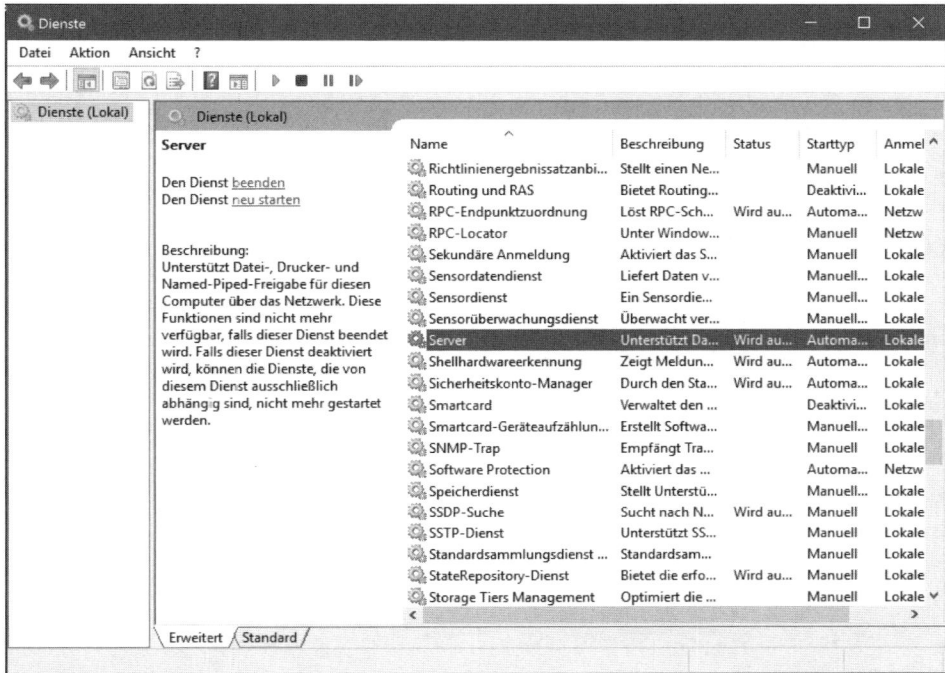

Abb. 4.19: Die Dienste-Verwaltung: Eine große Tabelle

Der Unterschied besteht allerdings darin, dass Sie mit der Dienste-Verwaltung den Starttyp von Diensten anpassen können. So lässt sich beispielsweise festlegen, dass ein bestimmter Datenbank-Server nicht direkt beim Hochfahren von Windows Server 2016 gestartet werden soll, sondern erst manuell auf Abruf.

Sehen wir uns am Beispiel des Dienstes namens *Server* näher an, wie das funktioniert. Dazu suchen Sie in der alphabetisch sortierten Liste der Dienste den Eintrag SERVER. Sobald Sie ihn markieren, sehen Sie auf der linken Seite eine Beschreibung der Funktionen des ausgewählten Dienstes. Über diese Beschreibung haben Sie auch die Möglichkeit, den jeweiligen Dienst schnell zu beenden oder neu zu starten.

Noch mehr Optionen finden Sie, wenn Sie auf den ausgewählten Dienst doppelklicken. Daraufhin öffnet sich ein EIGENSCHAFTEN-Dialog. Hier erkennen Sie neben dem internen Namen des Dienstes, der oben in der Zeile DIENST-NAME angegeben ist, auch, um welche EXE-Datei es sich handelt.

Abb. 4.20: Eigenschaften eines Dienstes

Da die Freigabe von Dateien und Druckern immer verfügbar sein soll, wenn Windows Server 2016 gestartet ist, ist der Start dieses Dienstes auf AUTOMATISCH gestellt. Wenn Sie die Ausklappliste öffnen, sehen Sie: Es gibt neben dem Starttyp AUTOMATISCH noch drei weitere Möglichkeiten, die Sie hier zur Auswahl haben.

■ Wenn Sie AUTOMATISCH (VERZÖGERTER START) auswählen, wird der ausgewählte Dienst weiterhin beim Start des Systems geladen, aber in der Priorität der Ausführungen weiter nach hinten verschoben. Das bedeutet, dass der Dienst später gestartet wird als solche Dienste, bei denen der Starttyp auf AUTOMATISCH gestellt ist.

■ Wird als Starttyp MANUELL ausgewählt, startet dieser Dienst nicht automatisch beim System-Start, sondern erst nach manueller Auslösung. Dies kann, muss aber nicht durch den Administrator erfolgen – manche Windows-Dienste sind ebenfalls auf MANUELL gestellt, weil sie nicht permanent im Hintergrund laufen, sondern nur bei Bedarf. In solchen Fällen werden diese Dienste dann durch andere Dienste angestoßen, die sie benötigen. Ein Beispiel für dies wäre der Windows Installer, der nur dann gestartet wird, wenn ein Programm oder ein Update auf dem Server installiert wird.

■ Soll ein Dienst generell nicht gestartet werden – auch nicht manuell –, bietet sich die Auswahl des Starttyps DEAKTIVIERT an. In diesem Fall ignoriert Windows Server 2016 diesen Dienst nicht nur beim Hochfahren, sondern auch während des laufenden Betriebs. Dienste, die auf DEAKTIVIERT gestellt sind, können auch nicht manuell gestartet werden, bis der Starttyp wieder auf MANUELL oder AUTOMATISCH gesetzt wird.

Wenn wir jetzt zum Tab ANMELDEN wechseln, können wir festlegen, als welcher Benutzer bzw. als welches Konto der Dienst ausgeführt werden soll. Normalerweise laufen alle Dienste unter dem lokalen System-Konto. Gegebenenfalls muss man allerdings auch einen bestimmten Benutzer hinterlegen, zum Beispiel, wenn die zugehörigen Berechtigungen für die Aufgaben wichtig sind, die der Dienst ausführt. In diesem Fall markieren Sie hier die Option DIESES KONTO. Anschließend klicken Sie auf die Schaltfläche DURCHSUCHEN... und wählen den Benutzer aus, der diesen Dienst ausführen soll. Damit der Start des Dienstes auch problemlos klappt, sollten Sie anschließend noch das Anmeldekennwort des ausgewählten Benutzers hinterlegen und in dem Feld darunter nochmals bestätigen.

Abb. 4.21: Anmeldekonto für den Dienst festlegen

Normalerweise laufen Dienste, wie bereits erwähnt, im Hintergrund und zeigen keine Informationen auf dem Desktop an. Möchte oder muss ein Dienst trotzdem mit dem gerade angemeldeten Benutzer kommunizieren bzw. Informationen auf dem Desktop sichtbar machen, sollten Sie oben noch einen Haken bei der Option DATEN-AUSTAUSCH ZWISCHEN DIENST UND DESKTOP ZULASSEN setzen. Nur dann erhält der Dienst die Berechtigung zur Kommunikation mit der grafischen Benutzer-Oberfläche.

Bisweilen kommt es vor, dass ein Dienst abstürzt – zum Beispiel aufgrund eines Fehlers bei der Konfiguration oder Ausführung. In diesem Fall verfügt Windows Server über eine automatische Neustart-Funktion für den Dienst, sodass sichergestellt ist, dass der Dienst fortlaufend ausgeführt wird. Welche Aktion das System im Falle eines Absturzes des Dienstes durchführen soll, können Sie in den Eigenschaften des Dienstes in der Dienste-Verwaltung festlegen, indem Sie hier zum Tab WIEDERHERSTELLEN navigieren. Hier sehen Sie drei Felder: ERSTER FEHLER, ZWEITER FEHLER und WEITERE FEHLER. Dahinter können Sie jeweils die Aktion auswählen, die das System ausführen soll, wenn ein Fehler bei dem jeweiligen Dienst auftritt. Die einfachste Option ist hier DIENST NEU STARTEN. Schlägt dies zweimal fehl, wird der Dienst im Normalfall nicht erneut gestartet – dafür sorgt die Option KEINE AKTION durchführen in der Auswahl für WEITERE FEHLER.

Sie können sogar detailliert festlegen, wie viele Minuten das System nach einem Absturz des Dienstes warten soll, bis dieser Dienst neu gestartet wird. Denn oftmals beheben sich Fehler automatisch nach einigen Augenblicken. Diese Minutenanzahl können Sie ebenfalls auf dem Tab WIEDERHERSTELLUNG festlegen.

Im System kommt es oft vor, dass Dienste von anderen Diensten abhängig sind. Zum Beispiel hängen viele Dienste von Windows-internen Diensten wie REMOTE-PROZEDUR-AUFRUF (RPC) ab. Diese Abhängigkeiten können Sie für jeden installierten Dienst in dessen Eigenschaften und dort im Tab ABHÄNGIGKEITEN einsehen.

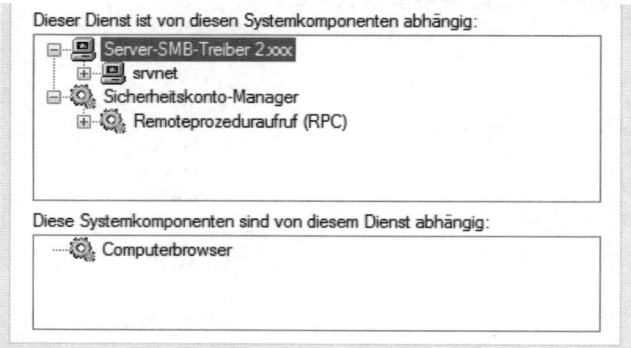

Abb. 4.22: Abhängigkeiten eines Dienstes einsehen

Der Dienst *Server* zum Beispiel hängt von den Systemkomponenten für SMB-TREI-BER sowie dem SICHERHEITSKONTO-MANAGER ab, wie Sie in der oberen Liste erkennen können. Ebenfalls gut erkennbar ist, welche anderen Komponenten von dem ausgewählten Dienst abhängen, also nur dann korrekt ausgeführt werden können, wenn dieser Dienst im Hintergrund läuft. Im Falle des Dienstes *Server* hängt der Dienst COMPUTER-BROWSER von diesem Dienst ab. Wenn der Dienst *Server* also beendet wird, wird dadurch automatisch auch der Computer-Browser-Dienst geschlossen.

4.8.3 Dienste manuell entfernen

Normalerweise werden Dienste automatisch durch den jeweiligen Installer der Funktion oder der Server-Rolle eingerichtet und später bei der Deinstallation auch wieder automatisch entfernt. Leider gibt es Situationen, in denen die automatische Entfernung eines Systemdienstes nicht korrekt funktioniert. In dem solchen Fall bleiben dann die Einträge für den Dienst in den Windows-Einstellungen zurück; der Dienst kann allerdings nicht gestartet werden, weil die zugehörigen Dateien durch die Deinstallation schon gelöscht wurden.

In diesem Fall – und **nur in diesem Fall!** – können Sie als Administrator den übrig gebliebenen Diensteintrag auch manuell aus dem Server entfernen. Sehen wir uns im Einzelnen an, wie das genau funktioniert.

Zunächst merken wir uns den genauen Namen des Dienstes, den wir löschen möchten. In der Dienste-Verwaltung sehen wir diesen Namen in der ersten Spalte der Tabelle. Im nächsten Schritt öffnen wir eine Eingabe-Aufforderung mit Administrator-Rechten – etwa durch Rechtsklick auf den START-Button und Auswahl des Eintrags EINGABE-AUFFORDERUNG (ADMINISTRATOR). Nach der Eingabe des zugehörigen Kennworts für den Benutzer ADMINISTRATOR sehen Sie ein schwarzes Fenster. Es handelt sich hierbei um das Terminal der Windows-Welt.

Dienste lassen sich hier mit einem einfachen Deal löschen. Aber achten Sie unbedingt darauf, nur Dienste zu entfernen, die bei einer Deinstallation übriggeblieben sind bzw. die nicht zum Windows Server-System selbst gehören.

Der Befehl, mit dem Dienste gelöscht werden können, lautet:

```
sc delete "<Name des Dienstes>" Enter
```

Wenn der angegebene Dienst erfolgreich gelöscht werden konnte, erhalten Sie nach Eingabe dieses Befehls eine entsprechende Bestätigung.

Anschließend öffnen Sie erneut die Dienste-Verwaltung und klicken darin auf ANSICHT, AKTUALISIEREN. Wenn Sie jetzt einen Blick in die neu geladene Liste der Dienste werfen, stellen wir fest: Der Dienst, den wir gerade gelöscht haben, wird nicht mehr aufgeführt. Problem gelöst!

4.8.4 Mit der PowerShell und Eingabe-Aufforderung

Neben dem Task-Manager und der Dienste-Verwaltung gibt es in Windows Server 2016 auch die Möglichkeit, Dienste über die Kommando-Zeile zu steuern. Das hat den Vorteil, dass solche Fehler in Textform auch in automatisch ablaufende Skripte eingebaut werden können, zum Beispiel in einem PowerShell-Skript.

Wie Sie vielleicht wissen, enthält Windows Server 2016 gleich zwei Befehlszeilen, nämlich die Eingabe-Aufforderung (oft auch noch als DOS-Prompt bekannt) sowie die PowerShell, den Nachfolger, wenn man so will.

Per Eingabe-Aufforderung

Direkt über die Eingabe-Aufforderung lassen sich Dienste starten und beenden. Auch der Starttyp eines Dienstes lässt sich über die Kommandozeile konfigurieren.

> **Tipp**
>
> Wenn Sie etwas Erfahrungen mit einem Linux-Server haben, zum Beispiel mit Ubuntu, dürfte Ihnen die Syntax des folgenden Befehls bekannt vorkommen.

Zunächst brauchen wir wieder ein Fenster der Eingabe-Aufforderung mit erhöhten Rechten. Sie erreichen es am schnellsten, wenn Sie mit der rechten Maustaste auf den START-Button und dann auf EINGABE-AUFFORDERUNG (ADMINISTRATOR) klicken.

In diesem Fenster lassen sich Dienste nun mit folgendem Befehl beenden:

```
net stop <interner Name des Dienstes> Enter
```

Im Falle des Dienstes, der für die Datei-und Programmfreigabe zuständig ist, lautet der interne Name, wie unter anderem in der Dienste-Verwaltung und im Task-Manager erkenntlich, lanmanserver. Der vollständige Befehl zum Beenden des Dienstes namens *Server* lautet also:

```
net stop lanmanserver Enter
```

Und da wir diesen Freigabedienst jetzt natürlich nicht beendet lassen können – sonst könnten die Mitarbeiter in Ihrem Unternehmen ja nicht auf die Freigaben dieses Servers zugreifen –, starten wir den Dienst im Anschluss auch gleich wieder. Wie Sie sich bestimmt schon gedacht haben, dient dazu der start-Befehl. Geben Sie also folgendes Kommando ein:

```
net start lanmanserver Enter
```

Prompt erhalten Sie die Bestätigung in der Eingabe-Aufforderung, dass der angegebene Dienst wieder gestartet wurde.

> **Tipp**
>
> Ein Kommando, mit dem sich ein Dienst direkt neu starten lässt, gibt es übrigens nicht. Sie müssen sich also auf den Stopp- und anschließenden START-Befehl beschränken.

So viel zum Starten und Beenden von Diensten in der Eingabe-Aufforderung. Hier lässt sich auch der Starttyp eines bestimmten Dienstes anpassen, ähnlich wie dies in der Dienste-Verwaltung möglich ist.

Zum Ändern des Starttyps für einen Dienst nutzen Sie den `sc`-Befehl wie folgt:

```
sc config <interner Name des Dienstes>
  start= <Modus> Enter
```

Wichtig

Achten Sie bei der Eingabe dieses Befehls darauf, dass Sie hinter dem Gleichheitszeichen ein Leerzeichen eintippen.

Ähnlich wie bei dem zuvor erwähnten Befehl zum Starten und Stoppen von Diensten in der Eingabe-Aufforderung benötigen Sie auch zum Ende des Starttyps den internen Namen des jeweiligen Dienstes. Geben Sie diesen hinter dem Wort `config` an. Als Modus verwenden Sie einen der folgenden Werte:

- `auto` – bezieht sich auf einen automatisch startenden Dienst
- `demand` – bezieht sich auf manuell zu startende Dienste
- `disabled` – steht für einen deaktivierten Dienst

Wenn Sie also beispielsweise den Dienst zur Freigabe von Dateien und Druckern in Ihrem Server gänzlich deaktivieren möchten, sollten Sie dazu folgenden Befehl zusammenbauen:

```
sc config lanmanserver start= disabled Enter
```

Dienste per PowerShell verwalten

Natürlich lassen sich die Dienste in einem Windows-Server nicht nur über die klassische Eingabe-Aufforderung verwalten, sondern auch über die modernere PowerShell. Das hat den Vorteil, dass Sie das Starten, Neustarten und Beenden von Diensten mithilfe von PowerShell-Skripten vollständig automatisieren können.

Sie erreichen die PowerShell, indem Sie auf START und dann mit der rechten Maustaste auf die Kachel WINDOWS POWERSHELL klicken. Im Kontextmenü rufen Sie dann die Funktion MEHR, ALS ADMINISTRATOR AUSFÜHREN auf. Dies ist nötig, da wir zur Verwaltung der Systemdienste Administratorrechte benötigen, diese aber in dem Zweitkonto, das wir bei der Einrichtung des Servers angelegt haben, standardmäßig nicht vorhanden sind – dadurch soll die Sicherheit erhöht werden.

Auf Ihrem Bildschirm sollten Sie nun ein Fenster mit dem Titel ADMINISTRATOR: WINDOWS POWERSHELL sehen. In diesem Fenster stehen Ihnen jetzt mehrere *Cmdlets* bereit, über die Sie Einfluss auf die Dienste ausüben können.

Zunächst wäre da der Befehl Stop-Service. Mit ihm können wir, Sie haben es sicher schon erraten, einen Dienst beenden.

Tipp

Für sämtliche Vorgänge, die sich in der PowerShell auf Dienste beziehen, brauchen Sie den internen Namen des jeweiligen Dienstes.

Der vollständige Befehl zum Beenden des Freigabedienstes lautet also:

```
Stop-service lanmanserver [Enter]
```

In diesem Fall hängen allerdings andere Dienste vom Freigabedienst ab, wie wir zuvor schon durch einen Blick auf die Abhängigkeiten in der Dienste-Verwaltung gesehen haben. In der PowerShell erhalten Sie daher beim Versuch, diesen Dienst zu stoppen, eine Fehlermeldung. Es gibt allerdings eine Möglichkeit, wie Sie die abhängigen Dienste automatisch ebenfalls beenden können, und dabei handelt es sich um den sogenannten -force-Parameter.

Das vollständige Kommando, das dafür sorgt, dass der Dienst mitsamt abhängigen Diensten beendet wird, lautet also wie folgt:

```
Stop-service lanmanserver -force -PassThru [Enter]
```

Wenn Sie diesen Befehl eingeben, erhalten Sie anschließend in der PowerShell-Konsole eine Ausgabe, die wie folgt aussieht:

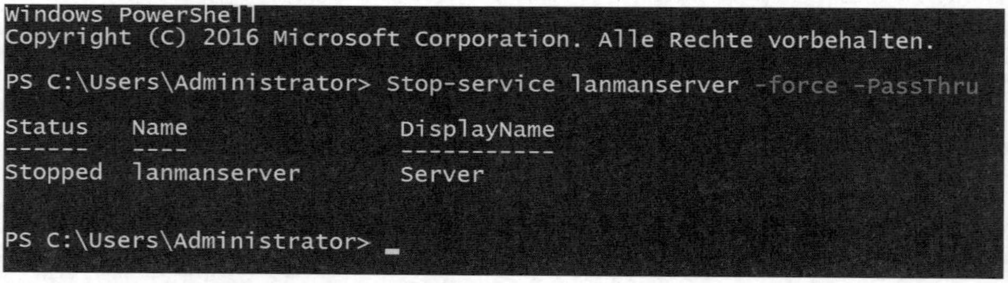

```
Windows PowerShell
Copyright (C) 2016 Microsoft Corporation. Alle Rechte vorbehalten.

PS C:\Users\Administrator> Stop-service lanmanserver -force -PassThru

Status    Name              DisplayName
------    ----              -----------
Stopped   lanmanserver      Server


PS C:\Users\Administrator> _
```

Abb. 4.23: Dienste beenden per PowerShell

> **Hinweis**
>
> Sie haben sicher den Parameter `-PassThru` am Ende dieses Kommandos bemerkt. Wozu dient dieser Parameter?
>
> Nun, manche PowerShell-Cmdlets senden keine Ausgabe auf den Bildschirm. Mit dem `-PassThru`-Parameter erzwingen wir die Anzeige der Status-Informationen über die Ausführung des Befehls. So sehen wir genau, welche abhängigen Dienste gemeinsam mit dem angegebenen Dienst beendet wurden.

Wenn Sie diesen Befehl gesehen haben, wissen Sie jetzt nicht nur, wie Dienste in der PowerShell beendet werden. Gleichzeitig haben Sie auch kennengelernt, wie sich Dienste starten lassen. Dazu ersetzen Sie einfach den Befehl *Stop*-Service durch das Kommando *Start*-Service – Fertig!

Und wenn wir schon dabei sind: In der PowerShell können Sie Dienste nicht nur starten und beenden, sondern auch elegant direkt neu starten. Verwenden Sie dazu den Befehl `Restart-Service`.

Im Kapitel über die Fernsteuerung von anderen Computern im Netzwerk mit der PowerShell werden wir noch sehen, wie Sie aus der Ferne Dienste auf einem anderen Server verwalten können. Prinzipiell ist das nicht wesentlich schwieriger als bei Diensten auf dem lokalen Server.

4.9 Zusammenfassung

In diesem Kapitel haben wir die Grundlagen Ihres Windows Server-Systems kennengelernt:

- Zunächst haben wir uns die einzelnen Elemente auf dem Desktop, in der Task-Leiste und im START-Menü angesehen.
- Anschließend haben wir untersucht, wie Windows Server 2016 heruntergefahren und neu gestartet werden kann.
- Dann haben wir einen Blick auf die Festplatte geworfen und festgestellt, in welchen Ordnern das Windows Server-System welche Arten von Dateien ablegt.
- Schließlich haben wir untersucht, welche Funktionen Dienste in Windows Server 2016 übernehmen und wie Sie diese über den Task-Manager, die Dienste-Verwaltungen, in der Eingabe-Aufforderung sowie in der PowerShell administrieren können.

Benutzer und Gruppen sind ein zentraler Aspekt jedes Computers – und jedes Servers. Wie Sie Benutzer-Konten und Gruppen effektiv verwalten, werden wir im nächsten Kapitel kennenlernen.

Kapitel 5

Benutzer und Gruppen einrichten und verwalten

Eine der häufigsten Aufgaben, die Sie als Administrator ausführen, besteht im Erstellen und Verwalten von Benutzern. Das klingt nach einer einfachen Aufgabe – wegen der damit zusammenhängenden Sicherheit ist es aber eine sehr wichtige Aufgabe und Sie sollten unbedingt die Prinzipien verstehen, die dahinterstecken.

In diesem Kapitel sehen wir uns zunächst an, wie sich Benutzerkonten erstellen und verwalten lassen. Dabei werden wir neben der grafischen Oberfläche auch darauf eingehen, wie Sie über die Eingabe-Aufforderung und die PowerShell-Konsole Benutzer erstellen und verwalten können. Das klingt jetzt vielleicht kompliziert, aber in Wirklichkeit ist es recht einfach. Schon in vorherigen Kapiteln haben Sie ja gesehen, wie die Shell als Alternative zur grafischen Oberfläche manchmal wirklich Zeit und Mühe erspart. Dies gilt auch für die Verwaltung von Benutzern.

Im Anschluss werden wir einen näheren Blick auf die allgemeinen Eigenschaften und Einstellungen werfen, die Sie für Benutzer konfigurieren können. Darüber hinaus untersuchen wir auch, worum es sich bei Gruppen handelt, wieso ihr Einsatz sinnvoll ist, wie Sie Benutzer zu Gruppen hinzufügen und wieder aus diesen entfernen und wie Sie zur Verwaltung der Mitgliedschaft für Gruppen am besten vorgehen. Diese Bereiche sehen wir uns jeweils in drei Umgebungen an: einer Windows-Server-Maschine mit grafischer Oberfläche, die für sich allein arbeitet, einer Server-Core-Installation sowie einer Bereitstellung mit Active Directory.

Zu Beginn dieses Kapitels untersuchen wir näher, wie sich lokale und domainbasierte Benutzerkonten erstellen, verwalten und löschen lassen. Dies kann entweder über die grafische Oberfläche erfolgen, über die Kommando-Zeile oder über PowerShell-basierte Administrations-Tools. Wie Sie sehen werden, steckt hinter diesen alternativen Methoden jede Menge Power.

5.1 Passphrasen – die sicheren Kennwörter

Herkömmliche Kennwörter, die von Benutzern selbst eingerichtet werden, haben üblicherweise 7-8 Zeichen. Natürlich sind Benutzer mit der nötigen Komplexität vertraut und wissen, dass sie Großbuchstaben, Ziffern oder Symbole verwenden sollten, um ein sicheres Kennwort zu erstellen. Doch das Problem dabei ist: Dank dieser schwierigen Zusammensetzung lassen sich diese Kennwörter auch viel schlechter merken und eingeben. In solchen Fällen beginnt der Montag Morgen für die IT-Abteilung nicht selten damit, eine ganze Reihe von Anfragen zu bearbeiten, weil Benutzer sich ausgesperrt haben und ihr Kennwort gern zurücksetzen möchten. Die Sache wird noch komplizierter, wenn die Mitarbeiter dazu gezwungen werden, ihr Kennwort alle 30 Tage zu erneuern, eine Einstellung, die normalerweise deswegen gesetzt wird, damit das Kennwort schneller geändert ist, als es von einem Angreifer durch bloßes Ausprobieren erraten werden kann.

Die Alternative ist die Nutzung längerer Kennwörter, zum Beispiel solcher mit mindestens zehn oder besser zwölf Zeichen, aber dafür keiner erforderlichen Komplexität. Denn durch die Länge dieses Kennworts wird es mathematisch gesehen stärker. Natürlich denken Sie jetzt direkt: Wenn Benutzer schon Probleme damit haben, sich ein 7- oder 8-stelliges Kennwort zu merken, wie soll man sich dann ein Kennwort mit so vielen Stellen gut einprägen können? Aber dafür gibt es eine einfache Lösung.

Der Schlüssel dazu besteht darin, sich von dem Gedanken der Kennwörter zu verabschieden und eher in *Passphrasen* zu denken. Wie wäre es zum Beispiel damit, Benutzer zu empfehlen, einfach einen ganzen Satz einzugeben, der für sie etwas bedeutet, leicht zu merken ist, und diesen als Kennwort zu verwenden?

Beispiel

Hat eine Person etwa ein blaues Fahrrad, könnte sich ein sinnvolles Kennwort aus dem Satz »Mein blauer Drahtesel ist superschnell« ergeben. Dabei handelt es sich um ein sehr langes Kennwort, doch die Person kann es sich gut einprägen – zudem lässt sich diese Passphrase auch bequem eintippen. Ein weiterer Vorteil: Dieses Kennwort ist so stark, dass es nicht alle 30 Tage geändert werden muss, sondern sogar für mehrere Monate seine Gültigkeit behalten darf.

Wenn Sie als Administrator solche Empfehlungen an Ihre Mitarbeiter aussprechen, werden Sie damit bestimmt Erfolg haben. Dabei sind die Passphrasen natürlich nicht auf Fahrräder oder Autos beschränkt, sondern können sich auf irgendwelche Gegenstände oder Personen aus dem Umfeld des jeweiligen Benutzers beziehen – es geht einfach nur darum, dass die Person sich das Kennwort bzw. die Passphrase gut einprägen kann.

5.2 Benutzer verwalten

5.2.1 Lokale Benutzer erstellen

Zum Anlegen neuer Benutzer, die lokal im Server verwaltet werden, dient die Computer-Verwaltung. Am einfachsten ist sie über den Server-Manager zu erreichen. Wir öffnen also zunächst den Server-Manager mit Administratorrechten. Sie erinnern sich, dass Sie dazu im START-Menü mit der rechten Maustaste auf die Kachel für den SERVER-MANAGER klicken und dann die Funktion MEHR, ALS ADMINISTRA-TOR AUASFÜHREN aufrufen. Nach Eingabe des Kennworts für den Benutzer ADMI-NISTRATOR wird das Fenster des Server-Managers angezeigt.

Die Computer-Verwaltung erreichen Sie jetzt, indem Sie oben rechts auf TOOLS, COMPUTER-VERWALTUNG klicken.

Innerhalb der Computer-Verwaltung finden Sie mehrere Module, zwischen denen Sie mit der linken Spalte umschalten können. Das Benutzer-Modul erreichen Sie unter dem Pfad COMPUTER-VERWALTUNG, SYSTEM-TOOLS, LOKALE BENUTZER UND GRUPPEN, BENUTZER.

Sobald Sie auf den Eintrag BENUTZER klicken, sehen Sie in der Mitte des Fensters zunächst drei Einträge: den ADMINISTRATOR, der schon während der Installation angelegt wird, dann das GAST-Konto sowie das zweite Konto, das wir aus Sicherheits-Gründen direkt nach der Installation angelegt hatten.

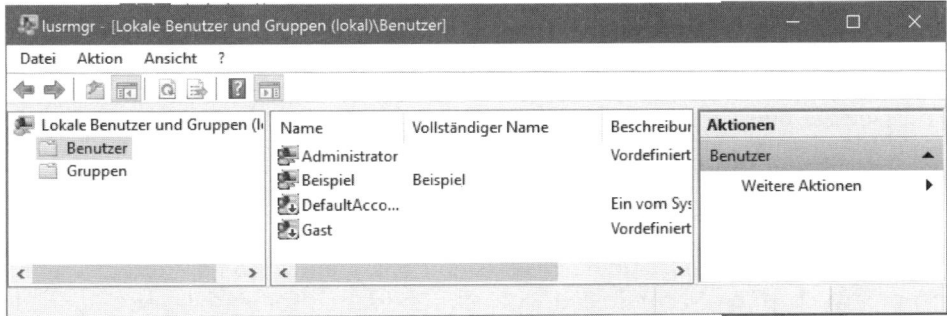

Abb. 5.1: Lokale Benutzer und Gruppen

Gehen wir noch kurz auf das Gast-Konto ein. Worin besteht der Zweck dieses Kontos? Mit dem Gast-Konto können Personen, die kein eigenes Benutzer-Konto auf dem Server haben, sich an dem lokalen Computer anmelden. Diese Option eignet sich also besonders bei Servern, die von vielen unterschiedlichen Personen genutzt werden.

Tipp

Vielleicht haben Sie auch bemerkt, dass das Symbol des Gast-Kontos über einen kleinen Pfeil verfügt. Was bedeutet dieser Pfeil? Er weist Sie als Administrator darauf hin, dass es meist am sinnvollsten ist, wenn das Gast-Konto deaktiviert ist. Standardmäßig hat Microsoft dies bereits für Sie übernommen. Ein Gast-Konto ist keine häufige Anforderung an einen Server – es kann also durchaus sein, dass Sie es nie brauchen werden.

Wichtig

Die Sache mit dem Administrator-Konto

Im Kapitel über die Einrichtung von Windows Server 2016 haben wir zwar schon kurz darüber gesprochen, wollen dieses Thema aber trotzdem jetzt nochmals aufgreifen: Das Administrator-Konto des Servers muss unbedingt angemessen geschützt werden! Dieses lokale Benutzer-Konto verfügt über die komplette Kontrolle über Ihren Server und das Administrator-Konto auf dem Domänen-Controller hat die komplette Kontrolle über Ihr Netzwerk. Somit ist es wirklich sinnvoll, dieses Konto mit einem starken Kennwort auszustatten.

In größeren Unternehmen ist der Administrator ein anonymes Konto. Werfen Sie einen Blick in Ihre Sicherheits-Protokolle – etwa in der Ereignisanzeige – und schon stellen Sie sich die Frage »Wie weiß ich, wer welche Aktion über das Administrator-Konto durchgeführt hat?« Aus diesem Grund sollten Sie normalerweise nicht auf das integrierte Administrator-Konto zurückgreifen, sondern für jede Person, die die Berechtigungen benötigt, ein eigenes Konto mit administrativen Rechten anlegen. Oft wird die Verwendung des Administrator-Kontos sogar geblockt, außer für den Notfall. Damit die Aktionen jedes Mitarbeiters in der IT-Abteilung korrekt vom Sicherheitsprotokoll erfasst werden können, müssen Sie Benutzer-Konten mit administrativen Rechten für jede dieser Personen erstellen. Anschließend stellen Sie sicher, dass jedes dieser Konten nur die Rechte und Berechtigungen aufweist, die zur Ausführung der Aufgaben des Mitarbeiters erforderlich sind.

Allerdings hat die vollständige Deaktivierung des eingebauten Administrator-Kontos auch einen Nachteil, den wir nicht übersehen sollten: Hat sich jemand ausgesperrt, Ist es eine tolle Sache, wenn dessen Kennwort einfach über das vordefinierte Administrator-Konto zurückgesetzt werden kann. Denn der Administrator kann als einziger nie ausgesperrt werden.

Statt das Administrator-Konto also komplett abzuschalten, könnte man auch wie folgt vorgehen: Man richtet ein Kennwort ein, das aus zwei Teilen besteht. Während die erste Hälfte des Kennworts im Besitz der IT-Sicherheitsabteilung ist, kennt das Administrations-Team für die Server die andere Kennwort-Hälfte. Ist ein Zugriff auf das Administrator-Konto nötig, müssen sich beide Parteien gemeinsam anmelden. Dies erhöht die Sicherheit und ermöglicht gleichzeitig das Zurücksetzen von Kennwörtern im Notfall.

Fassen wir zusammen: Das eingebaute Administrator-Konto von Windows Server 2016 muss besonders geschützt werden. Neben der Einrichtung eines starken Kennworts sollten Sie auch sichergehen, dass nur ein begrenzter Personenkreis Kenntnis von diesem Kennwort hat. Zudem können Sie den Remote-Zugriff einschränken und kontrollieren, wer direkten Zugang zum Server hat.

Über die Computer-Verwaltung erstellen

Sehen wir uns jetzt konkret an einem Beispiel an, wie sich ein neuer lokaler Benutzer in Windows Server 2016 mithilfe der Computer-Verwaltung erstellen lässt. In diesem Fall handelt es sich um den Benutzer *Jens Mander*.

Im Fenster der COMPUTER-VERWALTUNG sollte bei Ihnen immer noch der Bereich LOKALE BENUTZER sichtbar sein, in dem die Einträge für den ADMINISTRATOR, den GAST sowie das zweite Konto erscheinen, das wir angelegt hatten.

Klicken Sie jetzt mit der rechten Maustaste in den freien Bereich dieses Fensters und wählen Sie aus dem Kontextmenü den Eintrag NEUER BENUTZER. Daraufhin öffnet sich ein gleichnamiges Dialogfeld.

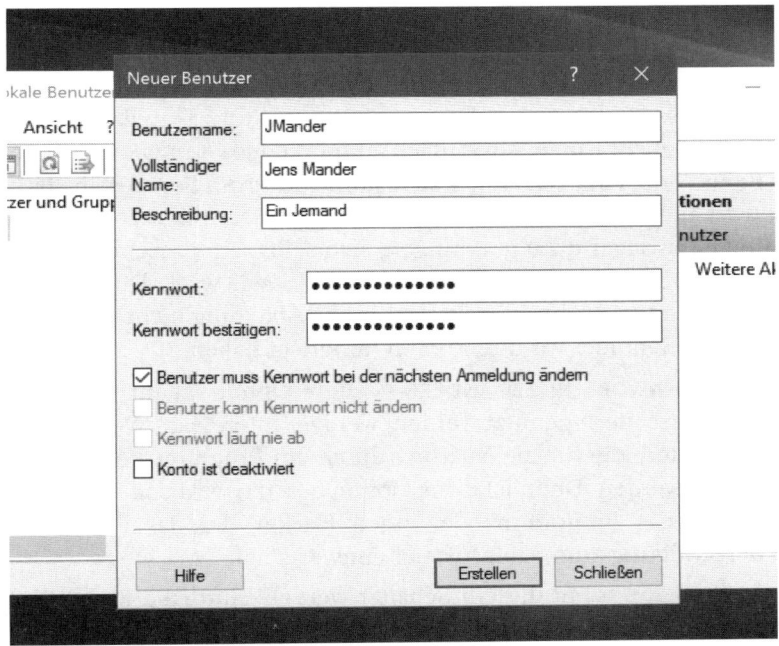

Abb. 5.2: Neuen Benutzer hinzufügen

In diesem Dialogfeld haben Sie die Möglichkeit, verschiedene Angaben über den Benutzer zu machen:

■ BENUTZERNAME – Diesen Namen gibt der Benutzer bei jeder Anmeldung ein. Hier ist empfehlenswert, einen bestimmten Standard einzuhalten, sodass die Namen der Benutzer auf dem Server alle gleich aufgebaut sind. Zum Beispiel könnte man den Vornamen abkürzen und dahinter den Nachnamen setzen – alternativ dazu lässt sich natürlich auch die Mitarbeiter-Nummer als Benutzername verwenden. Was Sie hier eintragen, richtet sich also auch nach den Datenschutz-Anforderungen in Ihrem Unternehmen. Auf jeden Fall sollten nach Möglichkeit sämtliche Benutzerkonten auf dem Server – oder sogar im gesamten Unternehmen – einheitlich aufgebaut sein, um spätere Verwechslungen oder Probleme zu vermeiden.

■ VOLLSTÄNDIGER NAME – Das Feld »Vollständiger Name« enthält einfach nur den Namen der Person, die das Konto verwendet. Verfügt ein Server über direkten Zugang zum Internet, sollten man sich allerdings zweimal überlegen, ob man tatsächlich die echten Namen der Benutzer des Servers hinterlegen möchte oder eher nicht. Dieses Feld muss nämlich nicht unbedingt ausgefüllt werden.

■ KENNWORT – Als Nächstes müssen Sie das Kennwort hinterlegen. Den besten Kompromiss aus hoher Sicherheit bei gleichzeitig guter Merkfähigkeit für das Kennwort ist die Nutzung einer Passphrase anstelle eines Kennworts. Dazu erfahren Sie weiter vorne in diesem Kapitel weitere Details.

■ BENUTZER MUSS KENNWORT BEI DER NÄCHSTEN ANMELDUNG ÄNDERN – In diesem Beispiel haben wir die Option aktiviert gelassen. Sie tut genau das, was sie auch sagt. Das ermöglicht Ihnen, ein einfach zu merkendes Kennwort anzugeben, das der Benutzer bei der späteren ersten Anmeldung am Server selbsttätig auf ein Kennwort ändern kann, das für ihn Sinn ergibt. Der Benutzer wird bei der Anmeldung dann sogar dazu gezwungen, sich selbst ein passendes Kennwort zu überlegen, bevor die Anmeldung abgeschlossen wird. Durch diese Option wird überdies auch sichergestellt, dass die IT-Abteilung nicht weiß, welche Kennwörter die Benutzer für ihre Konten hinterlegt haben.

■ BENUTZER KANN KENNWORT NICHT ÄNDERN – Diese Option ist für Benutzer-Konten, die von Mitarbeitern genutzt werden, weniger interessant. Wir denken hierbei eher an Konten, die für die Nutzung durch ein Programm oder einen Dienst eingerichtet werden. Denn ist diese Option gesetzt, wird dadurch effektiv *verhindert*, dass das Programm oder einen Hacker, der das Programm angreift, die Berechtigung zum Ändern des Kennworts hat.

■ KENNWORT LÄUFT NIE AB – Mit diesem Schalter werden sämtliche Richtlinien überschrieben, die andernorts für den Ablauf und die Gültigkeit von Kennwörtern auf dem Server eingerichtet wurden, zum Beispiel auf dem lokalen System oder in einer Gruppenrichtlinie. Diese Option sollte mit Bedacht und am besten nur für Benutzer-Konten gesetzt werden, die von Diensten verwendet werden. Denn Sie wollen sicher nicht, dass ein Dienst wie zum Beispiel eine Datenbank heruntergefahren wird, nur, weil das Kennwort des zugehörigen Benutzers nicht aktualisiert wurde.

■ KONTO IST DEAKTIVIERT – Dieser Haken ist selbsterklärend: Zwar wird das neue Benutzer-Konto erstellt, kann aber so lange nicht für die Anmeldung verwendet werden, bis diese Optionen später in den Eigenschaften des Benutzers wieder deaktiviert wurde. Genau dies hat Microsoft schon ab Werk mit dem *Gast-*

Konto getan. Die Option ist zum Beispiel dann hilfreich, wenn Sie viele Benutzer auf einmal für zukünftige Verwendung anlegen und sie erst später aktivieren möchten, wenn die Mitarbeiter tatsächlich mit ihrer Arbeit beginnen.

Wenn wir jetzt unten auf die Schaltfläche ERSTELLEN klicken, wird der angegebene Benutzer erstellt. Gleichzeitig werden die Felder dieses Dialogs alle geleert, sodass Sie theoretisch gleich mit der Erstellung des nächsten Benutzers fortfahren können. Wenn Sie aber nur einen Benutzer anlegen möchten, sollten Sie als Nächstes unten rechts auf den SCHLIESSEN-Button klicken.

In der Tabelle der vorhandenen Benutzer taucht das soeben erstellte Konto jetzt bereits auf und steht auch schon für die Nutzung bereit.

Per Kommando-Zeile anlegen

Benutzer lassen sich auch über die Kommando-Zeile erstellen. Dies ist besonders hilfreich, wenn Sie sich für die Installation ohne grafische Oberfläche entschieden haben. Die Befehle zum Erstellen von Benutzern über die Eingang-Aufforderung können aber auch in Batch-Dateien verwendet werden.

Mit dem folgenden Befehl lässt sich der lokale Benutzer `JMander` auf Ihrem Server erstellen:

```
net user JMander S1cher3sPasswort /ADD  Enter
```

Sie erhalten daraufhin direkt in der Konsole die Rückmeldung, dass der Befehl erfolgreich ausgeführt wurde.

Allgemein gesehen lautet die Syntax dieses Befehls wie folgt:

```
net user <Benutzer> <Kennwort> /ADD  Enter
```

Mit diesem Befehl wird ein Benutzer auf dem lokalen Server erstellt. Von den oben angeführten Optionen, die Sie in dem Dialogfeld der Computer-Verwaltung gefunden haben, wird auf diesem Wege allerdings keine gesetzt.

Tipp

Wenn das Kennwort, das Sie für den neuen Benutzer hinterlegen, Leerzeichen enthalten soll, sollten Sie es in Anführungszeichen setzen. Das sieht dann zum Beispiel wie folgt aus:

```
net user JMander "Torte mit Sahne" /ADD  Enter
```

Bei der oben angeführten Syntax handelt es sich aber nur um die vereinfachte Version, mit der Sie einen Benutzer schnell erstellen können. Tatsächlich verfügt der user-Befehl auch über Parameter, mit denen Sie die übrigen Optionen angeben können, die Sie bereits aus dem Dialogfeld kennen.

Diese Parameter lauten:

- /fullname: "Jens Mander" – Mit dieser Option können Sie den vollständigen Namen des Benutzers hinterlegen.

- /logonpasswordchg:yes – Damit wird der Benutzer zum Ändern des Kennworts bei der ersten Anmeldung gezwungen.

- /passwordchg:yes oder :no – Legt fest, ob der Benutzer sein eigenes Kennwort ändern darf oder nicht.

- /active:yes oder :no – Hiermit legen Sie fest, ob das Konto direkt nach der Erstellung aktiviert ist oder nicht.

5.2.2 Domänen-Benutzer erstellen

Domänenbasierte Benutzer-Konten sind lokalen Konten vorzuziehen, wenn der Server nicht allein im Netzwerk ist. Möchte Jens Mander sich beispielsweise bei verschiedenen Servern im Netzwerk anmelden können – nicht nur auf dem Server, über den sein Konto eingerichtet wird –, ist die Nutzung einer domänenbasierten Lösung vorzuziehen.

Denn auf diese Weise müssen Sie als Administrator nur ein Benutzer-Konto anlegen und auch nur diesem einen Konto Berechtigungen zuweisen. Außerdem muss sich Jens dann nur einen Benutzer-Namen und ein einziges Kennwort merken.

Diese vereinfachte Anmeldung im gesamten Netzwerk wird mithilfe einer Domäne und einem dazugehörigen Benutzer-Konto ermöglicht.

Zur Erstellung eines neuen Benutzers im Domänen-Controller melden wir uns zunächst an diesem Domänen-Controller an und starten dann dort ein Tool namens *Active-Directory-Benutzer und -Computer*. Dieses Tool finden Sie in den administrativen Tools auf jedem Domänen-Controller.

Tipp

Um sich die Arbeit mit den Administration Tools für Domänen-Controller zu vereinfachen, können Sie von Microsoft die kostenlosen *Remote Server Administration Tools* herunterladen und auf Ihrem Computer mit Windows 8, 8.1 oder Windows 10 installieren. Anschließend ermöglichen diese Tools Ihnen den Remote-Zugriff auf die Server, die Sie verwalten möchten. Dies wird Ihre Administrationsarbeit wesentlich vereinfachen.

Nach dem Start der Verwaltung für Active-Directory-Benutzer und -Computer sehen Sie darin eine Anzahl vorinstallierter Benutzer und Gruppen, die für die Funktionen von Active Directory notwendig sind.

In der Benutzer-Ansicht von Active Directory wird standardmäßig nicht zwischen Konten von Personen und systeminternen Konten unterschieden. Dies kann Probleme verursachen, sodass wir hier einen anderen Ansatz wählen:

1. Zunächst erstellen wir eine weitere Organisationseinheit, indem wir mit der rechten Maustaste auf den Eintrag unseres Unternehmens klicken und diesen so wie unsere Beispiel-Firma nennen – in diesem Fall also »WirProgrammieren«.

2. Innerhalb dieser Organisationseinheit erstellen wir jetzt weitere Untereinheiten, darunter eine für die Benutzer, eine weitere für die Computer und schließlich eine dritte für die Sicherheitsgruppen. Das Ergebnis kann dann so ähnlich aussehen wie auf dem folgenden Foto.

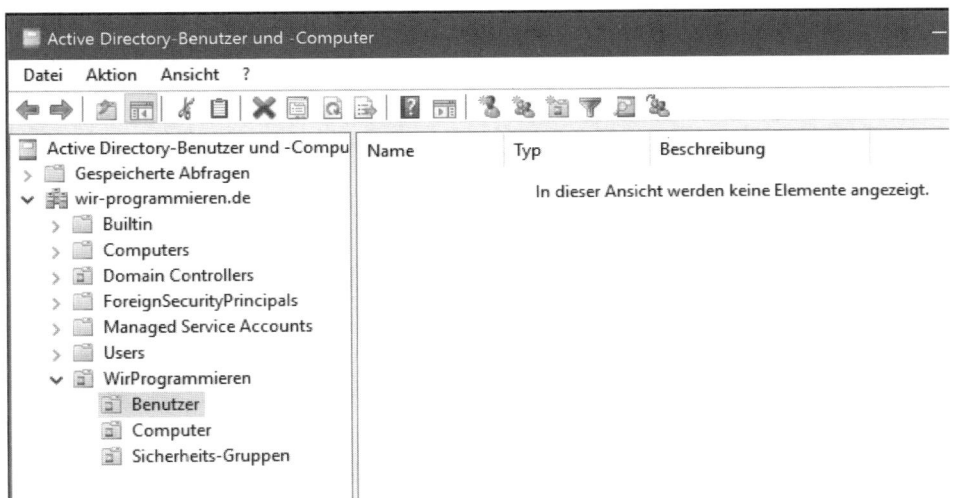

Abb. 5.3: Hierarchie in Active Directory

Durch diese Struktur haben Sie die Möglichkeit, jedem dieser Objekt-Typen genau die Berechtigungen zuzuweisen, die nötig sind. Die tatsächlichen Benutzer, darunter auch das Benutzer-Konto für Jens Mander, werden wir jetzt in der Organisationseinheit WIRPROGRAMMIEREN\BENUTZER innerhalb der Domäne WIR-PROGRAMMIEREN.DE erstellen.

Klicken Sie also jetzt mit der rechten Maustaste auf eine freie Stelle innerhalb des Ordners BENUTZER, den Sie soeben erstellt haben. Im Kontextmenü wählen Sie dann den Eintrag NEU, BENUTZER.

Dadurch startet der Assistent namens NEUES OBJEKT – BENUTZER und wartet auf die Eingabe des Vor- und Nachnamens für den neuen Benutzer. Als drittes Feld sehen Sie auch den Eintrag VOLLSTÄNDIGER NAME, den Sie nach Wunsch ebenfalls ausfüllen können. Darunter legen Sie dann die Login-Namen für diesen neuen Benutzer fest. In unserem Fall handelt es sich um JMander@wir-programmieren.de, wie Sie auf dem Bild erkennen können.

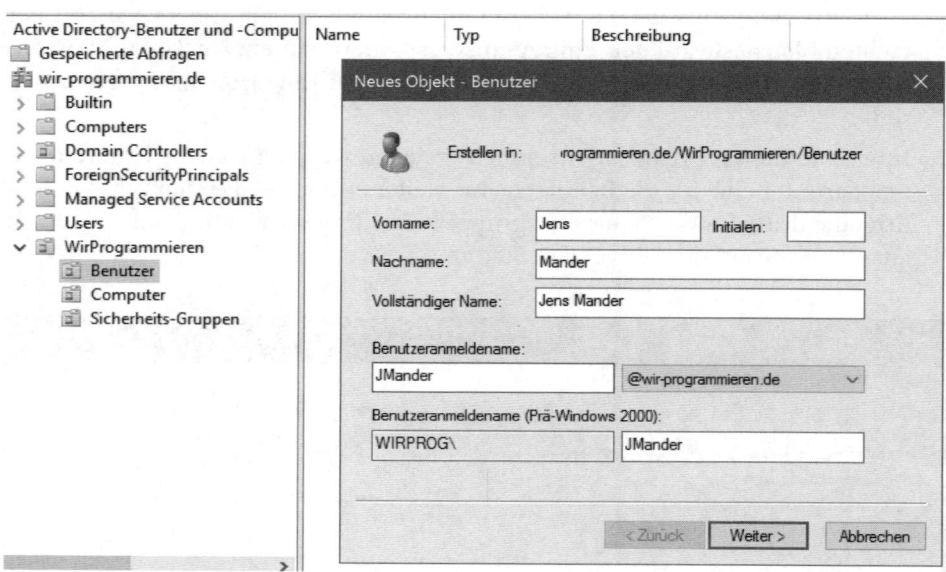

Abb. 5.4: Neuen AD-Benutzer hinzufügen

Haben Sie alle Felder wie gewünscht ausgefüllt, geht es durch Klick auf die Schaltfläche WEITER zum nächsten Schritt des Assistenten. Jetzt geht es darum, das Kennwort für den neuen AD-Benutzer zu erstellen. Nach der Eingabe des Kennworts dürfen Sie es auch gleich ein zweites Mal eintippen – auf diese Weise sollen Tippfehler ausgeschlossen werden.

Unterhalb der beiden Kennwort-Felder sehen Sie die gleichen Optionen wie beim Anlegen lokaler Benutzer-Konten: Hier kann festgelegt werden, ob der Benutzer das Kennwort bei der nächsten Anmeldung ändern muss, ob es überhaupt geändert werden kann (wie gesagt: Sinnvoll ist diese Option vor allem bei Konten, die von Diensten verwendet werden), ob das Kennwort nie abläuft und schließlich auch, ob das Benutzer-Konto direkt aktiviert werden soll oder vorerst nur angelegt wird, aber abgeschaltet bleibt, bis Sie es später manuell einschalten.

Hinweis

Lässt sich der Assistent an dieser Stelle nicht fortsetzen, liegt dies oft an Voraussetzungen für die Sicherheit des Kennworts, die in diesem Fall dann nicht erfüllt wurden. Passiert Ihnen dies, sollten Sie nochmals einen Schritt zurückgehen und ein stärkeres Kennwort für den Benutzer auswählen.

Nach Abschluss des Assistenten erscheint der Benutzer dann auch in der Organisationseinheit, wie Sie auf dem nachfolgenden Bild erkennen können.

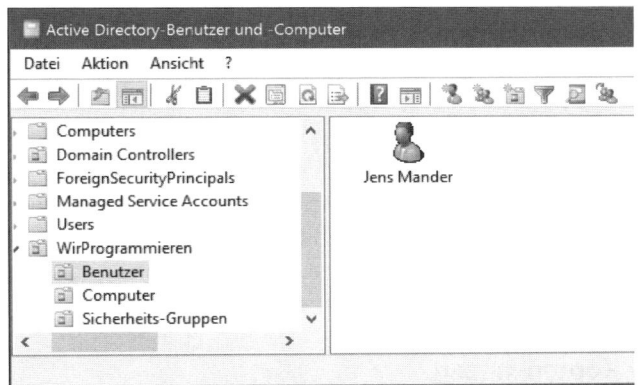

Abb. 5.5: Der neue Benutzer in unserer Organisationseinheit

Sie haben gesehen: Das Anlegen von lokalen und Domänen-gesteuerten Benutzern erfolgt auf analoge Weise und ist nicht schwer. Sehen wir also im nächsten Schritt nach, wie sich auch ein Domänen-Benutzer über die Kommando-Zeile erstellen lässt.

Das Benutzer-Konto, das wir soeben im Domänen-Controller hinzugefügt haben, lässt sich mit dem folgenden Befehl in der Eingabe-Aufforderung anlegen:

```
dsadd user "CN=Jens Mander,OU=Benutzer, OU=WirProgrammieren,DC=wir-
programmieren,DC=de"
-samid JMander -upn Jmander@wir-programmieren.de
-fn Jens -ln Mander -display "Jens Mander"
-pwd 5GrueneFroesche -mustchpwd yes Enter
```

Wie Sie sehen, haben Sie auch in der Kommando-Zeile die Möglichkeit, über verschiedene Parameter sämtliche Einstellungen anzugeben, die wir gerade auch in der grafischen Oberfläche festgelegt haben. Wenn Sie einen genauen Blick in diesen Befehl werfen, erkennen Sie die einzelnen Komponenten, die da wären:

- **CN** – Hierbei handelt es sich um den Namen des neu zu erstellenden Objekts, also Benutzers.

- **OU** – Hier wird in Textform der Pfad angegeben, an dem der neue Benutzer angelegt werden soll. Wenn Sie genau hinsehen, entsteht durch die Kombination der Parameter CN und OU genau die gleiche Hierarchie, die Sie auch auf dem Foto etwas weiter oben erkennen können.

- **DC** – Hierbei handelt es sich um den Domänennamen, wie zum Beispiel `wir-programmieren.de`. Achten Sie darauf, dass dieser Teil nicht rückwärts geschrieben wird wie der Rest der Angaben zuvor.

> **Tipp**
>
> Wenn Sie mehr Informationen über das Erstellen von Benutzern im Domänen-Controller mithilfe der Kommando-Zeile benötigen, empfehle ich Ihnen die Eingabe des Befehls `dsadd user /?` `Enter`.

Wir haben gesehen: Das Erstellen von lokalen und Domänen-basierten Benutzern läuft auf ähnliche Weise ab – sei es nun über die grafische Oberfläche oder über die Kommando-Zeile. Jetzt, wo der Benutzer erstellt ist, wollen wir uns ansehen, welche zusätzlichen Eigenschaften Sie für Benutzer einrichten können.

5.2.3 Eigenschaften für Konten setzen

Eigenschaften lokaler Benutzer ändern

Öffnen wir zunächst wieder, wie zuvor beschrieben, die lokale Computer-Verwaltung mit Administrator-Rechten – denken Sie an den Trick mit der rechten Maustaste auf die Kachel des Server-Managers im Start-Menü.

Wenn Sie den soeben erstellten Benutzer-Eintrag gefunden haben, doppelklicken Sie auf diesen. Daraufhin erscheint ein Dialogfeld mit den Eigenschaften von Jens Mander.

Wenn Sie dieses Dialogfeld sehen, wird Ihnen darin einiges bekannt vorkommen: Hier sehen Sie den vollständigen Namen des Benutzers, können eine Beschreibung hinterlegen, die Optionen für die Änderung des Kennworts ändern – und an dieser Stelle können Sie Benutzer-Konten auch aktivieren bzw. deaktivieren.

Schalten wir nun zum nächsten Tab, und zwar zum Tab Mitglied von. Hier können Sie angeben, in welchen Gruppen der lokale Benutzer Mitglied sein soll.

Möchten Sie zum Beispiel, dass Jens Administrator-Rechte bekommt, genügt ein Klick auf die Schaltfläche HINZUFÜGEN?, wonach Sie die Gruppe ADMINISTRATOREN heraussuchen und dann zur Liste der Gruppen hinzufügen, in denen der Benutzer Mitglied ist. Wie unterhalb der Liste angegeben, werden Änderungen an der Gruppen-Mitgliedschaft für Benutzer erst ab der nächsten Anmeldung des Benutzers wirksam.

Auf dem Tab UMGEBUNG lässt sich festlegen, wie die Arbeitsumgebung bei der Verbindung über einen Remote-Desktop-Client beschaffen sein soll. Unter anderem können Sie hier definieren, dass ein bestimmtes Programm direkt bei der Anmeldung gestartet werden soll. Für dieses Programm lässt sich dann auch der zugehörige Start-Ordner konfigurieren.

Der Remote-Desktop-Client erlaubt dem Benutzer die Zuordnung seiner lokalen Laufwerke und Drucker, sodass er innerhalb der Remote-Umgebung auf private Daten und Geräte zugreifen kann. In den Eigenschaften des Benutzers auf dem Server kann diesbezüglich festgelegt werden, dass diese Laufwerke und Drucker eben nicht verbunden werden sollen. Wenn Sie diese Einstellungen hier deaktivieren, ist serverseitig innerhalb der Remote-Umgebung kein Zugriff auf die privaten Ordner und Drucker möglich. Die Optionen bewirken also, dass die Einstellungen, die ein Benutzer in seinem Remote-Desktop-Client getroffen hat, überschrieben werden.

Werfen wir jetzt auch einen Blick auf den Tab SITZUNGEN, denn hier finden wir weitere Parameter, über die Sie als Administrator Einfluss darauf haben, wie Remote-Desktop-Dienste für diesen Benutzer funktionieren.

Normalerweise bleibt die Sitzung eines Benutzers auf dem Server in einem getrennten Zustand, wenn sich der Benutzer nicht ausdrücklich abgemeldet hat. Das bedeutet, dass weiterhin Ressourcen verbraucht werden, und auch die gestarteten Programme werden weiterhin ausgeführt. Mithilfe der Optionen auf dem Tab SITZUNGEN können Sie bestimmen, wann getrennte Sitzungen auch serverseitig abgemeldet werden sollen. Außerdem lässt sich hier festlegen, wann eine Sitzung getrennt werden soll, wenn der Benutzer beim Client abwesend ist und keine Maus- oder Tastatur-Eingaben mehr erfolgen. Im unteren Bereich des Tabs SITZUNGEN lässt sich schließlich auch festlegen, ob der Benutzer sich auch auf einem anderen Gerät seiner Wahl anmelden kann, wobei seine vorhandene Sitzung dann übernommen und fortgesetzt wird, oder ob die erneute Verbindung zu einer bestehenden Remote-Sitzung nur von dem Client möglich ist, über den die Anmeldung erfolgt war.

Und wenn wir schon dabei sind, können wir auch einen Blick auf den Tab REMOTESTEUERUNG werfen. Hier geht es darum festzulegen, wie Administratoren mit einer Remote-Desktop-Sitzung eines Benutzers interagieren können. Die Idee dahinter ist, dass ein Administrator der Sitzung des Benutzers beitreten kann, um bei einer bestimmten Aufgabe mitzuhelfen.

Standardmäßig ist diese Remote-Steuerung aktiviert. Möchten Sie, dass ein bestimmter Benutzer nie von einem Administrator beobachtet werden kann, sollten Sie diese Option also hier deaktivieren. Direkt darunter legen Sie auch fest, ob der Benutzer der Aufschaltung des Administrators vorher zustimmen muss oder ob diese zusätzliche Verbindung ohne Zutun des Benutzers erfolgen darf. Schließlich stellen Sie im unteren Bereich des Dialogfeldes ein, ob es sich bei der Verbindung des Administrators um eine schreibgeschützte Ansicht des Desktops handelt oder ob der Administrator auch Maus- und Tastatur-Eingaben tätigen darf – mit anderen Worten, ob der Administrator aktiv in das Geschehen und die Steuerung der Remote-Sitzung eingreifen darf.

Wir haben also gesehen: Über die lokalen Benutzer und Gruppen haben Sie großen Einfluss auf fast alle Aspekte eines Benutzer-Kontos. Über die Kommando-Zeile in Form der Eingabe-Aufforderung lassen sich mithilfe des Befehls `net user` allerdings nur einige dieser Einstellungen steuern.

Beispiel

Wenn wir uns kurz ein Beispiel ansehen, dann erfahren wir etwa, wie sich der vollständige Name eines Benutzers über die Shell nachträglich ändern lässt:

```
net user JMander /fullname:"Jens Mander" Enter
```

Eigenschaften für Domänen-basierte Benutzer

Vergleichen wir doch die Optionen, die wir soeben in den Eigenschaften des lokalen Benutzers gefunden haben, mit den angebotenen Optionen innerhalb des Domänen-Controllers. Dazu führen wir die folgenden Schritte aus:

1. Zunächst melden wir uns bei dem Domänen-Controller als Administrator an.
2. Jetzt öffnen wir wieder die Oberfläche für den Domänen-Controller.
3. Im nächsten Schritt navigieren wir auf der linken Seite zu der Organisationseinheit, unter der wir den Benutzer zuvor angelegt hatten.
4. Nun sehen wir den Eintrag des Benutzer-Kontos in der Mitte, können diesen mit der rechten Maustaste anklicken und die EIGENSCHAFTEN aufrufen (Abbildung 5.6).

Tipp

Wenn Sie sämtliche der hier beschriebenen Eigenschaften sehen möchten, sollten Sie im Fenster ACTIVE DIRECTORY FÜR BENUTZER UND -COMPUTER oben im Menü auf ANSICHT, ERWEITERTE FUNKTIONEN klicken. In diesem Fall haben Sie nämlich viel mehr Optionen zur Auswahl, denn es stehen in den Eigenschaften des Benutzers mehr Tabs mit weiteren Einstellungen zur Verfügung als bei einem lokalen Benutzer-Konto.

Abb. 5.6: Eigenschaften eines AD-Benutzers

Beim direkten Vergleich können wir allerdings auch sehen: Viele der Optionen für lokale und domänenbasierte Benutzer überschneiden sich. Daher gehe ich in dieser Beschreibung der Domänen-Controller-Benutzer davon aus, dass Sie mit der Konfiguration lokaler Benutzer vertraut sind, die im vorherigen Abschnitt beschrieben wurde.

Werfen wir zunächst in den Eigenschaften des Benutzers einen Blick auf den Tab ALLGEMEIN. Hier finden wir die üblichen Angaben wie den Vor- und Nachnamen. Darüber hinaus können wir in Active Directory auch weitere Kontaktinformationen hinterlegen, etwa die Telefonnummer, Email-Adresse oder auch die Webseite. Nachdem diese Angaben hier hinterlegt sind, haben Sie anschließend über das Kontextmenü des jeweiligen Benutzers Zugriff auf die hinterlegten Email-Adressen oder Webseiten. Auf diese Weise können Sie den Benutzer zum Beispiel schnell kontaktieren.

Wenn wir jetzt den Tab ADRESSE betrachten, stellen wir fest: Hier können Sie die Postanschrift hinterlegen. Sie fragen sich womöglich, wozu das gut sein soll … Nun, Active Directory kann auch als Verzeichnis für Benutzer verwendet werden.

Mit anderen Worten: Benutzer können über AD Informationen über andere Personen im Netzwerk herausfinden, zudem stehen diese Daten auch Anwendungen zur Verfügung, die über Schnittstellen auf Active Directory und seinen Domänen-Controller zugreifen.

Wenn wir jetzt zum Tab KONTO weiterschalten, sehen wir hier den Anmeldenamen des Benutzers, den zweiten Anmeldenamen (den mit dem \) sowie die hinlänglich bekannten Optionen zur Änderung des Kennworts und zur Sperrung des Accounts.

Eine – wie ich finde – interessante Funktion haben Sie hier, wenn Sie auf die Schaltfläche ANMELDEZEITEN... klicken: Dadurch öffnen Sie einen Wochenkalender, in dem Sie für jeden Tag festlegen können, zu welcher Uhrzeit die Anmeldung für diesen Benutzer erlaubt ist und wann der Benutzer sich eben nicht anmelden darf. Denken Sie aber daran: Ist der Benutzer zum angegebenen Zeitpunkt angemeldet, erfolgt keine automatische Abmeldung. Die Option ist allerdings nicht in jedem Umfeld oder Unternehmen sinnvoll, da es sich hier um eine Sicherheits-Funktion handelt.

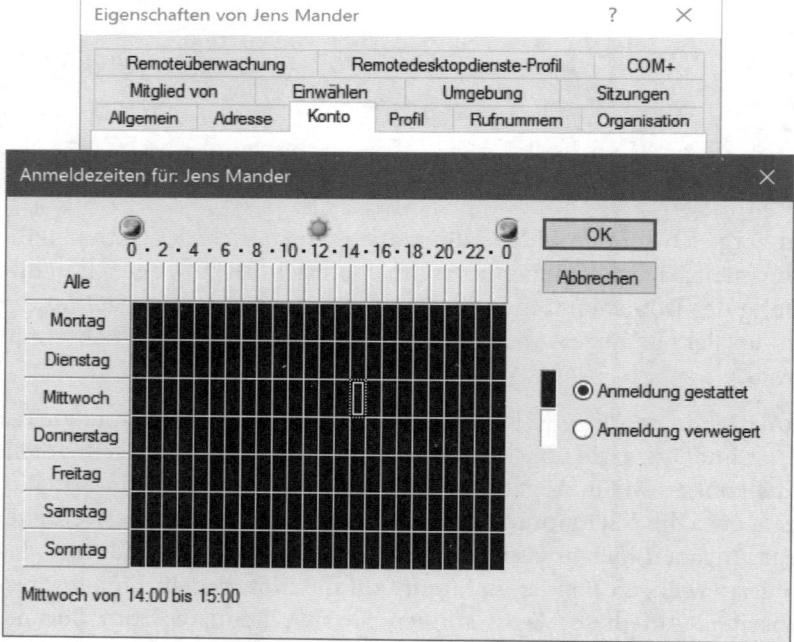

Abb. 5.7: Festlegen, wann sich ein Benutzer anmelden darf

Im unteren Bereich des Tabs KONTO können Sie schließlich auch festlegen, ob ein Benutzer sich nur vorübergehend am Server anmelden darf. Dies ist zum Beispiel für Personen sinnvoll, die über einen kurzen Zeitraum im Unternehmen tätig sind und währenddessen Zugriff auf die Anmeldungen erhalten müssen. Für solche Fälle lässt sich festlegen, dass das Konto zu einem bestimmten Datum abläuft – nach diesem Zeitpunkt ist ein Login dann nicht mehr möglich.

Apropos Sicherheit: Wenn Sie auf den Button ANMELDEN BEI... klicken, können Sie auch festlegen, auf welchen Computern bzw. Servern eine Anmeldung über diesen Domänen-Controller-Benutzer möglich sein soll. Standardmäßig ist hier hinterlegt, dass der Benutzer sich bei allen Computern einloggen darf. Soll dies eingeschränkt werden, markieren Sie hier die Option DIE FOLGENDEN COMPUTER. Daraufhin erhalten Sie Gelegenheit, über den HINZUFÜGEN-Button ganz bestimmte Computer anzugeben, auf die der Benutzer zugreifen können soll.

Diese Funktion ist zum Beispiel sinnvoll, wenn Sie einen Berater oder einen externen Ingenieur im Haus haben und verhindern möchten, dass diese Person sich auf sämtlichen Computern anmelden kann, wenn nur der Zugriff auf einige wenige, ganz bestimmte Ressourcen nötig und sinnvoll ist. Ebenfalls sinnvoll ist diese Einschränkung der Geräte, bei denen eine Anmeldung möglich sein soll, wenn es sich um Konten für Programme oder Dienste handelt, die sowieso nur auf ganz bestimmten Servern laufen. In diesem Fall wäre es wenig sinnvoll, wenn die Anwendung oder der Dienst sich bei jedem beliebigen Gerät im Netzwerk anmelden darf.

Vorsicht

Bei den Kennwort-Optionen sehen Sie auch einen Schalter namens KENNWORT MIT UMKEHRBARER VERSCHLÜSSELUNG SPEICHERN. Diese Einstellung sollten Sie niemals aktivieren, es sei denn, Sie wissen hundertprozentig, dass Sie sie brauchen. Sie ist nur dann nötig, wenn Anwendungen zu Authentifizierungszwecken Kenntnis über das Kennwort eines Benutzers erlangen müssen. Microsoft selbst gibt an, dass es sich bei dieser Option mehr oder minder darum handelt, das Passwort des Benutzers im Klartext zu speichern – Sie können sich ja selbst vorstellen, wie sinnvoll dies im Normalfall ist.

Wenn jetzt kurz einen Blick auf den Tab TELEFONE werfen, dann stellen wir fest: Hier finden sich noch weitere Felder, die einer Visitenkarte ähnlich sehen – Sie können etwa die private Telefonnummer hinterlegen, die Handynummer, die Faxnummer sowie auch eine Telefonnummer für Voice-over-IP.

Gleiches gilt auch für den Tab namens ORGANISATION, auf dem die Stellenbezeichnung, die Abteilung sowie der Name der Firma hinterlegt werden können, für die der Benutzer tätig ist. Außerdem findet sich hier auch ein Feld für den Namen des Vorgesetzten.

Im Normalfall weniger interessant, aber zu Dokumentations-Zwecken hilfreich: der Tab ATTRIBUT-EDITOR. Hier sehen Sie übersichtlich sämtliche Eigenschaften des Benutzers, darunter zum Beispiel auch den `distinguishedName`, der mit dem Parameterwert identisch ist, den Sie zum Anlegen des Benutzers über die Kommando-Zeile eingetippt hatten.

Wechseln wir daher zu einem anderen Tab, und zwar zum Tab MITGLIED VON. Ähnlich wie bei lokalen Gruppen können Sie auch für Active-Directory-Benutzer festlegen, zu welchen Gruppen sie gehören sollen – und damit auch effektiv Einfluss auf die zugehörigen Berechtigungen ausüben.

Auf dem Tab OBJEKT sehen wir schließlich, wann der Benutzer im System angelegt und wann er zuletzt verändert wurde. Zudem gibt es hier noch eine interessante Option: Wir können nämlich einen Schreibschutz aktivieren, der dafür sorgt, dass dieser Benutzer nicht versehentlich gelöscht werden kann. Dies empfiehlt sich vor allem für besonders wichtige Mitarbeiter, etwa den Geschäftsführer oder leitende Berater.

Fassen wir zusammen: Über den Domänen-Controller und seine grafische Oberfläche, die AD-Benutzer und -Computer, können viele Einstellungen für einzelne Konten angepasst werden. Oftmals ist es aber so, dass Sie als Administrator nicht jeden Benutzer einzeln bearbeiten möchten, sondern lieber viele Benutzer auf einen Rutsch. Auch dafür gibt es in den Active-Directory-Benutzer und -Computer eine Möglichkeit. Erstellen wir zunächst einige Benutzer in der Organisationseinheit, wie auf dem nachfolgenden Foto zu sehen.

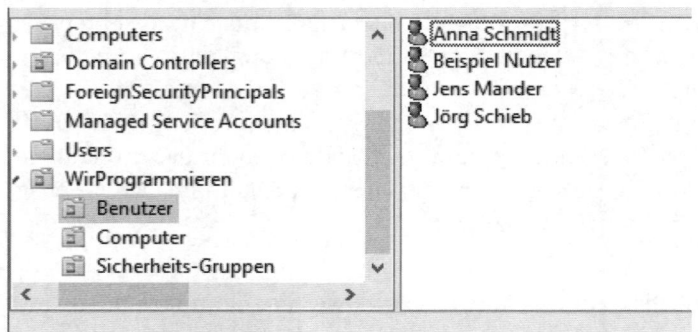

Abb. 5.8: Unsere Test-Benutzer im Überblick

Auf dem Bild ist zu erkennen, dass hier vier Benutzer angelegt wurden: Neben Jens Mander gibt es noch Einträge für Beispiel Nutzer, Jörg Schieb sowie Anna Schmidt. Angenommen, wir möchten jetzt Einstellungen für alle diese vier Benutzer in der aktuellen Organisationseinheit anpassen. Dazu markieren wir zunächst die Einträge in der Liste, klicken dann mit der rechten Maustaste und wählen die EIGENSCHAFTEN aus.

Dadurch öffnet sich ein spezielles Dialogfeld mit den Eigenschaften für mehrere Elemente. Änderungen lassen sich jetzt stapelweise vornehmen, indem zunächst der Haken bei der jeweiligen Option gesetzt wird, zum Beispiel bei der Beschreibung oder dem Büro. Anschließend tragen Sie dahinter den gewünschten neuen Wert ein. Verfahren Sie dann ebenso für weitere Eigenschaften, die für sämtliche markierten Benutzer angepasst werden sollen.

Beachten Sie: Auch hier gibt es mehrere Tabs, jeweils mit unterschiedlichen Daten, die Sie hinterlegen können.

Abb. 5.9: Mehrere Benutzer auf einmal bearbeiten

Sind Sie fertig mit dem Festlegen der gewünschten neuen Eigenschaften für die markierten Benutzer, klicken Sie unten auf OK und warten dann, bis Active-Directory-Benutzer und -Computer die angeforderten Änderungen für alle Benutzer-Konten übernommen hat.

Eigenschaften Domänen-basierter Benutzer lassen sich neben der grafischen Oberfläche natürlich auch über die Eingabe-Aufforderung anpassen – sinnvoll ist dies etwa dann, wenn Ihre Installation von Windows Server 2016 über gar keine Desktop-Oberfläche verfügt – etwa, weil Sie sie im *Server Core*-Modus installiert haben.

Sehen wir uns also an, wie sich Benutzer in Active Directory über die Befehlszeile ändern lassen. Dazu greifen wir auf den Befehl `dsmod` mit der Option `user` zurück. Die Hilfe für diesen Befehl erscheint im Terminal, wenn Sie folgendes Kommando absenden:

```
dsmod user /?  Enter
```

Sie erinnern sich vielleicht noch daran, wie wir gerade besprochen haben, dass Sie in den Attributen eines Benutzers in Active Directory den spezifischen Namen des Benutzers ermitteln können. Genau diesen besonderen Benutzernamen benötigen wir jetzt.

Tipp

Es kann natürlich sein, dass Sie nicht auf die grafische Oberfläche zurückgreifen können. In diesem Fall können Sie auch manuell nach dem Benutzer suchen und dessen spezifischen Namen über seine normale Anmelde-ID ermitteln.

Hier der dazu nötige Befehl:

```
dsquery user -upn JMander@wir-programmieren.de  Enter
```

Daraufhin wird in der Konsole der spezifische Name des Benutzers angezeigt, sodass Sie ihn mit der Maus markieren und in die Zwischenablage kopieren können.

Sie sehen also: `dsquery` ist ein hilfreicher Befehl, wenn Sie auf der Suche nach Objekten, in unserem Fall Benutzern, sind, die Sie in Active Directory auffinden möchten.

Sobald uns der spezifische Name des Benutzers bekannt ist, steht einer Veränderung seiner Eigenschaften bzw. Optionen für diesen AD-Benutzer nichts mehr im Wege. Welche Parameter Ihnen zur Veränderung einzelner Werte für den jeweiligen Benutzer zur Verfügung stehen, wird Ihnen ja wie gesagt durch Aufruf des zuvor angeführten Hilfe-Befehls angezeigt.

5.2.4   Benutzer löschen

Sowohl lokale als auch Domänen-basierte Benutzer lassen sich in der grafischen Oberfläche einfach durch einen Rechtsklick und Aufruf der Funktion LÖSCHEN aus dem System entfernen. Dabei sollten Sie allerdings beachten: Die Wiederherstellung solcher gelöschten Benutzer ist schwierig, besonders wenn sich auf dem System noch spezifische Berechtigungen verbergen. Denn Sie können später nicht einfach hingehen und einen Benutzer mit dem gleichen Namen anlegen – da die interne, eindeutige SID des Benutzers anders sein wird, funktioniert dieser Ansatz nicht. In Active Directory gibt es deswegen auch einen Papierkorb, in den gelöschte Objekte zunächst wandern – nur für den Fall, dass sie später doch noch wiederhergestellt werden müssen.

Tipp

Aus den gerade angeführten Gründen ist es oft am sinnvollsten, Benutzer, die keinen Zugriff mehr auf das System erhalten sollen, nicht direkt zu löschen, sondern ihren Benutzer-Eintrag zunächst über dessen Eigenschaften zu deaktivieren. Gibt es nur ein Missverständnis oder muss der Benutzer später doch noch wiederhergestellt werden, müssen Sie nur diese Deaktivierungsoption wieder abschalten.

Sie können auch in Active Directory eine separate Organisationseinheit für inaktive Benutzer anlegen. Wenn Sie dann einen Benutzer-Konto deaktivieren, verschieben Sie es auch in diese Organisationseinheit. Vorteil: Sie sehen auf einen Blick, welche Benutzer aktuell zwar noch existieren, aber deaktiviert sind. Ist dann genügend Zeit vergangen und Sie sind sich sicher, dass dieses Benutzer-Konto nicht mehr benötigt wird, können Sie es dann immer noch löschen.

Sehen wir uns auch der Vollständigkeit halber noch kurz an, wie lokale und Domänen-basierte Benutzer über die Eingabe-Aufforderung entfernt werden können.

Besonders einfach ist hier das Löschen von lokalen Benutzern. Geben Sie einfach in eine Eingabe-Aufforderung, die über Administrator-Rechte verfügt, folgendes Kommando ein:

```
net user JMander /delete [Enter]
```

Vorsicht

Vor dem Löschen eines Benutzers mithilfe der Befehlszeile erfolgt keine weitere Rückfrage!

Geht es hingegen darum, einen Benutzer aus Active Directory vom Domänen-Controller zu löschen, nutzen Sie statt des net-Befehls das Kommando dsrm. Geben Sie also zum Beispiel Folgendes ein:

```
dsrm "CN=Jens Mander, OU=Benutzer, OU=WirProgrammieren, DC=wir-
programmieren,DC=de" [Enter]
```

Anschließend werden Sie noch dazu aufgefordert, den Löschvorgang zu bestätigen. Da dies in einem Skript natürlich wenig sinnvoll ist, können Sie alternativ dazu auch den Parameter -noprompt an das dsrm-Kommando anhängen.

Wir haben jetzt für lokale und Domänen-basierte Benutzer erfahren, wie sich diese anlegen, verwalten und löschen lassen – und zwar sowohl über die grafische Oberfläche als auch mithilfe der Eingabe-Aufforderung. Im nächsten Schritt vergrößern wir unsere Perspektive und sehen uns den Zusammenhang mit Gruppen an.

5.3 Gruppen verwalten

Wenn Sie eine ganze Anzahl Benutzer als einen Block betrachten und verwalten können, bieten sich Ihnen einige Vorteile. Der wichtigste davon ist: Sie sparen Zeit. Sehen wir uns ein Beispiel dazu an.

> **Beispiel**
>
> Beim Zuweisen von Berechtigungen an zehn Benutzer für zehn Ressourcen müssen Sie insgesamt 100 Einzelschritte durchführen. Das geht mit Gruppen einfacher: Zunächst werden die Benutzer einer Gruppe zugewiesen (ein Schritt) und dann werden der Gruppe die nötigen Rechte für die Ressourcen zugeteilt (weitere zehn Schritte). Statt 100 nötigen Vorgängen haben Sie die Anzahl der Schritte also um den Faktor 10 verringert und müssen jetzt nur noch 11 Schritte durchführen, um dasselbe Ziel zu erreichen.

Tatsächlich ist es sogar empfehlenswert, dass Berechtigungen nie einzelnen Benutzern zugewiesen werden, sondern immer gleich Einheiten von Benutzer-Gruppen. Deswegen ist es sinnvoll, wenn Sie als Administrator eines Windows-Servers mit dem Erstellen von Gruppen, dem Bearbeiten der Mitglieder sowie dem Entfernen von Gruppen bestens vertraut sind.

In diesem Abschnitt lernen wir kennen, wie sich lokale und Domänen-basierte Gruppen erstellen, kontrollieren und auch wieder löschen lassen. Dazu werden wir wieder die grafische Oberfläche und anschließend die Eingabe-Aufforderung nutzen.

5.3.1 Lokale Gruppen

Genau wie lokale Benutzer existieren auch lokale Gruppen innerhalb eines einzelnen Servers, oder noch allgemeiner, eines beliebigen Computers. Denn lokale Gruppen können auch auf einem Client-Computer vorhanden sein. Eine lokale Gruppe kann lokale Benutzer-Konten aufnehmen, die auf demselben Server eingerichtet sind. Zudem kann sie auch Benutzer oder Gruppen aus dem Active Directory aufnehmen, bei dem der jeweilige Server Mitglied ist. Lokale Gruppen lassen sich mit der Computer-Verwaltung administrieren, die Sie bereits von der Bearbeitung der lokalen Benutzer her kennen.

Starten Sie also zunächst den Server-Manager mit Administrator-Rechten und klicken Sie dann innerhalb des Server-Manager-Fensters oben rechts auf TOOLS,

COMPUTER-VERWALTUNG. Auf der linken Seite der Computer-Verwaltung wechseln Sie dann zum Bereich SYSTEM-TOOLS, LOKALE BENUTZER UND GRUPPEN, GRUPPEN. Rechts erscheint jetzt schon ab Werk eine recht lange Liste mit lokalen Benutzer, die auf dem Server eingerichtet sind.

Wenn wir also einen Blick in die Liste werfen, stellen wir fest: Es gibt eine eigene Gruppe für die Administratoren, wir sehen eine Gruppe für Back-ups, für Gäste, für den Nutzer innerhalb des IIS-Webservers (sofern diese Server-Rolle eingerichtet ist), für Remote Desktop-Benutzer und für vieles mehr. Schließlich gibt es hier auch eine ganz allgemeine Gruppe namens BENUTZER.

Tipp

In Ihrer Computer-Verwaltung sind viel mehr Gruppen sichtbar? Dann liegt dies vermutlich daran, dass in Ihrer Installation von Windows Server 2016 weitere Rollen und/oder Features eingerichtet sind, die auf unserem Beispiel-Server nicht vorhanden sind. Lassen Sie sich also davon nicht irritieren.

Sehen wir uns konkret an, wie sich einzelne Gruppen auf dem Server erstellen lassen, wobei wir zunächst von lokalen Gruppen sprechen. Für unser Beispiel nehmen wir an, dass auf dem Server ein Quelltext eines Programms liegt, der als Netzwerk-Freigabe eingerichtet ist. Jetzt möchten wir eine lokale Gruppe mit Benutzern anlegen, der dann Berechtigungen für diese Freigabe zugewiesen werden.

Auf dem Monitor sollte noch immer die Liste der vorhandenen lokalen Gruppen geöffnet sein. Auf der rechten Seite des Fensters sehen Sie eine Spalte, die mit AKTIONEN überschrieben ist. Direkt darunter folgt jetzt ein Klick auf den Eintrag WEITERE AKTIONEN. Wählen Sie dann in dem angezeigten Menü die Funktionen NEUE GRUPPE... aus.

Auf dem Monitor öffnet sich daraufhin ein relativ einfacher Dialog: Einzutragen sind »nur« der Name sowie eine Beschreibung für die neue Gruppe. Gleichzeitig haben Sie schon beim Erstellen der Gruppe Gelegenheit, die gewünschten Mitglieder in die Gruppe aufzunehmen, indem Sie unten auf den Button HINZUFÜGEN? klicken und die betreffenden Benutzer dann über das Suchfenster ausfindig machen.

Tipp

Es ist schon sinnvoll, wenn Sie eine Beschreibung jeder Gruppe eingeben, die Sie erstellen. Vielleicht können Sie sich jetzt noch daran erinnern, wozu diese Gruppe gedacht ist – aber ist dies auch in einem alten Jahr noch der Fall, wenn Sie inzwischen so viele andere Administrations-Aufgaben ausgeführt haben? Und: Können auch andere Administratoren in Ihrem Unternehmen etwas mit der Gruppe anfangen, zum Beispiel, wenn Sie gerade nicht verfügbar sind?

Im Beispiel tragen wir also als Gruppenname `Quellcode-Freigabe` ein; bei der Beschreibung hinterlegen wir einen Text wie zum Beispiel diesen: `Mitglieder dieser Gruppe haben Zugriff auf den freigegebenen Quellcode`.

Wie gesagt: In eine lokale Gruppe können Sie nicht nur lokale Benutzer aufnehmen, sondern auch Benutzer aus dem Active Directory sowie Gruppen, die in Active Directory angelegt wurden.

> **Hinweis**
>
> Die Optionen zum Hinzufügen von Domänen-basierten Benutzern und Gruppen sind nur verfügbar, wenn dieser Server Mitglied in einer Domäne ist. In unserem Beispiel ist der Server Mitglied der Domäne `wir-programmieren.de`.

Lassen Sie uns doch gleich ein paar Benutzer zu dieser neuen Gruppe hinzufügen. Wir führen dazu die folgenden Schritte aus:

1. Zunächst tragen wir den Namen und die Beschreibung für die Gruppe ein, wie zuvor bereits erwähnt.
2. Jetzt folgt ein Klick auf den Button HINZUFÜGEN?
3. Nun wählen wir den Ort aus, an dem wir nach Benutzern suchen möchten – dazu ist ein Klick auf die Schaltfläche PFADE... nötig.
4. Da unser Server ja Mitglied in einer Domäne ist, sehen wir jetzt die gesamte Hierarchie dieser Domäne und können unseren eigenen Ordner für Benutzer auswählen, der sich innerhalb des Ordners WIR-PROGRAMMIEREN.DE findet.
5. Jetzt bestätigen wir den ausgewählten Suchpfad, indem wir auf OK klicken.
6. Zum Auffinden der gesuchten Benutzer haben Sie nun zwei Möglichkeiten:
   - Entweder Sie kennen den Benutzer-Namen schon auswendig. In diesem Fall geben Sie ihn einfach in das Feld für die Objekt-Namen ein und klicken anschließend auf den Button NAMEN PRÜFEN rechts daneben.
   - Für den Fall, dass Sie nicht alle Benutzer-Namen aus dem FF zitieren können, können Sie auch auf ERWEITERT... klicken und erhalten dann Gelegenheit, über eine Suchmaschine für Benutzer nach den Einträgen zu fahnden, die wir in die Gruppe übernehmen möchten. Sie müssen auch keine Details für die Suchanfrage eingeben – klicken Sie einfach rechts auf den Button JETZT SUCHEN, dann sehen Sie im unteren Bereich des Dialogfelds die passenden Ergebnisse.

     Damit ist es für uns leicht, die ⌜Strg⌝-Taste gedrückt zu halten und unten alle Benutzer auszuwählen, die über die neue Gruppe Zugriff auf die Freigabe unseres Quellcodes erhalten sollen.
7. Sind die Benutzer-Konten ausgewählt, können Sie sie durch Klick auf OK direkt in das Dialogfeld zum Erstellen der neuen Gruppe übernehmen.

8. Sobald Sie nun unten auf ERSTELLEN klicken, wird die Gruppe angelegt und die ausgewählten Benutzer sind ab sofort darin Mitglied.

Tipp

Wie beim Erstellen von lokalen Benutzern wird auch das Dialogfeld zum Anlegen neuer Gruppen nicht automatisch geschlossen, sobald die erste Gruppe erstellt wurde. Auf diese Weise können Sie sich ein paar Klicks sparen und theoretisch jetzt gleich mit dem Erstellen einer weiteren Gruppe fortfahren. In unserem Fall brauchen wir das aber nicht, sodass wir das Dialogfeld durch Anklicken von SCHLIESSEN vom Bildschirm verbannen können.

Wenn Sie nun einen Blick in das Fenster der Computer-Verwaltung werfen, stellen Sie fest: Die lange Liste der lokalen Gruppen wurde jetzt um einen zusätzlichen neuen Eintrag ergänzt, der sich auf die soeben erstellte lokale Gruppe bezieht.

Wichtig

Ungeachtet dessen, ob Sie mit lokalen Gruppen oder mit Active-Directory-Gruppen arbeiten, wird die Mitgliedschaft in einer Gruppe für einen Benutzer nur während der Anmeldungen ausgelesen. Das bedeutet: Ist dieser Benutzer momentan am Server angemeldet, muss er sich zuerst abmelden und anschließend erneut anmelden, damit die Mitgliedschaft in der Gruppe für ihn wirksam wird.

Jetzt haben wir uns angesehen, wie eine lokale Gruppe über die grafische Oberfläche erstellt werden kann. Werfen wir nun noch einen Blick darauf, wie dies genauso gut auch über die Eingabe-Aufforderung möglich ist. Dazu setzen wir jetzt voraus, dass auf ihrem Bildschirm eine Eingabe-Aufforderung mit Administrator-Rechten geöffnet ist.

Über den folgenden Befehl lässt sich die neue lokale Gruppe anlegen:

```
net localgroup Quellcode-Freigabe /add /Comment:"Mitglieder dieser
Gruppe haben Zugriff auf den freigegebenen Quellcode" Enter
```

Hinweis

Beim Erstellen einer neuen Gruppe über die Eingabe-Aufforderung können nicht gleichzeitig auch schon Benutzer zu dieser Gruppe hinzugefügt werden. Stattdessen muss dies in einem separaten Befehl erfolgen, wie wir gleich noch sehen werden.

Benutzer zu einer Gruppe hinzufügen

Auch nachträglich lassen sich weitere Benutzer zu einer lokalen Gruppe hinzufügen. Das funktioniert ähnlich einfach wie -Ändern von Eigenschaften lokaler Benutzer. Sehen wir uns an, wie über die Computer-Verwaltung weitere Benutzer zu einer lokalen Gruppe hinzugefügt werden können:

1. Zunächst öffnen wir wieder den Bereich LOKALE BENUTZER UND GRUPPEN, GRUPPEN.

2. In der Mitte des Fensters erscheint daraufhin wieder die lange Liste mit Gruppen, die auf dem Server vorhanden sind. Hier suchen wir jetzt die Gruppe heraus, zu der wir zusätzliche Benutzer hinzufügen möchten.

3. Haben wir sie gefunden, genügt ein Doppelklick auf den Namen der Gruppe, um ihre Eigenschaften aufzurufen.

4. Neben der Beschreibung der Gruppe sehen wir hier auch die Liste der Mitglieder, die Teil dieser Gruppe sind. Unterhalb dieser Liste stehen Buttons zum Hinzufügen und Entfernen von Benutzern bereit. Wenn wir also einen weiteren Benutzer zu dieser Gruppe hinzufügen möchten, klicken wir zunächst unten auf HINZUFÜGEN? und suchen uns dann – ähnlich wie beim Anlegen der Gruppe – den gewünschten Benutzer aus den lokalen oder von der Domäne kontrollierten Benutzern heraus.

5. Die neuen Mitglieder der Gruppe werden übernommen, sobald Sie unten auf OK klicken.

Beispiel

Es ist schon eine praktische Sache, dass zu einer lokalen Gruppe auch eine Domänen-Gruppe als Mitglied hinzugefügt werden kann. Dadurch können nämlich Active-Directory-Gruppen wiederverwendet werden, und zwar für den Zugriff auf Ressourcen, die auf dem aktuellen Server freigegeben sind.

Das kann zum Beispiel dann sinnvoll sein, wenn ein Administrator nur Zugriff auf einen ganz bestimmten einzelnen Server hat und nicht auf Active Directory selbst. Er ist dann in der Lage, lokale Gruppen zu erstellen und als Mitglieder Gruppen und Benutzer der Domäne hinzuzufügen. So kann diese Person ihre Anwendungen oder Freigaben Mitgliedern der Domäne zugänglich machen, ohne dass administrative Rechte für die Domäne benötigt werden.

Gut! Jetzt wissen wir also, wie sich nachträglich über die grafische Oberfläche neue Benutzer, Active-Directory-Gruppen oder auch AD-Benutzer zu einer lokalen Gruppe hinzufügen lassen.

Nun wollen wir auch das Hinzufügen von Mitgliedern zu einer Gruppe mithilfe der Eingabe-Aufforderung betrachten. Auch dazu wird wieder der Befehl `net localgroup` benutzt:

```
net localgroup Quellcode-Freigabe JMander /add [Enter]
```

Mit einem ähnlichen Befehl können Sie auch Domänen-Nutzer und -Gruppen zu der angegebenen lokalen Gruppe hinzufügen, und zwar lautet das Kommando dann wie folgt:

```
net localgroup Quellcode-Freigabe "wirprogrammieren\JSchieb" /add [Enter]
```

Wenn Sie jetzt die Eigenschaften des Benutzers aufrufen, den wir soeben zu der lokalen Gruppe hinzugefügt haben, und darin zum Tab MITGLIED VON wechseln, stellen wir fest: Hier wurde die neue Gruppe korrekt hinterlegt.

Wenn Sie möchten, können Sie diesen Benutzer natürlich jetzt auch gleich noch zu weiteren Gruppen hinzufügen, indem Sie einfach unten auf HINZUFÜGEN? klicken und dann die gewünschte Gruppe heraussuchen.

Benutzer aus einer Gruppe entfernen

Genauso einfach wie das Hinzufügen von Benutzern zu einer Gruppe ist auch das Entfernen. Hier gibt es zwei verschiedene Herangehensweisen:

- Sie können die Eigenschaften des Benutzers aufrufen, darin zum Tab MITGLIED VON wechseln, dann die Gruppe markieren, die entfernt werden soll, und schließlich unten auf ENTFERNEN klicken. Sobald Sie auf OK klicken, ist der Benutzer ab der nächsten Anmeldung nicht mehr Mitglied dieser Gruppe.
- Möchten Sie hingegen mehrere Benutzer aus derselben Gruppe entfernen, wäre es einfacher, die Eigenschaften der Gruppe aufzurufen, dann die betreffenden Benutzer auf einen Rutsch zu markieren und sie schließlich aus der Gruppe zu entfernen.

Ähnlich wie das Hinzufügen von Benutzern einer Gruppe auf Wunsch über die Eingabe-Aufforderung möglich ist, gibt es auch einen entsprechenden Befehl zum Entfernen von Benutzern aus einer Gruppe. Er lautet wie folgt:

```
net localgroup Quellcode-Freigabe JMander /delete [Enter]
```

Gruppen löschen

Über die Computer-Verwaltung können Sie nicht nur Benutzer aus einer Gruppe entfernen. Wenn eine Gruppe gar nicht mehr benötigt wird, kann sie auch ganz aus dem System gelöscht werden. Dazu suchen Sie sie zunächst in der Liste der Gruppen, klicken sie dann mit der rechten Maustaste an und wählen aus dem Menü, das daraufhin erscheint, den Eintrag LÖSCHEN.

Vorsicht

Benutzer, Computer und Gruppen erscheinen in der grafischen Oberfläche von Windows Server 2016 zwar mit gut lesbaren Namen, etwa JMANDER oder QUELL-TEXT-FREIGABE, doch Windows nutzt diesen Namen nicht zur Identifizierung der Objekte. Stattdessen verwendet Windows ein sogenanntes Sicherheits-Prinzipal, einen eindeutigen Bezeichner, der bei jeder Erstellung eines Benutzers oder einer Gruppe neu generiert wird.

Im Klartext heißt das: Wenn Sie den Benutzer JSchieb erstellen, anschließend löschen und dann erneut erstellen, sind das für Windows zwei unterschiedliche Sicherheits-Prinzipale – und damit zwei unterschiedliche Objekte. Diese sehen zwar gleich aus, sind es aber nicht. Die Folge: Berechtigungen, die dem alten Konto zugewiesen waren, werden vom neuen Benutzer-Konto nicht übernommen.

Genau davor warnt der Dialog, der beim Versuch erscheint, eine Gruppe zu löschen. An dieser Stelle müssen Sie sich zu 100 % sicher sein, dass die Gruppe, die Sie gerade löschen möchten, im Unternehmen nicht mehr benötigt wird. Denn nach dem Löschen einer Gruppe sind sowohl die zugewiesenen Berechtigungen als auch die Liste der Mitglieder verloren. Verfügte ein Benutzer zuvor durch Mitgliedschaft in dieser Gruppe über die Berechtigung zum Zugriff auf eine Ressource, geht dieses Recht beim Löschen der Gruppe ebenfalls verloren.

Dass der Löschvorgang unwiderruflich ist, sollten Sie im Hinterkopf behalten, wenn Sie versuchen, über die Befehlszeile eine Gruppe zu löschen. Denn im Gegensatz zur grafischen Oberfläche gibt es hier keine zusätzliche Rückfrage oder Warnung:

```
net localgroup Quelltext-Freigabe /delete  Enter
```

5.3.2 Active-Directory-Gruppen

Im Prinzip unterscheiden sich Active-Directory- oder Domänen-basierte Gruppen nicht großartig von lokalen Gruppen. Mit beiden lassen sich eine Anzahl Objekte, also zum Beispiel Benutzer, einheitlich behandeln.

Allerdings stecken in Active-Directory-Gruppen noch mehr Funktionen. Das kommt daher, dass diese Art Gruppe im Domänen-Controller gespeichert wird.

Active-Directory-Gruppen haben daher auch die Eigenschaften von globalen Katalogen.

Was heißt das jetzt? Nun, eine einzelne AD-Gruppe kann mehrere Domänen-basierte Sicherheits-Prinzipale parallel enthalten, wie zum Beispiel Benutzer und Gruppen, und lässt sich auf allen Computern nutzen, die sich in der Domäne der Gruppe befinden.

Wenn ich hier von Gruppen spreche, meine ich in diesem Abschnitt durchgängig Active-Directory-Gruppen. Diese Gruppen gibt es in zwei verschiedenen Ausprägungen:

- **Verteilungs-Gruppe** – Mit einer Verteilungs-Gruppe werden mehrere Objekte kopiert und lassen sich anschließend kollektiv ansprechen. Zum Beispiel könnte eine Verteilungs-Gruppe in einem Mail-Server wie Microsoft Exchange als Zieladresse für Nachrichten vorgeschlagen werden. Sendet ein Benutzer eine Email an die Verteilungs-Gruppe, wird der Mailserver versuchen, die Nachricht an sämtliche Mitglieder der Gruppe weiterzuleiten, sofern für sie Email-Adressen hinterlegt sind.

- **Sicherheits-Gruppe** – Auch eine Sicherheits-Gruppe lässt sich als Verteiler für Emails ansprechen. Allerdings besteht ihr Hauptzweck in der Regelung der Sicherheit, wie der Name schon sagt. Mithilfe einer Sicherheits-Gruppe lassen sich also etwa Berechtigungen für Objekte, zum Beispiel Organisationseinheiten, Ordner oder auch Komponenten einer Anwendung, effizient verwalten. So wird aus Ihrem Active-Directory-Domänen-Controller nicht nur Ihr Anmelde-Mechanismus für das Netzwerk, sondern auch der Türsteher für den Zugriff auf gesicherte Elemente. Auf diese Weise genügt ein einziges Benutzer-Konto für den Zugriff auf Ressourcen im gesamten Einzugsbereich des Active Directory, nicht nur einer Domäne oder einem einzelnen Server.

Neben diesen zwei grundlegenden Varianten von Domänen-basierten Gruppen gibt es auch unterschiedliche Reichweiten oder Bereiche für solche Gruppen:

- **Lokale Gruppe (in Domäne)** – Eine lokale Gruppe in der Domäne ist nur zur Verwendung innerhalb der Domäne gedacht, in der sie erstellt wurde. Sie könnte beispielsweise Benutzer- oder Computer-Konten, globale Gruppen und universelle Gruppen aus anderen Domänen sowie weitere Domänen lokale Gruppen aus derselben Domain enthalten.

- **Globale Gruppe** – Dies ist der Standardbereich, wenn Sie eine neue Gruppe in Active Directory anlegen. Globale Gruppen können von Computern oder Servern innerhalb der Domäne genutzt werden, deren Mitglied sie sind. Zudem lassen sie sich auch von Mitgliedern anderer Domänen innerhalb desselben Active Directory nutzen. Enthalten sein können hier Benutzer- oder Computer-Konten von der Domäne, in der die globale Gruppe erstellt wurde.

- **Universelle Gruppe** – Während Domänen-lokale und globale Gruppen auf sämtliche Domänen-Controller in der Domäne gespiegelt werden, in der sie erstellt wurden, ist eine universelle Gruppe Domänen-übergreifend. Das bedeutet im Klartext: Die universelle Gruppe wird auf sämtliche Domänen im gesamten Active-Directory-Bereich übertragen. So kann eine universelle Gruppe nicht nur sämtliche Server oder Computer enthalten, sondern auch Mitglieder jeder beliebigen Domäne, die in Active Directory vorhanden ist.

Vorsicht

Wenn man das so liest, klingen universelle Gruppen ja zunächst einmal unglaublich praktisch. Denn immerhin können sie beliebige Objekte aus Active Directory beinhalten, und auch der Zugriff ist von jeder Domäne aus möglich. Allerdings ist dieser Vorteil auch gleichzeitig der Nachteil: Denn Änderungen an universellen Gruppen werden stets auf sämtliche Domänen im gesamten Verzeichnis übertragen. Zwar geschieht dies nur in Form der jeweiligen Änderungen, aber bei weitreichenden Änderungen kann dies durchaus eine negative Auswirkung auf die Leistung des Verzeichnis-Dienstes haben.

Vielleicht haben Sie es bei der Beschreibung der Gruppen gerade bemerkt: Gruppen können auch andere Gruppen enthalten. Mithilfe dieser Funktion lässt sich also eine Verschachtelung von Gruppen aufbauen. Wozu kann das sinnvoll sein?

Zum einen können Sie mit dieser Option mehr Gruppen auf einmal verwalten. Vielleicht existieren in Ihrem Unternehmen zwei Geschäftsbereiche, die oft gemeinsam angeschrieben werden müssen oder auf ähnliche Dokumente zugreifen möchten. In diesem Fall wäre es am sinnvollsten, wenn Sie die beiden Gruppen der Abteilungen in eine übergeordnete Gruppe einfügen. Das ermöglicht Ihnen zum Beispiel, eine zentrale Email-Adresse für diese beiden Abteilungen zu hinterlegen.

Ein anderes Szenario besteht zum Beispiel darin, dass in Ihrem Unternehmen mehrere untergeordnete IT-Abteilungen existieren, die ihre Benutzer und Gruppen jeweils selbst verwalten. In diesem Fall existieren mehrere Active-Directory-Gruppen für diesen Benutzer – je nach Abteilung. Wenn Sie nun alle Manager auf einen Schlag ansprechen möchten, bietet es sich an, eine übergeordnete Gruppe direkt im Wurzelknoten Ihrer Domäne zu erstellen, zu der die untergeordneten Gruppen dann als Mitglieder hinzugefügt werden.

Wir sehen also: Active-Directory-Gruppen sind in vielerlei Hinsicht leistungsfähiger als lokale Gruppen. Bei der Erstellung von Gruppen bietet es sich also an, wenn wir uns vorher Gedanken machen, welche Hierarchie wir aufbauen möchten, sodass die Reichweiten und Typen der angelegten Gruppen uns helfen, das gesteckte Ziel zu erreichen.

Das alles erfordert zwar vorab etwas mehr Planung und Nachdenken, als wenn wir einfach aufs Geratewohl anfangen, Gruppen zu erstellen, doch im Endeffekt zahlt sich diese zusätzliche Mühe aus.

Active-Directory-Gruppen lassen sich nämlich sehr vielseitig einsetzen. Hier nur einige Beispiele:

■ Zuweisen von Berechtigungen an Datei-Freigaben
■ Erstellen von Email-Verteilern mit Mitgliedern, die Sie gesammelt adressieren möchten
■ Zuweisungen für Berechtigungen zur Bereitstellung von Systemen
■ Steuerung der Zielgruppe von Gruppen-Richtlinien
■ Delegieren von Administrations-Rechten für Teilbereiche von Active Directory

Wenn man dies alles zum ersten Mal hört, klingt es natürlich sehr kompliziert. Kombinieren Sie diese Strategien aber mit einer sinnvollen Namensgebung für Ihre Gruppen, lässt sich schnell eine Struktur entwickeln, die später die Verwaltung enorm erleichtert und zudem eine genaue Verteilung der benötigten Rechte möglich macht.

Active-Directory-Gruppen erstellen

Jetzt aber genug der Theorie. Jetzt geht es ans Erstellen unserer ersten Active-Directory-Gruppe. Nehmen wir zunächst an, dass wir eine Gruppe erstellen möchten, die nur innerhalb unserer Domäne verwendet wird. Wir werden sie dazu nutzen, Rechte an Manager im Unternehmen zuzuweisen. Aus dieser Beschreibung können Sie schon ableiten: Wir benötigen den Bereich einer Domänen-lokalen Gruppe und den Gruppentyp einer Sicherheits-Gruppe.

1. Im ersten Schritt öffnen wir den Manager für Active-Directory-Benutzer und -Computer und navigieren dann auf der linken Seite zur Organisationseinheit \WIRPROGRAMMIEREN \SICHERHEITS-GRUPPEN, und zwar innerhalb der Domäne WIR-PROGRAMMIEREN.DE.

2. Dort angekommen, klicken wir mit der rechten Maustaste und wählen dann den Eintrag NEU, GRUPPE aus. Dadurch öffnet sich das Dialogfeld NEUES OBJEKT – GRUPPE.

3. Als Namen für die Gruppe tragen wir Management ein. Dadurch wird auch das zweite Feld für den Namen der Gruppe automatisch befüllt, wie Sie auf dem Foto erkennen können. Dieser zweite Gruppenname dient zur Kompatibilität mit älteren Systemen.

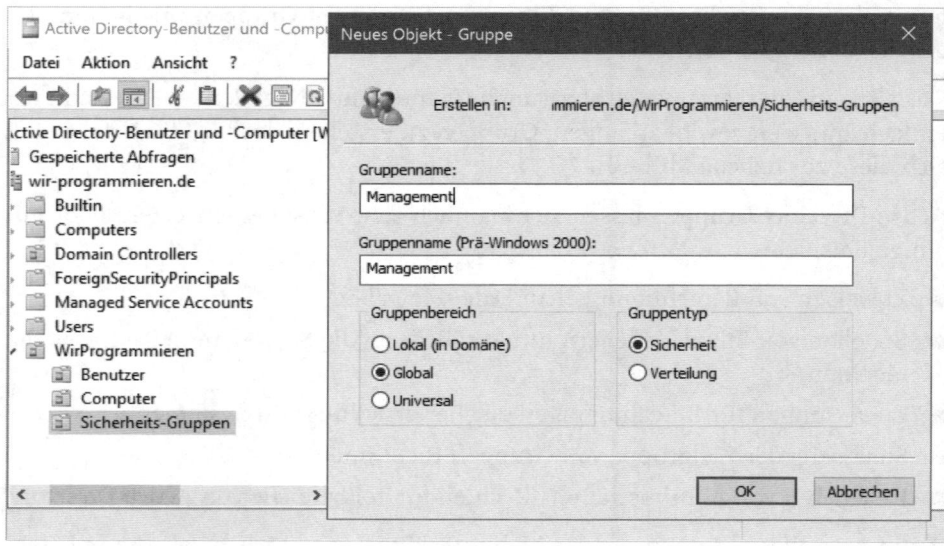

Abb. 5.10: Neue Active-Directory-Gruppe erstellen

4. Im unteren Bereich des Dialogs haben wir jetzt schließlich die Möglichkeit, die soeben besprochenen Eigenschaften der Gruppe festzulegen. Hier wählen wir also LOKAL (IN DOMÄNE) und SICHERHEIT aus.

5. Sobald Sie jetzt unten auf OK klicken, wird die neue Active-Directory-Gruppe erstellt und taucht dann auch in der Liste der Sicherheits-Gruppen auf.

Tipp

Direkt beim Anlegen von Active-Directory-Gruppen können Sie noch keine Benutzer zu dieser Gruppe hinzufügen. Dies muss anschließend erfolgen, genauso wie das Hinterlegen eines beschreibenden Textes für die Gruppe, anhand dessen Sie später noch genau nachvollziehen können, aus welchem Grund Sie die Gruppe ursprünglich erstellt haben und welchem Zweck sie dient.

Die Eigenschaften der Gruppe lassen sich wie bei allen Elementen in der Active-Directory-Verwaltung durch einen Doppelklick auf den Eintrag in der Liste öffnen. Wechseln Sie dann zum Tab ALLGEMEIN und geben Sie die gewünschte Beschreibung in das Textfeld ein. Danach können wir oben zum Tab MITGLIEDER weiterblättern und erhalten dann die Gelegenheit, ähnlich wie bei lokalen Gruppen auf HINZUFÜGEN... zu klicken und die gewünschten Active-Directory-Benutzer oder -Gruppen zu suchen, die Mitglied in dieser Gruppe werden sollen.

Hinweis

Neben Gruppen und Nutzern lassen sich übrigens auch noch weitere Objekt-Typen zu einer Active-Directory-Gruppe hinzufügen – beispielsweise Dienst-Konten, Computer oder auch Kontakte.

Über den Button PFADE... legen Sie fest, in welchem Bereich Sie nach Objekten suchen wollen, die als Mitglied hinzugefügt werden sollen.

Wenn Sie jetzt im oberen Teil des Fensters auf den Tab VERWALTET VON umschalten, finden wir dort eine praktische Funktion zur Delegierung von Administration-Rechten. Sie als Administrator haben wahrscheinlich keinen genauen Einblick darin, wer auf schützenswerte Daten zugreifen können soll und wer nicht. Denn Sie haben ja schon genug mit der Verwaltung des Netzwerks und dem IT-Betrieb zu tun.

Oftmals ist es besser, wenn derjenige, der die Daten einer Abteilung verwaltet, auch die Rechte zur Administration der entsprechenden Active-Directory-Gruppe bekommt. Sie können auf diesem Tab, VERWALTET VON, auf den Button ÄNDERN? klicken und dann einen Benutzer oder eine Gruppe auswählen, die dadurch zum Eigentümer dieser Gruppe gemacht wird. Wird dann unterhalb des ÄNDERN-Buttons auch der Haken bei der Option VORGESETZTER KANN MITGLIEDSLISTE ÄNDERN gesetzt, haben wir die Sache bequem gelöst – ab sofort ist die Person selbst in der Lage festzulegen, wer Mitglied in dieser Gruppe sein soll.

Active-Directory-Gruppen über die Kommando-Zeile verwalten

Vielleicht sitzen Sie ja vor einem Server ohne grafische Oberfläche und überlegen sich die ganze Zeit: Wie kann ich denn Active-Directory-Gruppen auch in Text-Modus erstellen?

Die Lösung besteht in der Verwendung des dsadd-Befehls.

Am sinnvollsten ist es, wenn wir uns zuerst die generelle Syntax dieses Befehls über die eingebaute Hilfefunktion anzeigen lassen:

```
dsadd group /? [Enter]
```

Mit dem folgenden Kommando lässt sich die gleiche Gruppe erstellen, die wir soeben in der grafischen Oberfläche angelegt haben, und zwar eine lokale Gruppe in der Domäne mit dem Namen MANAGEMENT in der Organisationseinheit \WIR-PROGRAMMIEREN \SICHERHEITS-GRUPPEN der Domäne WIR-PROGRAMMIEREN.DE:

```
dsadd group "CN=Management, OU=Sicherheits-Gruppen,OU=WirProgrammieren,
DC=wir-programmieren,DC=de" -scope l [Enter]
```

Dabei lauten die Werte für den `-scope`-Parameter wie folgt:

- `-scope l` erstellt eine domänenlokale Gruppe,
- `-scope g` legt eine globale Gruppe an und
- `-scope u` ist für universelle Gruppen zuständig.

Standardmäßig wird vom `dsadd`-Befehl eine Sicherheits-Gruppe angelegt. Und wenn Sie eine globale Gruppe erstellen möchten, können Sie auch den `-scope`-Parameter weglassen, denn der Wert g ist hier der Standard.

Wissen Sie noch, wie wir vorhin in der grafischen Oberfläche keine weiteren Optionen für die Active-Directory-Gruppe direkt beim Anlegen der Gruppe definieren, sondern sie erst hinterher in den Eigenschaften bearbeiten konnten? Nun, in der Kommando-Zeile ist dies anders: Hier können Sie direkt beim Erstellen der Gruppe Ihre Beschreibung angeben, festlegen, welche Mitglieder sie haben soll, und vieles mehr.

Beispiel

Sehen Sie sich folgenden Befehl an:

```
dsadd group "CN=Management, OU=Sicherheits-Gruppen,
OU=WirProgrammieren, DC=wir-programmieren, DC=de" -scope g -desc "Diese
Gruppe enthält Manager im Unternehmen" -members "CN=Jörg Schieb,
OU=Benutzer, OU=WirProgrammieren, DC=wir-programmieren, DC=de" Enter
```

Mit diesem Befehl haben wir mehrere Vorgänge auf einmal durchgeführt: zuerst haben wir eine globale Sicherheits-Gruppe namens *Management* in der Organisationseinheit SICHERHEITS-GRUPPEN erstellt. Anschließend haben wir die Beschreibung der Gruppe auf den Text »Diese Gruppe enthält Manager im Unternehmen« festgelegt. Schließlich haben wir einen Benutzer zu der neuen Gruppe MANAGEMENT hinzugefügt.

Vorhandene Gruppen lassen sich mit dem Befehl `dsmod group` anpassen. Zunächst ist hier bestimmt auch wieder die Ansicht der Hilfe nützlich:

```
dsmod group /? Enter
```

Möchten wir beispielsweise nachträglich zwei weitere Benutzer zu der soeben erstellten Gruppe hinzufügen, würde der entsprechende Befehl dazu etwa wie folgt lauten:

```
dsmod group "CN=Management, OU=Sicherheits-Gruppen, OU=WirProgrammieren,
DC=wir-programmieren, DC=de" -addmbr "CN=Jens Mander, OU=Benutzer,
OU=WirProgrammieren, DC=wir-programmieren, DC=de" "CN=Anna Schmidt,
OU=Benutzer, OU=WirProgrammieren, DC=wir-programmieren, DC=de" Enter
```

Halten wir also fest: Über den Parameter `-addmbr` können neue Mitglieder zu einer Active-Directory-Gruppe zugefügt werden. Analog dazu lassen sich vorhandene Mitglieder einer Gruppe über den Parameter `-rmmbr` aus dieser entfernen.

Und ähnlich wie beim Anlegen der Gruppe kann der Gültigkeitsbereich auch nachträglich mithilfe des Parameters `-scope` geändert werden. Die Werte entsprechen den zuvor angeführten.

Und wenn wir schon dabei sind, sehen wir uns auch noch kurz das Löschen von Active-Directory-Gruppen in der Kommando-Zeile an, und zwar mithilfe des Befehls `dsrm`:

```
dsrm "CN=Management, OU=Sicherheits-Gruppen, OU=WirProgrammieren,
DC=wir-programmieren, DC=de" Enter
```

Bevor die Gruppe tatsächlich vom System gelöscht wird, erscheint noch eine Rückfrage zur Sicherheit. Möchten Sie diese Rückfrage von vornherein überspringen, geben Sie einfach am Ende des `dsrm`-Befehls noch den Parameter `-noprompt` an.

5.4   Häufige Aufgaben von Administratoren

Wir haben jetzt die Grundlagen der Erstellung und Verwaltung von lokalen Benutzern und Gruppen sowie von Active-Directory-Benutzern und Gruppen kennengelernt. Sehen wir uns jetzt einige Aktionen an, die Sie im Laufe Ihrer Administrations-Arbeiten immer wieder durchführen werden.

Sicher kennen Sie das: Sie kommen am Montagmorgen in Ihr Büro und finden dort eine ganze Reihe von Anfragen von Mitarbeitern, die sich nicht mehr an ihr Kennwort erinnern können oder sich ausgesperrt haben.

5.4.1   Vergessene Kennwörter

Bei der ersten Herausforderung, die wir uns jetzt ansehen möchten, geht es um eine Person, die ihr Kennwort vergessen hat. Das ist für die jeweiligen Mitarbeiter ärgerlich, Sie als Administrator können aber leicht helfen.

1. Bei Verwendung der grafischen Oberfläche suchen Sie als Erstes die Organisationseinheit heraus, in der der fragliche Benutzer Mitglied ist.

2. Klicken Sie den Benutzer dann mit der rechten Maustaste an. Im Menü finden Sie den Eintrag KENNWORT ZURÜCKSETZEN, über denen Sie das gleichnamige Dialogfeld aufrufen können.

3. Jetzt müssen Sie nur noch ein neues Kennwort zweimal eintippen. Da es keine gute Idee ist, dass Sie das Kennwort des Benutzers kennen, sollten Sie auch den

darunter stehenden Haken bei der Option BENUTZER MUSS KENNWORT BEI DER NÄCHSTEN ANMELDUNG ÄNDERN setzen.

Tipp

Nachdem Sie das neue Kennwort gesetzt haben, müssen Sie es dem Benutzer ja mitteilen. Deswegen sollten Sie ein vergleichsweise einfaches Kennwort wählen, das der Benutzer ohne Probleme eintippen kann.

Unten in diesem Dialog zum Zurücksetzen des Kennworts sehen Sie auch eine Option zum Entsperren des Kontos. Wenn Sie hier einen Haken setzen, wird das Konto gleich automatisch entsperrt. Das Konto eines Benutzers könnte zum Beispiel gesperrt sein, weil zu oft hintereinander ein falsches Kennwort eingegeben wurde.

Übrigens lässt sich das Kennwort für einen Benutzer nicht nur in der grafischen Oberfläche ändern, sondern auch in der Eingabe-Aufforderung. Dazu verwenden Sie das Kommando `dsmod user`, wie im folgenden Beispiel:

Beispiel

```
dsmod user "CN=Jörg Schieb, OU=Benutzer, OU=WirProgrammieren,
DC=wir-programmieren, DC=de" -pwd * Enter
```

Nach dem Druck auf die Enter-Taste erhalten Sie Gelegenheit, das neue Kennwort zunächst einzutippen und anschließend auch noch einmal zu bestätigen. So werden Tippfehler ausgeschlossen.

Wie auch in der grafischen Oberfläche ist es sinnvoll, die Option zu aktivieren, dass der Benutzer sein Kennwort bei der nächsten Anmeldung ändern muss. Zu diesem Zweck können Sie den Parameter `-mustchpwd yes` an den Befehl zum Ändern des Kennworts anhängen.

5.4.2   Ausgesperrte Benutzer

Über die Richtlinien lässt sich konfigurieren, dass bei einer bestimmten Anzahl fehlgeschlagener Anmeldungen innerhalb eines Zeitraums das zugehörige Konto automatisch gesperrt, der Benutzer also effektiv ausgesperrt wird. Das klingt zunächst nach einer sinnvollen Option zur Wahrung der Sicherheit. Wenn wir aber näher darüber nachdenken, wird uns bewusst: Mit dieser Konfiguration kann auch viel Schaden angerichtet werden. Wieso das?

Hat jemand mit einem ganz normalen Benutzer-Konto für wenige Minuten Zugriff auf einen Desktop-Computer innerhalb Ihres Unternehmens, kann die

Person ein Skript ausführen, das für jeden Benutzer in Ihrem Active Directory in null Komma nichts fünf fehlgeschlagene Anmeldungen provoziert. Das Ergebnis? Jeder einzelne Benutzer außer dem Standard-Administrator der Domäne wird ausgesperrt. Eine Arbeit ist damit effektiv unmöglich – die Sicherheit ist gefährdet.

Nicht ohne Grund empfehlen echte Sicherheitsexperten, gründlich darüber nachzudenken, ob diese Aussperr-Option als Richtlinie wirklich so sinnvoll ist, wie sie zunächst erscheint. Und genau aus diesem Grund ist die Aussperrung auch standardmäßig in den Richtlinien deaktiviert. Das ist gut so, und wenn es nicht anders möglich ist, sollten Sie diese Einstellung auch so belassen – und lieber auf das Konzept der Passphrasen zurückgreifen.

Gibt es in Ihrem Unternehmen aber doch eine Aussperr-Richtlinie, sollten Sie auf jeden Fall wissen, wie sich ein Benutzer-Konto wieder entsperren lässt. Sehen wir uns dazu ein Beispiel an.

> **Beispiel**
>
> Ein Mitarbeiter meldet bei Ihnen als Administrator und informiert Sie darüber, dass auf dem Computer nur eine Meldung erscheint, er sei ausgesperrt. Das Kennwort ist dem Mitarbeiter bekannt, es muss also nicht zurückgesetzt werden.
>
> Sie gehen in diesem Fall in die Active-Directory-Verwaltung, suchen darin den Benutzer heraus und öffnen dessen Eigenschaften. In dem EIGENSCHAFTEN-Dialogfeld wechseln Sie dann zum Tab KONTO.

Um das Konto des Benutzers wieder zu entsperren, müssen Sie einfach nur die Option KONTO ENTSPERREN mit einem Haken versehen – dahinter können Sie ja bereits lesen, dass dieses Konto momentan auf dem aktuellen Active-Directory-Domänen-Controller gesperrt ist. Sobald Sie die Änderungen durch Klick auf OK bestätigen, ist das Konto des Benutzers wieder freigeschaltet.

5.5 Active-Directory-Verwaltungscenter

In diesem Kapitel haben wir jetzt schon viel über die grafische Oberfläche in Form des Moduls Active-Directory-Benutzer und -Computer erfahren. Neben dieser Konsole existiert in Windows Server 2016 noch ein weiteres Modul, mit dem Sie eine Domäne verwalten können: das Active-Directory-Verwaltungscenter. Die darin enthaltenen Funktionen basieren vollständig auf der PowerShell.

Vergleichen wir die Möglichkeiten, die wir mit dem Active-Directory-Verwaltungscenter (*ADAC*) haben, mit den Optionen, die uns unter Active-Directory-Benutzer und -Computer (*ADUC*) geboten werden, stellen wir fest: In der neueren Konsole finden sich weitere Funktionen, etwa eine Papierkorbfunktion sowie genau einstellbare Kennwort-Richtlinien. Zudem hat Microsoft hier auch einen PowerShell-Verlauf integriert, mit dem sich Benutzer und Gruppen sowie andere Objekte leichter verwalten und erstellen lassen.

Da stellt sich einem die Frage: Wieso gibt es in Windows Server 2016 (und übrigens auch schon im Windows Server 2012) zwei Oberflächen für ähnliche Zwecke? Microsoft hat die neue ADAC-Konsole zu einer eher aufgabenorientierten Schnittstelle ausgebaut.

Im Endeffekt läuft es für die Zukunft darauf hinaus, dass die meisten Verwaltungsfunktionen für Active Directory und andere Bereiche Ihres Windows-Servers über die PowerShell ausgeführt werden. Über die ADAC-Konsole lassen sich häufig auftretende Aufgaben, wie zum Beispiel solche, die mit dem Wiederherstellen des Zugriffs für ausgesperrte Benutzer zu tun haben, schnell und effizient erledigen.

Sie finden das Active-Directory-Verwaltungscenter im Server-Manager innerhalb des TOOLS-Menüs sowie auch im START-Menü im Ordner WINDOWS-VERWALTUNGSTOOLS.

Hinweis

Wenn Sie versuchen, mit einem Benutzer-Konto auf das Active-Directory-Verwaltungscenter zuzugreifen, das nicht über Administrator-Rechte verfügt, werden diese beim Start des Programms automatisch abgefragt.

Tipp

Das Active-Directory-Verwaltungscenter braucht zum Starten eine ganze Weile, deutlich länger als das Modul Active-Directory-Benutzer und -Computer. Wenn Sie häufig auf das Active-Directory-Verwaltungscenter zugreifen müssen, wäre es deswegen am sinnvollsten, es zu Beginn Ihrer Arbeit zu starten und anschließend nur noch minimiert zu lassen, sodass Sie es nicht ständig neu öffnen müssen. Das spart Ihnen wertvolle Zeit.

5.5.1   An Aufgaben orientierte Oberfläche

Nach dem Start des ADAC bekommen wir schon einen ersten Eindruck davon, was gemeint ist, wenn wir gerade gesagt haben: Es handelt sich um eine aufgabenorientierte Oberfläche.

Abb. 5.11: Active-Directory-Verwaltungscenter

Die Aufgaben-Orientierung erscheint auch direkt schon in der Übersicht des ADAC-Tools: Im unteren Bereich des Fensters sehen Sie ein Feld, mit dem das Kennwort eines Benutzers schnell und einfach zurückgesetzt werden kann. Auch daran ist bereits zu erkennen, dass das Wiederherstellen des Zugriffs für Benutzer eine der häufigsten Aufgaben von Administratoren ist.

Beispiel

Im bisherigen Active-Directory-Benutzer und -Computer-Modul muss der Techniker bei der Anfrage zur Zurücksetzung eines Kennworts zuerst in Active Directory die Organisationseinheiten nach dem Benutzer durchsuchen, anschließend mit der rechten Maustaste auf den Benutzer klicken und dann dessen Kennwort zurücksetzen. Vergleichen wir dies mit dem Active-Directory-Verwaltungscenter, stellen wir fest: Über den kleinen Bereich KENNWORT ZURÜCKSETZEN müssen nur der Benutzername und das Kennwort eingegeben werden, schon ist die Aufgabe erledigt.

Tipp

Wie auf dem Bild zu sehen, ist die Option KONTOSPERRUNG AUFHEBEN hier ausgegraut, da das angegebene Konto im Moment gar nicht gesperrt ist.

Mit dem Modul auf der rechten Seite in der Übersicht des ADAC-Tools fällt auch eine globale Suche nach Objekten, etwa Benutzern oder Gruppen, innerhalb des Domänen-Controller leicht. Suchen wir hier etwa nach dem Namen JMander und klicken dann auf die Such-Lupe, sehen wir die Ergebnisse schon nach wenigen Augenblicken und können dann direkt über die rechte Maustaste auf die Verwaltungs-Optionen für dieses AD-Objekt zugreifen. Auch in der rechten Randspalte der Ergebnisse ist ein Zugriff auf die besonders häufig benötigten Optionen möglich, etwa zum ...

- Zurücksetzen des Kennworts
- Deaktivieren
- Verschieben

- Hinzufügen zu einer Gruppe
- Löschen
- sowie zum Aufrufen der Eigenschaften.

Tipp

Bei der Suche nach Active-Directory-Objekten sind Sie als Administrator nicht darauf beschränkt, den genauen Benutzer-Namen eingeben zu müssen. Sie können stattdessen auch nach dem Vor- oder Nachnamen suchen. Zudem können Sie auch nach Gruppen, Computern und allen möglichen beliebigen anderen Objekten suchen, die sich in der jeweiligen Domäne befinden.

5.5.2 Nach Objekten suchen

Falls Sie sich gerade nicht auf der Seite ÜBERSICHT finden, steht Ihnen die globale Suche übrigens auch über das Menü in der linken Spalte zur Verfügung.

Der Vorteil: Über den Button KRITERIEN HINZUFÜGEN lassen sich auch Suchkriterien definieren, um die Suche auf Objekte mit bestimmten Eigenschaften einzuschränken, etwa Benutzer mit einem abgelaufenen Kennwort, deaktivierte Konten, Objekte, die innerhalb eines bestimmten Zeitraums zuletzt verändert wurden und vieles mehr. Im Beispiel haben wir etwa nach Benutzern gesucht, deren Konten zwar aktiviert sind, die sich aber schon seit geraumer Zeit nicht mehr angemeldet haben.

Beispiel

Normalerweise sollte die Personal-Abteilung eines Unternehmens der IT-Abteilung Bescheid geben, wenn ein Mitarbeiter das Unternehmen verlässt. Wurde dies aber einmal vergessen oder die Information ging unter, würde der Account des Benutzers aktiv bleiben, was ja nicht Sinn der Sache ist. Deswegen sollten Sie von Zeit zu Zeit eine globale Suche nach aktiven Konten durchführen, die schon länger nicht mehr verwendet wurden, um diese gegebenenfalls zu bereinigen.

Tipp

Durch Kombination mehrerer Suchkriterien können Sie auch eine ziemlich komplexe Abfrage durchführen. Beispielsweise könnten Sie nach Computern suchen, deren Namen mit einem **B** beginnen. In einer solchen Suche würden dann keine Ergebnisse mehr auftauchen, die anderen Typen zuzuordnen sind, etwa Gruppen, Benutzer oder auch Organisationseinheiten.

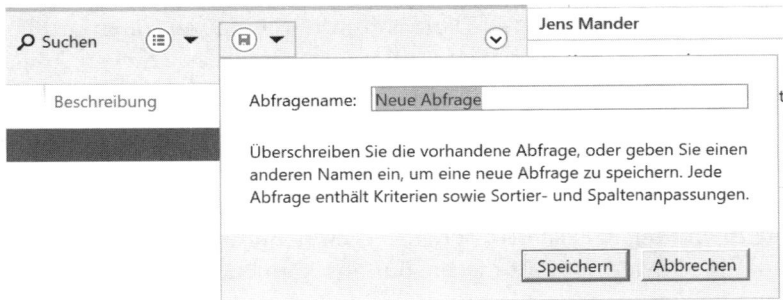

Abb. 5.12: Such-Anfrage speichern

Wenn Sie genau hinsehen, sehen Sie neben der Suchanfrage auch ein kleines Disketten-Symbol. Über diesen Button können Sie Ihre Anfrage zur späteren erneuten Verwendung speichern. Sie tragen dann einen Namen ein (verwenden Sie am besten eine beschreibende Angabe) und später erreichen Sie diese gespeicherte Abfrage über das kleine Symbol auf der linken Seite des SPEICHERN-Buttons. Dabei handelt es sich übrigens auch um eine Dropdown-Liste mit sämtlichen gespeicherten Abfragen, die sich hier per Klick abrufen lassen. Wenn Sie dort eine gespeicherte Abfrage erneut aufrufen, wird sie geladen und das Ergebnis erscheint im unteren Bereich des Suchfensters.

5.5.3 Navigation anpassen

Über das Menü auf der linken Seite erhalten Sie schnellen Zugriff auf häufig benötigte Bereiche von Active Directory: Neben der Übersicht stehen Ihnen hier auch die Domäne, die dynamische Zugriffssteuerung sowie die Authentifizierung bereit.

Zudem lässt sich dieses Menü auch an Ihre persönlichen Anforderungen anpassen. Das heißt im Klartext: Wenn Sie immer wieder auf eine bestimmte Organisationseinheit zugreifen müssen, sollten Sie diese am besten als Verknüpfung in dieses Menü aufnehmen, sodass Sie sie mit nur einem Klick erreichen können. Das funktioniert, indem Sie unterhalb des Eintrags GLOBALE SUCHE mit der rechten Maustaste auf den leeren Bereich dieser Randspalte klicken und in dem Menü dann die Funktion NAVIGATIONS-KNOTEN HINZUFÜGEN auswählen.

Dadurch rufen Sie eine hierarchische Ansicht der Struktur innerhalb der Domäne auf, die sich in mehreren Spalten darstellt. Markieren Sie hier den gewünschten Bereich, auf den Sie schnell zugreifen möchten, und klicken Sie dann weiter rechts auf den Button mit den zwei Pfeilen nach rechts. Daraufhin wird der ausgewählte Bereich zur Liste auf der rechten Seite hinzugefügt. Er erscheint dann in der Navigation, sobald Sie unten auf OK klicken.

> **Tipp**
>
> Wenn Sie innerhalb dieses BEARBEITEN-Dialogs für die Navigation unten rechts auf den Link VERBINDUNGEN MIT ANDEREN DOMÄNEN HERSTELLEN? klicken, können Sie auch Elemente aus anderen Domänen in Ihr Active-Directory-Verwaltungscenter einbinden, wodurch Sie beim Zugriff darauf Zeit sparen.

Wenn Sie sich die Navigation auf der linken Seite noch genauer ansehen, stellen Sie fest: Über dem Eintrag ÜBERSICHT sehen Sie zwei Buttons, von denen der linke standardmäßig aktiviert ist. Mit diesen Buttons können Sie die Ansicht in der Navigation umstellen:

- In der linken Version sehen Sie eine Liste von Bereichen, auf die Sie zugreifen können.

- Mit der rechten Variante erscheint eine Struktur-Ansicht, die sich am Layout des Windows-Explorers orientiert.

5.5.4 Benutzer erstellen

Sehen wir uns jetzt kurz an, wie Sie weitere Aufgaben mit dem Active-Directory-Verwaltungscenter durchführen. In unserem Beispiel handelt es sich um das Anlegen eines neuen Benutzers.

1. Zunächst navigieren Sie zu der Organisationseinheit, die wir soeben in die Navigation übernommen haben und in der unsere Benutzer gespeichert sind.

2. Auf der rechten Seite finden Sie jetzt auch den Eintrag NEU, BENUTZER.

3. Daraufhin erscheint ein übersichtliches Formular, in dem Sie viele Angaben über diesen Benutzer auf einen Rutsch eintragen können, etwa den Vor- und Nachnamen, den vollständigen Namen – dieser muss angegeben werden –, den gewünschten Anmeldenamen, das Kennwort und einiges mehr, was sich auf diesen neuen Nutzer bezieht.

   In der rechten Hälfte des Formulars finden Sie dann Optionen zum Ablauf des Kontos, zum Kennwort – etwa, ob dieses Kennwort bei der nächsten Anmeldung geändert werden muss –, wie es gespeichert werden soll sowie einige Sicherheitsoptionen, die mit der verschlüsselten Speicherung des Kennworts für diesen Benutzer zu tun haben.

Dann, wenn Sie etwas weiter nach unten scrollen, finden Sie hier auch direkt die Möglichkeit, Daten über diesen neuen Benutzer zu hinterlegen, etwa die Email-Adresse, die Abteilung, in der dieser Mitarbeiter tätig ist, oder auch den Vorgesetzten.

Tipp

In Ihrer täglichen Arbeit werden Sie feststellen: Die meisten Bereiche dieses Dialogs werden Sie nicht benötigen. Wenn Sie genau hinsehen, finden Sie in vielen dieser Bereiche einen neuen Button mit einem Pfeil nach oben.

Dieser Button ist dazu gedacht, die Übersichtlichkeit dieses Dialogs zu erhöhen, denn damit können Sie nicht benötigte Bereiche einfach zuklappen. Im folgenden Foto haben wir das etwa für die Optionen der Verschlüsselung des Kennworts gemacht, die in unserem Unternehmen nicht benötigt werden bzw. auf ihre Standardwerte gestellt bleiben.

Mit diesem Formular kommen Sie am schnellsten zurecht, indem Sie zunächst die Details des Benutzers eintragen, zu allererst seinen Benutzernamen, dann noch sein anfängliches Kennwort angeben, die gewünschte Gruppe für den Benutzer auswählen und ihn dann durch Klick auf den Button OK erstellen.

5.5.5 Gruppen anlegen

Ähnlich wie die Navigation auf der linken Seite um Organisationseinheiten für Benutzer erweitert werden kann, lassen sich hier natürlich auch Organisationseinheiten einbinden, in denen Sie Gruppen speichern. Das haben wir auf dem folgenden Bild gemacht:

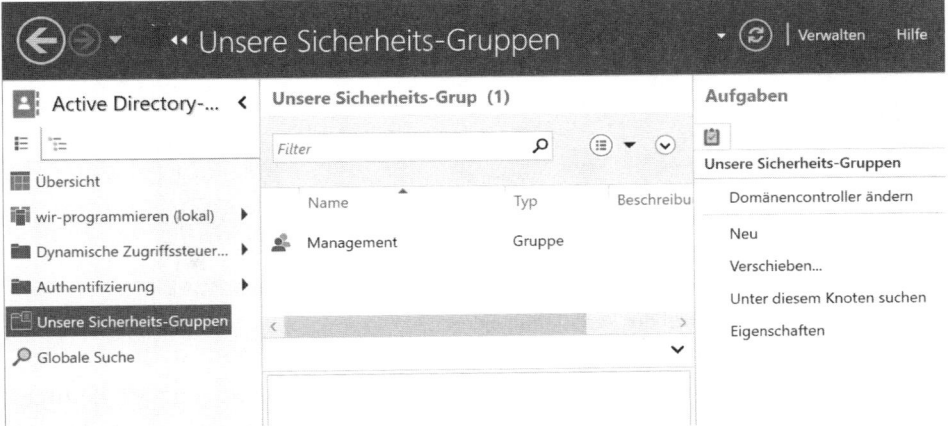

Abb. 5.13: Gruppen im ADAC schnell erreichen

Hier können wir jetzt im Aufgaben-Bereich auf der rechten Seite auf NEU, GRUPPE klicken, um eine neue Gruppe zu erstellen.

> **Tipp**
>
> Ähnlich wie in den Dialog zum Anlegen eines neuen Benutzers lassen sich auch beim Erstellen einer Gruppe bestimmte Bereiche, die man in dem angezeigten Formular nicht benötigt, durch Klick auf den Pfeil nach oben ausblenden, wodurch das Formular vereinfacht wird.

Die einzigen Pflicht-Angaben in diesem Formular sind übrigens der Name der Gruppe sowie der interne Name der Gruppe, der direkt darunter eingetragen werden muss. Die Standardwerte sind – wie in der Konsole auch – der Typ der Gruppe, nämlich Sicherheits-Gruppe, sowie der Bereich als globale Gruppe.

Übrigens: Wenn hier die Option VOR VERSEHENTLICHEM LÖSCHEN SCHÜTZEN gesetzt wird, kann die Gruppe nicht aus Versehen gelöscht werden. Dies ist gerade bei wichtigen Gruppen eine nützliche Funktion, die die Gruppe und die zugehörigen Berechtigungen schützt.

Bevor wir die Gruppe erstellen, wechseln wir über das Menü auf der linken Seite jetzt noch zum Abschnitt MITGLIEDER und fügen zwei Benutzer zu der neu zu erstellenden Gruppe hinzu, nämlich ANNA SCHMIDT und JÖRG SCHIEB.

5.5.6   Der PowerShell-Verlauf

Vielleicht haben Sie bemerkt, dass in der Übersicht des Active-Directory-Verwaltungscenters am unteren Ende des Fensters ein Bereich WINDOWS POWERSHELL-VERLAUF HISTORY zu sehen ist. Dieser Bereich ist standardmäßig ausgeblendet; wenn Sie also nicht darauf achten, können Sie mit dem ADAC arbeiten, ohne ihn jemals zu verwenden. Damit der PowerShell-Verlauf angezeigt wird, klicken Sie unten auf den Pfeil-Button, wie in der folgenden Abbildung zu sehen.

Abb. 5.14: Mit dem Pfeil wird der Verlauf aufgeklappt.

Haben Sie zum Beispiel gerade über das Verwaltungscenter einen neuen Benutzer angelegt, sehen Sie anschließend im PowerShell-Verlauf die zugehörigen Befehle. Selbst zum Erstellen eines einfachen aktivierten Benutzers mit den minimal erforderlichen Angaben werden fünf verschiedene *Cmdlets* aufgerufen. Sehen wir uns diese Befehle näher an, erfahren wir auch genau, welche Schritte mit der Power-Shell im Hintergrund ausgeführt werden:

1. **New-ADUser** richtet das Benutzer-Objekt zunächst grundlegend – und noch ohne Kennwort – ein. Daher ist das Konto zunächst deaktiviert.

2. Mit **Set-ADAccountPassword** wird das Kennwort des Benutzers dann gesetzt.

3. **Enable-ADAccount** aktiviert das Benutzer-Konto nun, da jetzt das Kennwort gesetzt wurde.

4. Über **Set-ADAccountControl** werden alle AD-Optionen gesetzt, die auf dem Tab KONTO der Eigenschaften des Benutzer-Objekts zu sehen sind. Mit diesen Optionen können Sie unter anderem steuern, ob das Kennwort des Benutzers abläuft oder ob dieser Benutzer sein Kennwort selbst ändern darf.

5. **Set-ADUser** richtet dann noch zusätzliche Optionen für den neuen Benutzer ein, zum Beispiel, ob der Benutzer das Kennwort bei der Anmeldung ändern muss oder ob sich dieser Benutzer nur über eine Smartcard einloggen darf.

Wir sehen also: Die PowerShell-History ist eine gute Möglichkeit, herauszufinden, welche PowerShell-Befehle der Verwaltung von Active-Directory-Benutzern und -Gruppen zu Grunde liegen. Damit sehen Sie im Detail, welche Aufrufe die in der grafischen Oberfläche des ADAC getätigten Aktionen zur Folge haben.

Tipp

Wenn Sie mit der PowerShell selbst einen neuen Benutzer anlegen, werden Sie natürlich nicht fünf verschiedene Befehle eintippen, um Ihr Ziel zu erreichen – stattdessen ist es auch möglich, alle benötigten Informationen in eine einzige Zeile zusammenzufassen.

Im PowerShell-Verlauf werden übrigens sämtliche Aktionen protokolliert, die Sie über das ADAC durchführen – nicht nur das Erstellen neuer Benutzer, sondern auch das Bearbeiten von Gruppen oder sogar Organisationseinheiten. Die vollständigen Details über jeden der PowerShell-Befehle, die hier protokolliert werden, werden angezeigt, sobald Sie auf das + auf der linken Seite des jeweiligen Befehls klicken. Dadurch werden nämlich alle Parameter aufgeklappt, sodass Sie im Detail lesen können, wie auch in der folgenden Abbildung zu sehen.

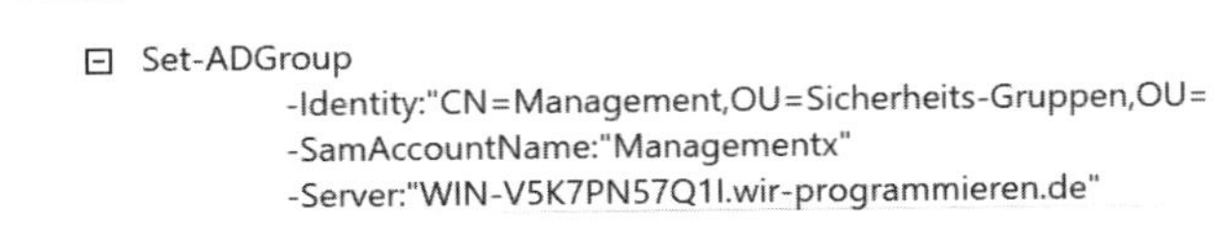

```
Cmdlet

  ⊟  Set-ADGroup
            -Identity:"CN=Management,OU=Sicherheits-Gruppen,OU=
            -SamAccountName:"Managementx"
            -Server:"WIN-V5K7PN57Q1l.wir-programmieren.de"
```

Abb. 5.15: Details eines Cmdlet-Aufrufs auslesen

Übrigens können Sie im PowerShell-Verlauf die Befehle nicht nur der Reihe nach, also chronologisch, auslesen. Über die Such-Funktion im oberen Bereich des Panels lassen sich auch einzelne Aufgaben suchen und die dazugehörige Syntax dann mit einem Klick in die Zwischenablage kopieren.

Aufgaben gruppieren

Gerade wenn Sie viele Vorgänge im Active-Directory-Verwaltungscenter ausgeführt haben, werden Sie schnell feststellen: Diese Liste im PowerShell-Verlauf wird sehr schnell gefüllt. Zur Nachverfolgung einer bestimmten Aktion wird es dann schon schwierig herauszufinden, welches Cmdlet zu welchem ausgeführten Schritt gehört.

Über die Buttons AUFGABE STARTEN und AUFGABE BEENDEN können Sie die Einträge im PowerShell-Verlauf daher auf Wunsch gruppieren. Sehen wir uns einmal näher an, wie diese Gruppierung funktioniert.

1. Bevor wir loslegen, leeren wir die Ansicht des Verlaufs, indem wir auf ALLE LÖSCHEN klicken. Dadurch werden sämtliche bereits protokollierten Befehle aus dem PowerShell-Verlauf entfernt, sodass die Liste völlig leer erscheint.

2. Dann klicken wir auf AUFGABE STARTEN. Dadurch erscheint ein Beschreibungs-Feld, in das Sie eine aussagekräftige Beschreibung der Aufgabe eingeben, die wir jetzt ausführen möchten, zum Beispiel: Neuen Benutzer anlegen.

3. Jetzt führen wir, wie gewohnt, die einzelnen Schritte zum Anlegen eines neuen Benutzers aus, indem wir zunächst im linken Bereich zu der betreffenden Organisationseinheit navigieren, dann bei den Aufgaben auf NEU, BENUTZER klicken, das entsprechende Formular ausfüllen und es mit Klick auf OK bestätigen.

4. Als Nächstes unten im PowerShell-Verlauf auf AUFGABE BEENDEN klicken.

5. Nun direkt die nächste Aufgabe starten, also wieder auf AUFGABE STARTEN klicken und eine entsprechende Beschreibung eingeben – in unserem Fall handelt es sich um Löschen des Benutzers.

6. Im oberen Bereich – also in der Liste der Benutzer – klicken wir danach mit der rechten Maustaste auf den soeben erstellten Beispielbenutzer, um ihn über das Menü wieder zu löschen.

7. Zum Schluss unten im PowerShell-Verlauf auf AUFGABE BEENDEN klicken.

Was wir dadurch erreicht haben, sehen Sie nun in der Liste der PowerShell-Befehle: Diese wurden jetzt durch Aufgaben gruppiert, die sich auf- und zuklappen lassen – nutzen Sie dazu die Dreiecke auf der linken Seite der jeweiligen Gruppe.

> **Tipp**
>
> Diese Gruppierung ist nicht nur sinnvoll, um die Ansicht im PowerShell-Verlauf zu strukturieren. Sie hilft auch beim Kopieren der PowerShell-Befehle in die Zwischenablage – denn hier erscheinen diese Gruppennamen in Form von Kommentaren. Eine sinnvolle Sache, denn dadurch erkennen Sie auch später in Ihrem PowerShell-Skript noch, zu welcher Gruppe ein ausgeführter Befehl gehört.

Alle Einträge anzeigen

Vielleicht haben Sie es auch bemerkt: Ganz rechts im PowerShell-Verlauf sehen Sie einen Haken namens ALLE ANZEIGEN. Was steckt hinter dieser Funktion?

Probieren wir sie einfach aus: Setzen Sie diesen Haken bei ALLE ANZEIGEN, wechseln Sie dann über das Menü auf der linken Seite zur Organisationseinheit für Benutzer und laden Sie diese Liste dann durch Drücken der Taste F5 neu.

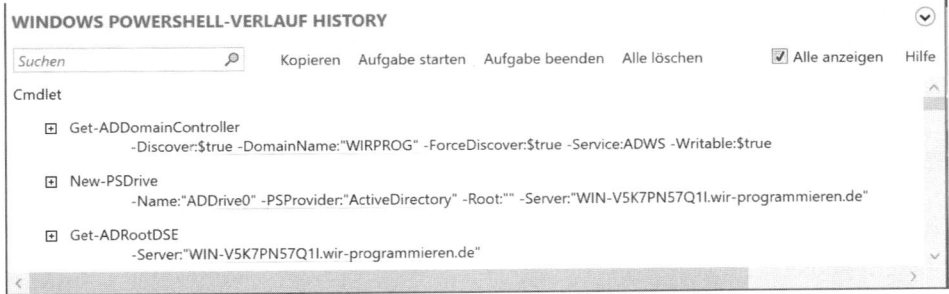

Abb. 5.16: Auch Lese-Ereignisse im Verlauf anzeigen

Jetzt erscheinen unten im PowerShell-Verlauf neue Kommandos, die wir zuvor nicht gesehen hatten. Warum? Nun, ADAC basiert auf der PowerShell – wenn Sie daher Ihre Organisationseinheit neu laden, also aktualisieren, werden im Hintergrund von der PowerShell die nötigen Daten neu abgefragt. Dazu greift ADAC auf das Cmdlet `Get-ADObject` zurück. Im Normalfall wollen Sie diese Abfrage-Kommandos natürlich nicht in Ihrem PowerShell-Verlauf sehen, deswegen entfernen wir den Haken bei der Option ALLE ANZEIGEN jetzt auch wieder.

Durch diesen Einblick über den PowerShell-Verlauf haben Sie auch schon kennengelernt, wie sich neue Active-Directory-Benutzer über die PowerShell anlegen lassen. Im nächsten Abschnitt finden wir heraus, wie Sie auch weitere Active-Directory-Aktionen direkt über die Windows PowerShell erledigen können.

5.6   Active-Directory-Modul für Windows PowerShell

Mit dem Active-Directory-Modul für Windows PowerShell können Sie kommandoartige und geskriptete Aktionen über die Shell-Sprache von Microsoft ausführen. Dazu müssen Sie wissen, dass diese Befehle nicht über das normale Fenster der PowerShell ausgeführt werden, sondern über ein spezielles Tool, das Sie am leichtesten über das START-Menü im Bereich WINDOWS-VERWALTUNGSPROGRAMME aufrufen können.

Sie werden dann in einem schwarzen Fenster begrüßt, das die Überschrift ACTIVE DIRECTORY-MODUL FÜR WINDOWS POWERSHELL trägt und ähnlich aussieht wie eine normale PowerShell.

> **Tipp**
>
> Dieses Modul wird in Windows Server 2016 auch automatisch aufgerufen, sobald die PowerShell einen Befehl erkennt, der zu einem Active-Directory-Cmdlet gehört. Aber jetzt wissen Sie auf jeden Fall auch, wie Sie manuell auf das Active-Directory-Modul zugreifen können.

5.6.1   Benutzer

Benutzer erstellen

Sehen wir uns als Erstes einige administrative Befehle an. Da macht es Sinn, dass wir mit dem Anlegen von Benutzern beginnen. Das Powershell-Cmdlet dafür lautet New-ADUser:

```
New-ADUser "Monika Mayer" [Enter]
```

So einfach ist das!

> **Tipp**
>
> Die PowerShell enthält Hilfen und auch Beispiele. Die Hilfe für den Befehl New-ADUser lässt sich über das folgende Kommando abrufen:
>
> ```
> Get-Help New-ADUser [Enter]
> ```
>
> Beispiele für die Nutzung eines Cmdlets sind ebenfalls verfügbar, und zwar wie folgt:
>
> ```
> Get-Help New-ADUser -examples [Enter]
> ```

Und wenn Sie eine detaillierte Beschreibung bevorzugen, hängen Sie einfach einen anderen Parameter an:

```
Get-Help New-ADUser -detailed [Enter]
```

Diese Befehle zum Abrufen von Hilfen und Beispielen gelten übrigens für sämtliche Cmdlets in der PowerShell, nicht nur für Active-Directory-Kommandos.

Nutzung des Simulations-Modus

Wenn Sie nicht genau wissen, ob die Syntax eines Befehls korrekt ist, und Sie daher gern vorher wissen möchten, was ein bestimmter Befehl bewirken würde, empfiehlt sich das Anhängen des Parameters -whatif an das zu testende Kommando. Dadurch versetzen Sie es in den Trocken-Modus – das heißt, der Vorgang wird nicht direkt ausgeführt, sondern nur für Sie beschrieben.

Der Befehl New-ADUser in seiner oben zitierten Form erstellt den neuen Benutzer im Standard-Speicherort für neue Benutzer, also meist im Container namens BENUTZER. Wie früher bereits erläutert, ist dieser Ort nicht der optimale Speicher für Benutzer, denn hier sind auch eine Reihe besonderer Benutzer und Gruppen enthalten, dieser Ordner sollte also diesen besonderen Benutzern vorbehalten sein. Deswegen haben wir ja auch in unserer Organisationseinheit WIRPROGRAM-MIEREN einen separaten Bereich für die normalen Benutzer erstellt.

Wie in der Kommando-Zeile gibt es auch in der PowerShell Parameter, die Sie dem Cmdlet New-ADUser hinzufügen können, um weitere Eigenschaften des neuen Benutzers festzulegen:

- **-SamAccountName** gibt den internen Namen ohne Leerzeichen an.
- **-GivenName** dient zum Eintragen des Vornamens.
- Mit **-SurName** können Sie den Nachnamen angeben.
- Die Option **-Path** dient dazu, die Organisationseinheit anzugeben, in der der neue Benutzer erstellt werden soll.
- Und mit **-UserPrincipalName** können Sie den alternativen Benutzer-Namen in Form einer Email-Adresse eingeben.

Beispiel

```
New-ADUser "Jörg Schieb" -SamAccountName JSchieb
  -GivenName Jörg -Surname Schieb
  -Path "OU=Benutzer, OU=WirProgrammieren,
   DC=wir-programmieren, DC=de"
  -UserPrincipalName
   "JSchieb@wir-programmieren.de" [Enter]
```

Nach Ausführung dieses Befehls stellen wir fest: Der neue Benutzer wird in der Organisationseinheit erstellt, die wir über den Parameter angegeben haben. Wie wir außerdem sehen, ist der Benutzer deaktiviert. Weshalb? PowerShell möchte, dass Sie ausdrücklich angeben, wenn der Benutzer aktiviert werden soll.

Aus welchem Grund ist es sinnvoll, Benutzer so zu erstellen? Vielleicht führen Sie eine Stapel-Aufgabe zur Erstellung von vielen Benutzer-Konten auf einmal durch. Dann möchten Sie diese Benutzer erst dann aktivieren, wenn die zugehörigen Personen ihre Konten tatsächlich einsetzen. Zu diesem Zeitpunkt können Sie dann ein eindeutiges Kennwort für den Benutzer hinterlegen und das Konto aktivieren. Hier zeigt sich die Flexibilität der PowerShell.

Kennwörter setzen

Wo wir gerade von Kennwörtern sprechen – Sie haben für den neuen Benutzer noch keins gesetzt, oder? Das müssen Sie auch nicht. Wenn Sie allerdings ein Kennwort angeben möchten, können Sie dazu den Parameter -AccountPassword nutzen.

Hier gibt es allerdings ein Problem: Die PowerShell akzeptiert als Wert für diesen Parameter nur eine sogenannte sichere Zeichenkette. Sie können also nicht einfach das Kennwort im Klartext angehen, sondern müssen zuerst eine sichere Zeichenkette erstellen und können dann damit den Benutzer anlegen. Dazu gibt es einige mögliche Vorgehensweisen, hier ein Beispiel:

Beispiel

```
$kennwort = Read-Host "Kennwort eingeben"
  -AsSecureString [Enter]

New-ADUser "Jörg Schieb" -SamAccountName JSchieb
  -GivenName Jörg -Surname Schieb
  -Path "OU=Benutzer, OU=WirProgrammieren,
   DC=wir-programmieren, DC=de"
  -UserPrincipalName
   "JSchieb@wir-programmieren.de"
  -AccountPassword $kennwort
  -Enabled 1
  -ChangePasswordAtLogon 1 [Enter]
```

Mit der ersten Zeile werden Sie zur Eingabe eines Kennworts aufgefordert. Nachdem Sie den Text des Kennworts eingegeben haben, wird er in eine sichere Zei-

chenkette umgewandelt. Anschließend wird er in der Variablen $kennwort ge-
speichert. Durch das $ weiß die PowerShell, dass es sich bei kennwort um eine
Variable oder einen Container handelt, in dem ein Wert gespeichert wird. Über das
Cmdlet Read-Host wird das Kennwort also von der Tastatur eingelesen und in
$kennwort gespeichert. Anschließend kann dieses zwischengespeicherte sichere
Kennwort über den Parameter -AccountPassword zur Erstellung des neuen Active-
Directory-Benutzers verwendet werden.

Tipp

Natürlich könnten wir die beiden Befehle auch in einem einzigen kombinieren.
Allerdings lassen sich mit der obigen Methode, die aus zwei Befehlen besteht,
mehrere Benutzer auf einen Schlag erstellen, wenn alle dasselbe Initial-Passwort
bekommen sollen.

Benutzer entsperren

Mit dem Active-Directory-Modul für Windows PowerShell lassen sich Benutzer in
Active Directory auch entsperren. Dazu wird das folgende Cmdlet verwendet:

```
Unlock-ADAccount -identity JMander [Enter]
```

Über den Parameter -identity haben wir hier den Namen des Benutzers angegeben, den wir entsperren möchten. In diesem Fall haben wir den Anmeldenamen
des Benutzers verwendet. Wir können aber auch den vollständigen Bezeichner
eingeben und das Benutzer-Objekt auf diese Weise identifizieren:

```
Unlock-ADAccount -identity "CN=Jörg Schieb, OU=Benutzer,
OU=WirProgrammieren, DC=wir-programmieren, DC=de" [Enter]
```

Kennwort zurücksetzen

Mit einem weiteren Cmdlet lässt sich auch das Kennwort eines Benutzers zurücksetzen:

```
Set-ADAccountPassword -identity ASchmidt -reset
  -newpassword (read-host "Kennwort eingeben"
    -AsSecureString) [Enter]
```

Auch bei diesem Befehl können Sie über den Parameter -identity angeben, wessen Kennwort zurückgesetzt werden soll.

Tipp

In diesem Fall haben wir den Parameter -reset angegeben. Durch ihn weiß die PowerShell, dass es sich hierbei nicht um eine normale Kennwort-Zurücksetzung handelt, für die wir das bisherige Kennwort des Benutzers wissen müssten. Denn wir möchten das Kennwort des Benutzers ja eben deswegen zurücksetzen, weil die Person sich nicht mehr daran erinnern kann.

Informationen über einen Benutzer auslesen

Wenn wir uns für die Eigenschaften eines bestimmten Benutzer-Objekts in Active Directory interessieren, nutzen wir dazu am besten das Cmdlet Get-ADUser.

Beispiel

Die Eigenschaften des Benutzers JSchieb lassen sich mit folgendem Befehl auslesen:

```
Get-ADUser JSchieb Enter
```

Daraufhin zeigt die PowerShell eine Ausgabe ähnlich wie die folgende an:

```
DistinguishedName : CN=Jörg Schieb,OU=Benutzer,
                    OU=WirProgrammieren,
                    DC=wir-programmieren,DC=de
Enabled           : True
GivenName         : Jörg
Name              : Jörg Schieb
ObjectClass       : user
ObjectGUID        : ae80ecb7-3f85-4247-827a-
                    60e0652033fe
SamAccountName    : JSchieb
SID               : S-1-5-21-1234567890-
                    2468013579-9876543210-4711
Surname           : Schieb
UserPrincipalName : JSchieb@wir-programmieren.de
```

Normalerweise ruft dieser Befehl nur eine kleine Auswahl der wichtigsten Attribute ab. Wer wirklich sämtliche Attribute sehen möchte, die in einem Benutzer-Objekt gespeichert sind, hängt einen *-Parameter an:

```
Get-ADUser JSchieb -properties * | more Enter
```

Tipp

Hier verwenden wir eine Umleitung der Ausgabe in das Cmdlet more. Es sorgt dafür, dass die Ausgabe am Ende der ersten Bildschirmseite anhält. Ansonsten würden die Ergebnisse einfach über den Bildschirm rasen und Sie hätten keine Gelegenheit, sie zu lesen.

Benutzer-Attribute verändern

Über die PowerShell können die Attribute eines Benutzers auch verändert werden. Dafür ist das Cmdlet Set-ADUser zuständig.

Beispiel

```
Set-ADUser JSchieb -Description "Netzkenner" [Enter]
```

Über diesen Befehl wird der Benutzer JSchieb bearbeitet, wobei die Beschreibung verändert wird. Als neue Beschreibung wird der Text Netzkenner hinterlegt.

Konto aktivieren

Zuvor hatten wir als Beispiel angeführt, dass Sie neue Konten erstellen können, ohne sie gleich aktivieren zu müssen. Denn sie lassen sich im Nachhinein aktivieren. Dafür ist ein weiteres Cmdlet zuständig:

```
Enable-ADAccount -identity MMayer [Enter]
```

Konto deaktivieren

Wie bereits in einem vorherigen Kapitel erwähnt, sollten Konten, bevor sie gelöscht werden, erst einige Zeit deaktiviert werden. Dadurch beugen Sie Problemen beim Zugriff auf Daten oder Berechtigungen vor, denn Konten lassen sich nicht wiederherstellen, wenn sie einmal gelöscht sind.

Über das folgende Kommando kann ein Konto deaktiviert werden:

```
Disable-ADAccount -identity JMander [Enter]
```

Sind Sie sich später sicher, dass das Konto tatsächlich nicht länger benötigt wird, kann es mit dem folgenden Befehl gelöscht werden:

```
Remove-ADUser -identity JMander -confirm [Enter]
```

Tipp

Beim Befehl zum Löschen haben wir absichtlich den Parameter -confirm angegeben, damit Sie die Auswirkungen des Löschbefehls zuerst noch einmal kontrollieren können. Denn nur allzu schnell hat man in der Kommando-Zeile etwas versehentlich gelöscht, was doch noch benötigt wird.

Sie sehen also: Über das Active-Directory-Modul für Windows PowerShell lassen sich vielerlei Aktionen auf Benutzer-Objekte in Active Directory anwenden. Benutzer können dabei erstellt, bearbeitet und auch gelöscht werden.

5.6.2 Gruppen

Gruppen anlegen

Auch zur Verwaltung von Gruppen gibt es viele PowerShell-Befehle. Möchten wir beispielsweise eine neue Gruppe erstellen, nutzen wir dafür das Cmdlet New-ADGroup.

Tipp

Vielleicht haben Sie auch schon bemerkt, dass die Namen von Cmdlets mit einem Adjektiv oder Verb beginnen, etwa New, Get oder Set. Dadurch sehen Sie gleich auf Anhieb, welche Aktion von dem jeweiligen Befehl ausgeführt wird.

Wenn wir zum Beispiel folgendes Kommando eingeben ...

```
New-ADGroup -Name "IT-Admins"
  -SamAccountName "IT-Admins"
  -GroupCategory Security -GroupScope DomainLocal
  -DisplayName "IT-Admins"
  -Path "OU=Sicherheits-Gruppen,
  OU=WirProgrammieren,
  DC=wir-programmieren, DC=de"
  -Description "Hierin sind alle
  IT-Mitarbeiter enthalten" [Enter]
```

... erstellen wir dadurch eine neue Active-Directory-Gruppe in der Organisationseinheit Sicherheits-Gruppen, setzen den Gruppen-Typ auf Sicherheits-Gruppe, den Bereich der Gruppe auf Lokal (in Domäne) und hinterlegen auch gleich eine passende Beschreibung.

Mitglieder hinzufügen

Sobald die neue Gruppe erstellt ist, können wir Mitglieder zu ihr hinzufügen. Dafür ist wieder ein anderes Cmdlet zuständig:

```
Add-ADGroupMember "IT-Admins" -Member JMander Enter
```

Wir sehen: Hier wird als Erstes der Name der Gruppe angegeben, dann folgt der Parameter -Member, gefolgt von dem Namen des neuen Mitglieds der Gruppe.

Mit einer anderen Variante des Befehls können Sie auch mehrere Benutzer gleichzeitig zu der Gruppe hinzufügen:

```
Add-ADGroupMember "IT-Admins" Enter
```

Die PowerShell bemerkt dann, dass ein erforderlicher Parameter fehlt, und fordert Sie auf, die passenden Werte einzugeben:

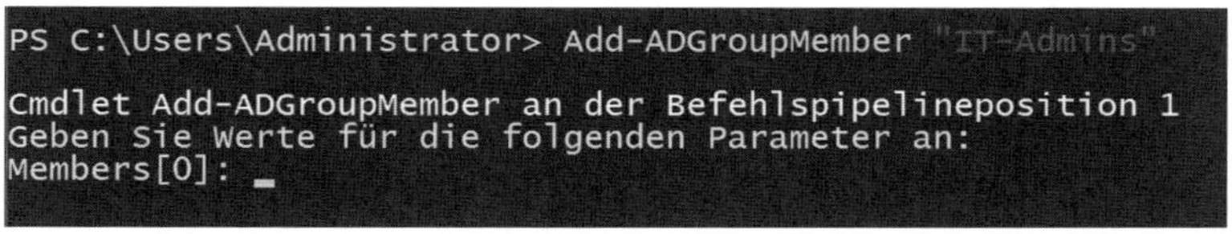

```
PS C:\Users\Administrator> Add-ADGroupMember "IT-Admins"
Cmdlet Add-ADGroupMember an der Befehlspipelineposition 1
Geben Sie Werte für die folgenden Parameter an:
Members[0]: _
```

Abb. 5.17: Fehlende Parameter werden abgefragt.

Über diese Methode geben Sie zwar den Namen der Gruppe an, die neue Mitglieder erhalten soll, lassen aber zunächst die Mitglieder in dem Befehl weg. Auf Nachfrage können Sie dann die einzelnen hinzuzufügenden Benutzer der Reihe nach angeben. Sobald Sie mit der Liste fertig sind, drücken Sie einfach erneut auf die Enter-Taste.

Alternativ zu dieser interaktiven Eingabemethode können Sie die Mitglieder auch in der Kommando-Zeile direkt angeben und dabei durch ein einfaches Komma trennen.

Wir wissen ja bereits, dass Active-Directory-Gruppen nicht nur Benutzer enthalten können, sondern auch andere Gruppen. Und tatsächlich lassen sich auch Untergruppen zu einer Gruppe hinzufügen, wenn Sie die PowerShell nutzen:

```
Add-ADGroupMember "IT-Admins"
  "Support-Mitarbeiter" Enter
```

In diesem Fall wird die Gruppe Support-Mitarbeiter zu der Gruppe IT-Admins hinzugefügt.

Eigenschaften von Gruppen abrufen

Über die PowerShell können Sie auch jederzeit eine Liste der aktuellen Mitglieder einer Gruppe anzeigen lassen:

```
Get-ADGroupMember "IT-Admins" Enter
```

Sie erhalten dann eine Ausgabe, die in etwa wie folgt aussehen könnte:

```
distinguishedName : CN=Jörg Schieb,OU=Benutzer,OU=WirProgrammieren,DC=wir-progr
                    ammieren,DC=de
name              : Jörg Schieb
objectClass       : user
objectGUID        : 3aa011f1-d39e-47bd-9d3f-fe6c43992ff3
SamAccountName    : JSchieb
SID               : S-1-5-21-3423577272-2171437131-1831186307-1107

distinguishedName : CN=Anna Schmidt,OU=Benutzer,OU=WirProgrammieren,DC=wir-prog
                    rammieren,DC=de
name              : Anna Schmidt
objectClass       : user
objectGUID        : 2dafffd1-6e5e-44a4-91cd-cc552b7f3bde
SamAccountName    : ASchmidt
SID               : S-1-5-21-3423577272-2171437131-1831186307-1108
```

Abb. 5.18: Mitglieder einer AD-Gruppe abrufen

Allerdings ist diese Standard-Ausgabe zwar sehr informativ, aber nicht sehr übersichtlich. Dagegen lässt sich aber etwas machen, indem wir die Anordnung etwas anders formatieren, sodass wir besseren Einblick erhalten:

```
Get-ADGroupMember "IT-Admins"
  | FT ObjectClass,Name Enter
```

Durch diesen angepassten Befehl erhalten wir eine andere Darstellung in Tabellenform:

```
ObjectClass Name
----------- ----
user        Jörg Schieb
user        Anna Schmidt
```

Abb. 5.19: Die formatierte Ausgabe der Mitglieder

Das ist doch schon viel übersichtlicher! Jetzt sehen wir, zu welcher Objekt-Klasse die jeweiligen Mitglieder der Gruppe gehören, und in der rechten Spalte ist der dazugehörige Name angegeben.

Tipp

FT steht dabei als Alias für das Cmdlet `Format-Table`. Über diesen verketteten Befehlen lassen sich Eigenschaften oder Attribute angeben, die angezeigt werden sollen – alle anderen werden dann in der Ausgabe unterdrückt.

Im gerade angeführten Beispiel haben wir die Attribute `ObjectClass` und `Name` abgerufen. Über FT können wir natürlich auch den spezifischen Namen der Mitglieder der Gruppe anzeigen lassen.

Mitglieder entfernen

Jetzt wissen wir schon, wie sich Gruppen anlegen und Mitglieder hinzufügen lassen. Außerdem haben wir betrachtet, wie Sie jederzeit abfragen können, welche Mitglieder momentan in einer Gruppe enthalten sind. Sehen wir uns nun auch an, wie sie über die PowerShell einzelne Mitglieder einer Gruppe wieder loswerden können.

Zum Entfernen von Mitglieder aus einer Active-Directory-Gruppe nutzen Sie das Cmdlet `Remove-ADGroupMember`. Sehen wir uns dazu gleich ein Beispiel an:

Beispiel

```
Remove-ADGroupMember "IT-Admins" -Member JSchieb Enter
```

In diesem Fall haben wir die Anfrage gestellt, das Mitglied `JSchieb` aus der Gruppe IT-Admins zu entfernen. Bei diesem Cmdlet haben wir den Vorteil, dass wir grundsätzlich um eine vorherige Bestätigung gebeten werden.

Übrigens lassen sich über dieses Kommando auch mehrere Mitglieder auf einen Rutsch aus der Gruppe entfernen, wozu Sie wiederum die einzelnen Kurznamen der Mitglieder durch Komma getrennt angeben können.

PowerShell-Befehle lassen sich auch verketten, wobei die Ausgabe des ersten Befehls dann als Parameter für den zweiten genutzt werden kann. Dies machen wir uns zunutze, wenn wir alle Mitglieder einer bestimmten Gruppe auf einmal entfernen möchten – die Gruppe dadurch also geleert.

```
Remove-ADGroupMember "IT-Admins"
   -Member (Get-ADGroupMember "IT-Admins") Enter
```

Hier passiert im Einzelnen Folgendes:

1. Zuerst wird der Befehl in Klammern ausgeführt und gibt in diesem Fall sämtliche Mitglieder der Gruppe IT-Admins zurück.
2. Das Resultat dieses Befehls, also die Liste sämtlicher Mitglieder, dient dann als Parameter für den Entfernen-Befehl.

Das Ergebnis: Sämtliche Mitglieder der Gruppe IT-Admins werden durch das Kommando entfernt.

Gruppe entfernen

Das Entfernen der Gruppe an sich ist noch einfacher: Sie verwenden einfach den Befehl Remove-ADGroup, der als Parameter den Namen der Gruppe übernimmt:

```
Remove-ADGroup "IT-Admins" [Enter]
```

Auch das Löschen einer Gruppe wird standardmäßig in der PowerShell mit einer Sicherheits-Abfrage gekoppelt.

Vorsicht

Beim Löschen einer Gruppe spielt es keine Rolle, ob die Gruppe Mitglieder hat oder leer ist. Seien Sie also sicher, dass die Gruppe nicht mehr benötigt wird. Denken Sie daran: Sie können nicht einfach eine Gruppe mit demselben Namen neu erstellen, denn die interne SID der Gruppe wird anders lauten und die Berechtigungen werden dadurch nicht vererbt.

Wie Sie jetzt also gesehen haben, handelt es sich bei dem Active-Directory-Modul für Windows PowerShell um ein mächtiges Werkzeug, das zwar anfänglich schwer zu nutzen sein könnte, mit dem Sie aber schnell zum Ziel kommen.

Natürlich gibt es in einer kleineren Umgebung eventuell keine Vorteile bei der Verwendung der PowerShell gegenüber der grafischen Oberfläche, vertraut machen sollten Sie sich aber mit dieser Technik dennoch. In mittelständischen oder großen Unternehmen können Sie damit sehr schnell sehr viel erreichen – und müssen sich selbst vor komplexen Vorgängen nicht mehr scheuen, denn viel Zeit müssen Sie nicht investieren.

5.7   Zusammenfassung

Lokale Benutzer und Gruppen werden auf einem Server gespeichert und können nicht zur Anmeldung oder zum Zugriff auf Ressourcen bei anderen Computern verwendet werden.

Beispie

Angenommen, Sie haben in einem Netzwerk 30 Computer mit 30 Benutzern, die als Arbeitsgruppe organisiert sind. Im Netzwerk gibt es also weder eine Windows-Domäne noch Active Directory. Jetzt möchten Sie zwei Freigabe-Server einrichten, wobei nur berechtigte Benutzer auf gemeinsam genutzte Ressourcen auf diesen Servern zugreifen dürfen.

Lösung

Sie müssen ein Benutzer-Konto für jeden dieser 30 Benutzer anlegen. Allerdings gibt es ja keine Domäne, deswegen müssen Sie den Benutzer-Account auf dem PC der jeweiligen Benutzer erstellen und einen identischen Account mit gleichem Benutzer-Namen und demselben Kennwort auf beiden Servern. Dieser Vorgang lässt sich durch ein Batch-Skript beschleunigen, in dem der Befehl `net user` zum Einsatz kommt.

Benutzer und Gruppen lassen sich in Active Directory speichern. Das bedeutet: Administratoren wie Sie müssen jeden Benutzer und jede Gruppe nur einmal erstellen, damit diese Accounts sich im gesamten Gültigkeitsbereich des Active Directory nutzen lassen. Zur Erstellung von Benutzern und Gruppen in Windows Server 2016 können Sie entweder das Modul *ADUC* (Active-Directory-Benutzer und -Computer), die Kommando-Zeile, die Powershell oder das *ADAC* (Active-Directory-Verwaltungscenter) verwenden.

Es gibt verschiedene Typen und Bereiche für Gruppen in Active Directory. Jede dient einem anderen Zweck:

- Der Typ *Verteilungs-Gruppe* wird zur kollektiven Kommunikation mit den Mitgliedern der Gruppe über eine einzelne Email-Adresse genutzt, die mit der Gruppe verknüpft ist.

- Der Hauptzweck einer *Sicherheits-Gruppe* besteht in der Verwaltung zugewiesener Berechtigungen für eine Anzahl Mitglieder.

Was die Gültigkeit von AD-Gruppen angeht, gibt es drei unterschiedliche Reichweiten:

- Eine *für die Domäne lokale Gruppe* kann nur innerhalb der Domäne genutzt werden, in der sie erstellt wurde. Sie kann Benutzer, Computer, globale Gruppen sowie universelle Gruppen aus anderen Domänen in AD enthalten. Darüber hinaus lassen sich auch andere Domänen-lokale Gruppen aus derselben Domäne hinzufügen.

- Der Standard-Bereich beim Anlegen einer Gruppe in Active Directory ist die *globale Gruppe*. Diese lässt sich von Computern innerhalb der Domäne nutzen, in der sie Mitglied ist, sowie von Mitgliedern anderer Domänen im Active Directory. Enthalten sein können hier Benutzer und Computer aus der Domäne, in der die globale Gruppe erstellt wurde.

- Schließlich gibt es noch die *universelle Gruppe*. Sie wird in Domänen-Controllern gespeichert, die als globale Kataloge konfiguriert sind. Darüber hinaus wird sie auf alle Domänen im gesamten AD synchronisiert. Somit lassen sich universelle Gruppen nicht nur von sämtlichen Computern nutzen, sondern können auch Mitglieder aus jeder beliebigen Domäne enthalten. Der Nachteil ist hier, dass universelle Gruppen stets an allen Speicherorten synchronisiert werden, was zu Einbußen bei der Leistung führen kann.

Benutzer und Gruppen von Active Directory können entweder über die Power-Shell oder über das *ADAC* (Active-Directory-Verwaltungscenter) gemanagt werden. Gerade über das grafische ADAC-Tool können Sie als Administrator Aufgaben, die Sie sehr häufig durchführen müssen – etwa das Zurücksetzen von Kennwörtern für Benutzer oder das Entsperren ihrer Konten – viel schneller erledigen und sparen dadurch Zeit. Mit dem Active-Directory-Modul für Windows PowerShell haben Sie eine Text-basierte Oberfläche und können Aufgaben zur Verwaltung innerhalb von Active Directory auch durch Scripts automatisieren. So lassen sich wiederholte Aufgaben vereinfachen und selbst komplizierte Vorgänge schnell durchführen, die in der grafischen Oberfläche zu viel Zeit benötigen würden.

Ein Teil der Leistungsfähigkeit von Active Directory besteht in der Delegierung von Administrations-Rechten. Sie können also einem Manager einer Abteilung das Recht einräumen, die Mitglieder seiner Abteilung selbst verwalten zu dürfen. Die zugehörigen Berechtigungen lassen sich so genau steuern, dass solche Personen nur Zugriff auf ihren jeweiligen Bereich erhalten, damit global nichts durcheinandergeraten kann.

Denken Sie bei der Verwaltung von Benutzern und Gruppen immer daran: Windows verfolgt Einträge für Benutzer, Gruppen und Computer über ihren Sicherheits-Bezeichner (*SID*) und nicht über den lesbaren Namen. Bei Löschung und erneuter Erstellung eines Objekts handelt es sich daher um ein anderes Objekt als das, das Sie zuvor gelöscht hatten. Berechtigungen werden somit nicht vom bisherigen Objekt vererbt.

Wenn ein Mitarbeiter das Unternehmen verlässt, ist es daher sinnvoll, das zugehörige Konto zunächst zu deaktivieren und erst nach geraumer Zeit vollständig zu löschen – nämlich dann, wenn Sie sicher sein können, dass es nicht mehr benötigt wird.

Freigegebene Ordner erstellen und verwalten

Eine der Kernfunktionen jedes Servers besteht darin, Ressourcen wie Dateien und Ordner im Netzwerk verfügbar zu machen. Dazu gibt es in Windows Server 2016 die Rolle *Datei-/Speicherdienste*. Diese Rolle ist standardmäßig installiert.

Allerdings gibt es zusätzliche, ergänzende Rollen, die die Datei-/Speicherdienste erweitern, darunter beispielsweise den Ressourcenmanager für Dateiserver, Dienste für das Network File System (zur Unterstützung von Unix-Clients), den Windows-Suchdienst sowie BranchCache für Außenstellen.

Dank der Kombination von Speicher- und Dateidiensten stehen Ihnen als Administrator von Windows Server 2016 erweiterte und verbesserte Funktionen – darunter die Deduplizierung –, Speicherplätze sowie Speicherpools zur Verfügung.

Wenn Sie planen, im Netzwerk Dateien und Ordner freizugeben, sollten Sie nicht nur verstehen, wie die Daten freigegeben werden können, sondern auch, wie Sie sie mit Berechtigungen bestmöglich schützen können. Dazu stehen in Windows zwei getrennte Bereiche mit Berechtigungen zur Verfügung:

- NTFS-Berechtigungen
- Freigabe-Berechtigungen

Beide Arten von Berechtigungen werden zwar unabhängig voneinander angewendet, funktionieren aber Hand in Hand und bieten so ein dichtes Netz fortgeschrittener Sicherheitsoptionen.

Das Protokoll, das hinter Datei-Übertragungen steht, ist Server Message Block (SMB) – in Windows Server 2016 handelt es sich um die Version SMB 3.1. Damit die Vorteile der neuesten Version dieses Protokolls genutzt werden können, müssen aber auch aktuelle Clients auf den Server zugreifen. Ansonsten werden die älteren Versionen SMB 1.0 und SMB 2.0 verwendet.

6.1 Das steckt hinter der Rolle Datei-/Speicherdienste

In der Rolle *Datei-/Speicherdienste* werden mehrere Technologien kombiniert, die Ihnen als Administrator bei der Einrichtung von Datei-Servern in Ihrem Unternehmen helfen. In der Standard-Installation ist eine grundlegende Administration der Speicherfunktion mithilfe des Server-Managers oder der PowerShell möglich. Freigaben können auch direkt über den Explorer eingerichtet werden.

Damit Sie Freigaben aber besser und effizienter administrieren können, empfiehlt sich die Installation der Server-Rolle *Dateiserver* sowie weitere Rollen, wie dem Ressourcenmanager für Dateiserver sowie der DFS-Replikation. Zwar wird DSS nicht immer benötigt, hilft aber bei der Spiegelung und besseren Verfügbarkeit von Dateien und Ordnern auf geographisch weit auseinanderliegenden Speicherorten. Was im Endeffekt zählt, ist, dass Sie einen Plan im Kopf haben, auf dessen Umsetzung Sie hinarbeiten können.

In der gesamten Windows-Server-Familie ermöglicht der Dienst *Server* grundlegende Freigaben von Dateien und Druckern.

Warum müssen Sie Dateien und Drucker zuerst freigeben? Nur weil Sie einen Server haben, bedeutet das nicht, dass sämtliche Dateien und Geräte, die daran angeschlossen sind, für alle Benutzer erreichbar sind. Bevor Mitarbeiter auf Ordner zugreifen dürfen, die auf dem Server gespeichert sind, müssen diese Ressourcen zunächst freigegeben werden.

Beispiel

Nehmen wir an, auf ihrem Server gibt es ein Laufwerk E:. Auf diesem Laufwerk befindet sich ein Ordner »Dokumente«. Und in diesem Dokumente-Ordner befinden sich Unterordner und weitere Dateien.

Wenn Sie diesen Ordner im Netzwerk unter dem Namen Dokumente freigeben, ermöglichen Sie dadurch anderen Benutzern, einen neuen Laufwerk-Buchstaben auf ihrem Computer mit Ihrem Ordner `E:\Dokumente` zu verknüpfen. Wird auf dem Computer des Mitarbeiters das Laufwerk P mit dieser Freigabe des Servers verknüpft, sieht der Inhalt des Laufwerks P genauso aus wie der Ordner `E:\Dokumente` auf dem Server.

Wenn Sie Ressourcen freigeben, bedeutet das also, dass Sie ihren Benutzern dadurch erlauben, vom Netzwerk aus auf diese Ressourcen zuzugreifen. Dabei tritt der Server nicht aktiv in Aktion, sondern gibt nur Dateien und Ordner heraus, so wie sie sind.

Tipp

Zwar ist zur Freigabe von Ordnern – etwa über den Explorer – die Server-Rolle *Dateiserver* nötig, diese wird aber automatisch installiert. Sie müssen sie also nicht separat über den Server-Manager hinzufügen.

6.2 Freigaben erstellen

Freigaben für Dateien und Ordner lassen sich in Windows Server 2016 auf mehreren Wegen erstellen:

- über den Server-Manager
- mithilfe des Explorers
- über die PowerShell

Sehen wir uns diese Möglichkeiten der Reihe nach an.

6.2.1 Über den Server-Manager

Als Erstes öffnen wir den Server-Manager und erstellen dann darin die gewünschte Freigabe für den Ordner, den wir im Netzwerk erreichbar machen möchten:

1. Klicken Sie auf den START-Button.
2. Jetzt mit der rechten Maustaste auf die Kachel SERVER-MANAGER klicken.
3. Im Kontextmenü und die Auswahl des Befehls MEHR, ALS ADMINISTRATOR AUSFÜHREN.
4. Nun wird die Eingabe des Kennworts für den Benutzer *Administrator* abgefragt.
5. Sobald das Dashboard des Server-Managers erscheint, wählen Sie im Menü auf der linken Seite den Eintrag DATEI-/SPEICHERDIENSTE aus.
6. Ein neues Untermenü erscheint, in dem Sie auf den Eintrag FREIGABEN klicken.
7. In der Mitte des Fensters erscheint jetzt die Liste aller verfügbaren Freigaben auf diesem Server.
8. Klicken Sie unterhalb der letzten hier gelisteten Freigabe mit der rechten Maustaste auf den leeren weißen Bereich.
9. Im Kontextmenü folgt der Aufruf des Befehls NEUE FREIGABE... Sie landen dadurch im Assistenten für neue Freigaben.

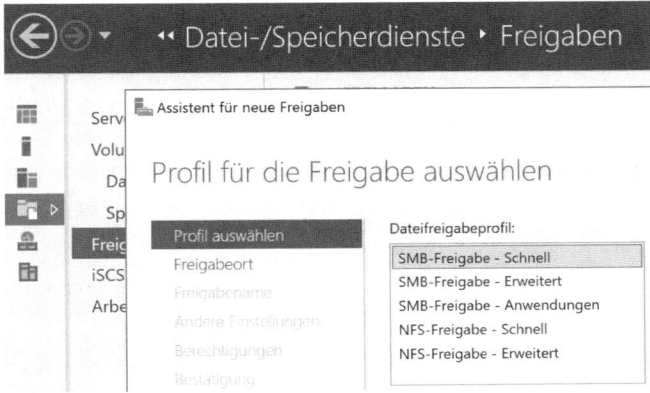

Abb. 6.1: Assistent für neue Freigaben

Tipp

Zur schnelleren Erstellung von Freigaben auf dem Server verfügt der Server-Manager über sogenannte Profile, mit denen die Erstellung von Freigaben beschleunigt werden kann. Zunächst gliedert sich die Auswahl in die Optionen SMB-FREIGABE und NFS-FREIGABE. Je nachdem, von welchen Clients Sie auf den Server zugreifen möchten, wählen Sie entweder die SMB- oder die NFS-Freigabe:

- SMB-Freigaben werden für Windows-Systeme verwendet.
- NFS-Freigaben eignen sich für die Kommunikation mit Unix-basierten Geräten.

Sowohl für SMB- als auch für NFS-Freigaben gibt es Profile namens SCHNELL und ERWEITERT. Der Unterschied zwischen den schnellen und den erweiterten Profilen besteht darin, dass in den erweiterten Profilen mehr Optionen angezeigt werden, über die Sie die neue zu erstellende Freigabe anpassen können, etwa durch Einrichten von Limits. Und was die Freigabe SMB-FREIGABE – ANWENDUNGEN betrifft: Diese dient dazu, zusätzliche Einstellungen anzupassen, die in einer virtuellen Umgebung benötigt werden.

Zur Einrichtung einer Freigabe für Windows-Computer verwenden wir jetzt das Profil SMB-FREIGABE – SCHNELL.

Tipp

Die Optionen für NFS-Freigaben sind nur dann verfügbar, wenn die entsprechende Server-Rolle auf dem Server eingerichtet ist. Die Unterstützung für Unix-Clients lässt sich auch nachträglich einrichten, indem diese Rolle zum Server hinzugefügt wird. Danach stehen die Optionen für NFS-Freigaben auch in dem Assistenten für neue Freigaben zur Verfügung.

Wir kommen jetzt zur Auswahl des Ordners, der im Netzwerk freigegeben werden soll. Im oberen Bereich des Fensters ist der aktuelle Server bereits ausgewählt. Darunter lassen sich entweder komplette Volumen freigeben oder einzelne Ordner werden im Netzwerk verfügbar gemacht. In unserem Fall möchten wir nur einen bestimmten Ordner freigeben, nämlich E:\Dokumente. Daher markieren wir die Option BENUTZERDEFINIERTEN PFAD EINGEBEN (Abbildung 6.2).

Anschließend klicken wir auf DURCHSUCHEN... und wählen den gewünschten Ordner aus.

Nachdem wir den korrekten Ordner ausgewählt haben, klicken Sie erneut auf WEITER, um die nächste Seite anzuzeigen.

Freigabeort:

○ Nach Volume auswählen:

Volume	Freier Speicherplatz	Kapazität	Dateisystem
C:	43,5 GB	59,5 GB	NTFS
E:	67,9 GB	68,0 GB	NTFS
S:	110 GB	128 GB	NTFS

Der Speicherort der Dateifreigabe befindet sich in einem neuen Ordner im Verzeichnis "\Shares" auf dem ausgewählten Volume.

◉ Benutzerdefinierten Pfad eingeben:

[   ] [Durchsuchen...]

[< Zurück] [Weiter >]   [Erstellen] [Abbrechen]

Abb. 6.2: Benutzerdefinierten Pfad zum Freigabe-Ordner

Auf der Seite FREIGABE-NAME tragen wir jetzt einen Namen für die neue Freigabe ein. In unserem Fall soll die Freigabe Dokumente heißen.

Im Feld direkt darunter können wir auch eine Beschreibung für die neue Freigabe hinterlegen.

Tipp

Über die Felder LOKALER PFAD ZUR FREIGABE und REMOTE-PFAD ZUR FREIGABE erkennen Sie sofort, wie die Freigabe im Netzwerk erreichbar sein wird. Diese Informationen müssen Sie an die Benutzer im Netzwerk weitergeben, damit diese auf die Freigabe zugreifen können.

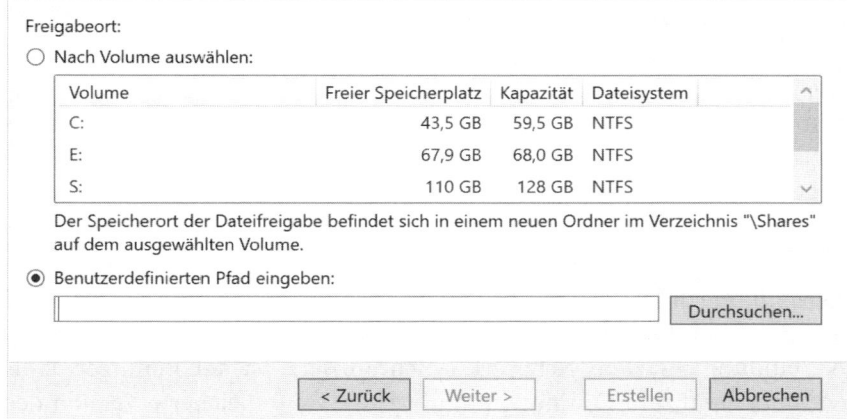

Freigabename angeben

Profil auswählen

Freigabeort

Freigabename

Andere Einstellungen

Berechtigungen

Bestätigung

Ergebnisse

Freigabename: Dokumente

Freigabebeschreibung:

Lokaler Pfad zur Freigabe:
E:\dokumente

Remotepfad zur Freigabe:
\\WIN-UMTKMSCF6OB\Dokumente

Abb. 6.3: Remote-Pfad zur Freigabe sofort erkennen

Auf der nächsten Seite, die mit ANDERE EINSTELLUNGEN überschrieben ist, finden Sie erweiterte Optionen für die einzurichtende Freigabe:

- ZUGRIFFSBASIERTE AUFZÄHLUNG AKTIVIEREN – Wenn Sie diese Option deaktivieren, können auch Benutzer die Freigabe sehen, die nicht über die nötigen Rechte zum Öffnen oder Lesen der Freigabe verfügen. Ist diese Option andererseits gesetzt, sehen nur berechtigte Benutzer die Freigabe und können auf diese zugreifen.

- ZWISCHENSPEICHERN DER FREIGABE ZULASSEN – Hiermit ermöglichen Sie Benutzern, die nicht ständig mit dem Netzwerk verbunden sind, den Zugriff auf die Freigabe und die darin enthaltenen Dokumente. Dazu werden sie bei einer Verbindung mit dem Netzwerk synchronisiert. Ist der Benutzer dann später offline, greift sein Computer auf die zwischengespeicherte Version der Dateien zu. Wird die Verbindung zum Netzwerk später wiederhergestellt, werden die geänderten Dateien automatisch erneut synchronisiert.

- DATENZUGRIFF VERSCHLÜSSELN – Auf einem Server freigegebene Dateien und Ordner können verschlüsselt oder unverschlüsselt über das Netzwerk an den Computer übertragen werden, von dem aus auf die Freigabe zugegriffen wird. Sicherer ist natürlich die Freigabe in verschlüsselter Form. Durch Aktivieren dieser Option erhöhen Sie somit die Sicherheit.

Nachdem Sie die gewünschten Optionen auf dieser Seite markiert haben, gelangen Sie durch Klicken auf WEITER zu Seite BERECHTIGUNGEN.

Auf dieser Seite erhalten Sie Gelegenheit, die NTFS-Berechtigungen bei Bedarf zu ändern. Wir werden darauf gleich noch näher eingehen, für jetzt bestätigen wir einfach die Standard-Berechtigungen durch Klick auf WEITER.

Auf der letzten Seite des Assistenten für neue Freigaben sehen wir nochmals eine Zusammenfassung sämtlicher Auswählen, die wir zum Anlegen der neuen Freigabe getroffen haben. Nachdem Sie geprüft haben, ob alle Angaben stimmen, lässt sich die neue Freigabe durch Klicken auf den Button ERSTELLEN anlegen.

Daraufhin wird die Seite ERGEBNISSE angezeigt, in der Sie eine Bestätigung über die neu erstellte Freigabe erhalten.

6.2.2 Freigaben auf Remote-Computern erstellen

Ähnlich wie im vorangehenden Beispiel können Sie Freigaben mit dem Server-Manager nicht nur auf dem lokalen Server anlegen, sondern auch auf entfernten Computern. Denn wie wir im Kapitel über den Server-Manager kurz erwähnten, lässt sich mit dem Server-Manager auch eine Verbindung zu anderen Servern im Netzwerk aufbauen.

Hinweis

Zur Verwaltung von entfernten Servern im Netzwerk wird die Rolle *Remote-Verwaltung* benötigt. Diese ist in Windows Server 2016 standardmäßig installiert und aktiviert.

Neue Server lassen sich zum Server-Manager hinzufügen, indem Sie oben rechts auf VERWALTEN, SERVER HINZUFÜGEN klicken. Wählen Sie den Server, den Sie verwalten möchten, dann in der Suchfunktion aus.

Zur Erstellung einer neuen Freigabe auf einem entfernten Server gehen Sie genauso vor wie im vorangehenden Beispiel gezeigt. Der einzige Unterschied: Wählen Sie bei der Liste der verfügbaren Server nicht den aktuellen Server aus, sondern den entfernten Server, auf dem die Freigabe erstellt werden soll.

6.3 Benutzer-Limits einrichten

Sie als Administrator können konfigurieren, wie vielen Benutzern die gleichzeitige Verbindung zu einer bestimmten Freigabe ermöglicht werden soll. Dazu gehen Sie wie folgt vor:

1. Klicken Sie zunächst auf START, WINDOWS-VERWALTUNGSPROGRAMME.

2. Jetzt folgt ein Rechtsklick auf den Eintrag COMPUTER-VERWALTUNG.

3. Im Kontextmenü wählen Sie die Option ALS ADMINISTRATOR AUSFÜHREN.

4. Geben Sie jetzt das angeforderte Kennwort des Benutzers *Administrator* ein, bevor Sie unten auf JA klicken.

5. In der Hierarchie auf der linken Seite wechseln Sie jetzt zum Bereich FREIGEGEBENE ORDNER, FREIGABEN.

6. Nun mit der rechten Maustaste auf die Freigabe klicken, deren Limit Sie einrichten möchten.

7. Hier können Sie die EIGENSCHAFTEN aufrufen.

8. Im mittleren Teil des Dialogs finden Sie den Rahmen BENUTZER-BEGRENZUNG. Hier ist standardmäßig die Option HÖCHST-ANZAHL ZULASSEN markiert. Das bedeutet: So viele Benutzer wie möglich können auf diese Freigabe gleichzeitig zugreifen.

9. Um die Anzahl der Benutzer einzuschränken, markieren Sie hier stattdessen die Option ZUGELASSENE BENUTZER-ANZAHL und tragen dann dahinter den gewünschten Maximalwert ein.

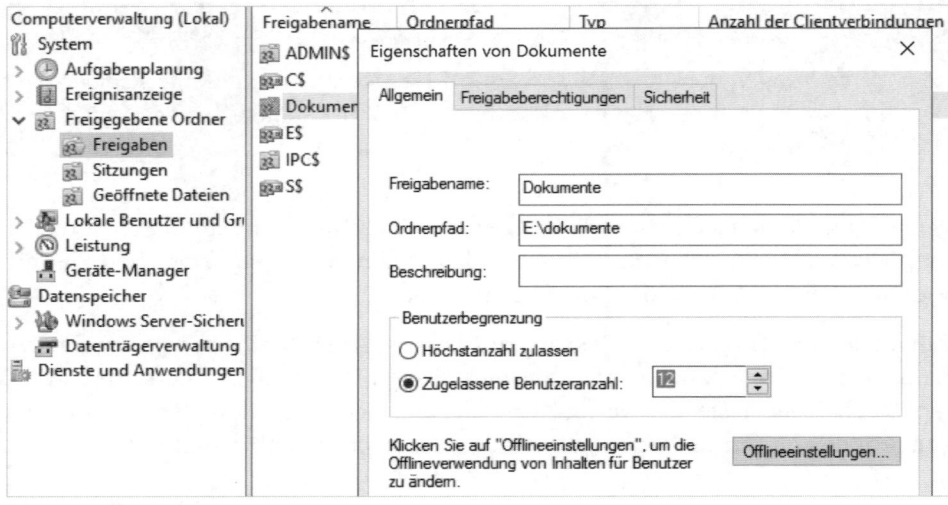

Abb. 6.4: Maximale Anzahl Benutzer einschränken

Tipp

Solche Limits lassen sich nur für die gesamte Freigabe einrichten, nicht für einzelne Ordner in der Freigabe. Das kann darauf hinauslaufen, dass Benutzer einen zweiten Ordner in derselben Freigabe nicht mehr erreichen können, weil zu viele Personen auf den ersten Ordner zugreifen möchten.

Die Lösung besteht dann darin, zwei unterschiedliche Freigaben mit verschiedenen Limits einzurichten.

6.4 Freigaben in Active Directory veröffentlichen

Einer der großen Vorteile von Active Directory besteht darin, dass sämtliche Ressourcen in einem Unternehmen zentral verwaltet werden können, sodass sich Drucker, Gruppen, Benutzer, Organisationseinheiten sowie weitere Objekte in einem gemeinsamen Verzeichnis anordnen lassen. Dazu zählen auch Freigaben. Der Hauptgrund, eine Freigabe in Active Directory zu veröffentlichen, besteht darin, dass Benutzer sie so leichter finden können.

1. Zur Veröffentlichung einer Freigabe öffnen Sie zunächst die Konsole für Active-Directory-Benutzer und -Computer.

2. Klicken Sie jetzt mit der rechten Maustaste auf die gewünschte Organisationseinheit und wählen Sie im Menü die Option NEU, FREIGEGEBENER ORDNER.

3. Nun werden Sie nach einem Namen für die veröffentlichte Freigabe gefragt.

4. Geben Sie auch den Namen der Freigabe an, so wie Sie sie in der Adressleiste eingeben würden.

Das war's auch schon: Ihre Freigabe ist jetzt in Active Directory veröffentlicht!

6.5   Berechtigungen verwalten

Eine der großen Stärken von NTFS-Dateisystemen besteht in der Zuweisung von Berechtigungen. Dadurch können Sie kontrollieren, wer auf verschiedene Dateien und Ordner zugreifen darf. Sehen wir uns näher an, wie diese Freigaben funktionieren.

Dabei werden Sie merken: Berechtigungen des Dateisystems und Freigabe-Berechtigungen haben vieles gemeinsam. Denn jeder Berechtigung kann die Aktion *Zulassen* oder *Verweigern* zugewiesen werden, Berechtigungen werden gesammelt ausgewertet, die Berechtigung *Verweigern* übernimmt immer die Vormacht über die Berechtigung *Zulassen* und ist keine Berechtigung angegeben, wird angenommen, dass die Berechtigung *Verweigert* lautet.

Greift ein Benutzer auf eine Freigabe zu, für die sowohl Berechtigungen des Dateisystems sowie der Freigabe angewendet wurden, wird das Resultat oft als Berechtigung bezeichnet, durch die am wenigsten Zugriff gewährt wird. Wenn Ihnen die Frage gestellt wird, warum ein Benutzer nicht auf eine Datei oder einen Ordner zugreifen kann, sollten Sie wissen, wie Sie die resultierenden Berechtigungen ermitteln können. Wie Sie dazu vorgehen, erfahren Sie im Folgenden.

6.5.1   NTFS-Berechtigungen

Folgende Berechtigungen des Dateisystems NTFS finden auf sämtliche Dateien oder Ordner auf einer Festplatte Anwendung, die mit NTFS formatiert ist:

- *Lesen* – Bekommt ein Benutzer die Berechtigung zum Lesen zugewiesen, kann der Benutzer dadurch den Inhalt, die Berechtigungen sowie die Attribute anzeigen, die mit einer Datei oder einem Ordner zu tun haben.
- *Lesen und Ausführen* – Die Berechtigung *Lesen und Ausführen* wird verwendet, damit ein Benutzer Dateien starten kann. Dadurch kann der Benutzer ausführbare Dateien (zum Beispiel `.exe`, `.bat` und `.com`) ausführen oder starten. Wenn ein Benutzer nur über die Berechtigung zum Lesen verfügt, können die Dateien nicht ausgeführt werden.
- *Ordner-Inhalt anzeigen* – Mit der Berechtigung zum Anzeigen von Ordner-Inhalten kann der Benutzer den Inhalt eines Ordners sehen. Dadurch kann der Benutzer erfahren, dass Dateien in einem Ordner existieren, diese Dateien oder ihren Inhalt aber nicht lesen.

- *Schreiben* – Bekommt ein Benutzer die Berechtigung zum Schreiben in eine Datei oder einen Ordner, ist der Benutzer dadurch in der Lage, die Datei oder den Ordner zu verändern. Dies umfasst das Hinzufügen von neuen Dateien oder Ordnern zu einem Ordner oder das Abändern von vorhandenen Dateien oder Ordnern. Der Benutzer ist allerdings nicht in der Lage, Dateien aus einem Ordner zu löschen.

- *Ändern* – Die Berechtigung zum Ändern ist eine Sammel-Berechtigung, die die Berechtigungen *Lesen* und *Lesen und Schreiben* einschließt und dem Benutzer darüber hinaus erlaubt, Dateien und Ordner zu löschen.

- *Vollzugriff* – Hierbei handelt es sich um eine Kombination aus allen verfügbaren Berechtigungen. Zusätzlich erhält der jeweilige Benutzer auch das Recht zum Ändern von Berechtigungen sowie zum Ändern des Eigentümers von Dateien und Ordnern.

6.5.2 Freigabe-Berechtigungen

Solche Berechtigungen finden nur dann Anwendung auf Freigaben, wenn auf sie über das Netzwerk zugegriffen wird. Es gibt nur drei Freigabe-Berechtigungen:

- *Lesen* – Benutzer, denen die Berechtigung zum Lesen zugewiesen wurde, können Dateien und Ordner innerhalb der Freigabe lesen.

- *Ändern* – Mit dieser Berechtigung können Benutzer Dateien und Ordner innerhalb der Freigabe Lesen, ausführen, ändern und löschen.

- *Vollzugriff* – Mit dieser Berechtigung erhalten Benutzer sämtliche Berechtigungen zum Ändern sowie zum Bearbeiten der Berechtigungen für die Freigabe.

6.5.3 Ähnlichkeiten zwischen Freigabe- und NTFS-Berechtigungen

Jetzt haben wir gesehen, welche NTFS- und Freigabe-Berechtigungen es gibt. Sehen wir uns nun an, inwieweit sie sich überschneiden und unterscheiden.

Zulassen und Verweigern

Bei der Arbeit mit Berechtigungen werden Sie feststellen: Es gibt sowohl eine Spalte zum Zulassen als auch eine Spalte zum Verweigern von Berechtigungen. Was steckt dahinter?

- Ist eine bestimmte Berechtigung für einen Benutzer oder eine Gruppe auf *Zulassen* gestellt, verfügt der Benutzer oder die Gruppe über diese Berechtigung.

- Haben Sie die Berechtigung für die Gruppe oder den Benutzer hingegen auf *Verweigern* gesetzt, hat der Benutzer oder die Gruppe das angegebene Recht nicht.

Berechtigungen werden zusammengefasst ausgewertet. Das heißt: Sind einem Benutzer mehrere Berechtigungen zum Zulassen zugewiesen, verfügt der Benutzer über eine Kombination der zugewiesenen Berechtigungen.

Sind einem Benutzer gleichzeitig Berechtigungen zum Zulassen und zum Verweigern zugewiesen, hat die Verweigerungs-Berechtigung die Priorität.

Sind einem Benutzer gar keine Berechtigungen für ein Objekt zugewiesen, hat der Benutzer keinen Zugriff darauf.

Kumulative Berechtigungen

Für Objekte können mehrere Berechtigungen zugewiesen werden. Stellen wir uns zum Beispiel eine Freigabe namens Dokumente vor. Administratoren haben darauf Vollzugriff, während eine andere Gruppe Berechtigung zum Ändern der Dateien hat und eine dritte Gruppe ist das Lesen der Dateien ermöglicht.

Wenn Jens jetzt sowohl in der Gruppe der Administratoren als auch in der Gruppe Mitglied ist, die Berechtigungen zum Ändern hat, verfügt Jens dadurch über eine Kombination der Berechtigungen, die diesen Gruppen zugewiesen sind.

Verweigern hat Priorität

Wie gesagt: Hat ein Benutzer sowohl die Berechtigung *Zulassen* als auch die Berechtigung *Verweigern* für ein bestimmtes Objekt, übernimmt die Berechtigung zum Verweigern die Priorität. Stellen wir uns vor, einer bestimmten Gruppe wurde der Vollzugriff auf eine Freigabe gewährt, die Informationen über das Unternehmen enthält. Heinz, einer der Mitarbeiter in dieser Gruppe, verlässt jetzt das Unternehmen. Er soll aber weiterhin in der Gruppe verbleiben, sodass er auf bestimmte Dokumente in dieser Gruppe zugreifen kann. Was können Sie tun?

Die Berechtigungen der Gruppe zum Zugriff auf die Freigabe sind auf Zulassung gestellt. Damit Heinz dennoch keinen Zugriff auf eine bestimmte Datei in der Freigabe erhält, wurde sein Konto zusätzlich separat zu den Sicherheit-Eigenschaften dieser Datei hinzugefügt, wobei die entsprechende Berechtigung zum Lesen auf *Verweigern* gestellt wurde. Das Resultat: Die Gruppe hat Zugriff auf alle Dateien in der Freigabe, Heinz auf alle Dateien außer dieser einen.

6.5.4 Freigabe- und NTFS-Berechtigungen verändern

Sowohl die Freigabe- als auch die NTFS-Berechtigungen können über den Server-Manager, die Computer-Verwaltung oder direkt über den Explorer verarbeitet werden. Für jede dieser Methoden sind unterschiedliche Schritte auszuführen, die aber im Endeffekt zu dem gleichen Ziel führen.

Sehen wir uns an, wie sich Freigabe- und NTFS-Berechtigungen über den Server-Manager verwalten lassen.

Beispiel

Stellen wir uns eine Freigabe vor, auf die jeder im Unternehmen Lese-Berechtigung hat. Jetzt sollen die Berechtigungen so verändert werden, dass Mitarbeiter der Gruppe IT-Admins Änderungsberechtigungen haben, andere Benutzer sollen diese Freigabe aber weder sehen noch darauf zugreifen können.

Mit den folgenden Schritten lässt sich dieses Ziel erreichen:

1. Als Erstes rufen Sie den Server-Manager als Administrator auf.

2. Wechseln Sie jetzt links zum Bereich DATEI-/SPEICHERDIENSTE, FREIGABEN.

3. Nun mit der rechten Maustaste auf die Freigabe klicken, deren Berechtigungen wir verändern möchten, und dort die EIGENSCHAFTEN aufrufen.

4. Jetzt wechseln wir über das Menü auf der linken Seite zum Bereich BERECHTIGUNGEN. Daraufhin sehen Sie eine Liste sämtlicher Berechtigungen, die momentan für die aktuelle Freigabe gelten.

5. Unterhalb dieser Liste finden Sie auch einen Button namens BERECHTIGUNGEN ANPASSEN..., den wir jetzt anklicken.

6. Da die Berechtigungen, die wir setzen möchten, nur für den Remote-Zugriff per Netzwerk auf die Freigabe gelten sollen, wechseln wir oben zum Tab FREIGABE und zeigen so die Freigabe-Berechtigungen an. Wir sehen: Jeder im Netzwerk hat Lese-Zugriff und Administratoren erhalten Vollzugriff.

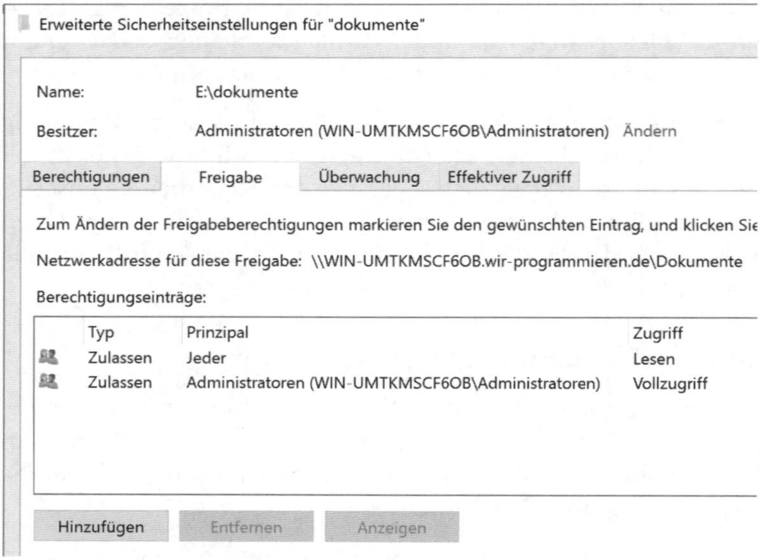

Abb. 6.5: Freigabe-Berechtigungen ansehen

7. Unten folgt jetzt ein Klick auf HINZUFÜGEN, PRINZIPAL AUSWÄHLEN, gefolgt von der Eingabe des Namens der Gruppe, die Zugriff auf die Freigabe erhalten soll. Klicken Sie dann auf OK.

8. Da wir nicht mehr möchten, dass jeder Zugriff hat, markieren wir die Zeile JEDER und klicken dann unten auf ENTFERNEN.

9. Jetzt sind wir mit dem Verarbeiten der Freigabe-Berechtigungen fertig und können sie per Klick auf ÜBERNEHMEN abspeichern.

10. Nun schalten wir zum Tab BERECHTIGUNGEN um, um auch die zugehörigen NTFS-Berechtigungen anzupassen.

11. Auch hier klicken wir auf den Button HINZUFÜGEN, geben den Namen der Gruppe ein, die wir zu der Liste der Berechtigten hinzufügen möchten – in unserem Fall also IT-Admins. Dann klicken wir zur Bestätigung auf OK.

> **Hinweis**
>
> Auf diese Weise hinzugefügte Benutzer oder Gruppen erhalten automatisch die Berechtigungen zum Lesen, Lesen und Ausführen sowie zum Auflisten der Ordner-Inhalte.

12. Zusätzlich möchten wir in unserem Fall auch die Berechtigung SCHREIBEN zulassen, sodass die Mitglieder dieser Gruppe auch Änderungen an den Dateien vornehmen können.

13. Nun möchten wir an dieser Stelle die Berechtigungen für das Objekt JEDER entfernen, indem wir diese Zeile zunächst auswählen und dann auf ENTFERNEN klicken.

14. Auf der Seite der erweiterten Sicherheits-Einstellungen für die Freigabe klicken Sie jetzt unten auf OK, damit die geänderten Berechtigungen übernommen werden.

6.5.5 Kombinieren von Freigabe- und NTFS-Berechtigungen

Nicht selten ist es eine Herausforderung, die tatsächlich geltenden Berechtigungen eines Benutzers beim Zugriff auf eine Datei oder einen Ordner über eine Freigabe zu ermitteln. Mit den folgenden drei Schritten ist dies aber leicht möglich:

■ Zuerst bestimmen wir die kumulativen NTFS-Berechtigungen.

■ Danach finden wir heraus, welche Freigabe-Berechtigungen gelten.

■ Nun kombinieren wir die beiden Berechtigungen und wissen dadurch, welche von beiden weniger Zugriff gewährt.

Beispiel

Stellen wir uns vor, Thomas ist Mitglied in den Gruppen `Designer` und `IT-Admins`. Für den Ordner der Freigabe gelten folgende Berechtigungen:

Die Gruppe DESIGNER hat die NTFS-Berechtigungen zum LESEN, LESEN UND AUSFÜHREN sowie zur Anzeige der ORDNER-INHALTE. Als Freigabe-Berechtigungen sind nur LESE-Rechte hinterlegt.

Bei der Gruppe der IT-ADMINS sind die NTFS-Berechtigungen auf VOLLZUGRIFF gesetzt – die Freigabe-Berechtigungen stehen auf ÄNDERN.

Gruppe	Designer	IT-Admins
NTFS-Rechte	■ Lesen ■ Lesen und Ausführen ■ Ordner-Inhalte anzeigen	■ Vollzugriff
Freigabe-Rechte	■ Lesen	■ Ändern

Welche Berechtigungen gelten in obigem Beispiel für Thomas?

Zunächst ermitteln wir die effektiven NTFS-Berechtigungen: Durch die Gruppe DESIGNER erhält Thomas die Rechte zum LESEN, LESEN UND AUSFÜHREN und zum Auflisten der ORDNER-INHALTE. Von der IT-Admin-Gruppe erhält er VOLLZUGRIFF.

Resultat: VOLLZUGRIFF enthält alle anderen Berechtigungen, daher hat Thomas NTFS-technisch Vollzugriff.

Jetzt finden wir heraus, welche effektiven Freigabe-Berechtigungen für Thomas gelten. Aus der Gruppe DESIGNER stammt das LESE-Recht, aus der Gruppe der IT-ADMINS verfügt er über Änderungs-Rechte. Somit bekommt Thomas aus Sicht der Freigabe das Recht zum ÄNDERN, denn ÄNDERN ermöglicht das LESEN und das SCHREIBEN.

Nun betrachten wir die beiden Arten von Berechtigungen kombiniert und fragen uns: Welches der Rechte bietet weniger Zugriff – VOLLZUGRIFF oder ÄNDERN? Die Antwort lautet ÄNDERN. Somit hat Thomas Änderungs-Rechte für die in der Freigabe enthaltenen Dateien und Ordner, wenn er über das Netzwerk darauf zugreift.

Und was ist, wenn Thomas lokal direkt über den Explorer auf den Ordner zugreift?

Dann hat er Vollzugriff. Denn Freigabe-Berechtigungen gelten ja nur, wenn über die Freigabe auf den Ordner zugegriffen wird. Wird der Ordner lokal geöffnet, gelten nur die NTFS-Berechtigungen.

6.6   Mit Freigaben verbinden

Wie lässt sich nun auf eine Freigabe zugreifen? Nehmen wir an, unsere Freigabe heißt *Dokumente* und befindet sich auf dem Server namens Server01.

Zur Verbindung mit dieser Freigabe bauen wir uns jetzt einen UNC-Pfad (Universal Naming Convention) zusammen. Er beginnt mit zwei Backslashes, gefolgt vom Namen des Servers. Dann kommt wieder ein Backslash und schließlich der Name der Freigabe.

Beispiel

```
\\Server01\Dokumente
```

Von einem Windows-Computer kann zum Beispiel eine Verbindung zu dieser Freigabe hergestellt werden, indem dieser Pfad ins Dialogfeld AUSFÜHREN eingefügt wird:

1. Zuerst mit der rechten Maustaste auf den START-Button klicken.
2. Im Menü dann die Funktion AUSFÜHREN wählen.
3. Jetzt den obigen Pfad eintragen.
4. Sobald Sie dann auf OK klicken, öffnet sich ein neues Explorer-Fenster und zeigt den Inhalt der Freigabe an.

6.7   Netz-Laufwerke nutzen

Freigaben im Netzwerk können einen eigenen lokalen Buchstaben erhalten. So müssen Sie nicht immer den UNC-Pfad eintippen. Besonders nützlich ist dies, wenn Benutzer bei jedem Start des Systems auf die gleiche Freigabe zugreifen müssen. Dieses Vorgehen wird als Netz-Laufwerk bezeichnet.

Netz-Laufwerke lassen sich auf mehrere Weise einrichten:

- über die grafische Oberfläche, sprich den Explorer
- über die Eingabe-Aufforderung
- mithilfe der PowerShell

6.7.1   Mit dem Explorer einrichten

Nehmen wir an, wir sitzen vor einem Computer mit Windows 10, der im Netzwerk unseres Unternehmens läuft. Jetzt möchten wir auf die Freigabe der Dokumente auf dem Server zugreifen. Dazu richten wir über den Explorer ein Netz-Laufwerk ein:

1. Zunächst unten in der Task-Leiste ein neues Explorer-Fenster öffnen.

2. Nun navigieren Sie zum Bereich DIESER PC.

3. Jetzt oben im Menü auf COMPUTER, NETZ-LAUFWERK VERBINDEN klicken.

4. Daraufhin öffnet sich ein Dialog, indem Sie die Eigenschaften des neuen Netz-Laufwerks angeben können:

   ■ LAUFWERK – Wählen Sie hier den Buchstaben des Laufwerks aus, der für die Freigabe eingerichtet werden soll.

   ■ ORDNER – Hier den UNC-Pfad zu der Freigabe auf dem Server eingeben. Im Beispiel tragen wir hier den Pfad `\\Server01\Dokumente` ein.

5. Schließlich klicken wir unten auf den Button FERTIG STELLEN.

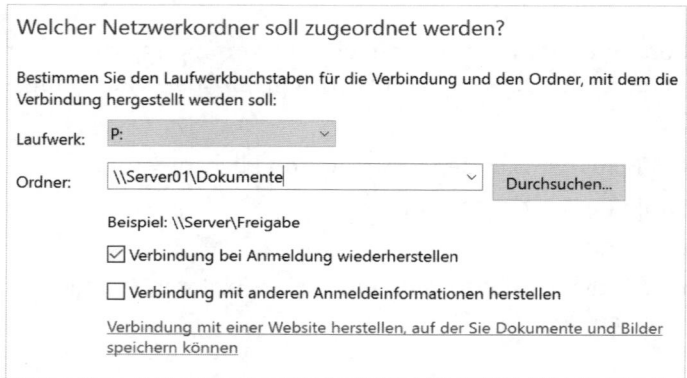

Abb. 6.6: Netz-Laufwerk per Explorer zuordnen

Tipp

Wenn Sie immer wieder auf die gleiche Freigabe zugreifen müssen, bietet es sich an, diese bei jeder Anmeldung an dem Windows-PC automatisch wiederherzustellen. Das funktioniert natürlich nur dann, wenn der Computer jedes Mal im Netzwerk des Unternehmens angemeldet ist.

Im Normalfall wird für die Anmeldung bei der Freigabe derselbe Benutzer verwendet, der auch schon in Windows angemeldet ist – etwa den Benutzer aus dem Domänen-Controller. Sind für den Zugriff auf die Freigabe andere Anmeldedaten nötig, setzen Sie in den Dialog den Haken bei der Option VERBINDUNG MIT ANDEREN ANMELDEINFORMATIONEN HERSTELLEN.

Wenn wir jetzt eine Liste in die Laufwerke der Ansicht DIESER PC im Windows-Explorer werfen, sehen wir: Das System hat den gewünschten Laufwerk-Buchstaben für den Ordner aus dem Netzwerk eingerichtet.

6.7.2 Per Eingabe-Aufforderung verwalten

Die grafische Oberfläche mit dem Explorer ist nicht der einzige Weg zum Erstellen eines lokalen Buchstabens für eine Freigabe auf dem Server. Wer dieselbe Aufgabe über ein Terminal erledigen möchte, nutzt dazu einen Befehl namens `net use`.

Diese Variante bietet Vorteile – Sie können zum Beispiel eine Stapelverarbeitung durchführen, die automatisch sämtliche Laufwerke einbindet, die Sie tagtäglich benötigen. Zudem steht diese Variante auch zur Verfügung, wenn Sie sich für eine Installation ohne grafische Oberfläche entschieden haben. Sie kann daher auch während der Installation von Windows über eine Eingabe-Aufforderung genutzt werden.

Rufen wir doch als Erstes die Hilfe-Funktion für den Befehl ab:

```
net use /? Enter
```

Als ersten Parameter übernimmt das Kommando den gewünschten Laufwerks-Buchstaben inklusive des Doppelpunkts, den die Netz-Freigabe erhalten soll. Der zweite Parameter besteht in dem UNC-Pfad zu dem freigegebenen Ordner auf dem Server.

Beispiel

```
net use W: \\Server01\Dokumente Enter
```

Auf Wunsch können Sie in diesem Befehl auch den alternativ zu nutzenden Benutzer sowie das zugehörige Kennwort angeben.

Vorsicht

Denken Sie aber daran, dass die Speicherung eines Kennworts in einer Patch-Datei keine gute Idee ist, wenn auch andere Benutzer auf diese Datei zugreifen können, denn sie könnten das Kennwort unberechtigt auslesen.

Auf diesem Wege hinzugefügte Netz-Laufwerke bleiben nur erhalten, bis der aktuelle Benutzer abgemeldet wird. Soll die Verbindung bei der nächsten Anmeldung automatisch wiederhergestellt werden, müssen Sie noch einen weiteren Parameter an den Befehl anhängen, nämlich `/persistent:yes`.

6.7.3 Netz-Laufwerke wieder löschen

Einmal verbundene und mit einem eigenen Laufwerk-Buchstaben im Windows-Explorer angezeigten Netz-Laufwerke lassen sich auf Wunsch auch wieder trennen. Dazu genügt im Windows-Explorer ein Rechtsklick auf das jeweilige Laufwerk. Im Kontextmenü finden Sie die Option zum Trennen des Laufwerks.

Auch über die Kommando-Zeile lässt sich ein Netz-Laufwerk trennen. Dies erfolgt ebenfalls über den Befehl `net use`.

Beispiel

Das soeben verbundene Laufwerk zu der Freigabe *Dokumente* lässt sich wie folgt wieder trennen:

```
net use W: /delete [Enter]
```

Der Weg über die Eingabe-Aufforderung hat noch einen Vorteil: Wenn Sie möchten, können Sie alle verbundenen Netz-Laufwerke in einem Schlag wieder trennen. Dazu können Sie in der Eingabeaufforderung nämlich das *-Zeichen verwenden:

```
net use * /delete [Enter]
```

Und wenn Sie eine Liste sämtlicher momentan verbundener Netz-Laufwerke abrufen möchten, geben Sie einfach den Befehl `net use` ohne weitere Parameter an.

6.7.4 Mit der PowerShell verwalten

Zur Einbindung von Netz-Laufwerken über die PowerShell müssen Sie zuerst wissen, welches Cmdlet dafür zuständig ist. Hierzu bietet die PowerShell den Befehl `New-PSDrive` genau für diesen Zweck an.

Ähnlich wie beim Befehl in der Eingabe-Aufforderung nimmt auch das Cmdlet `New-PSDrive` als Parameter die Eigenschaften des einzurichtenden Netz-Laufwerks entgegen.

Sehen wir uns doch mal ein Beispiel an, mit dem die gleiche Freigabe eingerichtet wird, die wir oben bereits in der grafischen Oberfläche erstellt hatten:

```
New-PSDrive -Name W -Root \\Server01\Dokumente
 -Persist -PSProvider FileSystem [Enter]
```

Hier sehen wir folgende Parameter:

- **-Name** – der zuzuweisende Laufwerk-Buchstabe
- **-Root** – der UNC-Pfad zur Freigabe auf dem Server
- **-Persist** – Verbindung zu dieser Freigabe bei der nächsten Anmeldung des Benutzers wiederherstellen
- **-PSProvider** – für Netz-Laufwerke muss jeder Wert im Filesystem angegeben werden

Über die PowerShell lassen sich nicht nur neue Netz-Laufwerke erstellen, sondern Sie können auch eine Liste sämtlicher aktuell vorhandenen, also verbundenen Netz-Laufwerke abrufen. Dazu verwenden Sie das Cmdlet Get-PSDrive.

Beispiel

Die Ausgabe des Cmdlets Get-PSDrive sieht zum Beispiel wie folgt aus:

```
Name         Used (GB)    Free (GB)  Provider     Root
----         ---------    ---------  --------     ----
Alias                                Alias
C            15,99        43,46      FileSystem   C:\
Cert                                 Certificate  \
D            5,01         0,00       FileSystem   D:\
E            0,10         67,90      FileSystem   E:\
Env                                  Environment
Function                             Function
HKCU                                 Registry     HKEY_...
HKLM                                 Registry     HKEY_...
S            18,34        109,53     FileSystem   S:\
Variable                             Variable
WSMan                                WSMan
Z            358,81       106,31     FileSystem   \\Mac...
```

Abb. 6.7: Laufwerke und Freigaben auslesen

Wir sehen also: Über die PowerShell lassen sich Netz-Laufwerke ähnlich einfach einbinden wie über die Eingabe-Aufforderung. Der Vorteil besteht hier darin, dass diese Einbindungs-Befehle sich auch in PowerShell-Skripte integrieren lassen.

6.7.5 Zentrale Nutzung per Active Directory

Gibt es viele Computer in Ihrem Unternehmen, ist es von Vorteil, wenn alle Mitarbeiter auf dieselben Netz-Laufwerke mit ihren Buchstaben zugreifen. So werden unnötige Missverständnisse vermieden, die entstehen, wenn jeder einen anderen Buchstaben für dieselbe Freigabe nutzt.

Der beste Weg zur zentralen Verwaltung von Netz-Laufwerken besteht in der Nutzung einer Gruppen-Richtlinie über den Domänen-Controller. Melden Sie sich daher an dem Windows-Server-2016-System zunächst an und führen Sie dann die folgenden Schritte aus, um ein zentral gesteuertes Netz-Laufwerk anzulegen:

1. Zunächst auf START klicken.

2. Jetzt in der Liste links den Ordner WINDOWS-VERWALTUNGSPROGRAMME suchen.

3. Darin befindet sich der Eintrag GRUPPENRICHTLINIEN-VERWALTUNG.

4. Sobald Sie ihn aufrufen, fordert Windows das Kennwort des Administrators an.

5. Nun erscheint die Gruppenrichtlinien-Verwaltung. Auf der linken Seite navigieren wir zum Bereich DOMÄNEN und klicken dann auf den Namen unserer Domäne, in diesem Fall lautet sie WIR-PROGRAMMIEREN.DE.

6. Nun klicken Sie mit der rechten Maustaste auf diese Domäne und wählen im angezeigten Menü den Eintrag GRUPPENRICHTLINIEN-OBJEKT HIER ERSTELLEN UND VERKNÜPFEN?

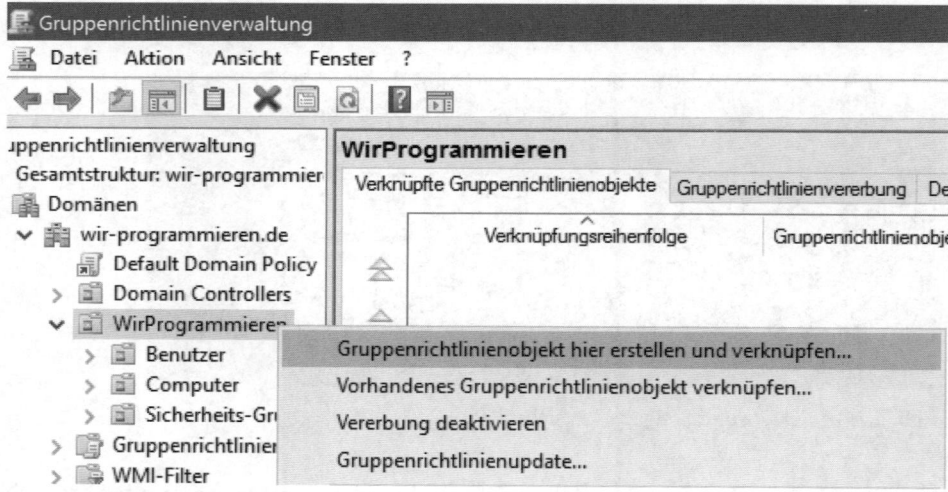

Abb. 6.8: Netz-Laufwerk per Gruppen-Richtlinie

7. Als Namen für das neue Objekt tragen Sie ein: NETZ-LAUFWERK ZUORDNEN.

8. Sobald Sie auf OK klicken, wird das neue Objekt in der Gruppen-Richtlinie angelegt.

9. Markieren Sie das soeben erstellte Objekt jetzt links in der Randleiste.

10. Über einen Rechtsklick lässt es sich bearbeiten.

11. Daraufhin erscheint ein neues Fenster, in dem Sie links zum folgenden Bereich wechseln: BENUTZER-KONFIGURATION, EINSTELLUNGEN, WINDOWS-EINSTELLUNGEN, LAUFWERK-ZUORDNUNGEN.

12. Jetzt folgt ein Rechtsklick auf den Eintrag LAUFWERK-ZUORDNUNGEN.

13. Im Menü wählen Sie die Funktion NEU, ZUGEORDNETES LAUFWERK aus.

14. Sie sehen jetzt den Dialog NEUE LAUFWERK-EIGENSCHAFTEN.

15. Als Erstes wählen Sie oben die Aktion ERSTELLEN aus.

16. Direkt darunter, in Feld SPEICHERORT, geben Sie den UNC-Pfad zu der Freigabe an, die als Netz-Laufwerk erstellt werden soll.

17. Dann hinterlegen Sie auch noch einen Namen für die Freigabe, nämlich im Feld BESCHRIFTEN ALS.

18. Schließlich wählen Sie unten links im Bereich LAUFWERK AUS-/EINBLENDEN noch die Option LAUFWERK EINBLENDEN aus. Dadurch stellen Sie sicher, dass das Laufwerk für die Benutzer auch sichtbar ist.

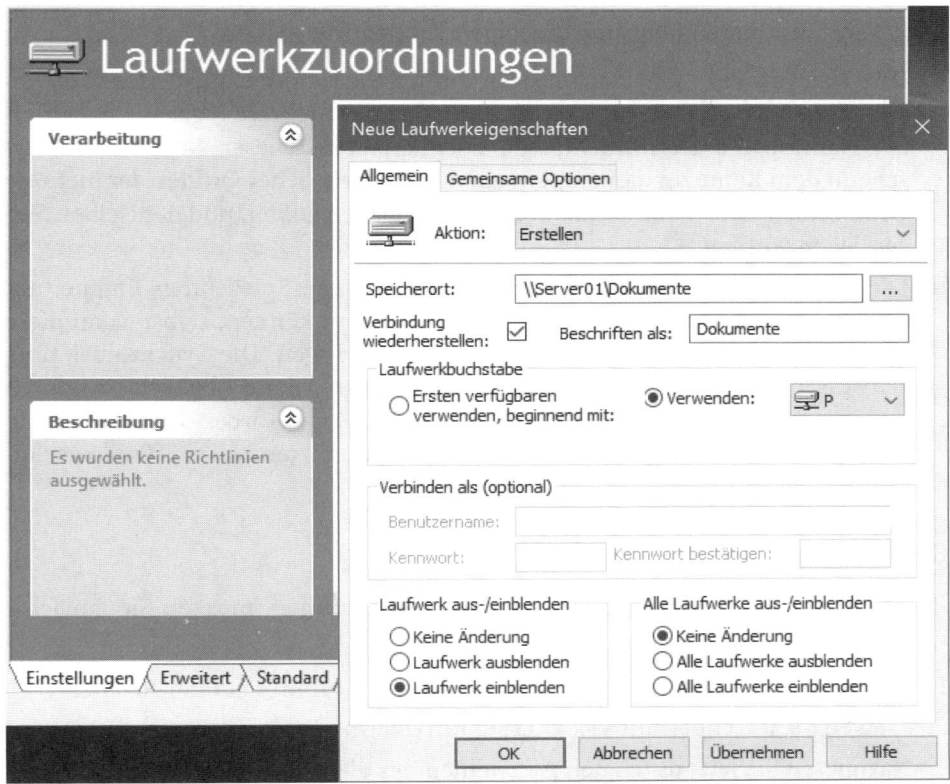

Abb. 6.9: Neue Laufwerk-Eigenschaften

Sobald Sie jetzt unten auf OK klicken, erscheint die auf diesem Weg über die Gruppen-Richtlinie erstellte Netz-Freigabe mit einem eigenen Buchstaben im Explorer von allen Computern, die diese Gruppen-Richtlinie nutzen. Dies erfolgt spätestens dann, wenn die Gruppen-Richtlinie das nächste Mal neu vom Domänen-Controller geladen wurde.

6.8 DFS (Distributed File System) unter der Lupe

Was ist DFS? Mit DFS können Sie eine einzelne Freigabe erstellen, die andere Freigabe-Ressourcen im Netzwerk zusammenfasst. Es handelt sich also um eine Art übergeordnete Freigabe im Netzwerk, die auf die anderen vorhandenen Freigaben im Netzwerk über Verknüpfungen verweist. Auf diese Weise lassen sich Freigaben und ihre Namen sowie die Server vereinheitlichen.

Ist dieselbe Freigabe auf mehreren Servern vorhanden, lässt sich darüber hinaus über die DFS-Replikation eine Synchronisierung von Änderungen an einer Freigabe auf alle anderen Kopien derselben Freigabe veranlassen.

In diesem Zusammenhang sind die folgenden Begriffe wichtig:

- **DFS-Namespaces** – Mit Namespaces können Sie freigegebene Ordner auf verschiedenen Standorten und Servern in eine oder mehrere logisch strukturierten Namespaces zusammenfassen oder kopieren. Dieser Namensraum erscheint dem Benutzer dann als ein einziger freigegebener Ordner, der mehrere Unterordner hat – ganz so, als wenn alle Freigaben auf ein und demselben Server liegen würden.

- **DFS-Replikation** – Hierbei handelt es sich um eine Spiegelungs-Engine, mit der Ordner auf Servern synchron gehalten werden können, selbst wenn diese nur über begrenzte Bandbreite im Netzwerk verfügen. Die Synchronisierung selbst erfolgt dabei über differenzielle und komprimierte Abgleiche, wodurch weniger Daten im Netzwerk verbraucht werden. Zudem arbeitet die DFS-Replikation auch mit den Funktionen zur Daten-Deduplizierung von Windows Server 2016 zusammen.

6.8.1 Rollen hinzufügen

Bevor Sie auf die Funktionen von DFS zugreifen können, müssen Sie zunächst neue Rollen zu Ihrem Server hinzufügen:

1. Starten Sie also zunächst den Server-Manager mit Administrator-Rechten.

2. Klicken Sie jetzt oben auf VERWALTEN, ROLLEN UND FEATURES HINZUFÜGEN.

3. Navigieren Sie jetzt durch den Assistenten, bis die Liste der verfügbaren Rollen erscheint.

4. Klappen Sie dann den Bereich DATEI-/SPEICHERDIENSTE und darin den Bereich DATEI- UND ISCSI-DIENSTE aus.

5. Darin setzen Sie Haken bei den Server-Rollen DFS-NAMESPACES und DFS-REPLIKATION.

6. Klicken Sie sich dann bis zur letzten Seite des Assistenten durch und bestätigen Sie die Installation durch Klicken auf den Button INSTALLIEREN.

Neben den benötigten Server-Rollen müssen auch weitere Voraussetzungen erfüllt sein, damit Ihr Server DFS ausführen kann:

- Auf allen Servern, die Teil der Replikation-Gruppe werden sollen, muss die DFS-Replikation-Rolle installiert sein.

- Stellen Sie sicher, dass Ihre Antiviren-Software mit DFS-Replikation kompatibel ist.

- Alle Mitglieds-Server müssen sich im gleichen Active-Directory-Gültigkeitsbereich befinden. DFS-Replikation funktioniert zwar domänenübergreifend, aber nicht Active-Directory-übergreifend.

Wichtig

DFS-Replikation unterstützt weder das FAT- noch das ReFS-Dateisystem. Zudem unterstützt DFS keine replizierten Daten, die auf gemeinsam genutzten Volumen im Cluster gespeichert sind. Die Daten müssen sich auf einem NTFS-Dateisystem befinden, damit die Replikation zwischen Servern unterstützt wird.

6.8.2 Begriffsklärung

Bei DFS werden Sie mit einer ganzen Reihe neuer Konzepte und Begriffe konfrontiert, die Sie zunächst durchschauen sollten.

Alles beginnt mit einer *Wurzel*. Dies ist in etwa die Freigabe, die im Netzwerk sichtbar ist.

Beispiel

In unserem Beispiel lautet die Wurzel PROGRAMME. Innerhalb Ihres Unternehmens bzw. Netzwerks kann es viele Wurzeln geben. Jeder Server mit Windows Server 2016 kann mehrere dieser Wurzeln verwalten. Eine Wurzel ist im Netzwerk freigegeben und funktioniert wie jede andere Freigabe. Innerhalb dieser Wurzel-Freigabe können auch zusätzliche Dateien und Ordner freigegeben sein.

Unterhalb einer Wurzel werden DFS-*Verknüpfungen* eingefügt. Eine Verknüpfung ist eine Freigabe auf eine andere Stelle im Netzwerk, die unterhalb der Wurzel angezeigt wird. Als Benutzer muss man nicht wissen, wohin die Verknüpfung führt – sie sieht einfach nur aus wie ein gewöhnlicher Ordner.

Ein *Ziel* oder ein *Replikat* kann sich entweder auf eine Wurzel oder auf eine Verknüpfung beziehen. Existieren in Ihrem Netzwerk zwei identische Freigaben, gewöhnlich auf separaten Servern, können sie mit der gleichen Verknüpfung kopiert werden, und zwar als DFS-Ziele. Zudem lassen sich auch komplette Wurzeln, also sozusagen Inhaltsverzeichnisse, komplett repliziert. Sie werden dann als Wurzel-Replikatmitglied bezeichnet. Sobald die Ziele für die Replikation konfiguriert sind, hält ein zugehöriger Dienst die Inhalte der Wurzeln synchron.

Wichtig

Ist für eine geschäftskritische Freigabe mit ihren Daten die DFS-Replikation installiert, müssen Sie sich keine Gedanken über einen möglichen Ausfall einzelner Server und damit verbundener Produktionseinbußen machen. Denn in so einem Fall können die Mitarbeiter selbst dann auf die Freigaben und die darin enthaltenen Dokumente zugreifen, wenn der Hauptserver einmal ausfallen sollte – etwa wegen eines Problems mit der Hardware. Die Freigabe wird dann automatisch von dem gespiegelten Server aus bedient.

Sie sehen also: Müssen Daten auf jeden Fall erreichbar bleiben, bietet sich die Nutzung der DFS-Replikation unbedingt an.

6.8.3 Separates oder domänenbasiertes DFS?

Bevor Sie ein DFS-System einrichten, sollten Sie entscheiden, welche Art von DFS Sie nutzen möchten. Diese Entscheidung basiert vorrangig darauf, ob ein Active Directory vorhanden ist oder nicht. Der große Unterschied liegt an der Wurzel des DFS. Denn nur mit Active Directory kann die Wurzel selbst ebenfalls gespiegelt werden. Mithilfe von Wurzelreplikaten existieren die Informationen über die Freigabe an sämtlichen Orten, an denen die FS-Informationen gespeichert werden. Solange das Active Directory verfügbar ist, ist auch die über DFS erstellte Freigabe verfügbar.

Die Schlussfolgerung: Wenn Sie über eine Active-Directory-basierte Domäne verfügen, sollten Sie sich für domänenbasierte DFS entscheiden.

Tipp

Ist ein DFS über Active Directory freigegeben, müssen die Benutzer nicht einmal wissen, auf welchem Server das DFS eingerichtet ist. Stattdessen genügt es, wenn Sie auf den Domänennamen im UNC-Pfad zugreifen. Das kann dann zum Beispiel wie folgt aussehen: `\\wir-programmieren.de\Programme`.

Bei einem domänenbasierten DFS wird die Struktur automatisch in Active Directory veröffentlicht. Dies bedeutet, dass die Wurzeln, Verknüpfungen und Ziele über die Active-Directory-Suche erreichbar sind und dass alle Domänen-Controller Bescheid wissen, wo das DFS zu erreichen und wie es strukturiert ist. Es bedeutet jedoch *nicht*, dass sämtliche DFS-Wurzeldaten automatisch auf jeden Domänen-Controller repliziert werden.

Und was ist mit Netzwerken, in denen kein Active Directory verfügbar ist?

Wenn Sie ein separates DFS einrichten, haben Sie keine Fehlertoleranz für den Prozess selbst, können keine automatische Replikation nutzen und das DFS wird natürlich auch nicht im Active Directory veröffentlicht.

Sie können aber trotzdem die anderen Vorteile einer DFS-Replikation nutzen, darunter ...

- die Zusammenführung Ihrer Netzwerk-Freigaben in einen einzigen Namespace sowie
- die Unabhängigkeit von einzelnen Server-Namen und ihren Speicherorten.

Beispiel

Nehmen wir an, in unserem Netzwerk existieren folgende Freigaben:

- `\\Server01\Programme`, verbunden als Laufwerk `P:`, mit Programmen
- `\\Klon\Programme`, ebenfalls Laufwerk `P:`, eine Spiegelung von Server01
- `\\Daten\Dokumente`, Laufwerk `W:`, geschäftskritische Dokumente und Unterlagen
- `\\Daten2\Benutzer`, Laufwerk `Z:`, Benutzer-Profile
- `\\Server02\Apps`, Laufwerk `X:`, weitere Programme

Möchten Benutzer oder gar Sie als Administrator auf diese Vielzahl unterschiedlicher Freigaben zugreifen, wird das schnell zur Herausforderung. Denn hier bieten nicht weniger als fünf verschiedene Server Daten in Form von Freigaben an. Möchten Benutzer auf Programme, Dokumente, Benutzer und Apps zugreifen, müssen sie vier gleichzeitige Verbindungen zu unterschiedlichen Servern im Netzwerk aufbauen.

Das klingt jetzt vielleicht noch nicht so tragisch. Aber stellen Sie sich nur einmal größere Unternehmen und deren Netzwerke vor. Da kommt man schnell in Not, wenn es keine freien verfügbaren Laufwerk-Buchstaben mehr für Netz-Laufwerke gibt.

Zudem wird es schwierig, wenn Sie sich merken müssen, welche Benutzer auf die Freigabe der Programme auf `Server01` zugreifen und welche Benutzer den `Klon` nutzen.

Denn hierbei handelt es sich ja um dieselben Freigaben – aber auf unterschied-lichen Servern. In diesem einfachen Beispiel mag das noch kein Problem dar-stellen, doch wenn 20 Server die gleiche Freigabe beinhalten und diese synchronisiert sein soll, ist das nicht mehr so einfach.

Hinweis

Wie Sie an diesem Beispiel erkennen, ziehen große Unternehmen den größten Nutzen aus DFS-Namespaces und Replikation. In Netzwerken von kleinen Un-ternehmen ist dies nicht ganz so interessant.

6.8.4 DFS-Wurzel erstellen

Bei der Erstellung einer DFS-Wurzel können Sie sich zwischen einer domänenba-sierten Wurzel und einer eigenständigen, also separaten Wurzel entscheiden. Eine domänenbasierte DFS-Wurzel wird in Active Directory veröffentlicht, eine eigen-ständige wird es nicht. In unserem Beispiel richten wir einen eigenständigen DFS-Server ein – also ohne die Vorteile von Active Directory.

Nach Installation der erforderlichen Rollen – wir hatten zuvor schon kurz darüber gesprochen – öffnen Sie als Erstes die DFS-Verwaltung. Sie erreichen sie über das START-Menü im Ordner WINDOWS-VERWALTUNGSPROGRAMME.

Nach dem Start sehen Sie ein Fenster ähnlich wie das folgende:

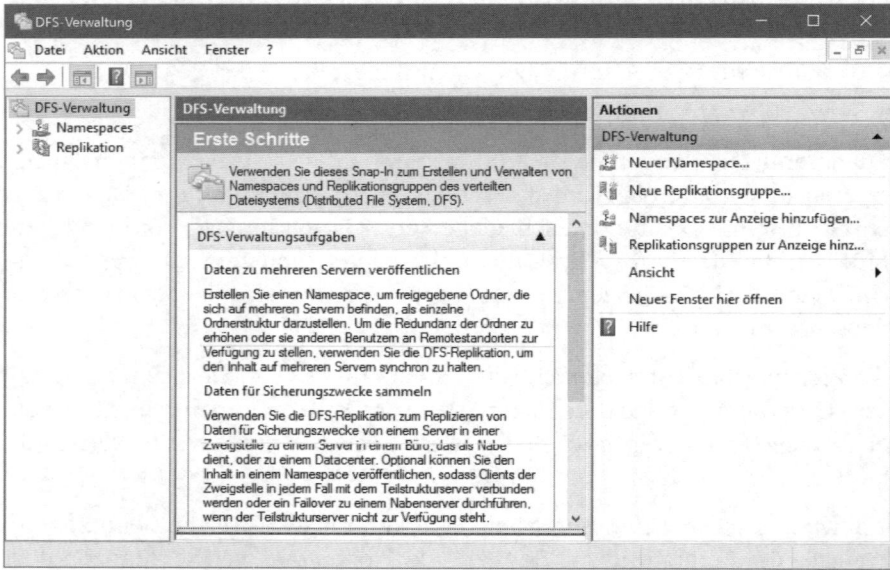

Abb. 6.10: DFS-Verwaltung

Zur Erstellung eines neuen Namespaces klicken Sie jetzt in der rechten Rand-spalte im Bereich AKTIONEN, DFS-VERWALTUNG auf den Eintrag NEUER NAME-SPACE...

Als Erstes wird der Name des Servers abgefragt, auf dem der Namespace gespei-chert sein soll. In unserem Fall handelt es sich um den Server Server01. Nach Eingabe des Namens klicken wir unten auf WEITER.

Im zweiten Schritt tragen wir einen Namen ein, unter dem die DFS-Freigabe im Netzwerk sichtbar sein soll. In unserem Fall entscheiden wir uns für Data. Jetzt folgt ein erneuter Klick auf WEITER.

Im dritten Schritt müssen wir den Typ des Namespaces festlegen. In unserem Bei-spiel entscheiden wir uns für einen eigenständigen Namespace. Sobald wir diese Auswahl getroffen haben, bestätigen wir sie erneut, indem wir unten auf WEITER klicken.

Im letzten Schritt des Assistenten sind nochmals die ausgewählten Einstellungen und können durch Klick auf ERSTELLEN den DFS-Namespace anlegen.

Hinweis

Die Erstellung des DFS-Namespaces kann einige Zeit dauern. Anschließend er-halten Sie eine Bestätigungsmeldung über den Abschluss des Vorgangs.

Jetzt, da Sie einen DRS-Namespace erstellt haben, können Sie Dateien und Ordner an einer logischen Speicherstelle zusammenführen, obwohl sie auf unterschiedli-chen Servern in ihrem Netzwerk gespeichert sind. Zudem haben sie einen einheit-lichen Namen, den Sie den Mitarbeitern für einfachen Zugriff auf die Freigabe zukommen lassen können. Die neue DFS-Freigabe sehen Sie übrigens auch im Server-Manager im Bereich der Freigaben.

6.8.5 Verknüpfungen zu einer DFS-Wurzel hinzufügen

Unterhalb dieser Wurzel-Freigabe können Sie jetzt Verknüpfungen oder Dateien und Ordner hinzufügen. Sehen wir uns an, wie das Hinzufügen eines neuen Ord-ners funktioniert:

1. In der DFS-Verwaltung klicken wir als Erstes auf der rechten Seite auf den Ein-trag NEUER ORDNER.
2. Jetzt den gewünschten Namen angeben und dann die Ordner suchen, indem unten auf HINZUFÜGEN? geklickt wird.
3. Nach Klick auf OK wird der Ordner als Ziel aufgeführt.

6.8.6 DFS-Replikationen konfigurieren

Allerdings sorgt diese Zusammenfassung der einzelnen Freigaben in einer einzigen DFS-Freigabe noch nicht dafür, dass die Daten bei Ausfall eines Servers weiterhin erreichbar bleiben. Damit eine gewisse Fehlertoleranz gewährleistet ist, lässt sich über die DFS-Verwaltung auch eine Replikation einrichten.

Im Menü in der linken Spalte des Fensters DFS-Verwaltung sehen Sie den Eintrag REPLIKATION, den Sie jetzt anklicken.

Auf der rechten Seite folgt nun ein Klick auf NEUE REPLIKATIONS-GRUPPE...

Wie bereits gewohnt, landen wir jetzt wieder in einem Assistenten – dieser hier heißt ASSISTENT FÜR NEUE REPLIKATIONS-GRUPPEN.

Zuerst entscheiden wir uns, welche Art von Replikations-Gruppen wir erstellen möchten. Hier haben wir zwei Optionen zur Auswahl: Erstens bietet der Assistent eine MEHRZWECK-REPLIKATIONS-GRUPPE an und zweitens eine REPLIKATIONS-GRUPPE ZUR DATEN-ERFASSUNG. Da wir hier einen Domänen-basierten Namespace oder einen eigenständigen Namespace verwenden, entscheiden wir uns für die Standard-Option, also eine MEHRZWECK-REPLIKATIONS-GRUPPE.

Im zweiten Schritt geben wir den Namen der neu zu erstellenden Replikation-Gruppe an. Hier nennen wir sie `DataRep`. Anschließend folgt unten erneut ein Klick auf WEITER.

Im nächsten Schritt wählen wir die Server aus, die Teil der Replikations-Gruppe werden sollen.

Vorsicht

Hier sollten Sie zunächst nachdenken, welche Server Sie hinzufügen, denn durch die Replikation steigt natürlich die Menge der übertragenen Daten in und aus den Servern.

Hinweis

Änderungen an der Konfiguration werden nicht sofort an alle Mitglieder übertragen. Das liegt daran, dass die neue Konfiguration auf alle Domänen-Controller kopiert werden muss. Anschließend besorgt sich jedes Mitglied der Replikation-Gruppe die Informationen von seinem nächstgelegenen Domänen-Controller. Wie lange dies im Endeffekt dauert, hängt von der Replikationslatenz im Active Directory sowie der Abfragezeit bei jedem Mitglied (60 Minuten) ab.

Blättern Sie dann durch die weiteren Schritte des Assistenten und treffen Sie angemessene Entscheidungen.

Mithilfe des DFS-Replikationsdienstes kann DFS Kopien sämtlicher publizierter Ziele miteinander synchronisieren. Probleme bestehen dann, wenn in einer Freigabe auch dynamische Daten enthalten sind. Was verstehen wir darunter? Dynamische Daten bezeichnen solche Daten, die sich beim Zugriff durch Benutzer ändern. Das können zum Beispiel Word-Dokumente, Tabellen, Datenbanken oder andere Inhalte sein, bei denen Benutzer die Daten auf dem Server bearbeiten. Solche dynamischen Daten sollten nicht repliziert werden.

Beispiel

Angenommen, Anna und Jörg bearbeiten gleichzeitig dasselbe Dokument, arbeiten dabei aber mit verschiedenen reduzierten Kopien auf zwei verschiedenen Freigaben. Anna führt Änderungen aus und schließt das Dokument. Anschließend führt Jörg andere Änderungen aus und speichert seine Version ebenfalls. Wessen Version wird zukünftig verwendet? Jörgs Version, denn er hatte zuletzt gespeichert. Nach der Speicherung wird das Dokument auf die andere Freigabe kopiert – also synchronisiert –, wobei Annas Änderungen überschrieben werden. Muss ein Benutzer also ein Dokument bearbeiten und über eine Freigabe darauf zugreifen, sollten diese Änderungen nicht Teil einer Replikation sein.

6.8.7 Das Konzept hinter der DFS-Replikation

Die Replikation selbst ist einfach erklärt: In einem eigenständigen DFS findet die Replikation manuell statt. Dabei dient eine der Kopien als Master, deren Änderungen auf alle anderen übertragen werden.

Wenn die tatsächliche Freigabe, die synchronisiert bleiben soll, auf einem NTFS-Volumen auf einer Windows-Server-2016-Maschine gespeichert ist, findet die Synchronisierung automatisch statt, basierend auf dem Active-Directory-Zeitplan für Synchronisierungen. Außerdem wird in diesem Betriebsmodus die Multimaster-Replikation genutzt. Was ist das denn nun schon wieder?

Mit der Multimaster-Replikation können Sie Dateien auf einer beliebigen Freigabe verändern, die repliziert wird, und die Änderungen werden automatisch auf alle anderen Mitglieder übertragen. Somit gibt es bei der automatischen Replikation keinen wirklichen Master.

6.8.8 DFS-Replikation verwalten

Nach der Konfiguration Ihres DFS sollten Sie einige Schritte durchführen, damit die Wurzeln, Verknüpfungen und Clients, die damit verbunden sind, korrekt funktionieren. Nach der Einrichtung Ihrer Replikations-Gruppen müssen Sie wahrscheinlich auch mal Änderungen vornehmen.

Kapitel 6
Freigegebene Ordner erstellen und verwalten

Replikationszeitpläne und Bandbreite bearbeiten

Wann die Replikation jeweils erfolgen soll und wieviel Bandbreite dafür verwendet werden darf, können Sie selbst anpassen. Führen Sie dazu die folgenden Schritte aus:

1. Öffnen Sie zunächst die DFS-Verwaltung.

2. Wechseln Sie jetzt auf der linken Seite innerhalb des Knotens REPLIKATION zu der gewünschten Replikations-Gruppe, die Sie bearbeiten möchten. Klicken Sie diese dann mit der rechten Maustaste an und öffnen Sie die EIGENSCHAFTEN.

3. In den Eigenschaften folgt ein Klick auf die Schaltfläche ZEITPLAN BEARBEITEN.

4. Daraufhin erscheint ein Dialog, in dem Sie steuern können, wann die Replikation erfolgen soll und wie viel Bandbreite dafür maximal aufgewendet werden darf.

Replikation aktivieren oder deaktivieren

Bei Bedarf lassen sich Replikations-Gruppen auch ein- oder ausschalten. Dies ist beispielsweise besonders sinnvoll, wenn Sie gerade dabei sind, Server oder Netzwerk-Geräte zu aktualisieren. Wenn Sie zuvor die Replikation ausschalten, vermeiden Sie Probleme, wenn die Server versuchen, sich zu synchronisieren, und dies fehlschlägt. Das Problem liegt dann nämlich nicht nur darin, dass die Protokolle schnell mit falschen Fehlern gefüllt werden, sondern auch weitere Probleme können dadurch verursacht werden. Deswegen ist es immer am besten, wenn Sie vor Änderungen an der Netzwerk-Architektur die Replikation deaktivieren.

Führen Sie die folgenden Schritte aus, um die Replikation für eine bestimmte Verbindung ein- oder auszuschalten:

1. Als Erstes öffnen wir den Server-Manager und klicken darin auf TOOLS, DFS-VERWALTUNG.

2. Nun links in der Navigation unter dem Knoten REPLIKATION die Replikations-Gruppe mit der Verbindung auswählen, die wir bearbeiten möchten.

3. In der Detail-Ansicht wechseln wir jetzt zum Tab VERBINDUNGEN.

4. Nun suchen wir uns in der Liste die gewünschte Verbindung heraus, die wir ein- oder ausschalten möchten.

5. Über einen Rechtsklick wird das Menü angezeigt, in dem die Funktionen zum Aktivieren oder Deaktivieren bereitstehen.

Jetzt wissen wir, wie sich die Replikation für einen bestimmten Ordner einschalten lässt. Nun können wir diesen Ordner freigegeben bzw. veröffentlichen. Dazu wird der Ordner zu einem vorhandenen oder einem neuen Namespace hinzugefügt. Hier die nötigen Schritte:

1. Zunächst öffnen wir den Server-Manager.

2. Jetzt oben rechts auf TOOLS, DFS-VERWALTUNG klicken.

3. Auf der linken Seite in der Navigation öffnen wir den Bereich REPLIKATION und klicken dann auf die Replikations-Gruppe, die den replizierten Ordner enthält, den wir freigeben möchten.

4. In der Detailansicht auf dem Tab REPLIZIERTE ORDNER klicken Sie mit der rechten Maustaste auf den Ordner, der freigegeben werden soll, und wählen Sie dann die Funktion FREIGEBEN UND IN NAMESPACE VERÖFFENTLICHEN aus.

5. Daraufhin erscheint wieder ein Assistent. In diesem markieren wir die Option DEN REPLIZIERTEN ORDNER FREIGEBEN und folgen dann den weiteren Schritten des Assistenten.

6.8.9 Anwendungsbeispiele

Sehen wir uns nun kurz einige praktische Beispiele an, in denen die DFS-Replikation nutzbringend angewendet werden kann:

Beispiel 1

Unternehmensressourcen zusammenfassen

Mit einem DFS können Sie alle freigegebenen Ressourcen im Netzwerk zusammenfassen und an einem logischen Ort anbieten. So müssen Ihre Mitarbeiter nicht wissen, auf welchem Laufwerk eine bestimmte Ressource verfügbar ist, sondern sie müssen nur wissen, in welchem Ordner sie zu finden ist. Die Konfiguration eines solchen DFS hat absolut keine Auswirkungen auf die tatsächlichen Freigaben. Tatsächlich können Sie bei der Einrichtung damit im laufenden Betrieb experimentieren, ohne dass es jemand bemerkt. Denn alle bisherigen Freigaben in Ihrem Netzwerk bleiben intakt und die Daten unverändert. Für die Nutzer sieht alles gleich aus.

Beispiel 2

Leichtere Aktualisierung von Servern

Der Vorteil von DFS liegt auch darin, dass Sie nach der Einrichtung nie wieder Laufwerk-Zuordnungen ändern müssen. Werden Daten von einem auf einen anderen Server übertragen, etwa weil der alte Server nicht weiter genutzt werden soll, müssen Sie nicht mehr zuerst Daten sichern, den Server entfernen, einen Server mit demselben Namen einrichten und dann alle Daten wiederherstellen, damit die Benutzer und deren Computer denken, alles sei beim Alten.

6.9 DAC (Dynamic Access Control): Daten-Freigaben 2.0

Wie wir bereits gesehen haben, lässt sich der Zugriff auf Freigaben im Netzwerk mithilfe von NTFS- und Freigabe-Berechtigungen steuern. Was durch diese Berechtigungen allerdings nicht möglich ist, ist die Regelung von Rechten je nach Inhalt der freigegebenen Dateien oder abhängig vom Gerät, über das der Mitarbeiter auf die Freigabe zugreift.

Hier kommt die *DAC* ins Spiel: die *dynamische Zugriffskontrolle*. Was steckt dahinter? Sehen wir uns ein Beispiel an.

Beispiel

Stellen wir uns vor, eine unachtsame Person im Unternehmen gibt eine Datei mit vertraulichen Informationen frei, indem diese in eine öffentlich zugängliche Freigabe kopiert wird. Über die DAC kann dann automatisch verhindert werden, dass diese vertrauliche Datei von allen Mitarbeitern des Unternehmens geöffnet werden kann.

DAC ist dabei keine Einzeltechnologie, sondern eine Lösung für Datei-Server. Sie kombiniert verschiedene Techniken, etwa Bedingungen (zum Beispiel, ob ein Benutzer Mitglied in einer Gruppe ist oder ob der Computer, von dem aus auf die Datei zugegriffen wird, zu einer Domäne gehören muss), die Klassifizierung von Dateien (etwa von hoher Bedeutung, klassifiziert usw.) und zentrale Zugriffsrichtlinien (der zentralen Verwaltung der Richtlinien für den Zugriff). Gemeinsam ergeben diese Technologien die DAC und ermöglichen es Ihnen, eine zentral gesteuerte Zugriffsrichtlinie für alle Ihre Datei-Server einzurichten.

6.9.1 Datei-Freigaben besser sichern

Öffnen wir zunächst die Eigenschaften eines freigegebenen Ordners:

1. Navigieren Sie im Explorer zu dem Ordner, der freigegeben wurde.

2. Klicken Sie ihn jetzt mit der rechten Maustaste an und öffnen Sie die EIGENSCHAFTEN.

3. Oben wechseln wir jetzt zum Tab SICHERHEIT. Hier sieht noch alles wie beim Alten aus.

4. Jetzt folgt ein Klick auf den Button ERWEITERT.

5. Damit sehen wir zunächst die NTFS-Berechtigungen für den freigegebenen Ordner.

6. Nun fügen wir eine neue Berechtigung hinzu; dazu unten auf HINZUFÜGEN klicken.

7. Um fortzufahren, müssen wir jetzt ein Prinzipal auswählen – etwa einen Benutzer aus unserer Domäne.

8. Im unteren Bereich des Dialogfeldes sehen wir auch jetzt ein Feld für Bedingungen. Hier klicken wir auf den Link BEDINGUNG HINZUFÜGEN.

Bei der Bedingung müssen wir uns zunächst entscheiden, ob wir eine Bedingung für einen Benutzer oder für ein Gerät einrichten möchten. Daten lassen sich nämlich nicht nur auf Benutzer-Ebene sichern, sondern sogar basierend auf dem Gerät, von dem aus auf die Ressource zugegriffen wird. Auf diese Weise können Sie etwa den Zugriff auf die Ressourcen von einem Gerät des Unternehmens erlauben, nicht aber vom persönlich genutzten Notebook. So kann die Datensicherheit gewährleistet bleiben, denn der Computer im Unternehmen unterliegt Ihrer Kontrolle.

Im nachfolgend dargestellten Beispiel haben wir den Zugriff zum Lesen und Schreiben, Auflisten des Ordnerinhalts sowie Lese-Berechtigungen für Jörg Schieb erlaubt, dabei aber eine Bedingung eingerichtet – nämlich, dass er zum Zugriff auf die Freigabe einen Computer nutzen muss, der Teil der Gruppe DOMÄNEN-COMPUTER ist.

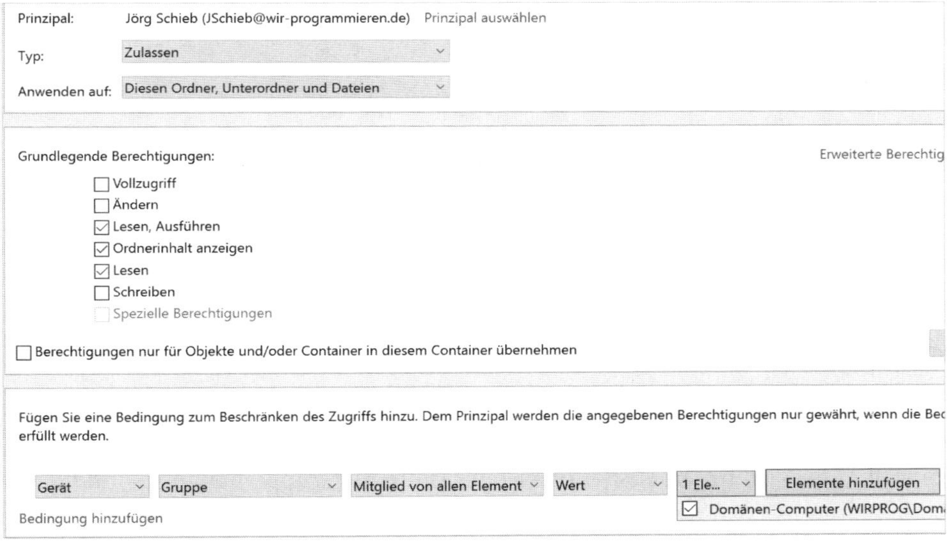

Abb. 6.11: Bedingte Berechtigungen je nach Gerät

Werfen wir jetzt wieder einen Blick in den Dialog ERWEITERTE SICHERHEITS-EINSTELLUNGEN, stellen wir fest: In der Spalte BEDINGUNG sind die zusätzlichen Bedingungen nun angegeben.

Berechtigungseinträge:

Typ	Prinzipal	Zugriff	Bedingung
👤 Zulassen	Jörg Schieb (JSchieb@...	Lesen, Ausführen	(Device_Member_of {SID
👥 Zulassen	SYSTEM	Vollzugriff	
👥 Zulassen	Administratoren (WIRP...	Vollzugriff	
👥 Zulassen	Benutzer (WIRPROG\Be...	Lesen, Ausführen	
👥 Zulassen	Benutzer (WIRPROG\Be...	Speziell	

Abb. 6.12: Zugriff mit Bedingung ist eingerichtet

Wir können diese Berechtigung jetzt auch markieren und bearbeiten und erhalten dabei Gelegenheit, zusätzliche Bedingungen einzufügen und diese mittels der Operatoren UND oder ODER zu kombinieren bzw. zu gruppieren. Mit UND wird sichergestellt, dass alle angegebenen Bedingungen erfüllt sein müssen. Geben wir den Operator ODER an, genügt es, wenn eine der angegebenen Bedingungen erfüllt ist, damit diese Berechtigung greift.

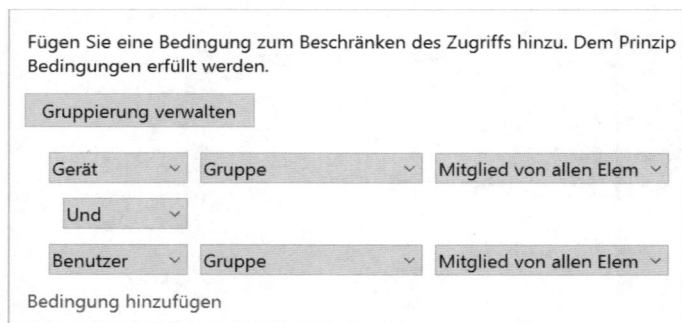

Abb. 6.13: DAC-Bedingungen kombinieren

6.9.2 Zugriff über Gruppen und AD-Eigenschaften von Benutzern regeln

Wie wir gerade gesehen haben, können wir ein Prinzipal auswählen – dabei kann es sich entweder um einen Benutzer oder um eine Gruppe handeln – und dann eine Bedingung zuweisen. Wenn diese erfüllt ist, wird der Zugriff laut der Berechtigung gewährt oder verweigert.

An dieser Stelle können wir uns aber zunutze machen, dass in Active Directory für jeden Benutzer und jede Gruppe erweiterte Attribute gespeichert werden können, etwa der Name der Abteilung. Bei der Auswertung der Bedingungen für den Zugriff auf eine Freigabe lassen sich eben diese Attribute mit in die Bedingungen einbauen. Sehen wir uns an einem Beispiel an, wie das aussehen könnte:

Beim Anlegen eines Benutzer-Kontos geben Sie mindestens den Vor- und Nachnamen an. Diese Informationen werden in Active Directory in einem Attribut gespeichert. Für jeden Benutzer lassen sich diese Attribute einsehen und auch bearbeiten. Auf dem folgenden Bild sehen Sie, wie diese Attribute in Active Directory abgelegt sind. In diesem Fall rufen wir gerade den Vornamen für JÖRG SCHIEB ab.

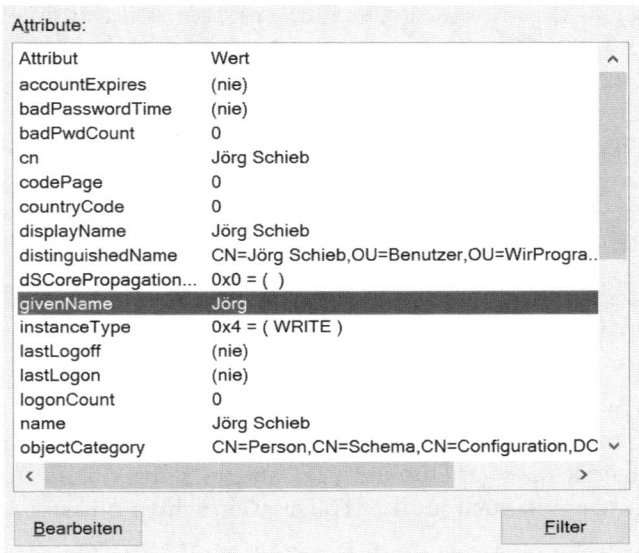

Abb. 6.14: Attribute eines Benutzers in Active Directory

Wie bereits erwähnt, wird auch die Abteilung des jeweiligen Benutzers in einem Attribut gespeichert. Der Benutzer JÖRG SCHIEB etwa ist Mitglied der Abteilung IT. Natürlich werden in der IT-Abteilung sehr viele vertrauliche Informationen behandelt. Da möchten wir nicht, dass Benutzernamen und Kennwörter oder weitere vertrauliche Daten in die falschen Hände fallen.

6.9.3 Daten durch Geräte-Attribute sichern

In vielen Unternehmen ist es mittlerweile gang und gäbe, dass die Mitarbeiter ihre eigenen persönlichen Geräte mitbringen und damit auch im Betrieb arbeiten. So nutzen sie privat die Vorteile der neuesten Technik, können aber auch gleichzeitig auf Daten im Unternehmens-Netzwerk zugreifen. Das Problem: Auf privaten Geräten lassen sich die Informationen des Unternehmens nicht zuverlässig schützen. Somit sollten solche Geräte nur auf Daten zugreifen dürfen, die nicht vertraulich sind.

Beim Anlegen von Bedingungen haben Sie auch die Auswahl, eine Bedingung für das Gerät festzulegen, von dem aus auf die Ressource zugegriffen wird. So können

Sie entscheiden, ob ein Computer innerhalb einer Gruppe gelistet ist und ob ihm daher Zugriff auf die Freigabe zu gewähren ist.

Beispiel

Sie könnten beispielsweise vier Gruppen erstellen: Eine für Desktop-Computer, eine zweite für Notebooks, eine dritte für die Buchhaltung und eine vierte für die Designer in unserer Web-Agentur. Anschließend erstellen Sie Regeln, durch die gefordert wird, dass nur die Desktop-Computer und die Laptops, die gleichzeitig zur Buchhaltung gehören, auf die Freigaben innerhalb der Freigabe für die Buchhaltung zugreifen können. So können Sie dafür sorgen, dass die Geräte in der Buchhaltung verschlüsselt sind – und gleichzeitig sind die Informationen auf der Freigabe geschützt. Das ist nur ein einfaches Beispiel, aber Sie können daraus bereits erkennen, wie genau Sie dadurch die Informationen in Ihrem Unternehmen schützen können.

6.9.4 Berechtigungen zentral über Vorlagen steuern

Wir haben gerade gesehen, wie praktisch es ist, Bedingungen für den Zugriff auf Freigaben anlegen zu können. Stellen Sie sich aber jetzt vor, Sie haben nicht nur eine Freigabe, sondern Dutzende oder gar Hunderte. Da wäre es sehr zeitaufwändig, wenn Sie diese Bedingungen manuell für jede Freigabe einrichten müssten.

Viel einfacher geht die Einrichtung für mehrere Freigaben mithilfe von Vorlagen. Dazu nutzen Sie am besten das Active-Directory-Verwaltungscenter (ADAC). Sie finden dieses Tool im Server-Manager, wenn Sie dort das Menü TOOLS öffnen.

Innerhalb des ADAC sehen Sie in der Navigation auf der linken Seite auch einen Eintrag für die dynamische Zugriffskontrolle. In diesem Unterbereich können Sie die DAC-Regeln für Ihr Umfeld zentral konfigurieren.

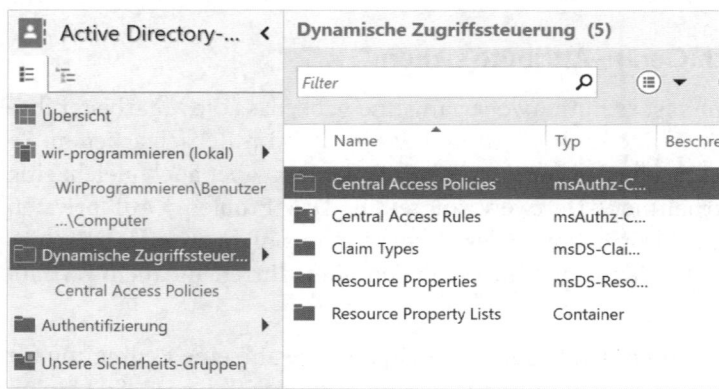

Abb. 6.15: Dynamische Zugriffssteuerung in ADAC

Dazu nutzen Sie die fünf verfügbaren Unterbereiche, die Sie dort sehen:

- ZENTRALE ZUGRIFFS-RICHTLINIEN – Eine zentrale Zugriffs-Richtlinie ist genau das, was ihr Name bereits aussagt: Ein zentraler Ort zum Speichern von Zugriffsrichtlinien, die Sie konfigurieren möchten. Nach der Konfiguration wird diese auf sämtliche Datei-Server im Umfeld übertragen.

- ZENTRALE ZUGRIFFSREGELN – Hierbei handelt es sich um Regeln, die angeben, wie Sie die Informationen sichern möchten. Zum Beispiel kann der Zugriff auf Ressourcen basierend auf der Abteilung erlaubt werden. Mit den hier definierten Regeln sorgen Sie daher für einen Standard in Ihrem Unternehmen.

- ANSPRUCHSTYPEN – Anspruchstypen basieren auf Active-Directory-Attributen. Für Ansprüche lassen sich sowohl Benutzer- als auch Geräte-basierte Attribute nutzen. Diese werden später bei der Kerberos-Authentifizierung genutzt.

- RESSOURCEN-EIGENSCHAFTEN – Über Ressourcen-Eigenschaften können Sie Eigenschaften nutzen, die für eine Datei oder einen Ordner definiert werden können und mit denen die Informationen klassifiziert, also eingeordnet werden. Ist das Feld ABTEILUNG bei einer Datei etwa auf PERSONAL-ABTEILUNG gestellt, könnten solche Informationen automatisch als vertraulich klassifiziert werden. Die dadurch hinterlegten Informationen können auch von zentralen Zugriffsregeln genutzt werden, sodass die korrekten Ressourcen und Berechtigungen verwendet werden.

- RESSOURCEN-LISTEN – Mithilfe von Ressourcen-Listen können Sie Eigenschaften von Ressourcen gruppieren und dadurch sinnvoll zusammenfassen.

6.10 Mit effektiven Berechtigungen Fehler beim Zugriff beheben

Nehmen wir an, in Ihrem Unternehmen wurde eine zentrale Zugriffsrichtlinie auf eine Test-Freigabe Ihres Datei-Servers angewendet. In dieser Freigabe existieren mehrere Unter-Ordner, die so benannt sind, dass man die zugehörige Abteilung ablesen kann. Sie haben als Administrator Richtlinien eingerichtet, sodass der Zugriff auf diese einzelnen Ordner nur über die entsprechende Abteilung möglich ist.

Um zu prüfen, ob der Zugriff und die Berechtigungen für diese Ordner jetzt korrekt gesetzt sind, müssen Sie sich nicht zuerst mit einem der fraglichen Benutzer anmelden. Stattdessen können Sie sich über die Funktion EFFEKTIVER ZUGRIFF anzeigen lassen, welche Rechte für einen Benutzer je nach Gerät für eine bestimmte Freigabe gelten.

Sie können den effektiven Zugriff wie folgt auswerten:

1. Öffnen Sie zuerst ein Explorer-Fenster.
2. Navigieren Sie jetzt zu dem Ordner, der im Netzwerk freigegeben ist.

3. Rufen Sie nun dessen EIGENSCHAFTEN auf.

4. Jetzt schalten Sie zum Tab SICHERHEIT.

5. Unten folgt ein Klick auf ERWEITERT.

6. Rechts neben den Tabs namens BERECHTIGUNGEN, FREIGABE und ÜBERWACHUNG sehen Sie auch einen Tab, der mit EFFEKTIVER ZUGRIFF beschriftet ist.

7. Wählen Sie nun einen Benutzer aus, für den Sie die Zugriffsrechte ermitteln möchten.

8. Darunter lässt sich auch das Gerät einstellen, über das der Zugriff testweise erfolgen soll.

9. Per Klick auf den Button EFFEKTIVEN ZUGRIFF ANZEIGEN sehen Sie nun, welche Rechte die jeweilige Person bei Verwendung des angegebenen Geräts auf die ausgewählte Ressource haben würde. Eine praktische Sache – besonders zur Suche nach etwaigen Fehlern.

Kapitel 7

Einführung in die Shell

An mehreren Stellen haben wir bereits neben der grafischen Oberfläche auch immer die Eingabe-Aufforderung oder die PowerShell mit angeführt. Dieser Art zur Bedienung Ihres Windows-Servers ist dabei nicht nur etwas für Profis, denn oft spart man durch die Nutzung des Textmodus Zeit und kann Aufgaben effizienter erledigen. Ein weiterer Vorteil: Mithilfe von Skripten können wiederkehrende Aufgaben auf dem Server automatisch durchgeführt werden. Dabei können solche Skripte auch dynamisch auf Änderungen in der Umgebung reagieren. Wie das funktioniert, sehen wir uns in diesem Kapitel an.

7.1   Was ist die Shell?

Wenn man die Shell erwähnt, geraten Linux-Administratoren ins Schwärmen. Als Windows-Nutzer versteht man da oft nicht so recht, worum es eigentlich geht. Was ist eine Shell? Wie lässt sich damit arbeiten? Und existiert auch in Windows Server 2016 eine Shell?

Allgemein gesagt, lässt sich jede Schnittstelle, über die Sie auf Dateien und Programme auf einem Computer oder Server zugreifen können, als *Shell* bezeichnen. Die Shell ist also das Bindeglied zwischen dem System und dem Benutzer.

Im Falle von Windows sind die meisten am besten mit der grafischen Oberfläche des Systems vertraut, also dem Desktop. Über den Desktop haben Sie Einblick in Ordner und Dateien, können Anwendungen aufrufen und die Einstellung des Servers anpassen.

Im engeren Sinn bezeichnet die Shell eine textbasierte Schnittstelle, die zusätzlich oder als Ersatz für die grafische Oberfläche zur Verwaltung eines Computers genutzt werden kann. Neben der Bearbeitung von Dateien, dem Zugriff auf Ordnern und dem Aufruf von Programmen ermöglicht die Shell auch das Ausführen von Befehlen nach einem vorgegebenen Muster. Solche im Voraus gesammelten und gespeicherten Befehle nennt man auch Skripte.

Für jemand, der bisher vorwiegend oder ausschließlich mit der grafischen Oberfläche gearbeitet hat, ist der Textmodus, also die Eingabe-Zeile, eine ganz neue Welt, mit der man erst vertraut werden muss.

Aber ich kann Ihnen versichern: Wenn Sie einmal mit den Grundbegriffen und einigen Kommandos vertraut sind, lassen sich viele Aufgaben über die Shell schneller und bequemer erledigen als auf grafischem Wege.

Wenn Sie mit dem Linux-System vertraut sind, haben Sie dort sicher auch bereits die Shell in Form der *Bash* genutzt. Und auch langjährige Windows-Nutzer sind vor etlichen Jahren bereits in Kontakt mit einer Shell gekommen: Stichwort *DOS*.

Bevor es Windows gab, wurden PCs meist über eine textbasierte Oberfläche genutzt – mit DOS. Die ersten Versionen von Windows waren auch nur ein Aufsatz, eine ergänzende grafische Oberfläche für das zugrundeliegende DOS-System.

7.2 PowerShell oder CMD?

Seit Windows XP basiert das System von Microsoft nicht mehr auf dem DOS-Kernel. Was geblieben ist, ist die sogenannte Eingabe-Aufforderung: eine Art DOS-Fenster, in der sich Textbefehle innerhalb der grafischen Oberfläche eingeben lassen. Diese Eingabe-Aufforderung existiert auch in Windows Server 2016.

Verglichen mit der Bash-Shell von Linux-Systemen verfügt die Eingabe-Aufforderung von Windows allerdings nur über begrenzten Funktionsumfang. Doch seit Windows 7 stellt Microsoft eine Alternative zur Verfügung, die wie geschaffen ist für die Verwaltung von Servern über die Befehls-Zeile. Die Rede ist von der PowerShell. Die PowerShell macht ihrem Namen wirklich alle Ehre, denn es handelt sich um eine leistungsstarke Shell, die nicht nur die Verwaltung des lokalen Systems ermöglicht, sondern auch den Remote-Zugriff auf entfernte Server und Computer.

Das Problem: Die klassische Eingabe-Aufforderung kann nicht einfach durch die PowerShell ersetzt werden. Denn in vielen Unternehmen gibt es bereits jede Menge Skripte, die nur mit der herkömmlichen Kommando-Zeile ausgeführt werden können, da sie noch nicht an die PowerShell angepasst wurden.

Die gute Nachricht lautet: in Windows Server 2016 müssen Sie sich nicht zwischen der Eingabe-Aufforderung und der PowerShell entscheiden. Stattdessen können Sie je nach Bedarf auf beide Shells zugreifen.

7.2.1 Unterschiede im Überblick

Die PowerShell ist komplizierter als die herkömmliche Eingabe-Aufforderung, hat aber auch viel mehr auf dem Kasten. Tatsächlich unterscheiden sich die beiden Shells stark voneinander. In der PowerShell werden andere Befehle genutzt, die als *Cmdlets* bekannt sind.

Viele Aufgaben zur Administration des Systems – von der Verwaltung der Regis-trierung bis hin zu WMI (Windows Management Instrumentation) – sind über PowerShell-Cmdlets erreichbar, lassen sich aber nicht von der Eingabe-Aufforde-rung aus verwalten.

In der PowerShell werden Daten oftmals von einem Befehl zum anderen umgelei-tet, ähnlich wie bei Linux und anderen Unix-ähnlichen Systemen. Mit Umleitun-gen kann die Ausgabe eines Cmdlets auf die Eingabe eines anderen Cmdlets weitergegeben werden. So lassen sich mehrere Cmdlets nacheinander nutzen, die die gleichen Daten manipulieren. Im Gegensatz zu Unix-ähnlichen Systemen, bei denen nur Text umgeleitet werden kann, unterstützt die PowerShell auch das Umleiten von Objekten zwischen Cmdlets. Dadurch können auch komplexe Daten zwischen mehreren Cmdlets ausgetauscht werden.

Hinweis

Weitere Informationen über Umleitungen erhalten Sie etwas später in diesem Kapitel.

Die PowerShell ist aber nicht einfach nur eine Shell. Es handelt sich um eine leis-tungsstarke Skript-Umgebung, die zur Erstellung komplexer Skripte genutzt wer-den kann, mit denen sich Windows-Server viel einfacher als über die Eingabe-Aufforderung verwalten lassen.

Bei der Eingabe-Aufforderung handelt es sich im Prinzip nur eine herkömmliche Umgebung, die auf Windows portiert wurde – eine Umgebung, in die all die ver-schiedenen DOS-Befehle kopiert wurden, die auf einem DOS-System verfügbar wären. Dieses Prinzip hat natürlich seine Grenzen, sodass Sie auf viele Funktio-nen zur Administration von Windows Server nicht zugreifen können. Zudem ist das Erstellen komplexer Skripte mit der Eingabe-Aufforderung ungleich schwerer usw. Bei der PowerShell handelt es sich hingegen um eine neue Umgebung für Windows-Administratoren, damit diese eine modernere Shell-Umgebung zur Ver-waltung von Windows nutzen können.

Wer nur hin und wieder einen bestimmten Befehl in der normalen Eingabe-Auf-forderung eintippt, benötigt die PowerShell vermutlich nicht. Trotzdem lohnt es sich, wenn Sie sich mit ihr auseinandersetzen. Warum? Zum Beispiel lassen sich mit der PowerShell viele Dateien in einem bestimmten Ordner auf einen Rutsch umbenennen, wobei eine Suchen-und-Ersetzen-Funktion ausgeführt wird. Ohne die PowerShell würden Sie dazu ein Tool eines Drittanbieters benötigen. Linux-Nutzer würden dazu die Bash nutzen, Windows-Nutzer stehen ohne Bash aber im Regen.

Die PowerShell unterscheidet sich allerdings sehr vom Linux-Terminal, denn sie ist komplizierter und stellt also eine Herausforderung dar. Wer seinen Server effizienter verwalten möchte, sollte sich dieser Herausforderung allerdings stellen. Wenn Sie ein Skript zur Automatisierung verschiedener System-Administrationsaufgaben schreiben müssen, sollten Sie es mit der PowerShell tun.

7.3 Die Bash in Windows

Im Frühjahr 2016 stellte Microsoft auf der hauseigenen Entwicklerkonferenz eine revolutionäre neue Art und Weise vor, mit der Windows-Benutzer nicht nur die Eingabe-Aufforderung und die PowerShell nutzen können, sondern auf Wunsch auch Zugriff auf eine echte Linux-Shell haben. Dazu können Sie in Windows 10 das sogenannte *Windows-Subsystem für Linux* installieren. Mit dabei: Ein umfassendes Speicher-Abbild von Ubuntu inklusive der Bash-Shell!

Im Windows 10 Anniversary Update funktioniert diese optionale Linux-Shell bereits recht gut. Leider bietet Microsoft sie für Windows Server 2016 bislang (Stand: November 2016) noch nicht an. Auf Ihrem Windows-Server müssen Sie daher mit der Eingabe-Aufforderung und der PowerShell vorliebnehmen.

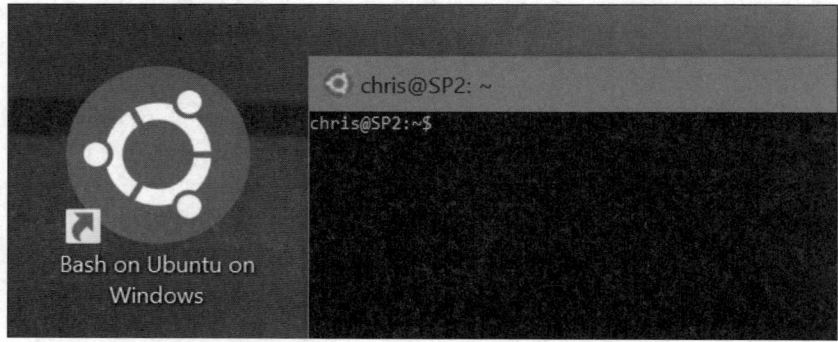

Abb. 7.1: Bash-Shell auf Windows 10

7.4 Die Shell aufrufen

Sowohl die Eingabe-Aufforderung als auch die PowerShell lassen sich über das START-Menü von Windows Server 2016 aufrufen. Schon direkt nach dem Klick auf den START-Button sehen Sie auf der rechten Seite eine angeheftete Kachel für die Windows PowerShell. Was die Eingabe-Aufforderung angeht, lässt sie sich standardmäßig am einfachsten durch einen Rechtsklick auf den START-Button und anschließende Auswahl des Eintrags EINGABE-AUFFORDERUNG aufrufen. Alternativ dazu finden Sie die Eingabe-Aufforderung auch in der Liste der Programme innerhalb des START-Menüs, wenn Sie dort den Ordner WINDOWS-SYSTEM öffnen.

Im Nachfolgenden verwenden wir für unsere Beispiele die klassische Eingabe-Aufforderung. Die grundlegende Bedienung beider Shells – der Eingabe-Aufforderung und der PowerShell – ist allerdings identisch. So können Sie, wenn Sie mit der Eingabe-Aufforderung vertraut sind, auch die PowerShell problemlos bedienen.

7.5   Befehle eingeben

Nach dem Start der Shell sehen Sie zunächst ein fast leeres Textfenster. Sehen wir uns an, was darin bereits zu lesen ist:

1. Klicken Sie zuerst mit der rechten Maustaste auf den START-Button.

2. Wählen Sie dann den Eintrag EINGABEAUFFORDERUNG aus.

In dem jetzt sichtbaren Textfenster können Sie zunächst die Version von Windows ablesen. Darunter sehen Sie eine Zeile, an deren Ende ein blinkender Unterstrich erscheint.

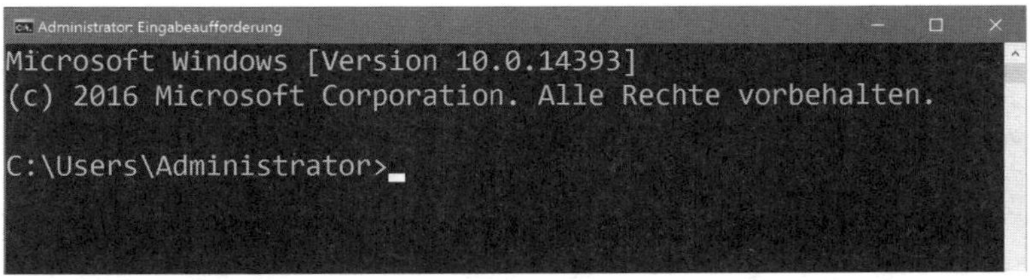

Abb. 7.2: Die Eingabe-Aufforderung nach dem Start

Diese Zeile mit dem Unterstrich ist die aktive Eingabe-Zeile. Hier können Sie Kommandos eintippen.

Wichtig

Eingegebene Befehle werden nicht sofort ausgeführt, sondern erst, nachdem Sie sie mit der `Eingabe`-Taste bestätigt haben. Haben Sie sich beim Eintippen eines Befehls also verschrieben, können Sie Ihre Eingabe einfach mit der `Rückschritt`-Taste oder mit den `Pfeil`-Tasten korrigieren, bevor Sie das Kommando absenden.

Vor Ihrer aktuellen Eingabe-Position, die durch das blinkende Zeichen dargestellt wird, sehen Sie eine Pfad-Angabe. Dabei handelt es sich um den aktuellen Ordner, in dem das eingegebene Kommando ausgeführt wird. Direkt nach dem Start der Eingabe-Aufforderung oder der PowerShell landen Sie in Ihrem Profil-Ordner, also zum Beispiel `C:\Users\Beispiel`.

Die Angabe zwischen dem Namen des Ordners und der Eingabe-Position – standardmäßig ein spitzer Pfeil nach rechts – wird auch als *Prompt* bezeichnet. Am Prompt können Sie erkennen, dass an dieser Stelle ein Kommando eingetippt werden kann.

Tipp

Liste aller PowerShell-Cmdlets abrufen

Die PowerShell enthält, wie gesagt, jede Menge vielseitige Befehle für alle möglichen Administrator-Aufgaben. Da ist es gerade gut, dass wir eine Komplettliste aller Kommandos abrufen können:

Get-Command `Enter`

Diese Liste lässt sich mit auch gleich in eine Text-Datei ablegen – nützlich zum Nachschlagen:

Get-Command | **Out-File PS-Befehle.txt** `Enter`

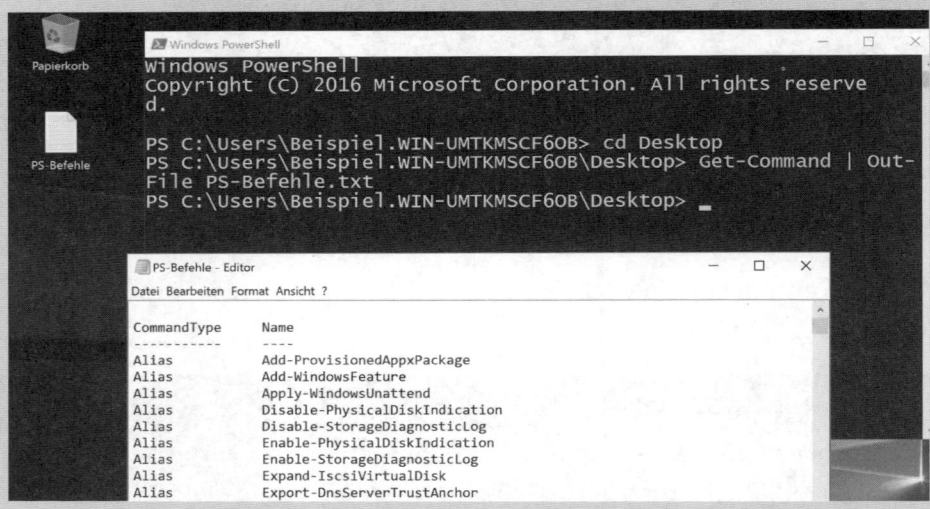

Abb. 7.3: Get-Command liefert eine Gesamtliste der PowerShell-Aliase und Cmdlets

Sehen wir uns anhand eines einfachen Beispiels an, wie ein Befehl in der Shell eingegeben wird:

Beispiel

Geben Sie dazu einfach die Buchstaben dir ein und bestätigen Sie Ihre Eingabe durch Druck auf die `Eingabe`-Taste.

Daraufhin sehen Sie in der Shell eine Auflistung der Ordner und Dateien, die in Ihrem Profil-Ordner gespeichert sind. Die Ausgabe kann in etwa so aussehen wie auf dem nachfolgenden Bild:

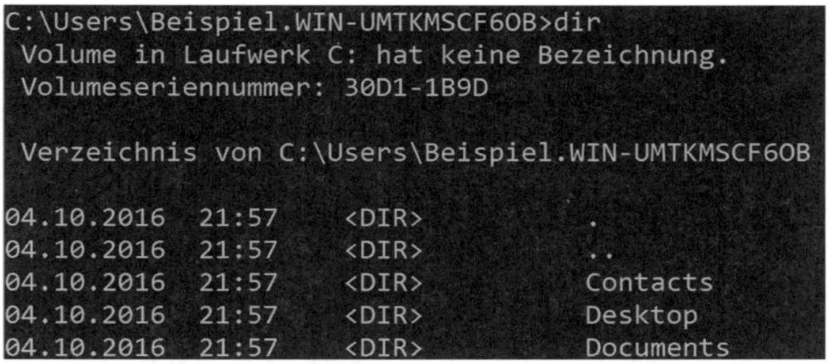

```
C:\Users\Beispiel.WIN-UMTKMSCF6OB>dir
 Volume in Laufwerk C: hat keine Bezeichnung.
 Volumeseriennummer: 30D1-1B9D

 Verzeichnis von C:\Users\Beispiel.WIN-UMTKMSCF6OB

04.10.2016  21:57    <DIR>          .
04.10.2016  21:57    <DIR>          ..
04.10.2016  21:57    <DIR>          Contacts
04.10.2016  21:57    <DIR>          Desktop
04.10.2016  21:57    <DIR>          Documents
```

Abb. 7.4: Die Ausgabe des dir-Befehls

Wie Sie erkennen können, erscheint eine tabellarische Auflistung der Dateien und Ordner in alphabetischer Reihenfolge. Auch der Zeitpunkt der letzten Änderung des jeweiligen Elements ist sofort sichtbar.

Anhand dieses Befehls sehen Sie auch, welchen Einfluss die Angabe des aktuellen Arbeits-Verzeichnisses zu Beginn der Zeile hat: Die Kommandos, die Sie ausführen, werden immer im Kontext dieses Ordners ausgewertet.

Anders sieht die Sache aus, wenn Sie folgendes Kommando eintippen:

```
dir C:\  Enter
```

Bei Ausführung dieses Befehls erscheint nicht der Inhalt des aktuellen Ordners, sondern des obersten Verzeichnisses auf Laufwerk C. Das liegt an dem Parameter, den wir hinter dem Wort dir hinzugefügt haben.

Die meisten Befehle, die Sie in der Shell eintippen, akzeptieren Parameter, die sich auf die Art und Weise auswirken, wie ein Befehl ausgeführt wird. Beim dir-Befehl ist das etwa der Pfad zu einem Ordner, dessen Inhalt angezeigt werden soll. Welche Parameter möglich sind, hängt immer vom gerade verwendeten Befehl ab. Jeder Befehl hat seine eigenen Parameter und deren Werte.

Da wir die Liste der Inhalte des Ordners aber ohne Datums- und Zeitangaben kopieren möchten, müssen wir uns einen Weg überlegen, die Ausgabe der Zeit-Informationen zu unterdrücken. Sie ahnen es sicherlich schon: Auch dafür verwenden wir einen Parameter.

Finden wir also heraus, welchen Parameter wir zur Änderung der Darstellung verwenden können. Da wir nicht alles auswendig wissen können, gibt es eine praktische Hilfe-Funktion, die bei den meisten Befehlen integriert ist. Geben Sie doch mal folgendes Kommando ein:

```
dir /? [Enter]
```

Hinweis

Der Parameter /? funktioniert nur in der Eingabe-Aufforderung. In der Power-Shell nutzen Sie für den gleichen Zweck einen etwas anderen Befehl, nämlich Get-Help <Befehl>. Im Falle des dir-Befehls können Sie in der PowerShell die Hilfe also mit dem Kommando Get-Help dir [Enter] abrufen. Im Folgenden konzentrieren wir uns aber wie gesagt auf die klassische Eingabe-Aufforderung.

```
/A            Listet Dateien mit angegebenen Attributen auf.
Attribute     D Verzeichnisse        R Schreibgeschützte Dateien
              H Versteckte Dateien   A Zu archivierende Dateien
              S Systemdateien        I Nicht indizierte Dateien
              L Analysepunkte        - vorangestellt kehrt die Bedeutung um.
/B            Einfaches Format (keine Kopfdaten, keine Zusammenfassung).
/C            Zeigt das Tausendertrennzeichen bei Dateigrößen an (Standard-
              einstellung). Verwenden Sie /-C, um das Tausendertrennzeichen
              nicht anzuzeigen.
/D            Gleich wie Breitformat, jedoch nach Spalten sortiert.
/L            Verwendet Kleinschreibung.
```

Abb. 7.5: Hilfe-Funktion für den dir-Befehl

Aha! Gleich in der obersten Zeile der angezeigten Hilfe lesen wir jetzt die Zusammenfassung des genutzten Befehls, in diesem Fall also »Listet die Dateien und Unterverzeichnisse eines Verzeichnisses auf«.

Darunter sehen wir eine Tabelle, in der die möglichen Parameter für dieses Kommando aufgeführt werden. Wir stellen fest: Wir können die Ansicht auch nach Elementen mit bestimmten Attributen filtern, sodass wir etwa nur Verzeichnisse, nur versteckte oder Systemdateien oder nur solche Elemente sehen, die schreibgeschützt sind. Der zweite Parameter ist für uns aber wesentlich interessanter. Die Beschreibung klingt ja bereits vielversprechend: »Einfaches Format (keine Kopfdaten, keine Zusammenfassung)«. Der zugehörige Parameter lautet /b.

Wie wir jetzt über die Hilfe herausgefunden haben, können wir unsere Liste der Dateien und Ordner mit dem Parameter /b abrufen. Der vollständige Befehl zur Anzeige der Dateien und Ordner im obersten Verzeichnis des Laufwerks C lautet also wie folgt:

```
dir /b C:\ [Enter]
```

Und voilà – wir bekommen die gewünschte Ausgabe auf dem Fenster der Eingabe-Aufforderung angezeigt.

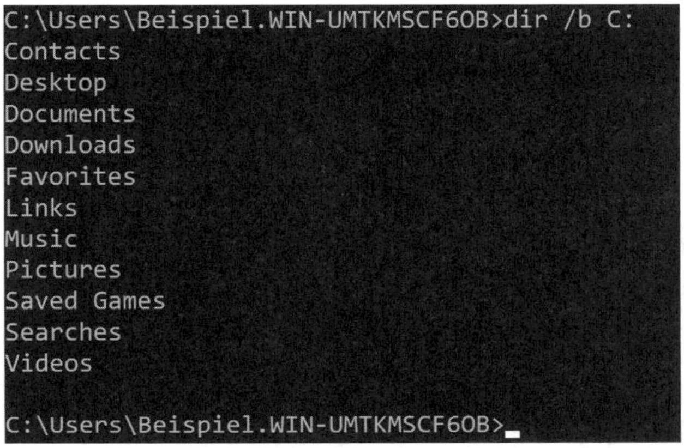

```
C:\Users\Beispiel.WIN-UMTKMSCF6OB>dir /b C:
Contacts
Desktop
Documents
Downloads
Favorites
Links
Music
Pictures
Saved Games
Searches
Videos

C:\Users\Beispiel.WIN-UMTKMSCF6OB>_
```

Abb. 7.6: Die Ausgabe des `dir /b`-Befehls

Jetzt geht es darum, die angezeigten Daten in die Zwischenablage zu kopieren, sodass wir sie anderswo weiterverwenden können. Das klappt einfacher als gedacht: Die Ausgabe lässt sich einfach bei gedrückter Maustaste markieren. Kopiert wird sie, sobald Sie zur Bestätigung wieder die `Eingabe`-Taste drücken.

Sehen wir uns an, wie wir auf die gleiche Art und Weise auch die Inhalte des Windows-Systems ansehen können. Dazu wechseln wir jetzt von Profil-Ordner zum Windows-Ordner. Für diesen Wechsel gibt es ebenfalls einen eigenen Befehl, den sogenannten cd-Befehl. »CD« steht dabei für »change directory«, zu Deutsch also Ordner wechseln.

Durch Eingabe des folgenden Befehls wechseln wir also zum Windows-Ordner:

```
cd \Windows  Enter
```

Dass der aktuelle Arbeits-Ordner geändert wurde, erkennen Sie jetzt auf Anhieb daran, dass der neue Pfad zu Beginn der Eingabe-Zeile erscheint.

Tipp

Falls Sie jemals vergessen haben, in welchem Ordner Sie sich gerade befinden: Geben Sie einfach cd ohne einen Parameter an. Die Eingabe-Aufforderung meldet daraufhin den aktuellen Ordner zurück.

Auch in diesem Ordner möchten wir die Liste der Unter-Ordner und Dateien abrufen. Dazu genügt es, wenn Sie folgendes Kommando eingeben:

```
dir /b [Enter]
```

Wir stellen fest: Die Angabe des Ordners ist nicht nötig, denn wir möchten die Inhalte des aktuellen Ordners anzeigen lassen.

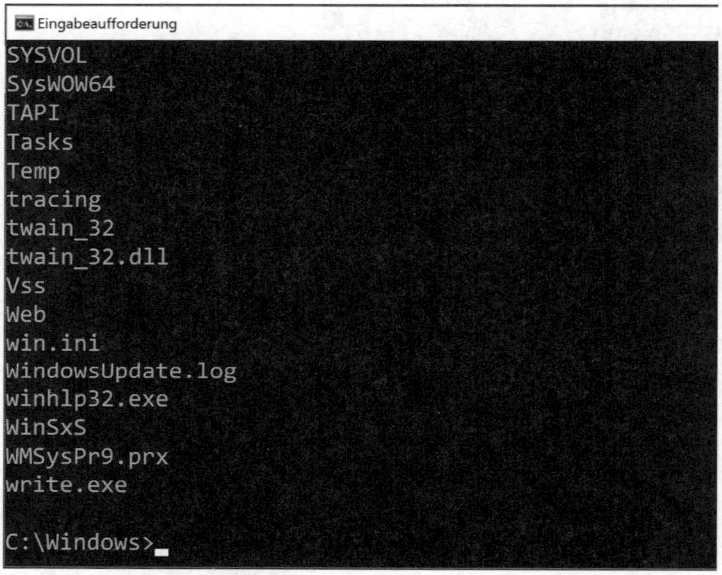

Abb. 7.7: Inhalt des Windows-Ordners

Allerdings gibt es da jetzt ein Problem. Der Ordner enthält mehr Inhalte, als in das Fenster passen. Die restlichen Angaben sind einfach über den oberen Fensterrand hinausgelaufen.

Doch kein Problem ohne Lösung! In diesem Fall gibt es sogar zwei Methoden, wie wir das Problem der überlaufenen Anzeige herangehen können:

- **Mithilfe der Maus** – Scrollen Sie einfach etwas im Fenster nach oben und schon können Sie die Inhalte sehen, die hinausgelaufen sind.
- **Mithilfe eines Textbefehls** – Es gibt einen Textbefehl, der die Ausgabe auf dem Bildschirm bzw. in dem Fenster automatisch nach einer Seite anhält, sodass Sie die Daten lesen können.

Sehen wir uns doch einmal an, wie dieser Textbefehl funktioniert:

```
dir /b | more [Enter]
```

Wenn wir dieses Kommando aufrufen, wird nur die erste Seite der Ausgabe im Fenster der Eingabe-Aufforderung sichtbar. In der letzten Zeile erscheint der Hinweis »-- Fortsetzung --«. Die Ausgabe wird dann angehalten, bis Sie die Informationen gelesen haben. Die nächste Seite erscheint in dem Fenster, sobald Sie auf die [Leertaste] drücken. Wenn Sie nur die nächste Zeile anzeigen möchten, nutzen Sie stattdessen die [Eingabe]-Taste.

Das seltsame Zeichen vor dem Befehl more erhalten Sie übrigens, wenn Sie gleichzeitig die Tasten [AltGr]+[<] drücken. Dieses Zeichen wird *Pipe-Zeichen* genannt. Es sorgt dafür, dass die Ausgabe des auf der linken Seite stehenden Kommandos nicht direkt auf dem Bildschirm landet, sondern stattdessen an den more-Befehl umgeleitet wird.

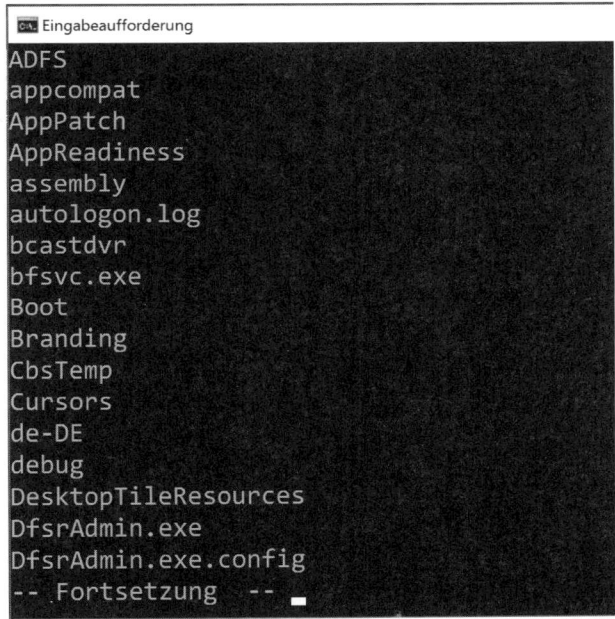

Abb. 7.8: Mit »more« hält die Ausgabe an

In der Eingabe-Aufforderung gibt es noch weitere dieser Umleitungen. Zum Beispiel könnten wir uns die Mühe des manuellen Kopierens der Dateinamen sparen und die gewünschte Liste direkt in eine Text-Datei schreiben lassen. Dazu können wir die Ausgabe des dir-Befehls vom Bildschirm in eine Datei umleiten. Das könnte zum Beispiel wie folgt aussehen:

```
dir /b > C:\Users\Beispiel\Desktop\
  Windows-Dateien.txt [Enter]
```

Nach Absenden dieses Kommandos stellen wir fest: Im Fenster der Eingabe-Aufforderung erscheint direkt wieder die Befehls-Zeile; eine Ausgabe der Dateinamen auf dem Bildschirm erfolgt nicht. Stattdessen landet die Liste direkt auf Ihrem Desktop in der angegebenen Text-Datei.

7.5.1 Sonderzeichen und Maskierung

Bis jetzt haben wir bereits kennengelernt, dass die Shell über einzelne Befehle bedient wird. Diese Befehle können bei Bedarf auch Parameter mit auf den Weg bekommen, deren Bedeutung vom jeweiligen Kommando abhängt. Die einzelnen Parameter werden dabei durch ein Leerzeichen voneinander getrennt.

Da stellt sich die Frage: Was machen wir, wenn in einem Ordner- oder Dateipfad oder auch in einem sonstigen Parameter Leerzeichen vorkommen?

Beispiel

Wir möchten auf einem 64-Bit-Server in den Ordner für 32-Bit-Programme wechseln. Der Pfad zu dem Ordner lautet standardmäßig `C:\Program Files (x86)`. Probieren Sie doch einmal aus, was passiert, wenn Sie in der Eingabe-Aufforderung zu diesem Ordner wechseln möchten. Zunächst versuchen wir es mit folgendem Befehl:

`cd \Program Files (x86)` `Enter`

Und tatsächlich: Das aktuelle Verzeichnis wird auf den Programm-Ordner für 32-Bit-Programme geändert. In dieser Form funktioniert der Befehl allerdings nur bei neueren Windows-Versionen. Das Problem: Der Pfad enthält Leerzeichen, sodass die Eingabe-Aufforderung früher davon ausging, dass hier drei Parameter angegeben wurden, nämlich erstens `\Program`, zweitens `Files` und drittens `(x86)`. Und im Hauptordner des Laufwerks `C` existiert nun mal kein Ordner namens `Program`.

Wichtig

Zur Sicherstellung der Kompatibilität mit anderen Windows-Versionen sollten Sie sich daher gewöhnen, Datei- und Ordnerpfade sowie Parameter, in denen Leerzeichen vorkommen, in Anführungszeichen zu setzen. Dadurch weiß Windows, dass es sich bei dem Ausdruck um einen Gesamtbegriff und nicht um einzelne Parameter handelt, obwohl Leerzeichen enthalten sind.

Sehen wir uns jetzt ein anderes Beispiel für Sonderzeichen und Maskierung an. Angenommen, Sie möchten drei Befehle hintereinander ausführen. Sie könnten diese Befehle jetzt einzeln eintippen und jeweils durch Druck auf die `Eingabe`-

Taste absenden. Falls es sich bei den Kommandos um kurze Befehle handelt, ist es allerdings oft einfacher, diese in einer einzigen Zeile einzugeben. Dabei werden die einzelnen Befehle mit dem kaufmännischen Und (&) getrennt.

> **Beispiel**
>
> Sie möchten in einen bestimmten Ordner wechseln und dort den Inhalt des Ordners anzeigen. Wir wissen zwar, dass wir dazu direkt einen Parameter für den dir-Befehl eingeben können. Für dieses Beispiel wollen wir diese Option jedoch absichtlich nicht nutzen.

Stattdessen geben wir folgendes Kommando ein:

```
cd \Users & dir /b  Enter
```

Dieses verkettete Kommando hat die gleiche Auswirkung, als ob wir zuerst den Befehl cd \Users eingegeben und mit der Eingabe-Taste bestätigt und anschließend den zweiten Befehl ergänzt hätten.

Daraus ergibt sich allerdings schon das nächste Problem: Was machen wir, wenn wir in einem Parameter das & nutzen möchten? Denn wenn wir es einfach so eintippen, wie es ist, denkt die Eingabe-Aufforderung, der erste Befehl sei hier zu Ende und wir würden gern einen zweiten eingeben wollen. Das kann ja nur zu Problemen führen.

Ähnlich wie bei den Leerzeichen, die wir durch Nutzung von Anführungszeichen als solche kenntlich gemacht haben, können wir auch bei dem & vorgehen: wir müssen diese Sonderzeichen maskieren. Als Maske dient dabei ein Zirkumflex-Zeichen. Dieser Zirkumflex wird direkt vor das & gesetzt, was dann zum Beispiel wie folgt aussieht:

> **Beispiel**
>
> ```
> send_tweet "Ich esse Fish ^& Chips"  Enter
> ```

Zugegeben, dies war jetzt nicht gerade ein sinnvolles Beispiel, denn einen solchen Befehl gibt es überhaupt nicht. Sehen wir uns ein Beispiel aus dem echten Leben an:

> **Beispiel**
>
> ```
> bitsadmin /transfer einedatei /download
>   /priority normal http://example.com/filename
>   .zip?parameter=1^&wert=2 C:\Users\Beispiel
>   \Downloads\filename.zip
> ```

Mit diesem Befehl lassen sich Dateien aus dem Internet herunterladen. Das Problem: In Internet-Adressen können auch &-Zeichen vorkommen. Wenn Sie genau hinsehen, stellen Sie fest: In unserem Beispiel haben wir vor das & einen Zirkumflex gesetzt. Dadurch weiß die Eingabe-Aufforderung, dass an dieser Stelle keine zwei Befehle miteinander verkettet werden sollen, sondern dass das &-Zeichen für sich stehen soll.

7.6   Shell anpassen

Jetzt haben wir schon jede Menge Befehle sowie Details über Parameter und die Maskierung von Sonderzeichen kennengelernt. Dabei blicken wir die ganze Zeit auf das schwarze Fenster der Eingabe-Aufforderung. Gut möglich, dass Ihnen die weiße Schrift auf schwarzem Grund oder auch die verwendete Schriftart gar nicht gefallen.

Gut, dass Microsoft die Möglichkeit vorgesehen hat, das Aussehen der Eingabe-Aufforderung sowie der PowerShell an Ihren persönlichen Geschmack anzupassen. Das ist nicht nur eine Frage der Ästhetik, sondern auch der Bedienbarkeit. Schließlich möchten Sie über die Shell jede Menge administrativer Aufgaben ausführen. Sie werden also viel Zeit mit Shell zubringen. Deswegen ist es wichtig, dass Sie die Inhalte gut lesen können.

Um die Darstellung des Fensters der Eingabe-Aufforderung oder der PowerShell zu ändern, werfen Sie zunächst einen Blick in die Titelleiste des Fensters. Ganz links sehen Sie neben dem Namen des Fensters ein kleines Symbol – ein schwarzes oder blaues Fenster. Klicken Sie auf dieses Symbol.

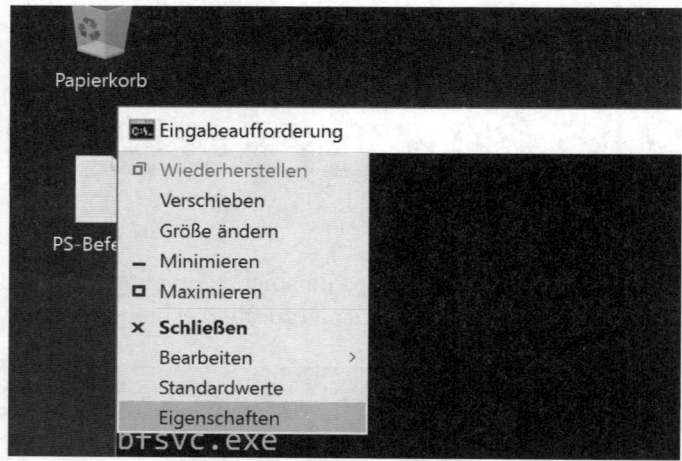

Abb. 7.9: Eigenschaften von CMD öffnen

Dadurch öffnet sich das sogenannte System-Menü. Hier können Sie die EIGEN-
SCHAFTEN aufrufen.

Auf dem Tab OPTIONEN lässt sich die Bedienung der Eingabe-Aufforderung anpassen, zudem können Sie auf dem Tab LAYOUT festlegen, wie weit ein Scrollen nach
oben möglich sein soll. Im Moment interessieren wir uns aber eher für die Schrift
und die verwendeten Farben, also wechseln wir zunächst zum Tab SCHRIFTART
und stellen hier die gewünschte Schriftgröße für die Darstellung in der Konsole
ein.

Anschließend schalten wir auf den Tab FARBEN um. Hier ermöglicht uns Windows
die Konfiguration aller vier Farben, die in der Eingabe-Aufforderung verwendet
werden:

- Fenster-Text
- Fenster-Hintergrund
- Popup-Text
- Popup-Hintergrund

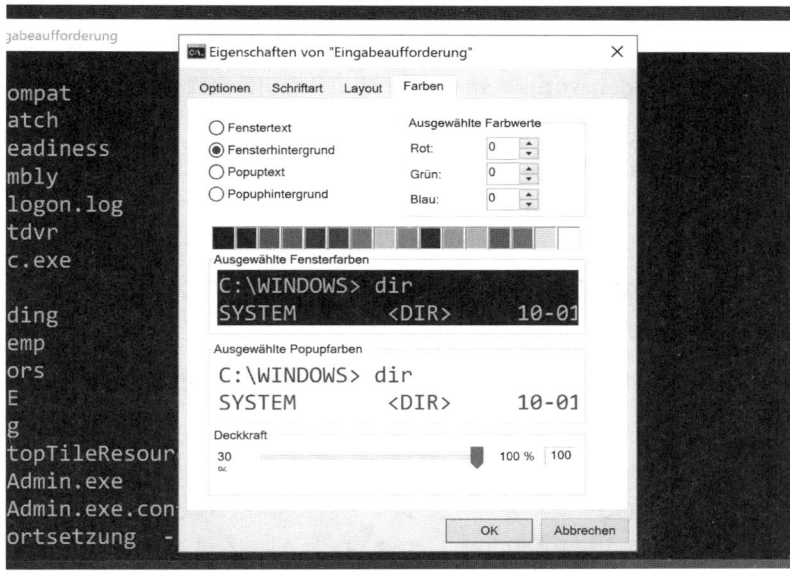

Abb. 7.10: Farben der Eingabe-Aufforderung ändern

Tipp

Die Popup-Farben werden zum Beispiel für die Markierung von Texten per Maus
genutzt.

7.7 Shell-Variablen

In Verbindung mit der Erstellung von Skripten für die Eingabe-Aufforderung oder die PowerShell werden Sie des Öfteren auf sogenannte Shell-Variablen zugreifen müssen. Diese Variablen tauchen auch immer wieder in Fehlermeldungen von Programmen auf. Das Konzept der Shell-Variablen ist unerlässlich für die Kommando-Zeile. Deswegen sollten Sie sich mit dem Prinzip vertraut machen.

Begeben wir uns also auf die Suche nach den Antworten auf die folgenden Fragen:

- Was sind Shell-Variablen?
- Wie funktionieren sie?
- Warum sind sie wichtig?

7.7.1 Umgebungs-Variablen in Windows

Das Konzept der Umgebungs-Variablen ist in den meisten Systemen vorhanden, sowohl in Linux als auch in macOS und Windows. Im Prinzip ist die Handhabung überall gleich, nur die Implementierung und Nutzung unterscheiden sich.

Kurz gesagt, handelt es sich bei Umgebungs- oder Shell-Variablen Platzhalter, die die Umgebung beschreiben, in der Programme oder Skripte ausgeführt werden. Umgebungs-Variablen werden von allen möglichen Programmen und Skripten zur Beantwortung von Fragen wie den folgenden genutzt:

- Wie heißt der Computer, auf dem das aktuelle Programm installiert ist?
- Wie lautet der Name des Benutzers, der gerade angemeldet ist?
- In welchem Arbeits-Verzeichnis befinde ich mich aktuell?
- In welchem Ordner ist Windows installiert?
- Wo werden temporäre Dateien gespeichert?

In Windows bestehen Shell- oder Umgebungs-Variablen aus zwei Teilen: einem Namen und einem Wert.

Beispiel

Die Variable `windir` (kurz für »Windows Directory«) ist meist mit dem Wert `C:\Windows` oder einem anderen Pfad belegt, in dem Windows installiert ist.

Eine weitere häufig verwendete Variable lautet PATH. Viele Programme müssen wissen, wo bestimmte Dateien zu finden sind, und die Variable PATH verrät ihnen, wo sie die gesuchten Objekte finden können. Diese Programme suchen automatisch nach der Variablen PATH, sodass Sie sie nicht jedes Mal eintippen müssen, wenn Sie das Programm starten. In dieser Variable wird eine Liste von mehreren

Benutzer-Verzeichnissen gespeichert. Welche dies genau sind, hängt von dem jeweiligen Server bzw. Computer ab.

7.7.2 Benutzer- und System-Variablen

Es gibt zwei Arten von Variablen: Benutzer-Variablen, die für jedes Benutzer-Konto getrennt gespeichert werden, und System-Variablen, die für sämtliche Benutzer identisch sind.

In Benutzer-Variablen werden Werte gespeichert, die sich für jeden Benutzer unterscheiden. Wie der Name bereits sagt, sind sie spezifisch für Ihr Benutzer-Konto und enthalten persönliche Daten, etwa den Speicherort des Profils, den Ordner, in dem temporäre Dateien gespeichert werden usw. Sie lassen sich vom jeweiligen Benutzer bearbeiten, nicht aber von anderen Benutzern. Diese Variablen können entweder vom Benutzer gesetzt worden sein, von Windows oder von verschiedenen Programmen, die mit benutzerspezifischen Speicherort arbeiten.

System-Variablen sind hingegen global und können von keinem Benutzer geändert werden. Ihre Werte sind für sämtliche Benutzer-Konten gleich. Normalerweise enthalten sie Speicherorte wichtiger System-Ressourcen, etwa den Ordner, an dem Windows installiert ist, dem Speicherort für Programm-Dateien usw. Diese Variablen werden von Windows gesetzt sowie von verschiedenen Programmen und Treibern.

7.7.3 Umgebungs-Variablen in Windows Server 2016 abrufen

In Windows Server 2016 können Sie eine vollständige Liste aller momentan gültigen Umgebungs- oder Shell-Variablen öffnen. Sie erreichen diese über die folgenden Schritte:

1. Klicken Sie zunächst mit der rechten Maustaste auf den START-Button. Im Menü rufen Sie jetzt die SYSTEM-STEUERUNG auf.

2. Navigieren Sie jetzt zum Bereich SYSTEM UND SICHERHEIT.

3. Hier folgt ein Klick auf den Unter-Bereich SYSTEM.

4. Am linken Rand des Fensters sehen Sie eine Spalte mit mehreren Links. Einer der Links ist mit ERWEITERTE SYSTEM-EINSTELLUNGEN beschriftet. Diesen klicken Sie jetzt an.

5. Für diese Aktion sind Administrator-Rechte erforderlich, die daraufhin angefordert werden.

6. Im Fenster der System-Eigenschaften sehen Sie ganz unten einen Button, der mit UMGEBUNGS-VARIABLEN... beschriftet ist.

7. Ein Klick darauf zeigt nicht nur die Benutzer-Variablen für das aktuelle Benutzer-Konto an, sondern auch die System-Variablen.

Da wir uns aber gerade mit den Eigenschaften und Vorteilen der Eingabe-Aufforderung vertraut machen möchten, sei an dieser Stelle auch der entsprechende Befehl für die Kommando-Zeile erwähnt:

- In der Eingabe-Aufforderung genügt der Aufruf des Befehls `set` Enter, um eine umfassende Liste der aktuell gültigen Umgebungs-Variablen abzurufen.

- Befinden Sie sich gerade in der PowerShell, erscheint besagte Liste über ein anderes Kommando auf Ihrem Bildschirm, und zwar durch Aufruf des Cmdlets `gci env:` Enter (inklusive des Doppelpunkts).

> **Hinweis**
>
> Die Namen von Umgebungs-Variablen in Windows sind nicht abhängig von der Groß- oder Kleinschreibung.

> **Beispiel**
>
> Ungeachtet dessen, wie der Name des aktuellen Benutzers lautet, gelangen Sie durch Eingabe des folgenden Befehls in der Eingabe-Aufforderung stets in den Profil-Ordner:
>
> ```
> cd "%userprofile%" Enter
> ```

Wie Sie sehen, lassen sich Umgebungs-Variablen in der Eingabe-Aufforderung durch Einrahmen in Prozent-Zeichen nutzen. Da der Name des Benutzers allerdings Leerzeichen enthalten kann, empfiehlt es sich, die Umgebungs-Variable auch mit Anführungszeichen einzugrenzen.

7.8 Einführung ins Shell-Scripting

Zeit ist kostbar. Daher ist es unlogisch, eine immer wieder benötigte Sequenz von Befehlen in der Eingabe-Aufforderung aufs Neue einzutippen – und zwar besonders dann, wenn diese Befehlsfolge sehr lang und kompliziert ist. Durch Scripting können solche langwierigen Aufgaben automatisiert werden, wodurch die Bedienung der Shell einfacher und produktiver wird. Beim Scripting geht es immer darum, den Computer, das Werkzeug, die Arbeit tun zu lassen. Wie funktioniert das konkret?

7.8.1 Die Umgebung

Bei der Umgebung handelt es sich in unserem Fall um einen Bereich des Speichers, der mit dem Kommando-Prozessor verbunden ist und Platz zum Speichern von Variablen bietet. Wie bereits erwähnt, enthalten die Variablen Informationen über das System, die Umgebung, in der das Skript läuft, und über andere Programme. Mit Variablen wird ein Programm normalerweise über den Speicherort einer bestimmten Information informiert, die von dem Programm benötigt wird. Hier einige Beispiele:

- **ComSpec** – gibt den Speicherort des Befehls-Interpreter an.

- **PATH** – informiert über Ordner, in denen nach Befehlen oder Dateien gesucht werden soll, die in der Kommando-Zeile eingegeben wurden.

- **Prompt** – enthält Informationen über das Erscheinungsbild der Eingabe-Zeile für den Benutzer.

- **ANZAHL** – eine von uns selbst definierte Variable, die die Anzahl eines bestimmten Objekts enthält.

- **TEMP** – gibt an, in welchem Verzeichnis temporäre Dateien abgelegt werden sollten.

- **ALLUSERSPROFILE** – Ordner, der von allen Benutzern genutzt wird – *C:\ProgramData*

- **APPDATA** – Daten von Anwendungen des aktuellen Benutzers – *C:\Users\Beispiel\AppData\Roaming*

- **COMPUTERNAME** – wie zu vermuten: der Name des Servers – *WIRPROG*

- **HOMEDRIVE** – System-Laufwerk – *C:*

- **ProgramFiles** – Ordner für installierte Programme – *C:\Program Files*

- **ProgramFiles(x86)** – Ordner für installierte 32-Bit-Programme – *C:\Program Files (x86)*

- **SystemRoot** – Pfad zum Windows-System Ordner – *C:\Windows*

- **USERDOMAIN** – wenn der aktuelle Computer Teil einer Domäne ist, enthält diese Variable den Namen der Domäne – *WIRPROG*

- **USERNAME** – Name des aktuell angemeldeten Benutzers – *Beispiel*

Manchmal müssen bestimmte Umgebungs-Variablen angepasst werden, zum Beispiel dann, wenn Sie ein neues Programm installiert haben, dessen ausführbare Datei Sie ohne Angabe eines Pfads erreichen möchten. Denn wenn wir versuchen, das Programm direkt in der Eingabe-Aufforderung zu starten, weiß Windows nicht, wo dieses Programm gespeichert ist, und zeigt nur eine Fehler-Meldung an.

7.8.2 Batch-Programmierung

Eine Batch-Datei ist eine reine Text-Datei mit der Endung `.bat`. Sie wird vom Befehls-Prozessor verarbeitet, also von der Datei **cmd.exe**. Batch-Dateien werden zur Automatisierung wiederholter Befehlsfolgen in der Umgebung der Shell eingesetzt.

Zu unserem Vorteil lassen sich, wie oben am Beispiel der Variablen ANZAHL gezeigt, in der Umgebung auch benutzerdefinierte Variablen speichern. Auf diese können Sie dann in Ihrem Shell-Skript zugreifen.

Operatoren

Wie wir bereits zuvor gesehen haben, unterstützt die Eingabe-Aufforderung die Umleitung von Ausgaben vom Bildschirm, etwa an eine Datei. Vielleicht erinnern Sie sich noch an die Liste der Dateien eines Ordners, die wir direkt als Text-Datei speichern konnten.

Solche Umleitungen sind auch in Shell-Skripten verfügbar. Dabei können Sie mehrere Arten von Umleitungen nutzen:

- Mithilfe von > lässt sich die Standard-Ausgabe an eine Datei umleiten. Dies hatten wir bereits zuvor gemacht.
- Anstelle der Standard-Eingabe können Befehle Werte auch aus einer vorbereiteten Datei entgegennehmen. Dazu dient der Umleitung-Operator <.
- Mithilfe des Umleitung-Operators > wird die Datei, die Sie danach angeben, überschrieben, falls sie bereits vorhanden ist. In einigen Fällen möchte man allerdings, dass die neue Ausgabe ans Ende einer vorhandenen Datei angehängt wird – etwa bei Protokoll-Dateien. Für diesen Fall nutzen wir einfach den doppelten Operator, also >>.
- Zur Ausgabe von Informationen auf den Bildschirm gibt es neben der normalen Anzeige, die für die meisten Ausgaben genutzt wird, auch eine separate Schleife für Fehler. Auch diese lässt sich separat an eine andere Datei umleiten. Dazu können Sie den besonderen Operator **2>** nutzen.
- Schließlich haben Sie auch den Pipe-Operator | bereits kennengelernt. Mit seiner Hilfe lässt sich die Ausgabe des linksseitigen Befehls an einen weiteren Befehl übergeben, ohne sie zuerst in eine Datei zwischenspeichern zu müssen.

Variablen

Neue Variablen lassen sich in Batch-Dateien wie folgt erstellen und mit einem Wert belegen:

```
set ANZAHL=3  Enter
```

Auf diese Weise erstellte Variablen sind für die aktuelle Laufzeit des Fensters der Eingabe-Aufforderung gültig. Das bedeutet: Sobald das Fenster geschlossen wird, sind auch die darin gespeicherten Werte verloren.

Hinweis

Der Name einer Variable darf nur aus Buchstaben, Ziffern und Unterstrichen bestehen. Zudem darf er nicht mit einer Ziffer beginnen.

Einmal erstellt, lassen sich Variablen durch Einrahmen in Prozent-Zeichen referenzieren, etwa wie folgt:

```
@echo off
set ANZAHL=3
echo Die Anzahl betraegt %ANZAHL%.
```

7.8.3 Batch-Dateien mit Parametern aufrufen

Argumente, die über die Befehls-Zeile übergeben werden, landen automatisch als besondere Variablen in der Batch-Datei. Sie lassen sich über die Einträge %0, %1, %2, %3, %4, %5, %6, %7, %8 und %9 erreichen. Über %0 können Sie übrigens den Namen der Batch-Datei selbst abrufen. Das bedeutet: In %1 finden wir den Wert des ersten übergebenen Parameters.

7.8.4 PowerShell Skripte im Vergleich zu Batch-Dateien

Batch-Dateien haben eine sehr lange Geschichte. Schon eines der ersten Betriebssysteme für Mikrocomputer, CP/M, enthielt einen Befehl namens Submit, über den sich einzelne Zeilen einer Text-Datei als Serie von Befehle ausführen ließen. Damit war nur eine sehr einfache Verarbeitung möglich, denn Speicher war sehr teuer.

Bei der Entwicklung von MS-DOS integrierte Microsoft eine ähnliche Verarbeitungs-Funktion für Batch-Dateien in den Kommando-Zeilen-Interpreter. Dazu wurden die Befehle in einer Text-Datei gespeichert, die die Datei Endung .bat bekam, und der Kommando-Interpreter führte dann jeden Befehl in der Datei nacheinander aus.

Mit der Zeit und immer neuen DOS-Versionen erweiterte Microsoft die Syntax von Batch-Dateien auf verschiedene Art und Weise. Zuerst gab es Labels, den Goto-Befehl, dann den If-Befehl für Verzweigungen und vieles mehr. Das Problem? Die »Scripting«-Sprache wurde nicht designt, sondern entstand organisch aus dem Submit-Befehl von CP/M.

Windows NT und CMD.exe

Gehen wir jetzt einige Jahre weiter. Im Jahr 1993 führte Microsoft Windows NT ein. Da gab es auch eine Konsolenmodus-Anwendung namens CMD.exe. Diese vertritt bis auf den heutigen Tag den legendären C:\>-Prompt für den Benutzer. CMD.exe ist eine Obermenge des alten Command.com Befehls-Interpreters aus MS-DOS und nutzt sogar viele gleiche Befehle. Diese Ähnlichkeit ist gewollt, damit die Kompatibilität für Benutzer gewährleistet war, die weiterhin ihre alten DOS-Batch-Dateien nutzen wollten. Auch CMD.exe kann Batch-Dateien ausführen, wenn diese die Endung .bat tragen.

Windows Script Host

Ab Windows 2000 ermöglichte Microsoft besseres Scripting seines Systems, denn hier wurde der Windows Script Host (WSH) mit zwei echten, integrierten Scripting-Sprachen (VBScript und JScript, der Microsoft-eigenen Version von Java-Script) eingeführt. WSH-Skripte arbeiten mit COM-Objekten als Schnittstelle zum Betriebssystem und zu den installierten Anwendungen. Der WSH ist zwar extrem nützlich und leistungsstark, seine Reichweite beschränkt sich allerdings auf COM-Objekte, die auf dem Computer installiert sind. Zudem ist keine Nutzung über die Befehls-Zeile möglich.

Abb. 7.11: Das Symbol von VBScript-Dateien

Windows PowerShell

Batch-Dateien und WSH-Skripte lassen sich nicht konsistent nutzen, denn es handelt sich dabei um unterschiedliche Tools mit unterschiedlichen Schnittstellen (Batch-Datei-Scripting und WSH-Scripting sind zwei verschiedene Dinge). Microsoft erkannte bald, dass dies keine ideale Lösung war, woraufhin im Jahr 2006 die erste Version der Windows PowerShell erschien. Die PowerShell basiert auf dem .NET-Framework und bietet eine einzige zentrale Kommando-Zeile samt Scripting-Schnittstelle zur Verwaltung des Windows-Systems.

Da Sie auch in Windows Server 2016 vollen Zugriff auf die Windows PowerShell haben, müssen Sie sich nicht damit abgeben, Batch-Dateien im alten Stil (zu Verarbeitung durch CMD.exe) zu schreiben. Konzentrieren Sie sich lieber auf das Lernen der PowerShell, besonders da Microsoft diese als Haupt-Methode zur Automatisierung des Systems und Unternehmens-Anwendungen positioniert.

Die Windows PowerShell ist eine Weiterentwicklung der Kommando-Zeile – eine Kombination einer DOS-Shell und einer Scripting-Umgebung. Über die Power-Shell lassen sich wiederkehrende Aufgaben schneller erledigen, viele Dateien in einem Rutsch verarbeiten, Aufgaben automatisieren und zeitlich planen und Windows Komponenten und -Dienste konfigurieren.

In der PowerShell lassen sich nicht nur DOS-Befehle ausführen, sie ist viel flexibler. Die PowerShell unterstützt komplexe Entscheidungen, vernetzt sie mit einer Vielzahl Datenquellen und lässt sich sogar zur Erstellung grafischer Oberflächen nutzen.

Für Sie als IT- und Server-Administrator ist es daher unerlässlich, dass Sie sich mit der PowerShell auskennen, denn sie wird oft zur Bereitstellung von Wartungsskripten in gesamten Unternehmen genutzt. Es kann eine Herausforderung sein, solche Skripte so zu erstellen, dass sie auf sämtlichen Computern sicher laufen. Doch Sie sind nicht allein: Es gibt zahlreiche Foren und Hilfs-Quellen für PowerShell-Benutzer, die mit Desktop-Computern im Unternehmen arbeiten.

7.8.5 Wichtige PowerShell-Befehle

Jeder, der schon einmal MS-DOS, eine DOS-Shell oder die Kommando-Zeile auf irgendeinem anderen Betriebssystem genutzt hat, kennt die Konsole. In Power-Shell werden besondere Befehle (*Cmdlets* genannt) nach dem Prompt eingegeben und ausgeführt, sobald Sie sie mit der `Eingabe`-Taste bestätigen.

Zu den grundlegenden Befehlen der PowerShell gehört die Navigation im lokalen Dateisystem. Viele der älteren DOS-Befehle lassen sich weiterhin nutzen. Hier einige Beispiele:

- **Anzeigen des Inhalts des aktuellen Ordners** – Geben Sie den Befehl `dir` oder `ls` ein und drücken Sie auf `Enter`.
- **Wechsel in einen anderen Ordner** – Geben Sie den Befehl `cd` gefolgt von einem Leerzeichen ein und ergänzen Sie dann den Namen des Ordners, in den Sie wechseln möchten. Drücken Sie zum Schluss auf `Enter`.
- **Ordner erstellen** – Geben Sie den Befehl `md` gefolgt von einem Leerzeichen ein und ergänzen Sie dann den Namen des Ordners, den Sie anlegen möchten. Drücken Sie zum Schluss auf `Enter`.
- **Dateien oder Ordner löschen** – Geben Sie den Befehl `del` gefolgt von einem Leerzeichen ein und ergänzen Sie dann den Namen der Datei oder des Ordners, der gelöscht werden soll. Drücken Sie dann auf die `Enter`-Taste.
- **Text in der Konsole anzeigen** – Geben Sie den Befehl `echo` gefolgt von einem Leerzeichen ein und ergänzen Sie dann die Nachricht, die angezeigt werden soll, wobei Sie sie in Anführungszeichen einschließen. Bestätigen Sie die Eingabe durch Druck auf `Enter`.
- **Konsole leeren** – Geben Sie den Befehl `cls` ein und drücken Sie auf `Enter`.

Ähnlich wie bei diesen DOS-Befehlen lassen sich auch Cmdlets ausführen: Zuerst der Name, dann etwaige zusätzliche Parameter, zum Schluss die `Enter`-Taste. Sämtliche Cmdlets werden nach einem einheitlichen Schema benannt, wobei zuerst das Verb kommt, dann ein Bindestrich und zum Schluss der Name des Objekts, auf den die Aktion ausgeführt werden soll.

Die Ausgabe von Cmdlets erfolgt scheinbar in der Konsole. Allerdings geben die meisten Befehle tatsächlich ein Objekt zurück, das von der Konsole verarbeitet und dann angezeigt wird. Die Befehle schreiben nicht direkt auf den Bildschirm. Dahinter steckt ein leistungsstarkes Konzept, in dem sich die PowerShell von anderen Konsolen unterscheidet. Anstelle Objekte an die Konsole zu senden, können diese Umleitungen auch direkt an andere Cmdlets gesendet werden. Diese Technik hatten wir bereits zuvor besprochen.

7.9 Skripte in der PowerShell

Skripte oder Scripts sind Text-Dateien, die Sequenzen mit Aufrufen von Cmdlets enthalten. Diese Dateien haben bei der PowerShell die Endung .ps1. Im Gegensatz zur Arbeit mit der Konsole müssen Sie dabei aber nicht jeden Befehl sofort eintippen und ausführen lassen. Dadurch kann die PowerShell die Datei im Voraus verarbeiten, wodurch die Nutzung von Programmier-Features wie Variablen, bedingten Anweisungen und benutzerdefinierten Funktionen möglich wird.

> **Wichtig**
>
> Bevor Sie Skripte schreiben und ausführen können, sollten Sie sich dessen bewusst sein, dass Windows Server 2016 ab Werk nicht dafür konfiguriert ist, die Ausführung unsignierter Skripte zu ermöglichen. Dahinter steckt der Gedanke, dass durch sie das System beschädigt werden kann. Damit die Ausführung solcher Skripte, die Sie erstellen, ermöglicht wird, müssen Sie Ihre Ausführungsrichtlinie so anpassen, dass selbstgeschriebene Skripte gestartet werden können, aber keine, die aus dem Internet heruntergeladen wurden. Verwenden Sie dazu das Cmdlet `Set-ExecutionPolicy`:
>
> ```
> Set-ExecutionPolicy remotesigned  Enter
> ```

Erstellen wir jetzt ein erstes Skript zum Ausprobieren. Geben Sie den folgenden Code in einen Editor ein:

```
1   $list = dir ❶
2   Get-ItemProperty $list ❷ | Format-List ❸
    | Out-File Infos.txt ❹
```

Speichern Sie die Datei dann unter dem Namen Test.ps1 auf dem Desktop. Überlegen wir jetzt gemeinsam, was dieses Skript eigentlich tut:

1. Zuerst wird die Liste der Dateien und Ordner im aktuellen Verzeichnis in der Variable $list gespeichert ❶.
2. Von jedem Eintrag in dieser Liste werden jetzt die Eigenschaften abgerufen ❷.
3. Die Objekte mit den Eigenschaften der Dateien und Ordner werden dann an das Cmdlet Format-List übergeben, das für eine angemessene Darstellung sorgt ❸.
4. Die fertig formatierte Liste wird dann in die Datei Infos.txt geschrieben – dafür sorgt das Cmdlet Out-File ❹.

Öffnen wir jetzt eine PowerShell-Konsole, etwa indem wir auf START, WINDOWS POWERSHELL klicken. Über den Befehl `cd Desktop` [Enter] wechseln wir jetzt auf den Desktop, wo das soeben erstellte Skript gespeichert ist. Nun starten wir das Skript durch Eingabe des folgenden Befehls:

```
.\Test.ps1 [Enter]
```

Wann immer wir jetzt diesen Befehl eingeben, wird der enthaltene Code erneut ausgeführt. Dadurch müssen Sie die darin gespeicherten Befehle nicht wieder und wieder eingeben. Zudem ist die Skript-Datei portabel – d. h., Sie können sie auf unterschiedlichen Computern ausführen.

Natürlich führt ein Skript meist mehr als nur eine Aufgabe aus – sonst bräuchten Sie ja kein Skript dazu. In vielen Bereichen der IT werden Skripte bereits häufig eingesetzt. Schon seit Jahren nutzen Administratoren Anmelde-Skripte, damit die Desktops und Umgebungen für Benutzer bei jeder Anmeldung eines Benutzers identisch konfiguriert sind. Mittlerweile lässt sich fast alles über Skripte steuern: von der Basis-Installation eines Systems auf einem nagelneuen Server bis hin zu Server-Workloads wie der Installation von Exchange oder Datei-Server-Rollen.

Wie wir Inhalte in Variablen speichern können, haben wir bereits an der Eingabe-Aufforderung gesehen. Sehen wir uns auch kurz an, wie dies in der PowerShell funktioniert:

```
$anzahl = 3
```

So einfach ist das!

7.9.1 Bedingte Verzweigungen

Die einfachste Form, wie Sie in PowerShell-Skripten Entscheidungen treffen können, ist der Mechanismus Wenn/dann, auf Englisch *if / then*. Das funktioniert im Prinzip wie folgt:

Wenn ein Vergleich von A mit B ein bestimmtes Ergebnis erzielt, wird eine Aktion C ausgeführt.

Beispiel

```
If (13 -gt 6)
{
   Write-Host "13 ist groesser als 6."
}
```

Das liest sich wie folgt: Wenn 13 größer als 6 ist, zeige einen entsprechenden Text auf der Konsole an.

Dabei steht –gt für den englischen Ausdruck »greater than« und bedeutet nichts anderes als »größer als«.

Tipp

Beachten Sie die geschweiften Klammern, mit denen die Befehle, die bei erfüllter Bedingung ausgeführt werden sollen, zusammengefasst werden. Auch die gesamte Bedingung muss in runde Klammern eingefasst werden.

Das war jetzt natürlich ein sehr einfaches Beispiel, das Ihnen bei Ihrer Administrations-Arbeit auch nicht sonderlich weiterhelfen wird. Das spielt aber für den Moment keine Rolle, denn wir wollen ja das Prinzip des Shell-Scriptings zunächst verstehen.

Sie können auch mehrere Bedingungen nacheinander prüfen. Das entspricht dann dem Prinzip Wenn/dann/sonst. Sehen wir uns auch dazu ein Beispiel an:

Beispiel

```
If (2 -gt 4)
{
  Write-Host "2 ist groesser als 4."
} elseif (13 -gt 6)
{
  Write-Host "13 ist aber groesser als 6."
}
```

Dabei interpretiert die PowerShell zuerst den ersten Vergleich, der natürlich fehlschlägt, denn 2 ist nicht größer als 4. Sofort wird der zweite Vergleich ausgewertet, wobei der zugehörige Text in der Konsole ausgegeben wird.

Tipp

Wenn Sie in die Situation kommen, Bedingungen testen zu müssen, sollten Sie bei jeder Bedingung einen anderen Text verwenden, der in der Konsole angezeigt werden soll. Sonst wissen Sie nämlich bei der Ausführung nicht, welche Bedingungen als wahr ausgewertet wurden.

Mit Bedingungen können Sie schon jede Menge in Skripten unternehmen. Zum Beispiel können Sie entscheiden, ob das Postfach eines Benutzers verschoben werden soll, wenn nur solche Postfächer verschoben werden sollen, deren Benutzer in Deutschland registriert sind. In so einem Fall könnten Sie eine If-Anweisung nutzen, die Eigenschaften des Postfachs abfragen und dann den Code zum Verschieben des Postfaches innerhalb der geschweiften Klammern aufführen.

Oder vielleicht kommen Sie in die Situation, dass Sie beim Start eines Computers das Problem haben, dass ein bestimmter Dienst nicht immer mit gestartet wird. In so einem Fall könnten Sie ein Skript erstellen, das nach kurzer Zeit ausgeführt wird und prüft, ob der Dienst gestartet wurde (Bedingung). Falls der Dienst nicht gestartet wurde, startet das Skript den Dienst (Code).

Ich denke, Sie verstehen, worauf ich bei bedingten Verzweigungen hinauswill.

Und was können Sie tun, wenn Sie eine Liste von Bedingungen geprüft haben, aber keine davon zutrifft? In so einem Fall können Sie auch noch einen Block mit Ausweich-Code angeben. Werfen wir einen Blick darauf, wie das genau funktioniert:

Beispiel

```
If (6 -gt 13)
{
  Write-Host "6 ist groesser als 13."
} elseif (11 -lt 10)
{
  Write-Host "11 ist kleiner als 10."
} elseif (20 -gt 40)
{
  Write-Host "20 ist groesser als 40."
} else {
  Write-Host "Sie mögen Mathe nicht besonders?"
}
```

7.9.2 Schleifen

Die einfachste Schleifen-Konstruktion in der PowerShell ist die Do/While-Schleife. Eine Schleife ist im Prinzip ein Code-Abschnitt, bei dem die gleiche Aktion wieder und wieder ausgeführt wird. Dabei wird eine Reihe von Elementen durchgegangen und auf jedes Element eine bestimmte Aktion angewendet. Die Schleife wird unterbrochen, wenn eine Bedingung sich ändert oder wenn die Liste leer ist.

In der PowerShell lassen sich zwei Arten von Schleifen-Konstruktionen nutzen. Bei der einen handelt es sich um die Do/While-Schleife, zu der zweiten kommen wir gleich noch.

Do/While weist die PowerShell im Prinzip einfach nur an: »Führe diese Aktion auf dieser Sammlung mit Elementen aus, bis eine bestimmte Bedingung wahr wird«.

Diese Konstruktion lässt sich auf zwei Arten nutzen. Zum einen können Sie eine bestimmte Befehlsfolge mindestens einmal ausführen und dann so oft, wie es nötig ist, um ihre Bedingungen zu erfüllen. In diesem Fall schreiben Sie zunächst das Schlüsselwort Do und eine öffnende geschweifte Klammer in eine Zeile, die auszuführenden Befehle kommen dann in die nächste Zeile. Schließlich geben Sie eine schließende geschweifte Klammer ein, gefolgt von dem Schlüsselwort While. Daran schließt sich in normalen Klammern ihre Bedingung an. Die Auswertung der Bedingungen muss entweder wahr oder falsch ergeben.

Beispiel

Richten wir zunächst eine Variable ein, die wir $anzahl nennen. Sie erhält den Wert 1.

```
$anzahl = 1
```

Jetzt bauen wir uns eine einfache Do/While-Schleife, die den Inhalt der Variablen um 1 erhöht, bis die Variable den Wert 10 hat.

```
Do {
  $anzahl = $anzahl + 1
  White-Host "Der aktuelle Wert ist $anzahl"
} While ($anzahl -lt 10)
```

Die Ausgabe in der Konsole sieht dann beispielsweise wie folgt aus:

```
Der aktuelle Wert ist 2
Der aktuelle Wert ist 3
Der aktuelle Wert ist 4
Der aktuelle Wert ist 5
Der aktuelle Wert ist 6
Der aktuelle Wert ist 7
Der aktuelle Wert ist 8
Der aktuelle Wert ist 9
Der aktuelle Wert ist 10
```

Wenn Sie die Bedingungen nicht erst nach dem ersten Durchgang der Schleife prüfen möchten, sondern direkt zu Beginn, nutzen Sie eine andere Variante dieser Schleifenkonstruktion. Sie sieht so aus:

```
While ($anzahl -lt 10) {
  $anzahl = $anzahl + 1
  White-Host "Der aktuelle Wert ist $anzahl"
}
```

Kommen wir jetzt zur zweiten Schleife, die in der PowerShell unterstützt wird. Dabei handelt es sich um die ForEach-Schleife. Mit ForEach wird eine Liste mit Elementen bzw. Objekten untersucht und der Reihe nach ein Element entnommen. Auf dieses Element lässt sich dann eine bestimmte Aktion oder einige Befehle anwenden.

Hier ein Beispiel: Nehmen wir an, die Personalabteilung hat Ihnen eine Liste mit Mitarbeitern gesendet, die im letzten Quartal das Unternehmen verlassen haben. Jetzt müssen Sie die zugehörigen Active-Directory-Konten deaktivieren. Dazu können Sie eine ForEach-Schleife einsetzen. Im Pseudo-Code würde das etwa wie folgt aussehen:

```
Hier meine Liste mit Benutzern
ForEach (ein Benutzer in dieser Liste)
{
  Setze diesen Benutzer in AD auf deaktiviert
}
```

Beachten Sie auch hier wieder die Position der geschweiften Klammern. Natürlich können Sie diesen Code nicht direkt ausführen, aber Sie erkennen das Prinzip und die Struktur, die für diese Schleife nötig sind.

Tipp

Mit Pseudo-Code können Sie auch selbst schnell die Struktur eines gewünschten Skripts formulieren, ohne dass Sie bereits die einzelnen Befehle, die Sie dazu benötigen, kennen müssen.

Sehen wir uns jetzt ein Beispiel mit echtem Code an. Zunächst hinterlegen wir eine Anzahl Benutzer in einer Variablen.

```
$benutzer = "Jörg", "Martin", "Thomas", "Klaus"
```

Durch die Auflistung der Namen dieser Benutzer haben wir jetzt ein Feld angelegt, das bei der Ausführung des Skripts im Arbeitsspeicher der PowerShell gespeichert wird. Bei einem Feld handelt es sich um eine Art Liste oder Tabelle.

Jetzt liegen wir noch einen Zähler-Variablen an, damit wir wissen, die oft die Schleife durchlaufen wird.

```
$anzahl = 0
```

Nun verwenden wir eine ForEach-Schleife zum Zählen der Namen in diesem Feld. Wir erinnern uns an das Schlüsselwort in – wir müssen also eine neue Variable anlegen, der wir einen beliebigen Namen geben. Sie wird während der Ausführung der Schleife die jeweiligen einzelnen Namen enthalten, die aus der Liste ausgelesen werden. Unsere Schleife könnte dann etwa wie folgt aussehen:

```
ForEach ($vorname in $benutzer) {
  $anzahl += 1
  Write-Host "$vorname"
}
```

Tipp

Durch die Abkürzung += erreichen wir, dass der Wert dahinter zu der Variablen davor hinzugezählt wird, sie wird durch die Abkürzung also um jeweils eins erhöht.

Beim Durchlauf der Schleife zeigt die PowerShell jetzt der Reihe nach jeden einzelnen der gespeicherten Vornamen an.

7.10 Zusammenfassung

In diesem Kapitel haben Sie eine der leistungsstärksten Funktionen von Windows Server 2016 kennengelernt: die Shell. Dabei haben wir festgestellt, dass in Server 2016 gleich zwei Varianten der Shell enthalten sind – die Eingabe-Aufforderung sowie die PowerShell. Wir haben auch gesehen, dass sich über Text-Befehle viele Aktionen schneller und effizienter als über die grafische Oberfläche erledigen lassen. Dies gilt insbesondere dann, wenn auf einem Server gar keine grafische Oberfläche in Form eines Desktops installiert ist. In diesem Fall besteht nämlich die einzige Möglichkeit zur Verwaltung des Servers darin, die Shell zu nutzen.

Anschließend haben wir einen Blick auf die einzelnen Funktionen und besonderen Umstände der Shell geworfen. Wir haben kennengelernt, wieso Sonderzeichen maskiert werden müssen, wie sich Daten von einem Cmdlet zu einem anderen umleiten lassen, und wir haben gesehen, wie sich über Umleitungen auch die Protokollierung in Dateien realisieren lässt.

Auf jedem Server liegen leicht unterschiedliche Gegebenheiten vor – andere Benutzer, andere Ordner, andere Laufwerke, andere Pfade. Mithilfe von Umgebungs- und Shell-Variablen können Sie in Skripten auf solche unterschiedlichen Gegebenheiten flexibel reagieren.

Mit der PowerShell haben Sie in Windows Server 2016 ein leistungsstarkes Tool in der Hand, mit dessen Hilfe Sie immer wiederkehrende und langweilige Administrator-Aufgaben schnell und effizient verwalten können. Dazu haben wir verschiedene Konstrukte kennengelernt, die für einen intelligenten Ablauf von PowerShell-Skripten sorgen: Variablen, Bedingungen und Schleifen. Außerdem haben wir festgestellt, dass sich solche Skripte auch mit Parametern aufrufen lassen, was für zusätzliche Flexibilität sorgt.

Im nächsten Kapitel nehmen wir den Zustand Ihres Servers genauer unter die Lupe. Wir gewinnen einen Einblick in den Task-Manager, lassen uns den System-Status über die PowerShell erklären, verstehen, wie sich Prozesse und Speicher-Medien effektiv verwalten lassen, und untersuchen, was im Falle von Problemen mit der Festplatte eines Servers getan werden kann.

Kapitel 8

Zustand des Servers prüfen

Wenn die Server ordnungsgemäß laufen und schnell und gut erreichbar sind, freuen sich nicht nur die Mitarbeiter Ihres Unternehmens, sondern auch Sie als Administrator. Allerdings treten im laufenden Betrieb immer wieder Probleme an unterschiedlichen Stellen auf und es ist Ihre Aufgabe herauszufinden, woran es liegt, und das Problem zu lösen.

In Windows Server 2016 haben Sie mehrere Möglichkeiten, Informationen über den aktuellen Zustand des Systems zu ermitteln:

- Grundlegende Informationen finden Sie direkt im **Task-Manager**.

- Etwas mehr Details stehen Ihnen im **Ressourcen-Monitor** zur Verfügung.

- Wenn Sie den Server über längere Zeit überwachen möchten, nutzen Sie dazu am besten die **Leistungs-Überwachung**.

- Mit den **Sysinternals-Tools** haben Sie eine ganze Palette nützlicher Administrator-Funktionen, die Ihnen Details über den Zustand Ihres Systems verraten.

- Informationen über laufende Prozesse, den freien Arbeitsspeicher und die ausgeführten Dienste können Sie natürlich auch über die **PowerShell** abfragen. Der Vorteil: Bei Bedarf kann dies auch von Skripten aus automatisiert erfolgen.

Untersuchen wir diese verschiedenen Möglichkeiten nun etwas genauer.

8.1   Schnelle Übersicht im Task-Manager

Einen ersten Eindruck über den aktuellen Zustand Ihres Windows-Servers erhalten Sie am schnellsten über den Task-Manager. Dieser lässt sich auf unterschiedliche Weise aufrufen:

- Wenn Sie Zugriff auf den Desktop haben, klicken Sie mit der rechten Maustaste auf eine freie Stelle der Task-Leiste und wählen aus dem Menü den Eintrag TASK-MANAGER aus.

- Hat sich der Computer gerade aufgehängt, reagiert also nicht mehr, können Sie auch gleichzeitig die Tasten Strg+⇧+Esc drücken. Daraufhin sehen Sie eine Liste mit mehreren wichtigen Optionen, in der sich auch ein Eintrag für den Task-Manager findet.

- Auch über die Shell lässt sich der Task-Manager starten, und zwar durch Eingabe des Befehls `taskmgr` `Enter`.

- Wenn Sie die Tastatur bevorzugen, empfehle ich Ihnen die Tasten-Kombination `Strg`+`⇧`+`Esc`.

Tipp

Wenn Sie wie empfohlen nicht direkt mit dem Administrator-Konto arbeiten, sondern mit einem zweiten Konto, das nicht über Administrator-Rechte verfügt, fragt Windows beim Start des Task-Managers zunächst nach diesem Administrator-Recht.

Nach dem Start des Task-Managers bietet sich Ihnen zunächst ein Bild wie das folgende:

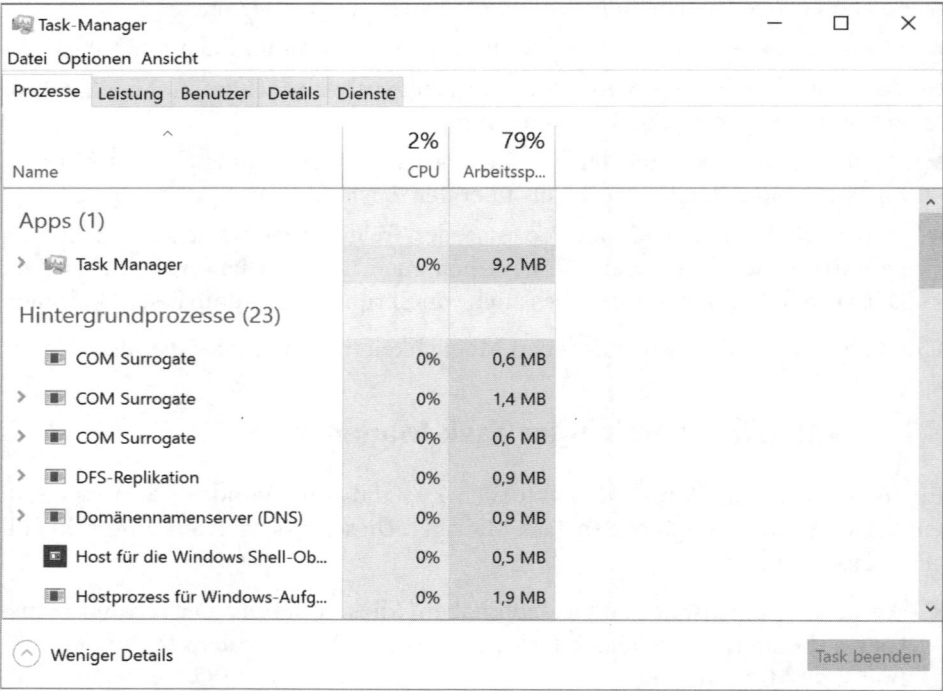

Abb. 8.1: Task-Manager mit laufenden Prozessen

Tipp

Sie sehen keine Liste mit Spalten, sondern nur eine stark vereinfachte Ansicht? Dann klicken Sie unten links auf den Button MEHR DETAILS. Schon schaltet der Task-Manager in die detaillierte Ansicht um.

Zunächst wäre da der Tab PROZESSE. Hier sehen Sie eine Liste sämtlicher Prozesse, die momentan auf dem Server ausgeführt werden. Für jeden dieser Prozesse wird angegeben, wie stark er den Prozessor auslastet und wieviel Arbeitsspeicher er belegt. Oberhalb der Liste erscheint auch eine Gesamtauswertung der Auslastung des Prozessors und des Speichers.

Wenn Sie genau hinsehen, stellen Sie fest: Die Liste der Prozesse ist zweigeteilt. Zuoberst finden Sie Einträge für laufende Apps. Dabei handelt es sich um Programme, die momentan im Vordergrund ausgeführt werden. Für diese Programme existieren also Fenster auf dem Bildschirm. Unterhalb dieser Liste finden Sie einen zweiten Bereich mit Hintergrund-Prozessen. Dabei handelt es sich um Programme, die entweder kein eigenes Fenster anzeigen oder als Dienst ausgeführt werden. Sie arbeiten im Hintergrund und verrichten Dienst oder bieten solche an.

Eine allgemeinere Ansicht des Zustands Ihres Windows-Servers erhalten Sie auf dem Tab LEISTUNG. Hier können Sie zwischen verschiedenen Ansichten wählen:

- CPU – Neben dem Namen und den Eckdaten Ihres Prozessors sehen Sie auch eine grafische Auswertung der Auslastung des Prozessors innerhalb der letzten Minute. Darunter finden Sie weitere Statistiken, etwa die Betriebszeit, die Anzahl der laufenden Prozesse und zugehörigen Threads sowie die momentane Taktfrequenz.

- ARBEITSSPEICHER – In dieser Ansicht ist nicht nur zu erkennen, mit wieviel Speicher das System arbeitet, sondern auch, wie der Speicher innerhalb der letzten Minute ausgelastet war.

- ETHERNET – In dieser Ansicht erhalten Sie Details über die Netzwerk-Verbindung des Servers. Hier sehen Sie unter anderem die Auslastung des Netzwerks innerhalb der letzten paar Augenblicke. Außerdem lassen sich hier schnell die IPv4- und die IPv6-Adresse ablesen. Wenn der Server Mitglied einer Domäne ist, können Sie auch den entsprechenden Domänen-Namen erkennen.

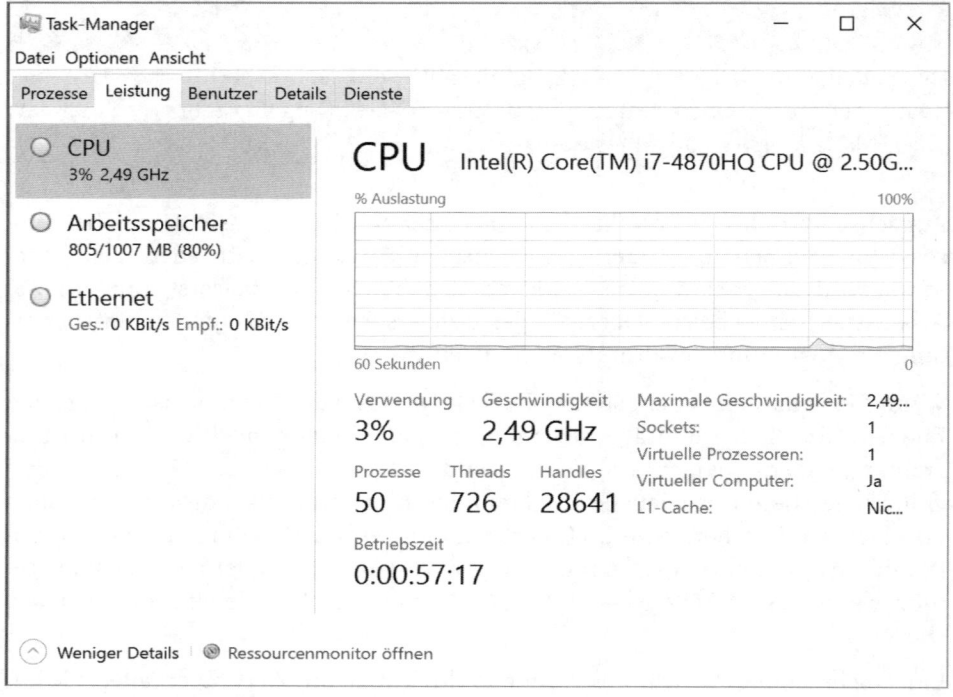

Abb. 8.2: Leistung als Diagramm abrufen

Fassen wir zusammen: Über den Tab LEISTUNG des Task-Managers erhalten Sie als Administrator einen schnellen Überblick über die aktuelle Situation auf dem Server sowie einen Kurzzeit-Verlauf. Dies kann zu Debugging-Zwecken äußerst nützlich sein.

Tipp

Der dargestellte Zeitraum von 60 Sekunden ist nicht für jeden Zweck sinnvoll. Auf Wunsch können Sie daher auch einen kürzeren oder längeren Zeitraum in den Leistungs-Diagrammen darstellen lassen. Klicken Sie dazu oben im Menü auf ANSICHT, zeigen Sie mit der Maus auf AKTUALISIERUNGSGESCHWINDIGKEIT und wählen Sie dann zwischen HOCH, NORMAL, NIEDRIG oder ANGEHALTEN aus. Dadurch lässt sich der dargestellte Zeitraum im Bereich von 4 Minuten bis 30 Sekunden anpassen oder zu Analysezwecken auch einfrieren.

Gerade auf einem Server sind oft mehrere Benutzer gleichzeitig angemeldet. Wenn Sie die Liste der Prozesse eines bestimmten Benutzers abrufen möchten oder herausfinden wollen, welcher Benutzer den Server am stärksten auslastet, wechseln Sie am besten zum Tab BENUTZER. Hier sehen Sie eine Liste aller momentan angemeldeten Benutzer mit den jeweiligen Details zur Auslastung des Prozessors und des Arbeitsspeichers. Im Beispiel laufen für den angemeldeten Benutzer 15 Prozesse.

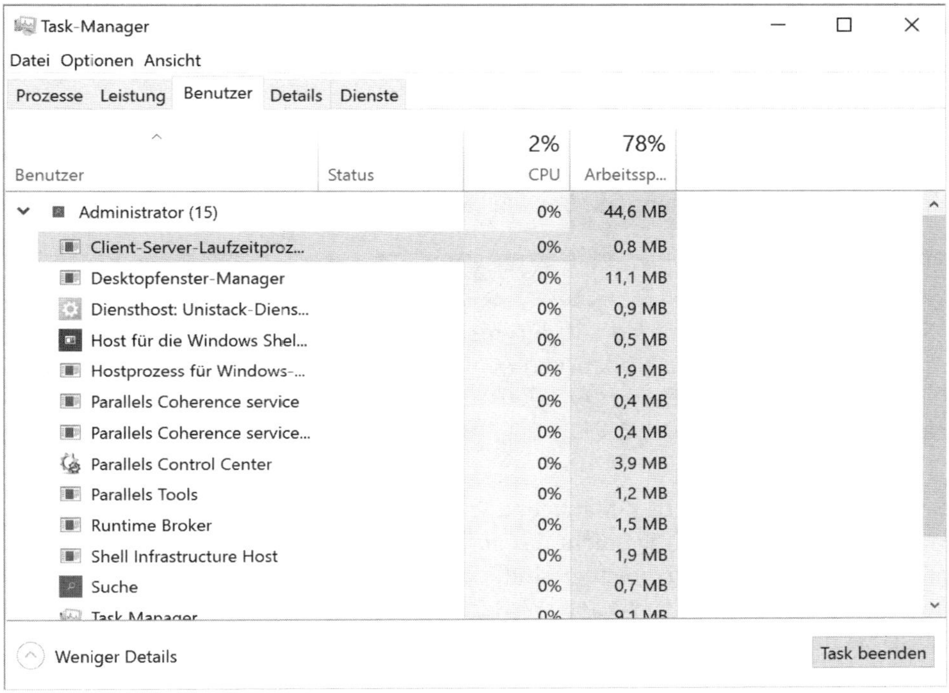

Abb. 8.3: Benutzer-Details im Task-Manager

Tipp

Details über die Prozesse eines Benutzers können Sie einsehen, indem Sie auf der linken Seite der jeweiligen Zeile auf den Pfeil klicken und dadurch die Liste erweitern.

Über die Benutzer-Liste im Task-Manager können Sie Benutzer übrigens auch manuell vom Server trennen. Auf diese Weise lässt sich die Sitzung von Benutzern auf Wunsch beenden. Dazu wird der Benutzer zuerst in der Liste markiert, dann klicken Sie unten rechts in der Ecke auf den Button TRENNEN.

Der Tab, den Sie am weitaus häufigsten gebrauchen werden, ist der Tab namens PROZESSE. Dort finden Sie eine Liste sämtlicher Prozesse, die auf dem Server ausgeführt werden. Hier sehen Sie jede Menge Informationen, etwa den Namen der zugehörigen ausführbaren Datei, die ID des Prozesses (PID), den Namen des

Benutzers, über den der Prozess ausgeführt wird, die nach Prozessen aufgeschlüsselte CPU-Auslastung sowie der belegte Arbeitsspeicher und schließlich eine Beschreibung der jeweiligen ausführbaren Datei.

Über die Detail-Ansicht können Sie zum Beispiel schnell erkennen, wenn ein Prozess den Server über den Maßen ausgelastet – etwa, weil sich der Prozess »aufgehängt hat«, also nicht mehr reagiert. Sortieren Sie die Tabelle dazu nach der Spalte CPU, sodass die Einträge mit den höchsten Ziffern oben stehen.

Haben wir über die Detail-Ansicht festgestellt, dass einer der ausgeführten Prozesse nicht mehr reagiert, lässt er sich über einen Rechtsklick auch gleich beenden. Dazu im Kontextmenü auf TASK BEENDEN klicken.

Tipp

Sie wissen nicht genau, wo auf der Festplatte die ausführbare Datei eines bestimmten Prozesses zu finden ist? Kein Problem, der Task-Manager weiß Bescheid: Einfach mit der rechten Maustaste auf den jeweiligen Prozess klicken und dann den DATEIPFAD ÖFFNEN.

Schließlich enthält der Task-Manager auch eine Liste der System-Dienste des Servers. Hierüber erkennen Sie nicht nur auf den ersten Blick, welche Dienste aktuell ausgeführt werden oder beendet sind, sondern können diese auf Wunsch auch starten, anhalten oder neu starten. Weitere Informationen über Dienste finden Sie übrigens in Kapitel 3.

Wir stellen fest: Über den Task-Manager lassen sich die Prozesse und Dienste auf Ihrem Windows-Server verwalten. Allerdings gibt es auch Situationen, bei denen die Nutzung des Task-Managers zur Lösung des Problems nicht ausreicht.

8.2 Leistung genauer überwachen

Schon seit Windows 2000 lässt sich die Leistung von Servern effektiv mit der Leistungsüberwachung im Auge behalten. So wurde die Überwachung der Leistung von Servern eine zentrale Komponente des IT-Arsenals für Administratoren aus aller Welt. Mithilfe der Leistungsüberwachung können Sie Ihr System in Echtzeit überwachen oder alternativ Protokoll-Dateien erstellen, mit denen Sie Änderungen an der Performance über einen längeren Zeitraum überwachen können.

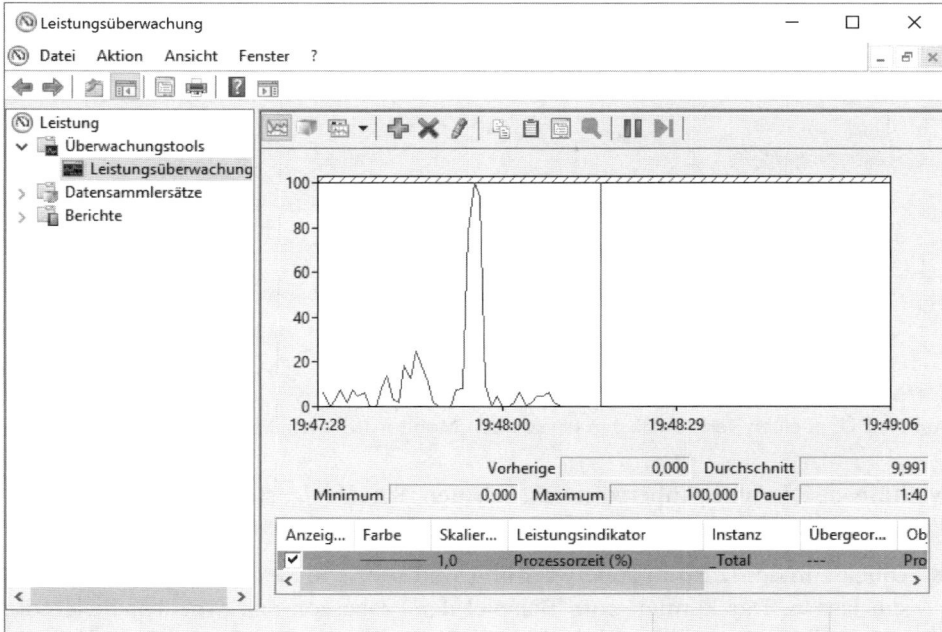

Abb. 8.4: Diagramm der Leistungsüberwachung

Nach dem Start der Leistungsüberwachung – etwa über den Server-Manager – erhalten Sie ein zweigeteiltes Fenster: Auf der linken Seite werden sämtliche Tools angezeigt, die Ihnen dieses Snap-in bereitstellt. Im mittleren Bereich des Fensters erscheint standardmäßig die System-Zusammenfassung. Dabei werden die vier Haupt-Ressourcen (Arbeitsspeicher, Netzwerk-Schnittstelle, physikalische Festplatte und Prozessor) in Echtzeit überwacht, wobei Sie die Details der jeweiligen Leistungs-Daten anhand von Messwerten direkt erkennen können.

Eine Kern-Funktion der Leistungsüberwachung sind die sogenannten Datensammlersätze. Damit können Sie wichtige Leistungsdaten Ihres Systems nach Diagnose- und Leistungs-Kategorie erfassen und anzeigen.

Innerhalb der Leistungsüberwachung haben Sie Zugriff auf verschiedene Überwachungstools. Standardmäßig wird die normale Leistungsüberwachung angezeigt. Wenn Sie mit der rechten Maustaste auf den Eintrag ÜBERWACHUNGSTOOLS klicken, haben Sie dort allerdings auch Zugriff auf den Ressourcen-Monitor und die Option zur Anzeige der Zuverlässigkeit des Systems.

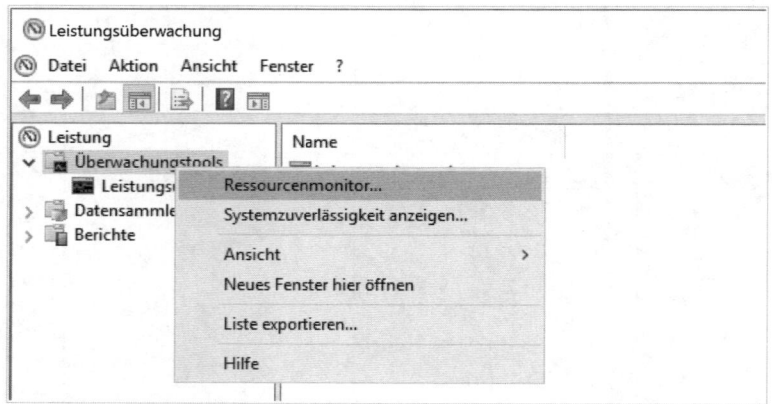

Abb. 8.5: Über einen Rechtsklick den Ressourcen-Monitor starten

Mithilfe der Leistungsüberwachung können Sie die Leistung eines Servers in Echtzeit im Blick behalten. Dazu werden Objekte und Messwerte verwendet:

- **Objekte** in der Leistungsüberwachung sind spezielle Ressourcen, die sich messen lassen. Das können zum Beispiel der Prozessor, der Arbeitsspeicher, die Netzwerk-Schnittstelle und die physikalische Festplatte sein.

- **Messwerte** sind die einzelnen Ergebnisse, die innerhalb eines Objekts erfasst werden. Beispielsweise enthält das Objekt *Prozessor* Messwerte für den Prozentwert der Prozessor-Zeit, Prozentwert der Benutzer-Zeit sowie die Unterbrechungen pro Sekunde.

Über die Leistungsüberwachung erfassten Messwerte werden in der gesamten Reihe der Leistungsüberwachungs-Tools verwendet, einschließlich der Datensammlersätze.

8.2.1 Ressourcenmonitor

Im Hintergrund läuft permanent der Ressourcenmonitor und erfasst die Messwerte der vier Haupt-Ressourcen Ihres Windows-Servers. Der Ressourcenmonitor lässt sich entweder über die Leistungsüberwachung oder über den Task-Manager aufrufen. Nach dem Start des Programms sehen Sie ein Fenster ähnlich wie das in Abbildung 8.5.

Auf der Seite ÜBERSICHT sind auf der linken Seite Details zu jeder der vier wichtigsten Ressourcen sichtbar. In der rechten Spalte wird für jeden dieser Bereiche ein eigenes Diagramm dargestellt, das automatisch aktualisiert wird und standardmäßig Daten aus den letzten 60 Sekunden anzeigt.

Um weitere Details über den Prozessor, den Arbeitsspeicher, die Festplatte oder das Netzwerk in Erfahrung zu bringen, schalten Sie oben vom Tab ÜBERSICHT zu einem der vier anderen Tabs weiter.

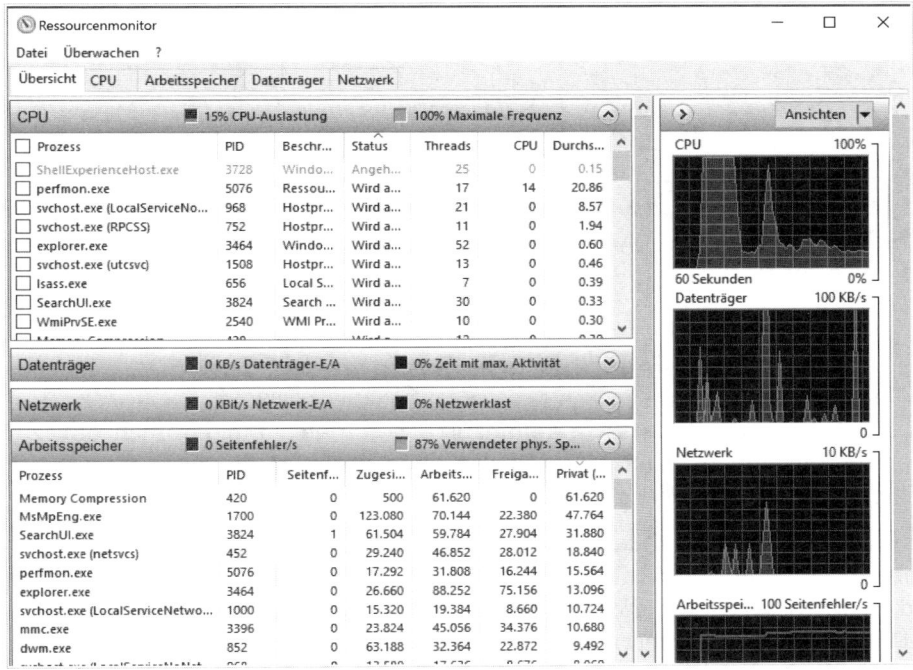

Abb. 8.6: Der Ressourcenmonitor nach dem Start

Eine der praktischen Funktionen des Ressourcenmonitors besteht darin, dass die Ergebnisse nach bestimmten Prozessen oder Diensten gefiltert werden können. Wenn Sie sich beispielsweise für die Auslastung durch ein bestimmtes Programm interessieren, wählen Sie den Prozess dieses Programms aus und können sofort die zugehörige Auslastung, beispielsweise auf den Prozessor, erkennen.

Über den Ressourcenmonitor lässt sich auch herausfinden, welche Prozesse eine Datei oder eine Bibliothek sperren. Beispielsweise verhindert Malware, dass eine Datei gelöscht wird, indem sie gesperrt wird. Wenn Sie dann versuchen, die schädliche Datei vom System zu entfernen, beschwert sich das System darüber, dass die Datei gesperrt ist und sie deswegen nicht gelöscht werden kann. Über den Ressourcenmonitor können Sie in so einem Fall mehr Details über den Grund der Sperrung erfahren:

1. Schalten Sie zum Tab CPU und öffnen Sie dort den Bereich ZUGEORDNETE HANDLES.

2. Über das Suchfeld in der Kopfleiste dieses Bereichs können Sie nach einzelnen Dateien suchen. So erkennen Sie dann auf Anhieb, welcher Prozess die Datei sperrt.

3. Nachdem der Prozess über einen Rechtsklick beendet wurde, lässt sich die Datei ohne Probleme vom System entfernen.

Vorsicht

Werden Prozesse auf diese Art vorzeitig beendet, kann das System instabil werden. Ein Prozess sollte daher nur als letzter Ausweg beendet werden. Manchmal ist das erzwungene Beenden von Prozessen eine gute Lösung, allerdings nicht eine gute Erstlösung. Zudem verfügen einige Prozesse über eine automatische Neustart-Funktion für den Fall, dass sie unerwartet beendet werden. Dies ist zum Beispiel bei einigen System-Ressourcen und leider auch bei einigen schädlichen Programmen der Fall.

8.3 Blick unter die Haube: die Sysinternals Tools

Zur Verwaltung von Prozessen, automatisch gestarteten Programmen und zur Steuerung von anderen Computern über die Kommando-Zeile sollten Sie sich mit den Sysinternals Tools vertraut machen.

Natürlich gibt es viele andere Administrator-Tools, entweder in Windows integriert, kostenlos aus dem Internet zu laden sowie als Kauf-Software – doch keine sind so unerlässlich wie die Sysinternals Tools. Dabei handelt es sich um ein umfassendes Set kostenloser Tools für fast jede Administrator-Aufgabe: von der Überwachung oder dem Starten von Prozessen bis zur Analyse der Dateien und Registrierungs-Schlüssel, auf die Programme zugreifen.

Abb. 8.7: Sysinternals auf Microsoft TechNet

Sehen wir uns die einzelnen Programme der Sysinternals Tools genauer an, sodass Sie mit ihren Funktionen vertraut werden. Einiges davon mag sich am Anfang zwar kompliziert anhören, doch Sie werden schnell sehen, wie nützlich diese Tools sind.

8.3.1 Was sind die Sysinternals Tools?

Bei den Sysinternals Tools handelt es sich um eine Reihe von Windows-Programmen, die sich kostenlos von der Microsoft-Website herunterladen lassen. Alle Tools lassen sich portabel ausführen, Sie müssen sie also nicht zuerst installieren, so können Sie sie beispielsweise auf einen USB-Stick speichern und dann von jedem Computer aus verwenden. Sie lassen sich sogar ganz ohne Download verwenden – möglich macht's die Funktion Sysinternals Live (dazu gleich mehr).

Web

Die Windows Sysinternals Tools stehen unter der folgenden Adresse bereit:

`http://technet.microsoft.com/de-de/sysinternals`

Die Tools enthalten Programme wie den *Process Explorer*, der an den Task-Manager erinnert, aber über viele Extra-Funktionen verfügt, und den *Process Monitor*, der Ihren Server auf Aktivität im Dateisystem, in der Registrierung sowie im Netzwerk überwacht – und das für fast jeden Prozess auf Ihrem System.

Hinweis

Für die meisten Tools benötigen Sie Administrator-Zugriff auf Ihren Server. Für die ersten Schritte mit den Sysinternals Tools empfiehlt es sich daher, diese in einer virtuellen Maschine auszuprobieren, um sich mit ihrer Funktionsweise vertraut zu machen.

Beispiel

Nehmen wir an, Sie haben einen wirklich langsamen Server und müssen die Ursache herausfinden. Dazu möchten Sie die Threads eines bestimmten Programms untersuchen und dann nachsehen, welche Bibliotheken und Funktionen aufgerufen werden. Mit *Process Explorer* wird das ein Kinderspiel: Sie klicken einfach doppelt auf den gewünschten Prozess, schalten zum Tab THREADS und klicken dann auf den Button STACK.

8.3.2   Ausführen der Tools über Sysinternals Live

Wenn Sie die Sysinternals Tools nicht erst herunterladen möchten, können Sie sich auch direkt über das Internet ausführen. Dazu gehen Sie wie folgt vor:

1. Klicken Sie mit der rechten Maustaste auf den START-Button.
2. Im angezeigten Menü wählen Sie den Eintrag AUSFÜHREN.
3. Geben Sie jetzt Folgendes in das Dialogfeld AUSFÜHREN ein:
   `\\live.sysinternals.com`
4. Anschließend folgt ein Klick auf OK.
5. Daraufhin öffnet sich ein neues Explorer-Fenster, in dem die Inhalte der Freigabe sichtbar sind.
6. Öffnen Sie jetzt den Ordner TOOLS.
7. In diesem Ordner finden Sie eine Reihe ausführbarer Dateien – jede davon stellt ein einzelnes Tool der Sysinternals dar.

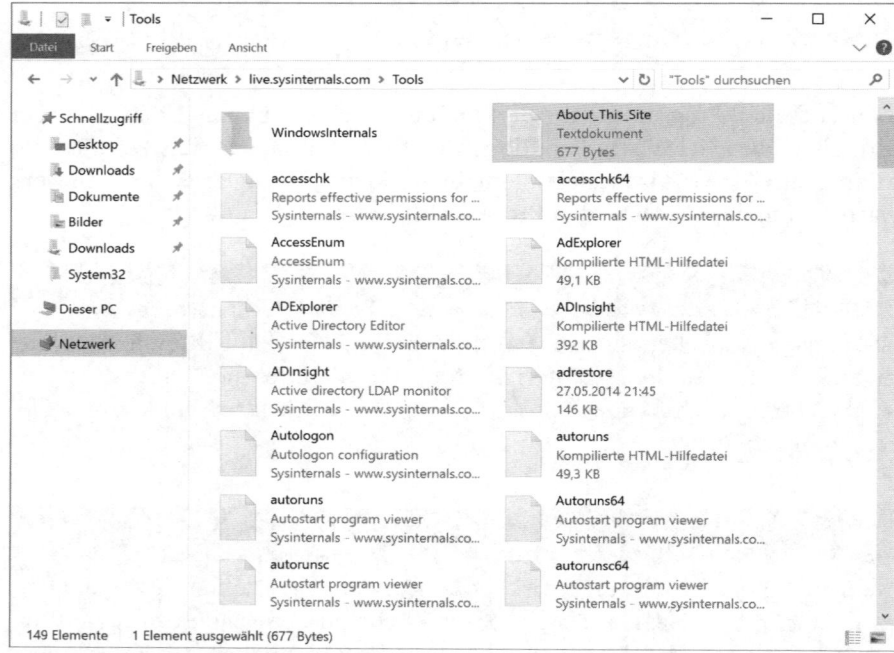

Abb. 8.8: Sysinternals Live als Netzwerk-Freigabe

8.3.3   Die einzelnen Tools der Sysinternals

Wir können hier zwar nicht detailliert beschreiben, wie die Tools der Sysinternals-Suite funktionieren, aber hier eine Übersicht der einzelnen Programme dieser Software-Sammlung:

- Zur Anzeige von Benutzer-Rechten und -Privilegien eignen sich **AccessChk** und **AccessEnum**.

- Active-Directory-Objekte lassen sich mit **AdExplorer** anzeigen und bearbeiten.

- **LogonSessions** ermöglicht die Anzeige aktiver Anmelde-Sitzungen und der zugehörigen Prozesse.

- **Process Explorer** dient wie gesagt dazu, Windows-Prozesse zu analysieren und nicht mehr reagierende Prozesse zu beenden.

- **PsLoggedOn** ermöglicht die Ansicht von Benutzern, die in lokalen und Remote-Sitzungen angemeldet sind.

- Mit **TCPView** können Sie herausfinden, welche Programme bestimmte TCP- und UDP-Verbindungen nutzen.

- **VMMap** dient zur Analyse der virtuellen und physikalischen Speicher-Auslastung verdächtiger Prozesse.

8.4   Server-Status in der PowerShell aufführen

Bei einer regelmäßigen und umfassenden Bestandsaufnahme aller Server im Netzwerk, die Sie verwalten, können Sie Probleme schneller lösen und viele Fragen aus der Management-Abteilung schneller beantworten. Werden diese Berichte innerhalb eines gewissen Zeitraums wiederholt erstellt, können Sie damit auch Trends erkennen und so beispielsweise herausfinden, wie sich die Nutzung des Speicherplatzes entwickelt. So können Sie potentielle Probleme schon erkennen, bevor sie auftreten. Eine solche Bestandsaufnahme lässt sich am einfachsten mithilfe der PowerShell erledigen.

> **Beispiel**
>
> Mit der Zeit werden immer mehr Daten in der Datenbank und den Protokoll-Dateien gespeichert. So werden diese immer größer. Wenn Sie den von Datenbanken belegten Speicherplatz zusammenrechnen und mit dem verfügbaren Speicher auf den Laufwerken vergleichen, wissen Sie im Voraus, wann zusätzlicher Speicherplatz nachgerüstet werden muss.

Mithilfe der PowerShell ist es leicht, Abfragen an das sogenannte WMI-System zu richten. Auf diese Weise können Sie wichtige Informationen über die vorhandenen Server ermitteln. Beispielsweise können wir den Namen, das Modell, den Hersteller und den Domänennamen, das Betriebssystem, dessen Version, den freien Arbeitsspeicher, Informationen über das installierte Service Pack, die Konfiguration der Festplatten, die Größe der Laufwerke sowie den freien Speicherplatz auf jeder Partition ermitteln.

Sehen wir uns jetzt einige Beispiele dazu an.

8.4.1 Herausfinden, ob Server online sind

Der erste WMI-Befehl, den wir nutzen werden, heißt `Win32_PingStatus`. Damit wird versucht, jeden angegebenen Server im Netzwerk zu erreichen. Anschließend wird eine Ergebnis-Liste inklusive eines Status-Codes für jeden Server zurückgegeben. Lautet der Wert dieser Status-Eigenschaft null, hat der Server erfolgreich geantwortet und wir wissen, dass wir mit ihm kommunizieren können.

Zur Nutzung dieses Kommandos erstellen wir zunächst eine neue Text-Datei, die die Namen der Server enthält, die in unserer Bestandsaufnahme aufgenommen werden sollen. Wir schreiben dabei jeden Server-Namen in eine eigene Zeile.

Beispiel

```
DATA01
BACKUPROOT
MIRROR13
```

Anschließend speichern wir diese Datei unter dem Namen `servers.txt`.

Nun können wir ein PowerShell-Skript verfassen, ähnlich wie das folgende:

```
1   $servers = Get-Content 'servers.txt'
2   ForEach-Object ($server in $servers) {
3     # Server anpingen, um zu sehen,
4     # ob er im Netzwerk erreichbar ist
5     $results = Get-WMIObject -query
         "select StatusCode from Win32_PingStatus
         where Address = '$server'"
6     $responds = $false
7     ForEach-Object ($result in $results) {
8       # Wenn der Server antwortet,
9       # Schleife verlassen und Erfolg melden
10      if ($result.statuscode -eq 0) {
11        $responds = $true
12        break
13      }
14    }
15    If ($responds) {
16      # Server-Info abrufen, da er antwortet
17      Write-Output "$server antwortet"
18    } else {
```

```
19      # Keine Verbindung möglich
20      Write-Output "$server antwortet nicht"
21    }
22  }
```

In der ersten Zeile des Skripts wird der Inhalt der Datei `servers.txt` in die Variable namens *$servers* eingelesen. Damit haben wir eine Sammlung der Zeilen in der Text-Datei und können jetzt jede Zeile, also jeden Server, einzeln bearbeiten.

So erhalten wir eine Sammlung der Zeilen in der Text-Datei und können sie mit einer Schleife durchgehen, wie in Zeile 2 zu sehen. Dann stellen wir für jeden Server eine WMI-Abfrage und speichern das Ergebnis in der Variablen *$results*. Zum Schluss prüfen wir, ob das Ergebnis positiv oder negativ ausgefallen ist.

Im Ergebnis erhalten wir zum Beispiel folgende Ausgabe:

```
DATA01 antwortet nicht
BACKUPROOT antwortet
MIRROR13 antwortet nicht
```

8.4.2 Informationen von einem Server abrufen

Nachdem wir festgestellt haben, ob ein bestimmter Server erreichbar ist, möchten wir als nächstes einige System-Informationen von jedem Server abrufen. Diese sollen Teil unserer Bestandsaufnahme werden.

Mithilfe von PowerShell-Funktionen lässt sich die ausgeführte Arbeit eines Skripts genauer kontrollieren, als wenn wir direkt Cmdlets in unserer Datei verwenden würden. Für unser Beispiel erstellen wir uns eine Funktion namens `GetWMIInfo`. Innerhalb dieser Funktion werden wir verschiedene WMI-Klassen zum Abruf unterschiedlicher System-Informationen nutzen:

- `Win32_ComputerSystem` liefert uns Informationen über die Hardware, darunter der Name und das Modell des Servers, die Anzahl der Prozessoren usw.
- `Win32_OperatingSystem` stellt Informationen über das Betriebssystem, etwa den Typ, das installierte Service Pack und weitere Daten bereit.
- `Win32_PhysicalMemory` gibt uns Details über den tatsächlichen Arbeitsspeicher im Gerät, darunter zum Beispiel die Größe des RAM.
- `Win32_LogicalDisk` stellt Details über lokale Speicher-Geräte zur Verfügung – etwa die Größe von Festplatten, wieviel Speicherplatz frei ist und vieles mehr.

Zuerst erstellen wir auf der Festplatte einen Ordner mit dem Namen des Servers innerhalb des aktuellen Verzeichnisses. In diesem Ordner werden wir die Ergebnisse unserer Bestandsaufnahme speichern. Anschließend rufen wir unsere selbst erstellte Funktion `GetWMIInfo` auf und übergeben ihr den Namen des Servers, zu dem wir uns verbinden möchten.

```
1   # Herausfinden, ob für diesen Server
2   # ein Ordner existiert, sonst anlegen
3   if (!(Test-Path -path .\$server)) {
4     New-Item .\$server\ -type directory
5   }
6   # Server-Info abrufen
7   getwmiinfo $server
```

Sehen wir uns jetzt im Detail an, was diese Funktion leistet.

Hinweis

In Ihrem Skript muss die Definition der Funktion `GetWMIInfo` vor ihrem oben zitierten Aufruf stehen, da die PowerShell Ihr Skript der Reihe nach von oben nach unten liest und sonst nicht weiß, was die Funktion tun soll.

```
1   function getwmiinfo ($svr) {
2     # Informationen über den Server abrufen
3     # und in eine CSV-Datei schreiben
4     gwmi -query "select * from
        Win32_ComputerSystem" -computername $svr |
        select Name, Model, Manufacturer,
        Description, DNSHostName, Domain,
        DomainRole, PartOfDomain,
        NumberOfProcessors, SystemType,
        TotalPhysicalMemory, UserName,
        Workgroup | export-csv -path
        .\$svr\BOX_ComputerSystem.csv -noType
5
6     # Infos über das Betriebssystem abrufen
7     # und in eine CSV-Datei schreiben
8     gwmi -query "select * from
        Win32_OperatingSystem" -computername $svr |
        select Name, Version, FreePhysicalMemory,
        OSLanguage, OSProductSuite, OSType,
        ServicePackMajorVersion,
```

```
      ServicePackMinorVersion |
      export-csv -path
      .\$svr\BOX_OperatingSystem.csv -noType
9
10    # Daten über den Arbeitsspeicher abrufen
11    # und in eine CSV-Datei schreiben
12    gwmi -query "select * from
      Win32_PhysicalMemory" -computername $svr |
      select Name, Capacity, DeviceLocator, Tag |
      export-csv -path
      .\$svr\BOX_PhysicalMemory.csv -noType
13
14    # Informationen über die Festplatten abrufen
15    # und in eine CSV-Datei schreiben
16    gwmi -query "select * from Win32_LogicalDisk
      where DriveType=3" -computername $svr |
      select Name, FreeSpace, Size |
      export-csv -path
      .\$svr\BOX_LogicalDisk.csv -noType
17  }
```

Hier wird jeweils eine WMI-Abfrage ausgeführt und die gewünschten Felder werden aus der Ergebnis-Liste ausgelesen. Zum Schluss werden diese Daten als CSV (durch Kommata getrennte Werte) exportiert.

Hinweis

Beim Abruf der Laufwerk-Informationen interessieren uns nur Daten über lokal verbundene Laufwerke. So werden Netz-Laufwerke und CD-/DVD-Laufwerke übersprungen.

Wie wir gesehen haben, ist es mit einem PowerShell-Skript ein leichtes, Bestands-Informationen von allen Ihren Servern durch einmaliges Ausführen eines Skripts zu ermitteln. Dazu werden diese Daten nicht nur in einem Rutsch erfasst, sondern auch gleich in einen zentralen Ordner zusammengefügt. Anschließend lassen sich die Informationen über die Server etwa in Excel oder in eine Datenbank einlesen.

Eine umfassende Bestands-Liste der Server, die Sie verwalten, ist unerlässlich zur Lösung von Problemen oder Beantwortung von Fragen von Benutzern oder der Management-Abteilung. Zudem können Sie damit schnell erfassen und prognostizieren, wie sich der Speicherplatz auf einem Server entwickelt. So können Sie schon aktiv werden, bevor Probleme entstehen.

8.5   Laufwerke verwalten

Zur Verwaltung der Festplatten eines Windows-Servers können Sie ein integriertes Windows-Tool verwenden, nämlich die Datenträger-Verwaltung. Die Datenträger-Verwaltung lässt sich auf mehreren Wegen starten:

- Sie können mit der rechten Maustaste auf den START-Button klicken und im Kontextmenü den Eintrag DATENTRÄGER-VERWALTUNG auswählen.
- Alternativ dazu drücken Sie die [⊞]+[R]-Taste, geben diskmgmt.msc ein und bestätigen durch Klick auf OK.
- Zudem ist die Datenträger-Verwaltung auch über den Server-Manager zu erreichen, und zwar dort über das TOOLS-Menü in der oberen rechten Ecke des Fensters. Hier wählen Sie zunächst die COMPUTER-VERWALTUNG aus und können dann im neu geöffneten Fenster über die linke Spalte zur DATENTRÄGER-VERWALTUNG navigieren.

8.5.1   Übersicht über die Datenträger-Verwaltung

Das Fenster der Datenträger-Verwaltung gliedert sich in zwei Hauptbereiche:

- Im oberen Bereich finden Sie eine tabellarische Auflistung aller Laufwerke auf dem Server. Hier erkennen Sie auf den ersten Blick, welchen Buchstaben jedes Laufwerk hat, wie groß es ist, wieviel Speicherplatz belegt und wieviel noch frei ist.
- Darunter sehen Sie eine grafische Illustration, in der Sie erkennen können, wie sich die Partitionen auf die physikalischen Festplatten verteilen.

Mit der Datenträger-Verwaltung lassen sich unter anderem folgende Aufgaben ausführen:

- Verbinden und Initialisieren von Laufwerken
- Erstellen einer neuen Partition
- Formatieren eines Volumes oder einer Partition mit einem Dateisystem
- Leere Datenträger auf ein anderes Partitions-Schema umstellen
- Erweitern oder Verkleinern von NTFS-Volumen oder -Partitionen

Im Fenster der Datenträger-Verwaltung können Sie mit der rechten Maustaste auf ein Laufwerk oder eine Partition klicken. Daraufhin sehen Sie ein Menü, in dem alle verfügbaren Optionen für das ausgewählte Element aufgelistet sind.

Tipp

Die meisten Vorgänge in der Datenträger-Verwaltung lassen sich ohne einen Neustart oder Unterbrechung von Diensten durchführen.

8.5.2 Partition verkleinern

Sehen wir uns ein Beispiel an, wie sich eine Partition verkleinern lässt, um dahinter Platz für eine weitere Partition zu schaffen:

1. Klicken Sie in der Datenträger-Verwaltung zunächst mit der rechten Maustaste auf eine Partition und wählen Sie im Menü dann die Funktion VOLUME VERKLEINERN aus.

2. Geben Sie jetzt die gewünschte Menge an Speicherplatz ein, die nach der Verkleinerung des Volumes übrig bleiben soll. Bestätigen Sie Ihre Eingabe durch Klick auf OK.

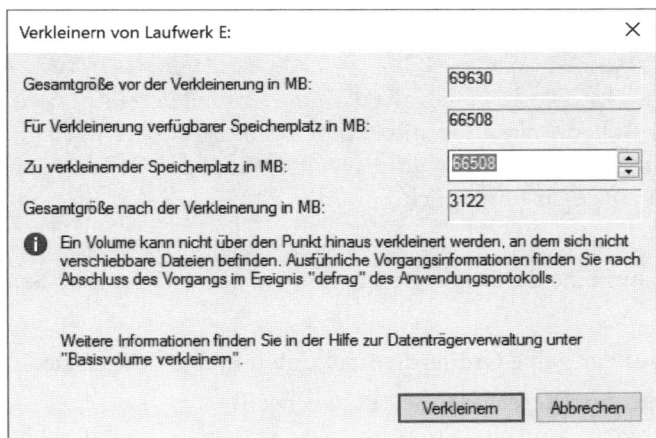

Abb. 8.9: Partition verkleinern

Dadurch wird hinter dem Volumen ein Bereich mit nicht zugeordnetem Speicherplatz sichtbar, der sich für andere Zwecke einsetzen lässt, etwa zum Erstellen einer weiteren Partition.

(C:)	EineZweitePartition (E:)	10,00 GB
59,45 GB NTFS	58,00 GB NTFS	Nicht zugeordnet
Fehlerfrei (Startpartition, At	Fehlerfrei (Primäre Partitior	

Abb. 8.10: Nicht zugeordneter Speicher hinter der Partition

8.5.3 Partition vergrößern

Genauso einfach wie das Verkleinern einer Partition ist auch deren Vergrößerung. Dazu klicken Sie mit der rechten Maustaste auf die Partition, die vergrößert werden soll, und rufen dann die entsprechende Funktion im Menü auf.

Hinweis

Damit eine Partition über die Datenträger-Verwaltung vergrößert werden kann, muss ein zusammenhängender freier Speicherplatz auf der rechten Seite sichtbar sein.

8.5.4 Laufwerk formatieren

Bevor sich ein Laufwerk bzw. eine Partition zum Speichern von Daten einsetzen lässt, muss es zunächst mit einem Dateisystem ausgestattet werden. Dieser Vorgang nennt sich Formatierung.

Vorsicht

Bei der Formatierung eines Laufwerks gehen alle darauf eventuell bereits gespeicherten Daten verloren. Daher sollten sie unbedingt zuvor gesichert werden. Nachdem die Formatierung durchgeführt wurde, ist eine Wiederherstellung der Daten schwierig, wenn nicht sogar unmöglich.

Hier die nötigen Schritte, um eine der Daten-Partitionen auf einem Windows-Server zu formatieren:

1. Klicken Sie zunächst auf das gelbe Ordner-Symbol unten in der Task-Leiste.
2. Jetzt in der linken Spalte zum Bereich DIESER PC wechseln.
3. Mit der rechten Maustaste auf die Daten-Partition klicken, die formatiert werden soll und deren Daten gelöscht werden sollen.
4. Im Menü folgt der Aufruf der Funktion FORMATIEREN...
5. Sie sehen daraufhin ein Dialogfeld, in dem sowohl die Speicher-Kapazität als auch das Ziel-Dateisystem sowie der Name des Volumens angegeben sind (Abbildung 8.11).
6. Geben Sie jetzt die gewünschte Bezeichnung für das Laufwerk ein und aktivieren Sie die Option SCHNELL-FORMATIERUNG.
7. Klicken Sie nun unten auf STARTEN. Die Formatierung wird dann innerhalb von wenigen Augenblicken durchgeführt.

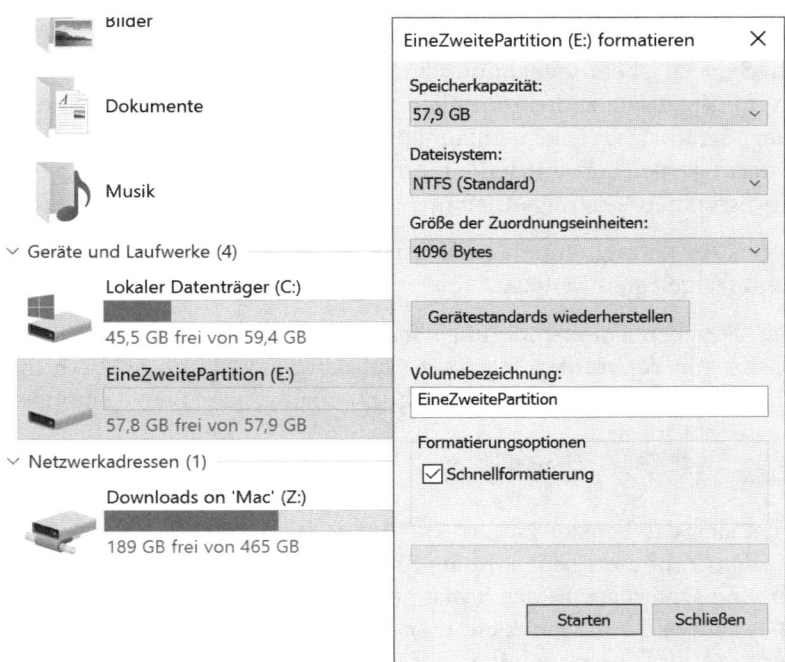

Abb. 8.11: Datenträger formatieren

8.5.5 Defragmentierung – das steckt dahinter

In klassischen Festplatten finden sich Platten, auf denen die Daten an verschiedenen Stellen in dieser Platte gespeichert werden. Wenn der Server Daten auf die Festplatte schreibt, werden diese in Blöcken geschrieben, die sequenziell, also der Reihe nach von einer Seite der Platte des Laufwerks auf die andere Seite geschrieben werden. Die Daten werden dann fragmentiert, also in mehrere Teile aufgespaltet, wenn Dateien in mehreren Blöcken gespeichert werden, die weit auseinanderliegen. Der Nachteil: der Lesekopf der Festplatte muss dann weite Strecken zurücklegen, um die gesamte Datei einzulesen. Das Laufwerk wird langsam.

Bei der Defragmentierung werden diese Blöcke wieder in ihre korrekte Reihenfolge versetzt, sodass der Lesekopf nicht auf der gesamten Platte hin und her fahren muss, um die Datei einzulesen.

Defragmentierung – wann sinnvoll

Durch die Fragmentierung wird Ihr Server nicht so viel langsamer wie früher – zumindest nicht, wenn er nicht sehr fragmentiert ist. Allerdings ist eine Defragmentierung in vielen Fällen dennoch nützlich. Es kann jedoch sein, dass Ihr Server dies bereits automatisch durchführt.

Solid-State-Laufwerke: keine Defragmentierung nötig

In immer mehr Servern ist ein sogenanntes SSD-Laufwerk integriert. Solche Laufwerke müssen im Gegensatz zu herkömmlichen Festplatten nicht defragmentiert werden. Das liegt daran, dass sie keine magnetischen Platten enthalten, auf denen Daten weit entfernt gespeichert werden könnten. Somit erreichen Sie durch eine Defragmentierung keinen Leistungs-Gewinn.

Windows Server 2016 defragmentiert herkömmliche Festplatten bereits automatisch nach einem festgelegten Zeitplan.

Einblick in den aktuellen Fragmentierungs-Status Ihrer Laufwerke erhalten Sie, wenn Sie zunächst mit der rechten Maustaste auf den START-Button klicken und dann den Eintrag AUSFÜHREN auswählen. Anschließend folgenden Befehl eintippen:

```
dfrgui  Enter
```

Daraufhin öffnet sich das Fenster LAUFWERKE OPTIMIEREN, in dem Sie eine Liste aller Laufwerke des Computers sehen. In der Spalte AKTUELLER STATUS wird dabei angegeben, ob eine Optimierung des jeweiligen Laufwerks erforderlich ist oder nicht. Einzelne Laufwerke lassen sich hier defragmentieren, indem Sie sie zunächst in der Liste markieren und dann auf den Button OPTIMIEREN klicken.

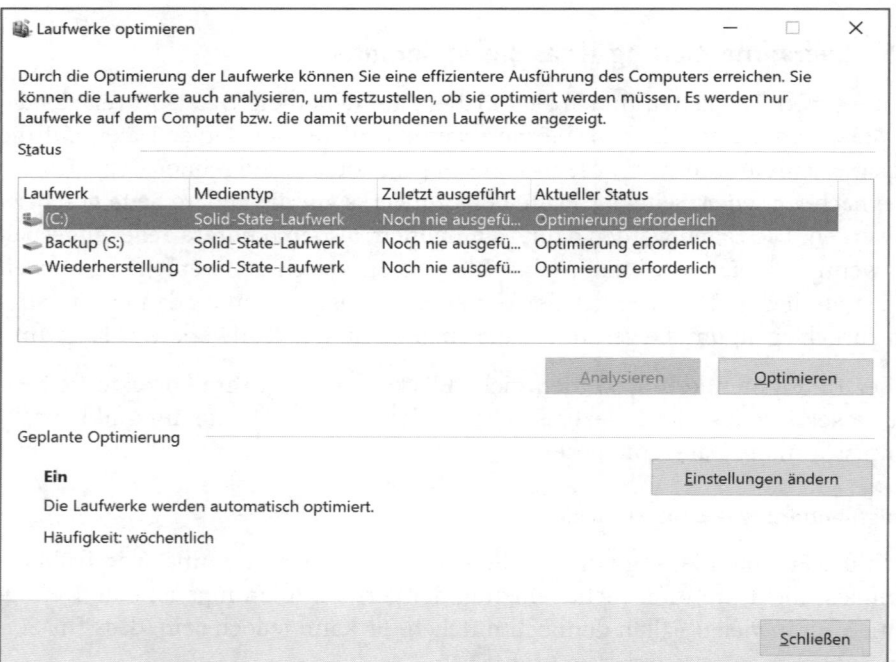

Abb. 8.12: Laufwerke optimieren

Wie bereits erwähnt, werden die Laufwerke von Windows auch automatisch defragmentiert. Im unteren Bereich des Fensters LAUFWERKE OPTIMIEREN sehen Sie den dazugehörigen Zeitplan und können diesen auf Wunsch auch beeinflussen. Standardmäßig werden die Laufwerke einmal pro Woche optimiert.

8.6   Speicherplätze

Nicht immer ist die Nutzung von herkömmlichen Festplatten oder SSD-Laufwerken flexibel genug für die Anforderungen an moderne Server. Diesen Problemen können Sie als Administrator unter anderem durch die Nutzung von Speicherplätzen begegnen.

8.6.1   Was sind Speicherplätze?

Technisch gesehen sind Speicherplätze virtuelle Laufwerke, die im Explorer aber als normaler Speicher angezeigt werden. Mit Speicherplätze lassen sich unterschiedliche Laufwerk-Typen, etwa herkömmliche Festplatten sowie SSD-Laufwerke, in einem einzigen Speicherpool zusammenfassen, der dann zur Erstellung von Speicherplätzen genutzt werden kann. Dabei kann jeder erstellte Speicherplatz kleiner, größer oder gleich groß wie die Menge des verfügbaren tatsächlichen Speichers im Speicherpool sein.

Zur Einrichtung eines Speicherplatzes ist neben der Festplatte, auf der Windows installiert ist, mindestens eine weitere Festplatte nötig.

Sind in Ihrem Server drei Festplatten verbaut, die jeweils eine Kapazität von einem Terabyte haben, können Sie mit zwei davon einen Speicherpool einrichten. Innerhalb dieses Speicherpools lässt sich dann ein virtuelles Laufwerk mit zwei Terabyte Größe erstellen. Sie können auch ein virtuelles Laufwerk mit zehn Terabyte Speicher Größe erstellen – darin lassen sich aber trotzdem natürlich nur zwei Terabyte Speicher nutzen. Sobald dieser Speicher fast voll ist, weist Windows Sie darauf hin, dass weitere Laufwerke hinzugefügt werden müssen, damit weiterhin Daten in diesem Speicherpool abgelegt werden.

8.6.2   Vorteile von Speicherplätzen

Die Nutzung von Speicherplätzen bietet mehrere Vorteile. Beispielsweise können Sie Speicherplätze nutzen, um ein großes Netz-Laufwerk zu erstellen, anstelle mehrere Laufwerke im Netzwerk freizugeben. Oder stellen Sie sich vor, Sie haben mehrere USB-Laufwerke, die an Ihren Server angeschlossen sind, um auf ihnen Daten zu speichern. Mit Speicherplätzen lassen sie sich als ein großes Laufwerk gemeinsam ansprechen. So müssen Sie sich nicht mehr die Frage stellen, auf welchem Laufwerk eine bestimmte Datei abgelegt ist.

8.6.3 Schutz der gespeicherten Daten

Speicherplätze in Windows unterstützen mehrere Wege, die darin enthaltenen Daten zu schützen:

- **Einfach** – Bei einem einfachen Speicherplatz wird genau eine Kopie Ihrer Daten gespeichert, wodurch Sie allerdings nicht vor Ausfällen der Laufwerke geschützt sind. Für diese Option ist mindestens ein Laufwerk erforderlich. Fällt ein beliebiges dieser Laufwerke aus, sind die Daten auf dem Speicherplatz verloren.

- **Zwei-Wege-Spiegelung** – Bei dieser Option werden zwei Kopien Ihrer Daten auf die Laufwerke geschrieben, so sind Sie bei einem Ausfall eines der Laufwerke auf der sicheren Seite. Zum Betrieb einer Zwei-Wege-Spiegelung werden mindestens zwei Laufwerke benötigt.

- **Drei-Wege-Spiegelung** – Ähnlich wie bei der Zwei-Wege-Spiegelung arbeitet auch die Drei-Wege-Spiegelung, hier werden allerdings drei Kopien Ihrer Daten gespeichert. Für diese Option sind daher mindestens drei Laufwerke erforderlich.

- **Parität** – Ähnlich wie bei der Standard-RAID-5-Technologie werden die Daten bei Nutzung der Paritäts-Funktion für den Speicherplatz auf ein Laufwerk geschrieben, wobei Paritäts-Informationen auf den anderen beiden Laufwerken verteilt werden. Für diese Option sind mindestens drei Laufwerke nötig, die Daten sind bei Ausfall eines beliebigen dieser drei Laufwerke geschützt.

Welche dieser Optionen Sie auswählen, hängt davon ab, was Sie erreichen möchten. Wenn Sie nur daran interessiert sind, mehr Speicher zur Verfügung zu haben und Daten schneller speichern zu können, können Sie sich für den einfachen Typ entscheiden. Wenn Ihnen der Schutz der gespeicherten Daten vor Ausfall der Hardware wichtig ist, entscheiden Sie sich für einen der Spiegelungstypen. Denken Sie aber daran: Je mehr Kopien der Daten gespeichert werden, desto mehr Speicher wird benötigt. Wer beide Vorteile nutzen will – mehr Speicher und Datenschutz –, entscheidet sich am besten für die Option Parität.

8.6.4 Speicherplätze einrichten

Zur Einrichtung eines Speicherplatzes auf Ihrem Windows-Server-2016-Server sollten Sie zunächst die gewünschten Laufwerke mit dem Computer verbinden. Anschließend gehen Sie wie folgt vor:

1. Klicken Sie unten links in der Task-Leiste von Windows Server 2016 auf das Lupen-Symbol. Dadurch öffnen Sie die Such-Funktion.

2. Geben Sie jetzt den Begriff Speicherplätze ein und bestätigen Sie die Auswahl durch Druck auf die Eingabe-Taste.

3. Daraufhin öffnet sich die System-Steuerung und zeigt die angeforderte Seite an.

4. Jetzt auf den Link NEUEN POOL UND SPEICHERPLATZ ERSTELLEN klicken.

5. Dann werden Administrator-Rechte angefordert.

6. Jetzt sehen Sie eine Liste aller Laufwerke, die für den neuen Speicherpool eingerichtet werden können. Setzen Sie einen Haken bei jedem Laufwerk, das dafür verwendet werden soll.

7. Anschließend unten auf den Button POOL ERSTELLEN klicken.

8. Nach Anlegen des Speicherpools werden Sie automatisch auf die Seite SPEICHERPLATZ ERSTELLEN weitergeleitet. In Windows Server 2016 sollten Sie sich hier für das Dateisystem REFS entscheiden, denn dadurch wird die Verfügbarkeit der Daten maximiert und das Risiko für Daten-Verlust oder -Ausfall gesenkt. Durch die eingebaute Integritäts-Prüfung der Daten wird mit ReFS sichergestellt, dass diese vor Fehlern geschützt und bei Bedarf jederzeit abrufbar sind.

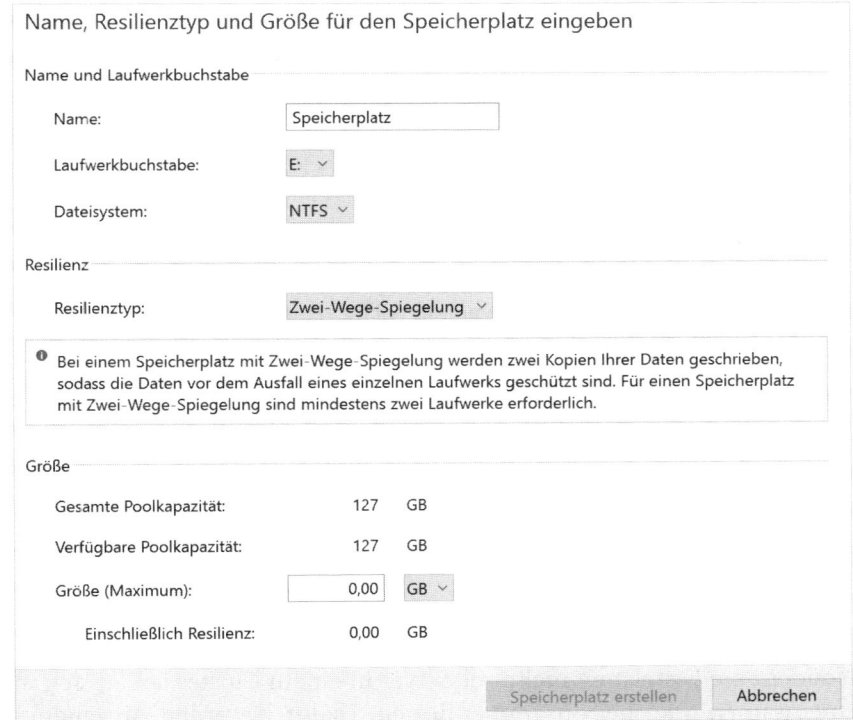

Abb. 8.13: Neuen Speicherplatz erstellen

9. Geben Sie also jetzt einen Namen für den anzulegenden Speicherplatz ein.

10. Wählen Sie darunter den Laufwerk-Buchstaben aus, über den der Speicherplatz im Explorer erreichbar sein soll.

11. Im nächsten Feld stellen Sie den gewünschten Resilienz-Typ ein. Die einzelnen Typen haben wir bereits zuvor erklärt.

12. Schließlich müssen Sie noch die gewünschte Größe für den neu zu erstellenden Speicherplatz eingeben. Hier sehen Sie auf den ersten Blick, wieviel Speicher für die Daten verfügbar ist und wieviel Speicher zum Ablegen der Kopien bzw. Paritäts-Informationen aufgewendet werden wird.

13. Bestätigen Sie das Erstellen des Speicherplatzes nun durch Klick auf den gleichnamigen Button im unteren Teil des Fensters.

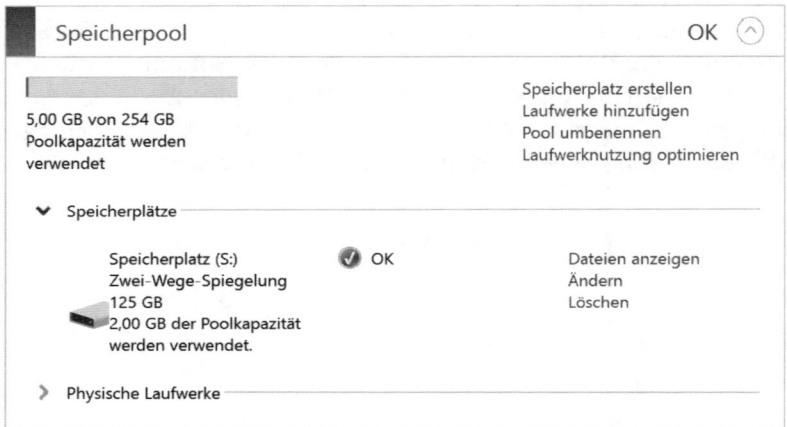

Abb. 8.14: Der neue Speicherplatz ist einsatzbereit

Über den Explorer ist der neu erstellte Speicherplatz jetzt wie ein ganz normales Laufwerk erreichbar, Daten können wie gewohnt darauf gespeichert werden.

Wie wir gesehen haben, handelt es sich bei den Speicherplätzen um virtuelle Laufwerke, die sich auf mehrere physische Datenträger erstrecken können. Der verfügbare Speicher basiert dabei auf Speicherpools, die auf mehrere Festplatten verteilt sind.

8.6.5 Storage Spaces Direct

In Windows Server 2016 gibt es nun erweiterte Funktionen für Speicherplätze. Hier ist nicht nur die Nutzung eines Speicherplatzes auf einem einzelnen Server möglich, sondern die Festplatten mehrerer Server in einem Cluster lassen sich in einem gemeinsamen Speicher zusammenführen. Dadurch werden Anwendungen für Software-definierten Speicher möglich, die bisher nicht realisierbar waren.

Basis für einen *Storage Space Direct* ist die Einrichtung eines herkömmlichen Speicherplatzes innerhalb der System-Steuerung. Anschließend kann dieser Speicher über die Server-Funktion *Speicher-Replikat* auf andere Server im Netzwerk übertragen werden. So kann ein Datenbestand auf mehreren Servern, die sich an beliebigen Standorten in aller Welt befinden können, automatisch synchron gehalten werden.

Tipp

Das Feature *Speicher-Replikat* lässt sich über den Server-Manager hinzufügen. Die benötigten Funktionen lassen sich aber auch über die PowerShell installieren:

```
Install-WindowsFeature -Name File-Services,
    Failover-Clustering -IncludeManagementTools
Enter
```

Zum Testen von Storage Spaces Direct mit Windows Server 2016 benötigen Sie als Administrator eine Active-Directory-Domäne. Zur Einrichtung eines Storage Space Direct werden dann mindestens vier Server benötigt, die in einem Cluster zusammengeschaltet sind.

Über einen Blick in die Datenträger-Verwaltung sollte auch erkennbar sein, dass die Festplatten, die für Storage Spaces Direct verwendet werden sollen, online sind und als initialisiert aufgeführt werden. Darauf dürfen allerdings keine Partitionen eingerichtet sein.

8.7 Fehler bei Festplatten beheben

Haben Sie als Administrator den Verdacht, dass mit dem Speicher auf Ihrem Server etwas nicht stimmt, sollten Sie sich den Zustand der Festplatte in dem Server näher ansehen.

8.7.1 Integrität der Festplatten prüfen

Besonders einfach lässt sich der Status von Festplatten und Speicherplätzen über die PowerShell abrufen. Dazu können Sie etwa einen Befehl wie den folgenden verwenden:

```
Get-Disk 0 | Get-StorageReliabilityCounter Enter
```

Dieser Befehl ruft die erste Festplatte auf und fordert die zugehörigen Zustands-Daten an. Diese werden dann in Form einer Tabelle dargestellt, in der Sie zum Beispiel erkennen können, wann die Festplatte hergestellt wurde, wie viele Stunden sie bereits in Betrieb war, wie viel Grad aktuell in der Festplatte herrschen und für wieviel Grad sie eigentlich ausgelegt ist. Außerdem können Sie auch erkennen, wie oft die Festplatte bereits eingeschaltet wurde und wie schnell (bzw. langsam) der Zugriff darauf erfolgen kann.

Bei Nutzung von Speicherplätzen wählen Sie einen leicht anderen Befehl für die PowerShell:

```
Get-PhysicalDisk -FriendlyName PhysicalDisk1 |
  Get-StorageReliabilityCounter Enter
```

Diese Abwandlung ist erforderlich, da bei Speicherplätzen keine Partitionen auf den Laufwerken vorhanden sind. Die abgerufenen Daten sind allerdings ähnlich.

8.7.2 Anzeige des freien und belegten Speichers

Wenn Dienste auf dem Server plötzlich seltsame Fehlermeldungen anzeigen oder Benutzer nicht mehr schreibend auf Freigaben zugreifen können, kann das daran liegen, dass die Festplatten voll sind.

Ein Blick in den Explorer schafft hier Klarheit: Hier erkennen Sie auf den ersten Blick, wie voll die einzelnen Laufwerke des Servers sind. Dazu wechseln Sie im Explorer zur Ansicht DIESER PC. Auf der rechten Seite sehen Sie dann eine Liste mit sämtlichen Laufwerken, die gerade verfügbar sind.

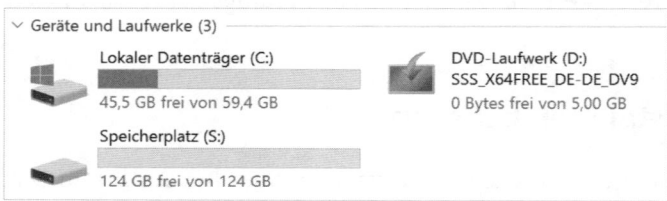

Abb. 8.15: Freien und belegten Speicher ansehen

> **Tipp**
>
> Neben lokalen Laufwerken des Servers sind hier auch die Statistiken für verbundene Netz-Laufwerke erkennbar. So wissen Sie sofort, ob eventuell auf einem NAS Speicher fehlt.

Übrigens: Details über den freien und belegten Speicherplatz von Festplatten, auch solchen, die über NTFS-Ordner eingebunden sind oder keinen eigenen Laufwerk-Buchstaben haben, können Sie über die Datenträger-Verwaltung abrufen. Diese kann mit einem Rechtsklick auf den START-Button und anschließender Auswahl des Eintrags DATENTRÄGER-VERWALTUNG gestartet werden.

8.7.3 Größe von Benutzer-Profilen ermitteln

Besonders bei Servern, auf denen Benutzer von anderen Computern aus über Remote Desktop zugreifen, ist es für Sie als Administrator wichtig, die Größe der Profile für die Benutzer im Auge zu behalten. Wenn Sie den Ordner `C:\Users` im Explorer anzeigen, können Sie allerdings nicht auf den ersten Blick erkennen, wieviel Speicher die einzelnen Benutzer belegen. Dazu müssen Sie jeweils die Eigenschaften der Benutzer-Ordner aufrufen.

Das geht auch einfacher:

1. Klicken Sie zunächst mit der rechten Maustaste auf den START-Button und wählen Sie dann den Eintrag SYSTEM aus.

2. In der linken Spalte folgt jetzt ein Klick auf ERWEITERTE SYSTEMEINSTELLUNGEN.

3. Jetzt im mittleren Bereich im Abschnitt BENUTZERPROFILE auf den Button EINSTELLUNGEN... klicken.

Nun erscheint eine übersichtliche Tabelle, in der sämtliche Benutzer des Servers aufgeführt sind, die über ein eigenes, lokal gespeichertes Profil verfügen. In der Spalte GRÖSSE erkennen Sie sofort, wieviel Platz jeder Benutzer auf der Festplatte belegt. Zudem ist hier auch ersichtlich, wann das Benutzer-Profil zum letzten Mal verwendet wurde.

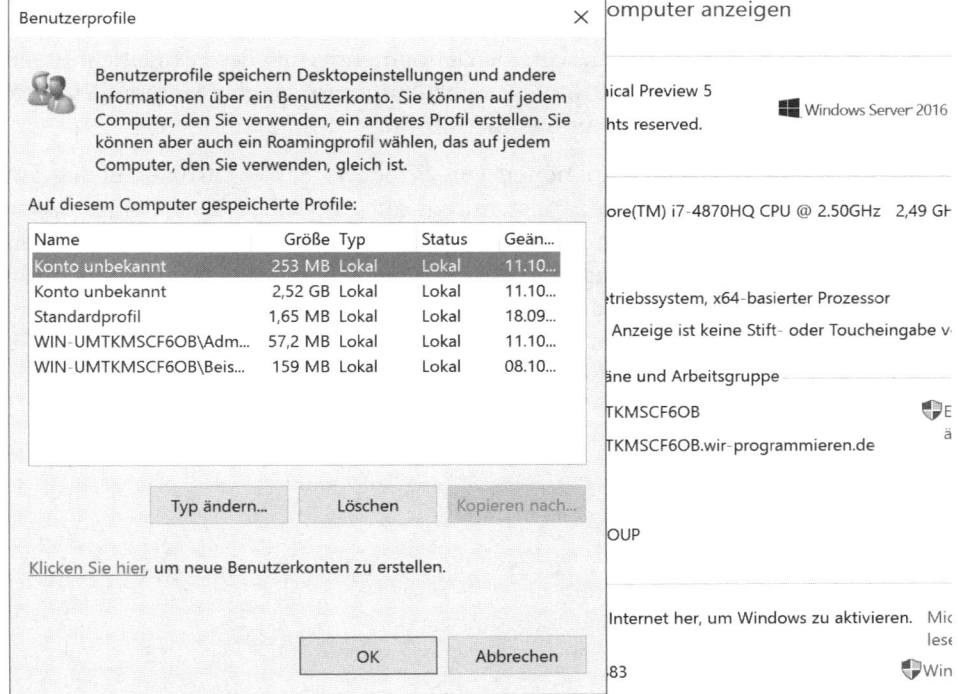

Abb. 8.16: Größe von Benutzer-Profilen auslesen

Mit diesen Informationen können Sie jetzt entscheiden, ob das Benutzer-Profil an eine andere Stelle verlegt werden soll oder ob der Benutzer Daten löschen muss.

Wir haben gesehen: In Windows Server 2016 ist es für Sie als Administrator leicht, den Zustand Ihres Servers abzufragen. Über den Task-Manager erhalten Sie bereits einen ersten Eindruck über den aktuellen Zustand des Servers – etwa die laufenden Prozesse, die Auslastung des Speichers sowie die Auslastung des Prozessors. Hierüber lassen sich Prozesse, die nicht mehr reagieren, auch bequem beenden.

Tiefergehenden Einblick in die Details des Systems ermöglichen Ihnen unter anderem die Sysinternals Tools. Hierüber ist nicht nur eine genaue Untersuchung der laufenden Prozesse und Abhängigkeiten möglich, sondern auch der Zugriff auf viele praktische und nützliche Hilfs-Programme, die Microsoft zu diesem Zweck kostenlos anbietet.

Besonders nützlich für die automatische Auswertung und Bestandsaufnahmen ist die Erfassung des Zustands von Servern über die PowerShell. Mithilfe eines einfachen Skripts können Sie sich da schnell selbst weiterhelfen und erstellen gleichzeitig eine Gesamt-Aufnahme der Server im Netzwerk, die Sie interessieren.

Zur Verwaltung der Laufwerke und Datenträger in Ihrem Server ist die Datenträger-Verwaltung Ihre erste Anlaufstelle. Hierüber lassen sich Partitionen erstellen, verkleinern, vergrößern und weitere Verwaltungs-Aufgaben durchführen. Übrigens können Sie diese bei Bedarf auch mithilfe der Kommando-Zeile und dem Programm diskpart erreichen. Um die Defragmentierung der Festplatte müssen Sie sich in Windows Server 2016 nicht selbst kümmern, da das System dies automatisch nach einem Zeitplan für Sie übernimmt.

Eine der interessantesten Funktionen von Windows Server 2016 in Bezug auf Speicher sind die Speicherplätze, neuerdings auch erweitert über *Storage Spaces Direct*. Damit lassen sich mehrere physische Laufwerke als ein virtuelles Speicher-Medium zusammenfassen und gemeinsam ansprechen – auf Wunsch auch mit RAID-ähnlichen Funktionen, die für die Sicherheit Ihrer Daten sorgen. Und wenn einmal ein Problem mit einem Laufwerk vorliegt, lässt sich die Integrität der Festplatten über einen PowerShell-Befehl im Nu abrufen.

Kapitel 9

Sicherung, Active-Directory-Back-up und -Wartung

Mit eine der wichtigsten Aufgaben für jeden Administrator ist die Sicherung der Daten auf den Servern des Unternehmens. Denn die Dokumente und weiteren Daten, die auf den Servern abgelegt sind, sind für die Organisation bares Geld wert. Gehen sie verloren, kann dies enormen wirtschaftlichen Schaden zur Folge haben.

Aus diesem Grund ist es für Sie als Administrator ein wichtiges Thema, sich mit Strategien zur Sicherung der Daten auseinanderzusetzen. Dazu gibt es verschiedene Ansätze, etwa ...

- Klassische Back-ups
- Nutzung von RAID

Worin liegt der Unterschied und wie ergänzen sich diese beiden Methoden?

Bei der Speicherung von Daten auf einem Server spielt die Art und Weise, wie diese Daten archiviert werden, eine zentrale Rolle. Denn eines soll sichergestellt sein: Die Daten sollen vor Auswahl der Hardware geschützt werden. Dies ist etwa über Redundanz möglich.

9.1 Daten schützen durch Redundanz

Bei Redundanz geht es darum, dass Daten auf mehr als einem Laufwerk gespeichert werden, etwa durch die Nutzung von RAID oder Speicherplätzen (siehe vorheriges Kapitel). Im Sinn behalten sollten Sie allerdings, dass es sich bei RAID nicht um eine Daten-Sicherung handelt, sondern um eine Maßnahme gegen Ausfall der Hardware.

9.2 Vorteile eines »echten« Back-ups

Kurz gesagt geht es bei einer Sicherung darum, dass separate Kopien von Daten an mehreren Orten gelagert werden, sodass bei Ausfall eines Speicherorts der Zugriff auf den anderen möglich ist. Je mehr Kopien der Daten also vorhanden sind, desto besser.

Back-ups sind einfacher und geschehen häufiger, als Sie vielleicht denken. Jedes Mal, wenn ein Word-Dokument an jemanden gesendet wird, handelt es sich dabei eigentlich um eine Daten-Sicherung, denn jetzt existieren mindestens zwei Kopien der Datei – eine auf Ihrem Computer und die andere bei dem Computer des Empfängers. Das gilt übrigens auch bei Nutzung eines Web-basierten Email-Systems, denn hier wird noch eine dritte Kopie auf dem Server des Anbieters gespeichert.

Natürlich lässt sich Email nicht als Back-up-Methode einsetzen. Da gibt es bessere Wege, wie sich Daten am effektivsten sichern lassen.

9.3 Online-Back-up (Cloud-Back-up)

Über einen Online-Back-up-Dienst können Sie Ihre Daten an einem Speicherort außerhalb des Unternehmens ablegen, indem Sie sie über das Internet auf einem Remote-Computer oder mehrere hochladen. Im Allgemeinen wissen Sie nicht genau, wo sich dieser Computer befindet. In Wirklichkeit werden Ihre Daten nämlich auf mehreren Servern in mehreren Rechenzentren abgelegt. Gerade im Hinblick auf die deutsche Datenschutz-Verordnung ist es allerdings sinnvoll, wenn Sie wissen, in welchem Land oder in welcher Stadt die Daten gespeichert werden. Dies sollte nach Möglichkeit innerhalb der EU erfolgen.

Es gibt viele Online-Back-up-Dienste, darunter zum Beispiel Dropbox, Google Drive und OneDrive. Alle synchronisieren lokale Inhalte automatisch in Echtzeit mit dem Remote-Server – oder basierend auf einem Zeitplan, den Sie einrichten.

Abb. 9.1: Verschiedene Web-Dienste speichern Benutzer-Daten in der Cloud.

Die Vorteile eines Online-Back-ups liegen besonders darin, dass es praktisch ist und schnell eingerichtet werden kann. Zudem werden die Daten vor Notfällen geschützt. Außerdem lassen sich Inhalte jederzeit und an jedem Ort auf jedem Computer wiederherstellen, der eine Verbindung zum Internet hat.

Der wichtigste Nachteil des Online-Back-ups besteht darin, dass Sie für die Sicherung auf eine funktionierende Verbindung zum Internet angewiesen sind. Zudem richtet sich die Geschwindigkeit des Back-ups nach der Upload-Geschwindigkeit. Wer Unternehmens-Daten sichern will, die nicht selten mehrere Gigabyte oder Terabyte in Anspruch nehmen, für den ist dies also keine mögliche Alternative.

9.4 Back-up auf lokale Datenträger

Daten können natürlich auch einfach auf externe Festplatten oder andere Medien gesichert werden, etwa USB-Stifte oder DVDs. Hier liegt der Vorteil darin, dass diese Speichermedien relativ günstig in der Anschaffung sind. Drei Haupt-Arten von lokalen Back-ups sind möglich:

- tragbare Speicher-Geräte,
- größere lokale Speicher-Geräte sowie
- optische Medien.

9.5 Back-up im Netzwerk

Neben der lokalen Sicherung von Daten ist auch ein Back-up im Netzwerk möglich, etwa auf einem NAS-Server. Der Vorteil: Mehrere Server im Netzwerk können auf ein und denselben NAS zugreifen. Und im Notfall lassen sich die Daten auch direkt auslesen.

9.6 Windows-Server-Sicherung

Bei der Windows-Server-Sicherung handelt es sich um ein integriertes Back-up-Programm von Windows Server 2016. Dieses Tool enthält eine Reihe Assistenten, die Ihnen bei der Erstellung grundlegender Back-ups sowie der Ausführung von Aufgaben zur Wiederherstellung bei Bedarf behilflich sind.

Mit der Windows Server-Sicherung lässt sich sowohl ein vollständiges Server-Back-up einschließlich aller Laufwerke erstellen als auch eine Sicherung einzelner Partitionen, des System-Zustands oder bestimmter Ordner oder Dateien.

9.6.1 System-Abbild-Sicherung erstellen

Bevor wir die Windows-Server-Sicherung nutzen können, müssen wir das Tool zunächst installieren. Dazu öffnen wir den Server-Manager, klicken dann oben rechts auf das Menü und wählen die Funktion zum Hinzufügen von Rollen oder Features aus. Innerhalb der Liste angebotener Funktionen finden wir auch den Eintrag WINDOWS SERVER-SICHERUNG, den wir per Klick mit einem Haken versehen, bevor wir die Installation dann fortsetzen. Nach Abschluss der Einrichtung, die binnen weniger Augenblicke erledigt ist, steht die Windows-Server-Sicherung im START-Menü unter dem Bereich WINDOWS-ZUBEHÖR zur Verfügung. Starten wir das Programm jetzt.

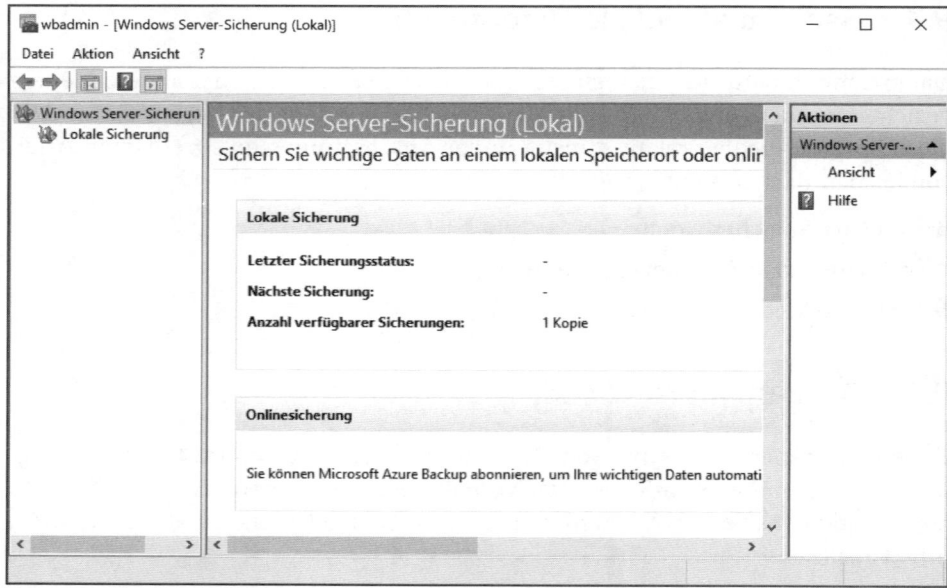

Abb. 9.2: Die Windows Server-Sicherung nach dem Start

Zum Anlegen eines vollständigen System-Abbilds klicken wir zunächst links auf LOKALE SICHERUNG und dann in der rechten Spalte auf den Link EINMAL-SICHERUNG...

Tipp

Möchten wir stattdessen eine wiederholte Sicherung laut Zeitplan einrichten, erfolgt stattdessen ein Klick auf SICHERUNGS-ZEITPLAN...

Im nächsten Schritt markieren wir die Option BENUTZERDEFINIERT, sodass wir die Konfiguration manuell anpassen können. Wechseln Sie dann zum nächsten Schritt des Assistenten.

Jetzt auf die Option ELEMENTE HINZUFÜGEN klicken und dann den Eintrag BARE-METAL-RECOVERY aktivieren.

Tipp

Durch Aktivieren der vorgenannten Optionen werden automatisch alle anderen Haken gesetzt, die zur Wiederherstellung der Funktionsfähigkeit des Systems erforderlich sind.

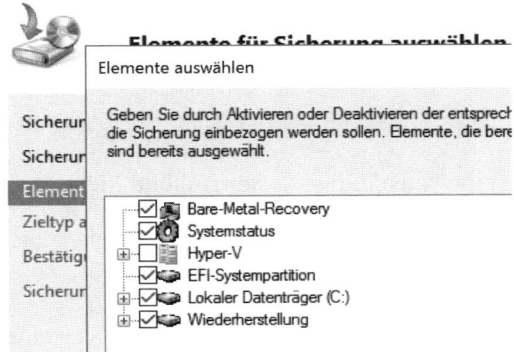

Abb. 9.3: Bare-Metal enthält alle wichtigen System-Komponenten für den Notfall.

Im nächsten Schritt werden wir das Ziel für die Sicherung, etwa ein lokales Laufwerk oder einen freigegebenen Ordner im Netzwerk. Sobald wir zum Schluss auf den Button SICHERUNG klicken, erfolgt das Back-up im Hintergrund.

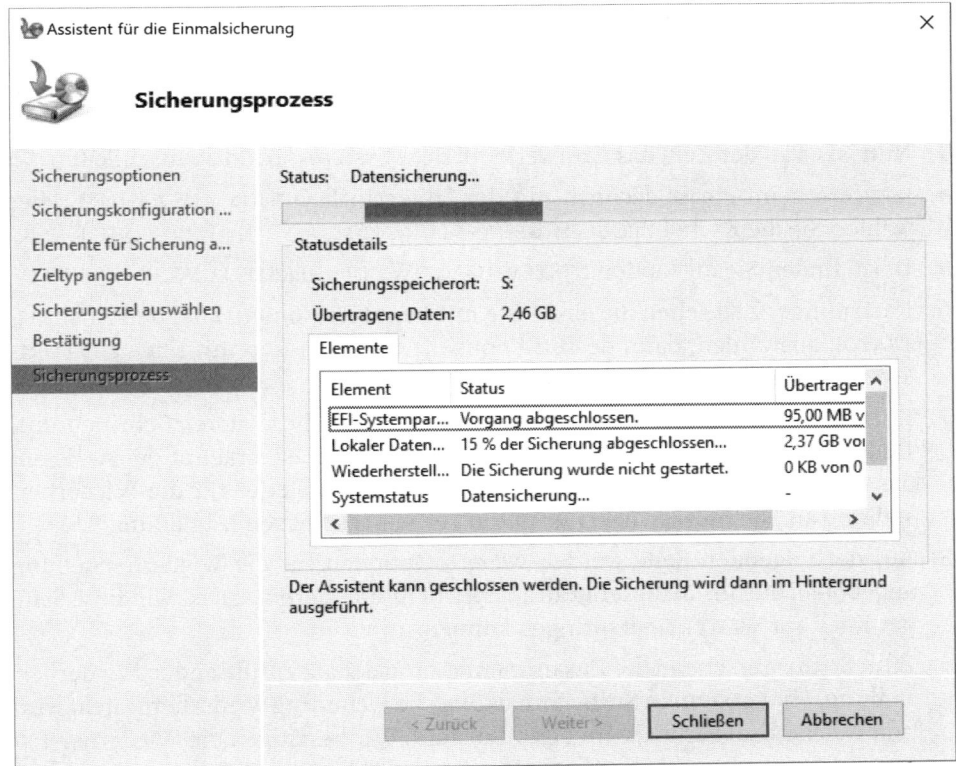

Abb. 9.4: Die Sicherung läuft.

Hinweis

Es kann einige Zeit dauern, bis die Windows-Server-Sicherung das Back-up abgeschlossen hat.

Wir haben jetzt kennengelernt, wie Sie eine vollständige System-Abbild-Sicherung mithilfe des Programms Windows-Server-Sicherung erstellen können.

9.6.2 System-Abbild-Sicherung wiederherstellen

Im Falle eines Falles müssen Sie natürlich auch wissen, wie Sie die erstellte Gesamt-Sicherung Ihres Windows-Servers auch wieder zurückspielen können, damit der Server so schnell wie möglich wieder funktionsfähig wird. Eine Wiederherstellung dieses System-Abbilds ist direkt über die Start-Optionen des Systems möglich. Dazu muss der Server neu gestartet werden. Hier die nötigen Schritte im Einzelnen:

1. Als Erstes die ⌂-Taste gedrückt halten, dabei auf den START-Button klicken und EIN/AUS, NEU STARTEN wählen.

2. Nach der Auswahl des Grundes für den Neustart – etwa BETRIEBSSYSTEM: WIEDERHERSTELLUNG – noch auf WEITER klicken; weiterhin die ⌂-Taste gedrückt halten.

3. Nun ist es an der Zeit, das Laufwerk mit dem System-Abbild anzuschließen.

4. Jetzt erscheint ein Bildschirm mit der Überschrift OPTION AUSWÄHLEN. Hier wählen Sie die Kachel PROBLEM-BEHANDLUNG aus.

5. Darin finden Sie die Option SYSTEM-IMAGE-WIEDERHERSTELLUNG.

6. Nach einiger Zeit sehen Sie eine Liste mit Benutzer-Konten. Hier den ADMINISTRATOR auswählen, dann dessen Kennwort eingeben und mit Klick auf FORTSETZEN bestätigen.

7. Kurze Zeit später erscheint ein Assistent, der durch die weiteren Schritte führt. Dadurch, dass die Back-up-Festplatte angeschlossen ist, erkennt der Assistent das gespeicherte System-Abbild automatisch und bietet es für die Wiederherstellung an. Sie müssen also nur unten auf WEITER klicken (Abbildung 9.5).

8. Auf der folgenden Seite werden weitere Optionen für die Wiederherstellung angeboten, die uns in diesem Fall aber nicht interessieren, sodass wir diese Seite per Klick auf WEITER überspringen können.

9. Zum Schluss erscheint die Zusammenfassung der auszuführenden Wiederherstellung. Hier erkennen Sie nochmals, welche Sicherung wiederhergestellt wird und welche Laufwerke davon betroffen sind. Wir bestätigen die Wiederherstellung jetzt unten per Klick auf FERTIG STELLEN (Abbildung 9.6).

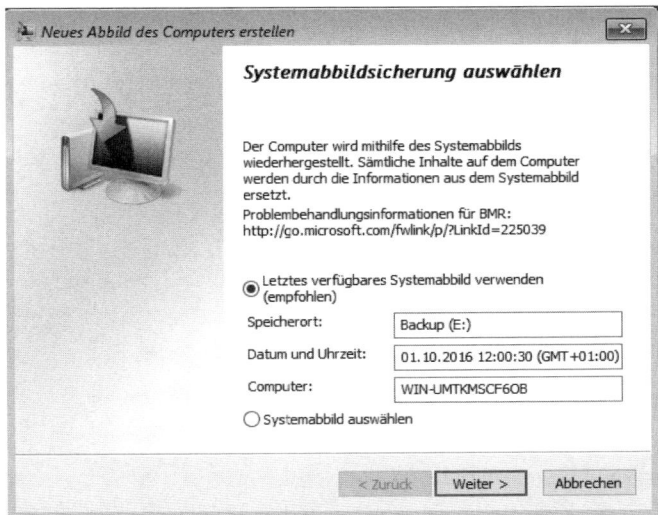

Abb. 9.5: Das Sicherungs-Laufwerk wurde erkannt.

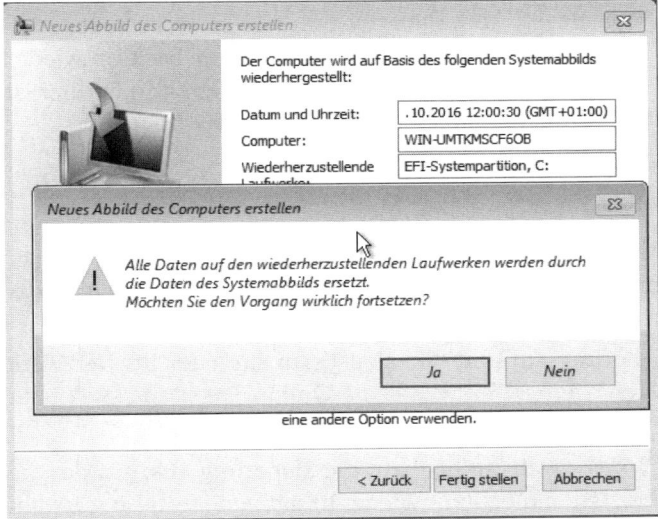

Abb. 9.6: Letzte Rückfrage vor der Wiederherstellung

Da hierbei Daten verloren gehen können, müssen Sie die Wiederherstellung zur Sicherheit nochmals bestätigen. Sobald Sie in dem angezeigten Dialogfeld auf JA klicken, wird die Wiederherstellung durchgeführt und kann nicht mehr unterbrochen werden.

> **Hinweis**
>
> Je nach Menge der wiederherzustellenden Daten kann die Wiederherstellung einige Zeit dauern.

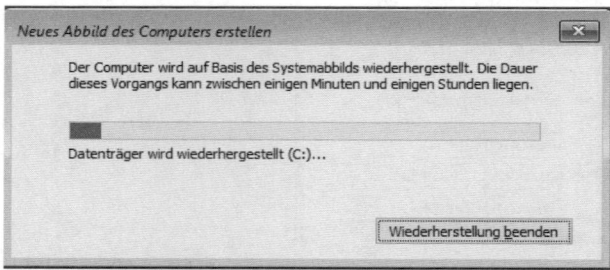

Abb. 9.7: Die Wiederherstellung kann lange dauern.

9.6.3 Einzelne Dateien und Ordner aus einer Sicherung wiederherstellen

Nicht immer ist es nötig, gleich das komplette System wiederherzustellen. Oft genügt es auch, wenn einzelne Dateien oder Ordner aus einem Back-up wieder eingespielt werden. Auch die Wiederherstellung einzelner Dateien und Ordner ist über die Windows-Server-Sicherung möglich. Dazu gehen Sie wie folgt vor:

1. Zunächst im START-Menü im Ordner WINDOWS-ZUBEHÖR die WINDOWS-SERVER-SICHERUNG starten.

2. Jetzt in der linken Spalte den Eintrag LOKALE SICHERUNG markieren.

3. Auf der rechten Seite im Bereich AKTIONEN folgt nun ein Klick auf den Link WIEDERHERSTELLUNG... Damit startet der Wiederherstellungs-Assistent.

4. Je nachdem, ob die Sicherung auf einer lokalen Festplatte oder im Netzwerk gespeichert ist, markieren Sie jetzt entweder die Option DIESER SERVER oder EINE AN EINEM ANDEREN SPEICHERORT GESPEICHERTE SICHERUNG.

5. Nach einem Klick auf WEITER wählen Sie dann die Sicherung aus, aus der Sie einzelne Daten wiederherstellen möchten. Wieder bestätigen Sie diese Auswahl durch Klick auf WEITER.

6. Da wir uns jetzt für die Wiederherstellung einzelner Elemente interessieren, markieren wir die oberste Option namens DATEIEN UND ORDNER.

7. Im nächsten Schritt erscheint eine Explorer-artige Ansicht, in der Sie die Dateien bzw. Ordner auswählen, die aus der Sicherung wiederhergestellt werden sollen. Haben Sie die gewünschten Elemente markiert, bestätigen Sie Ihre Auswahl durch Klick auf WEITER.

8. Auf der Seite WIEDERHERSTELLUNGS-OPTIONEN ANGEBEN können Sie jetzt festlegen, an welchem Ort – also in welchem Ordner – die Dateien und Ordner aus der Sicherung zurückgespielt werden sollen. Standardmäßig werden sie an dem Ort gespeichert, an dem sie beim Sichern abgelegt waren.

Wichtig

Für den Fall, dass die Dateien am Zielort bereits vorhanden sind, legen Sie fest, ob Windows beide Versionen der Elemente festhalten soll (Kopien erstellen), ob die vorhandenen Versionen mit den wiederhergestellten Versionen überschrieben werden sollen oder ob der Assistent Dateien und Ordner, die am Ziel bereits vorhanden sind, einfach überspringen, also nicht wiederherstellen soll.

Auf der letzten Seite des Assistenten sehen Sie nochmals in der Zusammenfassung, welche Elemente wiederhergestellt werden. Darunter werden auch die ausgewählten Optionen für die Wiederherstellung zusammengefasst. Sobald nun unten ein Klick auf den Button WIEDERHERSTELLEN erfolgt, beginnt Windows mit der Arbeit. In einer Liste sehen Sie dann für jedes Element, wie weit die Wiederherstellung bereits fortgeschritten ist.

9.7   Backup in der Azure-Cloud

Neben der Sicherung eines Servers auf ein lokales Laufwerk oder auf eine Netzwerk-Freigabe steht Ihnen als Administrator natürlich auch der Weg in die Cloud offen. Besonders gut arbeitet Windows Server 2016 hier mit der Microsoft-eigenen Azure-Cloud zusammen. So lassen sich Back-ups erstellen und später jederzeit wiederherstellen – selbst dann, wenn es ein generelles Problem im Rechenzentrum gibt.

Hinweis

Damit Sie die nachfolgenden Schritte zum Sichern eines Windows-Servers in der Cloud nachvollziehen können, benötigen Sie bzw. Ihr Unternehmen ein Azure-Abonnement.

Web

Mehr Informationen zu Azure finden Sie auf der Azure-Website unter der Adresse `https://azure.microsoft.com/`.

Das Erstellen eines Back-ups in Microsoft Azure verläuft bei der Einrichtung in drei Schritten:

1. Zuerst legen wir einen Recovery Services-Tresor im Azure-Konto an.
2. Anschließend laden wir den Back-up-Agenten herunter und installieren ihn.
3. Danach können wir die erste Sicherung erstellen und in die Cloud hochladen.

Sehen wir uns jetzt konkret an, wie diese einzelnen Schritte ablaufen.

9.7.1 Recovery Services-Tresor anlegen

In der Azure-Cloud lassen sich die verschiedensten Daten ablegen. Sie werden mithilfe unterschiedlicher Einheiten (Entitäten) organisiert und zusammengefasst. Für Back-ups von Windows-Servern (und auch Desktop-Computern) benötigen wir einen sogenannten Recovery Services-Tresor. Er nimmt alle Back-ups auf, die wir mit der Zeit anlegen.

Führen Sie die folgenden Schritte aus, um einen Recovery Services-Tresor in der Azure-Cloud zu erstellen:

1. Öffnen Sie zuerst im Browser die Webseite `https://portal.azure.com` und melden Sie sich dann mit dem Microsoft-Konto und dem zugehörigen Kennwort an, dem das Azure-Abonnement zugeordnet ist.
2. Innerhalb des Portals sehen Sie auf der linken Seite ein Menü, in dem Sie den Eintrag WEITERE DIENSTE auswählen.
3. Über der Liste sämtlicher Ressourcen finden Sie auch ein Such-Feld, in das Sie den Begriff `Recovery` eintippen.

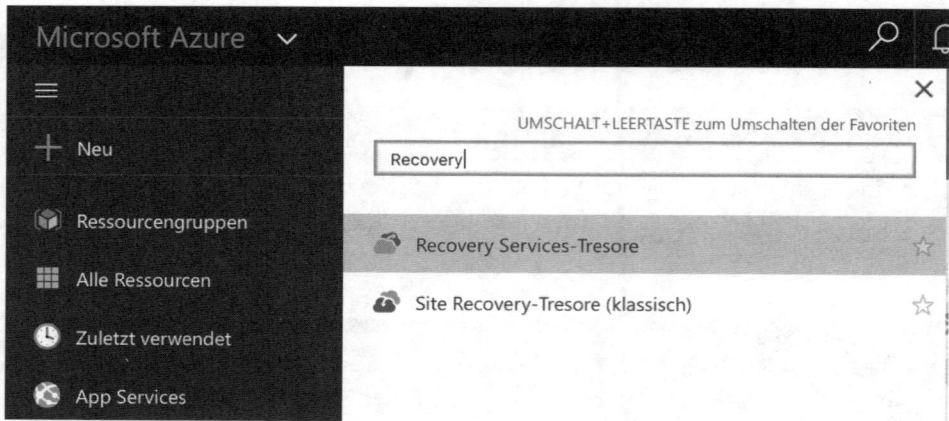

Abb. 9.8: Suche nach Recovery-Einträgen in Azure

4. Darunter folgt dann ein Klick auf RECOVERY SERVICES-TRESORE.

5. Im oberen Bereich erscheint eine Reihe mit Buttons, hier können wir einen neuen Tresor HINZUFÜGEN.

Abb. 9.9: Recovery Services-Tresor hinzufügen

6. Jetzt sehen Sie ein Formular, in das wir einen Namen für den neuen Tresor eingeben, das zugehörige Abonnement auswählen, bei Bedarf eine neue Ressourcen-Gruppe erstellen oder eine vorhandene markieren und schließlich noch festlegen, an welchem Azure-Standort der Tresor erstellt werden soll.

Wichtig

Hier empfiehlt es sich, zur Einhaltung der deutschen und EU-weiten Datenschutz-Regelungen den Eintrag Nord-Europa (Irland) oder West-Europa (Niederlande) auszuwählen. So bleiben Ihre gesicherten Unternehmens-Daten innerhalb der EU und unterliegen daher den EU-Bestimmungen – auch in der Cloud.

Hinweis

Zurzeit (Stand: Oktober 2016) ist Azure Backup noch nicht in den deutschen Rechenzentren von Microsoft verfügbar (»Deutschland, Mitte« in Frankfurt sowie »Deutschland, Nordosten« in Magdeburg), die von T-Systems betrieben werden.

7. Jetzt klicken Sie auf ERSTELLEN.

Hinweis

Es kann einige Zeit dauern, bis der Recovery Services-Tresor erstellt wurde. Sobald der Vorgang abgeschlossen wurde, sehen Sie im Azure-Portal oben rechts eine entsprechende Benachrichtigung.

Speicher-Redundanz festlegen

Bei der Erstellung eines neuen Recovery Services-Tresors können Sie festlegen, wie der Speicher repliziert werden soll:

1. Innerhalb des neu erstellten Tresors öffnen Sie dazu die EINSTELLUNGEN.

2. Hier finden Sie den Bereich SICHERUNGS-INFRASTRUKTUR.

3. Darin gibt es einen Punkt namens SICHERUNGS-KONFIGURATION.

4. Dort lässt sich die gewünschte Redundanz festlegen.

Tipp

Standardmäßig verfügt der Tresor über einen Geo-redundanten Speicher. Wenn Sie Azure als Haupt-Ziel für Ihr Back-up nutzen, sollten Sie diese Einstellung so belassen. Andernfalls können Sie auch Kosten sparen, indem Sie stattdessen lokal redundanten Speicher auswählen.

Damit ist der Tresor fertig eingerichtet und wir können mit dem Setup des Back-up-Programms auf dem Server fortfahren.

9.7.2 Back-up-Agent herunterladen und installieren

Die lokale Einrichtung läuft nach dem folgenden Schema ab:

- Zuerst erfolgt der Download des Microsoft Azure Recovery Services-Agenten.

- Anschließend wird dieser Agent installiert.

- Nach der Installation des Agenten müssen wir diesem noch mitteilen, wo er die Back-ups ablegen soll.

- Zum Schluss können wir die erste Sicherung veranlassen.

Zum Downloaden des Agenten gehen wir wie folgt vor:

1. Als Erstes klicken Sie auf dem Dashboard des Recovery Services-Tresors auf EINSTELLUNGEN.

2. Nun bei Einstellungen auf ERSTE SCHRITTE, SICHERUNG klicken.

3. Als Nächstes folgt ein Klick auf SICHERUNGS-ZIEL.

4. Wählen Sie im Menü WO WIRD IHRE WORKLOAD AUSGEFÜHRT? die Option LOKAL aus.

5. Nun im Menü WAS MÖCHTEN SIE SICHERN? die Option DATEIEN UND ORDNER auswählen und anschließend auf OK klicken.

6. Dann klicken Sie auf dem Blatt INFRASTRUKTUR VORBEREITEN auf AGENT FÜR WINDOWS SERVER ODER WINDOWS-CLIENT HERUNTERLADEN.

7. Klicken Sie im erscheinenden Dialog auf SPEICHERN. Die Datei MARSagent-installer.exe wird standardmäßig in Ihrem DOWNLOADS-Ordner gespeichert.

Herunterladen der Tresor-Anmeldedaten

Klicken Sie auf dem Blatt INFRASTRUKTUR VORBEREITEN auf HERUNTERLADEN, SPEICHERN.

Agent installieren und registrieren

1. Doppelklicken Sie im DOWNLOADS-Ordner (bzw. am entsprechenden Speicherort) auf die Datei MARSagentinstaller.exe.
2. Wählen Sie nun im Assistenten einen Speicherort für den Installations- und Cache-Ordner aus.

Tipp

Wenn Sie einen Proxy-Server verwenden, sind hier die entsprechenden Daten einzutragen.

3. Nun wählen Sie die Anmelde-Daten aus, die Sie zuvor aus Azure heruntergeladen hatten.
4. Speichern Sie jetzt die Verschlüsselungs-Passphrase an einem sicheren Ort.

Wichtig

Wenn Sie die Passphrase verlieren oder vergessen, kann Microsoft Ihnen bei der Wiederherstellung der Sicherungsdaten nicht behilflich sein. Speichern Sie die Datei daher an einem sicheren Ort. Zur Wiederherstellung einer Sicherung brauchen Sie sie nämlich.

Der Agent wurde jetzt installiert, und Ihr Computer wurde im Tresor registriert. Sie können die Sicherung jetzt konfigurieren und planen.

Um zu bestätigen, dass der Agent ordnungsgemäß installiert und registriert wurde, können Sie im Verwaltungsportal im Abschnitt PRODUKTIONSSERVER nach den gesicherten Elementen suchen. Gehen Sie dazu folgendermaßen vor:

1. Melden Sie sich mit Ihrem Azure-Abonnement am Azure-Portal an.
2. Klicken Sie im Hub-Menü auf DURCHSUCHEN und geben Sie in der Liste mit den Ressourcen Recovery Services ein. Wenn Sie mit der Eingabe beginnen, wird die Liste anhand Ihrer Eingaben gefiltert. Klicken Sie auf RECOVERY SERVICES-TRESORE.

Jetzt ist alles korrekt konfiguriert und wir können die erste Sicherung planen und durchführen.

Zunächst legen wir fest, wann und wie oft welche Elemente in der Azure-Cloud gesichert werden sollen. Hier die nötigen Schritte:

1. Zunächst auf START klicken und in der Liste den Eintrag MICROSOFT AZURE BACKUP auswählen.

2. Jetzt auf der rechten Seite den Eintrag SICHERUNG PLANEN anklicken.

3. Im Assistenten, der daraufhin erscheint, blättern Sie nun bis zur Seite ELEMENTE FÜR SICHERUNG AUSWÄHLEN.

4. Hier folgt ein Klick auf den Button ELEMENTE HINZUFÜGEN.

5. Dann lassen sich beliebige Elemente auf der Festplatte für das Back-up markieren.

6. Nach einem Klick auf WEITER kommen wir zum Zeitplan, nach dem die Sicherung in die Cloud erfolgen soll.

Tipp

Das Back-up kann bis zu drei Mal täglich erfolgen. Wenn Sie die Option TÄGLICH markieren, wird der angegebene Zeitplan jeden Tag ausgeführt. Bei Auswahl von WÖCHENTLICH können Sie festlegen, an welchen Wochentagen das Back-up laufen soll.

Auf der nächsten Seite des Assistenten haben Sie die Möglichkeit detailliert festzulegen, wie lange welche Sicherung archiviert bleiben soll. So wird es beispielsweise ermöglicht, quartalsweise Back-ups für längere Zeit zu archivieren als tägliche.

Nun können Sie die restlichen Schritte des Assistenten bis zur Seite BESTÄTIGUNG überspringen. Hier werden die gemachten Angaben nochmals übersichtlich zusammengefasst. Passt alles, ist hier ein Klick auf FERTIG STELLEN nötig.

9.7.3 Drosselung der Übertragung aktivieren (optional)

Bei Bedarf können Sie festlegen, dass das Back-up nicht mit der maximalen Upload-Geschwindigkeit erfolgen soll, sondern gedrosselt. Das ist hilfreich, wenn Sie sichergehen möchten, dass noch genügend Bandbreite für den normalen Betrieb übrigbleibt.

Tipp

Wenn die Sicherung laut Zeitplan sowieso nachts erfolgt, wenn keiner im Unternehmen die Internet-Verbindung braucht, müssen Sie keine Drosselung konfigurieren.

Auf Wunsch lässt sich die Drosselung für Back-ups (Up- und Downloads) wie folgt einstellen:

1. Zunächst auf der rechten Seite im Back-up-Agenten auf EIGENSCHAFTEN ÄNDERN klicken.
2. Jetzt zum Tab DROSSELUNG navigieren.
3. Hier einen Haken setzen bei INTERNET-BANDBREITEN-EINSCHRÄNKUNG FÜR SICHERUNGS-VORGÄNGE AKTIVIEREN.
4. Dann noch konfigurieren, wieviel Bandbreite für welche Zeiträume erlaubt sein soll.
5. Zum Schluss werden die Änderungen mit Klick auf OK bestätigt.

Die erste Sicherung kann jetzt gestartet werden, indem im Back-up-Agent zunächst auf JETZT SICHERN und dann auf SICHERN geklickt wird.

Tipp

Den Assistenten können Sie dann schließen. Das Back-up läuft trotzdem im Hintergrund weiter.

Wir haben gesehen: Die Sicherung der Daten ist besonders im Falle eines Servers unerlässlich. Gegen Hardware-Ausfall hilft eben nicht nur eine RAID- bzw. Spiegelungs-Konfiguration weiter.

In Windows Server 2016 können Sicherungen entweder lokal oder im Netzwerk erfolgen. In beiden Fällen hilft Ihnen das Programm Windows Server-Sicherung weiter. Und wenn Sie Ihre Back-ups in der Microsoft-Cloud erstellen möchten – und dabei die geltenden EU-Richtlinien einhalten wollen –, helfen Azure und der zugehörige Back-up-Dienst Ihnen schnell und effizient weiter.

Kapitel 10

Windows Server 2016 im Betrieb überwachen

Mit dem Server-Manager lässt sich nicht nur der lokale Server überwachen, sondern Sie können damit auch bequem den Betrieb anderer Server im Netzwerk im Auge behalten. So müssen Sie nicht immer zwischen mehreren Servern hin und her wechseln, um diese zu konfigurieren und deren Zustand abzurufen.

Weitere Server lassen sich zum Server-Manager hinzufügen, indem Sie oben rechts auf VERWALTEN, SERVER HINZUFÜGEN klicken.

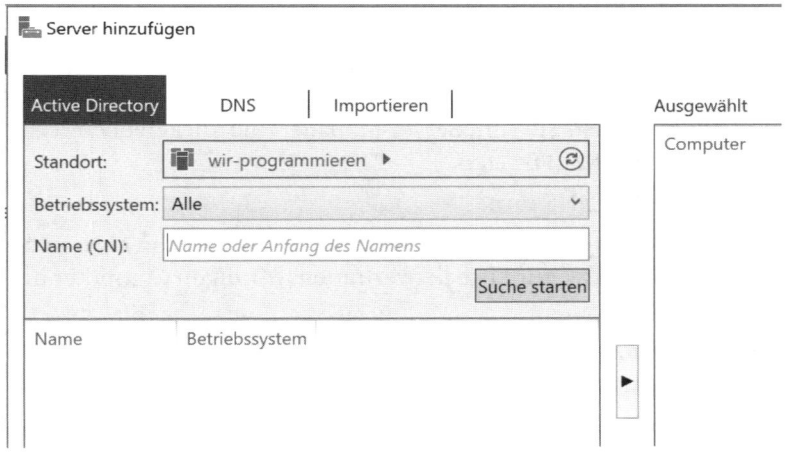

Abb. 10.1: Server zum Server-Manager hinzufügen

Anschließend erscheint ein Dialogfeld namens SERVER HINZUFÜGEN, indem der Bereich ACTIVE DIRECTORY bereits vorab ausgewählt ist. Hier wechseln Sie dann zu der gewünschten Organisations-Einheit und wählen dann den Server aus, den Sie zum Server-Manager hinzufügen möchten, um ihn anschließend aus der Ferne verwalten zu können. Nachdem Sie den ausgewählten Server markiert und mit Klick auf OK bestätigt haben, erscheint er im Server-Manager auf der linken Seite im Bereich ALLE SERVER.

Alternativ zur Suche in Active Directory können Sie im Dialogfeld SERVER HINZU-FÜGEN auch zum Bereich DNS wechseln und dort den gewünschten Computer-

Namen oder die IP-Adresse des Computers geben, den Sie aus der Ferne verwalten möchten.

Gehört der Windows Server 2016 allerdings nicht zu einem Active Directory bzw. zu einer Domäne, können Sie entfernte Server nur dann verwalten, wenn sie bereits in der Liste der vertrauenswürdigen Computer auf dem Server hinzugefügt sind, von dem aus Sie sie verwalten möchten.

10.1 Server zu den vertrauenswürdigen Computern hinzufügen

Damit sich entfernte Server über den Server-Manager auch dann verwalten lassen, wenn der aktuelle Server nicht zu einer Domäne gehört, führen Sie die folgenden Schritte aus:

1. Zunächst klicken Sie auf den START-Button und wählen dann die Kachel WINDOWS POWERSHELL aus.

2. Nun können Sie folgenden Befehl eingeben:

```
winrm set winrm/config/client @{TrustedHosts="EIN_SERVER"}  Enter
```

3. Im nächsten Schritt wechseln Sie zum Server-Manager und klicken oben rechts auf VERWALTEN, SERVER HINZUFÜGEN.

4. Schalten Sie jetzt zum Tab DNS um.

5. Nun tragen Sie den Namen des Computers genauso ein, wie Sie ihn eben in der PowerShell freigeschaltet bzw. zur Liste der vertrauenswürdigen Computer hinzugefügt haben.

   Jetzt ist der Server bereits zu sehen, Sie können aber noch nicht darauf zugreifen. Das beheben wir im nächsten Schritt.

6. Klicken Sie also mit der rechten Maustaste auf den Eintrag des Servers und wählen die Funktion VERWALTEN ALS.

7. Daraufhin erhalten Sie Gelegenheit, die Zugangsdaten bzw. das Kennwort des Administrators für den entfernten Server anzugeben.

Sobald Sie diesen Schritt durchgeführt haben, zeigt der Server-Manager sämtliche Rollen des entfernten und nun verbundenen Servers an, sodass Sie sie leicht verwalten können.

Tipp

Darüber hinaus besteht jetzt auch über die PowerShell Zugriff auf den Remote-Server.

10.2 Nutzung von Server-Gruppen

Besonders dann, wenn in Ihrem Unternehmens-Netzwerk viele Server vorhanden sind, hilft auch die zentrale Verwaltung der Server im Server-Manager nicht mehr viel weiter. Existieren etwa in Ihrem Netzwerk mehrere Back-up-Server, können Sie sie in dem Server-Manager, den Sie zur Verwaltung nutzen, als eine Server-Gruppe zusammenfassen und so leichter administrieren.

10.2.1 Server-Gruppe erstellen

Das Hinzufügen von Server-Gruppen ist dem Server-Manager ähnlich einfach wie das Verknüpfen entfernter Server:

1. Klicken Sie zunächst oben rechts auf VERWALTEN.

2. Im angezeigten Menü wählen Sie die Funktion SERVER-GRUPPE ERSTELLEN aus.

3. Daraufhin sehen Sie das Dialogfeld SERVER-GRUPPE ERSTELLEN, in dem Sie zunächst den gewünschten Namen für die Server-Gruppe eintippen.

4. Darunter sehen Sie dann verschiedene Tabs, über die Sie die gewünschten Server auswählen können, die in der Server-Gruppe zentral verwaltet und zusammengefasst werden sollen.

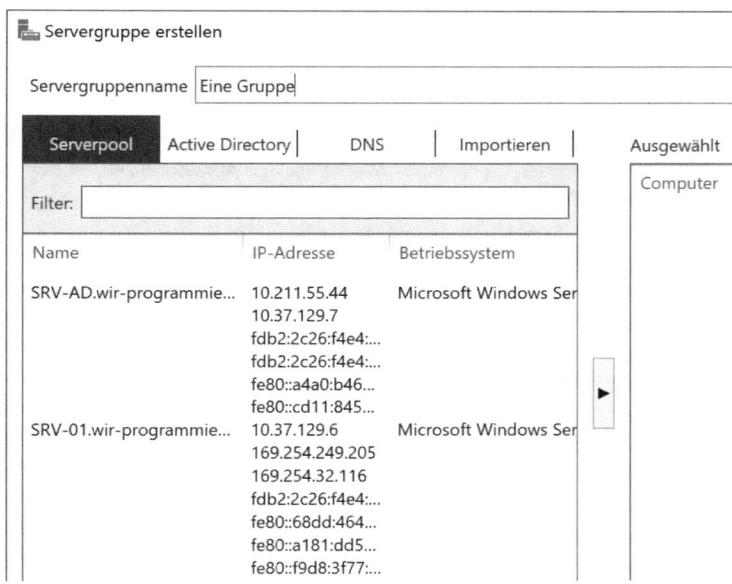

Abb. 10.2: Server-Gruppe erstellen

5. Markieren Sie auf der linken Seite die Server, die zur neuen Server-Gruppe hinzugefügt werden sollen, und übernehmen Sie sie dann mit dem Pfeil-Button in

der Mitte des Dialogfeldes in die Liste auf der rechten Seite, die mit AUSGE-
WÄHLT überschrieben ist.

6. Sobald Sie jetzt unten auf OK klicken, wird die neue Server-Gruppe im Server-
Manager angelegt und die ausgewählten Server werden zu der neuen Gruppe
hinzugefügt.

Die soeben erstellte Server-Gruppe sehen Sie dann auf der linken Seite im Server-
Manager unter der Rubrik SERVER.

10.2.2 Vorhandene Server-Gruppe bearbeiten

Natürlich ändert sich die Anzahl und Konfiguration von Server im Netzwerk häu-
fig. In diesem Fall ist es sinnvoll, wenn die Änderungen sich auch in den erstellten
Server-Gruppen im Server-Manager widerspiegeln. Um Server aus einer Server-
Gruppe zu entfernen oder neue Server hinzuzufügen, gehen Sie wie folgt vor:

1. Klicken Sie zunächst auf der linken Seite im Server-Manager auf die Rubrik
ALLE SERVER, sodass Sie die erstellten Server-Gruppen im Blick haben.

2. Jetzt folgt ein Rechtsklick auf die Server-Gruppe, die Sie bearbeiten möchten.

3. Daraufhin sehen Sie ein Dialogfeld ähnlich wie beim Erstellen einer Server-
Gruppe, über das Sie nicht nur den Namen der Gruppe ändern können, sondern
auch die Möglichkeit haben, neue Server in die Gruppe einzufügen bzw. vorhandene Server aus ihr zu entfernen.

4. Die Änderungen werden wirksam, sobald Sie sie unten mit Klick auf OK bestätigen.

> **Tipp**
>
> Wenn Sie Server aus einer Server-Gruppe entfernen, löscht der Server-Manager
> die einzelnen Server nicht ebenfalls aus seiner Liste. Über die Gruppe ALLE SER-
> VER können Sie weiterhin auf diese entfernten, nicht mehr zugeordneten Server
> zugreifen.

10.2.3 Server-Gruppe löschen

Bei Umstrukturierungen oder sonstigen Anpassungen im Netzwerk ist es möglich, dass Sie mit der Zeit feststellen: Eine bestimmte Server-Gruppe im Server-
Manager wird nicht länger benötigt. In diesem Fall können Sie die nicht mehr
benötigte Server-Gruppe entfernen, wodurch sämtliche enthaltenen Server weiter
über die Liste ALLE SERVER abrufbar sind.

Das Entfernen einer Server-Gruppe erfolgt ebenfalls über das zugehörige Kontextmenü der Gruppe, d.h., Sie können Server-Gruppen entfernen, indem Sie mit der
rechten Maustaste auf diese Einträge klicken und dann die Option SERVER-GRUPPE
LÖSCHEN auswählen.

Hinweis

Zur Sicherheit müssen Sie das Löschen einer Server-Gruppe noch separat bestätigen.

10.2.4 Remote-Server neu starten

Mithilfe der entfernten Verwaltung über den Server-Manager können Sie hinzugefügte Server bei Bedarf auch neu starten. Das ist etwa dann praktisch, wenn Sie Aktualisierungen einspielen, die einen Neustart verschiedener Server im Netzwerk fordern.

Wichtig

Im Gegensatz zum lokalen Neustart eines Windows-Servers erhalten Benutzer, die während der Aufforderung zum Neustart per Server-Manager auf dem betroffenen Server angemeldet sind, keine Gelegenheit zum Speichern ihrer Arbeit. Stellen Sie deswegen unbedingt sicher, dass diese Personen sich abgemeldet haben und ihre Dokumente zuvor gespeichert wurden.

Ein Server-Neustart lässt sich aus der Ferne wie folgt veranlassen:

1. Starten Sie zunächst den Server-Manager mit Administrator-Rechten.

2. Mithilfe der Navigation auf der linken Seite wählen Sie jetzt die betreffenden Server aus, die neu gestartet werden sollen.

3. Klicken Sie dann mit der rechten Maustaste auf einen der ausgewählten Server und rufen Sie im Kontextmenü nun die Funktion SERVER NEU STARTEN auf.

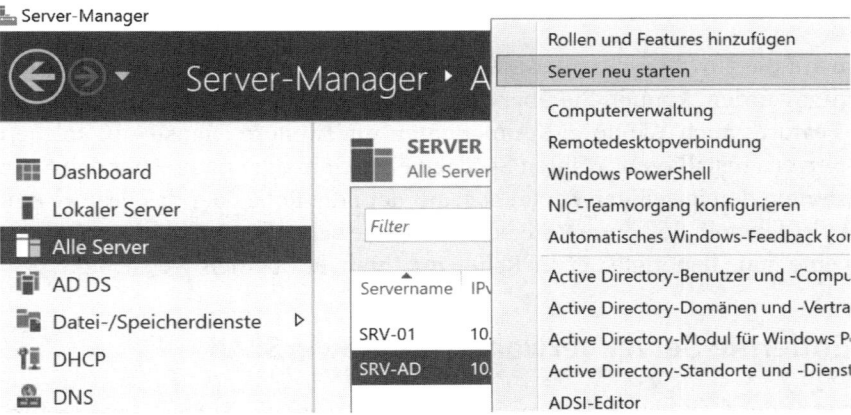

Abb. 10.3: Server lassen sich aus der Ferne neu starten.

Tipp

Sie können in der Navigation mehrere Server auf einmal auswählen, wenn Sie
während der Auswahl die Taste ⌷Strg⌷ gedrückt halten.

10.2.5 Einstellungen des Server-Managers exportieren

Nach einiger Zeit werden Sie sicher eine ausgeklügelte Struktur Ihrer Server-
Gruppen im Server-Manager angelegt haben. Wenn Sie gelegentlich auch an anderen Computern arbeiten, macht es dann Sinn, die Einstellungen sowie die Liste
der Server zu exportieren und an dem anderen Ziel-Gerät wieder einzulesen. So
müssen Sie nicht sämtliche Server manuell erneut hinzufügen und die zugehörigen Server-Gruppen erneut erstellen.

Windows Server 2016 speichert die Einstellungen und die Liste der Server im Server-Manager in zwei Dateien auf der Festplatte. Um sie zu kopieren, kopieren Sie
folgende Dateien über den Explorer:

- `%appdata%\Microsoft\Windows\ServerManager\ServerList.xml`
- `%appdata%\Local\Microsoft_Corporation\ServerManager.exe_`
  `StrongName_GUID\6.2.0.0\user.config`

Wichtig

Sind zur Anmeldung bei einem entfernten Server separate Zugangsdaten nötig,
etwa über die Funktion VERWALTEN ALS, werden diese nicht automatisch mit exportiert, wenn Sie die oben genannten Dateien auf einen anderen Computer
übertragen. Auf dem Ziel-Gerät müssen diese Anmelde-Informationen also erneut hinterlegt werden, damit die entfernte Verwaltung wieder korrekt funktioniert.

Nachdem auf die zuvor beschriebene Weise entfernte Server zum Server-Manager
hinzugefügt wurden, können Sie über den Assistenten zum Hinzufügen von Rollen und Features auch Windows-Komponenten und weitere Dienste auf solchen
Remote-Servern installieren. Wählen Sie dazu einfach in der entsprechenden Seite
des Assistenten den jeweiligen Server aus, auf dem die Rolle oder das Feature eingerichtet werden soll. So können Sie beispielsweise schnell auf mehreren Servern
zugleich eine neue benötigte Server-Rolle einrichten, etwa einen Webserver.

10.3 Entfernte Server verwalten per PowerShell

Wie wir zuvor gesehen haben, lassen sich weitere Server zum Server-Manager hinzufügen, sodass diese über den Server-Manager und dessen grafische Oberfläche
verwaltet werden können. Der Nachteil dieser Technik: Erstens lässt sie sich nicht

automatisieren, und zweitens wird eine grafische Oberfläche, also ein Windows-Server mit installierter Desktop Experience, benötigt.

Allerdings stellt Microsoft auch einen alternativen Weg zur Verwaltung von Servern bereit: die PowerShell. Die text- oder skriptgesteuerte Verwaltung von Servern eignet sich besonders, wenn diese automatisiert oder für viele Server gleichzeitig erfolgen soll. Durch die Nutzung der Kommando-Zeile wird die Verwaltung in solchen Umgebungen vereinfacht.

In der PowerShell gibt es ein Modul namens `ServerManager` mit nützlichen Cmdlets, über die Sie als Administrator Rollen und Features verwalten können.

10.3.1 Verfügbare Befehle des ServerManager-Moduls der PowerShell abrufen

Starten Sie die PowerShell durch Anklicken der entsprechenden Kachel im START-Menü und geben Sie dann folgendes Kommando ein, um eine Liste der verfügbaren Befehle in diesem Modul zu sehen:

```
Get-Command -Module ServerManager [Enter]
```

Die Ausgabe in der Konsole könnte dann etwa wie folgt aussehen:

```
CommandType     Name
-----------     ----
Alias           Add-WindowsFeature
Alias           Remove-WindowsFeature
Function        Disable-ServerManagerStandardUserRemoting
Function        Enable-ServerManagerStandardUserRemoting
Cmdlet          Get-WindowsFeature
Cmdlet          Install-WindowsFeature
Cmdlet          Uninstall-WindowsFeature
```

Abb. 10.4: PowerShell-Befehle für den Server-Manager

In diesem Beispiel sehen Sie zwei Aliase und fünf tatsächliche Cmdlets und Funktionen. Sehen wir sie uns der Reihe nach an.

10.3.2 Installierte Rollen und Features bestimmen

Zunächst bestimmen wir sämtliche Rollen und Features, die auf einem bestimmten System vorhanden, also verfügbar sind. Dazu verwenden wir das Cmdlet `Get-WindowsFeature`.

Wenn Sie dieses Cmdlet ohne Parameter aufrufen, bekommen Sie sämtliche Rollen und Features eines Systems angezeigt – ungeachtet dessen, ob sie installiert sind oder nicht. Das könnte zum Beispiel wie folgt aussehen:

```
[ ] Windows PowerShell 2.0 Engine
[X] Windows PowerShell ISE
[ ] Windows PowerShell Web Access
[ ] Windows PowerShell-Dienst zum Konfigurieren ...
[ ] Windows Search
[ ] Windows Server-Migrationstools
[X] Windows Server-Sicherung
[ ] Windows-Biometrieframework
[X] Windows-Prozessaktivierungsdienst
    [X] Prozessmodell
    [ ] .NET-Umgebung 3.5
    [X] Konfigurations-APIs
[ ] Windows-TIFF-IFilter
[ ] WinRM-IIS-Erweiterung
[ ] WINS-Server
[ ] WLAN-Dienst
[X] WoW64-Unterstützung
[ ] XPS-Viewer
```

Abb. 10.5: Liste aller verfügbaren Features

Natürlich ist dies jetzt nicht in unserem Sinne, wenn wir herausfinden möchten, welche Rollen oder Features tatsächlich installiert sind. Zur Ermittlung der Rollen und Features, die installiert sind, müssen wir diese Liste noch weiter ausfiltern. Dazu dient das Cmdlet Where-Object:

```
Get-WindowsFeature | Where-Object {$_.InstallState -eq 'Installed'} Enter
```

```
[X] DNS-Servertools
[X] Tools für Dateidienste
    [X] DFS-Verwaltungstools
    [X] Tools für den Ressourcen-Manager für...
[X] Unterstützung für die SMB 1.0/CIFS-Dateifreigabe
[X] Windows Defender Features
    [X] Windows Defender
    [X] GUI für Windows Defender
[X] Windows PowerShell
    [X] Windows PowerShell 5.0
    [X] Windows PowerShell ISE
[X] Windows Server-Sicherung
[X] Windows-Prozessaktivierungsdienst
    [X] Prozessmodell
    [X] Konfigurations-APIs
[X] WoW64-Unterstützung
```

Abb. 10.6: Nur noch installierte Features erscheinen.

Nun sieht die Liste schon besser aus, sodass wir auch etwas damit anfangen können und einen guten Überblick bekommen, welche Features aktuell installiert sind.

10.3.3 Windows-Features installieren und entfernen

Wie gehen Sie vor, wenn Sie ein neues Windows-Feature installieren möchten? Dazu wird ein anderes Cmdlet verwendet: Install-WindowsFeature.

Beispiel

Zur Installation des Dienstes SNMP auf dem lokalen Server würden wir das Cmdlet `Install-WindowsFeature` mit dem Parameter `Name` aufrufen, etwa wie folgt:

```
Install-WindowsFeature -Name "SNMP-Service" [Enter]
```

Die darauffolgende Ausgabe in der Konsole zeigt an, dass der angegebene
Dienst jetzt erfolgreich installiert ist.

Das Entfernen von Windows-Features klappt ähnlich einfach wie die Installation.
Einziger Unterschied: Statt des Cmdlets `Install-WindowsFeature` verwenden
wir das Cmdlet `Remove-WindowsFeature` – auch hierbei wird ein ähnlicher Parameter genutzt, der den Namen des Features gibt, das entfernt werden soll.

Hinweis

Anhand der Ausgabe der Konsole, die nach Eingabe der oben genannten Befehle
angezeigt wird, erkennen Sie: Zur Entfernung eines Features muss der Server neu
gestartet werden. Wenn Sie diese Cmdlets in einem Skript einsetzen, möchten Sie
natürlich nicht, dass der Server manuell neu gestartet werden muss. Deswegen
verfügen die Cmdlets `Install-WindowsFeature` und `Remove-WindowsFeature`
über einen optionalen Parameter `Restart`, mit dem Sie den Neustart des jeweiligen Servers auf Wunsch auch automatisiert ausführen lassen können.

10.3.4 Remote-Installation nutzen

Bisher haben wir gesehen, wie Sie auf einem einzelnen, nämlich dem lokalen
Windows-Server Windows-Features hinzufügen und entfernen können. Ähnlich
einfach klappt dies über die Remote-Funktion der PowerShell auch auf entfernten
Computern. Dazu genügt bei den oben genannten Cmdlets das Anfügen des Parameters `-ComputerName`, gefolgt von einem Leerzeichen und dem Namen des Servers, auf den dieser Befehl wirken soll.

10.4 Best Practices Analyzer

Beim Verwalten von Windows Server 2016 beziehen sich die Best Practices auf
Richtlinien, nach denen ein Windows-Server idealerweise konfiguriert werden
sollte, wenn bestimmte Umstände vorliegen. Diese Best Practices wurden von Experten aufgestellt.

Beispiel

Bei den meisten Servern ist es eine Best Practice, nur die zum Betrieb benötigten Ports geöffnet zu lassen, während alle anderen, nicht verwendeten Ports geschlossen und blockiert werden, da diese nicht zur Kommunikation der installierten Anwendungen mit anderen Computern im Netzwerk benötigt werden. Mehr dazu im Kapitel über die Windows-Firewall.

Verstöße gegen solche Best Practices sind zwar nicht zwangsläufig gravierend oder haben schlimme Auswirkungen. Doch ist ein Server nicht so konfiguriert, wie es eigentlich sein sollte, kann darunter die Leistung leiden, die Zuverlässigkeit des Servers kann sinken, unerwartete Konflikte können entstehen, das Risiko für Sicherheitsverletzungen steigt oder andere potenzielle Probleme können auftreten.

Mit dem *Best Practices Analyzer* hat Microsoft einen intelligenten Berater für Einstellungen der Best Practices direkt in Ihren Windows-Server integriert. Dabei handelt es sich um ein Tool, mit dem Sie einen Windows-Server scannen und prüfen können, ob dieser Server laut den Best Practices für die jeweilige Server-Komponente konfiguriert ist. Das klingt zwar einfach und vernünftig, die Scan-Ergebnisse stimmen aber nicht immer mit dem überein, was wir uns vorstellen.

10.4.1 So funktioniert der Best Practices Analyzer

Der Best Practices Analyzer misst die Konformität einer Server-Rolle mit den Best Practices anhand von acht verschiedenen Kategorien der Effektivität, Vertrauenswürdigkeit und Zuverlässigkeit. Dabei werden die Mess-Ergebnisse in eine von drei verschiedenen Schweregraden eingestuft, wie nachfolgend beschrieben:

Schweregrad	Beschreibung
Fehler	Ergebnisse des Schweregrads »Fehler« werden zurückgegeben, wenn eine Rolle nicht die Bedingungen einer Best-Practice-Regel erfüllt und die Funktionalität daher Probleme verursachen könnte.
Information	Resultate dieses Schweregrads werden zurückgegeben, wenn eine Rolle die Bedingungen einer Best-Practice-Regel erfüllt.
Warnung	Solche Ergebnisse werden angezeigt, wenn durch die Nicht-Einhaltung einer Best-Practice-Regel Probleme verursacht werden können, wenn Sie nichts daran ändern.

10.4.2 Best Practice Analyzer über den Server-Manager anzeigen

In der grafischen Oberfläche des Server-Managers können Sie als Administrator schnell auf die Best Practice Analyzer zugreifen. Dabei gibt es für jede Server-Rolle einen eigenen Best Practice Analyzer, der Ihnen bei der korrekten Konfiguration behilflich ist.

10.4.3 BPA-Überprüfung starten

Sehen wir uns an einem Beispiel an, wie Sie den Best Practice Analyzer für die Hyper-V-Komponente aufrufen:

1. Klicken Sie als Erstes auf den START-Button und rufen Sie dort die Kachel für den SERVER-MANAGER auf.
2. Sobald der Server-Manager angezeigt wird, navigieren Sie über das Menü auf der linken Seite zu der gewünschten Server-Rolle, für die Sie den Best Practice Analyzer aufrufen möchten. In unserem Beispiel handelt es sich um die Rolle HYPER-V.
3. Auf der rechten Seite scrollen Sie dann nach unten, bis Sie den Bereich BEST PRACTICE ANALYZER sehen.

Hinweis

Wenn Sie diesen Bereich gefunden haben, stellen Sie fest: Die zugehörige Tabelle mit Warnungen und Fehlern ist noch leer. Das liegt daran, dass Sie den Best Practices Analyzer zuerst ausführen müssen, bevor Sie die Ergebnisse sehen können.

Um die BPA-Überprüfung zu starten, werfen Sie jetzt einen Blick auf die rechte Seite und sehen dort einen Button namens AUFGABEN. Ein Klick darauf zeigt ein kleines Menü an, über das Sie die BPA-ÜBERPRÜFUNG STARTEN können.

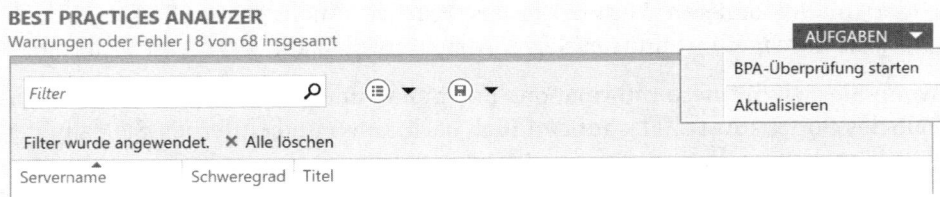

Abb. 10.7: BPA-Überprüfung starten

Tipp

Es ist eine gute Idee, wenn Sie Ihre Server regelmäßig überprüfen. Denn manchmal überarbeitet Microsoft die empfohlenen Best Practices und aktualisiert den Best Practices Analyzer entsprechend.

Nach Abschluss der Überprüfung werden die Ergebnisse innerhalb des Abschnitts BEST PRACTICES ANALYZER in der Tabelle darunter angezeigt.

> ## Tipp
>
> Je nach der Anzahl der Regeln, die für die ausgewählte Gruppe oder Rolle ausgewertet werden, kann es einige Minuten dauern, bis die BPA-Überprüfung abgeschlossen ist.

Der Schlüssel zur effektiven Nutzung des Best Practices Analyzer besteht darin, zu wissen, wie die Resultate am einfachsten ausgewertet werden. Einige Scan-Ergebnisse erfordern sofortige Beachtung, während Sie andere getrost ignorieren können.

Wenn wir uns die angezeigten Ereignisse genauer ansehen, stellen wir fest: Für jeden Eintrag gibt es einen Schweregrad – FEHLER, WARNUNG oder INFORMATION, wie bereits zuvor erwähnt. Fehler weisen meist auf Bedingungen hin, die korrigiert werden sollten. Bei einer Warnung geht es hingegen um Bedingungen, die eine Untersuchung verdienen, die aber nicht zwangsläufig Probleme darstellen, und Informationen sind bloße Status-Nachrichten. Trotzdem bedeutet nicht jeder Fehler und jede Warnung, dass hier ein echtes Problem vorliegt.

Sehen wir jetzt noch einmal oben über der Tabelle genauer hin: Hier lesen wir WARNUNGEN ODER FEHLER | 8 VON 68 INSGESAMT. Damit möchte uns das System darauf hinweisen, dass in der Tabelle darunter nur die wichtigsten, dringlichsten Probleme aufgeführt sind, die Sie sich anziehen sollten. Allerdings liegen im Hintergrund noch viel mehr Informationen vor. Die Einträge, die Sie zunächst nicht sehen, sind Informations-Einträge. Dabei handelt es sich um Tests des Best Practices Analyzer, bei denen der Server mit den Best-Practices von Microsoft übereinstimmt. Mit anderen Worten: Der Best Practices Analyzer hat 68 unterschiedliche Tests durchgeführt und der Server besteht in allen außer 8 dieser Prüfungen.

Wenn Sie sich für diese Informations-Ergebnisse interessieren, klicken Sie unterhalb des Buttons AUFGABEN auf den Pfeil nach unten und entfernen Sie dann den Filter SCHWEREGRAD IST UNGLEICH INFORMATIONEN.

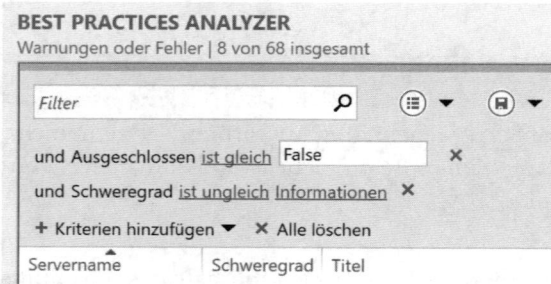

Abb. 10.8: Filter der Ansicht entfernen

10.4.4 BPA-Scans per PowerShell ausführen

Wie wir gesehen haben, stellt Microsoft Best-Practices-Analyzer-Scans für eine Vielzahl von Windows-Komponenten und Server-Rollen zur Verfügung. Allerdings ist die grafische Auswertung über den Server-Manager nicht sehr hilfreich, wenn es darum geht, mehrere oder gar viele Server auf einmal prüfen zu lassen.

Doch der grafische Weg ist nicht die einzige, um Server mit einem Best Practices Analyzer zu überprüfen. Denn wie viele Aktionen in Windows Server 2016 lassen sich auch BPA-Prüfungen ebenfalls über die PowerShell ausführen.

Das hat einige Vorteile:

- Mithilfe der PowerShell können Sie den Best Practices Analyzer auch auf Windows-Servern nutzen, die ohne Desktop auskommen, weil sie im Server-Core-Modus betrieben werden.
- Durch Einsatz der PowerShell müssen Sie nicht erst im Server-Manager nach dem Best Practices Analyzer suchen, den Sie ausführen möchten.
- Wenn Sie den Aufruf des Best Practices Analyzer in ein kleines PowerShell-Skript einbetten, lässt sich daraus ein umfassender Best-Practices-Bericht erstellen.

Tipp

Zur Nutzung des Best Practices Analyzer über die PowerShell muss diese über erhöhte Rechte verfügen. Klicken Sie also im START-Menü mit der rechten Maustaste auf die Kachel WINDOWS POWERSHELL und wählen Sie im Menü die Funktion MEHR, ALS ADMINISTRATOR AUSFÜHREN aus.

Tatsächlich gibt es nur vier Cmdlets, über die sich alle Optionen des Best Practices Analyzer steuern lassen. Damit lässt sich auch jeder gewünschte Best-Practice-Scan ausführen. Diese vier Cmdlets heißen wie folgt:

- `Get-BPAModel`
- `Invoke-BPAModel`
- `Get-BPAResult`
- `Set-BPAResult`

Sehen wir uns die drei wichtigsten Cmdlets näher an.

10.4.5 BPA-Module laden

Zum Abruf der verfügbaren Module für den Best Practices Analyzer rufen Sie in der PowerShell das Cmdlet `Get-BPAModel` auf. Als Antwort erhalten Sie dann eine Liste mit allen aktuell nutzbaren BPA-Modulen, die auf dem Server installiert sind. Außerdem ist hier bei jedem Eintrag auch zu erkennen, wann der jeweilige Scan zuletzt ausgeführt wurde.

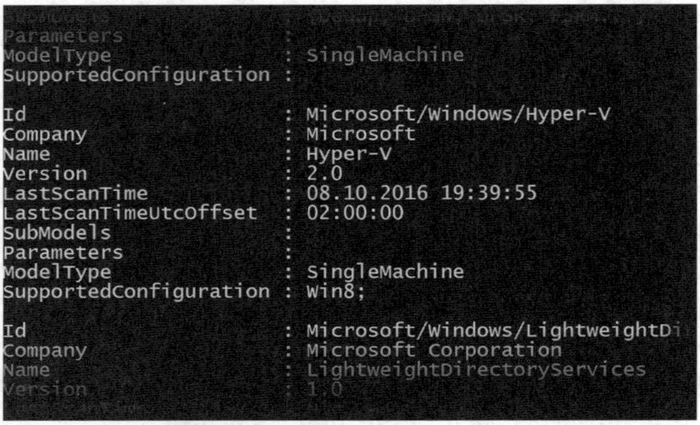

```
Parameters               :
ModelType                : SingleMachine
SupportedConfiguration   :

Id                       : Microsoft/Windows/Hyper-V
Company                  : Microsoft
Name                     : Hyper-V
Version                  : 2.0
LastScanTime             : 08.10.2016 19:39:55
LastScanTimeUtcOffset    : 02:00:00
SubModels                :
Parameters               :
ModelType                : SingleMachine
SupportedConfiguration   : Win8;

Id                       : Microsoft/Windows/LightweightDi
Company                  : Microsoft Corporation
Name                     : LightweightDirectoryServices
Version                  : 1.0
```

Abb. 10.9: Verfügbare BPA-Modelle

10.4.6 Überprüfung durchführen

Jetzt, da wir eine Liste aller verfügbaren BPA-Module haben, können wir einzelne Überprüfungen mit einem weiteren Cmdlet starten. Möchten wir etwa den Scan für die Hyper-V-Komponente aufrufen, führt folgender Befehl zum Ziel:

```
Invoke-BPAModel -ModelId Microsoft/Windows/Hyper-V [Enter]
```

Hinweis

Während ein Best-Practices-Analyzer-Modul seine Arbeit verrichtet, reagiert die PowerShell unter Umständen nicht mehr auf Eingaben und es hat den Anschein, als hätte sie sich aufgehängt. Warten Sie einfach einige Augenblicke, bis die Prüfung beendet ist.

Nach Abschluss der Überprüfung durch den Best Practices Analyzer sehen Sie innerhalb der PowerShell eine Bestätigung, dass der Scan erfolgreich durchgeführt wurde. In dieser Bestätigung ist auch zu erkennen, welcher Scan ausgeführt wurde und wann er gestartet worden war. Und was ist mit den Scan-Ergebnissen? Diese sind in der Antwort des Cmdlets Invoke-BPAModel nicht enthalten.

10.4.7 Ergebnisse abrufen

Wenn Sie die Resultate einer BPA-Prüfung sehen möchten, verwenden Sie das Cmdlet Get-BPAResult. Rufen Sie es etwa wie folgt auf:

```
Get-BPAResult -ModelID Microsoft/Windows/Hyper-V [Enter]
```

Das Problem beim Abrufen des Ergebnisses: Normalerweise liegen viel mehr Daten vor, als auf den Bildschirm passen. Wir müssen also entweder die Daten einstampfen, sie in eine Datei exportieren – oder eine Kombination aus beidem.

Wir könnten diese lange Liste mit Resultaten beispielsweise nach ihrer Wichtigkeit, also dem Schweregrad, filtern. Auf diese Weise können wir Einträge, die nur Informationen bieten – bei denen der Server also mit den Best-Practices übereinstimmt – ausblenden, sodass sie gar nicht erst in der Liste der Resultate erscheinen. Etwas Anderes macht der Best Practices Analyzer, der über die grafische Oberfläche des Server-Managers erreichbar ist, ja schließlich auch nicht.

Vielleicht interessieren Sie sich sogar nur für solche Resultate, die den Schweregrad »Fehler« tragen. Der entsprechende Befehl zum Abruf passender Ergebnisse aus dem Scan würde dann wie folgt lauten:

```
Get-BPAResult -ModelID Microsoft/Windows/Hyper-V
  | Where-Object {$_.Severity -eq 'Fehler'}
  | FL Title, Problem, Resolution, Help [Enter]
```

Dieses Kommando ruft jetzt die Ergebnisse der letzten Überprüfung für das Hyper-V-Modul ab und filtert sie anhand der Eigenschaften für die einzelnen Einträge – zeigt also nur solche Werte an, die als Fehler eingestuft wurden. Und damit wir die erhaltenen Daten besser verstehen können, lassen wir uns anschließend über das Cmdlet `Format-List` (hier vertreten durch sein Kurz-Alias `FL`) nur den Titel, die Beschreibung des Problems und die empfohlene Lösung samt Hilfe anzeigen. Als Resultat erhalten wir dann zum Beispiel folgende Ausgabe:

```
Title       : Verwenden Sie RAM mit Fehlerkorrekturunterstützung
Problem     : Der auf diesem Computer verwendete Arbeitsspeicher
              die Fehlerkorrektur (ECC) nicht.
Resolution  : Überprüfen Sie, ob der Server im Windows Server-Ka
              und für Hyper-V qualifiziert ist.
Help        : http://go.microsoft.com/fwlink/?LinkId=533551

Title       : Mehrere Netzwerkadapter sollten verfügbar sein
Problem     : Für diesen Server ist ein Netzwerkadapter konfigur
              Verwaltungsbetriebssystem und allen virtuellen Com
              Zugriff auf ein physisches Netzwerk benötigen, gen
              werden muss.
Resolution  : Fügen Sie dem Computer weitere Netzwerkadapter hin
              Netzwerkadapter für die ausschließliche Verwendung
              Verwaltungsbetriebssystem zu reservieren, sollten
              die Verwendung mit einem externen virtuellen Netzw
Help        : http://go.microsoft.com/fwlink/?LinkId=533590
```

Abb. 10.10: Fehler des BPA-Scans auslesen

10.4.8 Ergebnisse als Datei speichern

Vielleicht hilft uns selbst eine solch übersichtliche Darstellung im Konsolen-Fenster der PowerShell nicht wirklich weiter. Das kann zum Beispiel dann sein, wenn wir die Resultate erst später weiter auswerten möchten oder wenn sie archiviert werden sollen.

In diesem Fall können wir die Befehls-Kette noch um ein Element verlängern und die Daten nicht auf den Bildschirm schreiben, sondern direkt in eine Ausgabe-Datei umleiten lassen. Dafür wäre dann das Cmdlet Out-File zuständig, das Sie schon kennen.

Der gesamte Befehl könnte also beispielsweise wie folgt aussehen:

```
Get-BPAResult -ModelID Microsoft/Windows/Hyper-V
  | Where-Object {$_.Severity -eq 'Fehler'}
  | FL Title, Problem, Resolution, Help
  | Out-File C:\Users\Beispiel\Documents\BPA.txt
 Enter
```

Allerdings sind Text-Dateien nicht jedermanns Sache. Viele bevorzugen lieber leichter lesbare Formate, etwa HTML. Bei Bedarf können Sie sich also auch eine HTML-Datei zurückgeben lassen:

```
Get-BPAResult -ModelID Microsoft/Windows/Hyper-V
  | Where-Object {$_.Severity -eq 'Fehler'}
  | ConvertTo-Html
  | Set-Content C:\Users\Beispiel\
     Documents\BPA.html Enter
```

10.4.9 Alle verfügbaren Scans ausführen

Sie erinnern sich: Über Get-BPAModel erhalten Sie eine Liste sämtlicher verfügbaren Überprüfungen, die Sie mit ihrer Modell-ID aufrufen können. Auf Wunsch können Sie aber auch eine Gesamt-Prüfung des Servers vornehmen, indem Sie alle diese Scans der Reihe nach ausführen.

Denn die PowerShell unterstützt die Verkettung von Befehlen, wobei nicht nur Texte zwischen den einzelnen Cmdlets übertragen werden können, sondern auch Objekte. Sie können also mit Get-BPAModel eine Liste der möglichen Scan-Ziele abrufen und diese direkt an Invoke-BPAModel weitergeben, sodass automatisch alle Überprüfungen ausgeführt und die Ergebnisse angezeigt werden. Nutzen Sie dazu den folgenden Befehl mit dem Pipe-Operator zur Umleitung der Modell-Liste:

```
Get-BPAModel | Invoke-BPAModel [Enter]
```

Natürlich war das nur eine kurze Einführung darin, wie Sie den Best Practices Analyzer für Ihre Zwecke einsetzen und dazu die PowerShell mit den zugehörigen vier Cmdlets einsetzen können. Wenn Sie das Ganze noch weiter ausbauen, etwa mit einer Liste von Servern, die Sie der Reihe nach überprüfen möchten, können Sie mehrere Scan-Modelle nutzen und daraus auch maßgeschneiderte Berichte erstellen, die Ihnen wirklich weiterhelfen.

10.5 System- und Programm-Ereignisse auswerten

Die Ereignisanzeige in Windows Server 2016 ist eines der wichtigsten Tools zur Überwachung Ihres Servers. Wenn Sie bemerken, dass auf dem Server ein Problem vorliegt, ist die Ereignisanzeige oft die erste Anlaufstelle. Hier können Sie nachsehen, welche Fehler auftreten. Mit der Ereignisanzeige können Sie Server aber nicht nur im Falle eines Fehlers untersuchen, sondern auch im laufenden Betrieb im Auge behalten. Über die Ereignisanzeige können Sie die Ursache eines Problems schnell identifizieren oder doch zumindest genug Informationen abrufen, damit Sie der Ursache auf den Grund gehen können.

10.5.1 Ereignisanzeige starten

Die Ereignisanzeige lässt sich am schnellsten über das START-Menü von Windows Server 2016 aufrufen. Wenn für sie keine eigene Kachel auf der rechten Seite des START-Menüs zu finden ist, navigieren Sie links zur Liste der installierten Programme und öffnen dort den Bereich WINDOWS-VERWALTUNGSPROGRAMME. Alternativ können Sie auch unten die Such-Funktion oder das Dialogfeld AUSFÜHREN bemühen und hier folgendes Kürzel eintippen:

```
eventvwr [Enter]
```

Zudem erreichen Sie die Ereignisanzeige bei Bedarf auch über den Server-Manager, und zwar über das Menü TOOLS in der oberen rechten Ecke des Fensters.

10.5.2 Übersicht über die Ereignisanzeige

Nach dem Start des Programms haben Sie eine dreigeteilte Ansicht vor sich:

- In der linken Spalte sehen Sie eine Hierarchie mit verschiedenen Bereichen, zu denen das System Protokolle erstellt.
- In der Mitte werden Ihnen die einzelnen Einträge, also Ereignisse, als Übersicht präsentiert – dazu gleich mehr.

■ Schließlich haben Sie rechts wie gewohnt Zugriff auf eine Liste mit Aktionen, die Sie von hier aus durchführen können. Zum Beispiel können Sie die Ansicht der Ereignisse filtern oder anders anordnen und auch Im- und Export-Funktionen stehen hier praktischerweise sofort zur Verfügung.

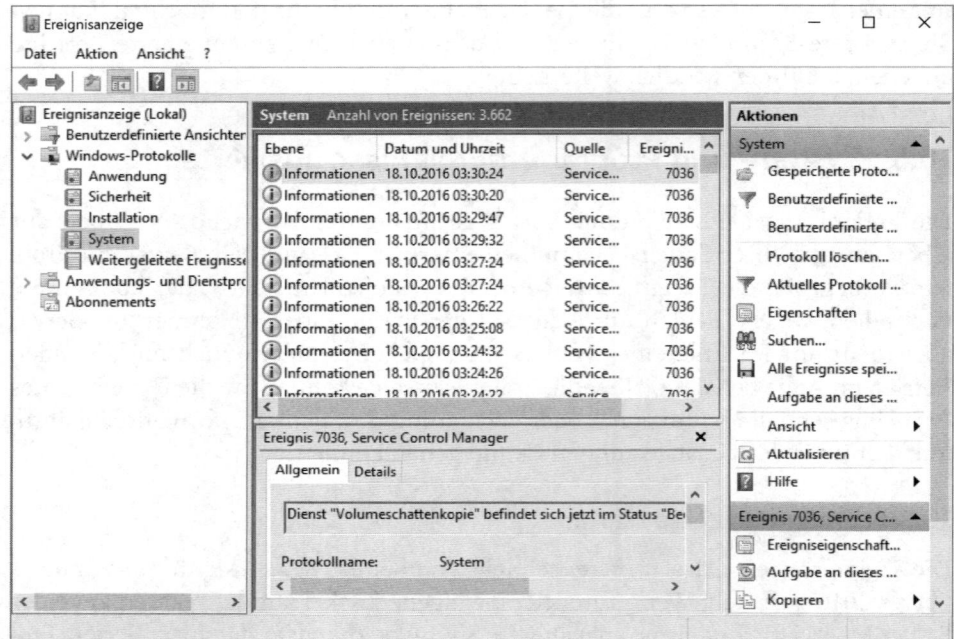

Abb. 10.11: Die Ereignisanzeige

Was die Liste der Ereignisse selbst angeht, so erkennen Sie anhand des Symbols und der nachfolgenden Bezeichnung direkt, um welche Art Ereignis es sich jeweils handelt. Zum Beispiel sehen Sie Fehler mit einem roten Ausrufezeichen, Warnungen mit einem gelben Dreieck und so weiter.

Direkt daneben finden Sie die Angabe des Zeitpunkts, zu dem dieses Ereignis aufgetreten ist bzw. vom zugehörigen Protokoll erfasst wurde.

Natürlich brauchen Sie nicht ständig sämtliche Protokolle, die Sie auf der linken Seite in der Liste sehen. Beispielsweise benötigen Sie das Protokoll INSTALLATION nur dann, wenn Sie Ereignisse überprüfen möchten, die während der Installation des Systems aufgezeichnet wurden. Wird dieses Protokoll gelöscht, werden hier keine neuen Ereignisse mehr erfasst. Wenn Sie einen Blick in eines dieser seltener genutzten Protokolle werfen, stellen Sie unter Umständen fest, dass es komplett leer ist. Das bedeutet aber nicht zwangsläufig, dass hier ein Problem mit Ihrem Server vorliegt.

Ereignisse anzeigen

Ausgehend von der Liste der Ereignisse genügt ein Doppelklick auf eine beliebige Zeile, um ein Dialogfeld aufzurufen, in dem Sie sämtliche Details über das betreffende Ereignis ablesen können. Für viele Ereignisse, die in der Ereignisanzeige erfasst werden, finden Sie in diesem Dialogfeld nützliche Informationen, die Ihnen bei der Suche und Behebung der Ursache des Fehlers behilflich sind. Auf dem folgenden Bild sehen Sie ein Beispiel für ein Ereignis des Typs FEHLER:

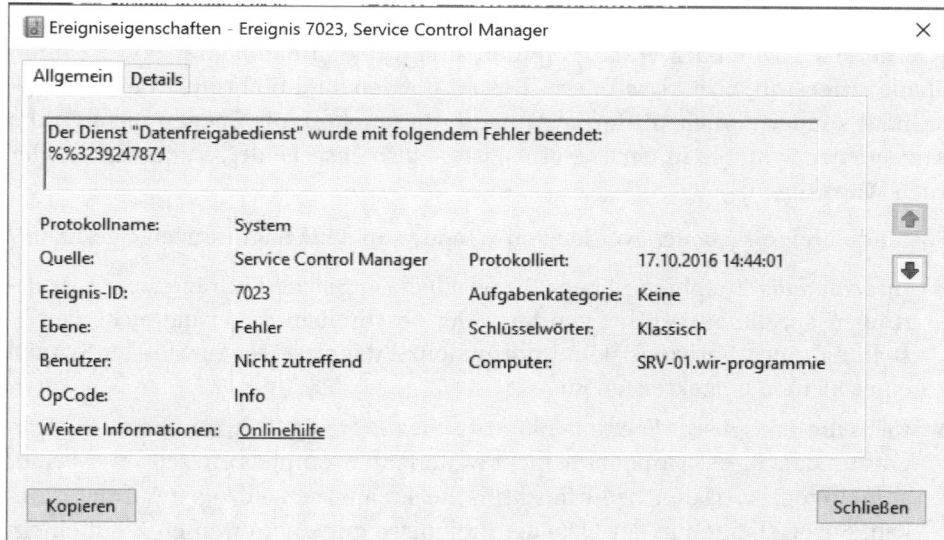

Abb. 10.12: Details zu einem Ereignis abrufen

Wie Sie anhand des Fotos erkennen können, handelt es sich hierbei um ein Problem bei Ausführung eines Dienstes auf diesem Windows-Server. Bei vielen Fehlern, die in der Ereignisanzeige zu finden sind, können Sie der Fehler-Beschreibung zudem auch Tipps entnehmen, wie Sie das jeweilige Problem beheben könnten.

Tipp

Sie benötigen noch mehr Informationen, als in diesem Dialog – also der detaillierten Beschreibung des Ereignisses – von Windows zur Verfügung gestellt werden? Dann klicken Sie am besten auf den Link ONLINEHILFE, wodurch sich ein Browser mit weiteren Details zu dem jeweiligen Problem öffnet. Vorher fragt Windows allerdings noch einmal nach, ob die Details des Fehlers, der bei Ihnen aufgetreten ist, auch ans Internet, sprich Microsoft, gesendet werden dürfen. Dies müssen Sie mit Klick auf JA bestätigen, sonst erhalten Sie keine weiteren Informationen online.

Ereignis-Details kopieren

Oft braucht man die genaue Beschreibung eines Fehlers, der in der Ereignisanzeige zu sehen ist, zum Beispiel, um diese an jemand anders zu senden und um Hilfe zu bitten. In diesem Fall müssen Sie nicht sämtliche Details des jeweiligen Problems oder Eintrags manuell abschreiben. Stattdessen können Sie die praktische KOPIEREN-Funktion nutzen, die Sie in der Detail-Ansicht für ein Ereignis in Form eines Buttons in der unteren linken Ecke des Dialogfeldes finden.

Das Prinzip hinter den Ereignis-Ebenen

Wie bereits zuvor kurz erklärt, werden Ereignisse anhand ihrer sogenannten Ebene eingestuft, also klassifiziert. Diesen Ebenen sind nicht nur Namen zugeordnet, sondern auch Ziffern. Anhand dieser Ereignis-Ebenen erfolgt die Anzeige der Symbole in der Ereignis-Liste – also etwa Fehler, Information oder auch Warnungen.

Folgende Ereignis-Ebenen werden von Windows in der Ereignisanzeige genutzt:

- **Informations**-Ereignisse: Ebene 0 und Ebene 4. Solche Einträge zeigen Änderungen an, die ausgeführt wurden, oder beschreiben die erfolgreiche Fertigstellung eines Vorgangs. Für Informations-Ereignisse sehen Sie das Symbol eines kleinen eingekreisten »i«.

- **Kritische** Ereignisse: Ebene 1. Ein kritisches Ereignis liegt vor, wenn ein Programm oder eine Komponente nicht weiterlaufen kann, da ein schwerer Fehler aufgetreten ist. Daher bedürfen kritische Ereignisse sofortiger Aufmerksamkeit. Sie erscheinen in der Liste der Ereignisse mit einem weißen X auf einem roten Kreis.

- **Fehler**-Ereignisse: Ebene 2. Fehler-Ereignisse zeigen ein Problem an, das von außerhalb Einfluss auf eine Anwendung oder eine Komponente hat und dafür verantwortlich sein könnte, dass das Programm oder die Komponente nicht korrekt funktioniert. Fehler-Ereignisse werden mit einem weißen Ausrufezeichen auf einem roten Kreis dargestellt.

- **Warnungen**: Ebene 3. Warnungs-Ereignisse weisen auf Probleme hin, die in der Zukunft auftreten könnten. Das Ereignis selbst ist nicht unbedingt aussagekräftig. Manchmal werden Warnungen auch angezeigt, bevor eine kritische Situation oder ein Fehler auf dem Server eingetreten ist. Das verwendete Symbol zur Darstellung von Warnungen ist ein schwarzes Ausrufezeichen in einem gelben Dreieck.

- **Detail**-Ereignisse: Ebene 5. Detail-Ereignisse in Protokollen stellen weitere Details über ein bestimmtes Ereignis zur Verfügung. Diese Details werden nur dann aufgezeichnet und angezeigt, wenn das zugehörige Kontrollkästchen im Dialogfeld zur Erstellung einer benutzerdefinierten Ansicht aktiviert wurde.

10.5.3 Benutzerdefinierte Ansichten erstellen und nutzen

Wenn wir in der Ereignisanzeige nach einem bestimmten Eintrag oder nach Zeilen suchen, die sich auf ein bestimmtes Problem beziehen, hilft uns der Bereich für benutzerdefinierte Ansichten in der Ereignisanzeige weiter. Hier finden Sie vordefinierte, zielgerichtete Ansichten der Ereignisse; zudem können Sie auch eigene Ansichten erstellen. Solche benutzerdefinierten Ansichten sind nützlich, denn dadurch müssen Sie nicht jedes Mal, wenn Sie nach einem bestimmten Ereignis suchen, zuerst die Ansicht in der Ereignisanzeige entsprechend einstellen.

Im zuvor erwähnten Bereich finden Sie folgende benutzerdefinierten Ansichten bereits ab Werk:

- **Server-Rollen** – Jedes Mal, wenn Sie eine neue Server-Rolle hinzufügen – etwa über den Server-Manager –, wird automatisch eine zugehörige benutzerdefinierte Ansicht angelegt. Installieren Sie beispielsweise die Server-Rolle für Domänen-Controller, finden Sie anschließend in der Liste der benutzerdefinierten Ansicht auch einen Filter für die Active-Directory-Domänen-Services.

- Schließlich sehen Sie im Bereich **Administrative Ereignisse** kritische, Fehler- sowie Warnungs-Ereignisse aus sämtlichen Verwaltungs-Protokollen. Das heißt: Hier sind alle Einträge außer den Informationen zu finden. Diese Ansicht enthält unter anderem die Standard-Verwaltungs-Protokolle (ANWENDUNG, SICHERHEIT und SYSTEM), die auf jedem Server vorhanden sind. Darüber hinaus sind auch Protokolle des Bereichs für Anwendungen und Dienste enthalten sowie einige der Protokolle des Bereichs MICROSOFT, WINDOWS.

> **Tipp**
>
> Wenn auf dem Server eine neue Rolle oder ein neues Feature installiert wird und zusätzliche Protokolle hinzugefügt werden, wird die Ansicht für administrative Ereignisse automatisch angepasst, sodass diese zusätzlichen Protokolle ebenfalls berücksichtigt werden.

Diese vordefinierten benutzerdefinierten Ansichten können Sie zwar nicht anpassen, Sie können aber sehr wohl eigene benutzerdefinierte Ansichten erstellen und diese auch nach Belieben bearbeiten. Im nächsten Abschnitt sehen wir uns an, wie das im Einzelnen funktioniert.

> **Hinweis**
>
> Weder die benutzerdefinierte Ansicht ADMINISTRATIVE EREIGNISSE noch die benutzerdefinierten Ansichten im Ordner SERVER-ROLLEN lassen sich filtern. Wenn Sie diese Protokolle filtern möchten, erstellen Sie daher am besten zuerst eine Kopie der jeweiligen benutzerdefinierten Ansicht.

Kopie einer benutzerdefinierten Ansicht anlegen

Vielleicht gefallen Ihnen einige der vordefinierten benutzerdefinierten Ansichten, Sie würden aber gerne die eine oder andere kleine Änderung daran vornehmen. Anstelle jetzt von vorne anfangen zu müssen, können Sie einfach eine Kopie der benutzerdefinierten Ansicht erstellen und diese anschließend nach Ihrem Bedarf bearbeiten.

Sehen wir uns ein Beispiel an. Sie möchten das Protokoll ADMINISTRATIVE EREIGNISSE als Vorlage nutzen, dabei aber auch Informations-Ereignisse sehen und die Ansicht so filtern, dass nur die letzten 24 Stunden sichtbar sind. Mit den folgenden Schritten erreichen Sie dieses Ziel und erstellen damit Ihr eigenes Protokoll:

1. Starten Sie zunächst die Ereignisanzeige über das START-Menü von Windows Server 2016, indem Sie in der Liste der Programme zum Ordner WINDOWS-VERWALTUNGSPROGRAMME wechseln und hier die EREIGNISANZEIGE anklicken. Alternativ können Sie die Ereignisanzeige auch über den Server-Manager und dessen TOOLS-Menü aufrufen.

2. Auf der linken Seite klicken Sie dann mit der rechten Maustaste auf die benutzerdefinierte Ansicht ADMINISTRATIVE EREIGNISSE und wählen im Kontextmenü die Funktion BENUTZERDEFINIERTE ANSICHT KOPIEREN aus.

3. Ändern Sie den Namen jetzt wie folgt ab:
   `Ereignisse im heutigen Standard-Protokoll`.

4. Klicken Sie danach auf die Schaltfläche NEUER ORDNER. Als Namen für den neuen Ordner geben Sie `Meine benutzerdefinierten Ansichten` ein und klicken dann auf OK.

5. Bestätigen Sie im Anschluss die Erstellung der Kopie für die benutzerdefinierte Ansicht ADMINISTRATIVE EREIGNISSE im Ordner MEINE BENUTZERDEFINIERTEN ANSICHTEN.

6. Als Nächstes klicken Sie mit der rechten Maustaste auf das Protokoll EREIGNISSE IM HEUTIGEN STANDARD-PROTOKOLL und rufen hier die EIGENSCHAFTEN auf.

7. Jetzt folgt ein Klick auf den Button FILTER BEARBEITEN. Wie Sie sehen, hat der soeben kopierte Filter dieselben Eigenschaften wie die Original-Ansicht ADMINISTRATIVE EREIGNISSE. Im Gegensatz zu dieser lassen sich die Eigenschaften bei unserer Kopie allerdings bearbeiten.

8. Öffnen Sie also das Klappfeld PROTOKOLLIERT und wählen Sie den Eintrag LETZTE 24 STUNDEN aus.

9. Aktivieren Sie dann das Kontrollkästchen für INFORMATION. Die Kontrollkästchen für KRITISCH, WARNUNG und FEHLER sollten bereits markiert sein.

10. Öffnen Sie jetzt das Klappfeld für EREIGNIS-PROTOKOLLE. Wir stellen fest: Bei den Einträgen ANWENDUNGEN und DIENSTE ist der Haken halb zu sehen, was bedeutet, dass einige der Protokolle ausgewählt sind.

11. Klicken Sie einmal auf beide Haken, sodass sie vollständig zu sehen sind. Dadurch werden sämtliche enthaltenen Protokolle markiert. Klicken Sie nun erneut auf beide Haken, sodass die Einträge komplett aus unserer Auswahl ausgeschlossen werden. Dadurch haben wir erreicht, dass nur die Windows-Protokolle tatsächlich ausgewählt und damit in unserer Ansicht verfügbar sind.

12. Klicken Sie zum Schluss unten zweimal auf OK, um Ihre neue benutzerdefinierte Ansicht zu speichern.

10.5.4 Neue benutzerdefinierte Ansicht erstellen

Benutzerdefinierte Ansichten lassen sich auch von Grund auf neu erstellen. Dies ist nützlich, wenn Sie bestimmte Probleme unter die Lupe nehmen möchten – etwa beim Überwachen des Startens und Beendens von Diensten.

Mit den folgenden Schritten lässt sich in der Ereignisanzeige eine benutzerdefinierte Ansicht erstellen, mit der Sie auf einen Blick sämtliche Ereignisse bezüglich des Starts und Beendens von System-Diensten sehen können:

1. Klicken Sie in der Ereignisanzeige zunächst mit der rechten Maustaste auf BENUTZERDEFINIERTE ANSICHTEN und rufen Sie dort die Funktion BENUTZERDEFINIERTE ANSICHT ERSTELLEN aus.

2. Jetzt markieren Sie die Ereignis-Ebenen KRITISCH, WARNUNG, FEHLER und INFORMATION.

3. Darunter wählen Sie die Option PER QUELLE aus und versehen bei Quellen die Einträge SERVICE CONTROL MANAGER und SERVICE CONTROL MANAGER PERFORMANCE DIAGNOSTIC PROVIDER aus.

4. Nun unten mit Klick auf OK bestätigen, dann einen Namen eingeben und die neue Ansicht erstellen, indem Sie erneut auf OK klicken.

Ab sofort finden Sie in dieser benutzerdefinierten Ansicht ausschließlich Ereignisse, die vom Dienste-Manager registriert wurden.

10.5.5 Benutzerdefinierte Ansicht filtern

So wie sich jedes Standard-Protokoll filtern lässt, können auch benutzerdefinierte Ansichten gefiltert werden. Denn oftmals enthalten Protokolle Hunderte oder gar Tausende Ereignisse – da geht schnell die Übersicht verloren.

Wenn Sie in einem solchen Riesen-Protokoll auf der Suche nach einem bestimmten Ereignis sind, würde es normalerweise Stunden dauern, bis Sie sich durch die ganze Liste gekämpft haben. Mit einem Filter finden Sie viel schneller das, was Sie suchen.

In diesem Abschnitt sehen wir uns zwar an, wie Sie eine benutzerdefinierte Ansicht filtern, die gleichen Schritte gelten allerdings auch für beliebige andere Protokolle innerhalb der Ereignisanzeige.

Stellen wir uns vor, wir möchten unsere benutzerdefinierte Ansicht »Ereignisse im heutigen Standard-Protokoll« so anpassen, dass wir nur kritische Ereignisse sehen. Dazu führen wir die folgenden Schritte aus:

1. Als Erstes starten wir die Ereignisanzeige, zum Beispiel über das START-Menü von Windows Server 2016, indem wir dort zum Bereich WINDOWS-VERWAL-TUNGSPROGRAMME wechseln. Alternativ lässt sich die Ereignisanzeige auch über den Server-Manager starten, indem Sie dort oben rechts auf das TOOLS-Menü klicken und von dort die EREIGNISANZEIGE starten.

2. Als Nächstes wählen Sie in der Liste links die benutzerdefinierte Ansicht EREIG-NISSE IM HEUTIGEN STANDARD-PROTOKOLL aus, die wir zuvor angelegt hatten.

3. Klicken Sie jetzt mit der rechten Maustaste auf diese Ansicht und rufen Sie dann die Funktion AKTUELLE BENUTZERDEFINIERTE ANSICHT FILTERN aus.

4. Entfernen Sie die Häkchen bei WARNUNG, FEHLER und INFORMATIONEN. Somit bleibt nur die Ereignis-Ebene KRITISCH ausgewertet.

5. Klicken Sie jetzt auf OK. Wie Sie sehen, zeigt das Protokoll dadurch nur noch kritische Ereignisse an.

Ähnlich einfach wie das Anlegen eines Filters für eine Ansicht oder ein Protokoll ist auch das Entfernen eines solchen Filters: Klicken Sie einfach mit der rechten Maustaste auf die Ansicht bzw. das Protokoll und rufen Sie den Eintrag FILTER ENTFERNEN auf.

10.5.6 Benutzerdefinierte Ansichten exportieren und importieren

Haben Sie die Ereignisanzeige einmal so konfiguriert, wie Sie sie in Ihrer Umgebung benötigen, lassen sich die erstellten benutzerdefinierten Ansichten schnell auf andere Server übertragen. Das hat den Vorteil, dass Sie sie nicht manuell erneut erstellen müssen, wenn Sie auf einen anderen Server oder Computer arbeiten.

Hinweis

Die benutzerdefinierten Ansichten werden im XML-Format gespeichert. Das hat den Vorteil, dass die exportierten Einstellungen einfach als ganz normale Datei von einem auf den anderen Server übertragen werden können. Zur Not kann die Definition der benutzerdefinierten Ansicht auch im Editor angezeigt werden, da es sich dabei um ein Text-Format handelt.

Eigene Ansichten lassen sich mit den folgenden Schritten exportieren:

1. Zunächst im Server-Manager oben rechts auf TOOLS, EREIGNISANZEIGE klicken.

2. Nun den Bereich für die benutzerdefinierten Ansichten öffnen.

3. Jetzt mit der rechten Maustaste auf die Ansicht EREIGNISSE IM HEUTIGEN STAN-DARD-PROTOKOLL klicken und dann die Funktion ANSICHT EXPORTIEREN auswählen.

4. Anschließend steuern Sie den Ordner an, in dem die Export-Datei gespeichert werden soll.

5. Dann noch den Namen für den Export eingeben, etwa `Exportierte-Ansicht`.

6. Zum Schluss unten auf SPEICHERN klicken.

Die auf diese Weise exportierte XML-Datei kann nun auf einen anderen Server kopiert oder in einer Freigabe gespeichert werden, die von einem anderen Server aus ebenfalls erreichbar ist.

Zum Import auf dem zweiten Server mit der rechten Maustaste auf den Eintrag BENUTZERDEFINIERTE ANSICHTEN klicken und dort die Funktion ANSICHT IMPOR-TIEREN aufrufen.

Jetzt die gewünschte Datei finden und bestätigen. Dann noch den Knoten in der Struktur auswählen, unter dem die neue Ansicht erstellt werden soll. Dabei lassen sich bei Bedarf auch der Name und die Beschreibung anpassen.

10.5.7 Das Prinzip hinter den Windows-Protokollen

Wenn Sie in der Ereignisanzeige auf der linken Seite den Bereich WINDOWS-PRO-TOKOLLE aufklappen, finden Sie darin verschiedene Unterordner: ANWENDUNG, SICHERHEIT, INSTALLATION, SYSTEM und WEITERGELEITETE EREIGNISSE. Welche Ereignisse werden in diesen verschiedenen Protokollen aufgezeichnet?

■ Das Protokoll **Anwendungen** erfasst Ereignisse, die von Anwendungen ausgelöst werden. Je nach Programm werden Ereignisse entweder in diesem zentralen Protokoll für alle Anwendungen oder in einem eigenen Protokoll für die jeweilige Anwendung aufgezeichnet. Welches Protokoll verwendet wird, entscheidet der Entwickler des jeweiligen Programms: Anwendungs-Ereignisse von SQL Server werden in diesem Protokoll festgehalten, doch die PowerShell speichert Ereignisse in ihrem eigenen Protokoll, das sich im Abschnitt ANWEN-DUNGS- UND DIENST-PROTOKOLLE befindet.

■ Im **Sicherheits**-Protokoll finden Sie sämtliche überwachten Ereignisse, darunter zum Beispiel Anmeldungen, die Nutzung von Dateien und anderen Objekten sowie weitere überwachte Ereignisse, die der Administrator aufzeichnen lässt. Für solche Überwachungen von Ereignissen kann festgelegt werden, dass sowohl erfolgreiche als auch fehlgeschlagene Ereignisse aufgezeichnet werden. Für bestimmte Ereignisse ist die Überwachung in Windows Server 2016 bereits standardmäßig aktiviert, sodass sich in diesen Protokollen selbst dann Ereignisse befinden, wenn der Administrator keine Änderungen an den Einstellungen der Überwachung von Ereignissen vorgenommen hat.

- Im Protokoll **Installation** sehen Sie Ereignisse in Bezug auf die Tradition des Betriebssystems oder installierter Programme. In diesem Protokoll wird auch das Hinzufügen oder Entfernen von Rollen und Features aufgezeichnet.

- Das **System**-Protokoll erfasst Ereignisse in Verbindung mit dem Betriebssystem, wie zum Beispiel Informationen zu Treibern und System-Diensten.

- **Weitergeleitete Ereignisse**: Wenn Abonnements aktiviert sind, enthält dieses Protokoll sämtliche Ereignisse, die an diesem Computer oder Server weitergeleitet wurden. Ereignis-Abonnements müssen konfiguriert werden, bevor in diesem Protokoll Ereignisse aufgeführt werden.

10.5.8 Anwendungs- und Dienst-Protokolle: Ein näherer Blick

Im Ordner für Anwendungs- und Dienst-Protokolle finden Sie Protokolle für bestimmte Anwendungen, also Programme, oder auch Komponenten. Ansichten für die Ereignisanzeige werden hier dynamisch hinzugefügt, wenn Sie verschiedene Rollen und Features zu Ihrem Windows Server 2016 hinzufügen; benutzerdefinierte Ansichten landen dabei im Knoten für Server-Rollen.

Beispiel

Wird der Server zu einem Domänen-Controller heraufgestuft, finden Sie anschließend in diesem Ordner der Ereignisanzeige weitere Protokolle wie zum Beispiel das Protokoll für Active Directory Web Services, das Protokoll für die DFS-Replikation oder auch das Protokoll für den Verzeichnis-Dienst.

Mit diesen Protokoll-Arten haben Sie die Möglichkeit, relevante Informationen an bestimmte Personen weiterzugeben, statt sie als allgemeine Informationen zur Nutzung durch alle Administratoren zu erfassen.

Zudem erreichen Sie über diesen Struktur-Knoten auch eine Reihe nützlicher Windows-Protokolle, die sich vorher nicht über die Ereignisanzeige erreichen ließen, sondern nur als Text- oder XML-Dateien verfügbar waren. Diese Protokolle finden Sie in der Ansicht MICROSOFT\WINDOWS.

10.5.9 Ereignis-Protokolle abonnieren

Über Ereignis-Protokoll-Abonnements können Sie einen einzelnen Server im Netzwerk damit beauftragen, Ereignisse von mehreren Systemen gesammelt zu erfassen. Dabei wird der einzelne Server, der für die Erfassung zuständig ist, Sammel-Computer genannt, an den die Quell-Computer ihre Ereignisse senden.

Mit einem zentralen Server, der sämtliche Ereignisse protokolliert, wird die Verwaltung und Administration von Servern im Netzwerk eines Unternehmens viel einfacher.

Beispiel

Nehmen wir an, dass Sie verantwortlich für mehrere Instanzen von Microsoft SQL Server sind. In diesem Fall können Sie Abonnements einrichten, durch die Ereignisse von jeder der Instanzen an einen zentralen Server zur Überwachung gesendet werden.

Sobald die Ereignisse auf dem Sammel-Computer erfasst wurden, lassen sie sich wie alle anderen Ereignisse auf dem Computer auch bearbeiten und filtern. Zudem können Sie auch benutzerdefinierte Ansichten für weitergeleitete Ereignisse erstellen.

Arten von Abonnements

Abonnements können entweder vom Server- oder vom Quell-Computer ausgelöst werden. Bei einem sammlungsinitiierten Abonnement werden alle Computer aufgeführt, die Ereignisse weiterleiten. Diese Art des Abonnements wird von Server-Administratoren am häufigsten verwendet.

Bei der Einrichtung eines sammlungsinitiierten Abonnements müssen Sie die Quell-Computer durch Klick auf den Button COMPUTER AUSWÄHLEN? hinzufügen. Wenn die Liste der Quell-Computer sich nicht ändert, ist die Option SAMMLUNGS-INITIIERTES ABONNEMENT die beste Auswahl. Hierbei wird die Liste der Computer einmalig festgelegt und muss nur dann neu konfiguriert werden, wenn ein Server zu der Abonnement-Liste hinzugefügt oder aus dieser entfernt werden soll.

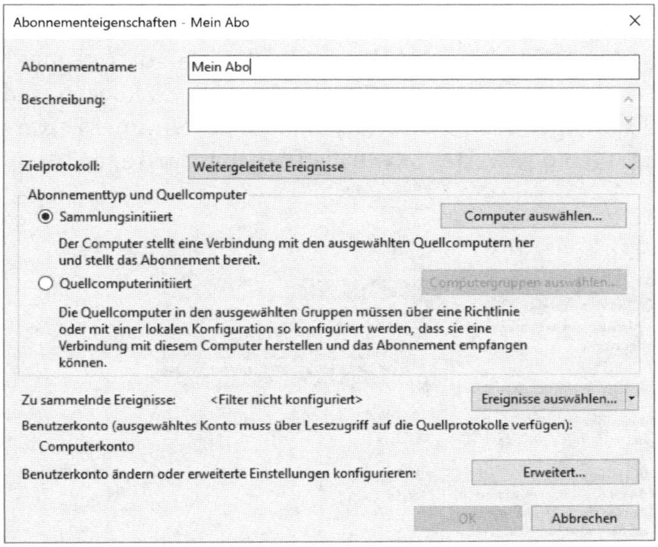

Abb. 10.13: Ereignis-Abonnement einrichten

Sammlungsinitiierte Abonnements müssen außerdem mit den Zugangsdaten eines Kontos konfiguriert werden, das über Lese-Berechtigungen für die Quell-Protokolle verfügt. Da es bei Abonnements um Ereignisse von mehreren Computern geht, sollte hierzu ein Domänen-Konto genutzt werden, denn einem solchen Konto kann leicht die Lese-Berechtigung für mehrere Computer gewährt werden.

> ### Tipp
>
> Am einfachsten lässt sich die Lese-Berechtigung für die Ereignis-Protokolle dadurch einrichten, dass ein Benutzer-Konto zu der Gruppe EREIGNISPROTOKOLL-LESER hinzugefügt wird. Entweder man fügt auf jedem Server einzeln einen Benutzer zu dieser Gruppe zu oder diese Aufgabe wird über Active Directory erledigt.

Bei Abonnements, die vom Quell-Computer initiiert werden, senden die Quell-Computer die Abonnements an den Sammel-Computer. Hierbei lassen sich die Quell-Computer entweder einzeln auswählen oder durch Verwendung einer globalen Gruppe aus Active Directory. Diese Art von Abonnements ist die einfachste, wenn die Liste der Quell-Computer sich häufig ändert. So kann das Abonnement einmalig auf dem Sammel-Server über eine globale Gruppe erstellt werden und anschließend lassen sich die Server einfach über AD zu dieser Gruppe hinzufügen oder aus ihr entfernen.

Damit die Quell-Computer auch wissen, an welchem Server ihre Ereignisse gesendet werden sollen, muss zusätzlich noch eine Gruppen-Richtlinie konfiguriert werden, nämlich die Richtlinie, die sich im Pfad COMPUTER-KONFIGURATION, RICHTLINIEN, ADMINISTRATIVE VORLAGEN, WINDOWS-KOMPONENTEN, EREIGNISWEITERLEITUNG befindet. Hier finden Sie die Richtlinien namens ZIEL-ABONNEMENT-MANAGER KONFIGURIEREN. Per Doppelklick wird diese Richtlinie auf AKTIVIERT gesetzt; anschließend bei den Optionen auf den Button ANZEIGEN... klicken und dann in die Tabelle den vollständigen Active-Directory-Namen des Sammel-Servers eingeben – etwa durch Eintragen des Wertes SRV-01.wir-programmieren.de.

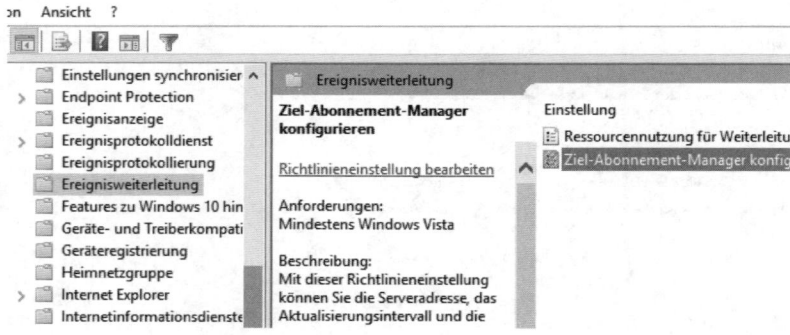

Abb. 10.14: Diese Einstellung muss gesetzt werden.

Hinweis

Bei der Einrichtung der Gruppen-Richtlinie denken Sie daran, dass sich Gruppen-Richtlinien-Objekte an Domänen oder Organisations-Einheiten koppeln lassen. Für unseren Fall macht es Sinn, alle Server, die auf diese Weise ihre Ereignisse an einen Sammel-Server senden sollen, in einer Organisations-Einheit zusammenzufassen und die Gruppen-Richtlinien dann mit dieser Organisations-Einheit zu verknüpfen.

Wie wir gesehen haben, gibt es zwei unterschiedliche Arten von Ereignis-Abonnements: beim sammlungsinitiierten Abonnement müssen Sie die Liste der Server hinterlegen, die Ereignisse an den Sammel-Computer senden sollen, wohingegen bei der Quell-Computer-initiierten Version eine Liste in Form einer Active-Directory-Gruppe genügt – hier müssen Sie dafür aber eine entsprechende Gruppen-Richtlinie konfigurieren, was natürlich etwas aufwändiger ist.

Ereignisse auswählen

Bei der Konfiguration eines Ereignis-Abonnements müssen Sie festlegen, welche Ereignisse überhaupt weitergeleitet werden sollen. Die Auswahl von Ereignissen erfolgt immer auf dem gleichen Wege, ganz gleich, für welchen Abonnement-Typ Sie sich entschieden haben.

Im Prinzip ist die Auswahl der Ereignisse ganz einfach: Entweder es werden sämtliche Ereignisse bestimmte Protokolle weitergeleitet oder nur bestimmte Ereignisse. Beim Klick auf den Button EREIGNISSE AUSWÄHLEN erscheint dasselbe Dialogfeld, mit dem Sie Protokolle bereits zuvor gefiltert hatten.

Das System hinter den Ereignis-Abonnements

Zur Übertragung der Abonnement-Daten kommt HTTP für unverschlüsselte Übertragungen und HTTPS für verschlüsselte Übertragungen zum Einsatz. Im Internet werden diese Protokolle zwar über ihre Standard-Ports 80 und 443 verwendet, bei Ereignis-Abonnements werden hingegen andere Ports für diese Protokolle genutzt, nämlich:

- HTTP: 5985
- HTTPS: 5986

Diese Standard-Ports für die Ereignis-Weiterleitung sollten nur dann geändert werden, wenn durch sie ein Konflikt mit einem anderen Programm in Ihrem Netzwerk auftritt. Anders ausgedrückt: Wenn Port 5985 oder 5986 in Ihrem Netzwerk bereits verwendet werden, sollten Sie einen anderen Port einstellen.

> **Hinweis**
>
> Wenn Sie diese Ports tatsächlich ändern müssen, sollte der folgende Befehl auf sämtlichen beteiligten Servern ausgeführt werden:
>
> ```
> winrm set
>   winrm/config/listener?Address=*+Transport=HTTP
>   {Port="5080"} [Enter]
> ```
>
> Bei Anpassung des Ports für die HTTPS-Verbindung passen Sie das Kommando natürlich entsprechend an.

Konfiguration von Ereignis-Abonnements

Zur Unterstützung von Abonnements für Ereignis-Protokolle werden zwei Dienste benötigt, die sowohl auf den Quell- als auch auf den Sammel-Servern ausgeführt werden:

- **Windows-Ereignissammlungs-Dienst** – Hierbei handelt es sich um den Haupt-Dienst zur Verwaltung von Abonnements. Er sollte auf AUTOMATISCH oder AUTOMATISCH (VERZÖGERTER START) gesetzt sein. Dieser Dienst unterstützt das WS-Management-Protokoll, das in Windows über den WinRM-Dienst umgesetzt ist.

- **Entfernte Verwaltung** – WinRM nutzt Web-Dienste über HTTP sowie HTTPS zur Verwaltung von Software und Hardware aus der Ferne. Dieser Dienst sollte auf AUTOMATISCH oder AUTOMATISCH (VERZÖGERTER START) gesetzt sein.

> **Tipp**
>
> WinRM hängt nicht von der Server-Rolle *Web-Dienste (IIS)* ab, kann aber parallel zu dieser Rolle auf demselben Server betrieben werden.

Mit den folgenden Schritten lassen sich Quell-Computer zum Senden von Ereignissen einen Sammel-Server konfigurieren:

Zunächst starten Sie eine Eingabe-Aufforderung mit erhöhten Rechten. Jetzt folgenden Befehl eingeben:

```
winrm quickconfig [Enter]
```

Durch Eingabe dieses Befehls wird die entfernte Verwaltung von Windows einschließlich der Firewall so konfiguriert, dass Ereignisse an einen Sammel-Server gesendet werden können.

Das entsprechende Kommando für den Sammel-Server lautet wie folgt:

```
wecutil qc  Enter
```

Dadurch aktivieren Sie den Ereignis-Sammeldienst, sodass von anderen Computern eingehende Ereignisse zentral erfasst werden können.

Fehler bei der Ereignis-Weiterleitung erkennen und beheben

Zu den häufigsten Fehlern bei der Weiterleitung von Ereignissen gehört es, dass einer der Server, die in das Abonnement einbezogen sind, im Netzwerk nicht erreichbar ist. Es kann auch sein, dass das Abonnement falsch eingestellt ist oder der zugehörige Benutzer nicht über die korrekten Berechtigungen verfügt.

Um Details über den aktuellen Status der Ereignis-Weiterleitung herauszufinden, greifen Sie am besten auf den Laufzeit-Status zu. Dieser lässt sich über einen Rechtsklick auf das entsprechende Abonnement und anschließender Auswahl der Funktion LAUFZEIT-STATUS öffnen. Falls ein Fehler vorliegt, wird er in dem Dialogfeld, das sich daraufhin öffnet, direkt angezeigt.

Tipp

Klicken Sie auf die Zeile mit dem Fehler, um darunter eine detailliertere Beschreibung des Problems zu lesen. Dabei könnte es sich zum Beispiel darum handeln, dass der eingegebene Benutzer-Name oder das zugehörige Kennwort nicht stimmt. In diesem Fall verfügt das für das Abonnement verwendete Konto nicht über die Berechtigung, die Protokolle auf dem entfernten Computer zu lesen, weil die falschen Zugangsdaten eingegeben wurden. Prüfen Sie in diesem Fall die korrekte Eingabe und sehen Sie nach, ob das Benutzer-Konto sich in der Gruppe *Ereignisprotokoll-Leser* befindet.

Kapitel 11

Netzwerk-Grundlagen – TCP/IP, DHCP und DNS

Ein einzelner Server ist heutzutage quasi wertlos – ohne Verbindung zu anderen Computern, Servern oder dem Internet kann man nicht viel mit einem Server anfangen. Schon im Wort »Server« steckt der Gedanke, dass Programme, Daten oder Dokumente anderen Teilnehmern eines Netzwerks als Dienst angeboten werden.

Mit Bezug auf Netzwerke wimmelt es geradezu von unterschiedlichen Fachbegriffen, die für den einen oder anderen schwer verständlich oder völliges Neuland sind. Sehen wir uns daher in Kurzform einige Grundbegriffe an, wenn es um Netzwerke und die Vernetzung von Systemen an sich geht.

11.1 Fachbegriffe verständlich erklärt

Je nachdem, welche Reichweite ein Netzwerk hat, gibt es unterschiedliche Namen dafür. Man spricht hier zum Beispiel von einem PAN, einem LAN, einem MAN, einem WAN, einem GAN, dem Intranet oder auch dem Internet für sich. Was steckt hinter diesen unterschiedlichen Namen?

Je nach Reichweite oder Größe des jeweiligen Netzwerks verwenden Fachleute einen dieser Begriffe zur Klassifizierung des jeweiligen Netzwerks:

■ Als Personal Area Network (**PAN**) bezeichnet man ein winziges Netzwerk, mit dem kleinere Geräte vernetzt sind – etwa ein Handy mit einem Computer oder auch eine Digital-Kamera mit einem Drucker. Dabei können entweder Drahtlos-Protokolle oder verschiedene Kabeltypen zum Einsatz kommen.

■ Das klassische Netzwerk – etwa in einem Unternehmen oder Zuhause – wird normalerweise als **LAN** (*Local Area Network*) bezeichnet und entweder über Ethernet oder über WLAN realisiert. In einem LAN dienen verschiedene Komponenten der Vernetzung der einzelnen Teilnehmer, wobei es sich um Computer, Smartphones, Tablets oder auch Peripherie-Geräte handeln kann. Solche Komponenten sind zum Beispiel Router, Switches oder auch Netzwerk-Brücken.

■ **MAN**-Netzwerke dienen der Verbindung von Stadtteilen oder Verteiler-Knoten in Form von Glasfasern. Je nach Größe der Metropole (MAN bedeutet *Metropolitan Area Network*) kann ein solches Netzwerk unterschiedliche Ausmaße annehmen. Akteure und Einrichtung solcher Netzwerke sind meist Telekom-Firmen, die auf diese Weise ihre lokale Infrastruktur aufbauen.

- **WAN** ((*Wide Area Network*) sind in einem noch größeren Rahmen angesiedelt als Städte-Netzwerke, denn diese Netzwerke können sich über ganze Länder oder sogar mehrere Länder erstrecken. In so einem Netzwerk können beliebig viele Computer miteinander verbunden sein. Das wohl bekannteste WAN ist das Internet, ein multinationales Netzwerk mit vielen Millionen Computern und Servern.

- Bei einem Globe Area Network (**GAN**) handelt es sich um ein übergeordnetes System, das mehrere einzelne WAN zu einem Gesamt-Netzwerk koppelt. Dies kann etwa bei großen, weltweit tätigen Unternehmen der Fall sein.

Neben diesen häufig anzutreffenden Netzwerk-Arten, die nach ihrer Größe eingestuft bzw. klassifiziert werden, gibt es auch noch sogenannte Virtuelle Private Netzwerke (**VPN**). Diese sorgen für eine sichere Verbindung zweier Endpunkte von privaten Netzwerken über einen öffentlichen Kanal – etwa über das Internet. Dazu kommen sogenannte Tunnel-Protokolle zum Einsatz, in denen die zu übertragenden Daten des VPN sicher verpackt und auf die Reise geschickt werden.

11.2   Protokolle in Netzwerken: TCP und UDP

Ähnlich wie ein Protokoll an einem königlichen Hof die Reihenfolge der Abläufe regelt, erfolgt auch die Kommunikation in Netzwerken über bekannte und definierte Protokolle. Dies hat den Vorteil, dass Netzwerk-Komponenten unterschiedlichster Hersteller problemlos miteinander kommunizieren können, denn alle sprechen dieselbe »Sprache« und verstehen sich daher – eben wegen des eingesetzten Protokolls.

Die wichtigsten Protokolle in Netzwerken sind *TCP* und *UDP*. Sie unterscheiden sich darin, dass TCP-Protokolle eine Art Serien-Nummer tragen. Durch diese Nummerierung der Paket-Daten kann der Empfänger prüfen, ob alle Pakete einer Nachricht ordnungsgemäß übertragen und angekommen sind und gegebenenfalls fehlende Pakete beim Absender erneut anfordern. Anders als bei TCP ist UDP allerdings nicht statusbasiert: Hier hat der Empfänger keine Möglichkeit der Kontrolle über die Ankunft der empfangenen Daten. Allerdings hat UDP den Vorteil, dass Daten einfach verpackt und dadurch schneller übertragen werden können als TCP-Pakete – weswegen UDP oft bei Echtzeit-Anwendungen, etwa Livestreams oder der Übertragung von Videos, zum Einsatz kommt.

11.3   Das IP-Protokoll

In Verbindung mit dem TCP-Protokoll kommt in Netzwerken und auch im Internet meist das IP-Protokoll zum Einsatz. Durch dieses Protokoll erhalten Sender und Empfänger einer Nachricht im Netzwerk eine eindeutige Adresse, die mit einer Hausnummer verglichen werden kann. Je nachdem, welche Version des IP-

Protokolls verwendet wird, setzt sich diese IP-Adresse entweder aus vier Gruppen mit jeweils einer Zahl von 0-255 (IPv4) oder aus acht Gruppen mit jeweils vier Ziffern oder Buchstaben von A bis F zusammen (IPv6).

Das IPv6-Protokoll ist dabei das neuere und wurde eingeführt, weil durch die wachsende Digitalisierung immer mehr Teilnehmer im Internet eine eigene Adresse benötigten. Bei der eingeschränkten Anzahl der verfügbaren Adressen, nämlich rund 4 Milliarden, ist seit einigen Jahren die Obergrenze erreicht. Das IPv6-Protokoll soll diese Probleme durch eine viel größere Menge verfügbarer Adressen lösen, hat aber auch Jahre nach seiner Standardisierung und Einführung immer noch einen vergleichsweise niedrigen Verbreitungsgrad. Das liegt daran, dass zur Umsetzung von IPv6 sowohl Hardware- als auch Software-Hersteller gefragt sind, ihre Programme und Treiber entsprechend anzupassen. Dahinter stehen natürlich auch eine Kostenfrage sowie eine nötige Investition in die Modernisierung der Infrastruktur in Unternehmen und im privaten Bereich. Windows Server 2016 unterstützt natürlich sowohl das klassische IPv4- als auch das moderne IPv6-Protokoll.

11.3.1 Die Rolle der Subnetz-Maske

Wie zuvor erklärt, kommunizieren die Teilnehmer in einem Netzwerk mithilfe ihrer jeweiligen Absender- und Empfänger-IP-Adresse miteinander. Damit die beteiligten Komponenten wissen, an welche Computer eine bestimmte Nachricht im Netzwerk zugestellt werden soll, folgen diese IP-Adressen einem Schema, durch das sie in zwei Teile aufgeteilt werden: einerseits die Adresse des Netzwerks und andererseits die Adresse des Teilnehmers. In kleineren Netzwerken mit bis zu 254 Computern genügen beim IPv4-Protokoll die letzten Ziffern, sodass hier die ersten drei Blöcke als Adresse des Netzwerks an sich genutzt werden können. In diesem Fall spricht man von einem Klasse-C-Netzwerk. Wie Sie sich sicher denken können, gibt es daneben auch Klasse-B-Netzwerke mit insgesamt 255 × 254 Computern sowie Klasse-A-Netzwerke, bei denen nur der erste Block der IPv4-Adresse als Netzwerk-Adresse genutzt wird.

Zur Erkennung, welcher Teil der IP-Adresse jetzt als Netzwerk- und welcher Teil als Teilnehmer-Adresse zu verwenden ist, kommt die Subnetz-Maske ins Spiel. Sie gibt an, welcher Teil der Adresse die Netzwerk-Adresse ausmacht.

Beispiel

Wir haben die IP-Adresse 123.123.234.234 mit einer Subnetz-Maske von 255.255.255.0. In diesem Fall ist zu erkennen, dass der erste Teil der IP-Adresse, nämlich 123.123.234.*, Die Adresse des Netzwerks darstellt und der restliche Teil, also 234, die Adresse des Teilnehmers. In diesem Netzwerk gibt es also bis zu 254 Computer mit den Ziffern 1-254.

Wäre die Subnetz-Maske allerdings 255.255.0.0, könnte daraus zu erkennen sein, dass es sich hierbei um ein Klasse-B-Netzwerk handelt – die Netzwerk-Adresse wäre hier also 123.234.* und die Teilnehmer-Adresse würde 234.234 lauten.

Damit Pakete für lokale Netzwerke, also zum Beispiel zu Hause oder im Unternehmen, nicht an das öffentliche Internet gesendet werden, wurden Standards festgelegt, welche Adress-Bereiche für lokale Netzwerke gelten sollen. Hält ein Computer im Internet ein Paket mit einer Empfänger-Adresse, die aus einem solchen Adress-Bereich stammt, wird das Paket nicht weitergeleitet, da es im Internet sowieso nichts verloren hat.

Die folgenden Adress-Bereiche wurden für die IPv4- und IPv6-Protokolle als lokale Adressbereiche klassifiziert:

- 10.0.0.0/8 – 10.0.0.1 bis 10.255.255.255
- 172.16.0.0/12 – 172.16.0.0 bis 172.31.255.255
- 192.168.0.0/16 – 192.168.0.0 bis 192.168.255.255
- fc00::/7

11.3.2 Übersetzung von Netzwerk-Adressen (NAT)

Stellen wir uns vor, Ihr Computer, der über einen Router mit dem Internet verbunden ist, sendet eine Email an einen Server. Dabei hat der Computer die interne lokale IPv4-Adresse 192.168.123.234. Um die Nachricht zu versenden, wird also jetzt ein IP-Paket mit dem Absender 192.168.123.234 und dem Empfänger 46.20.113.56 abgesendet, da der Computer ja mit dem Server des Email-Anbieters kommunizieren möchte.

Wenn dieses Paket unverändert an den Server gesendet werden würde, würde dieser die Antwort auf das Paket an den Empfänger mit der lokalen IP-Adresse senden wollen. Wegen der Zustellungs-Regeln für private Adress-Bereiche könnte dieses Antwort-Paket aber nie zugestellt werden. Denn Ihr Computer hat im Internet ja eine ganz andere Adresse, nämlich die, die Ihnen von Telekommunikations-Anbieter zugewiesen wurde.

Deswegen muss der Absender des Pakets auf dem Weg zum Server verändert werden. Dies ist auch als Network Address Translation bekannt – wörtlich »Übersetzung der Netzwerk-Adresse«, denn hier geht es ja um eine Übersetzung in einen anderen Adressbereich, nämlich von Adressbereich Ihres lokalen Netzwerks in den des Internets. Somit modifiziert Ihr Router dieses Paket und setzt statt der lokalen Adresse Ihres Computers seine eigene öffentliche IP-Adresse ein. Auf diese Weise kann der Server nach Erhalt des Pakets ein Antwort-Paket zurücksenden an den Router, der es dann in Empfang nehmen und wiederum die Empfänger-Adresse zurückübersetzen kann, sodass dort Ihre lokale IP-Adresse eingetragen ist und das Paket im lokalen Netzwerk den Weg zu Ihrem Computer findet. All das geschieht automatisch im Hintergrund, ohne dass es jemand bemerkt. Es führt auch dazu, dass nicht für sämtliche Geräte in einem Netzwerk, die Zugang zum Internet haben sollen, eine eigene IP-Adresse benötigt wird – denn diese sind schließlich, zumindest bei IPv4, wertvoll. Stattdessen genügt eine einzige IP-Adresse für ein ganzes Netzwerk, das durch die Übersetzung der internen Adressen auf das weltweite Daten-Netz zugreifen kann.

Wir haben festgestellt: die Netzwerk-Adressen-Übersetzung ist hauptsächlich für das IPv4-Protokoll mit seinem begrenzten Adress-Räumen nötig und wichtig; bei IPv6 wurde der Standard absichtlich so ausgelegt, dass jedes Netzwerk und jeder Teilnehmer an einem Netzwerk genügend freie Adressen zugewiesen bekommt, sodass im Idealfall für IPv6 keinerlei NAT nötig ist.

11.4 Die Rolle der Ports

In Netzwerken gibt es viele unterschiedliche Dienste, wobei einzelne Server auch mehrere Dienste anbieten können. Damit Sender und Empfänger jederzeit wissen, für welchen Dienst eine bestimmte Nachricht bzw. ein Netzwerk-Paket gedacht ist, gibt es neben dem System der IP-Adresse auch noch sogenannte Ports.

Diese können Sie sich vorstellen wie Türen in einem Server. Diese Türen sind durchnummeriert und jede kann zu einem anderen Dienst führen. Beim Start übermitteln Dienste Informationen an das System, um mitzuteilen, auf welchen Ports sie bereit sind, Pakete bzw. Daten entgegenzunehmen.

Bekanntestes Beispiel für Ports sind die HTTP- und HTTPS-Ports, nämlich TCP 80 und TCP 443. Daneben gibt es aber noch viele weitere Ports. Die wichtigsten sind in der folgenden Tabelle zusammengefasst:

20, 21 – ftp	123 – ntp	1293 – ipsec
22 – ssh	143 – imap	1433 – mssql
25 – smtp	389 – ldap	1701 – l2tp
43 – whois	443 – https	1723 – pptp
53 – dns	465, 587 – smtps	2049 – nfs
67, 68 – dhcp	860 – iscsi	3306 – mysql
80 – http	993 – imaps	3389 – rdp
110 – pop	995 – pops	5800, 5900 – vnc

11.5 ICMP und Pings

Zuvor hatten wir gesagt, dass zur Kommunikation die Protokolle TCP und UDP zum Einsatz kommen. Dabei haben wir ein drittes Protokoll übersprungen, und zwar das ICMP-Protokoll. Es dient nicht zur direkten Kommunikation von Server-Diensten miteinander. Stattdessen hilft dieses Protokoll bei der Erkennung von Teilnehmern im Netzwerk – durch sogenannte »Pings«, also ICMP-Pakete, kann ein Absender ermitteln, ob ein bestimmter Empfänger reagiert oder nicht. Diese Ping-Antworten lassen sich zwar über Firewall-Regeln gezielt unterdrücken, hilfreich bei der Erst-Diagnose von Server- oder Netzwerk-Problemen ist ICMP aber dennoch.

Senden lassen sich Pings von jedem Windows-, Linux- und Mac-System über die Befehlszeile mithilfe des folgenden Kommandos:

```
ping 123.123.234.234 [Enter]
```

Nach kurzer Zeit erscheint das Ergebnis: Entweder der angepingte Host antwortet oder die Pakete laufen ins Leere. An der Laufzeit der Antworten können Sie übrigens auch erkennen, wie gut die Verbindung zum System auf der anderen Seite ist. In lokalen Netzwerken sind Laufzeiten von wenigen Millisekunden normal; im Internet können es je nach geografischer Entfernung auch schon mal bis zu 500 ms sein. Alle Werte, die darüber liegen, weisen entweder auf eine langsame Internet-Verbindung beim Sender oder Empfänger hin oder auf eine Überlastung bei einem der Backbone-Knoten des Internets.

Standardmäßig antworten Systeme mit Windows Server 2016 allerdings nicht auf eingehende Ping-Anfragen. Das lässt sich wie folgt ändern:

1. Zunächst über den Server-Manager die Windows-Firewall aufrufen.

2. Hier zum Bereich EINGEHENDE REGELN umschalten.

3. In der Liste der Regeln dann die Zeile DATEI- UND DRUCKERFREIGABE (ECHO-ANFORDERUNG – ICMPv4 EINGEHEND) suchen.

4. Auf diese Zeile mit der rechten Maustaste klicken und dann die Funktion REGEL AKTIVIEREN auswählen.

5. Selbiges auch für die entsprechende ICMPv6-Regel wiederholen.

Falls Ihr Server im Server Core-Modus betrieben wird, also kein Desktop zum Klicken verfügbar ist, helfen beim Aktivieren der gewünschten Firewall-Regel auch folgende PowerShell-Kommandos weiter:

```
Import-Module NetSecurity [Enter]
Set-NetFirewallRule -DisplayName "Datei- und
  Druckerfreigabe (Echoanforderung - ICMPv4
  eingehend)" -enabled True [Enter]
Set-NetFirewallRule -DisplayName "Datei- und
```

```
Druckerfreigabe (Echoanforderung - ICMPv6
eingehend)" -enabled True Enter
```

Ab sofort sollte sich dieser Server ebenfalls von anderen Servern oder Clients im Netzwerk anpingen lassen und darauf mit einer Antwort reagieren.

11.6 IP-Adresse des Servers konfigurieren

Handelt es sich bei Ihrem Server um einen einzelnen Server, können Sie eine statische IP-Adresse für das System konfigurieren. Dies trifft zum Beispiel auf Server zu, die sich in Rechenzentren von Hosting-Anbietern mieten lassen. Zusammen mit den Zugangsdaten für einen solchen Server haben Sie dann auch die zugewiesene IPv4- und IPv6-Adresse, die Subnetz-Maske sowie das Standard-Gateway erhalten.

Hinweis

Wie wir bereits gesehen haben, handelt es sich bei der IPv4- bzw. IPv6-Adresse um eine Art Hausnummer für den Server. Die Subnetz-Maske gibt den Rahmen an, der für das Netzwerk bzw. die einzelnen Geräte zuständig ist. Mit dem Standard-Gateway wird angegeben, über welche Server bzw. Knoten der Server eine Verbindung mit dem Internet oder mit anderen Servern herstellen kann. An das Standard-Gateway werden im Netzwerk von einem Server die Pakete versendet, die nicht direkt an andere Teilnehmer des Netzwerks gesendet werden können, weil der Server die entsprechenden Routen nicht in seiner Routing-Tabelle hat.

11.6.1 Statische IP-Adresse konfigurieren

Die Konfiguration einer statischen IP-Adresse ist für viele Dienste von Windows 2016 Voraussetzung. Wenn Sie bereits wissen, welche IP-Adresse Sie für den Server einrichten müssen, können Sie sie mit den folgenden Schritten im System hinterlegen:

1. Zunächst mit der rechten Maustaste auf den START-Button klicken.
2. Jetzt im Menü die Funktion NETZWERK-VERBINDUNGEN aufrufen.
3. Anschließend mit der rechten Maustaste auf die Verbindung klicken, für die die IP-Adresse eingerichtet werden soll. Im Beispiel handelt es sich um die ETHERNET-VERBINDUNG.
4. Zum Ändern der zugehörigen Einstellungen sind Administrator-Rechte nötig, die gegebenenfalls jetzt abgefragt werden, falls Sie momentan nicht mit einem Konto angemeldet sind, das bereits über diese Administrator-Rechte verfügt.

5. Jetzt sehen Sie eine Liste mit einigen Einträgen und Protokollen, in der Sie die Zeile namens INTERNET-PROTOKOLL, VERSION 4 (TCP/IPv4) suchen.

Tipp

Wenn Sie auf Ihrem Server die Rolle *Hyper-V* verwenden, ist diese Zeile bei der Ethernet-Verbindung nicht mit einem Haken versehen. Stattdessen finden Sie in der Liste der Netzwerk-Adapter einen separaten Eintrag namens VETHERNET, dessen Eigenschaften Sie stattdessen aufrufen müssen, um die IP-Adresse zu hinterlegen.

Standardmäßig sind die Einstellungen der IP-Adresse auf die Option IP-ADRESSE AUTOMATISCH BEZIEHEN festgelegt. Bei Auswahl dieser Option versucht das System, von einem DHCP-Server automatisch eine IP-Adresse aus dem Netzwerk zu beziehen. Gibt es allerdings in Ihrem Netzwerk keinen DHCP-Server (der für eine geregelte Zuweisung der IP-Adressen sorgt), markieren Sie stattdessen die Option FOLGENDE IP-ADRESSE VERWENDEN: und tragen dann in den drei Feldern die Werte ein, die Sie sich zuvor notiert hatten. Darüber hinaus haben Sie in diesem Dialogfeld auch die Option zur Konfiguration einer manuellen IP-Adresse für den DNS-Dienst, der für die Auflösung von Namen im Netzwerk und im Internet sorgt, d.h. für die Umsetzung von entsprechenden Adressen in IP-Adressen zuständig ist.

Sobald Sie jetzt unten auf OK und dann auf ÜBERNEHMEN klicken, werden die geänderten Einstellungen wirksam.

Vorsicht

Wenn Sie über eine Remote-Verbindung auf den Server zugreifen, kann eine Änderung der IP-Adresse dazu führen, dass der Server nicht mehr erreichbar ist. Unter Umständen muss der Server bei einer Fehlkonfiguration anschließend sogar im abgesicherten Modus oder von einem Rettungs-System gestartet werden, um die Konfiguration der IP-Adresse zu korrigieren. Achten Sie bei den Eingaben der IP-Adresse, der Subnetz-Maske sowie des Standard-Gateways also unbedingt darauf, dass die eingetippten Ziffern korrekt sind.

Wenn Sie gar keine IPv4-Adresse konfigurieren möchten, sondern stattdessen eine IPv6-Adresse, sind die Schritte ähnlich – wählen Sie anstelle der Zeile INTERNET-PROTOKOLL, VERSION 4 (TCP/IPv4) die Zeile INTERNET-PROTOKOLL, VERSION 6 (TCP/IPv6) aus. Bei der Konfiguration der IPv6-Adresse geben Sie dabei statt einer vierteiligen Subnetz-Maske die Länge des Subnetz-Präfixes ein.

11.7 Verwaltung von IP-Adressen über DHCP und IPAM

Über die Server-Rolle *DHCP-Server* ist die automatische Zuweisung von IP-Adressen an Teilnehmer im Netzwerk möglich. Dadurch muss nicht jeder Server und Computer im Netzwerk manuell eine IP-Adresse zugewiesen bekommen, sondern eine automatische Zuweisung und Konfiguration der richtigen IP-Adresse wird möglich. Dazu fragt der jeweilige Teilnehmer beim Herstellen einer Verbindung mit dem Netzwerk beim DHCP-Server an, welche IP-Adresse er nutzen soll. Dieser sieht dann in einer internen Datenbank nach, welche Adresse noch frei ist bzw. welche Adresse dieser Teilnehmer gewöhnlich zugewiesen bekommt, und antwortet dann entsprechend mit einer passenden Adresse samt dem zugehörigen Standard-Gateway.

Netzwerk-Umgebungen werden aber immer komplexer und zusätzliche Netzwerk-Protokolle wie IPv6 kommen immer häufiger zum Einsatz. Deswegen ist es unerlässlich, die zur Verfügung stehenden IP-Adress-Konfigurationen zentral zu verwalten und jederzeit verfügbar zu halten. In Windows Server 2016 gibt es für diese Anforderungen die Dienste *IP Address Management (IPAM)* und *DHCP Failover*. Diese Funktionen arbeiten mit Ihrer vorhandenen DNS- und DHCP-Technik zusammen und helfen Ihnen bei der Verwaltung der IP-Adressbereiche.

Microsoft selbst beschreibt die IPAM wie folgt:

»Bei IPAM handelt es sich um eine integrierte Suite mit Tools, die die umfassende Planung, Bereitstellung, Verwaltung und Überwachung Ihrer IP-Adress-Infrastruktur über eine bequeme Oberfläche ermöglicht. IPAM erkennt automatisch, welche IP-Adress-Infrastruktur-Server in Ihrem Netzwerk vorhanden sind, und ermöglicht Ihnen die Verwaltung über eine zentrale Schnittstelle.«

Somit unterstützt IPAM Sie zum Beispiel wie folgt:

- Sie müssen nicht mehr manuell Excel-Tabellen und benutzerdefinierte Datenbanken führen, die hoffentlich sämtliche IP-Adressen Ihrer Netzwerk-Umgebungen enthalten. Denn diese haben ein chronisches Problem: Wird eine Konfiguration auf den neuesten Stand gebracht und der zuständige Bearbeiter vergisst, die passende Tabelle ebenfalls zu publizieren, sind die Einträge in der Tabelle nicht mehr synchron mit der tatsächlichen Bereitstellung – die Tabelle ist veraltet. Auch durch manuelles Ausfüllen solcher Tabellen entstehen häufig ungewollte Fehler, etwa durch Zahlendreher und dergleichen.

- Mit IPAM können Sie schnell herausfinden, welche IP-Adresse für einen neuen Computer, Server oder ein anderes neues Gerät im Netzwerk noch frei ist, und sicherstellen, dass diese Adresse für das jeweilige neue Gerät im DNS-Server registriert wird.

- Die Erkennung neuer Erweiterungen für ausgelastete DHCP-Bereiche wird einfach, sodass Sie den jeweiligen Gültigkeitsbereich schnell vergrößern können, damit weiterhin neue Geräte im Netzwerk hinzugefügt werden können, die passende IP-Adressen erhalten.

- Über IPAM können Sie sich schnell eine Gesamt-Liste aller vergebenen IP-Adressen herausziehen, was zum Beispiel nützlich sein kann, wenn Sie eine Bestands-Aufnahme aller Teilnehmer im Netzwerk erstellen möchten.

- Über IPAM können Sie auch zentral eine Änderung an der DHCP-Konfiguration vornehmen, die sich dann schnell auf sämtlichen DHCP-Servern im Netzwerk bereitstellen lässt, sodass die verwendete Konfiguration überall synchron bleibt.

Kurz gesagt: Über IPAM sparen Sie jede Menge Zeit bei der Erwartung vorhandener und neuer IPv4- und IPv6-Adressbereiche. Je komplizierter es in Ihrem Netzwerk-Umfeld zugeht, desto mehr profitieren Sie von Einsatz der IPAM-Funktion. Zudem ist IPAM auch für den Einsatz in gemischten Umgebungen geeignet – d.h., wenn im Netzwerk sowohl physische Server-Computer vorhanden sind als auch virtuelle Maschinen genutzt werden, die über eigene IP-Adressen verfügen. Mit der IPAM-Lösung von Windows Server 2016 sind Sie in der Lage, beide Arten von Teilnehmern über eine zentrale Oberfläche zu verwalten.

Besonders praktisch: IPAM ist in der Lage, Ihr gesamtes Netzwerk zu durchforsten und dabei sämtliche DNS-, Domänen-Controller- sowie DHCP-Server aufzuspüren und ermöglicht Ihnen dann, alle diese Komponenten mit in die zentrale Verwaltung aufzunehmen (oder auch nicht).

11.7.1 Voraussetzungen zur Einrichtung von IPAM

Sehen wir uns kurz an, welche Voraussetzungen erfüllt sein müssen, damit Sie in Ihrem Netzwerk einen IPAM-Server aufsetzen und nutzen können:

IPAM wurde mit Windows Server 2012 eingeführt; daher kann die IPAM-Rolle nur auf Servern installiert werden, die mindestens über Windows Server 2012 in der Standard- oder Datacenter-Edition verfügen. Wenn Sie planen, IPAM auf einem Windows Server 2016-System einzurichten, ist diese Voraussetzung also bereits erfüllt.

Ein IPAM-Server muss Mitglied einer Active-Directory-Domäne sein, denn das System unterstützt keine Bereitstellung von IPAM-Servern außerhalb von Domänen. Innerhalb des Active-Directory-Geltungsbereichs können sich sowohl vertrauenswürdige als auch nicht vertrauenswürdige Domänen befinden, die sich zentral verwalten lassen. Allerdings lassen sich per IPAM nur Server verwalten, die ebenfalls Teil einer Domäne sind – ist ein Server nicht Teil des Active Directory, kann er leider nicht mit in die zentrale Verwaltung über IPAM einbezogen werden.

Tipp

Installation auf einem Domänen-Controller oder DHCP-Server nicht möglich

Bei der Installation der IPAM-Rolle auf einem Server, auf dem die Rollen für Domänen-Controller bereitgestellt ist, erhalten Sie zwar keine Fehlermeldung, die Rolle IPAM kann dennoch nicht auf einem solchen System mit aktiver Domänen-Controller-Rolle bereitgestellt werden. In ähnlicher Weise entstehen auch durch die Bereitstellung der IPAM-Funktion auf einem Server, der bereits über eine aktive DHCP-Rolle verfügt, Probleme: In diesem Fall wird nämlich die Erkennung anderer DHCP-Server in der Netzwerk-Umgebung deaktiviert.

11.7.2 Obergrenzen für die IPAM-Verwaltung

Folgende Grenzen gelten für die Unterstützung der IPAM-Rolle und der über sie verwaltete DHCP- und DNS-Umgebungen:

- DHCP- und DNS-Server müssen Mitglieder einer Active-Directory-Domäne sein.

- Für einen einzelnen IPAM-Server werden bis zu 150 DHCP-Server und bis zu 6.000 DHCP-Gültigkeitsbereiche unterstützt.

- Des Weiteren unterstützt ein einzelner IPAM-Server bis zu 500 DNS-Server und bis zu 150 DNS-Zonen.

Wie wir gesehen haben, können Sie mit IPAM den IP-Adressbereich in Ihrem Unternehmen zentral ansehen, verwalten und konfigurieren. Mit IPAM ist die Ansicht sämtlicher Adressblöcke, die Ermittlung freier IP-Adressen, die Verwaltung von DHCP-Gültigkeitsbereichen über mehrere Server hinweg, das Erstellen von DHCP-Reservierungen und DNS-Host-Datensätzen sowie die Suche nach Adress-Zuweisungen nach Geräte-Name, Standort oder sonstiger Beschreibung möglich.

11.7.3 IPAM-Server installieren

Zur Einrichtung der IPAM-Funktion verwenden wir wieder den Server-Manager:

1. In dessen Dashboard klicken wir zunächst oben rechts auf VERWALTEN und rufen dann die Funktion ROLLEN UND FEATURES HINZUFÜGEN auf.

2. Nun in der Liste der Server den Server auswählen, der zum IPAM-Server werden soll, und danach mit Klick auf WEITER bestätigen.

3. Dann die Seite für Server-Rollen überspringen.

4. Auf der Seite FEATURES wird jetzt ein Haken bei der Zeile IP-ADRESSVERWALTUNGSSERVER (IPAM-SERVER) gesetzt.

5. Nach Klick auf WEITER und INSTALLIEREN dauert es noch einen Moment, bis Windows Server 2016 die nötigen Dateien eingespielt hat.

11.7.4 IPAM-Server konfigurieren

Wenn wir jetzt den Server-Manager öffnen, findet sich dort in der linken Spalte bereits einen neuen Eintrag für IPAM, über den sich die Verwaltung der IP-Adressen konfigurieren lässt. Wie gehen wir dazu vor?

1. Zunächst in der IPAM-Übersicht auf den Eintrag IPAM-SERVER BEREITSTELLEN klicken. Dadurch öffnet sich ein neuer Assistent.

2. Nachdem Sie sich die angezeigten Informationen durchgelesen haben, folgt unten ein Klick auf WEITER.

3. Als Nächstes wählen Sie aus, ob die IPAM-Datenbank in einer internen Datenbank von Windows (WID) oder in einem Microsoft SQL Server gespeichert werden soll. In diesem Beispiel übernehmen wir einfach die Voreinstellung und bestätigen sie, indem wir unten erneut auf WEITER klicken.

4. Im nächsten Schritt müssen wir uns entscheiden, wie die Einstellungen des IPAM-Servers veröffentlicht werden sollen: entweder manuell oder basierend auf Gruppen-Richtlinien. In diesem Fall markieren wir die zweite Option und tragen dann im Textfeld darunter das Präfix IPAM ein, anhand dessen wir die durch den IPAM-Server erstellten Richtlinien erkennen können.

5. Anschließend klicken wir unten erneut auf WEITER und bestätigen unsere Auswahl zum Schluss durch Klick auf ÜBERNEHMEN.

6. Nach der erfolgreichen Bereitstellung können wir den Assistenten wieder schließen.

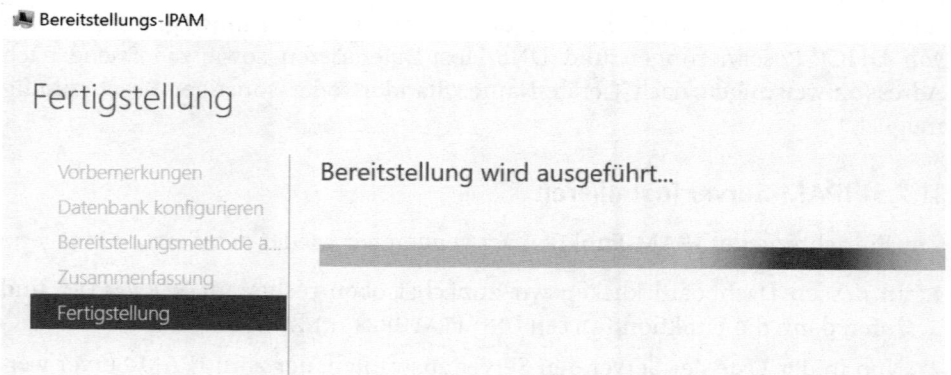

Abb. 11.1: Installation von IPAM

Als Nächstes legen wir fest, wie der IPAM-Server in Active Directory nach Domänen-Controllern, DHCP-Servern und DNS-Servern suchen soll. Dazu klicken wir in der IPAM-Übersicht auf den dritten Punkt namens SERVER-ERMITTLUNG KONFIGURIEREN.

Zuoberst wählen wir jetzt den Bereich aus, indem wir nach Domänen und DHCP-bzw. DMS-Servern suchen möchten.

Darunter erscheint dann eine Liste der verfügbaren Domänen, in der wir die gewünschte Domäne auswählen und dann durch Klick auf HINZUFÜGEN in die Liste darunter übernehmen können.

Anschließend bei der hinzugefügten Domäne die drei Häkchen für DOMÄNEN-CONTROLLER, DHCP-SERVER sowie DNS-SERVER aktivieren.

Zum Schluss wird die Konfiguration der Server-Ermittlung durch Klick auf OK übernommen.

Nun weiß IPAM, in welchen Domänen nach konfigurierbaren Servern gesucht werden soll. Also können wir jetzt auch einen Suchlauf starten – klicken Sie dazu auf den vierten Punkt, SERVER-ERMITTLUNG STARTEN.

Es kann nun einige Augenblicke dauern, bis der IPAM-Server die DHCP-, DNS-und Domänen-Controller-Server in der angegebenen Domäne gefunden hat. Nach Abschluss der Server-Ermittlung finden Sie auf der Seite für den Bestand an Servern eine Liste aller ermittelten Server.

Tipp

Die Liste der entdeckten Server ist unvollständig? In diesem Fall prüfen Sie am besten, welcher Knoten in der unteren Navigation ausgewählt ist. Standardmäßig ist hier der Eintrag IPv4 markiert. Sie können auch auf AKTUALISIEREN klicken, um sicherzugehen, dass die Ansicht den aktuellen Stand darstellt.

Im nächsten Schritt wählen wir den fünften Punkt aus, der mit SERVER ZUM VERWALTEN UND ÜBERPRÜFEN DES IPAM-ZUGRIFFS AUSWÄHLEN ODER HINZUFÜGEN beschriftet ist. Daraufhin sehen wir die Liste der Server, die ermittelt oder manuell hinzugefügt wurden. Hier können wir auch erkennen, dass der Zugriffsstatus für IPAM auf BLOCKIERT steht. Dies bedeutet, dass dem IPAM-Server noch keine Rechte zur Verwaltung des Domänen-Servers über eine Gruppen-Richtlinie gewährt wurden.

Daher erstellen wir als Nächstes Gruppen-Richtlinien-Objekte zur Bereitstellung von IPAM. Denn bei der Einrichtung des IPAM-Servers haben wir uns zwar für die Methode der Gruppen-Richtlinien entschieden, der Assistent hat diese Gruppen-Richtlinien aber nicht automatisch für uns erstellt. Stattdessen hat er nur die passenden Namen konfiguriert und zugewiesen.

Alles in allem müssen wir drei Richtlinien erstellen – am einfachsten funktioniert dies über einige PowerShell-Befehle. Also klicken wir als Nächstes auf den START-Button und dann mit der rechten Maustaste auf die Kachel WINDOWS POWER-

SHELL. Im Kontextmenü wählen wir dann die Funktion MEHR, ALS ADMINISTRA-
TOR AUSFÜHREN aus.

Jetzt folgendes Cmdlet aufrufen:

```
Invoke-IpamGpoProvisioning -Domain wir-programmieren.de -GpoPrefixName
IPAM -IpamServerFqdn SRV-01.wir-programmieren.de Enter
```

Dann durch Druck auf die Enter-Taste die Erstellung der Gruppen-Richtlinien-
Objekte bestätigen. Anschließend einige Augenblicke warten, bis in der Power-
Shell die Bestätigung erfolgt.

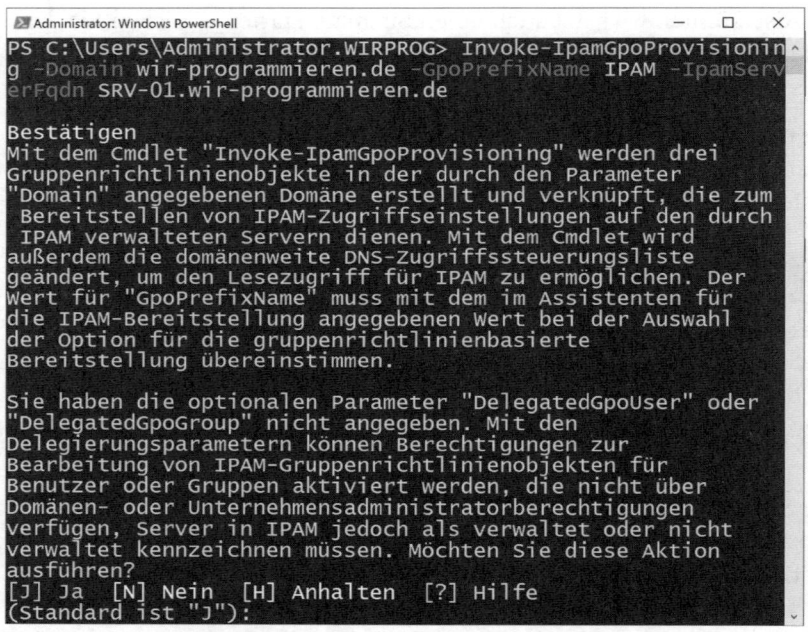

Abb. 11.2: Cmdlet Invoke-IpamGpoProvisioning

Sicherheits-Filter für die Gruppen-Richtlinien-Objekte festlegen

Nun haben wir passende Gruppen-Richtlinien-Objekte erstellt und müssen die
Server, auf denen die Domänen-Controller, die DHCP- und DNS-Server laufen,
zur Sicherheits-Richtlinie für das erstellte Gruppen-Richtlinien-Objekt hinzufügen. Dadurch bekommt der IPAM-Server die Berechtigung zur entfernten Verwaltung der Datensätze, die in diesen Diensten gespeichert sind.

Die soeben erstellte Gruppen-Richtlinie lässt sich von einem beliebigen Server, der
Mitglied in der Domäne ist und auf dem das Feature *Gruppen-Richtlinien-Verwaltung* installiert ist, bearbeiten. Die folgenden Schritte führen zum Ziel:

Zunächst im Server-Manager oben rechts auf TOOLS, GRUPPEN-RICHTLINIEN-VER-
WALTUNG klicken.

Jetzt in der linken Spalte zum Bereich GESAMT-STRUKTUR, DOMÄNE, <*Name der
Domäne*>, GRUPPEN-RICHTLINIEN-OBJEKTE navigieren.

Nun doppelt auf einen der Einträge klicken, die mit dem zuvor erstellten Präfix
beginnen – entweder auf IPAM_DC_NPS (um Domänen-Controller hinzuzufügen), auf IPAM_DHCP oder auf IPAM_DNS. Im Beispiel möchten wir einen
Domänen-Controller zu unserem Gruppen-Richtlinien-Objekt IPAM_DC_NPS
hinzufügen.

Auf der rechten Seite folgt nun im Bereich SICHERHEITS-FILTERUNG ein Klick auf
den Button HINZUFÜGEN?

In dem Such-Dialogfeld lässt sich jetzt über OBJEKTTYPEN... die Auswahl durch Setzen der Häkchen auf COMPUTER eingrenzen, bevor wir anschließend den Namen
des Domain-Controllers eintippen und durch Klick auf NAMEN ÜBERPRÜFEN verifi-
zieren können. Dann den ausgewählten Computer in die Liste der Sicherheits-Filterung übernehmen.

Jetzt können wir die Gruppen-Richtlinien-Verwaltung schließen.

Zum Schluss über eine Eingabe-Aufforderung mit Administrator-Rechten den folgenden Befehl eintippen und so die Richtlinien neu laden lassen:

```
gpupdate /force  Enter
```

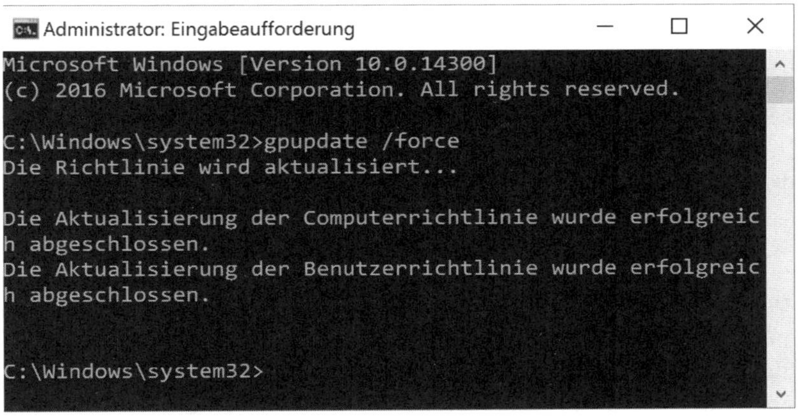

Abb. 11.3: Gruppen-Richtlinien neu laden

Nach der Aktualisierung der Gruppen-Richtlinie öffnen wir wieder im Server-
Manager das IPAM-Modul und aktivieren erneut die Server-Ermittlung. Anschließend warten wir einige Augenblicke, bis die Ermittlung abgeschlossen ist. Danach

muss die Ansicht neu geladen werden, zum Beispiel, indem Sie oben rechts neben der Adressleiste auf den Button mit den zwei sich drehenden Pfeilen klicken.

Wenn wir nach Abschluss der Aktualisierung wieder auf den Server-Bestand wechseln, stellen wir fest: In der Spalte ZUGRIFFSSTATUS der IP-Adress-Verwaltung ist jetzt nicht mehr der Hinweis BLOCKIERT zu lesen, dort steht nun BLOCKIE-RUNG AUFGEHOBEN.

Wir können also jetzt für die Server, die wir über IPAM verwalten möchten, die Verwaltung einschalten, und zwar wie folgt:

1. Als Erstes mit der rechten Maustaste auf die jeweilige Zeile klicken.
2. Im Menü folgt dann die Auswahl des Befehls SERVER BEARBEITEN...
3. Dann in der Tabelle neben VERWALTBARKEITS-STATUS aus der Klappliste den Eintrag VERWALTET auswählen und unten mit Klick auf OK bestätigen.

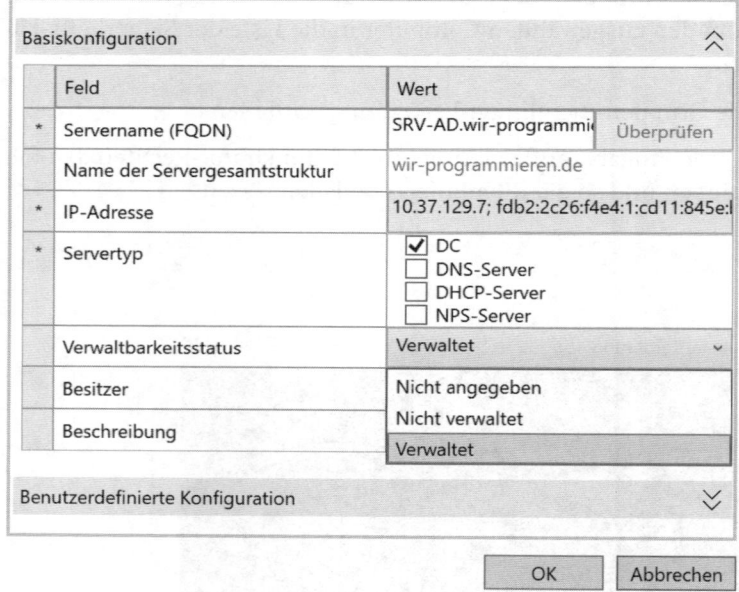

Abb. 11.4: Domänen-Controller als Verwaltet markieren

Nun sollte in der Tabelle bei dem Server, den wir soeben bearbeitet haben, ein grü-ner Haken neben der Beschriftung BLOCKIERUNG DES IPAM-ZUGRIFFS AUFGEHO-BEN zu sehen sein. Das bedeutet, dass wir jetzt die Daten von diesem Server laden lassen können.

Dazu klicken wir mit der rechten Maustaste auf die Zeile des jeweiligen Servers und wählen nun die Funktion ALLE SERVERDATEN ABRUFEN aus.

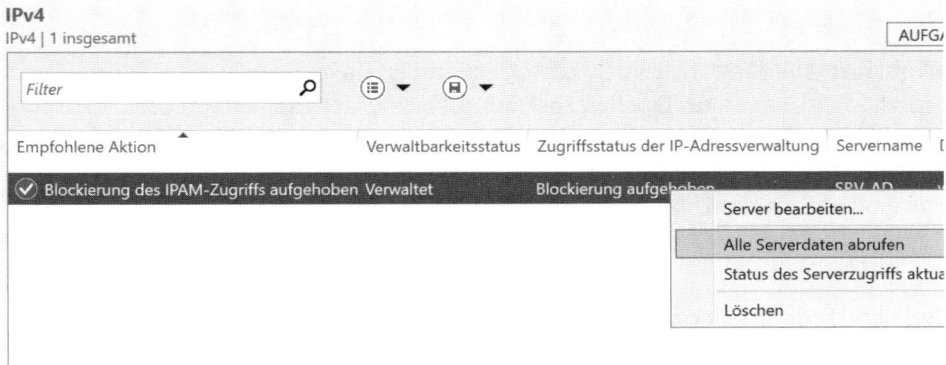

Abb. 11.5: Server ist entsperrt, wir können Daten abrufen.

Daraufhin erscheint oberhalb der Tabelle ein Hinweis-Banner, in dem auf das ausstehende Laden der-Daten hingewiesen wird. Es kann nun einige Minuten dauern, bis der IPAM-Server die Daten von dem Domänen-Controller, dem DHCP-Server oder dem DNS-Server abgerufen hat.

11.7.5 Nutzung von IPAM

Nach der Bereitstellung und Konfiguration lässt sich das IPAM-Modul jetzt dazu einsetzen, den IP-Adressbereich zentral zu verwalten. Dazu sehen Sie in der Navigation des IPAM-Moduls innerhalb des Server-Managers eine Reihe von Einträgen, mit denen Sie Ihre IP-Adressbereiche und Server auf einen Blick einsehen, verwalten und bearbeiten können.

11.7.6 IPv4- und IPv6-Adressblöcke und Adressbereiche hinzufügen

Innerhalb des IPAM-Moduls finden Sie unter anderem die Seite ÜBERSICHT und sehen dort auch den Bereich IPAM-SERVER-AUFGABEN. Hierüber haben Sie eine schnelle Möglichkeit, neue IPv4- und IPv6-Adressblöcke und Adressbereiche zur Konfiguration hinzuzufügen. Dazu markieren Sie in der Leiste der gelben und roten Kacheln die zweite Kachel von oben, die mit AKTIONEN beschriftet ist. Daraufhin sehen Sie auf der rechten Seite daneben eine Reihe von Links, mit denen Sie schnell die gewünschten IP-Adressblöcke bzw. Adressbereiche einrichten können.

Sehen wir uns jetzt auch die anderen Bereiche des IPAM-Moduls genauer an:

Im Bereich SERVER-BESTAND erhalten Sie mehrere Listen mit den Servern, die über dieses Modul verwaltet werden. In der linken Spalte können Sie dazu ganz unten zwischen den IPv4- und IPv6-Servern umschalten – und sehen dabei auch, welche der Server über IPAM verwaltet werden und welche nicht.

Tipp

Von hier aus lässt sich auch eine Gesamt-Liste aller verwalteten Server samt ihrer IP-Adressen als Tabelle exportieren. Dazu klicken Sie oben rechts auf das Menü AUFGABEN und wählen darin den Eintrag EXPORTIEREN... aus. Anschließend einen passenden Dateinamen eingeben und einen Ort bzw. Ordner heraussuchen, in dem die exportierte Datei mit Informationen und IP-Adressen gespeichert werden soll.

Bei den IP-Adressblöcken handelt es sich um die höchste organisatorische Ebene, mit der Sie Ihre Adressbereiche gruppieren können. IP-Adressblöcke enthalten IP-Adressbereiche, die sich in logische Abschnitte einteilen lassen (beispielsweise alle privaten Adressen in einem Block und alle öffentlichen Adressen in einen anderen Block). So sind Sie in der Lage, die in Ihrem Netzwerk vergebenen IP-Adressen leicht zu verwalten und zu warten.

Hinweis

Wenn Sie einen IP-Adressblock mit IPAM konfigurieren und dieser Adressblock sowohl IPv4- als auch IPv6-Adressen enthält, sortiert die IPAM-Verwaltung die IPv4-Adressen automatisch in öffentliche und private Adressbereiche und die IPv6-Adressen in globale Unicast-Adressen.

Zur Erstellung eines privaten IPv4-Adressblocks gehen Sie wie folgt vor:

1. Öffnen Sie als Erstes die IPAM-Konsole innerhalb des Server-Managers.

2. Jetzt markieren Sie in der IPAM-Navigation den Eintrag IP-ADRESSRAUM, IP-ADRESSBLÖCKE.

3. Nun unterhalb des Hauptmenüs mit der rechten Maustaste auf den Eintrag IPv4 klicken und aus dem Kontextmenü die Funktion IP-ADRESSBLOCK HINZUFÜGEN? auswählen.

4. Daraufhin erscheint das Dialogfeld IPv4-ADRESSBLOCK HINZUFÜGEN ODER BEARBEITEN. In der Tabelle darunter tragen Sie als Erstes in der Zeile NETZWERK-ID die Kennung des gewünschten privaten Adressblocks ein. In unserem Beispiel handelt es sich dabei um den Adressblock 192.168.123.0.

5. In der Zeile darunter, die mit PRÄFIX-LÄNGE beschriftet ist, stellen Sie jetzt die Subnetz-Maske für den zu erstellenden Adressblock ein. In unserem Fall stimmt die Subnetz-Maske bereits, da die Präfix-Länge von 24 einer Subnetz-Maske von 255.255.255.0 entspricht.

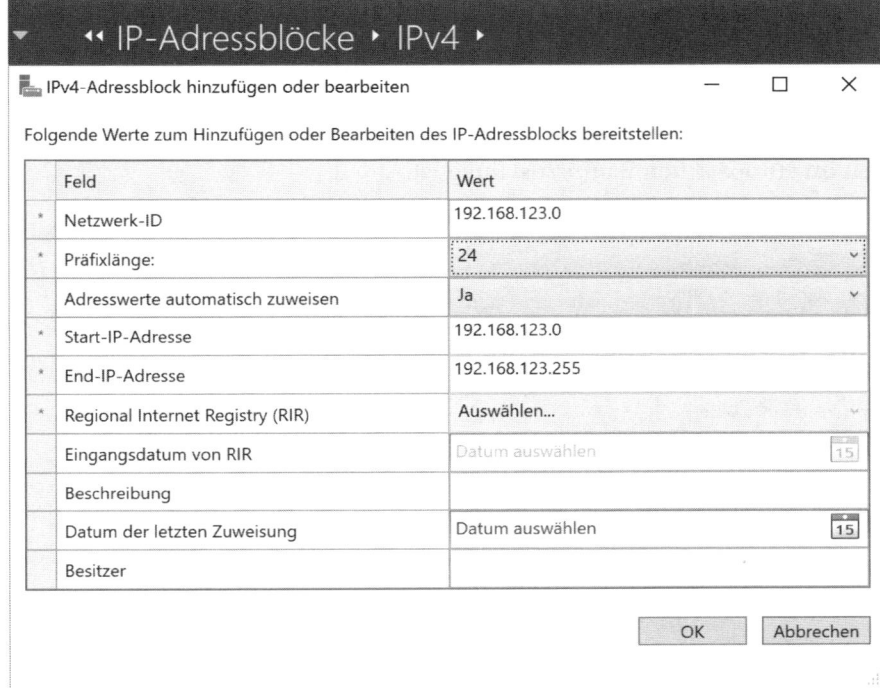

Abb. 11.6: Privaten IP-Adressblock hinzufügen

6. Sobald Sie dann unten mit Klick auf OK bestätigen, wird der neue IP-Adress-block erstellt und findet sich anschließend in der Liste der Adressblöcke wieder.

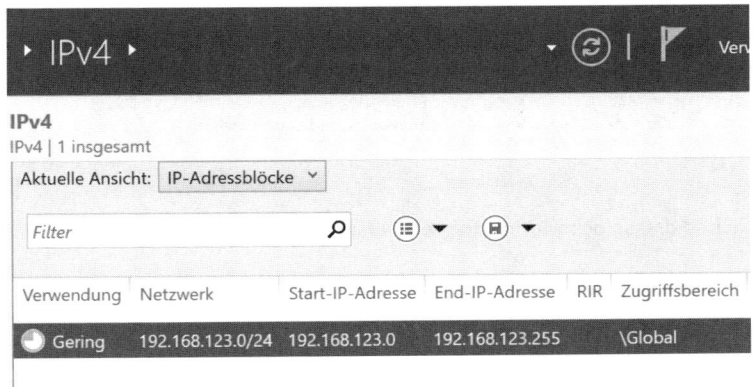

Abb. 11.7: Der soeben erstellte private Block

Auf ähnliche Weise konfigurieren Sie übrigens auch einen öffentlichen IP-Adress-block. Neben der Angabe der Netzwerk-ID und der zugehörigen Präfix-Länge ist hier allerdings auch die Auswahl der Registrierungsstelle erforderlich, von der aus Sie die IP-Adresse zugewiesen bekommen haben. Für deutsche IP-Adressblöcke handelt es sich um die Registrierungsstelle **RIPE**, die für die Vergabe von IP-Adressen im europäischen Raum zuständig ist.

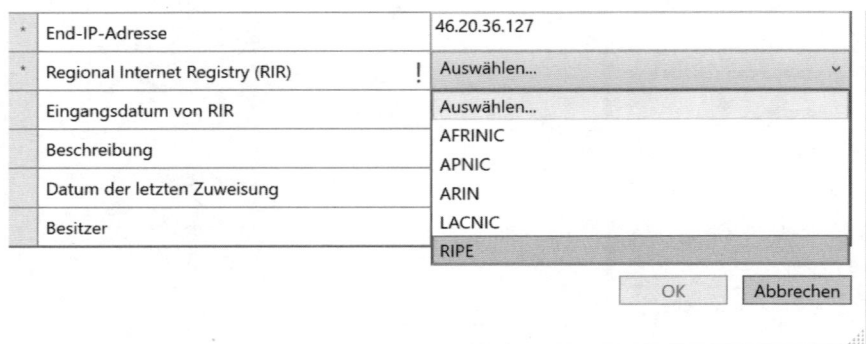

Abb. 11.8: Registrierungsstelle angeben

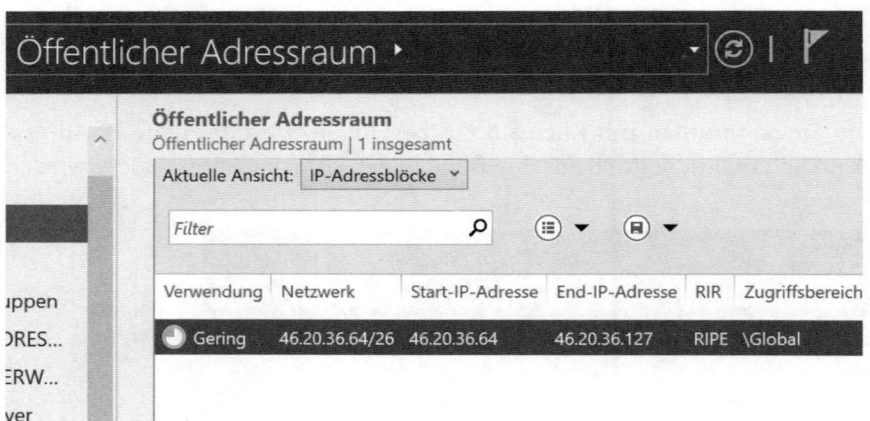

Abb. 11.9: Der Öffentliche Adressblock wurde erfolgreich erstellt.

11.8 DNS und Auflösung von Namen

Computer kommunizieren untereinander über IP-Adressen und IPv4 oder IPv6. Allerdings können sich die meisten Menschen nur schwer die IP-Adresse für ihre Lieblings-Websites oder Datei-Server merken. Stattdessen werden lesbare, Text-basierte Namen dafür genutzt.

Somit sind Systeme nötig, die diese sprechenden Namen (Domänen) in IP-Adressen umsetzen. Dazu dient das Domänen-Namen-System (DNS). Damit wird nicht nur Benutzern bei der einfacheren Erreichbarkeit ihrer Seiten und Geräte geholfen, sondern DNS kommt auch für viele andere Dienste zum Einsatz, beispielsweise in Active Directory, sodass Clients und Server miteinander kommunizieren können.

11.8.1 Das Prinzip hinter der DNS-Server-Rolle

Der DNS-Dienst kommt schon seit Jahrzehnten fast unverändert zum Einsatz – lange bevor Microsoft den ersten DNS-Server in Windows NT 4.0 integriert hat. Bei der Umsetzung von DNS-Servern – also der Implementierung – gibt es viele verschiedene Varianten mit unterschiedlichen Funktionen und Prozessen, die zusammen DNS ergeben. In diesem Abschnitt sehen wir uns die Konzepte hinter der Microsoft-Version des DNS-Systems an und finden heraus, wie es in Windows-Servern angewendet werden kann.

In Windows Server 2016 kommt DNS zur Verwaltung der Namensauflösung von IP-Adressen zum Einsatz. Nach der Installation auf einem Server muss der DNS-Dienst mit anderen DNS-Namen-Servern kommunizieren. Dies erfolgt über unterschiedliche Methoden, darunter Weiterleitung, Root-Hinweisen und Delegierung. Im DNS-Dienst werden auch Datenbanken verwaltet, die sogenannten Zonen, die für die integrierte Active-Directory-Domäne oder andere Namensbereiche dienen. Die Computer der Domäne müssen diesen DNS-Dienst abfragen – somit müssen Sie die einzelnen Computer so konfigurieren, dass sie zur Auflösung von Namen auf den DNS-Server Ihres Netzwerks zugreifen.

Die Server-Rolle namens *DNS-Server* ist in Windows Server 2016 bereits integriert und muss nur einmalig manuell installiert bzw. hinzugefügt werden.

> **Hinweis**
>
> Der DNS-Dienst von Windows 2016 ist abwärtskompatibel mit den DNS-Diensten von Windows Server 2003 und neuer; allerdings unterstützt Windows erst seit Windows Server 2008 DNS-Funktionen für IPv6-Adressen. Das bedeutet, dass die DNS-Dienste von Windows Server 2003 nur mit IPv4-Adressen zurechtkommen.

Bevor wir uns die Details der DNS-Server-Rolle von Windows Server 2016 näher ansehen, klären wir zunächst einige wichtige Begriffe, die Ihnen bei der Konfiguration eines DNS-Servers bzw. einer DNS-Zone immer wieder begegnen werden:

- **Hostname** – Der lesbare Name eines Computers oder Servers. Laut DNS-Standards kann dieser bis zu 255 Zeichen lang sein. Beispiel: SVR-01.

- **Namensbereich** – Dabei handelt es sich um den Namen einer Domäne, was nicht zwangsläufig eine Active-Directory-Domäne sein muss. Ein Namensbereich ist eine logische Gruppierung mehrerer URLs, die durch einen Namen zusammengefasst werden. Solche Namensbereiche werden von Namen-Servern verwaltet. Zum Beispiel ist wir-programmieren.de der Namensbereich für Hosts in der gleichnamigen Domäne.

- **Voll qualifizierter Domänenname** – Dieser Name wird oft mit FQDN abgekürzt. Dabei handelt es sich um eine Kombination aus dem Hausnamen und dem Namensbereich, durch einen Punkt getrennt.
  Beispiel: SVR-01.wir-programmieren.de.

- **HOSTS-Datei** – Dies ist eine Textdatei, in der Hostnamen statisch den entsprechenden IP-Adressen zugeordnet werden. Diese Datei befindet sich auf Windows-Computern im Ordner C:\Windows\System32\drivers\etc.

Tipp

Wer keinen vollen DNS-Server einrichten will, weil sich der Aufwand für nur wenige Computer einfach nicht lohnt, kann auch eine statische DNS-Tabelle über diese HOSTS-Datei einrichten und sie dann auf sämtlichen Computer einfügen, sodass die darin enthaltenen Namen den entsprechenden IP-Adressen zugeordnet werden können. Die erfolgreiche Einrichtung der Datei lässt sich anschließend durch Aufruf eines Browsers und Eingabe eines der eingetragenen Namen überprüfen.

- **Namen-Server** – Dies ist ein DNS-Server, der FQDN-Namen den zugehörigen IP-Adressen zuordnet. Jeder Namen-Server ist zuständig für die korrekte Auflösung von Namen der durch ihn verwalteten Namensbereiche in die entsprechenden IP-Adresse.

- **Hierarchische Namens-Struktur** – Durch eine Trennung des Namens mit Punkten lässt sich eine hierarchische Struktur der Namen-Server aufbauen. Beispielsweise könnte es einen Namen-Server für den Bereich backups.wir-programmieren.de geben, wodurch eine Subdomäne entsteht.

- **Rekursion** – Weiß ein bestimmter DNS-Server mit einem gesuchten Namen nichts anzufangen, leitet er die Anfrage an den übergeordneten DNS-Server weiter. Ist ein bestimmter DNS-Server etwa zuständig für die Domäne wir-programmieren.de, die Anfrage des Benutzers lautet aber »Finde die IP-Adresse für google.com«, wird die Anfrage an einen Root-Server weitergeleitet. Der weiß nämlich, welcher Namen-Server für die Domäne `.com` verantwortlich ist, und leitet die Anfrage dann entsprechend an diesen weiter. So ergibt sich eine Verkettung der Anfragen, bis schließlich der korrekte Namen-Server für die Domäne `google.com` erreicht ist.

11.8.2 DNS-Server installieren

Zur Bereitstellung eines DNS-Dienstes gibt es in Windows Server 2016 verschiedene Konfigurations-Möglichkeiten, je nach ihrem geplanten Zweck:

- Entweder Sie installieren einen einzelnen DNS-Server auf einem Computer, der kein Teil einer Domäne ist.

- Oder Sie sorgen für eine Bereitstellung auf einem Server, der entweder zur Domäne gehört oder ein Domänen-Controller von Active Directory ist.

Ungeachtet der Art der Bereitstellung ist die Installation der Server-Rolle für den DNS-Server eine einfache Sache und mit wenigen Klicks erledigt:

Als Erstes muss der Server, auf dem der DNS-Dienst eingerichtet werden soll, über eine statische IP-Adresse verfügen. Dies lässt sich am einfachsten konfigurieren, indem Sie mit der rechten Maustaste auf den START-Button und dann auf NETZWERK-VERBINDUNGEN klicken.

Nun auf den Netzwerk-Adapter, der genutzt wird, doppelklicken und dann in der erscheinenden Liste auf die Zeit INTERNET-PROTOKOLL, VERSION 4 (TCP/IPv4) doppelklicken. Daraufhin erhalten Sie Gelegenheit zur Eingabe der gewünschten statischen IP-Adresse.

Danach sollten Sie auch das DNS-Suffix konfigurieren. Dazu klicken Sie unterhalb der Eingabe für die IP-Adresse und den DNS-Server auf den Button ERWEITERT..., schalten dann zum Tab DNS weiter und geben den Namen der gewünschten Domäne in das Textfeld für das DNS-SUFFIX FÜR DIESE VERBINDUNG ein.

Als Nächstes starten Sie den Server-Manager mit Administrator-Rechten.

Jetzt klicken Sie oben rechts auf VERWALTEN, ROLLEN UND FEATURES HINZUFÜGEN.

Dann die erste Seite des Assistenten durch Klick auf WEITER überspringen.

Auf der nächsten Seite entscheiden Sie sich für die ROLLENBASIERTE ODER FEATUREBASIERTE INSTALLATION und bestätigen diese durch erneuten Klick auf WEITER.

Nun den Server auswählen, auf dem der DNS-Dienst installiert werden soll.

In der Liste der Server-Rollen setzen Sie jetzt einen Haken bei der Zeile DNS-SERVER.

Wählen Sie mindestens eine Rolle aus, die auf dem ausgewählten Server installiert werden soll.

Rollen	Beschreibung
☐ Active Directory Lightweight Directory Services ☐ Active Directory-Domänendienste ☐ Active Directory-Rechteverwaltungsdienste ☐ Active Directory-Verbunddienste ☐ Active Directory-Zertifikatdienste ▷ ■ Datei-/Speicherdienste (4 von 12 installiert) ☐ Device Health Attestation ☐ DHCP-Server ☑ DNS-Server ☐ Druck- und Dokumentdienste ☐ Faxserver ☐ Host Guardian-Dienst ☑ Hyper-V (Installiert) ☐ MultiPoint Services ☐ Netzwerkrichtlinien- und Zugriffsdienste ☐ Remotedesktopdienste ☐ Remotezugriff ☐ Volumenaktivierungsdienste ☐ Webserver (IIS) ☐ Windows Server Essentials-Umgebung	Der Domain Name System (DNS)-Server stellt die Namensauflösung für TCP/IP-Netzwerke bereit. Der DNS-Server lässt sich leichter verwalten, wenn er auf demselben Server wie die Active Directory-Domänendienste installiert wird. Wenn Sie die Rolle "Active Directory-Domänendienste" auswählen, können Sie den DNS-Server und die Active Directory-Domänendienste zur gemeinsamen Verwendung installieren und konfigurieren.

Abb. 11.10: DNS-Server installieren

Die Seite FEATURES können Sie überspringen, indem Sie unten direkt wieder auf WEITER klicken.

Zum Schluss muss die Installation auf der letzten Seite des Assistenten durch Anklicken des Buttons INSTALLIEREN bestätigt werden. Anschließend arbeitet Windows Server 2016 einige Augenblicke an der Einrichtung dieser Rolle. Unter Umständen muss das System zum Aktivieren des DNS-Servers neu gestartet werden.

11.8.3 Integration mit anderen DNS-Servern

Im vorherigen erklärenden Abschnitt über die *DNS-Server*-Rolle hatten wir gesagt, dass es verschiedene Methoden zur Auflösung von DNS-Namen in IP-Adressen gibt. Darunter fallen unter anderem die Weiterleitung, die Rekursion, die Delegation und die Iteration. Diese Methoden beziehen sich auf die Integration mit anderen DNS-Servern.

Dabei sei gesagt, dass es sich bei der Iteration hauptsächlich um eine vom Client gesteuerte Methode handelt: Falls ein DNS-Server nicht erreichbar ist oder keine Antwort auf die Anfrage kennt, konsultiert der Client automatisch den nächsten verfügbaren DNS-Server. Die anderen drei Methoden – also Weiterleitung, Rekursion und Delegation – bewirken, dass der angefragte DNS-Server von sich aus bei weiteren dahinterliegenden DNS-Servern eine Anfrage stellt, um die erhaltene Antwort dann an den DNS-Client weiterzuleiten.

Im Internet passiert hauptsächlich die Rekursion: Der angefragte DNS-Server beginnt bei der Top-Level-Domäne und arbeitet sich dann Ebene für Ebene nach unten, bis eine zufriedenstellende Antwort für den gesamten voll qualifizierten Domänennamen gefunden wurde. Welche Server dafür kontaktiert werden sollen, ist in Windows hart codiert – die entsprechende Liste lässt sich abrufen, wenn Sie die Eigenschaften des DNS-Servers aufrufen und dort zum Tab ROOT-HINWEISE umschalten. Hier finden sich standardmäßig die Root-Server des Internets.

> **Hinweis**
>
> Die Liste der Root-Server ist auf der Festplatte im Ordner `C:\Windows\System32\DNS` als Datei namens `Cache` hinterlegt.

11.8.4 Zonen zur Verwaltung von Namensbereichen einsetzen

Bei einer Zone handelt es sich um eine Datenbank für einen Namensbereich. Im Internet gibt es einen DNS-Server, der den Namensbereich für `schieb.de` kontrolliert. Wenn Sie eine Anfrage nach der IP-Adresse für `www.schieb.de` stellen, landet diese Anfrage bei dem zugehörigen DNS-Server, der in seiner Zonen-Datenbank nach der Antwort sucht. Zur Verwaltung von Namensbereichen können Sie in DNS-Servern also Zonen erstellen.

Bei DNS-Servern von Windows Server 2016 gibt es vier unterschiedliche Zonen-Typen:

- Standard primär
- Standard sekundär
- Active-Directory-integriert
- Platzhalter

Sehen wir uns im Folgenden diese vier Zonen-Typen näher an.

Die Zone Standard primär

Bei der primären Standard-Zone handelt es sich um eine Textdatei, in der der Server die Datensätze für einen bestimmten Bereich verwaltet. Deswegen wird sie in der Windows-Implementierung des DNS-Systems als Standard bezeichnet. Das Wort *primär* bezieht sich dabei auf die Replikation.

In der DNS-Fachsprache handelt es sich bei primären Zonen um die Server, die hauptsächlich für einen bestimmten Bereich zuständig sind. Im Gegensatz dazu kann es auch sekundäre DNS-Server für eine Zone geben; deren Datensätze lassen sich allerdings nur lesen und nicht verändern – sie agieren also als eine Art Back-up für den Fall, dass der primäre Namen-Server nicht erreichbar ist.

Zur Erstellung einer neuen primären Zone öffnen Sie zunächst die DNS-Verwaltung – etwa indem Sie zunächst den Server-Manager aufrufen und dann oben rechts im Tools-Menü auf den Eintrag DNS klicken.

Daraufhin sehen Sie ein neues Fenster namens DNS-Manager. Auf der linken Seite findet sich unter anderem auch ein Ordner, der mit Forward-Lookup-Zonen beschriftet ist. Klicken Sie diesen Ordner mit der rechten Maustaste an und wählen Sie dann im Kontextmenü den Eintrag Neue Zone... aus.

Jetzt erscheint der Assistent zum Erstellen neuer Zonen mit seiner Willkommen-Seite, die Sie durch Klick auf Weiter überspringen können.

Als Nächstes fragt der Assistent nach dem Typ der zu erstellenden Zone – hier möchten wir eine Primäre Zone erstellen.

Wenn der Server, auf dem der DNS-Server ausgeführt wird, Teil einer Active-Directory-Domäne ist, steht in diesem Dialogfeld auch eine Option namens Zone in Active Directory speichern zur Verfügung, deren Haken standardmäßig gesetzt ist und es auch bleiben kann – mehr dazu gleich.

Im nächsten Schritt fragt der Assistent nach dem Namen der Zone, die erstellt werden soll. Dabei handelt es sich um die Angabe des Namensbereichs, für den dieser Server DNS-Einträge speichern und anbieten soll. Im Beispiel tragen wir hier `wir-programmieren.de` ein, da wir einen DNS-Server für unsere Web-Agentur erstellen möchten.

Hinweis

Nach Erstellung der Zone finden wir auf der Festplatte die zugehörige Textdatei, und zwar im Ordner `C:\Windows\System32\DNS`. Sie trägt den Namen des Namensbereichs und hat die Endung `.dns`.

Wenn Sie sich für den Inhalt dieser Textdatei interessieren, können Sie sie mit der rechten Maustaste im Explorer anklicken und dann den Befehl Öffnen mit, Editor auswählen. Daraufhin sehen Sie eine Struktur mit den verschiedenen Einträgen der Domäne, die über den DNS-Server bereitgestellt werden.

Die sekundäre Standard-Zone

Hierbei handelt es sich, wie gesagt, um eine schreibgeschützte Kopie einer DNS-Zone auf einem Back-up-Server – gedacht für den Fall, dass dieser nicht erreichbar ist oder dass der Back-up-Server geographisch näher an dem Standort des anfragenden Clients ist und daher schneller auf die Anfrage reagieren kann als der Original-DNS-Server.

Bei der Einrichtung einer sekundären DNS-Zone besorgt sich der DNS-Server vom primären DNS-Server eine Kopie der Zone und ihrer enthaltenen Datensätze.

Dieser Vorgang wird als Zonen-Transfer bezeichnet. Allerdings darf nicht jeder einfach die gesamte Zone mitsamt ihren Daten kopieren – in Windows sollte der DNS-Server so eingestellt werden, dass nur die registrierten Namen-Server der jeweiligen Domäne die Möglichkeit haben, einen Zonen-Transfer zu veranlassen.

Bevor Sie einen sekundären DNS-Server einrichten können, müssen wir daher für unsere Domäne den gewünschten Namen-Server zum primären DNS-Server hinzufügen. Das geht wie folgt:

1. Als Erstes klicken Sie im DNS-Manager mit der rechten Maustaste auf den Eintrag der DNS-Zone, die Sie verwalten möchten.

2. Im Kontextmenü folgt der Aufruf der EIGENSCHAFTEN.

3. Schalten Sie jetzt zum Tab NAMEN-SERVER um und klicken Sie auf den Button HINZUFÜGEN?

4. Daraufhin erscheint das Dialogfeld NEUER NAMEN-SERVER-EINTRAG und fragt nach dem voll qualifizierten Server-Domänen-Namen. Nachdem Sie den entsprechenden sekundären DNS-Server in diese Liste eingetragen haben, schalten Sie jetzt zum Tab ZONEN-ÜBERTRAGUNGEN und setzen dort einen Haken bei der Option ZONEN-ÜBERTRAGUNGEN ZULASSEN. Darunter sollte die Option NUR SERVER, DIE IN DER REGISTERKARTE "NAMEN-SERVER" AUFGEFÜHRT SIND markiert sein.

In den nächsten Schritten fahren wir mit der Erstellung der sekundären DNS-Zone auf dem zweiten DNS-Server fort:

1. Dazu klicken wir mit der rechten Maustaste auf den Eintrag FORWARD-LOOKUP-ZONEN und wählen im erscheinenden Menü den Eintrag NEUE ZONE... aus.

2. Im Assistenten zum Erstellen neuer Zonen markieren wir jetzt den Zonen-Typ SEKUNDÄRE ZONE und bestätigen dann mit Klick auf WEITER.

3. Dann wie schon zuvor beim Erstellen der primären Zone die Adresse bzw. den Namensbereich für die Zone eingeben, die vom primären DNS-Server geklont werden soll.

Der Zonen-Transfer an sich ist nicht schwierig. Dazu verfolgt der Server für die primäre Zone die Änderungen an den Einträgen der Zone und führt darüber eine fortlaufende Seriennummer. Wenn ein sekundärer Server den primären Server kontaktiert, wird zuerst diese Seriennummer im sogenannten »Start of Authority«-Datensatz (SOA) ausgelesen. Wenn diese Seriennummer nicht mit der Seriennummer der Zone auf dem sekundären Server übereinstimmt, müssen neue Änderungen kopiert werden. Dabei werden einfach die Zonen-Informationen in Textform übertragen.

Während frühere Versionen von DNS die sogenannte AXFR-Replikation nutzten, bei der stets die gesamte Zone übertragen wurde, unterstützt der DNS-Server von Windows Server 2016 die IXFR-Variante. Der Vorteil: Sie spart Bandbreite, denn nur die Änderungen werden übertragen.

Außerdem kann der primäre DNS-Server die sekundären DNS-Server bei Änderungen auch anpingen und dadurch auffordern, sich eine frische Kopie der Zone zu besorgen. Dadurch verringert sich die Zeit, die zwischen den Änderungen und der Synchronisierung auf die sekundären DNS-Server vergeht.

In Active Directory integrierte Zonen

Der dritte Zonen-Typ, »in Active Directory integriert«, ist bei Windows-basierten DNS-Servern am häufigsten anzutreffen. Der Name *Active Directory* sagt schon alles:

■ Erstens werden die DNS-Einträge in der Active-Directory-Datenbank gespeichert, anstelle sie in einer reinen Textdatei abzulegen.

■ Zweitens werden die Zonen auf alle anderen Active-Directory-Domänen-Controller in der Domäne repliziert, anstatt sie über den Zonen-Transfer zu übertragen.

Da die Active-Directory-Datenbank eine Replikation mit mehreren Mastern verwendet, können Sie bei einer solchen Konfiguration über jeden beliebigen Domänen-Controller Änderungen an der DNS-Zone vornehmen, die dann automatisch auf die anderen Domänen-Controller übertragen werden. Dank der vielen Vorteile der Kombination und Integration von DNS in Active Directory sind heutzutage die meisten DNS- und Domänen-Controller-Rollen auf denselben Servern anzutreffen.

Die Option zur Erstellung einer DNS-Zone in Active Directory haben Sie ja bereits zuvor beim Anlegen einer primären DNS-Zone kennengelernt: Hierbei handelt es sich um den Sinn des Kontrollkästchens ZONE IN ACTIVE DIRECTORY SPEICHERN.

Wenn Sie diese Option auswählen, fragt der Assistent zum Erstellen neuer Zonen im nächsten Schritt danach, in welcher Reichweite Zonen-Daten repliziert werden sollen – entweder auf allen DNS-Servern, die auf Domänen-Controllern in der Gesamt-Struktur ausgeführt werden, oder auf Domänen-Controllern nur in der aktuellen Domäne oder alternativ auf allen Domänen-Controllern in der angegebenen Domäne – diese dritte Option dient der Kompatibilität mit Windows 2000-Servern und -Computern.

Stub-Zonen als Platzhalter

Bei den sogenannten Stub-Zonen handelt es sich eigentlich um eine weitere Art der Integration mit anderen DNS-Servern. In einer Stub-Zone wird nur der Namen-Server für einen bestimmten Namensbereich angegeben. Der DNS-Server hat in diesem Fall keinerlei Kontrolle über die Zone, sondern gibt nur an, welcher Server für die Auflösung von Namen für diesen Namensbereich zuständig ist. Ähnlich wie bei bedingten Weiterleitungen wird dadurch eine Kommunikation mit dem primären DNS-Server ermöglicht. Solche Stub-Zonen lassen sich auch zwischen mehreren Domänen-Controllern replizieren.

Der Assistent zum Erstellen von neuen Zonen richtet eine Stub-Zone mit den folgenden Parametern ein:

- Zonen-Typ: Stub
- optional gespeichert in Active Directory
- Namensbereich der Zone, zum Beispiel `schieb.de`
- DNS-Server, der verantwortlich für diesen Namensbereich ist

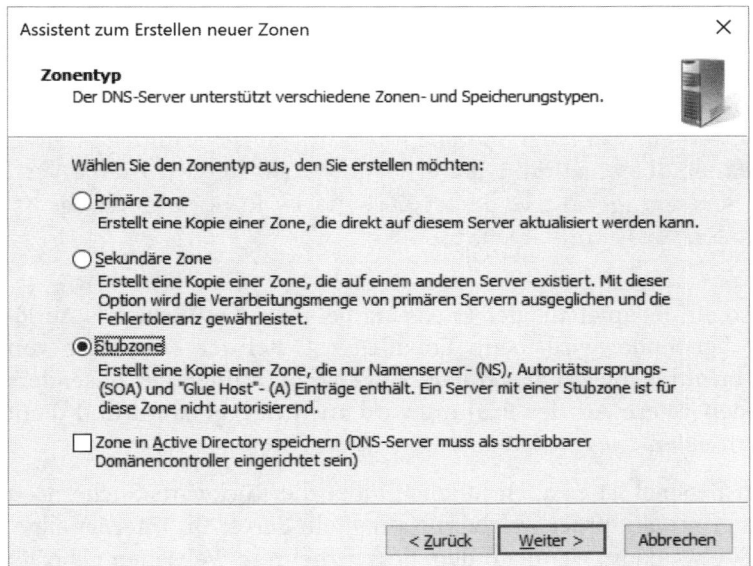

Abb. 11.11: Stub-Zone erstellen

Nach Erstellen der Stub-Zone können Sie den zugehörigen Inhalt im DNS-Manager anzeigen. Hier sind die Einträge für den *Start of Authority* (SOA), für den Namen-Server-Eintrag sowie ein Host-Datensatz für den Namen-Server zu sehen.

Reverse-Lookup-Zonen

Die ganze Zeit haben wir im Zusammenhang mit DNS-Servern davon gesprochen, dass ein Client eine Anfrage mit einem lesbaren Domänen-Namen an einen DNS-Server stellt, der daraus eine IP-Adresse ermittelt und an den Client zurückliefert. Manchmal benötigt man aber auch eine umgekehrte Abfrage: Dem Client ist die IP-Adresse bekannt und jetzt möchte er den zugehörigen Domänen-Namen des Servers oder Computers erfahren, der hinter dieser IP-Adresse steckt. Solche Abfragen werden auch Reverse Lookups genannt.

Hinweis

Hintergrund von Reverse-Lookup-Abfragen

Wozu kann es nützlich sein, ausgehend von einer IP-Adresse den zugehörigen lesbaren Namen zu ermitteln? Dabei geht es vor allem um die Sicherheit.

Nehmen wir an, ein Hacker will einen schädlichen DNS-Server aufsetzen, der auf Anfragen, die mit www. beginnen, mit einer gefälschten IP-Adresse antwortet, über die der Hacker Schad-Software verbreitet.

Wenn ein Browser sich jetzt so konfigurieren lässt, dass er vor Herstellung einer Verbindung zur angegebenen IP-Adresse das Ergebnis der Abfrage über eine Rückwärts-Abfrage mit dem angefragten Namen vergleicht, kann dadurch die Sicherheit erhöht werden: Wenn der über die Rückwärts-Suche ermittelte Name nicht mit dem Namen übereinstimmt, der erreicht werden soll, wird keine Verbindung zu dem Server aufgebaut. Leider ist diese Art der Rückwärts-Abfrage in den meisten Browsern nicht vorhanden.

Sehen wir uns also ein Beispiel aus der Praxis an, bei dem die Rückwärts-Auflösung von Namen verwendet wird: beim Email-Dienst. Bei der Zustellung von Nachrichten wird ermittelt, ob ein Server berechtigt ist, im Namen des Absenders Emails zu versenden. Diese Art der Prüfung wird auch *SPF* genannt und dient dazu, Spam zu vermeiden.

In einem anderen Beispiel ist es auch nützlich, über die Rückwärts-Suche nach der IP-Adresse zu ermitteln, unter welchem Namen ein Server im Internet allgemein bekannt ist – etwa dann, wenn auf dem Server mehrere Webseiten gehostet werden, sodass nicht der Name einer einzelnen Webseite als Ergebnis der Rückwärts-Suche hinterlegt werden kann.

11.8.5 Rückwärts-Suche – so funktioniert sie

Zur korrekten Konfiguration von Reverse-Lookup-Zonen in Ihrem Netzwerk müssen Sie verstehen, wie die Rückwärts-Auflösung eigentlich funktioniert. Bei IPv4-Adressen werden diese in einer dezimalen Notation mit Punkten in vier Gruppen notiert, ähnlich wie a.b.c.d. Auch IPv6-Adressen sehen eigentlich ähnlich aus – bis auf die Tatsache, dass sie hexadezimale Ziffern und viel längere Adressen verwenden. In beiden Fällen geht es bei der Rückwärts-Suche ähnlich zu:

Zunächst sortiert der DNS-Server, der die Rückwärts-Anfrage erhält, die IP-Adresse in umgekehrter Reihenfolge. Aus a.b.c.d wird also d.c.b.a. Anschließend wird noch die Top-Level-Domäne ».in-addr.arpa« angehängt. Die so ermittelte lesbare Adresse wird dann über eine normale DNS-Abfrage aufgelöst – dabei entstehen aus den einzelnen Segmenten der ursprünglichen IP-Adresse Subdomänen der umformulierten Adresse.

Zum Erstellen von Reverse-Lookup-Zonen können Sie ebenfalls den DNS-Manager verwenden. Hier die nötigen Schritte:

1. Zunächst starten Sie den DNS-Manager – etwa über den Server-Manager und dessen TOOLS-Menü.

2. Jetzt in der linken Spalte des DNS-Managers zum Bereich REVERSE-LOOKUP-ZONEN wechseln.

3. Anschließend mit der rechten Maustaste auf diesen Bereich klicken und im Kontextmenü die Funktion NEUE ZONE... aufrufen.

4. Dadurch startet wieder der Assistent zum Erstellen neuer Zonen, in dem Sie bis zur Seite NAME DER REVERSE-LOOKUP-ZONE vorblättern.

5. Auf dieser Seite müssen Sie sich jetzt dafür entscheiden, ob Sie eine Rückwärts-Zone für IPv4-Adressen oder eine Rückwärts-Zone für IPv6-Adressen anlegen möchten. Für unser Beispiel erstellen wir eine Rückwärts-Zone für IPv4-Adressen.

6. Auf der darauffolgenden Seite geben Sie die Netzwerk-ID ein, etwa 192.168.

7. Daraufhin sehen Sie im Textfeld darunter automatisch, wie Windows die Zone in umgekehrter Reihenfolge benennt. Bestätigen Sie Ihre Eingabe jetzt, indem Sie unten mehrmals auf WEITER klicken.

11.8.6 Arten von DNS-Datensatz-Typen

Insgesamt gibt es mehr als 25 verschiedene Arten von DNS-Datensätzen. Hier können wir zwar nicht auf alle verfügbaren Arten von Datensätzen eingehen, wir sehen uns aber die am häufigsten gebrauchten Typen an.

Host- und Pointer-Datensätze

Host- (A und AAAA) und Pointer- (PTR) Datensätze treffen Sie am häufigsten in den normalen DNS-Zonen an. Dabei enthalten A- und AAAA-Datensätze den Hostnamen eines Computers und geben die entsprechende IP-Adresse zurück. Andererseits enthalten PTR-Datensätze die IP-Adresse und geben den entsprechenden FQDN zurück. Diese Datensätze müssen meistens vom Administrator manuell erstellt werden, je nachdem, welche IP-Adressen den einzelnen Servern zugewiesen sind.

Alias-Datensätze

Alias- (CNAME)-Datensätze werden erstellt, um einen zweiten Namen für einen Computer aufzuführen. Dieser Datensatz enthält dann den zweiten Namen und gibt den entsprechenden primären Hostnamen des jeweiligen Computers zurück. Solche Alias-Datensätze sind zum Beispiel nützlich, wenn ein Server, der hinter einem veröffentlichten Namen steht, über die Clients auf Programme oder Dienste zugreifen, ersetzt werden soll. Wird ein Alias-Datensatz genutzt, müssen die Clients nicht neu konfiguriert werden und können selbst nach dem Ersetzen des Servers weiterhin auf den Alias zugreifen.

Email-Datensätze

Email-Exchange (MX)-Datensätze dienen der Kommunikation über das SMTP-Protokoll – also für Emails. Mail-Server bringen solche MX-Datensätze in Erfahrung, damit sie den SMTP-Server für den jeweiligen Arbeitsbereich des Empfängers einer Email-Nachricht erreichen können. Somit werden diese Datensätze typischerweise in einer von außen erreichbaren DNS-Zone konfiguriert. Für einen MX-Datensatz ist neben dem Hostnamen des Email-Servers auch die Angabe einer Priorität nötig. Dies hat den Vorteil, dass mehrere MX-Datensätze angegeben werden können, sodass Emails selbst zugestellt werden können, wenn der Mail-Server mit der höchsten Priorität nicht erreichbar ist.

Hinweis

Die Prioritätswerte werden als Ganzzahl gegeben; kleinere Werte bedeuten hier eine höhere Priorität. Gewöhnen Sie sich an, die Priorität in Zehnerschritten anzugeben, auf diese Weise können Sie bei späteren Bedarf auch neue Mail-Server in die Liste einfügen, ohne dass Sie sämtliche Prioritäten der MX-Einträge bearbeiten müssen.

Service-Datensätze

Bei den Windows-DNS-Servern geht nichts ohne die sogenannten Service-Datensätze (SRV). Ohne solche Datensätze könnten weder Computer noch Server ihre zugehörigen Domänen-Controller im Netzwerk finden.

Jeder Service-Datensatz besteht dabei aus fünf einzelnen Werten:

- **Service-Name** – Dieser Standardwert beginnt meistens mit einem Unterstrich, also zum Beispiel _demo oder _spf. Der Name des Service entspricht einem Hostnamen und wird an den FQDN eines Dienstes angehängt.

- **Server-FQDN** – Hierbei handelt es sich um den Server, der den Dienst bereitstellt.

- **Port** – Dies ist der TCP- oder UDP-Port, auf dem der Dienst verfügbar ist. Das Protokoll wird im registrierten Namen angegeben, also zum Beispiel _TCP.

- **Priorität** – Wie bei den MX-Datensätzen für Emails funktioniert auch hier die Priorität als Ganzzahl, wobei niedrigere Zahlen eine höhere Priorität darstellen.

- **Gewichtung** – Dies ist eine erweiterte Angabe für die Priorität, die standardmäßig auf **0** gestellt ist.

Wenn Sie sich einmal eine Windows-DNS-Zone ansehen, für die Active Directory aktiviert ist, sehen Sie darin jede Menge SRV-Datensätze. Diese werden in Unterordnern aufbewahrt, denn je nach Namen des Dienstes werden unterschiedliche FQDN vergeben.

»Start of Authority«-Datensätze

Bei einem sogenannten SOA-Datensatz handelt es sich um einen einzelnen Datensatz in jeder Zone. Er enthält Informationen darüber, welcher DNS-Server diese Zone steuert, sowie Parameter darüber, wie die aufgerufenen Datensätze zu behandeln sind.

Hinweis

Über den DNS-Manager sollten Sie SOA-Datensätze nicht direkt bearbeiten. Verwenden Sie stattdessen die Eigenschaften-Seite der Zone und schalten Sie dort zum entsprechenden Tab. Hier können Sie nicht nur die Seriennummer des Datensatzes erhöhen, sondern auch die zugehörigen Teil-Felder bequem bearbeiten.

Namen-Server-Datensätze

In Namen-Server- (NS)-Datensätzen werden die Server aufgeführt, die auf Anfrage für diese Zone antworten können. Hier ist mindestens ein solcher Datensatz in der Zone enthalten. Wie beim SOA-Datensatz werden diese Zeilen immer über die Eigenschaften der Zone bearbeitet, und zwar über den Tab NAMEN-SERVER. Der einzige Wert für einen NS-Datensatz ist der FQDN des Servers.

11.8.7 DNS-Clients und Namens-Auflösung verwalten

Wie wir gesehen haben, ist der DNS-Dienst eine unerlässliche Komponente eines jeden Netzwerks, selbst wenn kein Active Directory eingerichtet ist. Zudem ist es die einzige Möglichkeit, wie aus sprechenden Internetadressen wie www.schieb.de die zugehörigen IP-Adressen ermittelt werden können, sodass Ihr Browser die zugehörige Website von dem entsprechenden Server laden kann.

11.8.8 Zusammenfassung

DNS basiert auf miteinander integrierten Servern, aus denen eine hierarchische Namens-Struktur hervorgeht. Im Internet beginnt diese Struktur mit den Root-Servern, gefolgt von den Top-Level-Domänen-Servern, die Subdomänen an andere DNS-Server delegieren. Innerhalb eines DNS-Servers ist die Datenbank mit den Einträgen als Zone bekannt und kann zwischen anderen DNS-Servern repliziert werden, was für eine verteilte Möglichkeit der Antwort auf Anfragen für einen bestimmten Namensbereich sorgt.

Active Directory erfordert einen DNS-Namensbereich, der zur Unterstützung des zugewiesenen Namens der Domäne verfügbar sein muss. In Windows Server 2016 ist eine automatische Funktion zur Erstellung der erforderlichen DNS-Struktur während der Heraufstufung zum Domänen-Controller integriert. Bei Verwendung von DNS in Verbindung mit Active Directory können die DNS-Zonen in der Active-Directory-Datenbank gespeichert werden, wodurch eine Replikation der DNS-Datensätze an mehrere Master-Server möglich wird. Durch die Nutzung von SRV-Datensätzen und dynamischen DNS-Updates können die Domänen-Controller ihre Dienste in DNS registrieren, sodass Clients darauf zugreifen können.

Die interne und externe Auflösung von Namen hängt von der Verbindung zwischen den DNS-Servern ab. Weiterleitungen und Root-Hinweise sind dabei die primären Methoden, mit denen DNS-Server Anfragen untereinander weitergeben.

Kapitel 12

Remote-Desktop und entfernte Administration

Wer einen Windows-Server verwalten möchte, muss nicht zwangsläufig direkt vor dem Gerät sitzen. Stattdessen ist auch eine Verwaltung über das Netzwerk von jedem beliebigen anderen Computer aus möglich. Dazu dienen die Windows-Komponenten Remote-Desktop sowie der Windows Remote Management Service (WinRM).

Besonders praktisch: Zur Herstellung einer Verbindung über Remote-Desktop mit Ihrem Windows-Server-2016-Gerät müssen Sie nicht einmal einen Windows-Computer nutzen. Denn Clients für Remote-Desktop gibt es auch für macOS, Linux, iOS und Android. Sehen wir uns, wie sich Windows-Server aus der Ferne verwalten lassen.

12.1 Wie funktioniert Remote-Desktop?

Über Remote-Desktop können Sie eine Verbindung mit einem Windows-Server oder -Computer sowie dessen Ressourcen, Daten und Desktop herstellen. Die Bedienung des Desktops wird dabei genauso einfach möglich, als säßen Sie direkt vor dem Gerät selbst. Bei Remote-Desktop handelt es sich also um eine Fernwartungs-Software. Über Remote-Desktop können Sie somit eine Verbindung zu Ihrem Server herstellen, ungeachtet dessen, wo Sie sich gerade befinden – sogar von Zuhause aus.

12.2 Der technische Hintergrund

Wenn Sie eine Remote-Desktop-Sitzung aufbauen, sendet Ihr Computer ein Signal über den Standard-Port 3389 über das Netzwerk an den Server und bittet um Erlaubnis zur Verbindung und Anmeldung. Daraufhin fordert der Server Ihre Anmelde-Daten und prüft sie mithilfe einer Liste von Remote-Desktop-Benutzern, etwa in Active Directory.

Nach der Anmeldung werden die Inhalte des Bildschirms vom Server an Ihren Computer gesendet und Ihre Maus- und Tastatur-Eingaben zurück an den Server. So können Sie mit dem Server arbeiten, als ob Sie direkt davorsitzen.

12.3 Der Aspekt der Sicherheit

Microsoft bietet eine Reihe Sicherheits-Funktionen, mit der Sie die Sicherheit einer Remote-Desktop-Verbindung können. So lässt sich beispielsweise die Anzahl der Benutzer, die eine Verbindung aufbauen dürfen, begrenzen, die Übertragung der Daten verschlüsselt erfolgen, der Port, an dem der Server Remote-Desktop-Verbindungen akzeptiert, kann geändert werden und außerdem lässt sich auf dem Server eine Liste mit IP-Adressen einrichten, die zur Herstellung einer Verbindung benutzt werden müssen.

Aus Sicherheitsgründen sollten Sie regelmäßig einen Blick in die Ereignisanzeige werfen, damit fehlgeschlagene Anmelde-Versuche und ausgesperrte Konten schneller erkannt werden können. Wie bereits in Kapitel 10 erklärt, erreichen Sie die Ereignisanzeige auf dem schnellsten Wege, indem Sie mit der rechten Maustaste auf den START-Button klicken und dann den gleichnamigen Eintrag im erscheinenden Menü aufrufen.

12.4 Server für Remote-Desktop konfigurieren

Aus Sicherheitsgründen ist die Remote-Desktop-Funktion in Windows Server 2016 standardmäßig deaktiviert. Wie wir bereits gesehen haben, kann die Möglichkeit der entfernten Anmeldung durch Sie als Administrator allerdings durchaus Vorteile haben. Sehen wir uns an, wie sich diese Funktion aktivieren lässt:

1. Öffnen Sie als Erstes den Server-Manager, etwa über das START-Menü.

> **Tipp**
>
> Wenn Sie sich beim Administrator-Konto anmelden, wird der Server-Manager normalerweise auch automatisch angezeigt.

2. Jetzt auf der linken Seite den Eintrag LOKALER SERVER auswählen.

3. Auf der rechten Seite erscheinen daraufhin die Eigenschaften des lokalen Servers, unter anderem auch die Zeile REMOTE-DESKTOP.

4. Klicken Sie nun dahinter auf DEAKTIVIERT. Daraufhin öffnet sich das Dialogfeld SYSTEM-EIGENSCHAFTEN auf dem Tab REMOTE.

5. Hier sehen Sie unter anderem auch den Abschnitt REMOTE-DESKTOP, in dem die Option KEINE REMOTE-VERBINDUNG MIT DIESEM COMPUTER ZULASSEN markiert ist.
   Zur Aktivierung der Remote-Desktop-Funktion wählen Sie stattdessen die untere Option aus, beschriftet mit REMOTE-VERBINDUNG MIT DIESEM COMPUTER ZULASSEN.

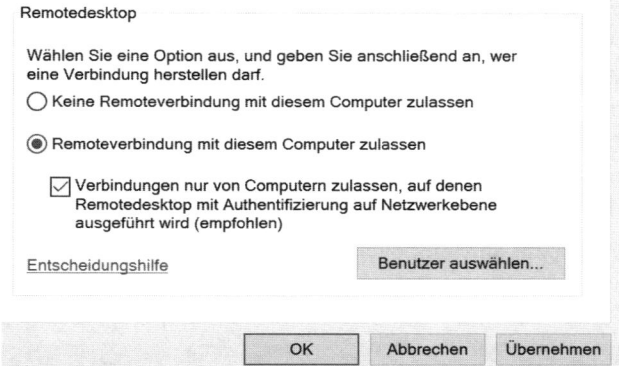

Abb. 12.1: Remote-Desktop aktivieren

Durch Auswahl der Option REMOTE-VERBINDUNGEN MIT DIESEM COMPUTER ZULAS-
SEN erscheint ein Dialogfeld, in dem Windows Server 2016 Sie darauf hinweist,
dass ab sofort Remote-Desktop-Verbindungen für sämtliche Netzwerk-Verbindungen des Servers aktiviert werden. Sofern Remote-Desktop-Verbindungen nur für
bestimmte Netzwerk-Verbindungen des Servers genutzt werden, müssen über die
Windows-Firewall die entsprechenden eingehenden Regeln angepasst werden.

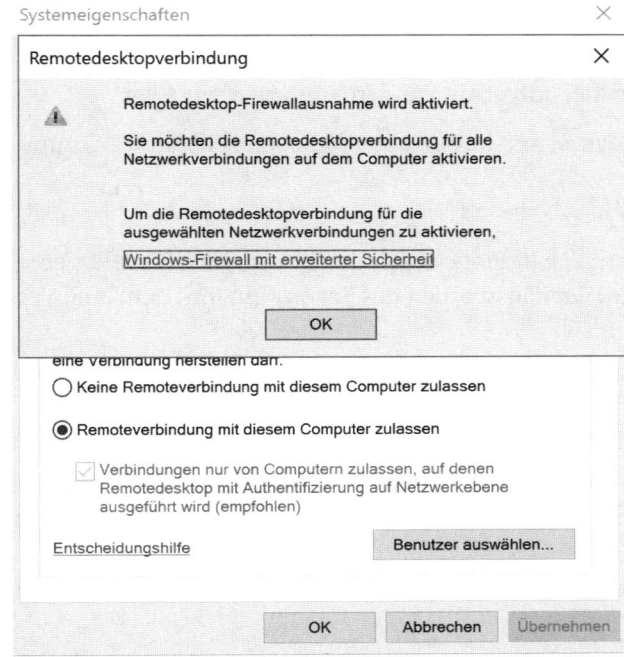

Abb. 12.2: Die Firewall-Ausnahme wird automatisch aktiviert.

An dieser Stelle erhalten Sie Gelegenheit auszuwählen, welche Benutzer die Berechtigung zum Herstellen von Remote-Verbindungen mit diesem Server erhalten. Allerdings ist es wesentlich besser, wenn Sie die entsprechenden Benutzer nicht einzeln zur erlaubten Liste hinzufügen, sondern sie stattdessen in die Gruppe REMOTE-DESKTOP-BENUTZER aufnehmen. Das kann zum Beispiel über die Active-Directory-Benutzer und -Computer oder über die Computer-Verwaltung im Bereich LOKALE BENUTZER UND GRUPPEN erledigt werden.

Sobald Sie nun unten auf OK klicken, wird die Remote-Desktop-Funktion auf dem Server aktiviert.

> ## Tipp
>
> Im Server-Manager steht zwar weiterhin REMOTE-DESKTOP: DEAKTIVIERT, die Anzeige dort ändert sich allerdings, sobald Sie auf den Button AKTUALISIEREN (zwei sich drehende Pfeile) klicken. Denn erst dann werden die zugehörigen Einstellungen vom Server-Manager neu geladen.

12.5   Remote-Desktop-Verbindung herstellen

Jetzt, wo wir auf unserem Windows-Server-2016-Gerät die Funktion für Remote-Verbindungen aktiviert haben, lässt sich problemlos eine Verbindung zu diesem Server von einem anderen Computer im Netzwerk aus herstellen. Diese Verbindung kann mit wenigen Schritten aufgebaut werden, und zwar wie folgt:

1. Als Erstes klicken Sie auf den START-Button eines beliebigen Windows-Computers im Netzwerk.

2. Jetzt Folgendes eintippen: `mstsc` [Enter].

3. Daraufhin startet der Client für Remote-Verbindungen. In das Textfeld geben Sie nun die IP-Adresse bzw. den Hostnamen des Servers ein, mit dem eine Verbindung hergestellt werden soll.

4. Sobald Sie die Verbindung bestätigen, erscheint ein Sicherheitshinweis, der auf ein selbstsigniertes Zertifikat für die Verbindung hinweist. Bestätigen Sie diesen Hinweis, indem Sie unten auf JA klicken.

5. Anschließend werden Sie zur Herstellung einer Verbindung um die Eingabe der Zugangsdaten in Form eines Benutzers und des zugehörigen Kennworts gebeten.

Tipp

Denken Sie daran, dass Sie im Falle einer Domäne den Benutzer-Namen hinter den Namen der Domäne setzen und dazwischen einen Blackslash eingeben müssen. Das kann zum Beispiel wie folgt aussehen: `WIRPROG\JSchieb`.

Nach Eingabe dieser Zugangsdaten wird umgehend eine Remote-Desktop-Verbindung zu dem angegebenen Server hergestellt. Sie können dann auf dem angezeigten Desktop wie gewohnt arbeiten.

Werfen Sie doch jetzt mal einen Blick auf die obere Seite des Monitors: Hier finden Sie während einer Remote-Sitzung eine blaue Leiste, über die Sie den Remote-Desktop vorübergehend minimieren oder auch die Verbindung ganz trennen können.

Auch ein Blick ins entfernte START-Menü und hier in das Unter-Menü EIN/AUS offenbart: Hierüber lässt sich die Verbindung trennen. Sie können den entfernt angemeldeten Benutzer dort auch abmelden – ein Neustart oder ein Herunterfahren des Windows-Servers ist auf diese Weise allerdings nicht ohne weiteres möglich.

12.6 Remote-Desktop-Gateway

Mithilfe eines Remote-Desktop-Gateways können Verbindungen zu einem internen Netzwerk über das Internet aufgebaut werden. Dazu wird das Remote-Desktop-Protokoll über HTTPS getunnelt, wodurch ein sicherer, verschlüsselter Kanal zwischen den Remote-Benutzern und der internen Ressource entsteht.

Beispiel

Nehmen wir an, ein Benutzer möchte von außen über Remote-Desktop auf den internen Server SRV–01 zugreifen. Auf dem internen Server ist die Remote-Desktop-Funktion ganz normal über Port 3389 aktiviert. Das Problem: Dieser Port ist nach außen hin nicht über die Firewall zugänglich. Um das Problem zu lösen, wird ein Remote-Desktop-Gateway eingerichtet und über die Firewall der HTTPS-Port 443 an dieses Gateway weitergeleitet.

Wenn der Benutzer von außen jetzt eine Verbindung zum Remote-Desktop herstellen möchte, verbindet er sich dadurch mit dem Gateway-Server. Dieser kann über eine Autorisierungs-Richtlinie für Ressourcen zum Zugriff auf einen einzelnen Server oder auf beliebige Ressourcen im Netzwerk konfiguriert werden.

Bei der Konfiguration von solchen Remote-Desktop-Gateways kommen zwei verschiedene Arten von Richtlinien zum Tragen:

- Erstens die sogenannten Remote-Desktop-Verbindung-Autorisierungs-Richtlinien (*RD CAP*), mit denen eingeschränkt wird, welche Benutzer sich mit dem Remote-Desktop-Gateway-Server verbinden dürfen.

- Zweitens die Remote-Desktop-Ressourcen-Autorisierungs-Richtlinien (*RD RAP*), die angeben, mit welchen Servern sich ein Benutzer nach der Herstellung der Verbindung verbinden darf.

12.6.1 Wozu ist ein Gateway nötig?

Die Administration von Servern über das Internet war auch früher schon ganz ohne Gateway möglich. Dazu wurde einfach der Port 3389 in der Firewall geöffnet – entweder durch die Person, die Zugriff benötigte, oder indem diese den Firewall-Administrator überzeugte, den Port zu öffnen. Allerdings stellt jeder zusätzliche Port, der in einer Firewall geöffnet ist, ein weiteres Risiko dar, das im Auge behalten werden muss.

Wenn man das Ganze aus dem Standpunkt der Sicherheit betrachtet, ist es viel einfacher, diesen Port einfach geschlossen zu lassen. Die Administration über Port 3389 war zwar praktisch, wurde aber oft durch die Netzwerk-Firewall blockiert, um die zugehörigen Sicherheits-Risiken einzudämmen.

Da ein Remote-Desktop-Gateway über HTTPS den Port 443 nutzt, muss in der externen Firewall nur der Port 443 geöffnet werden. Dieser Port ist oft bereits geöffnet, da hier geschützter Datenverkehr passieren muss. Wenn der Port 443 bereits für anderen Datenverkehr geöffnet ist, muss kein weiterer Port zur Nutzung von RDP über HTTPS geöffnet werden. Beispielsweise könnte sich jetzt der Remote-Desktop-Gateway einfach auf einem Server in der öffentlich zugänglichen Zone implementieren lassen, ohne dass die Firewall dazu angepasst werden muss.

12.6.2 Remote-Desktop-Verbindungsclient

Das Remote-Desktop-Gateway unterstützt Verbindungen vom Remote-Desktop 6.0 oder höher. Allerdings ist die Protokoll-Version 8.0 zu empfehlen, damit sämtliche Funktionen des Gateways genutzt werden können.

12.6.3 Erforderliche Dienste und Features für Remote-Desktop-Gateway

Zur Nutzung eines-Desktop-Gateway werden zusätzliche Server-Rollen und -Features auf dem betreffenden Windows Server 2016 benötigt:

Beim Hinzufügen der Rolle für Remote-Desktop-Gateway fordert Sie der Assistent zur automatischen Installation aller erforderlichen Rollen, Dienste und Features auf. Auf diese Weise müssen Sie sie nicht individuell installieren. Allerdings erkennt der Assistent automatisch, ob diese Features und Rollen schon installiert sind, sodass eine doppelte Installation keinen Fehler hervorrufen wird.

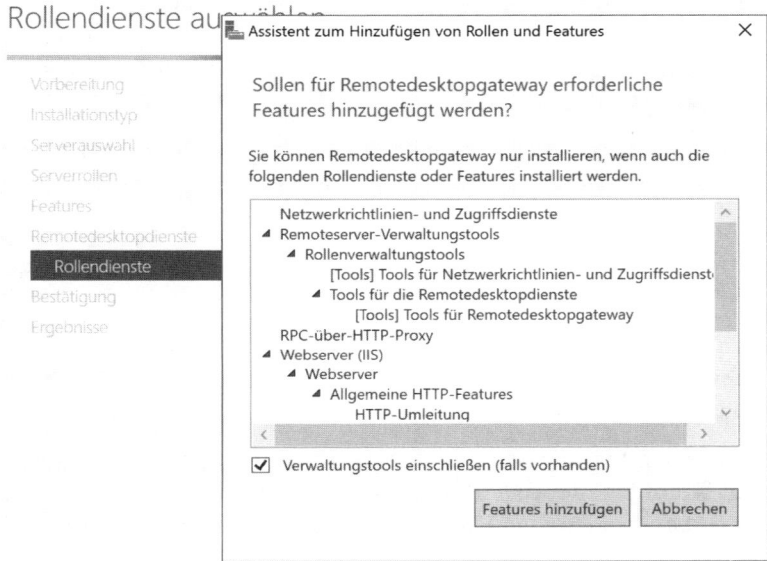

Abb. 12.3: Zusätzliche Features werden angefordert.

12.6.4 Remote-Desktop-Gateway aktivieren

Mit den folgenden Schritten lässt sich ein Remote-Desktop-Gateway auf einem Windows Server 2016 einrichten:

1. Starten Sie als Erstes den Server-Manager – etwa über das START-Menü und die darin angeheftete Kachel.

2. Klicken Sie jetzt oben rechts auf VERWALTEN, ROLLEN UND FEATURES HINZUFÜGEN.

3. Überspringen Sie nun die nächste Seite des Assistenten, indem Sie unten auf WEITER klicken.

4. Bestätigen Sie dann die ROLLENBASIERTE INSTALLATION durch erneuten Klick auf WEITER.

5. Jetzt müssen Sie den Server auswählen, auf dem das Remote-Desktop-Gateway installiert werden soll. Anschließend bestätigen Sie die Auswahl erneut, indem Sie auf WEITER klicken.

6. Aktivieren Sie nun die Rolle REMOTE-DESKTOP-DIENSTE und wählen Sie einige Seiten weiter vorn, bei den ROLLEN-DIENSTEN, durch Setzen eines Hakens den

Eintrag REMOTE-DESKTOP-GATEWAY aus. Anschließend folgt wieder ein Klick auf WEITER.

7. Zwischenzeitlich fordert Sie der Assistent auf zu bestätigen, dass weitere Features eventuell installiert werden müssen. Bestätigen Sie dieser Aufforderung, sodass alle benötigten Komponenten eingerichtet werden. Klicken Sie sich jetzt bis zur Bestätigungs-Seite durch, setzen Sie dann den Haken, durch den der Server bei Bedarf automatisch neu gestartet werden kann, und klicken Sie zum Schluss unten auf INSTALLIEREN.

Einige Minuten und einen Server-Neustart später ist das Remote-Desktop-Gateway auf Ihrem Server installiert. Wenn Sie einen Blick ins START-Menü werfen, werden Sie auch dort eine neue Kachel für diese Gateway-Funktion finden.

Zur weiteren Einrichtung des Remote-Desktop-Gateways klicken Sie auf diese Kachel.

Sie landen dadurch im entsprechenden Manager, der dem Verwaltungs-Tool für Gruppen-Richtlinien sehr ähnlich sieht. Über dieses Tool können Sie sämtliche Aspekte des Remote-Desktop-Gateways verwalten.

Auf der linken Seite sehen Sie Ihren Server mit zwei Unter-Ordnern: Richtlinien und Überwachung. Wenn Sie hier den Server markieren, werden auf der rechten Seite Informationen über die aktuellen Verbindungen sowie ausstehende erforderliche Konfigurationen angezeigt.

Wir stellen fest: Hier muss noch das Gateway-Zertifikat konfiguriert werden. Dazu genügt ein Klick auf den Link ZERTIFIKAT-EIGENSCHAFTEN ANZEIGEN ODER ÄNDERN.

Dadurch erscheint die Seite SERVER-AUTHENTIFIZIERUNGS-ZERTIFIKAT FÜR SSL-VERSCHLÜSSELUNG AUSWÄHLEN. Hier können Sie ein vorhandenes Zertifikat installieren, ein selbstsigniertes Zertifikat erstellen oder ein Zertifikat importieren. Zertifikate lassen sich entweder von einer externen Zertifizierungsstelle kaufen oder von einer internen Zertifizierungsstelle ausstellen, falls Ihr Unternehmen einen eigenen internen CA betreibt.

In unserem Beispiel entscheiden wir uns für die Option SELBSTSIGNIERTES ZERTIFIKAT FÜR SSL-VERSCHLÜSSELUNG ERSTELLEN. Anschließend folgt ein Klick auf ZERTIFIKAT ERSTELLEN UND IMPORTIEREN.

Nunmehr können wir die Standards bestätigen, mit denen unser selbstsigniertes Zertifikat erstellt werden soll. Klicken Sie dazu auf OK.

Wie wir in den Status-Informationen des Remote-Desktop-Gateways erfahren, müssen noch zwei Arten von Richtlinien eingestellt werden, die wir zuvor bereits beschrieben hatten:

RD CAP einrichten

Zunächst erstellen wir eine Remote-Desktop-Verbindungs-Autorisierungs-Richtlinie, indem wir auf den entsprechenden Link klicken.

Daraufhin erscheint ein neues Dialogfeld, in das wir den Namen der neuen Richtlinie eingeben, zum Beispiel `CapRichtlinie1`. Anschließend schalten wir oben zu ANFORDERUNGEN weiter und setzen einen Haken bei der Option KENNWORT.

Etwas weiter unten, im Bereich der erlaubten Gruppen, folgt ein Klick auf den Button GRUPPE HINZUFÜGEN?, wonach wir die Gruppe REMOTE-DESKTOP-BENUTZER auswählen, in der sich die Personen befinden, die Zugriff auf dieses Remote-Desktop-Gateway erhalten sollen.

Navigieren wir jetzt zum nächsten Tab, der mit GERÄTE-UMLEITUNG beschriftet ist.

Hier lässt sich die Umleitung bzw. der entfernte Zugriff von einzelnen Geräten auf Wunsch aktivieren, falls dies im Interesse der Sicherheit ist. Wird zum Beispiel der Zugriff auf die Zwischenablage, auf Laufwerke und auf Drucker verhindert, hat der Benutzer effektiv nur noch die Möglichkeit, ein Bildschirm-Foto anzufertigen, wenn er bzw. sie Informationen aus dem Remote-Desktop lokal abspeichern möchte. Dies kann ggf. bei Informationen von Interesse sein, die zwar über Remote-Desktop erreichbar sein soll, dabei aber gleichzeitig geheim gehalten werden müssen.

Auf dem letzten Tab namens ZEIT-ÜBERSCHREITUNGEN können Sie schließlich auch konfigurieren, nach wie vielen Minuten der Inaktivität die Verbindung zu diesem Gateway automatisch beendet werden soll.

RD RAP konfigurieren

Jetzt bleibt noch eine letzte Richtlinie, die wir einrichten müssen, damit das Gateway funktionsfähig wird: es handelt sich dabei um die Remote-Desktop-Ressourcen-Autorisierungs-Richtlinie (RD RAP).

Zur Einrichtung dieser letzten Richtlinie klicken wir wieder auf den entsprechenden Link in der Übersicht des Remote-Desktop-Gateways.

Dann tragen wir auch hier einen Namen und eine Beschreibung für die Richtlinie ein.

Jetzt schalten wir zum Tab BENUTZER-GRUPPEN um und fügen wieder wie gehabt unsere Gruppe REMOTE-DESKTOP-BENUTZER hinzu.

Auf dem Tab NETZWERK-RESSOURCE können Sie jetzt entscheiden, zu welchen Ressourcen eine Verbindung über dieses Gateway möglich sein soll. Wenn Sie möchten, dass Benutzer sich mit beliebigen-Ressourcen verbinden können sollen, wählen Sie hier die unterste Option aus.

Schließlich haben wir noch den Tab Zugelassene Ports, auf dem Sie bei Bedarf auch den Zugriff auf andere Ports als den Standard-Port genehmigen können. Im Normalfall ist dies aber nicht nötig.

Zum Schluss bestätigen Sie die Erstellung der Richtlinie, indem Sie auf OK klicken.

Damit haben Sie Ihr Gateway erfolgreich konfiguriert und können jetzt von außen Verbindungen herstellen.

12.7 Remote-Desktop unterwegs nutzen

Wie wir bereits festgestellt haben, können Sie über Remote-Desktop schnell und effizient auf den Desktop Ihres Windows-Servers zugreifen – egal wo Sie sich gerade befinden. Denn Microsoft hat Clients für Remote-Desktop nicht nur für Windows-Systeme bereitgestellt, zum Beispiel Windows 10, sondern auch für Betriebssysteme anderer Hersteller, etwa für Linux, macOS, iOS und Android. Sehen wir uns kurz an, wie sich diese Clients installieren und nutzen lassen.

12.7.1 Von einem Windows-Client

In jedem Windows-Computer ist ein Remote-Desktop-Client bereits enthalten. Die folgenden Schritte funktionieren auf jeder Windows-Version und starten diesen Client:

1. Als Erstes drücken Sie gleichzeitig die Taste ⊞+R. Dadurch erscheint das Dialogfeld Ausführen.

2. Geben Sie jetzt das folgende Kommando ein: `mstsc` Enter.

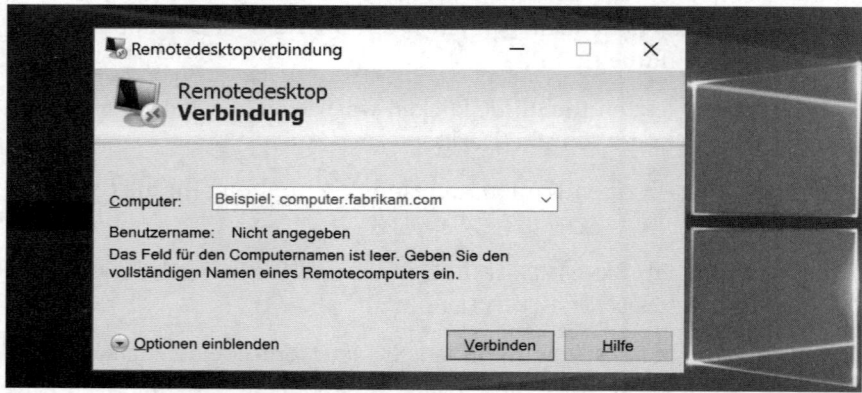

Abb. 12.4: Remote-Desktop-Client in Windows 10

3. Als Nächstes die IP-Adresse oder den Hostnamen des Servers eintippen, zu dem Sie eine Verbindung aufbauen möchten.

4. Nach der Bestätigung Ihrer Eingabe müssen Sie noch den Benutzer und das zugehörige Kennwort des Kontos eintippen, über das eine Verbindung aufgebaut werden soll.

Anschließend sind Sie automatisch mit dem entfernten Desktop auf dem Server verbunden.

12.7.2 Von einem macOS-Client

Der Remote-Desktop-Client von Microsoft steht für Macs über den Mac App Store zum kostenlosen Download zur Verfügung.

Link

Öffnen Sie einfach die folgende URL in Ihrem Safari-Browser:
`https://itunes.apple.com/de/app/microsoft-remote-desktop/`
`id715768417?mt=12&at=1010l68X`

Nach der Installation der App MICROSOFT REMOTE DESKTOP starten Sie dieses Programm entweder über den Finder oder über das Launchpad.

Jetzt können Sie oben links auf den Button mit dem + klicken, um dann die entsprechenden Zugangsdaten in das Formular einzutragen. Anschließend schließen Sie das Dialogfeld zum Bearbeiten der neuen Verbindung wieder.

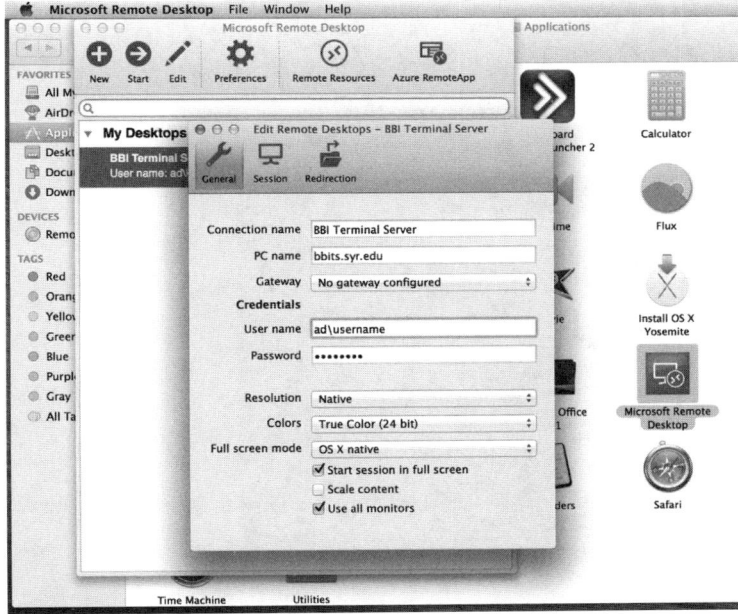

Abb. 12.5: Remote-Desktop unter macOS

Eine Verbindung wird aufgebaut, sobald Sie auf die Zeile mit dem Namen des Servers doppelklicken, mit dem Sie sich verbinden möchten.

12.7.3 Von einem Linux-Client

Da es viele verschiedene Linux-Distributionen gibt, gibt es kein Patent-Rezept zur Herstellung einer Verbindung zu einem Windows-Server von einem Linux-Client aus. Allerdings verwenden viele Distributionen das Programm `rdesktop`, eine Open-Source-Version des Clients für die Remote-Desktop-Dienste von Windows.

Leider unterstützt dieses Programm nur die Versionen 4 und 5 des RDP-Protokolls. Es gibt allerdings auch Alternativen, zum Beispiel das Paket `freerdp`, mit dem auch die Version 6 unterstützt wird.

> **Link**
>
> Weitere Informationen über die Linux-Programme zum Erstellen einer-Desktop-Verbindung zu Ihrem Windows-Server finden Sie unter der folgenden Internet-Adresse: `https://wiki.ubuntuusers.de/Desktop/`

12.7.4 Von einem iOS-Client

Für iPhones und iPads hat Microsoft extra eine mobile App entwickelt, mit der Sie Remote-Desktop-Verbindungen zu Ihrem Windows-Server von Ihrem mobilen Gerät aus herstellen können.

> **Hinweis**
>
> Dabei werden Geräte mit iOS 6 oder neuer unterstützt.

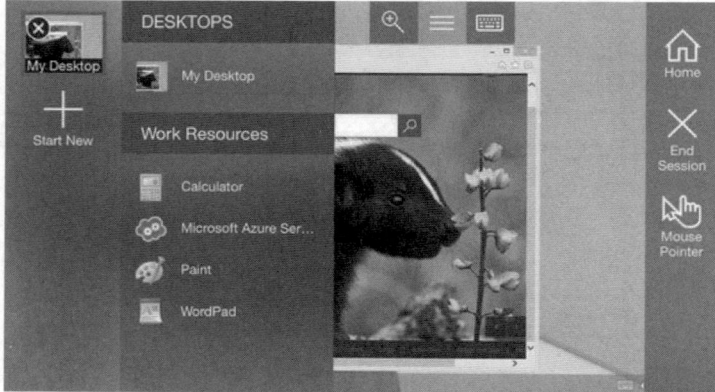

Abb. 12.6: Remote-Desktop unter iOS

Link

Die Remote-Desktop-App kann über die folgende Adresse geladen werden:
`https://itunes.apple.com/de/app/microsoft-remote-desktop/`
`id714464092?mt=8&at=1010l68X`

Hier die nötigen Schritte, mit denen Sie den Remote-Desktop-Client auf Ihrem iOS-Gerät einrichten können:

1. Greifen Sie als Erstes auf den App Store zu und installieren Sie von dort die Remote-Desktop-App.

2. Tippen Sie dann auf dem Start-Bildschirm auf das Symbol der soeben installierten App, um sie zu starten.

3. Wechseln Sie jetzt zur Ansicht VERBINDUNGS-CENTER.

4. Tippen Sie dort oben rechts auf das + und wählen Sie dann die Funktion PC ODER SERVER HINZUFÜGEN aus.

5. Daraufhin erscheint das Fenster VERBINDUNG HERSTELLEN, in dem Sie Informationen für die Remote-Desktop-Verbindung eintippen:

   ■ **PC-Name** – Der Name des PCs, mit dem Sie Verbindung herstellen möchten. Dabei kann es sich um einen Windows-Computernamen, den Namen einer Internet-Domäne oder eine IP-Adresse handeln.

Tipp

Falls der Remote-Desktop-Server nicht auf dem Standard-Port 3389 läuft, kann dieser Adresse auch ein Doppelpunkt, gefolgt von der korrekten Port-Angabe, angehängt werden.

   ■ **Benutzer-Name** – Der Name des Benutzers, mit dem die Anmeldung am entfernten Server erfolgen soll. Dabei können Sie den Benutzernamen in einem der folgenden Formate eingeben: `Benutzer`, `Domäne\Benutzer` oder `Benutzer@domain.com`. Alternativ dazu können Sie auch festlegen, dass der Benutzername und das zugehörige Kennwort jedes Mal abgefragt werden sollen.

In den Einstellungen finden Sie auch optional das Textfeld für das Gateway, mit dem Sie vom Internet aus auf einem Server innerhalb des Netzwerks in Ihrem Unternehmen zugreifen können. Weitere Details über Remote-Desktop-Gateways finden Sie weiter vorn in diesem Kapitel.

12.7.5 Von einem Android-Client

Genau wie bei iOS existiert auch ein Remote-Desktop-Client für Android-Nutzer. Sie finden ihn im Google Play Store.

Link

Die Remote-Desktop-App für Android steht unter der folgenden Adresse zum kostenlosen Download bereit: `https://play.google.com/store/apps/details?id=com.microsoft.rdc.android&hl=de`

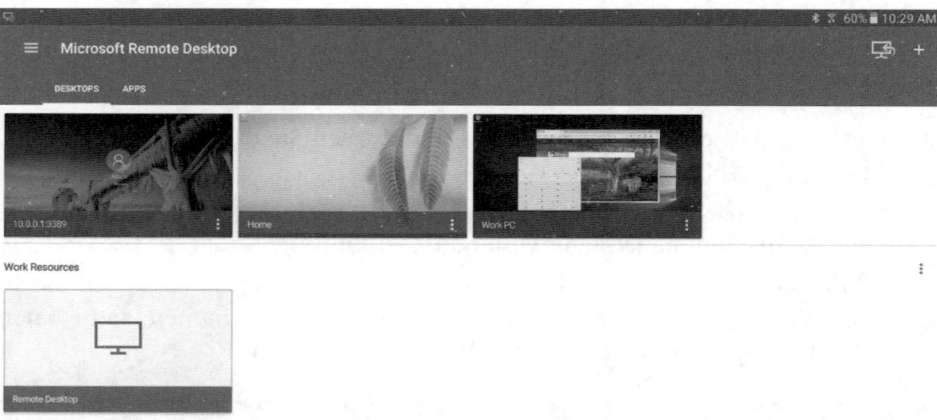

Abb. 12.7: Remote-Desktop auf einem Android-Tablet

Sie sehen also: Mit fast jedem Gerät können Sie eine Verbindung zu Ihrem System mit Windows Server 2016 über Remote Desktop herstellen. Das ermöglicht Ihnen eine schnelle Administration ungeachtet dessen, wo Sie sich gerade befinden.

12.8 Windows Remote Management Service

Mithilfe des Windows Remote Management Service (*WinRM*) können Sie Text-Befehle von einem Computer auf einem entfernten anderen Computer ausführen.

Beispiel

Sie arbeiten an einem Computer mit Windows 8 oder Windows 10 und möchten einige Informationen von einem Remote-Server abfragen. Wenn auf diesem Server die WinRM-Funktion aktiviert ist, können Sie von dem Desktop-Computer aus einem Text-Befehl namens `WinRS` ausführen und erhalten die Ergebnisse so, als wenn Sie direkt vor dem Server säßen oder über Remote-Desktop mit ihm verbunden wären.

Einer der Vorteile der Nutzung von WinRM: Sie müssen nicht erst eine Remote-Sitzung zu dem betreffenden Server aufbauen. Stattdessen geben Sie ihren Befehl einfach in die Eingabe-Aufforderung ein.

Folgende zwei Befehle werden vom Windows Remote Management Service verwendet:

- **WinRM** – Dieses Programm wird auf dem Remote-Server ausgeführt und ermöglicht dem Server die Abfrage und Reaktion auf WinRS-Anfragen.
- **WinRS** – Dieses Programm wird in der Kommando-Zeile auf einem Desktop- oder sonstigen Server ausgeführt, an dem ein Administrator arbeitet, also zum Beispiel Sie. Damit kann die Person beliebige Text-Befehle auf dem Remote-Server ausführen.

12.8.1 WinRM aktivieren

Standardmäßig ist die Funktion WINDOWS REMOTE MANAGEMENT SERVICE in Windows Server 2016 nicht aktiviert. Allerdings lässt sie sich mit den folgenden Schritten schnell einschalten:

1. Klicken Sie als Erstes mit der rechten Maustaste auf den START-Button und wählen Sie dann den Eintrag EINGABE-AUFFORDERUNG (ADMINISTRATOR) aus.
2. Geben Sie jetzt folgenden Befehl ein: `WinRM qc` Enter
3. Daraufhin werden Sie aufgefordert, die folgenden Änderungen an Ihrem System zu bestätigen:
   - Erstellen eines WinRM-Listeners auf HTTP://*zum Zugriff auf WS-Man-Anfragen an beliebige IP-Adressen auf diesem Server.
   - Einrichten der Firewall-Ausnahme für WinRM
   - Konfigurieren der LocalAccountTokenFilterPolicy, damit lokalen Benutzern, die aus der Ferne auf diesen Server zugreifen, Administrator-Rechte eingeräumt werden können.
4. Diese Änderungen können Sie durch Druck auf die Taste J und anschließende Bestätigung mit Enter akzeptieren.

12.8.2 WinRS nutzen

Zur Ausführung von Befehlen auf einem Remote-Server, der mit WinRM konfiguriert wurde, verwenden Sie die Windows-Remote-Shell (WinRS). Beispielsweise können Sie diesen Befehl von einem Windows 8- oder Windows 10-Computer aufrufen und auf diese Weise Befehle auf Ihrem Windows Server 2016-System ausführen.

WinRS-Befehle werden allgemein wie folgt formatiert:

```
WinRS -r:servername Befehl Enter
```

Dabei wird durch den Parameter -r der Name des entfernten Servers angegeben. Es gibt zwar noch weitere Parameter, doch der Parameter -r wird am meisten verwendet.

Mithilfe der Remote-Shell können Sie beliebige Befehle ausführen, die Sie auch in eine lokale Eingabe-Aufforderung eintippen würden. Damit lassen sich beispielsweise auch Befehle der Windows Management Instrumentation Command-line (WMIC) ausführen und auf diese Weise die Dienste dokumentieren, die auf Computern ausgeführt werden.

Viel interessanter ist allerdings, dass Sie über die Windows Remote Shell auch PowerShell-Befehle ausführen lassen können. Sehen wir uns ein Beispiel an, wie das funktionieren kann:

Beispiel

```
WinRS -r:servername PowerShell Get-Service Enter
```

In Bezug auf die Nutzung der Windows Remote Shell sind Ihrer Fantasie praktisch keine Grenzen gesetzt. Es handelt sich dabei um ein praktisches und mächtiges Tool, mit dem Sie so gut wie jeden Befehl aus der Ferne ausführen können.

Teil II

Windows Server 2016 im Detail

In diesem Teil:

■ **Kapitel 13**
Einrichtung des DHCP-Servers 373

■ **Kapitel 14**
Einführung in gemeinsam genutzten Speicher
und Cluster. 383

■ **Kapitel 15**
Active Directory in Windows Server 2016 409

■ **Kapitel 16**
Webserver-Verwaltung mit IIS 431

■ **Kapitel 17**
Die Alternative: Apache 457

■ **Kapitel 18**
Exchange. 465

Jetzt, da Ihr Windows-Server eingerichtet und startklar ist, ist Ihnen sicher schon bewusst, wie viele Funktionen eigentlich in Windows Server 2016 stecken. Neben der Administration eines Netzwerks, zum Beispiel im Unternehmen, eignet sich Windows Server 2016 für vielerlei andere Dienste im Netzwerk – darunter zum Beispiel ...

- die einfache, sichere und schnelle Bereitstellung von Dokumenten über eine Active-Directory-Gesamtstruktur und/oder -Domäne,

- die Konfiguration von Sicherheits-Einstellungen über Active Directory, sodass beispielsweise bestimmte Benutzer nur auf bestimmte Bereiche zugreifen dürfen,

- das Anbieten von Intranet- oder sogar Internet-Seiten mithilfe eines Webservers,

- die Strukturierung der Komponenten im Unternehmens-Netzwerk durch Sortierung in eine Active-Directory-Domäne,

- die Regelung von Sicherheits-Vorschriften beim Zugriff auf Freigaben sowie die sonstige Konfiguration von Rechten der Benutzer im Netzwerk,

- die Virtualisierung von Servern mit dem Vorteil, dass weniger physikalische Hardware benötigt wird,

- die Installation und Bereitstellung eines Email-Servers auf Basis von Microsoft Exchange.

In diesem zweiten Teil des vorliegenden Buches gehen wir auf einige dieser Szenarien näher ein und zeigen Ihnen, wie Sie sie am besten konfigurieren und daraus bestmöglichen Nutzen ziehen.

Kapitel 13

Einrichtung des DHCP-Servers

Wie bereits in Kapitel 12 ausgeführt, benötigt jede Komponente eines Netzwerks eine IP-Adresse. Erst durch diese Hausnummern der Geräte im Netzwerk wird eine Kommunikation untereinander möglich, denn die Teilnehmer versenden Informationen in Form von Paketen mit ihrer Sender-IP-Adresse sowie der IP-Adresse des jeweiligen Empfängers der Nachricht.

Zur Konfiguration von IP-Adressen gibt es prinzipiell zwei Möglichkeiten:

- Entweder Sie konfigurieren die IP-Adresse jedes einzelnen Gerätes manuell und führen dabei zum Beispiel in einer Excel-Tabelle Buch darüber oder

- die IP-Adressen werden automatisiert vergeben, wobei sich der zuständige Server aus einem Adress-Pool bedient, der zu diesem Zweck bereitgestellt wurde.

Hinweis

Bereits in Kapitel 11 hatten wir unter die Lupe genommen, wie sich sämtliche IP-Adressblöcke und Adressbereiche in einem Netzwerk zentral verwalten lassen, und zwar mithilfe des IPAM-Moduls von Windows Server 2016. Dieses Modul sammelt bei allen zuständigen DHCP- und DNS-Servern sowie Domänen-Controllern Details über die Vergabe der IP-Adressblöcke und Adressbereiche und bietet sie dem Administrator zur zentralen Steuerung an.

Das Modul, das für die Vergabe der IP-Adresse an Teilnehmer im Netzwerk zuständig ist, heißt *DHCP-Server*. Wenn ein neues Gerät eine Verbindung zum Netzwerk herstellt, sendet es eine Anfrage an den DHCP-Server, worauf dieser mit einer noch freien IP-Adresse aus seinem zugewiesenen Adress-Pool antwortet, die das Gerät dann für weitere Verbindungen zum Netzwerk nutzt.

Dabei versucht der DHCP-Server, bereits bekannten Geräten, die er anhand ihrer eindeutigen MAC-Adresse identifizieren kann, jeweils dieselbe DHCP-Adresse wie bei der letzten Verbindung zuzuweisen. Dafür gibt es jedoch keine Garantie, besonders dann nicht, wenn der DHCP-Block gut ausgelastet ist, sodass nur noch wenige Adressen frei sind.

13.1 Wie funktioniert DHCP?

Bei DHCP (dynamisches Host-Konfigurations-Protokoll) handelt es sich um einen Server-Dienst, der automatisch IP-Adressen und zugehörige IP-Informationen an Clients ausgibt.

Flüchtig betrachtet erscheint dies nicht als eine wichtige Aufgabe. Allerdings gilt es zu bedenken, dass in einem TCP/IP-Netzwerk jeder Client eine eindeutige IP-Adresse und eine passende Subnetz-Maske haben muss, damit eine Kommunikation mit anderen Teilnehmern des Netzwerks möglich ist. Ohne diese Daten kann der Client keine Daten im Netzwerk senden oder empfangen.

Erhalten beispielsweise zwei Clients die gleiche IP-Adresse, kann keiner der beiden mit dem Netzwerk kommunizieren, da es sich hierbei um eine IP-Adress-Kollision handelt.

In seinen Anfangstagen hatte TCP/IP den Ruf, viel unnötige Arbeit zu verursachen – für dieses Protokoll waren mehr Konfigurationsschritte als bei anderen Netzwerk-Protokollen nötig. Der Administrator musste nämlich jeden Client-Computer manuell konfigurieren und dort eine korrekte IP-Adresse und Subnetz-Maske hinterlegen, ohne irgendeine dieser Adressen doppelt zu vergeben. Das war mühevolle Arbeit.

Mit DHCP wird diese Arbeit automatisch ausgeführt. Dabei erhält jeder Client eine eindeutige IP-Adresse, eine passende Subnetz-Maske sowie weitere IP-Informationen, darunter zum Beispiel die Standard-Gateways und die IP-Adressen der WINS- (Windows Internet Name Service) und DNS- (Domänen-Namen-System) Server. Dabei stellt DHCP sicher, dass keine zwei Clients die gleiche Adresse erhalten. Zudem ist der gesamte Vorgang für Netzwerk-Administratoren und Netzwerk-Benutzer transparent.

Wie wir sehen, ist DHCP sehr wichtig, weswegen Sie wissen sollten, wie sich ein DHCP-Server installieren und konfigurieren lässt.

13.2 Die Technik hinter dem Protokoll

DHCP arbeitet durch Ausgabe von IP-Adressen sowie IP-Informationen an Netzwerk-Clients. Dabei sind die zugewiesenen IP-Adressen jeweils für einen begrenzten Zeitraum gültig. Während der Zuweisung einer IP-Adresse werden folgende Schritte durchlaufen:

Sobald ein neuer Client eine Verbindung zum Netzwerk herstellt – etwa während des System-Starts –, sendet dieser Client ein Paket an das gesamte Netzwerk mit einer *DHCPDISCOVER*-Nachricht. Dieses Paket zum Ermitteln von DHCP-Servern enthält sowohl den Computer-Namen als auch die MAC-Adresse (Media

Access Control) des Computers, der eine IP-Adresse erhalten möchte. Mit diesen Informationen kann der DHCP-Server im Netzwerk auf das Paket reagieren. Im Prinzip sagt das Ermittlung-Paket Folgendes aus: »Ich bin ein neuer Netzwerk-Teilnehmer und auf der Suche nach einem DHCP-Server, der eine IP-Adresse für mich ausgeben kann.«

Im nächsten Schritt reagieren die DHCP-Server im Netzwerk auf dieses Ermittlungs-Paket mit einer Gegen-Nachricht, genauer gesagt einer *DHCPOFFER*-Nachricht. Diese sagt im Prinzip aus, dass ein DHCP-Server die Nachricht erhalten hat und eine IP-Adresse ausgeben könnte. Falls mehrere DHCP-Server auf die Anfrage des Clients reagieren, nimmt der Client die erste Antwort an, die er empfängt.

Nun antwortet der Client seinerseits mit einer *DHCPREQUEST*-Antwort. In dieser Nachricht sagt er aus, dass er das Angebot des DHCP-Servers annimmt und gerne eine IP-Adresse erhalten würde. Da diese Nachricht ebenfalls im gesamten Netzwerk versendet wird, wissen dadurch auch die anderen DHCP-Server Bescheid, dass ihre Angebote nicht angenommen wurden, und können die reservierte IP-Adresse wieder freigeben.

Der DHCP-Server, dessen Angebot vom Client angenommen wurde, antwortet jetzt mit einer *DHCPACK*-Nachricht, in der er die Annahme des Angebots bestätigt und dem Client sowohl seine IP-Adresse als auch weitere IP-Informationen zur Adressierung sendet, für die der Server zur Bereitstellung konfiguriert ist. Mit diesen Informationen hat der Client jetzt sämtliche Daten, die er zur Teilnahme am Netzwerk über TCP/IP benötigt.

Wichtig

Bei diesem Vorgang ist es wichtig, im Sinn zu behalten, dass diese Zuweisung der IP-Adresse (*Lease*) nur für eine bestimmte Zeit gültig ist. Normalerweise kann ein Client seine IP-Adresse mehrere Tage lang (oder je nach Konfiguration) behalten. Nach Ablauf der Gültigkeit versucht der Client, seine Zuweisung der IP-Adresse bei dem DHCP-Server zu erneuern. Auf diese Weise sorgt der Client durch fortlaufende Erneuerung der IP-Adresse dafür, dass diese für die Dauer seiner Kommunikation mit dem Netzwerk gültig bleibt. Wenn die Verlängerung der Gültigkeit allerdings fehlschlägt, muss der Client sich auf dem zuvor beschriebenen Weg eine neue IP-Adresse besorgen.

13.3 DHCP-Server installieren

Wer einen Active-Directory-Domänen-Controller einrichtet, installiert dadurch auch automatisch die DHCP-Server-Komponente auf dem Windows-Server. Allerdings kann ein DHCP-Server sehr wohl auch ohne Active Directory eingerichtet werden. Die dazu nötigen Schritte umfassen die Nutzung des Managers:

1. Zunächst klicken Sie auf den START-Button und rufen dann die Kachel des Server-Managers auf.

2. Im nächsten Schritt klicken Sie oben rechts auf das VERWALTEN-Menü und wählen darin den Eintrag ROLLEN UND FEATURES HINZUFÜGEN aus.

3. Anschließend die erste Seite des Assistenten zum Hinzufügen von Rollen und Features per Klick auf WEITER überspringen.

4. Danach entscheiden Sie sich für die Rollen-basierte Installation, die Sie per Klick auf WEITER bestätigen.

5. Jetzt gilt es den Server auszuwählen, auf dem die DHCP-Server-Rolle installiert werden soll. In unserem Beispiel handelt es sich um den lokalen Server (SRV-01). Nach erfolgter Auswahl des richtigen Servers wechseln wir zur nächsten Seite, indem wir unten auf WEITER klicken.

6. Daraufhin erscheint die Liste der verfügbaren Rollen, die sich auf dem ausgewählten Server installieren lassen. Hier setzen Sie einen Haken bei der Option DHCP-SERVER.

7. Nun sind mehrere Klicks auf WEITER nötig, bis die letzte Seite des Assistenten angezeigt wird. Hier können Sie die Installation dann durch Klick auf den IN-STALLIEREN-Button starten.

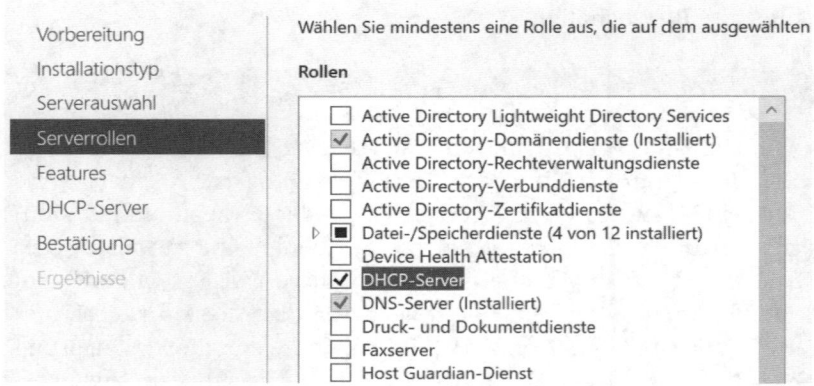

Abb. 13.1: DHCP-Server einrichten

Wenige Augenblicke später ist die neue Rolle installiert und der Installations-Assistent fordert Sie dazu auf, den DHCP-Nach-Installations-Assistenten zu starten. Sie erreichen diesen durch Klick auf den Link DHCP-KONFIGURATION AB-SCHLIESSEN.

Über diesen DHCP-Konfigurations-Assistenten nach der Installation werden zur Delegierung der DHCP-Server-Verwaltung zwei Sicherheits-Gruppen erstellt, nämlich die DHCP-ADMINISTRATOREN sowie die DHCP-BENUTZER.

Nach einem Klick auf WEITER werden die Anmelde-Informationen zur Authentifizierung dieses DHCP-Servers in der Active-Directory-Domäne abgefragt. Standardmäßig ist hier der Name des aktuell angemeldeten Benutzers eingetragen; diese Daten können im Regelfall unverändert übernommen werden.

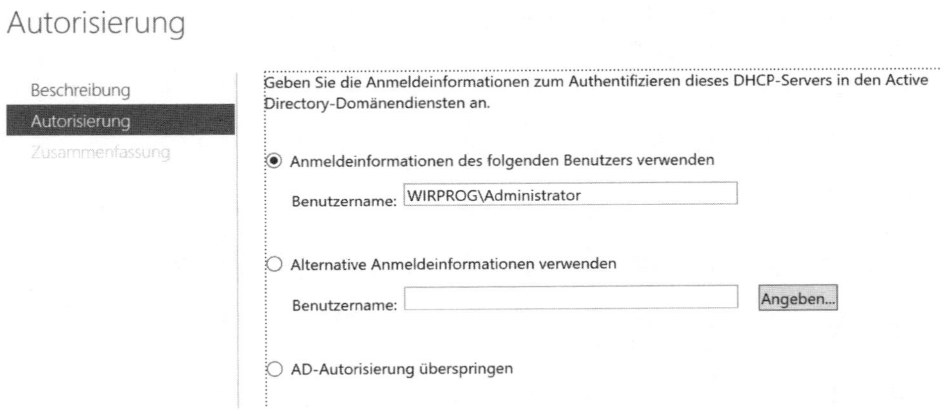

Autorisierung

Beschreibung	Geben Sie die Anmeldeinformationen zum Authentifizieren dieses DHCP-Servers in den Active Directory-Domänendiensten an.
Autorisierung	
Zusammenfassung	◉ Anmeldeinformationen des folgenden Benutzers verwenden
	Benutzername: WIRPROG\Administrator
	○ Alternative Anmeldeinformationen verwenden
	Benutzername: [ ] Angeben...
	○ AD-Autorisierung überspringen

Abb. 13.2: Autorisierung für Active Directory

Die benötigte Konfiguration wird in der Active-Directory-Domäne eingetragen, sobald Sie unten auf den Button COMMIT AUSFÜHREN klicken.

Nach Abschluss der DHCP-Konfiguration in Active Directory können Sie den Assistenten per Klick auf SCHLIESSEN verlassen.

13.4 DHCP-Server verwalten

Nach erfolgter Installation der DHCP-Server-Komponente lässt diese sich über den Server-Manager verwalten. Dazu klicken Sie oben rechts auf TOOLS, DHCP.

Daraufhin erscheint ein neues Fenster namens DHCP-MANAGER. Zu Beginn ist dieses Fenster noch völlig leer – jedenfalls, wenn Sie den DHCP-Dienst nicht auf dem lokalen Server, sondern auf einem anderen Server im Netzwerk installiert haben. Eine Verbindung kann jetzt aufgebaut werden, indem Sie oben auf AKTION, SERVER HINZUFÜGEN? klicken, dann die Option DIESER AUTORISIERTE DHCP-SERVER markieren und mit OK bestätigen.

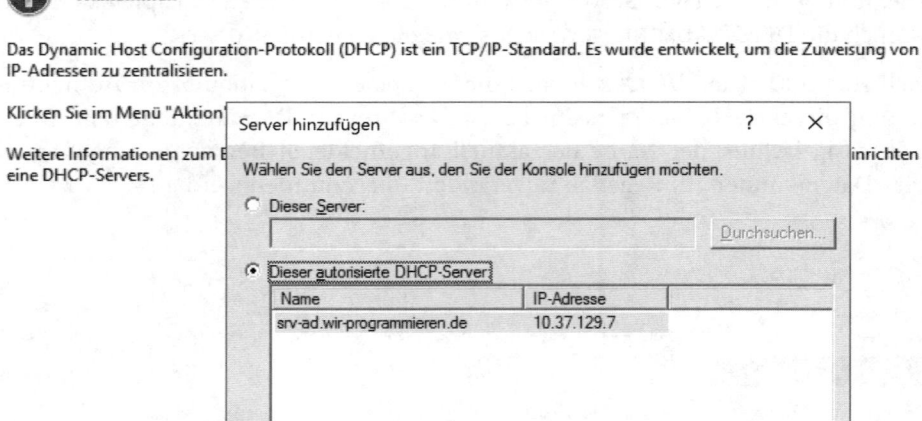

Abb. 13.3: DHCP-Server hinzufügen

Hinweis

Das Herstellen einer Verbindung zu dem entfernten DHCP-Server kann einige Augenblicke dauern.

Jetzt ist es an der Zeit, den DHCP-Server zu konfigurieren, damit er IP-Adressen an Netzwerk-Teilnehmer ausgeben kann. Dazu führen Sie die folgenden Schritte aus:

Zunächst in der DHCP-Verwaltung mit der rechten Maustaste auf den Struktur-Knoten IPv4 klicken und aus dem Kontextmenü die Funktion NEUER BEREICH... auswählen. Damit haben Sie den Bereichs-Erstellungs-Assistenten gestartet.

Geben Sie auf der ersten Seite dieses Assistenten einen Namen und eine Beschreibung für den IP-Adressbereich ein, den wir gerade anlegen. In unserem Beispiel nennen wir den neuen Bereich Design-Abteilung, weil er für Clients aus der gleichnamigen Abteilung gedacht ist. Bestätigen Sie die Eingaben dann durch Klick auf WEITER.

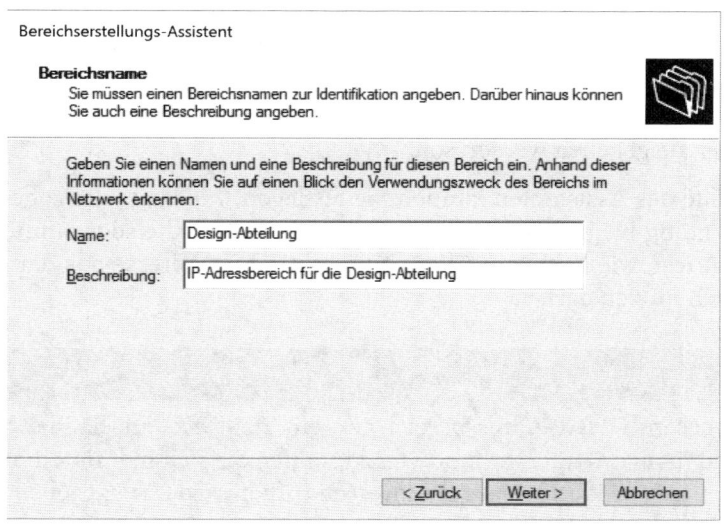

Abb. 13.4: Namen für den IP-Adressbereich festlegen

Auf der darauffolgenden Seite müssen Sie den Adressbereich angeben, der von diesen DHCP-Server für den neu erstellten Bereich ausgegeben werden soll. In unserem Beispiel geben wir die IP-Adressen im Bereich von 192.168.123.10 bis 192.168.123.254 und einer Präfix-Länge von 24 bzw. einer Subnetz-Maske von 255.255.255.0 aus.

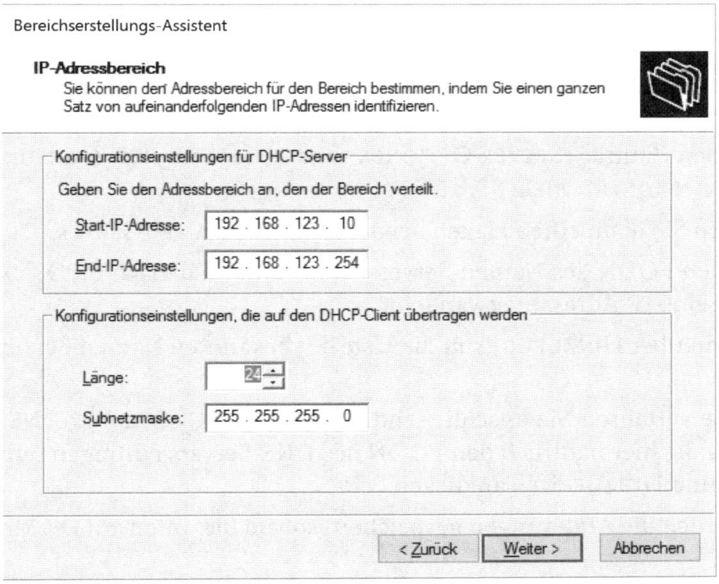

Abb. 13.5: Auszugebenden IP-Bereich definieren

Nach Klick auf WEITER erhalten Sie die Möglichkeit, einzelne IP-Adressen aus der Liste der ausgegebenen IP-Adresse auszuschließen. Nützlich ist dies zum Beispiel dann, wenn bestimmte Geräte immer die gleiche IP-Adresse erhalten, die auf diesen Geräten fest eingestellt ist und deswegen nicht vom DHCP-Server an andere Netzwerk-Teilnehmer ausgegeben werden soll.

Auf der nächsten Seite des Assistenten können Sie festlegen, wie lange die zugewiesene IP-Adresse gültig bleiben soll. Dabei handelt es sich um die sogenannte Lease-Dauer. Sie legt fest, wie lange ein Client eine bestimmte Adresse aus dem zugewiesenen Bereich nutzen darf.

Tipp

Wenn es sich bei diesem DHCP-Adressbereich um ein Teil-Netzwerk handelt, mit dem vorwiegend mobile Geräte verbunden sind, sollten Sie sich hier für eine kürzere Lease-Dauer entscheiden, sodass IP-Adressen früher wieder freigegeben werden als bei Desktop-Computern.

Nach Einstellung der Lease-Dauer bietet der Assistent Ihnen auch die Konfiguration der DHCP-Optionen an, darunter die Standard-Gateways, die DNS-Server sowie die WINS-Optionen. Hier sollten Sie als Standard-Gateway die IP-Adresse des Routers angeben, über den Clients eine Verbindung zum Internet oder zu anderen Teilen des Netzwerks herstellen sollen. In unserem Beispiel tragen wir 192.168.123.1 als Standard-Gateway ein.

Nach Abschluss des Assistenten steht der neue DHCP-Adressbereich bereits zur Ausgabe an Netzwerk-Clients zur Verfügung. Jetzt noch die Name- und DNS-Server konfigurieren, die erreichbar sein sollen:

1. Dazu klicken Sie auf der linken Seite des DHCP-Managers mit der rechten Maustaste auf den Eintrag SERVER-OPTIONEN und rufen anschließend die Funktion OPTIONEN KONFIGURIEREN... auf.

2. In der Liste setzen Sie dann einen Haken bei der Zeile 005 NAMEN-SERVER.

3. Darunter dann den FQDN des Namen-Servers eingeben und danach mit Klick auf AUFLÖSEN in eine IP-Adresse verwandeln.

4. Die lässt sich dann über HINZUFÜGEN in die Liste der bekannten Namen-Server übernehmen.

5. In gleicher Weise verfahren Sie anschließend auch mit der Option 006 DNS-SERVER, nur, dass Sie hier natürlich den FQDN des DNS-Servers eintragen und dann AUFLÖSEN und HINZUFÜGEN anklicken.

6. Zum Schluss werden die Änderungen gespeichert, sobald Sie unten auf OK klicken.

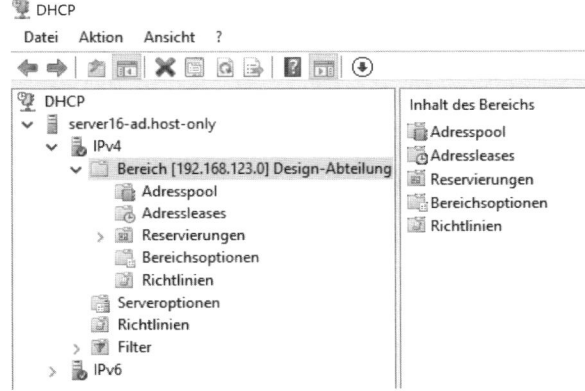

Abb. 13.6: Der fertige IP-Bereich in der DHCP-Konsole

13.5 DHCP-Failover einrichten

Mithilfe der DHCP-Failover-Funktion können Sie für mehr Ausfall-Sicherheit in Ihrem Netzwerk sorgen. Denn hiermit können Sie zwei DHCP-Server aufsetzen, die IP-Adressen ausgeben – und zwar aus dem gleichen Adressbereich. Somit erhalten Clients selbst dann noch ihre IP-Adressen, wenn der primäre DHCP-Server einmal ausfallen oder anderweitig nicht erreichbar sein sollte.

Weiteres Plus: DHCP-Failover kann auch in Form einer Load-Balancer-Konfiguration eingerichtet werden. In diesem Fall beantworten beide DHCP-Server Anfragen von Clients gleichberechtigt, sodass die Server weniger zu tun haben.

Mit der DHCP-Failover-Funktion können Sie als Administrator von Windows Server 2016 einen hochgradig verfügbaren DNS-Dienst bereitstellen, der selbst große Netzwerke in Unternehmen mit IP-Adressen versorgen kann – ohne die Herausforderungen, die wir zuvor angesprochen hatten.

Dabei wird Folgendes erreicht:

- Der DHCP-Dienst bleibt im Netzwerk des Unternehmens jederzeit erreichbar.
- Falls ein bestimmter DHCP-Server nicht mehr erreichbar ist, kann der DHCP-Client seine zugewiesene IP-Adresse einfach dadurch verlängern, dass er einen anderen DHCP-Server kontaktiert.

Voraussetzungen

Zur Konfiguration von DHCP-Failover in Windows Server 2016 müssen im Netzwerk mindestens zwei DHCP-Server vorhanden sein. Dazu muss auf beiden Servern die DHCP-Rolle installiert sein; auf dem zweiten DHCP-Server darf kein DHCP-Adressbereich erstellt worden sein. Dieser sollte nur auf dem ersten, primären DHCP-Server vorhanden sein.

Konfiguration

Die Einrichtung des Failover-Mechanismus lässt sich dann mit den folgenden Schritten abschließen:

1. Zunächst auf dem primären DHCP-Server im Server-Manager oben rechts auf TOOLS, DHCP klicken.

2. Innerhalb der DHCP-Konsole folgt jetzt ein Rechtsklick auf den obersten Eintrag in der Struktur auf der linken Seite, der mit DHCP beschriftet ist.

3. Im Kontextmenü dann die Funktion SERVER HINZUFÜGEN? aufrufen.

4. In der Liste den zweiten, sekundären DHCP-Server auswählen, sodass er sich über diese DHCP-Konsole verwalten lässt.

5. Als Nächstes folgt ein Rechtsklick auf den Eintrag IPv4 des *primären* DHCP-Servers; im Menü die Funktion FAILOVER KONFIGURIEREN... aufrufen. Damit startet der Assistent zur Konfiguration des DHCP-Failover.

6. Standardmäßig sind für die Konfiguration dieses Modus bereits sämtliche verfügbaren IP-Adressbereiche ausgewählt – dazu ist der Haken bei der Option ALLES AUSWÄHLEN gesetzt. Bestätigen Sie die Einstellung, indem Sie unten auf WEITER klicken.

7. Als Nächstes wählen Sie den Partner-Server aus, der für die Failover-Funktion genutzt werden soll. Dieser sollte bereits in der Klappliste der vorhandenen Server sichtbar sein – falls nicht, können Sie ihn auch durch Klick auf den Button SERVER HINZUFÜGEN in diese Liste eintragen.

8. Auf der nächsten Seite des Assistenten können Sie auswählen, in welchem Modus die Failover-Konfiguration arbeiten soll. Falls beide DHCP-Server Anfragen von Clients entgegennehmen sollen, empfiehlt sich die Einstellung des Modus LASTEN-AUSGLEICH. Darunter haben Sie dann Gelegenheit festzulegen, zu welchem Prozentsatz die beiden DHCP-Server auf Anfragen der Clients reagieren sollen.

9. Bevor Sie diese Seite durch Klick auf WEITER verlassen, geben Sie unten noch einen gemeinsamen geheimen Schlüssel ein – eine Art Kennwort, mit dem die Synchronisierung der beiden DHCP-Server abgesichert wird.

10. Zum Schluss erhalten Sie nochmals eine Zusammenfassung der Einstellungen, die von dem Assistenten in Kürze gesetzt werden. Die Einrichtung wird abgeschlossen, sobald Sie unten auf FERTIG STELLEN klicken.

Dass die Failover-Konfiguration jetzt korrekt eingerichtet ist, sehen Sie in der DHCP-Verwaltung, sobald Sie auf der linken Seite den Eintrag des sekundären DHCP-Servers markieren und dann oben im Menü auf AKTION, AKTUALISIEREN klicken.

Damit ist die DHCP-Funktion in Ihrem Netzwerk jederzeit erreichbar – auch bei Ausfall eines der beiden DHCP-Server.

Kapitel 14

Einführung in gemeinsam genutzten Speicher und Cluster

Für jeden IT-Administrator sollte es wichtig sein, dass Ressourcen, zum Beispiel Anwendungen, Dienste, Dateien und Ordner hochgradig verfügbar, zentral verwaltet und skalierbar angeboten werden. Daher spielen der gemeinsam genutzte Speicher und die Cluster-Funktionen in Windows Server 2016 eine große Rolle. Dank dieser Funktionen erhält Ihr Unternehmen die Möglichkeit, Speicher bei Bedarf hochzuskalieren, zentrale Speicherorte für Ressourcen zu erstellen und diese hoch verfügbar für die Mitarbeiter des Unternehmens anzubieten.

In Windows Server 2016 dreht sich alles um den Software-definierten Speicher – hier bietet Microsoft mit neuen, praktischen Funktionen nützliche Bausteine für eine intelligentere, gemeinsam nutzbare Infrastruktur.

Die Frage, ob Cluster und gemeinsam genutzte Dateien Software- oder Hardware-basiert realisiert werden sollten, wird in der Branche heiß diskutiert, wenn es darum geht, wie Computer-Systeme und Netzwerke zu konzipieren sind. Da Prozessoren immer mehr Kerne haben und dadurch immer mehr Rechen-Operationen gleichzeitig durchführen können, haben sich dadurch sogar noch mehr Argumente für die Diskussion gebildet. Denn bei der Leistung gibt es keine Einschränkungen mehr durch diese neuen Prozessoren, sodass die Vorteile einer Software-Lösung die Vorteile dedizierter Hardware so langsam einholen.

Schon seit langem ist Microsoft als Software-Unternehmen bekannt – das sollte klarstellen, wo Microsoft in der Frage steht, ob eine softwarebasierte oder eine über Hardware realisierte Lösung sinnvoll erscheint. Mit den Speicherplätzen hat Microsoft schon seit Windows Server 2012 eine softwarebasierte Funktion zur hohen Verfügbarkeit von Daten in das Windows-System integriert. In Windows Server 2016 stehen jetzt noch mehr praktische Erweiterungen für diese Technologie zur Verfügung.

Bereits in Kapitel 8 hatten wir uns kurz angesehen, wie sich Speicherplätze zur logischen Aufteilung physikalischer Speicher nutzen lassen – so wird eine Trennung der Speicher-Einheiten von ihrem tatsächlichen Speicherort möglich. Somit dienen Speicherplätze in ihrer klassischen Form als eine Art Software-Version zur Umsetzung grundlegender Hardware-RAID-Ebenen. Ähnlich wie bei dieser hardwarebasierten Technologie ermöglichen auch die Speicherplätze von Windows Server 2012 und Co. die Nutzung als Spiegelung, wahlweise mit Speicherung von Paritäts-Informationen, und unterstützen so die Hardware-unabhängige und ausfallsichere Speichermethode – ein in Unternehmen nicht zu unterschätzender Vorteil.

Mit Windows Server 2012 R2 und Windows 8.1 veröffentlichte Microsoft dann eine wichtige neue Funktion für die Speicherplätze: das Konzept des Tiering. Über diese Technologie wird dafür gesorgt, dass Dateien, auf die häufiger zugegriffen wird, auf schnelleren Speicher-Medien abgelegt werden – etwa einer Solid-State-Disk (SSD), wobei selten benötigte Dateien auf langsameren Medien ausgelagert werden.

14.1 Storage Spaces Direct

In Windows Server 2016 hat Microsoft jetzt eine erweiterte Technologie integriert, die das Konzept der Speicherplätze auf eine noch höhere Ebene stellt: die *Storage Spaces Direct*. Damit wird zum ersten Mal Speicher unabhängig von dem Computer, auf dem der Speicher verfügbar ist. Zur Einrichtung eines solchen Speicherpools werden mindestens vier physikalische Knoten benötigt.

S2D arbeitet dabei mit dem sogenannten Software Storage Bus (SSB), durch den die einzelnen Speicher-Knoten so miteinander verknüpft werden, dass jeder Server im Cluster die Laufwerke auf den anderen Knoten sehen und nutzen kann.

14.1.1 Was ist der Vorteil?

Mit S2D können Dienst-Anbieter und Unternehmen ganz normale Server mit lokalem Speicherplatz zur Konfiguration von hoch verfügbaren und skalierbaren Software-definierten Speichern nutzen. Durch die Verwendung von Servern mit lokalem Speicher wird die Einrichtung einfacher, die Skalierbarkeit besser und die Nutzung von Speichergeräten möglich, die zuvor nicht ansprechbar waren, darunter SATA-Solid-State-Laufwerke oder auch NVMe-SSDs, die für eine bessere Leistung sorgen.

Durch Storage Spaces Direct entfällt der Bedarf für eine Verwaltungs-Ebene (SAS), wodurch die Bereitstellung und die Konfiguration vereinfacht werden. Stattdessen erfolgt die Vernetzung der einzelnen Knoten direkt über das Netzwerk, nämlich über die Freigabe-Protokolle SMB 3 und SMB Direct. Dadurch wird schneller, effizienter Speicher möglich, der die Prozessoren der Server nur wenig auslastet. Wenn mehr Speicher oder mehr Leistung benötigt wird, können Sie einfach weitere Server hinzufügen – dadurch steigt nicht nur die Speicher-Kapazität, sondern auch die Ein-/Ausgabe-Leistung.

14.2 Grundlagen des gemeinsam genutzten Speichers

Gemeinsam genutzter Speicher bietet einen zentralen Ort in der IP-Infrastruktur eines Unternehmens, in dem bestimmte Dateien oder Programme gespeichert sind. Auf diese Weise können mehrere Nutzer gleichzeitig darauf zugreifen. Zur Umsetzung dieser Idee eignen sich unterschiedliche Speichergeräte, darunter SANs, NAS-Server, SAS (Serial Attached SCSI) oder auch die soeben erwähnte Storage Spaces Direct-Technologie. Für welche dieser Techniken Sie sich entscheiden, hängt von Ihren Anforderungen und dem verfügbaren Budget ab.

14.2.1 Storage Area Network

Ein Storage Area Network (SAN) ist eine mit dem Netzwerk verbundene Einheit zur Speicherung von Daten. Dabei handelt es sich allerdings nur um ein grundlegendes Gerüst und jede Art von SAN ermöglicht die Speicherung auf eigene, einzigartige Weise. Bei SAN handelt es sich also um Block-Speicher, der über das Netzwerk für Ressourcen verfügbar ist. Bei einem SAN eine handelt es sich meist um ein großes Gerät mit mehreren Festplatten, die sich über die Verwaltung-Ebene so einteilen und formatieren lassen, wie Sie es für die Server und Computer im Netzwerk benötigen.

Zudem muss es sich bei einem es war eine nicht unbedingt um ein herkömmliches Netzwerk handeln – die Anwendung könnte zum Beispiel auch über Fiber Channel erfolgen.

Das Datenübertragung-Netzwerk, mit dem ein SAN kommuniziert, wird normalerweise Storage Fabric genannt. Der Hauptzweck eines SAN besteht darin, unterschiedlichen Arten von Servern, Programmen und Benutzern an mehreren Orten einen zentralen Speicher-Pool anzubieten, auf den von beliebigen Geräten zugegriffen werden kann, die sich mit diesem Storage Fabric vernetzen.

In vielen Unternehmen bieten SANs die nötige Flexibilität zur Bereitstellung von Servern und Speicher auf dynamische Weise. Unter anderem wird dadurch sogar ermöglicht, dass Server direkt von einem SAN hochfahren können – so lassen sich das Betriebssystem und die zugehörigen Konfigurationen an zentraler Stelle ablegen. Falls es ein Problem mit einem der physikalischen Server gibt, kann schnell ein neuer stattdessen eingerichtet werden. Über das SAN lassen sich dann das System und die benötigten Laufwerke dem neuen Server zuordnen – das geht viel schneller als bei der Wiederherstellung über ein Band-Laufwerk.

Neben SAN gibt es noch weitere Techniken, die für gemeinsam genutzten Speicher im Netzwerk sorgen. Sehen wir uns als nächstes iSCSI an.

14.2.2 iSCSI

Diese Technologie gibt es schon seit vielen Jahren und sie wird genutzt, damit Computer oder Server mit Laufwerken oder anderen Speichergeräten – etwa Band-Laufwerken – kommunizieren können. Über das iSCSI-Protokoll wird die Übertragung von Daten über ein TCP/IP-basiertes Netzwerk vereinfacht, denn die Speicher-Laufwerke lassen sich dann über das vorhandene Netzwerk in den Servern ansprechen.

Installation und Konfiguration von iSCSI

Sehen wir uns nun im Detail an, wie Sie eine iSCSI-Verbindung zu Speichergeräten über ein Netzwerk mit TCP/IP einrichten. Bei iSCSI-Geräten handelt es sich entweder um Laufwerke, um Bänder, um CDs oder sonstige Speicher-Geräte auf einem anderen vernetzten Computer, mit dem Sie sich verbinden können.

> ### Hinweis
>
> In der Verbindung zwischen Ihrem Server und dem Speichergerät wird Ihr Server der Initiator genannt, denn er stellt die Verbindung zu dem Gerät, das als Ziel bekannt ist.

Die Einrichtung einer iSCSI-Verbindung erfolgt in zwei Schritten:

- Zuerst wird das Ziel konfiguriert.
- Anschließend erfolgt die Konfiguration des Initiators.

Führen Sie die folgenden Schritte also auf dem Server aus, der das Speichergerät bereitstellt:

1. Als Erstes klicken Sie dem Server-Manager oben rechts auf VERWALTEN und dann auf ROLLEN UND FEATURES HINZUFÜGEN.

2. Überspringen Sie die erste Seite des Assistenten zum Hinzufügen von Rollen und Features und wählen Sie dann den Server aus, auf dem das iSCSI-Ziel konfiguriert werden soll.

3. Setzen Sie in der Liste der Server-Rollen einen Haken bei dem Eintrag DATEI-/ SPEICHERDIENSTE, DATEI- UND ISCSI-DIENSTE, ISCSI-ZIELSERVER. Anschließend folgt unten ein Klick auf WEITER.

4. Die Liste der Features bleibt unverändert, wir bestätigen sie einfach, indem wir unten direkt auf WEITER klicken.

5. Auf der letzten Seite des Assistenten setzen wir einen Haken bei der Option ZIEL-SERVER BEI BEDARF AUTOMATISCH NEU STARTEN und beginnen dann die Installation der iSCSI-Server-Rolle, indem wir auf den INSTALLIEREN-Button klicken. Die Installation kann einige Augenblicke dauern.

Jetzt ist die iSCSI-Rolle auf dem Zielserver eingerichtet und wir können Speicherplatz freigeben. Dazu erstellen wir zunächst eine virtuelle iSCSI-Festplatte, deren Daten in einer VHD-Datei gespeichert werden. Dazu greifen wir erneut auf den Server-Manager zu.

In der Liste auf der linken Seite wählen wir als Erstes den Eintrag DATEI-/SPEICHERDIENSTE aus und wechseln dann zum Unterbereich ISCSI.

Auf der rechten Seite folgt jetzt ein Klick auf den langen Link STARTEN SIE DEN
ASSISTENTEN FÜR NEUE VIRTUELLE ISCSI-DATENTRÄGER, UM EINEN VIRTUELLEN
ISCSI-DATENTRÄGER ZU ERSTELLEN.

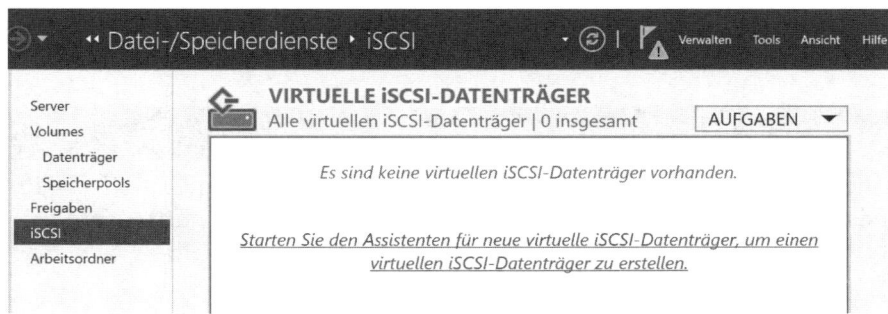

Abb. 14.1: Neuen iSCSI-Datenträger anlegen

Dadurch erscheint der Assistent für iSCSI-Datenträger und fragt zunächst nach
dem Speicherort des zu erstellenden iSCSI-Datenträgers. Hier wählen wir zunächst in der oberen Liste den Server aus, auf dem der iSCSI-Datenträger erstellt
werden soll – zur Auswahl stehen hier nur Server, auf denen die Rolle ISCSI-ZIEL-
SERVER eingerichtet wurde. Im unteren Bereich des Fensters können Sie entweder
nur ein Laufwerk auswählen – der passende Ordner \iSCSI Virtual Disk wird
dann automatisch im Wurzel-Verzeichnis des jeweiligen Laufwerks erstellt –, oder
Sie tragen einen benutzerdefinierten Pfad ein, wenn Sie einen bestimmten Ablage-
Ort bevorzugen. Nach Auswahl des gewünschten Speicherorts bestätigen Sie diesen, indem Sie unten auf WEITER klicken.

Speicherort:
◉ Nach Volume auswählen:

Volume	Freier Speicherplatz	Kapazität	Dateisystem
C:	48,2 GB	59,5 GB	NTFS

Der virtuelle iSCSI-Datenträger wird unter "\iSCSIVirtualDisk" auf dem ausgewählten Volume
gespeichert.
○ Benutzerdefinierten Pfad eingeben:

[   ] [Durchsuchen...]

Abb. 14.2: Pfad zum Speicher für den iSCSI-Datenträger

Im zweiten Schritt des Assistenten müssen Sie einen Namen und eine Beschreibung für den neuen freizugebenden Datenträger eingeben. In unserem Fall ent-

scheiden wir uns für die Beschriftung Virtueller iSCSI-Speicher. Auch hier ist anschließend wieder ein Klick auf WEITER nötig.

Jetzt kommen wir zu einer interessanten Einstellung: Sie müssen als Nächstes festlegen, wieviel Speicher dem zu erstellenden virtuellen Datenträger angeboten werden soll. Tragen Sie die gewünschte Größe oben in das Textfeld ein. Für unser Beispiel liegen wir eine virtuelle Festplatte mit der Größe von 30 GB an.

> **Tipp**
>
> Darunter sollten Sie die Option DYNAMISCH ERWEITERBAR markiert lassen. Er sorgt dafür, dass die virtuelle Festplatten-Datei auf dem Server nur so viel Speicherplatz in Anspruch nimmt, wie Daten darin enthalten sind.

Größe des virtuellen iSCSI-Datenträgers angeben

Speicherort des virtuellen...	Freier Speicherplatz: 48,1 GB
Name des virtuellen iSCSI...	Größe: 30 GB ▼
Größe des virtuellen iSCSI...	○ Feste Größe
iSCSI-Ziel	Dieser Datenträgertyp zeigt eine höhere Leistung und wird für Server mit Anwendungen mit hoher Datenträgeraktivität empfohlen. Die VHD-Datei wird mit der Größe der virtuellen Festplatte erstellt und bleibt gleich, auch wenn Daten gelöscht oder hinzugefügt werden.
Zielname und Zugriff	☑ Virtuellen Datenträger bei der Zuordnung löschen
Zugriffsserver	Hinweis: Diese Auswahl sollte NICHT aufgehoben werden. Durch vollständiges Löschen eines Datenträgers werden sämtliche verbleibende Datenfragmente aus dem zugrunde liegenden Speicher gelöscht, was Informationslecks vorbeugt.
Authentifizierungsdienste...	
Bestätigung	◉ Dynamisch erweiterbar
Ergebnisse	Dieser Datenträgertyp bietet eine bessere Ausnutzung des physischen Speicherplatzes und wird für Server ohne datenträgerintensive Anwendungen empfohlen. Die VHDX-Datei ist bei Erstellung des Datenträgers zunächst klein und wird größer, wenn Daten geschrieben werden.

Abb. 14.3: Größe des iSCSI-Datenträgers angeben

Da es sich um den ersten iSCSI-Datenträger auf diesem Server handelt, haben Sie im nächsten Schritt des Assistenten nur die Möglichkeit, ein neues iSCSI-Ziel zu erstellen. Bestätigen Sie also diese Seite des Assistenten durch erneuten Klick auf WEITER.

Dann fragt Sie der Assistent nach einem Namen für das Ziel; hier tragen wir zum Beispiel VIRTUELLES-ZIEL ein.

An dieser Stelle lassen wir den Assistenten im iSCSI-Ziel so stehen, wie er ist, und wenden uns dem *iSCSI-Initiator* zu, also dem Server, der auf den gemeinsam genutzten Speicherplatz zugreifen soll.

Öffnen Sie also als Nächstes auf dem Initiator-Server ebenfalls den Server-Manager und klicken Sie dann oben rechts im Menü TOOLS auf iSCSI-INITIATOR.

Daraufhin sehen Sie ein Dialogfeld, in dem Sie gefragt werden, ob Windows den zugehörigen Dienst so einstellen soll, dass dieser bei jedem Start des Systems automatisch mit gestartet wird. Da wir ja dauerhaft auf die iSCSI-Freigabe zugreifen möchten, bestätigen Sie diese Nachfrage mit Klick auf JA.

Damit öffnen sich die EIGENSCHAFTEN VON iSCSI-INITIATOR. Hier wechseln wir zum Tab SUCHE und betätigen dort den Button PORTAL ERMITTELN...

Dort geben Sie als Nächstes die IP-Adresse bzw. den DNS-Namen des Ziel-Servers ein, auf dem wir den Assistenten zuvor halb ausgeführt hatten.

Danach klicken Sie unten auf den Button ERWEITERT..., öffnen dann die Klappliste LOKALER ADAPTER und stellen hier den MICROSOFT iSCSI-INITIATOR ein. Danach in der Zeile darunter, INITIATOR-IP, die lokale IP-Adresse des Servers auswählen, die dieser im Netzwerk hat, weil eine Verbindung mit dem Zielserver hergestellt werden soll. Danach können Sie die erweiterten Einstellungen durch Klick auf OK schließen. Daraufhin erscheint der Ziel-Server in der Liste der Portale, auf denen nach iSCSI-Zielen gesucht wird.

Jetzt ist es wieder an der Zeit, zum Ziel-Server zurückzukehren und dort auf der Seite ZUGRIFFS-SERVER auf den Button HINZUFÜGEN? zu klicken.

Hier bietet der Assistent zum Hinzufügen einer Initiator-ID automatisch einen Cache-Eintrag auf dem Ziel-Server an, den wir jetzt auswählen.

Sobald der iSCSI-Initiator in der Liste der Zugriffs-Server auftaucht, können wir die Seite mit Klick auf WEITER bestätigen.

Die Seite im Assistenten für die Authentifizierung überspringen wir in diesem Fall, da wir keine Authentifizierung über CHAP einrichten möchten.

Auf der Seite BESTÄTIGUNG klicken wir auf ERSTELLEN, um den neuen iSCSI-Datenträger anzulegen.

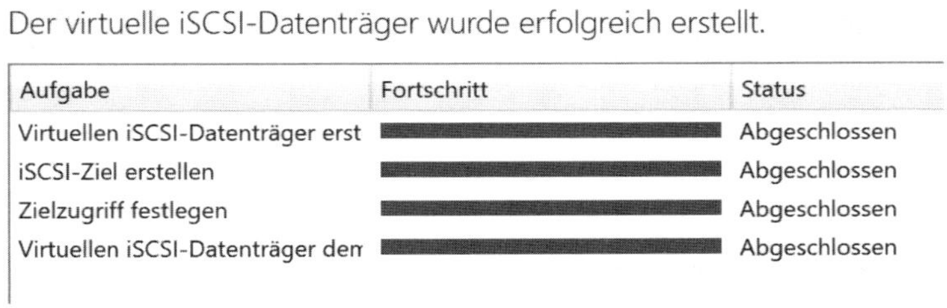

Der virtuelle iSCSI-Datenträger wurde erfolgreich erstellt.

Aufgabe	Fortschritt	Status
Virtuellen iSCSI-Datenträger erst		Abgeschlossen
iSCSI-Ziel erstellen		Abgeschlossen
Zielzugriff festlegen		Abgeschlossen
Virtuellen iSCSI-Datenträger den		Abgeschlossen

Abb. 14.4: Der Datenträger ist erstellt

Nach Abschluss des Assistenten sehen Sie den neuen iSCSI-Datenträger innerhalb des Server-Managers in der Tabelle. Das bedeutet, dass der virtuelle Speicherplatz jetzt verfügbar ist. Daher können wir die Konfiguration auf dem iSCSI-Initiator nun abschließen.

Öffnen wir also auf dem iSCSI-Initiator-Server erneut den Server-Manager. Jetzt folgt oben rechts ein Klick auf TOOLS, ISCSI-INITIATOR.

Daraufhin wechseln Sie zum Tab ZIELE und klicken dort auf den Button AKTUALISIEREN. Nachdem der Eintrag in der Tabelle darunter aufgetaucht ist, folgt ein Klick auf VERBINDEN.

Von hier aus können Sie diese Verbindung zur Liste der bevorzugten Ziele hinzufügen, indem Sie den entsprechenden Haken setzen.

Bevor Sie das Fenster schließen, ist noch ein Klick auf ERWEITERT... nötig. Stellen Sie als lokalen Adapter wieder den MICROSOFT ISCSI-INITIATOR ein, wählen Sie dann darunter die IP-Adresse des Initiators und stellen Sie im dritten Schritt auch die IP-Adresse des Ziel-Portals ein. Sobald Sie auf OK klicken, wird eine Verbindung zum iSCSI-Zielserver hergestellt.

Schalten Sie jetzt zum Tab BEVORZUGTE ZIELE und AKTUALISIEREN Sie die dazugehörige Liste durch Klick auf den gleichnamigen Button. Im nächsten Schritt navigieren Sie zum Tab VOLUMES UND GERÄTE und betätigen dort den Button AUTOM. KONFIGURIEREN.

Nach Abschluss des Vorgangs können Sie das Dialogfeld der EIGENSCHAFTEN VON ISCSI-INITIATOR durch Klick auf OK schließen.

Fast geschafft! Wenn wir jetzt einen Blick in die Datenträger-Verwaltung werfen, sollte hier ein neues Laufwerk auftauchen, das noch nicht initialisiert ist, aber die Größe des virtuellen Laufwerks aufweist, das wir zuvor auf dem iSCSI-Zielserver erstellt hatten.

Von hier aus genügt ein Rechtsklick auf das noch als Offline gezeigte Laufwerk, um es ONLINE zu schalten. Anschließend erneut mit der rechten Maustaste auf das Laufwerk klicken, jetzt aber die Funktion LAUFWERK INITIALISIEREN auswählen.

Nach der erfolgten Initialisierung des Laufwerks können wir es mit der rechten Maustaste anklicken und darin ein NEUES EINFACHES VOLUME... erstellen.

Der Assistent, der daraufhin startet, ist derselbe wie beim Anlegen neuer Partitionen auf lokalen Festplatten. Stellen Sie also die gewünschte Größe des Laufwerks ein, weisen Sie ihm einen Laufwerks-Buchstaben zu und geben Sie ihm einen Namen, bevor Sie die Formatierung durchführen.

Nach Abschluss all dieser Schritte können Sie einen Blick in den Explorer werfen und finden darin das iSCSI-Laufwerk erfolgreich vernetzt.

14.3   Ressourcen-Manager für Datei-Server

Beim Ressourcen-Manager für Datei-Server handelt es sich um ein Feature der Datei- und Speicherdienste, mit der Sie als Administrator in Datei-Servern abgelegte Dateien klassifizieren und verwalten können. Über den Ressourcen-Manager für Datei-Server lassen sich beispielsweise Kontingente für Ordner festlegen, sodass nicht mehr als eine bestimmte Anzahl an Daten in einem Ordner gespeichert werden kann, Dateitypen können überwacht werden und Sie erhalten umfassende Berichte über die Nutzung des Datei-Systems.

Der Ressourcen-Manager für Datei-Server wird in allen Versionen von Windows Server 2016 unterstützt, einschließlich der Server-Core-Installation. In letzterem Fall steht die grafische Oberfläche für den Ressourcen-Manager über einen anderen Computer im Netzwerk zur Verfügung, auf dem Windows Server 2012 R2, Windows Server 2016, Windows 8, 8.1 oder Windows 10 zusammen mit den Remote-Server-Administration-Tools (RSAT) ausgeführt wird.

14.3.1 Ressourcen-Manager für Datei-Server installieren

Bei der Installation des Ressourcen-Managers erfolgt die Bereitstellung sämtlicher anderen Server-Rollen über den Server-Manager. Hier die nötigen Schritte im Einzelnen:

1. Rufen Sie als Erstes den Server-Manager auf.

2. Klicken Sie danach auf VERWALTEN, ROLLEN UND FEATURES HINZUFÜGEN.

3. Überspringen Sie die anfängliche Seite des Assistenten für Rollen und Features, indem Sie unten auf WEITER klicken.

4. Bestätigen Sie jetzt die Rollen-basierte Installation durch erneuten Klick auf WEITER.

5. Markieren Sie dann den Server, auf dem der Ressourcen-Manager für Datei-Server installiert werden soll, und bestätigen Sie Ihre Auswahl, indem Sie unten auf WEITER klicken.

6. In der Liste der verfügbaren Server-Rollen klappen Sie nur den Bereich DATEI-/ SPEICHERDIENSTE, DATEI- UND ISCSI-DIENSTE auf und setzen darin einen Haken bei der Zeile RESSOURCEN-MANAGER FÜR DATEI-SERVER. Bestätigen Sie Ihre Auswahl dann durch erneutes Anklicken des WEITER-Buttons.

7. Die Auswahl-Liste der Features können Sie überspringen und unverändert stehen lassen.

8. Zum Schluss sehen Sie die Seite BESTÄTIGUNG, in der Sie unten auf den Button INSTALLIEREN klicken und dann einen Augenblick warten, bis die entsprechende Server-Rolle von Windows Server 2016 eingespielt wurde.

14.3.2 Kontingente konfigurieren

Nach erfolgter Installation des Ressourcen-Managers für Datei-Server starten Sie diesen über den Server-Manager, indem Sie oben rechts auf TOOLS, RESSOURCEN-MANAGER FÜR DATEI-SERVER klicken.

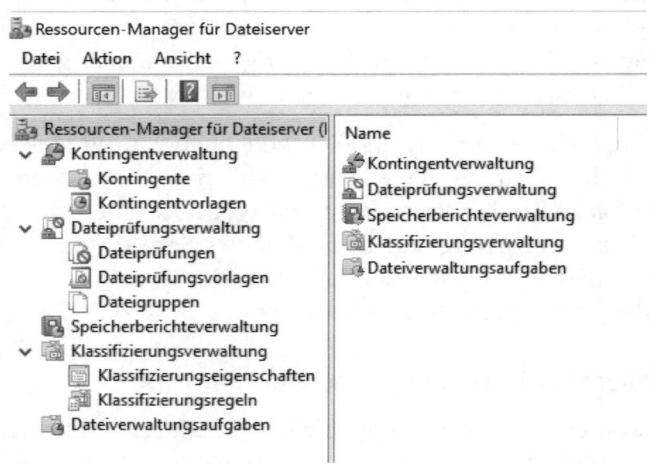

Abb. 14.5: Der Ressourcen-Manager für Datei-Server nach dem Aufruf

Mit Kontingenten können Sie den Speicherplatz eingrenzen, der für einen Ordner oder ein Volume zur Verfügung steht. Solche Grenzen lassen sich entweder automatisch auf neue Ordner anwenden oder auch rückwirkend auf bereits vorhandene Ordner. Zu diesem Zweck sind im Ressourcen-Manager für Datei-Server einige Kontingent-Vorlagen enthalten, die sich direkt anwenden oder als Vorlage zur Erstellung neuer Kontingent-Vorlagen nutzen lassen.

1. Zum Erstellen einer neuen Vorlage öffnen Sie zunächst den Ressourcen-Manager für Datei-Server und navigieren dann auf der linken Seite zum Bereich KONTINGENT-VERWALTUNG, KONTINGENT-VORLAGEN.

2. Klicken Sie nun mit der rechten Maustaste auf diesen Eintrag und wählen Sie im Kontextmenü die Option KONTINGENT-VORLAGE ERSTELLEN...

3. Bei Bedarf können Sie jetzt oben eine vorhandene Vorlage auswählen und die zugehörigen Einstellungen in die Felder übernehmen, indem Sie auf KOPIEREN klicken.

4. In unserem Fall kopieren wir die Vorlage für 10 GB und passen sie so an, dass 500 MB erlaubt sind. Dazu ändern wir den Namen der Vorlage sowie ihrer Beschreibung entsprechend ab.

5. Etwas tiefer legen wir auch das neue Speicherplatz-Limit fest, und zwar auf 500 MB.

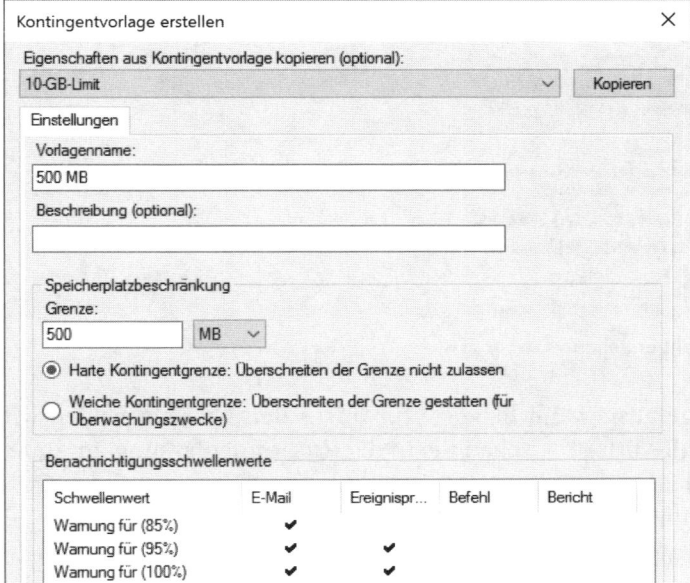

Abb. 14.6: Kontingent-Vorlage klonen

Hinweis

Wenn Sie nicht möchten, dass Benutzer diese Grenze übersteigen, legen Sie diese Grenze als HARTE KONTINGENT-GRENZE fest. Möchten Sie nur feststellen, wieviel Speicherplatz die Benutzer verwenden, empfiehlt sich die Aktivierung einer WEICHEN KONTINGENT-GRENZE. Dabei lassen sich im unteren Bereich bei BENACHRICHTIGUNGEN auch entsprechende Hinweise aktivieren, bei denen die Benutzer und Sie als Administrator über die Auslastung des Speichers informiert werden.

6. Klicken Sie dann unten auf OK, um die neue Vorlage für die Kontingente im Ressourcen-Manager für Datei-Server zu erstellen.

14.3.3 Kontingente anwenden

Jetzt, wo wir passende Vorlagen für die maximale Größe von Ordnern und Laufwerken erstellt haben, können wir diese auf konkrete Ordner anwenden. Dazu klicken wir mit der rechten Maustaste auf den Ordner KONTINGENTE und wählen im Kontextmenü die Funktion KONTINGENT ERSTELLEN... aus.

Als Erstes konfigurieren Sie dann den Pfad zur Freigabe, deren Kontingent festgelegt werden soll. Direkt darunter wählen Sie daraufhin die Vorlage aus, die für diesen Ordner gelten soll.

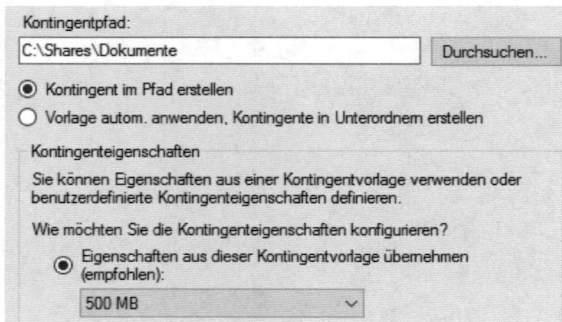

Abb. 14.7: Neues Kontingent erstellen

Sobald Sie eine Vorlage ausgewählt haben – für unser Beispiel entscheiden wir uns hier für die 500-MB-Vorlage –, sehen Sie in der Zusammenfassung am unteren Ende des Dialogfeldes, welche Einstellungen dank dieser Vorlage auf den Ordner bzw. die Freigabe angewendet werden.

Damit das Kontingent wirksam wird, bestätigen Sie deren Erstellung durch Klick auf den Button ERSTELLEN.

Dass die Einrichtung des Kontingents für den angegebenen Pfad erfolgreich war, können Sie daran erkennen, dass dieser Pfad jetzt in der Tabelle der Kontingente auftaucht, und zwar mitsamt der aktuellen Auslastung sowie unter Angabe der verwendeten Vorlage.

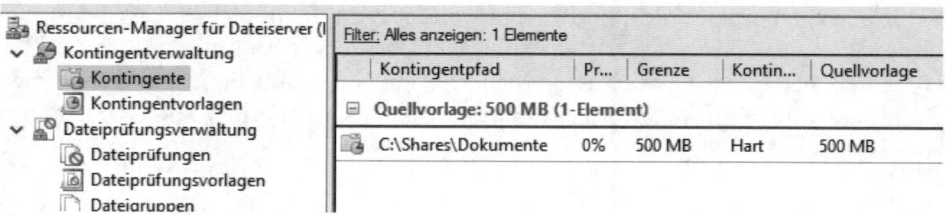

Abb. 14.8: Kontingent erstellt

Ein Blick in den Explorer mit dem entsprechenden verbundenen Netz-Laufwerk zeigt: Jetzt ist hier nicht mehr der gesamte verfügbare Speicherplatz der Freigabe sichtbar, sondern nur der tatsächlich nutzbare Platz laut der eingerichteten Kontingent-Vorlage.

14.3.4 Datei-Filter einrichten

Neben der Konfiguration von Kontingenten für den maximal nutzbaren Speicherplatz in Freigaben lässt sich über den Ressourcen-Manager für Datei-Server auch ein Datei-basierter Filter aktivieren.

Er kann beispielsweise zur Folge haben, dass Benutzer der Freigabe nicht mehr sämtliche Dateitypen in der Freigabe speichern können, sondern nur bestimmte Dateitypen, die dafür freigegeben wurden. Eine alternative Methode der Datei-Filter verhindert zwar nicht das Speichern der jeweiligen Dateitypen, sorgt aber für eine Überwachung und gewährt Ihnen als Administrator somit Einblick darin, welche Dateitypen in der Freigabe abgelegt werden.

Hinweis

Klassischerweise wird der Datei-Filter im Ressourcen-Manager für Datei-Server zwar auf die Endungen von Dateien angewendet, er kann aber beliebige Teile des Namens von Dateien filtern.

Der erste Schritt zur Konfiguration eines Datei-Filters besteht im Erstellen einer Datei-Gruppe. Dazu öffnen Sie als Erstes den Ressourcen-Manager für Datei-Server und navigieren dann auf der linken Seite zum Bereich DATEI-PRÜFUNGS-VER-WALTUNG. Hierin finden Sie einen Ordner namens DATEI-GRUPPEN, auf den Sie mit der rechten Maustaste klicken und dort die Funktion DATEI-GRUPPE ERSTEL-LEN... auswählen.

Im nächsten Schritt geben Sie der neuen Datei-Gruppe einen beschreibenden Namen, zum Beispiel `Medien-Dateien`. Darunter finden Sie eine Liste der Dateien, die von diesem Filter erfasst werden sollen. Für unser Beispiel tragen wir hier mehrere Zeilen ein, etwa `*.mp4`, `*.wav` und `*.aac`.

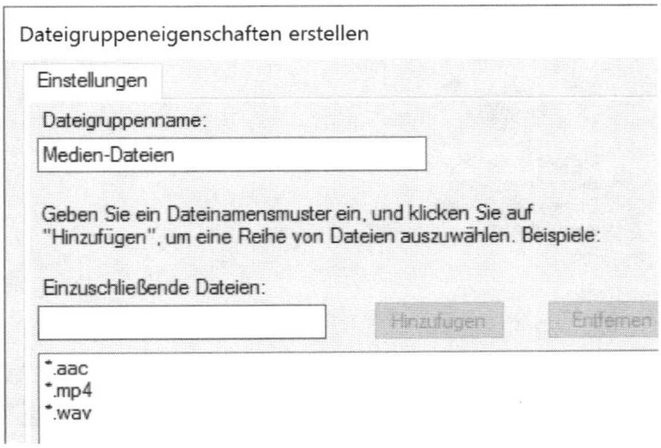

Abb. 14.9: Datei-Gruppe für Medien-Dateien anlegen

Über die zweite Liste, die Sie darunter sehen, lässt sich auch festlegen, welche Dateien nicht in diesem Filter einbezogen werden sollen. Für unser Beispiel lassen wir diese Ausschluss-Liste aber leer. Die neue Datei-Gruppe wird erstellt, sobald Sie unten auf OK klicken.

Nehmen wir an, wir möchten jetzt für eine bestimmte Freigabe verhindern, dass in ihr solche Medien-Dateien gespeichert werden können. Dazu ist als Nächstes die Erstellung einer Datei-Prüfungs-Vorlage nötig, in der angegeben wird, dass Dateien des passenden Filters blockiert werden sollen. Dies erfolgt auf folgende Weise:

Klicken Sie im Ressourcen-Manager für Dateiserver auf der linken Seite mit der rechten Maustaste auf den Eintrag DATEI-PRÜFUNGS-VORLAGEN und wählen Sie dann im Kontextmenü die Option DATEI-PRÜFUNGS-VORLAGE ERSTELLEN? aus.

Sie landen dann in der Ansicht zur Erstellung einer neuen Vorlage und darin auf dem Eintrag namens EINSTELLUNGEN. Hier ist bereits für Sie die Option der aktiven Prüfung markiert. Das bedeutet, dass für Benutzer das Speichern unerlaubter Dateien verboten sein wird. Geben Sie darüber einen Namen für diese Vorlage ein und wählen Sie dann im der Liste darunter unseren Filter für Medien-Dateien aus, den wir soeben angelegt haben.

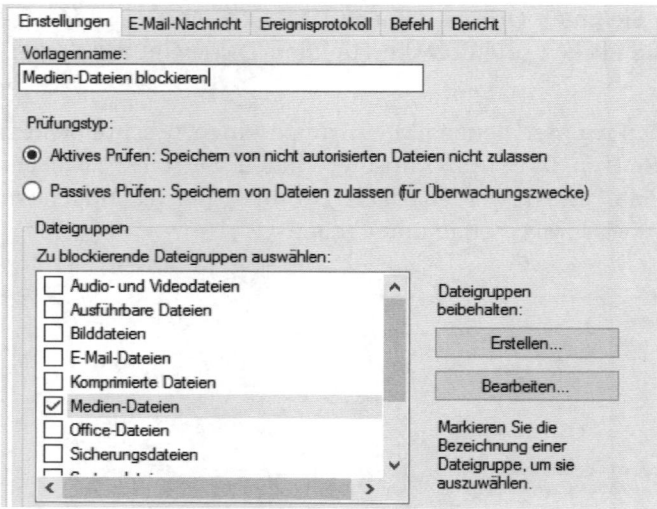

Abb. 14.10: Vorlage für Datei-Prüfungen erstellen

> ### Tipp
>
> Auf Wunsch können Sie sich als Administrator auch direkt eine Email-Nachricht senden lassen, wenn ein Benutzer versucht, eine Datei des entsprechenden Typs auf der Freigabe zu speichern.

Jetzt haben wir zwar sowohl unseren Filter als auch die zugehörige Vorlage erstellt, der Ressourcen-Manager für Datei-Server weiß aber immer noch nicht, für welche Freigaben diese Sperre eingerichtet werden soll. Das holen wir jetzt nach, und zwar wie folgt:

1. Klicken Sie auf der linken Seite des Ressourcen-Managers mit der rechten Maustaste auf den Eintrag DATEI-PRÜFUNGEN und wählen Sie im Kontextmenü die Option zur Erstellung einer neuen Datei-Prüfung aus.

2. Sie sehen dann das Dialogfeld zur Erstellung einer neuen Datei-Prüfung, in dem Sie als Erstes auf den Button DURCHSUCHEN... klicken und dann den Datei-Pfad zur Freigabe heraussuchen, für die die Filter-Sperre gültig sein soll.

3. Jetzt noch schnell die richtige Vorlage aus der Klappliste auswählen – sobald Sie das erledigt haben, sehen Sie eine Zusammenfassung der enthaltenen Regeln im Textfeld am unteren Rand des Dialogfeldes.

4. Sobald Sie dann unten auf ERSTELLEN klicken, ist die Datei-Sperre für die ausge-wählte Freigabe gültig. Ab sofort können Benutzer also keine Medien-Dateien mehr in unserer Netzwerk-Freigabe ablegen.

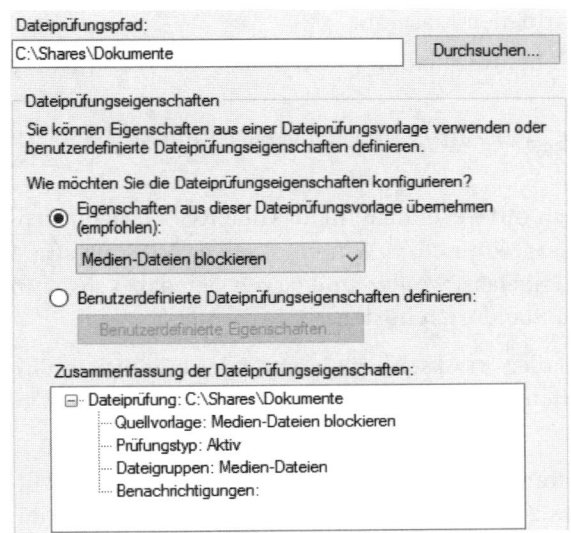

Abb. 14.11: Datei-Prüfung einrichten

14.4   Einführung in die Cluster-Technik

Ein Cluster besteht aus zwei oder mehr Servern (physisch oder virtuell), die als logisches Objekt und als einzige Entität konfiguriert sind und als solche zusam-men Ressourcen verwalten und sie den Benutzern präsentieren. Server, die Mit-glieder eines Clusters sind, werden als Knoten bezeichnet. Die häufigsten Cluster-Typen in Windows Server 2016 sind Dateiserver-Cluster, SQL-Cluster und Hyper-V-Cluster.

Beispiel

Ein Cluster, der aus zwei Knoten besteht, wird mit den entsprechenden einzelnen physischen oder virtuellen Servern konfiguriert und bekommt mehrere Netzwerk-Schnittstellen sowie eine gemeinsame Speicher-Lösung wie zum Beispiel iSCSI, SAN oder direkt zugewiesene Laufwerke zugewiesen.

Der Sinn eines Clusters besteht darin, dass eine bestimmte Gruppe Knoten zusammen an der Bereitstellung hochgradig verfügbarer Ressourcen arbeiten kann. Somit können Ihre Benutzer von der hohen Verfügbarkeit profitieren, die sie für ihre Aufgaben benötigen.

Durch die Einrichtung eines Clusters profitieren Sie von den folgenden Vorteilen:

- Fähigkeit zur Weiterarbeit beim Absturz oder der Nicht-Erreichbarkeit eines Knotens

- Fähigkeit zum Neustart einer virtuellen Maschine oder zur Weiterarbeit bei einem Absturz einer solchen virtuellen Maschine

- Vermeidung von Ausfall-Zeiten bei Installation von Updates oder der Wartung von Cluster-Knoten

- Möglichkeit zur Verschiebung und Anpassung der Auslastung von Servern (zum Beispiel Gast-VMs)

Natürlich lässt sich ein Cluster auch mit wesentlich mehr Knoten-Servern einrichten als nur mit zwei – genauer gesagt können in Windows Server 2016 bis zu 64 Knoten in einem Cluster zusammengefasst werden und lassen sich dabei sogar an unterschiedlichen geographischen Standorten hosten.

Allerdings beschäftigen wir uns in diesem Abschnitt nicht mit der komplexen Einrichtung von geographisch verteilten Clustern in Sachen Verfügbarkeit und Wiederherstellung.

Wenn es um hoch verfügbare, extrem wichtige und fehlertolerante Dienste geht, kommen häufig Cluster zum Einsatz. Dabei konzipieren Sie als Administrator die Größe und Konfiguration des Clusters basierend auf den spezifischen Anforderungen des jeweiligen Dienstes und abhängig von den darin zu speichernden Ressourcen.

Hinweis

Bedenken Sie beim Einrichten eines Clusters immer, dass es hier darum geht, Ihre Dienste, Programme und Komponenten für die Benutzer besser verfügbar zu machen.

14.4.1 Anforderungen zum Erstellen eines Clusters

- **Server** – Die einzelnen Knoten in einem Cluster sollten ähnliche Ausstattung und Hardware haben, sodass sie als gleichberechtigte Partner im Cluster angesehen werden können.

- **Netzwerke** – Auf jeden Fall sollten mehrere Netzwerk-Schnittstellen zum Einsatz kommen. Kommt in Ihrem Cluster die iSCSI-Methode zur Bereitstellung von gemeinsam genutztem Speicher zum Einsatz, sollten Sie außerdem separate Netzwerk-Hardware oder logische Gruppierungen des Datenverkehrs über virtuelle VLAN in den Netzwerk-Switches umsetzen, sodass sich der Datenverkehr zu externen Teilnehmern sowie zum gemeinsam genutzten Speicher dadurch separieren lässt.

- **Speicher** – Wenn nicht iSCSI – also netzwerkbasierte Freigabe von Speicher –, sondern eine hardwaregestützte Lösung wie Serial Attached SCSI oder Fiber Channel in Ihrem Cluster zum Einsatz kommt, sollten sämtliche Komponenten identisch sein, besonders was die Treiber und die Firmware angeht. Verwenden Sie keine unterschiedliche Firmware- oder Treiber-Versionen – selbst dann, wenn der Hersteller eine solche Konfiguration theoretisch unterstützt.

- **Gemeinsam genutzten Speicher** – Gemeinsamer Speicher ist für Cluster erforderlich. Mit Windows Server 2016 können Sie gemeinsam genutzten Speicher entweder als SAS oder als Storage Spaces Direct nutzen.

14.4.2 Funktionen eines Clusters

Beim Cluster geht es um eine Kombination aus Software und Hardware. Cluster können auf physischen oder virtuellen Servern gespeichert sein. In Windows Server 2016 sind die nötigen Komponenten und Tools bereits integriert, mit denen Sie Ihre Cluster bereitstellen können. Hier finden Sie unter anderem auch einen praktischen Assistenten, der Ihnen bei der Prüfung der Voraussetzungen zur Einrichtung der Komponenten und Konfigurationen behilflich ist – so haben Sie weniger Probleme beim Aufsetzen Ihres Clusters.

14.4.3 Einen Cluster einrichten

Sehen wir uns im Folgenden genau an, welche Schritte Sie bei der Einrichtung eines Host-basierten Clusters durchlaufen müssen. Für unser Beispiel erstellen wir einen Cluster mit zwei Knoten und konfigurieren ihn für Datei-Freigaben.

> **Tipp**
>
> Um sich mit der Funktionsweise von Clustern vertraut zu machen, sind Datei-Freigaben ideal geeignet, da es sich dabei um eine relativ einfache Art der Nutzung eines Clusters handelt. Durch die Einrichtung eines entsprechenden Clusters profitieren Sie in Ihrem Unternehmen von der Ausfall-Sicherheit, die für wichtige Datei-Freigaben unbedingt notwendig ist.

Zunächst geht es um die Konfiguration unseres Clusters. Sehen wir uns an, welches Ziel wir am Ende haben möchten:

Wir werden zwei Knoten betreiben, auf denen jeweils Windows Server 2016 läuft. Dabei sieht die Konfiguration, die wir erzielen möchten, wie folgt aus:

	Server 1	Server 2
Name	Knoten1	Knoten2
Lokaler Speicher	C: mit 30 GB	C: mit 30 GB
Primäre IP	192.168.123.1	192.168.123.3
Sekundäre IP	192.168.123.2	192.168.123.4

Unser Cluster trägt dabei den gesamten Namen `FreigabeCluster` und bekommt die IP-Adresse `192.168.123.5`. Wie gesagt dient der Cluster der Bereitstellung von Freigabe-Diensten im Netzwerk.

Bei der Konfiguration der Server ist wichtig, dass die jeweils erste Netzwerk-Schnittstelle, die zur Verwaltung des Clusters und zum Zugriff auf den gemeinsamen Speicher dient, über eine statische IP-Adresse verfügt, wobei kein Standard-Gateway gesetzt ist. Für die zweite Netzwerk-Schnittstelle – sie dient der Kommunikation mit dem öffentlichen Teil des Netzwerks – muss hingegen das Standard-Gateway gesetzt sein; auch die DNS-Namensgebung sollte hier aktiviert sein.

Sobald die beiden Knoten-Server in Sachen Netzwerk-Konfiguration entsprechend eingerichtet sind, sollten Sie diese Server zu Active Directory hinzufügen. In unserem Beispiel heißen die beiden Knoten ja `Knoten1` und `Knoten2`.

Im nächsten Schritt stellen Sie sicher, dass für beide Knoten die Rolle des Datei-Servers installiert ist; zudem müssen auch die Funktionen für Remote-Desktop und Remote-Management aktiviert sein.

14.4.4 Ersten Knoten zum Cluster hinzufügen

Eine der ersten Aktionen, die Sie zur Einrichtung des Clusters vornehmen müssen, ist die Installation des Features *Failover Clustering*. Dazu haben Sie mehrere Möglichkeiten. Die praktischste ist dabei die Variante über die PowerShell. Hier die nötigen Schritte:

Als Erstes ein neues PowerShell-Fenster mit Administrator-Rechten öffnen. Dann folgendes Cmdlet aufrufen:

```
Install-WindowsFeature -Name Failover-Clustering  Enter
```

Tipp

Wenn Sie auch die zugehörigen Administrations-Tools benötigen, hängen Sie hier noch den Schalter `-IncludeManagementTools` an den Befehl an.

Nach der Installation dieser Server-Rolle können wir uns an die Konfiguration machen – dazu starten wir den Failover Cluster-Manager, etwa über den Server-Manager und dessen TOOLS-Menü oder auch direkt über die Liste der Apps im START-Menü.

Mit dem Failover Cluster Manager haben Sie den Vorteil, dass Sie sämtliche wichtigen Komponenten, die Sie zur Erstellung, Prüfung und Verwaltung Ihres Clusters benötigen, an zentraler Stelle in einem einzigen Fenster zusammengefasst erreichen.

Jetzt können wir unseren Cluster erstellen. Dazu führen wir folgende Schritte aus:

Zunächst auf der linken Seite mit der rechten Maustaste auf den Eintrag FAILOVER-CLUSTER klicken. Im Kontextmenü rufen Sie dann die Funktion CLUSTER ERSTELLEN... auf.

Nach einem Klick auf WEITER erhalten Sie Gelegenheit zur Eingabe des Namens für den Server, der Teil des Clusters werden soll. Alternativ könnten Sie hier auch den DURCHSUCHEN...-Button nutzen und den Computer über die Such-Funktion direkt aus Active Directory heraussuchen. Für unser Beispiel tippen wir einfach schnell `Knoten1` ein.

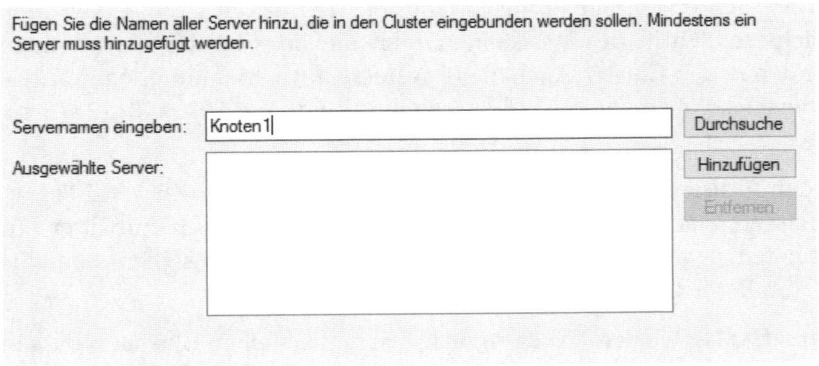

Abb. 14.12: Cluster erstellen

Daraufhin schlägt der Assistent Ihnen vor, auch gleich eine Überprüfung einiger System-Komponenten des Systems vorzunehmen, das Sie zum Cluster erheben möchten.

> **Tipp**
>
> Sie können dieses Angebot zur Überprüfung zwar in den Wind schlagen. Sinnvoll ist es allerdings dennoch, wenn Sie es nutzen. Denn es könnte ja sein, dass Sie eine wichtige Komponente oder Konfiguration übersehen haben, die nach der Einrichtung des Clusters Probleme verursachen würde.

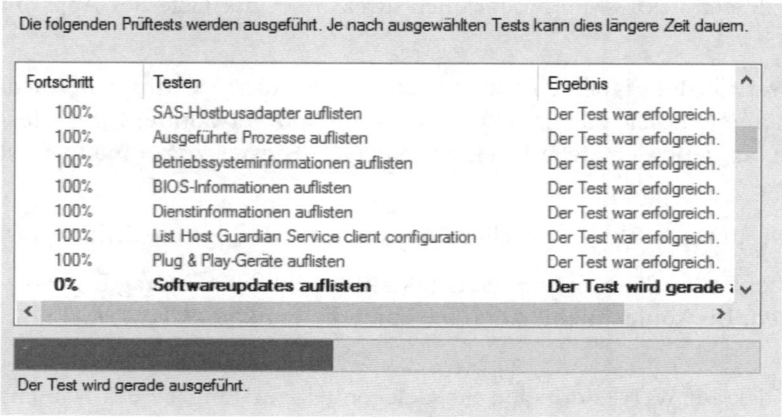

Die folgenden Prüftests werden ausgeführt. Je nach ausgewählten Tests kann dies längere Zeit dauern.

Fortschritt	Testen	Ergebnis	^
100%	SAS-Hostbusadapter auflisten	Der Test war erfolgreich.	
100%	Ausgeführte Prozesse auflisten	Der Test war erfolgreich.	
100%	Betriebssysteminformationen auflisten	Der Test war erfolgreich.	
100%	BIOS-Informationen auflisten	Der Test war erfolgreich.	
100%	Dienstinformationen auflisten	Der Test war erfolgreich.	
100%	Plug & Play-Geräte auflisten	Der Test war erfolgreich.	
100%	List Host Guardian Service client configuration	Der Test war erfolgreich.	
0%	**Softwareupdates auflisten**	**Der Test wird gerade**	v

Der Test wird gerade ausgeführt.

Abb. 14.13: Der Server wird geprüft.

Zum Abschluss des Assistenten erhalten Sie einen passenden Überprüfungs-Bericht und können die Konfiguration dann übernehmen.

Jetzt haben wir den ersten Server ausgewählt, der Teil unseres Clusters werden soll. Im nächsten Schritt des Assistenten folgt die Eingabe des gewünschten Namens für den neuen Cluster. Auch die IP-Adresse muss hier hinterlegt werden. Für unser Beispiel wollen wir dem Cluster ja die IP-Adresse 192.168.123.5 zuweisen.

Sobald Sie den Assistenten zum Erstellen von Clustern jetzt per Klick auf FERTIG STELLEN verlassen, erscheint der neue Cluster in der Liste – noch enthält er nur den einen Knoten, den wir soeben ausgewählt hatten, wie Sie feststellen, wenn Sie links oben zum Bereich KNOTEN navigieren.

Schalten wir jetzt aber wieder zurück zu unserem neu erstellten Cluster, sodass in der Mitte des Fensters dessen Eigenschaften erscheinen.

In der Rand-Spalte auf der rechten Seite sehen Sie nun unter anderem auch eine Aktion namens ROLLE KONFIGURIEREN... In dem zugehörigen Assistenten legen Sie fest, welchem Zweck der neue Cluster dienen soll.

In unserem Fall möchten wir einen Cluster für hochgradig verfügbare Datei-Freigaben erstellen; daher markieren wir die Zeile namens DATEISERVER in der Liste der Rollen, bevor wir die Seite des Assistenten durch Anklicken von WEITER schließen.

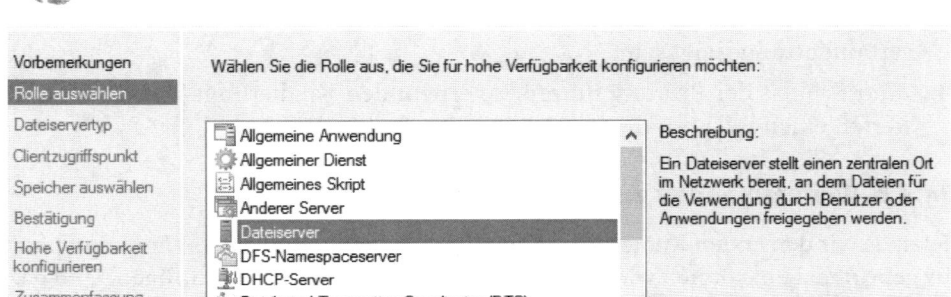

Abb. 14.14: Cluster-Rolle auswählen

Im Falle von Dateiservern möchte Windows nun noch gern wissen, ob es sich bei dem Freigabe-Cluster um einen DATEISERVER FÜR ALLGEMEINE NUTZUNG handelt oder eher um einen SKALIERBAREN DATEISERVER FÜR ANWENDUNGSDATEN. Die erstere Option bedient SMB- und NFS-Freigaben; entscheiden Sie sich für die zweite Option, wenn Sie DFS-Freigaben oder Dateiserver mit mehreren Knoten anbieten möchten. In unserem Fall genügt der Dateiserver für allgemeine Nutzung. Wieder folgt dann unten ein Klick auf WEITER.

Daraufhin lässt sich noch ein Name festlegen, über den diese Freigabe-Rolle des Clusters im Netzwerk ansprechbar sein wird. In unserem Beispiel geben wir hier `NetzFreigabe` ein und tragen die IP-Adresse `192.168.123.6` ein.

Nach Abschluss des Assistenten erscheint der auf diese Weise eingerichtete hochgradig verfügbare Dateiserver in der Liste der Rollen dieses Clusters, die Sie abrufen können, indem Sie links auf ROLLEN klicken.

14.4.5 Funktion des Clusters prüfen

Bevor es an das Hinzufügen des zweiten Knotens zu unserem brandneuen Cluster geht, sollten wir einen ersten Funktions-Test durchführen. Denn nur so können wir sichergehen, dass alles korrekt eingerichtet ist und so funktioniert, wie wir es uns gedacht haben.

Mit den folgenden Schritten lässt sich die Überprüfung veranlassen:

1. Zunächst werfen Sie einen Blick auf den Eintrag des Servers KNOTEN1 und stellen sicher, dass Sie hier weder Fehler noch Ausrufezeichen sehen.

2. Danach sollten Sie auch nachsehen, dass Sie tatsächlich eine Verbindung zu der Freigabe auf dem Cluster herstellen können.

3. Im dritten Schritt geht es um die Verifizierung der Netzwerk-Komponenten. Hier sollten sämtliche eingerichteten Verbindungen korrekt aufgelistet und als verbunden angezeigt sein.

4. Zum Schluss der Prüfung führen Sie erneut den Validierungs-Test durch und werfen einen Blick auf die zugehörigen Ergebnisse.

14.4.6 Weiteren Server zum Cluster hinzufügen

Jetzt, da wir den ersten Knoten zum Cluster hinzugefügt und dessen Funktion positiv geprüft haben, können wir den zweiten Knoten in den Cluster einfügen. Und das geht so:

1. Starten Sie zunächst wieder die Failover-Cluster-Management-Konsole und markieren Sie auf der linken Seite Ihren neuen Cluster.

2. Jetzt finden Sie in der Mitte des Fensters, und zwar im Abschnitt KONFIGURIE-REN, einen Link zum Hinzufügen eines Knotens.

3. Damit erscheint ein ähnlicher Assistent wie beim ersten Mal. Diesmal tragen wir den Namen des zweiten Knotens ein, also `Knoten2`.

4. Auch hier empfiehlt es sich wieder, die Überprüfung durchzuführen. Nur so können Sie sicher sein, dass alle Tests positiv verlaufen.

5. Blättern Sie dann durch die verbleibenden Seiten des Assistenten und fügen Sie den zweiten Knoten zum Cluster hinzu.

Wenn Sie jetzt einen Blick in die Liste der Knoten unterhalb des Clusters auf der linken Seite des Failover Cluster Managers werfen, finden Sie nun dort beide Knoten als aktiv gekennzeichnet.

Damit ist durch diesen Cluster die Erreichbarkeit der Freigabe sichergestellt, selbst wenn einer der beiden Server einmal ausfallen sollte oder gewartet werden muss.

14.5 Rollende Upgrades für Cluster-Betriebssysteme

Windows Server 2016 enthält eine praktische neue Methode zur Aktualisierung des Betriebssystems Ihrer Server-Cluster ohne Ausfallzeit und mit viel weniger Aufwand. Diese Funktion nennt sich rollende Updates für Cluster-Betriebssysteme.

Bis jetzt mussten Administratoren von Clustern einen detaillierten Umstellung-Plan aufstellen, damit Cluster mit einem neuen Betriebssystem ausgestattet werden konnten. Daher wurde oft mit der Umstellung eines Clusters gewartet, bis sowieso eine Migration auf neue Hardware erforderlich war.

Der Nachteil: Knoten in einem Cluster liefen auf mehrere Jahre lang ohne neue Funktionen für den Cluster, und außerdem gab es Ausfallzeit beim Umstellen der Dienste zwischen dem alten und dem neuen Cluster.

Im Gegensatz dazu ist für rollende Upgrades bei Cluster-Betriebssystemen kein Kauf neuer Hardware erforderlich. Das liegt daran, dass die Upgrades vor Ort auf jeden einzelnen Knoten angewendet werden. Dabei muss der Cluster selbst gestoppt oder neu gestartet werden. Die gesamte Arbeit findet auf der Ebene der Cluster-Knoten statt, sodass sämtliche Dienste während des rollenden Upgrade-Vorgangs bleiben können.

Im Gegensatz zu typischen Umstellungs-Strategien für Cluster muss hierbei nämlich kein neuer Cluster erstellt werden. Die vorhandenen Cluster-Objekte, darunter der Name und die IP-Adresse des Clusters, bleiben gleich und während des gesamten Vorgangs weiterhin erreichbar. Zudem lässt sich der Vorgang vollständig rückgängig machen, bis das Attribut der Funktions-Ebene für den Cluster auf den neuesten Stand gebracht wird.

> **Wichtig**
>
> Vor Beginn der Aktualisierung einzelner Knoten im Cluster ist es wichtig, dass Sie eine Sicherung des gesamten Clusters vornehmen. Sie kann sich als hilfreich herausstellen, falls eine Wiederherstellung des Clusters nötig sein sollte.

Zur rollenden Aktualisierung der Knoten im Cluster sollten genügend Ressourcen vorhanden sein, damit der Cluster vorübergehend mit einem Knoten weniger als gewöhnlich auskommen kann. Dabei handelt es sich um den Knoten, der zu dem jeweiligen Zeitpunkt gerade aktualisiert wird. Im Bedarfsfall können Sie auch vorübergehend weitere Knoten zu dem Cluster hinzufügen, damit die Erreichbarkeit gewährleistet ist – dies ist besonders sinnvoll, sofern es sich um einen kleinen Cluster mit nur zwei oder drei Knoten handelt.

14.5.1 Vorteile des rollenden Upgrades

Failover-Cluster, auf denen Hyper-V-Maschinen und skalierbare Datei-Server-Workloads ausgeführt werden, lassen sich von Windows Server 2012 R2 (das auf sämtlichen Knoten im Cluster läuft) auf Windows Server 2016 (das dann ebenfalls auf allen Cluster-Knoten laufen soll) ohne Ausfallzeit aktualisieren. Andere Cluster-Workloads, darunter zum Beispiel SQL Server, sind während dieser Zeit nicht verfügbar, bis der Failover auf Windows Server 2016 aktiv geworden ist. Diese Ausfallzeit beträgt in der Regel weniger als 5 Minuten.

Über ein besonderes PowerShell-Cmdlet lässt sich die Funktions-Ebene des Clusters während der rollenden Aktualisierung abfragen. Dabei handelt es sich um eine Kennziffer, mit der angegeben wird, ob der Cluster im Modus für Windows Server 2012 R2 oder im Modus für Windows Server 2016 arbeitet. Die Funktions-Ebene wird erst dann umgestellt, wenn sämtliche einzelnen Knoten in diesem Cluster auf Windows Server 2016 aktualisiert und. Nach Umstellung der Funktions-Ebene ist eine Rückkehr zu Windows Server 2012 (R2) dann nicht mehr möglich.

In welcher Funktions-Ebene ein Cluster momentan läuft, lässt sich von jedem Knoten mit Windows Server 2016 ermitteln, der Teil dieses Clusters ist. Dazu rufen Sie die PowerShell auf und geben danach folgenden Befehl ein:

```
Get-Cluster | Select ClusterFunctionalLevel Enter
```

Dabei weist ein angezeigter Wert von Acht auf die Funktions-Ebene von Windows Server 2012 Zwei in; wird eine Neun angezeigt, wurde der Cluster bereits vollständig auf Windows Server 2016 aktualisiert.

14.5.2 Prinzip der rollenden Aktualisierung eines Clusters

Wird ein Knoten mit Windows Server 2016 zu einem Cluster hinzugefügt, auf dem Windows Server 2012 R2 ausgeführt wird, arbeitet dieser Knoten zunächst in einem Kompatibilitäts-Modus. Daher durchläuft der Cluster während der rollenden Aktualisierung drei Phasen:

- Zunächst – und dabei handelt es sich um die Ausgangs-Basis – läuft auf sämtlichen Knoten des Clusters das System Windows Server 2012 R2.

- Sobald Sie mit der Aktualisierung des ersten Knotens auf Windows Server 2016 beginnen, haben wir einen gemischten Cluster: Die Mehrheit der Knoten im Cluster läuft mit dem bisherigen System-Betrieb, also mit Windows Server 2012 R2, während einzelne Knoten des Clusters bereits mit dem neuen System, also mit Windows Server 2016, laufen.

- Nach Aktualisierung des letzten Knotens in dem Cluster auf Windows Server 2016 und Abschluss der Aktualisierung durch Aufruf eines besonderen PowerShell-Cmdlet ist der Endstand erreicht – jetzt sind alle Knoten auf Windows Server 2016 umgestellt, sodass der gemischte Modus beendet ist.

14.5.3 Ablauf der Aktualisierung eines Clusters im laufenden Betrieb

Sehen wir uns an, welche einzelnen Schritte nötig sind, um einen Cluster im laufenden Betrieb auf Windows Server 2016 zu aktualisieren:

1. Zunächst erfolgt eine Sicherung der Cluster-Datenbank sowie der Workload-Daten.

2. Jetzt muss die Funktion für Cluster-bewusste Updates (CAU) deaktiviert werden, bis die Umstellung auf Windows Server 2016 abgeschlossen ist.

3. Anschließend führen Sie die folgenden Schritte für jeden Cluster-Knoten einzeln aus, der auf Windows Server 2012 R2 läuft:

- Pausieren Sie den Knoten.

- Entfernen Sie sämtliche Rollen.

- Entfernen Sie den Knoten aus dem Cluster.

- Führen Sie eine Neu-Installation des Systems durch – hierbei kann eine ISO-Datei von Windows Server 2016 weiterhelfen. Dabei sollten Sie das System-Laufwerk formatieren und keine Upgrade-Installation vornehmen.

- Nach erfolgter Neu-Installation und Einrichtung des Administrator-Kontos fügen Sie die Funktion für Failover-Clustering hinzu – über die PowerShell oder den Server-Manager.

- Jetzt ist es an der Zeit, die Netzwerk-Verbindungen und die Verbindungen zum gemeinsam genutzten Speicher wiederherzustellen.

- Danach kann der Knoten wieder in den Cluster eingebaut werden.

- Nun werden die jeweilige Cluster-Rollen (zum Beispiel Datei-Server) sowie die zugehörigen Features und Daten (etwa SQL, Exchange oder Ähnliches) neu installiert.

- Sobald der Cluster-Knoten wieder voll funktionsfähig ist, funktioniert auch das Failover wieder für diesen Knoten.

4. Fahren Sie nun mit der Aktualisierung des nächsten Einzel-Knotens fort.

5. Zum Schluss rufen Sie das bereits zuvor erwähnte besondere PowerShell-Cmdlet auf, das dafür sorgt, die Funktions-Ebene des Clusters von Windows Server 2012 R2 auf Windows Server 2016 zu aktualisieren. Dazu geben Sie auf einem der Knoten im Cluster in einer PowerShell-Befehls-Zeile folgendes Kommando ein:

```
Update-ClusterFunctionalLevel [Enter]
```

Das sieht zum Beispiel so ähnlich aus wie auf dem folgenden Bild:

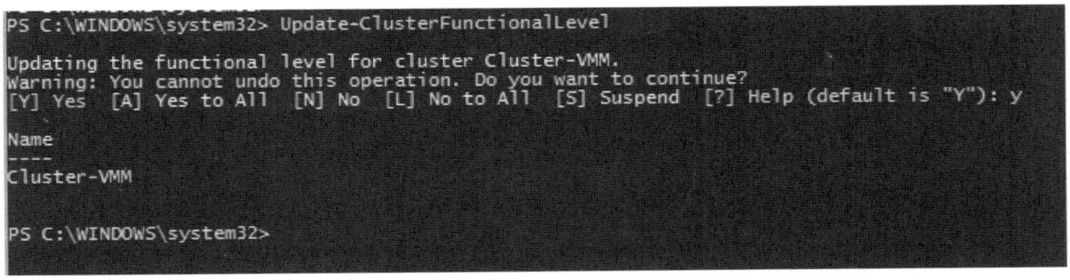

Abb. 14.15: Funktions-Ebene des Clusters aktualisieren

Nach Abschluss der Live-Migration können Sie bei Bedarf auch die Cluster-bewussten Updates (CAU) wieder aktivieren.

14.5.4 Einschränkungen des rollenden Upgrades

Wenn Sie sich für eine Aktualisierung eines Clusters mit Windows Server 2012 R2 auf Windows Server 2016 entscheiden, behalten Sie Folgendes im Sinn:

> **Wichtig**
>
> Diese Funktion ist ausschließlich zur Migration zwischen Windows Server 2012 R2 und Windows Server 2016 verfügbar.

Das bedeutet, dass Sie damit keine Cluster auf Windows Server 2016 aktualisieren können, deren Knoten mit Windows Server 2008, Windows Server 2008 R2 oder Windows Server 2012 (ohne R2) laufen.

- Vermeiden Sie eine Upgrade-Installation der einzelnen Knoten von Windows Server 2012 R2 auf Windows Server 2016. Die empfohlene Vorgehensweise besteht in der Formatierung der System-Partition mit anschließender-Installation des Windows-Server-2016-Systems.

- Verwenden Sie zum Hinzufügen der aktualisierten Knoten zum Cluster einen Computer mit Windows Server 2016.

- Führen Sie sämtliche Wartungs-Arbeiten an einem Cluster, der im gemischten 2012-/2016-Modus operiert, von einem Client mit Windows Server 2016 durch. Dieser enthält die aktuelle Version der Verwaltungs-Tools, die mit diesem gemischten Modus zurechtkommen.

- Lassen Sie sich bei der Aktualisierung der einzelnen Knoten nicht allzu viel Zeit. Im schlimmsten Fall sollten vier Wochen vergehen, bis alle einzelnen Knoten auf Windows Server 2016 umgestellt sind. Microsoft selbst rät ausdrücklich dazu, denn einige Cluster-Features sind nicht für den Modus mit gemischten Betriebssystemen optimiert. Typischerweise dauert die Aktualisierung eines vollen Clusters nur wenige Stunden, wobei der Cluster vollständig erreichbar bleibt.

- Vermeiden Sie die neue Darstellung oder Größen-Änderung von Speicher auf Windows-Server-2016-Knoten, während sich der Cluster im gemischten Modus befindet. Es kann sonst zu Inkompatibilitäten beim Failover von einem Windows-Server-2016-Knoten auf ältere Windows-Server-2012-R2-Knoten kommen.

Kapitel 15

Active Directory in Windows Server 2016

Mit Active Directory nutzen Sie in Windows Server 2016 wirklich ein aktives Verzeichnis – eine dynamische Zusammenarbeit von Komponenten, die für eine geordnete Struktur von Benutzern, Gruppen, Computern und Sicherheit-Richtlinien in einem Netzwerk sorgt.

Der Name ist also Programm: Bei Active Directory handelt es sich um einen zentralen Ort, an dem Sie sämtliche Benutzer und Computer speichern und verwalten und Einfluss auf Ihre Windows-Infrastruktur nehmen können.

Active Directory gibt es schon seit Windows Server 2000 und wurde in den nachfolgenden Windows-Server-Versionen immer wieder erweitert. Heutzutage spielt Active Directory eine Hauptrolle, denn es handelt sich um eine zentralisierte Lösung zur Anmeldung und zum gesteuerten Zugriff auf Objekte.

Die Bereitstellung von Active Directory ist zwar relativ einfach – beispielsweise über den Server-Manager –, das bedeutet aber keineswegs, dass es nur damit getan ist, wenn Sie sich durch die einzelnen Schritte des Bereitstellungs- bzw. Heraufstufungs-Assistenten klicken. Ansonsten haben Sie nämlich früher oder später ein falsch konfiguriertes und falsch funktionierendes System.

In diesem Kapitel sehen wir uns gemeinsam an, …

- wie Sie eine Gesamt-Struktur mit einer einzelnen Domäne anlegen,

- welche Vorteile es hat, nur eine Domäne zu verwenden,

- wie Sie einen zweiten Domänen-Controller hinzufügen,

- wie sich Organisations-Einheiten, Benutzer und Gruppen erstellen lassen,

- wie die Kontrolle über Organisations-Einheiten an andere Administratoren weitergegeben werden kann und

- welche Wartungs-Aufgaben in Verbindung mit Domänen für Sie verfügbar sind.

15.1   Einführung und Grundlagen von Active Directory

In Verbindung mit Active Directory werden Ihnen immer wieder spezifische Begriffe begegnen. Sehen wir uns, was sie bedeuten:

Arbeitsgruppe – Bei einer Arbeitsgruppe handelt es sich um einen Verbund von Computern, die zwar in einem Netzwerk zusammengeschlossen, aber nicht Teil einer Active-Directory-Domäne sind. Der Computer ist für sich selbst verantwortlich, Abhängigkeiten gibt es nicht. Zum Beispiel kann es auf dem ersten Computer ein Benutzer-Konto namens JSchieb geben, dieses ist dann völlig unabhängig von einem gleichnamigen Benutzer, der auf einem zweiten Server vorhanden ist.

Die ersten Probleme mit diesem Ansatz ergeben sich, wenn das Kennwort eines solchen Benutzers geändert werden soll, der auf mehreren Systemen existiert: Dazu müsste der Administrator sich manuell bei jedem Computer oder Server einzeln anmelden und das Kennwort des Benutzers ändern. Lokale Benutzer lassen sich nämlich einfach nicht zentral verwalten.

Domäne – Bei einer Domäne handelt es sich um eine Sammlung von Objekten, die in einer gemeinsamen Datenbank verwaltet werden. Wenn wir wieder auf unser Beispiel Bezug nehmen, würden wir einen Benutzer namens Jörg in der zentralen Active Directory-Datenbank erstellen und anschließend die Arbeitsgruppe-Computer zu dieser Datenbank-Domäne hinzufügen.

Welche Vorteile bietet eine Domäne? Wenn alle Objekte zentral verwaltet werden, müssen Sie sich als Administrator nicht mit jedem Computer verbinden oder ihn an seinem Standort aufsuchen, um etwa das Kennwort des Benutzers zu ändern. Natürlich sind die Funktionen von Domänen noch viel umfangreicher, doch dieses Beispiel gibt den Sinn und Zweck einer Domäne wieder.

Active-Directory-Domänen-Services – Bei AD DS handelt es sich um einen Dienst, der in das Windows-Server-System integriert, aber nicht standardmäßig installiert ist. Er wird erst eingespielt, wenn Sie einen Windows-Server zu einem Domänen-Controller heraufstufen – entweder mit einer vorhandenen Domäne oder mit einer komplett neuen Domäne. Dazu müssen Sie die AD DS, also die Active-Directory-Datenbank auf dem Server installieren.

> **Tipp**
>
> Da Active Directory als Windows-Dienst im Hintergrund läuft, lässt sich dieser Dienst bei Bedarf auch stoppen und starten. Das hat den Vorteil, dass Sie zur Ausführung von Wartungs-Arbeiten die Server nicht erst im Abgesicherten Modus starten müssen.

Site – Sites stellen die physikalische Struktur Ihres Netzwerks dar. Laut der Definition handelt es sich bei einer Site um eine Sammlung untereinander verbundener Subnetze. In vielen Fällen werden etwa Filialen oder Zweigstellen eines Unternehmens als Site angelegt. Dabei wird angenommen, dass diese Systeme untereinander zwar gut vernetzt sind, aber nur eine relativ geringe Netzwerk-Verbindung zur Zentrale verfügen.

Replikation – Die Replikation ist vermutlich das schwierigste Thema in Verbindung mit Active Directory. Denn Active Directory ist als *Multi-Master-Replikations-System* ausgelegt. Was bedeutet das konkret? Es heißt, dass Sie beispielsweise eine Änderung am Benutzer JSchieb auf dem Domänen-Controller A oder auf dem Domänen-Controller B durchführen können. Ihre Änderung wird dann automatisch an den Domänen-Controller übertragen, auf dem Sie den Benutzer nicht selbst angelegt haben.

Auf diese Weise werden sämtliche Änderungen in Active Directory automatisch auf alle Domänen-Controller übertragen. Innerhalb von Sites geschieht diese Synchronisierung innerhalb von nur 15 Sekunden, bei Domänen-Controllern in anderen Sites in unter 15 Minuten (für alle anderen Domänen-Controller innerhalb von 3 Stunden). Active Directory berechnet mit einem erweiterten Algorithmus den besten Replikations-Pfad, damit jeder Domänen-Controller automatisch die neuesten Aktualisierungen der enthaltenen Daten kommt.

Objekte – Kurz gesagt, handelt es sich bei allem, was in Active Directory gespeichert ist, um ein Objekt. Beispielsweise ist der Benutzer ein Objekt. Wenn Sie seinen Vornamen ändern, ändern Sie die Eigenschaft des Benutzers, die in einem Attribut namens *Vorname* gespeichert ist. Auch dann, wenn Sie einen Computer-Konto erstellen, sind die Gruppen, Organisations-Einheiten, Sites, IP-Subnetze usw. allesamt Objekte mit Eigenschaften.

Schema – Im Schema werden die Klassen der Objekte gespeichert, die Sie erstellen. Vorstellen können Sie sich ein Schema als eine Reihe von Vorlagen, die Sie automatisch nutzen, wenn Sie den Benutzer JSchieb erstellen. Denn Active Directory muss wissen, wie ein Benutzer im Allgemeinen aussieht – etwa, welche Eigenschaften Benutzer haben und welche Funktionen sich mit ihnen ausführen lassen. Diese Daten stammen aus dem zugehörigen Schema.

Wenn Sie die Installation von anderen Software-Programmen planen, etwa Lync oder Exchange, muss das Schema erweitert werden. Weshalb? Nun, wenn solche Programme auf dem Server installiert sind, verfügen unsere Objekte, beispielsweise die Benutzer, über vielerlei erweiterte Eigenschaften, die sich auf diese Programme beziehen – etwa die Voice-over-IP-Telefonnummer und vieles mehr.

Gruppen-Richtlinien – Wie bereits in einem früheren Kapitel erklärt, sind Gruppen-Richtlinien zur Konfiguration von Einstellungen für Benutzer und Computer nötig. Sie sind sehr praktisch, denn damit können Sie eine oder mehrere Einstellungen in einer Gruppen-Richtlinie festlegen und diese Einstellungen dann als Paket einem oder mehreren Benutzern oder Computern zuweisen, indem Sie die Gruppen-Richtlinie der entsprechenden Organisations-Einheit zuordnen.

Beispiel

Nehmen wir an, Sie möchten die Funktion Remote-Desktop für jeden Server aktivieren, damit Sie sich mit Ihrem RDP-Client verbinden können. Wenn Sie diese Einstellung manuell auf jedem Server vornehmen müssten, wäre das viel Arbeit. Stattdessen aktivieren Sie die Einstellung für Remote-Desktop einfach in der Gruppen-Richtlinie und verknüpfen diese dann mit der Organisations-Einheit, der Ihre Server zugeordnet sind. Das hat den Effekt, dass sämtliche Computer innerhalb dieser Organisations-Einheit eine aktivierte Remote-Desktop-Funktion haben werden.

Gruppen-Richtlinien lassen sich Sites, Domänen und Organisations-Einheiten zuordnen. Wenn Sie Ihren Server zu einem Domänen-Controller heraufstufen, werden zwei Richtlinien automatisch eingerichtet – jede Domäne verfügt über eine Standard-Domänen-Richtlinie sowie eine Standard-Richtlinien für Domänen-Controller.

Organisations-Einheiten – Wie ihr Name schon sagt, wird mit Organisations-Einheiten eine Gruppierung von Benutzern und Computer-Objekten in Active Directory möglich. Somit handelt es sich bei einer Organisations-Einheit um eine Art Behälter, der ähnliche Objekte enthält.

Sie haben zwei Hauptgründe, Benutzer und Gruppen in solchen Einheiten anzuordnen: Erstens möchten Sie auf einfache Art und Weise Gruppen-Richtlinien zuordnen können, und zweitens benötigen Sie eine Organisations-Einheit, wenn Sie die darin enthaltenen Objekte für einen anderen Administrator zur Verwaltung einrichten möchten.

Standard-Domänen-Richtlinie – Diese Richtlinie wird erstellt, sobald Sie Ihre erste Domäne anlegen. Sie enthält Einstellungen für Benutzer und Gruppen, die für die gesamte Domäne gültig sind.

Wichtig

Diese Richtlinie ist von zentraler Bedeutung für Ihre Netzwerk-Umgebung und sollte nicht gelöscht werden.

Sie können sie zwar bearbeiten, allerdings ist diese Vorgehensweise nicht zu empfehlen. Zur Anwendung benutzerdefinierter Einstellungen für die Domäne sollten

Sie stattdessen eine neue Richtlinie auf der Domänen-Ebene erstellen und Ihre angepassten Einstellungen dann in dieser neuen angelegten Richtlinie speichern.

Standard-Richtlinie für Domänen-Controller – Bei dieser Richtlinie handelt es sich ebenfalls um eine sehr wichtige Richtlinie, die mit dem Behälter für Domänen-Controller in Ihrem Active Directory verknüpft ist. Hierin werden Einstellungen konfiguriert, die sich nur auf die Domänen-Controller beziehen. Wenn Sie einen Mitglieds-Server zu einem Domänen-Controller heraufstufen, wird dieser Server automatisch in dem Behälter für Domänen-Controller geparkt. Diese Richtlinie müssen Sie fast nie verändern.

Gesamt-Strukturen – Eine Gesamt-Struktur ist eine einzelne Instanz von Active Directory. Innerhalb einer Gesamt-Struktur kann es eine oder mehrere Domänen geben, die das gleiche Schema verwenden. Wenn Sie einen einzelnen Domänen-Controller einrichten, erstellen Sie dadurch im Prinzip die kleinste mögliche Gesamt-Struktur. Diese Konfiguration wird auch eine Gesamt-Struktur mit einzelner Domäne genannt. Eine Gesamt-Struktur dient übrigens auch als Sicherheits-Grenze, innerhalb derer Benutzer, Computer und sonstige Objekte verfügbar sind.

15.2 Einrichten einer Gesamt-Struktur mit einzelner Domäne

Jetzt sind Sie mit den wichtigsten Begriffen vertraut, die Ihnen in Verbindung mit Active Directory begegnen werden. Zeit, unsere erste Domäne einzurichten.

Bevor Sie das Active Directory installieren, sollten Sie sich überlegen, welcher Name Ihr Domänen-Controller im Netzwerk erhalten soll.

> **Tipp**
>
> Verwenden Sie am besten keine Server-Namen, die Firmen-Namen oder Abteilungen enthalten. Auch sollten Sie am besten einen kurzen Namen wählen, denn dieser muss an späterer Stelle sehr häufig eingetippt werden. Ein häufig benutztes Schema ist es, den Server mit dem Domänen-Controller einfach nur DC01 zu nennen, der zweite Domänen-Controller würden dann DC02 lauten usw.

Zur Umbenennung des Servers klicken Sie mit der rechten Maustaste auf den START-Button und wählen dort den Eintrag SYSTEM aus. Sobald ein neues Fenster erscheint, klicken Sie in der linken Spalte auf den Eintrag ERWEITERTE SYSTEM-EINSTELLUNGEN.

Wechseln Sie jetzt zum Tab COMPUTER-NAME und klicken Sie anschließend auf den Button ÄNDERN?

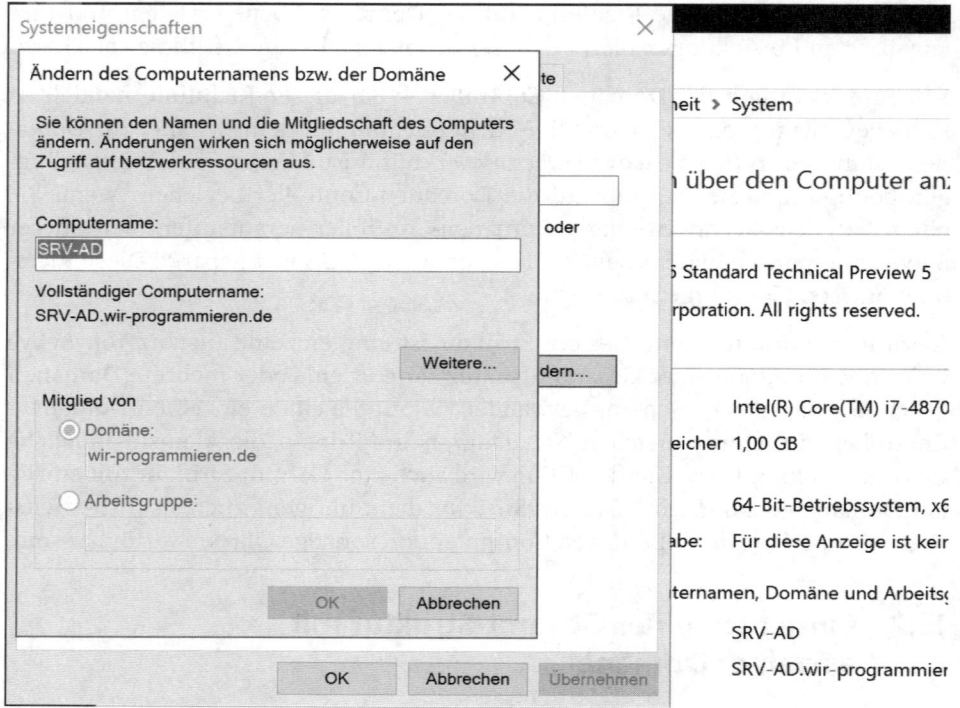

Abb. 15.1: Der Name des Computers lässt sich schnell ändern.

Hier können Sie den gewünschten neuen Namen eingeben, in unserem Beispiel ist das SRV–AD. Sobald Sie die Änderung bestätigen, weist Windows Sie darauf hin, dass der geänderte Name erst nach einem Neustart des Systems wirksam wird. Da wir im nächsten Schritt die Active-Directory-Dienste installieren möchten, sollten Sie den Neustart jetzt umgehend veranlassen.

Ein zweiter wichtiger Punkt vor der Bereitstellung eines Domänen-Controllers besteht darin, dass der Server über eine statische IP-Adresse verfügen muss. Diese können Sie durch einen Rechtsklick auf den START-Button und anschließende Auswahl des Menü-Elements NETZWERK-VERBINDUNGEN festlegen. Danach führen Sie einen Doppelklick auf den Netzwerk-Adapter aus, mit dem eine Verbindung zum Netzwerk hergestellt wird.

Jetzt nochmals doppelklicken, und zwar auf den Eintrag der Zeile INTERNET-PRO-TOKOLL VERSION 4 (TCP/IPv4). Statt des automatischen Bezugs der IP-Adresse können Sie hier eine statische IP-Adresse eintragen, die über die korrekte Sub-netz-Maske sowie das richtige STANDARD-GATEWAY verfügt. Schließen Sie dann sämtliche Dialogfelder, in dem Sie jeweils auf OK klicken. Warten Sie noch einige Sekunden, bis die IP-Adresse umgeändert wurde.

Zunächst muss der Windows-Server-2016-Server für die Active Directory-Domänen-Dienste vorbereitet werden. Führen Sie dazu die folgenden Schritte aus:

1. Als Erstes klicken Sie auf den START-Button und wählen dort den SERVER-MANAGER aus.

2. Haben Sie sich mit einem Konto angemeldet, das nicht über Administrator-Rechte verfügt, werden diese im nächsten Schritt abgefragt. Geben Sie also am besten das Kennwort des vordefinierten Administrator-Kontos ein, damit der Server-Manager aufgerufen werden kann.

3. Sobald die Bestands-Aufnahme im Server-Manager abgeschlossen ist, klicken Sie oben rechts auf das Menü VERWALTEN und wählen darin die Funktion ROLLEN UND FEATURES HINZUFÜGEN aus.

4. Im zweiten Schritt entscheiden Sie sich für eine ROLLENBASIERTE ODER FEATUREBASIERTE INSTALLATION, die Sie mit Klick auf WEITER bestätigen.

5. Wählen Sie im darauffolgenden Schritt den richtigen Server aus, in unserem Beispiel also den Server SRV-AD.

6. Nach erfolgter Bestätigung mit WEITER setzen Sie einen Haken bei ACTIVE DIRECTORY-DOMÄNEN-DIENSTE.

7. Daraufhin sehen Sie eine Bestätigung, dass zur Installation dieser Server-Rolle weitere Rollen bzw. Features benötigt werden. Bestätigen Sie auch deren Installation.

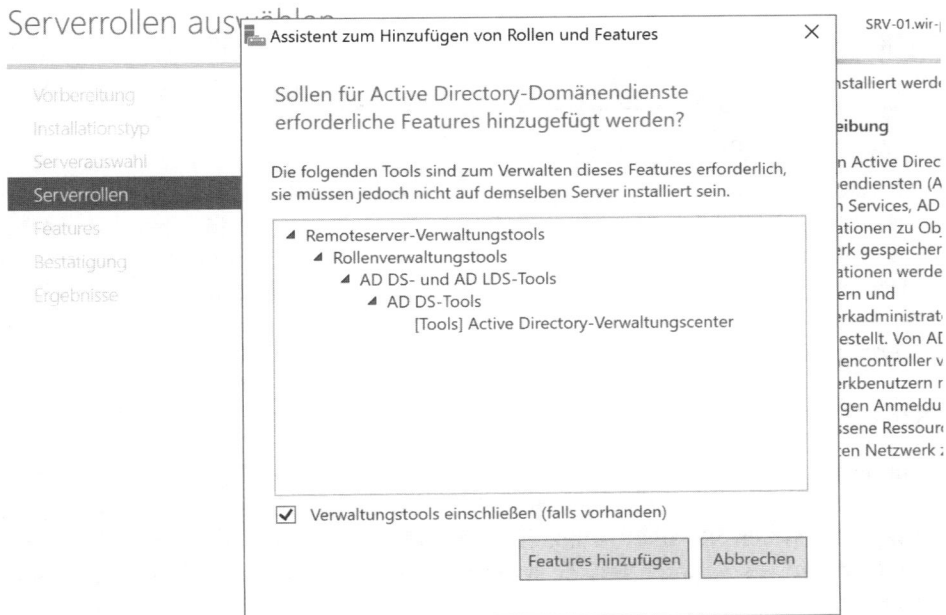

Abb. 15.2: Erforderliche Features ebenfalls auswählen

8. Nach einem Klick auf WEITER wird die Liste der Features angezeigt – zur Installation der Active-Directory-Rolle müssen wir allerdings keine Einträge in dieser Liste markieren, da die automatische Erkennung der Abhängigkeiten dies bereits im vorherigen Schritt für uns übernommen hat. Schalten Sie also durch Klick auf WEITER zur nächsten Seite des Assistenten um.

9. Nachdem Sie am Ende des Assistenten angelangt sind, sollten Sie hier einen Haken bei der Option ZIEL-SERVER BEI BEDARF AUTOMATISCH NEU STARTEN setzen, denn zur Aktivierung der aktiven Directory-Dienste ist unter Umständen ein Neustart des Systems erforderlich.

10. Der Server-Manager beginnt mit der Einrichtung der Active-Directory-Rolle, sobald Sie unten auf INSTALLIEREN klicken.

Hinweis

Dieser Vorgang kann einige Augenblicke dauern, je nach Arbeits-Geschwindigkeit des Servers, auf dem die Rolle eingerichtet wird.

Jetzt ist die nötige Rolle zwar installiert, der Server wurde dadurch aber noch nicht zum Domänen-Controller gemacht. Das erkennen Sie daran, dass im Server-Manager eine Benachrichtigung angezeigt wird, die mit einem gelben Ausrufezeichen markiert ist. Wenn Sie sich diese Benachrichtigung ansehen, finden Sie darin einen Link namens DIESEN SERVER ZU EINEM DOMÄNEN-CONTROLLER HERAUFSTUFEN.

Ein Klick auf diesen Link fördert einen weiteren Assistenten zu Tage, über den Sie den aktuellen Server zu einem Domänen-Controller heraufstufen können – sprich, alle nötigen Einstellungen vornehmen, damit aus diesem Server ein Domänen-Controller werden kann.

Als Erstes werden Sie gefragt, ob Sie gerade eine neue Domäne in einer neuen Gesamt-Struktur erstellen möchten oder ob die Domäne zu einer bereits vorhandenen Gesamt-Struktur hinzugefügt werden soll. Da es sich hierbei um den ersten Domänen-Controller überhaupt handelt, ist die Auswahl einfach: Wir möchten eine neue Domäne in einer neuen Gesamt-Struktur anlegen. Markieren Sie also die entsprechende Option.

15.2.1 Ein Wort zum Datei-System

Windows Server 2016 unterstützt neben dem altbekannten NTFS auch das neuere ReFS-Datei-System (Resilient File System). Wie dessen Name bereits aussagt, ist dieses Dateisystem Resilient – also nicht so anfällig gegenüber Ausfällen – als das NTFS-System. Es ist auch besser skalierbar und verfügt über eine aktive Erkennung von Fehlern. In Bezug auf die Nutzung von ReFS für Domänen-Controller sollten Sie allerdings folgende Einschränkungen beachten:

- ReFS ist nur in Windows Server 2012, 2012 R2 und 2016 verfügbar.
- ReFS lässt sich nur für Daten-Laufwerke nutzen, nicht aber für System-Partitionen oder Start-Volumes.
- Zur Speicherung von SYSVOL, der Active Directory-Datenbank sowie der Active Directory-Protokoll-Dateien sollten ausschließlich NTFS zum Einsatz kommen.
- SYSVOL sollte nicht auf einem mit ReFS formatierten Laufwerk gespeichert werden.
- Dasselbe gilt auch für die Active Directory-Datenbank.

Hinweis

Wenn Sie für das SYSVOL, für die Active Directory-Datenbank oder eine Protokoll-Datei ein Laufwerk auswählen, das mit ReFS formatiert ist, erhalten Sie einen Fehler angezeigt, der Sie darüber informiert, dass Sie dafür ein mit NTFS formatiertes Laufwerk auswählen müssen.

15.2.2 Name der Domäne

Da es sich hierbei um den ersten Domänen-Controller handelt, wählen Sie die Option zum Erstellen einer neuen Gesamt-Struktur aus. Demzufolge müssen auch DNS und der globale Katalog installiert werden. Beide werden für den ersten Domänen-Controller in Ihrer neuen Gesamt-Struktur benötigt.

Bevor Sie sich für einen Namen für die Domäne entscheiden, überlegen Sie sich, dass dieser Name ...

- wie eine Domäne aussehen muss (Präfix.Suffix).
- dass es zwar einfacher ist, wenn der Name Ihrer internen Domäne identisch ist mit dem Namen Ihrer externen Internet-Adresse,
- dass es allerdings bei Namens-Gleichheit zu Problemen mit der Firewall kommen kann, wenn nicht zwischen internen und externen Zonen unterschieden werden kann.

Allerdings hat diese Vorgehensweise auch Vorteile:

- Die URL zu den Web-Programmen in Ihrem Unternehmen bleibt dieselbe, ungeachtet dessen, ob gerade vom Intranet oder vom Internet darauf zugegriffen wird.
- Öffentliche, bereits bezahlte Zertifikate, etwa zur Verschlüsselung, lassen sich auch intern weiter nutzen.
- Die Adresse zur Kommunikation über Skype for Business bleibt dieselbe wie Ihre Email-Adresse.

■ Durch die Gleichheit der Domäne lässt sich die öffentliche Email-Adresse der Mitarbeiter auch gleichzeitig als Anmelde-Adresse nutzen.

In unserem Beispiel entscheiden wir uns für den Domänen-Namen, der mit der öffentlichen Internet-Adresse identisch ist, und geben somit `wir-programmieren.de` ein.

15.2.3 Active Directory und DNS

Behalten Sie unbedingt im Hinterkopf, dass Active Directory von der DNS-Funktionalität auf dem Server abhängig ist. Wenn kein DNS möglich ist, kann auch kein Active Directory eingerichtet werden. Warum?

Active Directory registriert viele verschiedene SRV-Datensätze in DNS, damit sich bestimmte Dienste, die für Active Directory erforderlich sind, auffinden lassen. Wenn ein Active Directory also nicht korrekt funktioniert, liegt das in vielen Fällen an einer fehlerhaften DNS-Konfiguration.

Bei der Installation Ihres Domänen-Controller sehen Sie auch eine Warnung, dass keine Delegation für den DNS erstellt werden konnte. Das liegt daran, dass der Active-Directory-Assistent DNS für Sie konfiguriert und dabei auch versucht, eine Delegation für den DNS-Server zu erstellen. Da aber noch kein solcher DNS-Server für die öffentliche Domäne vorhanden ist, kann der Assistent natürlich auch keine Delegation für Sie erstellen.

15.2.4 Ein Wort zur Funktions-Ebene

Während der Heraufstufung Ihres Domänen-Controllers werden Sie aufgefordert, die Funktions-Ebene für die Domäne auszuwählen. Welche Einstellung Sie hier treffen müssen, hängt davon ab, welches System auf dem Domänen-Controller zum Einsatz kommt. Denken Sie also im Voraus darüber nach, welche weiteren Domänen-Controller Sie später zu Ihrer Domäne hinzufügen möchten. Falls es sich dabei sämtlich um Server mit Windows Server 2016 handelt, können Sie unbesorgt die mögliche Funktions-Ebene bei der Einrichtung auswählen. Sollen allerdings später auch Domänen-Controller zu dieser Domäne hinzugefügt werden, auf denen eine ältere Windows-Version läuft, müssen Sie während der Einrichtung eine entsprechend niedrigere Funktions-Ebene festlegen, sodass die Funktions-Ebene und die älteste Server-Version einen kleinsten gemeinsamen Nenner bilden.

Tipp

Was wir gerade über die Funktions-Ebene der Domäne gesagt haben, gilt natürlich auch für die Funktions-Ebene der Gesamt-Struktur – hierbei handelt es sich ja um eine übergeordnete Ebene, denn in einer Gesamt-Struktur kann es mehrere Domänen geben.

Auf der nächsten Seite des Assistenten, die mit PFADE beschriftet ist, müssen Sie die Speicherorte für die Datenbank, die Protokoll-Dateien und den SYSVOL festlegen. Standardmäßig werden diese Daten automatisch im Windows-Ordner auf der System-Partition abgelegt. Bei Bedarf können Sie natürlich auch einen anderen Ordner oder eine andere Partition für diese zentralen Speicher festlegen. Denken Sie allerdings daran, dass dieses Laufwerk dann ebenfalls mit NTFS formatiert sein muss.

Wenn Sie die Leistung Ihres Domänen-Controllers steigern möchten, empfiehlt es sich, sofern mehrere physische Laufwerke in dem Server vorhanden sind, unterschiedliche Laufwerke für das System, die Active-Directory-Datenbank sowie das SYSVOL und die Protokoll-Datei der Transaktionen zu nutzen.

Beispiel

Das System könnte auf Laufwerk C installiert sein, die Active-Directory-Datenbank und das SYSVOL auf Laufwerk D und die Protokoll-Datei für Transaktionen wäre zum Beispiel auf Laufwerk E zu finden.

15.3 Zweiten Domänen-Controller hinzufügen

In jedem Fall sollten Sie es bei Ihrer Domäne nicht bei einem Domänen-Controller lassen. Denn wenn Sie einen zweiten Controller am Start haben, werden Wartungs-Arbeiten und auch die Wiederherstellung im Notfall viel einfacher. Ist nur ein einzelner Domänen-Controller vorhanden, kann unter Umständen das gesamte Netzwerk nicht mehr erreichbar sein, was ein großes Problem im Unternehmen darstellen würde.

Haben Sie hingegen einen zweiten Domänen-Controller und entweder der erste oder der zweite Domänen-Controller fällt aus, bleibt das Netzwerk weiterhin erreichbar. Nutzer können sich weiterhin bei der Domäne melden, müssen nicht warten, bis der Domänen-Controller wieder verfügbar ist, Gruppen-Richtlinien werden weiterhin angewendet und die normale Administration der Domäne steht immer noch zur Verfügung.

Zum Hinzufügen eines zweiten Domänen-Controllers zur bereits eingerichteten Domäne führen Sie als Erstes auf einem neuen Server mit Windows Server 2016 über den Server-Manager den Assistenten zum Hinzufügen von Rollen und Features aus. Anschließend stellen Sie auch auf diesem Gerät eine statische IP-Adresse ein – wir erinnern uns: für Domänen-Controller empfiehlt sich die Nutzung einer statischen anstatt einer dynamischen IP-Adresse.

Nachdem die Rolle für Active Directory über den Server-Manager installiert ist, klicken Sie auch hier wieder auf die Benachrichtigung und rufen damit den Assistenten zur Heraufstufung des Servers zu einem Domänen-Controller auf. In diesem Fall erstellen wir allerdings weder eine neue Gesamt-Struktur noch eine neue Domäne, sondern die Option, den Domänen-Controller zu einer vorhandenen Domäne hinzuzufügen.

Direkt darunter geben Sie dann den Namen der Domäne an, zu dem dieser Domänen-Controller hinzugefügt werden soll. Danach ist es auch noch erforderlich, dass Sie im Bereich für die Zugangsdaten des Administrators auf ÄNDERN? klicken, weil Sie dadurch die nötigen Anmelde-Informationen eintragen können, damit der Assistent die Rechte bekommt, den Domänen-Controller zur vorhandenen Domäne hinzuzufügen.

Nachdem Sie Ihre Eingabe durch Klick auf WEITER bestätigt haben, aktivieren Sie auch für den zweiten Domänen-Controller die DNS-Funktion. Wie wir bereits besprochen haben, handelt es sich bei DNS-Dienst um einen für Active Directory unbedingt notwendigen Dienst, da die Ermittlung vieler anderer Dienste, die Teil von Active Directory sind, über DNS abgewickelt wird. Fällt der erste Domänen-Controller aus, sollen die DNS-Einträge ja weiterhin abrufbar sein. Über die automatische Synchronisierung zwischen den beiden Domänen-Controllern werden auch die erstellten DNS-Datensätze automatisch abgeglichen und sind dadurch von beiden Domänen-Controllern aus erreichbar. Ein weiterer Vorteil: Über die DHCP-Funktion können Sie bei Nutzung von zwei DNS-Servern auch beide DNS-Server-Felder in der jeweiligen IP-Adress-Konfiguration verfügbar machen. Zwei DNS-Server sind in jedem Fall besser als ein einzelner.

Bei der Konfiguration der DHCP-Adressbereiche sollten Sie darauf achten, dass die Hälfte der Clients den ersten DNS-Server als bevorzugten Server nutzt und die andere Hälfte den zweiten Domänen-Controller (also DNS-Server). Auf diese Weise stellen Sie eine Verteilung der Belastung auf beide DNS-Server sicher.

> **Wichtig**
>
> Nachdem auf dem (ersten und zweiten) Domänen-Controller jeweils die DNS-Funktion aktiviert ist, sollten Sie deren IP-Adress-Einstellungen so anpassen, dass diese auf sich selbst zeigen. Dadurch ist sichergestellt, dass alle Dienste und DNS-Namen – etwa für die Mitglieder in der Domäne – korrekt aufgelöst werden können.

15.4   Globaler Katalog für den zweiten Domänen-Controller

Auch auf dem zweiten Domänen-Controller sollten Sie bei der Einrichtung die Funktion für den globalen Katalog aktivieren. Das kostet nichts, bringt aber den Vorteil, dass der zweite Domänen-Controller voll funktionsfähig ist, falls der erste ausfallen sollte.

15.5 Organisations-Einheiten, Benutzer und Gruppen anlegen

Nach Erstellung Ihrer Domäne ist es an der Zeit, Organisations-Einheiten, Benutzer- und Computer-Konten sowie Gruppen und weitere Objekte in Active Directory zu erstellen.

> **Hinweis**
>
> Über das Anlegen von Benutzern und Gruppen finden Sie in Kapitel 5 nähere Informationen.

15.5.1 Organisations-Einheiten

Mit Organisations-Einheiten können Sie Objekte in Active Directory besser organisieren. Jedes Objekt – also zum Beispiel Benutzer, Computer und Gruppen – kann zur einfacheren Verwaltung in eine Organisations-Einheit verschoben werden.

Einer der Vorteile: Mit Organisations-Einheiten können Sie allen enthaltenen Objekten auf einen Schlag Gruppen-Richtlinien zuweisen, sodass die darin enthaltenen Einstellungen für die Objekte der Organisations-Einheit angewendet werden.

Sehen wir uns an, wie Sie eine Organisations-Einheit über das Active Directory-Verwaltungscenter anlegen können:

1. Zunächst öffnen wir das Active Directory-Verwaltungscenter – zum Beispiel über den Server-Manager oder ganz einfach durch Drücken von ⊞+Ⓡ und anschließende Eingabe von dsac [Enter] (Directory Services Administrative Center).

2. Jetzt auf der linken Seite mit der rechten Maustaste auf die Domäne klicken und dann NEU, ORGANISATIONS-EINHEIT auswählen.

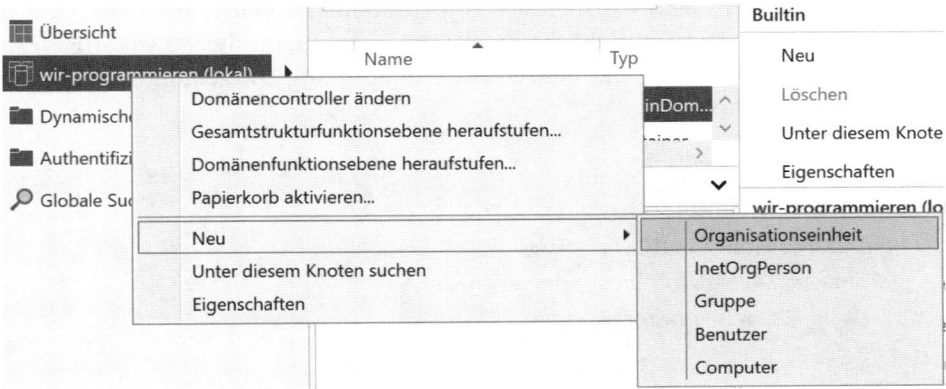

Abb. 15.3: Neue Organisations-Einheit erstellen

3. Daraufhin erscheint ein Dialogfeld, in dem Sie den Namen für die neue Organisations-Einheit eintippen. In unserem Beispiel möchten wir eine Organisations-Einheit erstellen, in der alle Web-Designer der Agentur Wir-Programmieren zusammengefasst werden sollen. Als Namen tragen wir daher `Web-Designer` ein.

4. Dann noch unten auf OK klicken, dann ist die neue Organisations-Einheit auch schon einsatzbereit.

Bei Bedarf – etwa auf einem Windows-Server, der im Server Core-Modus installiert wurde – können Sie Organisations-Einheiten auch mithilfe der PowerShell erstellen. Dazu greifen wir auf das zugehörige PowerShell-Modul zurück.

Geben Sie also in einem PowerShell-Fenster als Erstes folgenden Befehl ein:

```
Import-Module ActiveDirectory Enter
```

Hinweis

Der Import des Moduls dauert einige Augenblicke und ist beendet, wenn erneut der Prompt erscheint.

Über ein Kommando wie das folgende können wir jetzt unsere Organisations-Einheit für die Web-Designer anlegen:

```
New-ADOrganizationalUnit -Name Web-Designer
  -Server SRV-AD.wir-programmieren.de
  -Path "DC=wir-programmieren,DC=de" Enter
```

Wenn wir diesen Befehl mit dem kombinieren, was wir in Kapitel 7 über das Scripting mit der PowerShell gelernt haben, können wir daraus auch schnell ein Skript erstellen, mit dem wir mehrere Organisations-Einheiten auf einen Schlag erstellen können. Dazu klicken Sie auf START, rufen dann die POWERSHELL ISE auf (dabei handelt es sich um eine integrierte Scripting-Umgebung) und tippen dann folgendes Skript ein:

```
Import-Module ActiveDirectory
ForEach ($i in 1..10) {
  New-ADOrganizationalUnit -Name "Einheit-$i"
    -Server SRV-AD.wir-programmieren.de
    -Path "DC=wir-programmieren, DC=de"
}
```

Speichern Sie dieses Skript mit der Endung `.ps1`, dann kann es durch Aufruf des Dateinamens in einem PowerShell-Fenster gestartet werden und erstellt bei der Ausführung zehn Organisations-Einheiten auf einen Schlag.

Hinweis

Wie bereits in Kapitel 9 erklärt, müssen Sie vor der Ausführung Ihres ersten PowerShell-Skripts zunächst die zugehörige Richtlinie so einstellen, dass lokale Skripte auch dann gestartet werden dürfen, wenn sie nicht signiert sind. Zur Einstellung der Ausführungs-Richtlinie genügt es, wenn Sie einem PowerShell-Fenster folgenden Befehl eintippen:

`Set-ExecutionPolicy RemoteSigned` Enter

Daraufhin werden Sie dazu aufgefordert, die Änderung zu bestätigen.

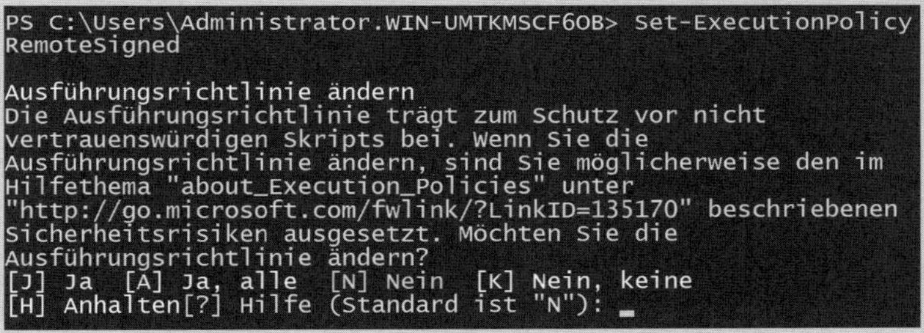

```
PS C:\Users\Administrator.WIN-UMTKMSCF6OB> Set-ExecutionPolicy
RemoteSigned

Ausführungsrichtlinie ändern
Die Ausführungsrichtlinie trägt zum Schutz vor nicht
vertrauenswürdigen Skripts bei. Wenn Sie die
Ausführungsrichtlinie ändern, sind Sie möglicherweise den im
Hilfethema "about_Execution_Policies" unter
"http://go.microsoft.com/fwlink/?LinkID=135170" beschriebenen
Sicherheitsrisiken ausgesetzt. Möchten Sie die
Ausführungsrichtlinie ändern?
[J] Ja  [A] Ja, alle  [N] Nein  [K] Nein, keine
[H] Anhalten[?] Hilfe (Standard ist "N"): _
```

Abb. 15.4: Ändern der Richtlinie bestätigen

Um nachzusehen, ob diese zehn Organisations-Einheiten jetzt ordnungsgemäß angelegt wurden, öffnen wir als Nächstes das ADAC (Active Directory-Verwaltungscenter) und werfen einen Blick in unsere Domäne. Hier sollten alle zehn Organisations-Einheiten mit fortlaufender Nummer auftauchen.

15.5.2 Benutzer und Gruppen in Active Directory erstellen

Natürlich bringt es nichts, wenn Sie eine Active Directory-Domäne haben, aber darin weder Benutzer noch Gruppen vorhanden sind. Die Erstellung von Benutzer- und Gruppen-Objekten in Active Directory haben wir uns bereits in Kapitel 5 ausführlich betrachtet – Sie dürfen gern dorthin blättern ...

15.6 Server zu einer Domäne hinzufügen

Wer eine Domäne in Active Directory erstellt, möchte natürlich auch die Server des Unternehmens-Netzwerks in diese Domäne integrieren. Das ist mit wenigen Schritten erledigt:

1. Zunächst klicken Sie mit der rechten Maustaste auf den START-Button und rufen von dort aus den Bereich SYSTEM auf.

2. Nun folgt in der linken Spalte ein Klick auf den Eintrag Erweiterte SYSTEM-EIN-STELLUNGEN.

3. Danach schalten Sie zum Tab COMPUTER-NAME und klicken dort auf den Button ÄNDERN?

4. Hier haben Sie Gelegenheit, im Abschnitt MITGLIED VON die Option DOMÄNE zu markieren.
   Darunter tragen Sie dann den Namen der Domäne ein – zum Beispiel wir-programmieren.de.

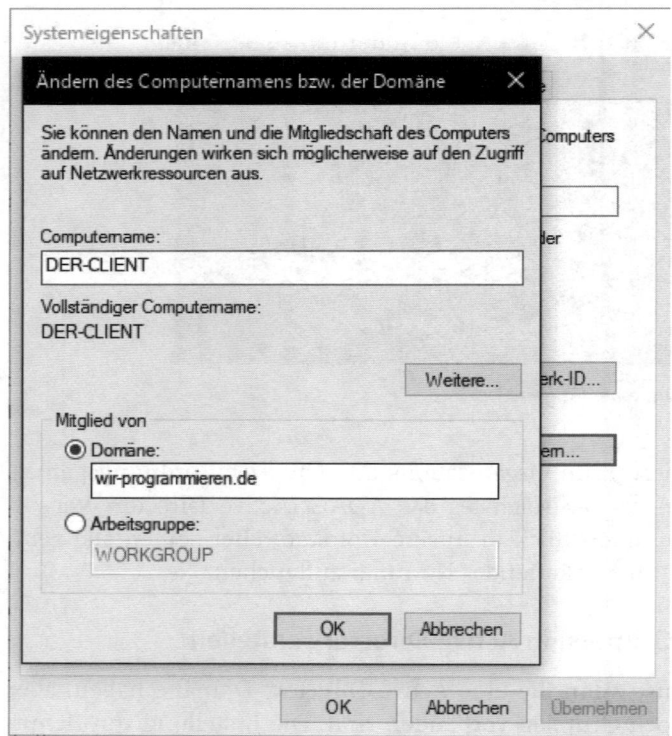

Abb. 15.5: Einer Domäne beitreten

5. Sobald Sie das Dialogfeld schließen, müssen Sie sich noch mit den Zugangsda-ten für jemanden anmelden, der über die Rechte zum Hinzufügen von Servern zu der betreffenden Domäne verfügt. Das kann zum Beispiel das Administra-tor-Konto der Domäne sein.

15.7   Domänen-Controller außer Betrieb nehmen

Bis jetzt haben wir die ganze Zeit darüber gesprochen, wie Sie neue Domänen-Controller zu Ihrer Active-Directory-Domäne hinzufügen können. Manchmal kann es allerdings auch erforderlich sein, einen bereits vorhandenen Domänen-Controller wieder zu entfernen.

Bei der sogenannten Dekommissionierung des Domänen-Controllers können Sie den Server nicht einfach aus der Sammlung für Active-Directory-Domänen-Controller entfernen, sondern müssen stattdessen ein besonderes PowerShell-Cmdlet aufrufen oder eine Dekommissionierung über die grafische Oberfläche veranlassen.

1. Wenn Sie den Weg über die PowerShell bevorzugen, klicken Sie zunächst auf den START-Button und starten dann die PowerShell.

2. Als Nächstes tippen Sie folgendes Kommando ein:

```
Uninstall-ADDSDomainController  [Enter]
```

3. Folgen Sie dann den weiteren Anweisungen, die in der PowerShell angezeigt werden.

Der Weg über die grafische Oberfläche erfordert ein paar mehr Schritte:

1. Zunächst starten Sie das Modul ACTIVE DIRECTORY-BENUTZER UND -COMPUTER und wechseln darin zur Organisations-Einheit für Domänen-Controller.

2. Suchen Sie dann in der Liste den Domänen-Controller heraus, den Sie dekommissionieren möchten.

3. Nach einem Rechtsklick wählen Sie die Funktion LÖSCHEN aus.

4. Überprüfen Sie nochmals, ob Sie den richtigen Domänen-Controller ausgewählt haben, und bestätigen Sie den Lösch-Vorgang dann durch Klick auf JA.

5. Anschließend bestätigen Sie die weiteren Nachfragen, ob der Domänen-Controller tatsächlich entfernt werden soll.

Der optimale Weg zur Entfernung des Domänen-Controllers besteht allerdings darin, ihn direkt über dessen Server-Manager aus der Domäne zu entfernen bzw. wieder herabzustufen.

15.8   Einführung in Azure Active Directory

Bisher haben wir die ganze Zeit über Active Directory gesprochen, wobei es sich um eine lokale Installation innerhalb Ihres Netzwerks handelt. Das bedeutet, dass das Active Directory innerhalb Ihres Unternehmens nicht von außen erreichbar ist.

Einer der Hauptgründe, aus denen Active Directory entwickelt wurde, war die zentrale Verwaltung der Infrastruktur, womit die Computer und Server innerhalb Ihres Unternehmens gemeint sind.

Nun gehen aber immer mehr Unternehmen den Weg, dass ihre Server und teilweise auch Workstations direkt in der Cloud gespeichert sind. Das sorgt dafür, dass weniger Server lokal verwaltet werden, denn die Daten werden stattdessen im Rechenzentrum abgelegt. Was wir zuvor über die Gründe zum Einsatz von Active Directory gesagt haben, gilt natürlich auch für solche Cloud-Server: Auf jedem einzelnen Server sind andere Zugangsdaten vorhanden – eine zentrale Verwaltung würde auch hier Wunder bewirken.

Genau hier kommt Azure Active Directory ins Spiel. Dabei handelt es sich um einen Dienst, der die Verwaltung von Identitäten und Zugriffskontrolle für Ihre Cloud-Anwendungen ermöglicht. Viele Cloud-Programme von Microsoft nutzen bereits Azure AD. Am bekanntesten davon ist Office 365, daneben nutzen aber auch Dynamics CRM Online und Windows Intune die Verwaltungs-Funktionen von Azure Active Directory.

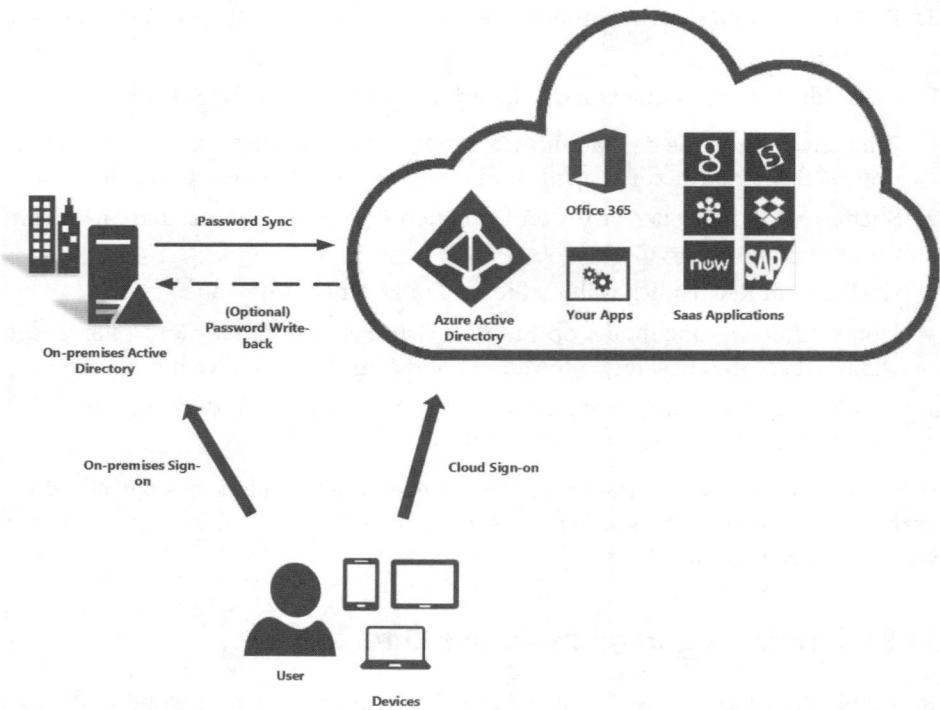

Abb. 15.6: Azure Active Directory – das Prinzip

AAD ist ein Dienst, der mit Millionen Unternehmen zurechtkommt, mit weit über 100 Millionen Benutzern und Tausenden Mandanten – all das auf der gleichen Plattform.

Bedeutet das, dass Sie jetzt keine lokale Installation von Active Directory mehr benötigen? Das hängt davon ab: Zwar lässt sich Azure Active Directory eigenständig nutzen, viel häufiger ist aber die kombinierte Nutzung von Azure AD gemeinsam mit der lokalen Active-Directory-Installation. Somit könnten wir Azure AD als Cloud-Erweiterung der lokalen Installation von Active Directory ansehen.

Durch diese Erweiterung Ihrer lokalen Bereitstellung von Active Directory in der Cloud können Sie Ihre Benutzer und Gruppen nämlich lokal verwalten und sie dann über den besonderen `DirSync`-Mechanismus in die Azure-Cloud synchronisieren. So können sich die Mitarbeiter Ihres Unternehmens auch bei Cloud-Anwendungen mit ihren gewohnten Zugangsdaten anmelden.

15.8.1 Erste Schritte

Am einfachsten können Sie sich ein Konto für Azure Active Directory besorgen, indem Sie sich für Office 365 registrieren. Dadurch erhalten Sie automatisch auch Zugriff auf Azure Active Directory, denn Office 365 nutzt diesen Dienst. Ansonsten können Sie sich natürlich auch manuell über `www.azure.com` registrieren. Nach der Registrierung ist die Verwaltung des Azure-Kontos über das alte und das neue Portal möglich:

- `https://manage.windowsazure.com/` (klassisches Portal) und
- `https://portal.azure.com/` (neues Portal).

Hinweis

Über kurz oder lang wird Microsoft das bisherige Portal einstellen – gewöhnen Sie sich also am besten gleich an das neue Portal.

Nach der Anmeldung unter `https://portal.azure.com/` klicken Sie in der linken Spalte auf den Eintrag AZURE ACTIVE DIRECTORY und landen dadurch in der Übersicht. Von hier aus lassen sich sämtliche enthaltenen Benutzer, Gruppen, Domänen und sonstigen Einstellungen bequem verwalten.

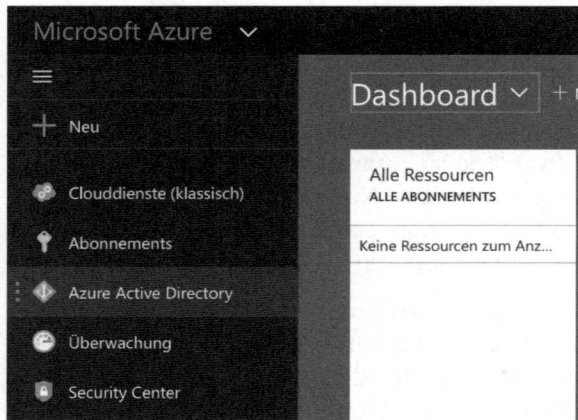

Abb. 15.7: Azure AD über das Azure-Portal verwalten

15.8.2 Synchronisierung von Azure Active Directory

Jetzt haben Sie schon einen ungefähren Eindruck davon, worum es sich bei Azure Active Directory handelt. Nutzbringend einsetzen können Sie diese Cloud-Version von Active Directory aber erst dann, wenn Sie Ihre lokal gespeicherten Benutzer und Gruppen mit Microsoft Azure synchronisieren.

Das Prinzip dahinter sieht vor, dass Ihre lokale Installation von Active Directory als Autorität dient, also als maßgebliche Quelle für die Benutzer- und Gruppen-Daten der Domäne. Während der Synchronisierung mit der Cloud überschreiben also die lokalen Daten grundsätzlich die bereits in der Cloud gespeicherten Daten.

Der Upload-Mechanismus zum Abgleich Ihrer lokalen Active Directory-Einträge mit dem Azure Active Directory wird DirSync genannt. Damit können Sie Ihre Objekte mit AAD synchronisieren und diese Online-Version der Daten fortlaufend auf dem neuesten Stand halten. Anschließend läuft das Tool im Hintergrund und synchronisiert die Datensätze alle paar Stunden.

Besonders praktisch: Neben den Einträgen für Benutzer und Gruppen werden bei der Synchronisierung auch die Kennwörter der Mitarbeiter in die Klausel übertragen – und zwar nicht die Klartext-Version, sondern deren Quersummen. Dadurch können die Mitarbeiter sich mit demselben Benutzernamen und dem gleichen Kennwort auch bei den Cloud-Diensten Ihres Unternehmens einloggen.

Link

Weitere Informationen über die Einrichtung des Azure Active Directory (AD) Connect-Tools finden Sie bei Microsoft-TechNet unter der folgenden Adresse:

`https://technet.microsoft.com/de-de/library/dn635310.aspx`

15.9   Mit einem Arbeits-Konto verbinden

In modernen Unternehmens-Netzwerken existieren alle möglichen Arten von Geräten. Beispielsweise gibt es hier neben den Servern und Arbeitsplatz-Computern auch Handys, Tablets und viele andere Arten von Geräten. Einige Mitarbeiter bringen auch selbst private Geräte mit ins Geschäft und möchten diese dann für die Arbeit nutzen – Stichwort »Bring Your Own Device«.

Damit auch von privaten Geräten aus der Zugriff auf das Netzwerk im Unternehmen möglich ist, kann bei solchen Geräten das geschäftliche Konto zusätzlich zum privaten Konto hinzugefügt werden. Besonders einfach funktioniert das mit Windows 10.

Sehen wir uns genauer an, wie sich ein privater Windows-10-Laptop bei der Domäne so anmelden lässt, dass anschließend der Zugriff auf die Ressourcen des Netzwerks möglich wird:

1. Als Erstes klicken Sie auf START, EINSTELLUNGEN.

2. Wechseln Sie jetzt zum Bereich KONTEN.

3. Nun navigieren Sie auf der linken Seite zum Bereich AUF ARBEITS- ODER SCHULKONTO ZUGREIFEN.

4. Daraufhin sehen Sie auf der rechten Seite einen Button namens VERBINDEN, den Sie jetzt anklicken.

Abb. 15.8: Mit einem Arbeits-Konto verbinden

5. Jetzt erscheint der Dialog GESCHÄFTS-, SCHUL- ODER UNIKONTO EINRICHTEN.

6. Hier können Sie eine Azure-E-Mail-Adresse eintragen. In unserem Fall möchten wir allerdings eine Verbindung mit einer im lokalen Netzwerk verfügbaren Domäne herstellen. Daher folgt nun ein Klick auf den Link DIESES GERÄT MIT EINER LOKALEN ACTIVE DIRECTORY-DOMÄNE VERKNÜPFEN.

7. Daraufhin werden Sie nach dem Namen der Domäne gefragt, der dieses Gerät zusätzlich beitreten soll.

Wenige Schritte später wird die Domäne in den Einstellungen aufgeführt, sodass das Gerät sich jetzt auch im Netzwerk des Unternehmens verwenden lässt.

Kapitel 16

Webserver-Verwaltung mit IIS

Der sichtbarste Teil des Internets besteht aus einer Unmenge von Webseiten – jede davon mit anderen Inhalten, anderen Themen und anderen Zielgruppen. Auch zur Dokumentation von Abläufen oder zur Hilfestellung für Abteilungen eignen sich Webseiten, die in diesem Fall nicht für das Internet bereitgestellt werden, sondern als Intranet-Site. Beide Möglichkeiten – also Internet- und Intranet-Seiten – lassen sich in Windows Server 2016 besonders einfach mit der Webserver-Rolle (IIS) einrichten.

16.1   IIS-Server installieren

Wie bei allen anderen Server-Rollen erfolgt die Installation des Webservers entweder über die PowerShell oder über die grafische Oberfläche in Form des Server-Managers. In den vorangehenden Kapiteln haben wir uns den Weg über die grafische Oberfläche schon oft angesehen, sodass wir uns in diesem Fall für eine Installation per PowerShell entscheiden.

Rufen Sie also als Nächstes das Fenster der PowerShell auf. Dort geben Sie dann folgenden Befehl ein, durch den nicht nur die Webserver-Rolle installiert wird, sondern auch die zugehörigen Verwaltungs-Tools:

```
Install-WindowsFeature -name Web-Server
  -IncludeManagementTools Enter
```

Durch Ausführen dieses Befehls wird der Webserver nicht nur installiert, sondern auch gleich standardmäßig auf Port 80 gestartet – dazu richtet die Installations-Routine auch eine passende Firewall-Regel für eingehenden HTTP-Datenverkehr ein.

Dies können wir leicht überprüfen, indem wir einen Browser öffnen und in die Adresszeile die IP-Adresse unseres neuen Webservers eintippen.

Daraufhin sollte die Standard-Website der Internet Information Services (IIS) auf dem Bildschirm erscheinen.

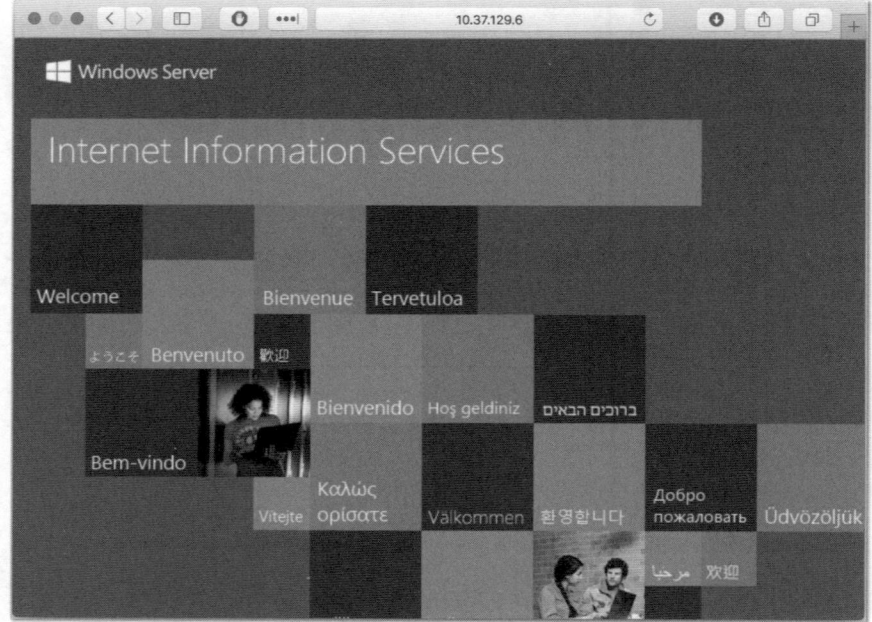

Abb. 16.1: Die Startseite des IIS-Webservers

16.1.1 Einzelteile des IIS-Servers hinzufügen oder entfernen

Da es sich bei der Webserver-Rolle ja doch um eine eher umfangreiche Funktion von Windows Server 2016 handelt, hat Microsoft diese Funktion in mehrere Einzelteile aufgeteilt. Auf diese Weise können Sie nur die Module installieren, die Sie zum Betrieb Ihrer Internet- oder Intranet-Seite auch tatsächlich benötigen. Ein Hinzufügen oder Entfernen solcher Einzelteile ist auch nachträglich jederzeit entweder über die PowerShell oder über den Server-Manager möglich.

16.2 Bindungen und virtuelle Hosts

Im Kontext von IIS verstehen wir unter einer Bereitstellung die Zuweisung von Ressourcen und das Erstellen der Struktur für eine neue Website. Zum Zugriff auf einer Website werden verschiedene Protokolle unterstützt – darunter HTTP, HTTPS, FTP usw. –, also müssen Sie sich im Voraus Gedanken darüber machen, welche Art von Datenverkehr von der neuen Website unterstützt werden soll. Im Normalfall ist dies natürlich HTTP- und eventuell auch HTTPS-Traffic.

Wenn ein Client auf eine Website zugreifen möchte, verwendet er dazu erstens eine bestimmte IP-Adresse, über die er den Server anspricht, zweitens eine bestimmte Domäne und drittens einen bestimmten Port.

Beispiel

Zum Aufruf der Website www.schieb.de müssen wir den Server mit der IP-Adresse 54.93.189.161, der Adresse www.schieb.de und dem Port 80 ansprechen. Diese Kombination aus den drei Werten stellt daher einen eindeutigen Schlüssel zur Erreichbarkeit einer Website dar.

Wenn der IIS-Webserver in Windows Server 2016 eine Anfrage eines Clients erhält, kombiniert er also zunächst diese drei Werte und sucht in seiner Liste der eingerichteten Websites nach einer passenden Seite. Welche Seiten auf welche IP-Adresse, welchen Hostnamen und welchen Port reagieren sollen, wird über die sogenannten *Bindungen* festgelegt.

Damit die Verarbeitung der Anfragen korrekt funktioniert, müssen die Bindungs-Werte jeder HTTP- oder HTTPS-Seite eindeutig sein. Beim Versuch, eine identische Bindung für mehr als eine Seite zu erstellen, zeigt IIS demzufolge einen Fehler an. Allerdings gibt es immer genügend Kombinationen aus IP-Adresse, Port und Host-Header, mit denen Sie mehrere Seiten auf dem gleichen IIS-Webserver betreiben können, ohne dass es zu Konflikten kommt.

Innerhalb einer Site gibt es auch kleinere Unter-Einheiten, die einen Teil oder sämtliche Funktionen der jeweiligen Seite darstellen – die sogenannten *Anwendungen*. Das bedeutet, dass auf einer Website mehrere Anwendungen für einzelne Bereiche zuständig sein können. Diese lassen sich dann aus Leistungs- und Sicherheits-Gründen separat konfigurieren.

Damit IIS jederzeit weiß, für welche Anfrage welche Anwendung einer Site genutzt werden soll, kennt der Webserver von Windows Server 2016 das Konzept der sogenannten virtuellen Verzeichnisse.

Beispiel

Stellt ein Client eine Anfrage für die URL /pfad1/, kann IIS diese Anfrage automatisch der ersten Anwendung zuordnen. Bei einer Anfrage, die mit /pfad2/ beginnt, könnte dann automatisch die zweite Anwendung zur Bearbeitung dieser Anfrage beauftragt werden.

16.3 Konfiguration einer Site-Architektur

Überlegen wir uns noch kurz, wie das Konzept der Konfiguration von IIS-Seiten abläuft. Die Optionen für einzelne IIS-Sites und Anwendungen werden dabei in verteilten XML-Dateien gespeichert:

- Die serverweiten Einstellungen landen in der Datei `applicationhost.config`. Hier finden sich auch die Definitionen sämtlicher Sites, Anwendungen, virtuelle Verzeichnisse und Anwendung-Pools sowie die globalen Standard-Einstellungen.

- Jede Site kann ihre eigene `web.config`-Datei haben, in der sowohl Site- als auch ASP.NET-Einstellungen definiert sind.

16.4 Planung der Website für Wir-Programmieren

In diesem Kapitel möchten wir gerne eine Website für unsere Web-Agentur einrichten. Dazu verwenden wir natürlich stilecht den IIS-Webserver von Windows Server 2016. Alles, was wir dazu wissen müssen, sehen wir uns nachfolgend an.

Zur Auslieferung statischer Inhalte wird meist das HTTP-Protokoll genutzt – was Verschlüsselung angeht, werden wir uns später darum kümmern, indem wir die Konfiguration dann entsprechend erweitern. Zunächst beschränken wir uns aber auf die Einrichtung einer einfachen statischen HTTP-Website.

Für die ersten Schritte begnügen wir uns mit dem Erstellen eines neuen virtuellen Verzeichnisses innerhalb der Standard-Website, die bei der Installation der Webserver-Rolle bereits automatisch für uns angelegt wurde. In einem zweiten Schritt möchten wir auch eine weitere Webseite erstellen, nämlich für eines der Design-Projekte der Web-Agentur. Für diese zweite Seite könnten wir Unterstützung für ASP.net benötigen; daher empfiehlt sich die Einrichtung eines separaten Anwendungs-Pools. Da diese zweite Seite auch unter einer anderen Domäne erreichbar sein soll, müssen wir auch eine andere Bindung hinterlegen und benötigen daher eine separate Site für diese zweite Seite. Aber mehr dazu später.

Bevor wir uns an die eigentliche Erstellung der ersten Website begeben, sind noch ein paar Fragen zu klären:

- Welche IP-Adressen soll die Site nutzen?
- Welcher Port wird dieser Site zugewiesen?
- Ist zum Aufruf der Site ein bestimmter Host-Header erforderlich oder handelt es sich hierbei um die Standard-Website auf diesem IIS-Server?
- Wo werden die Inhalte der neuen Site gespeichert?

Sobald Sie die Antworten auf diese Fragen kennen, können wir uns an die Konfiguration unserer Website geben. Dazu führen wir die folgenden Schritte aus:

1. Zunächst rufen wir den INTERNET-INFORMATIONSDIENST (IIS) MANAGER auf. Sie erreichen diesen entweder über den Server-Manager, indem Sie oben rechts auf TOOLS, IIS-MANAGER klicken, oder indem Sie einen Blick in das START-Menü werfen und dort den IIS-MANAGER aus dem Bereich WINDOWS-VERWALTUNGSPROGRAMME starten.

2. Nach dem Start des IIS-Managers sehen Sie ein Willkommen-Fenster. Hier können Sie nämlich nicht nur den lokalen Webserver verwalten, sondern auf Wunsch auch eine Verbindung zu anderen Webservern im Netzwerk herstellen – etwa solchen, auf denen die Verwaltungs-Tools nicht installiert sind oder die über keine grafische Oberfläche verfügen, da sie im Server-Core-Modus eingerichtet wurden.

3. Für unser Beispiel markieren wir jetzt auf der linken Seite den Server-Namen und landen dadurch in der Verwaltungs-Konsole für den hiesigen Webserver.

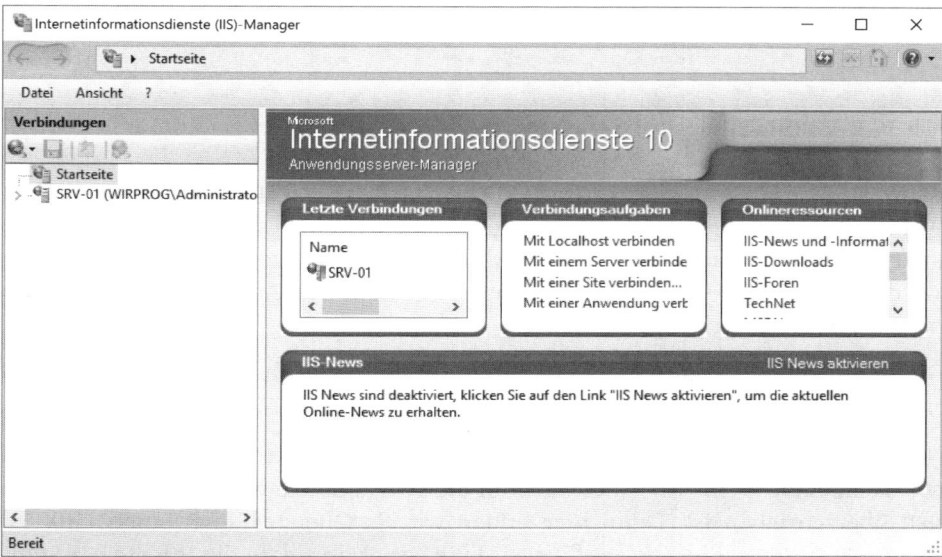

Abb. 16.2: Der IIS-Manager nach dem Start

Wenn Sie nun in der Navigation auf der linken Seite den Bereich Sites aufklappen, finden wir darin auch die DEFAULT WEB SITE, die wir mit einem Klick markieren. Neben den unterschiedlichen Bereichen, in denen wir jede Menge Einstellungen für diese Standard-Website treffen können, interessiert uns natürlich vor allem der Inhalt dieser Standard-Website. Denn unser Ziel ist es ja, eine einfache Webseite aufzusetzen, die über die Web-Agentur informiert.

Besonders praktisch: in dieser Verwaltung-Konsole ist auch eine Durchsuchen-Funktion für die Inhalte von Websites integriert. Werfen Sie doch einmal einen Blick auf die mittlere Spalte und dort auf das untere Ende der Ansicht: Hier finden Sie einen Schalter, über den Sie von der ANSICHT "FEATURES" zur ANSICHT "INHALT" umschalten können.

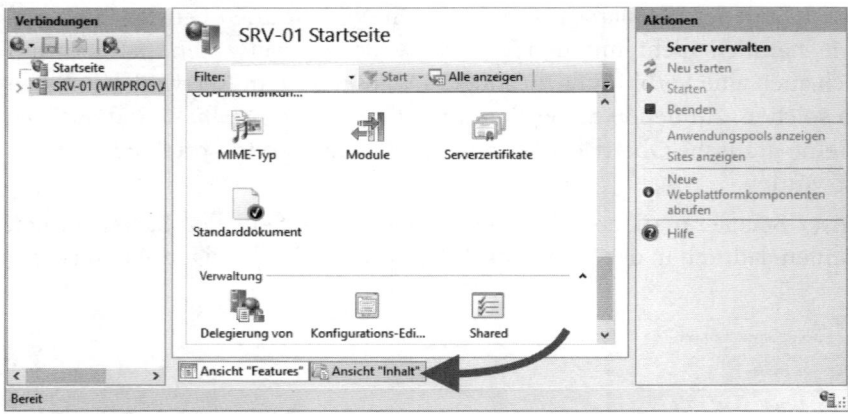

Abb. 16.3: Ansicht »Inhalt« im IIS-Manager

Wenn Sie also auf ANSICHT "INHALT" klicken, stellen Sie fest, dass in der Standard-Website bereits zwei Dateien für Sie gespeichert sind: iisstart.htm und iisstart.png. Dabei handelt es sich um das HTML-Gerüst sowie die Grafik, die Sie auf der Standard-Webseite sehen konnten, als Sie die IP-Adresse des Webservers in einen Browser eingetippt hatten.

Durch einfaches Austauschen der Dateien, die hier zu sehen sind, lässt sich also eine einfache Website als Standard-Website in diesem IIS-Webserver betreiben.

Nur: Wo liegen diese Dateien eigentlich auf der Festplatte? Dieser Frage können wir nachgehen, wenn wir einen Blick in die rechte Spalte werfen, die mit AKTIONEN überschrieben ist. Denn hier finden wir als Oberstes auch einen Link IM EXPLORER ÖFFNEN. Ein Klick auf diesen Link verrät uns, dass die Inhalte der Standard-Website auf der Festplatte im Ordner C:\inetpub\wwwroot zu finden sind.

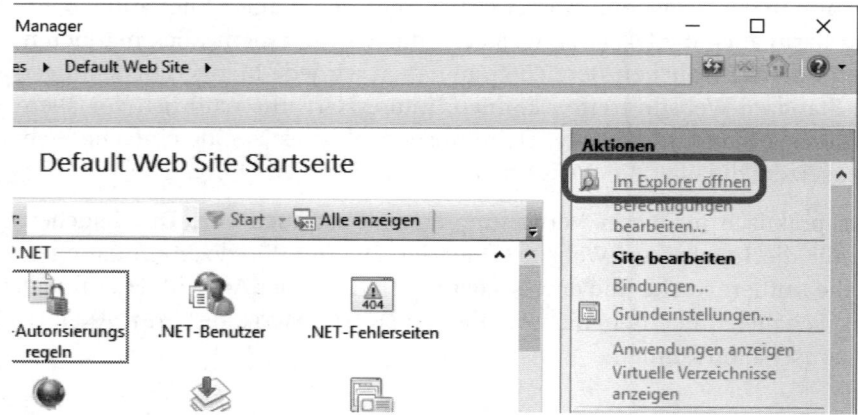

Abb. 16.4: Site-Inhalt im Explorer anzeigen

Um an dieser Stelle eine andere Standard-Website anzuzeigen – nämlich die, die unsere Designer-Abteilung bereits für die Agentur Wir-Programmieren vorbereitet hat –, müssen wir also nur hingehen und diese beiden Dateien durch die Website ersetzen, die angezeigt werden soll.

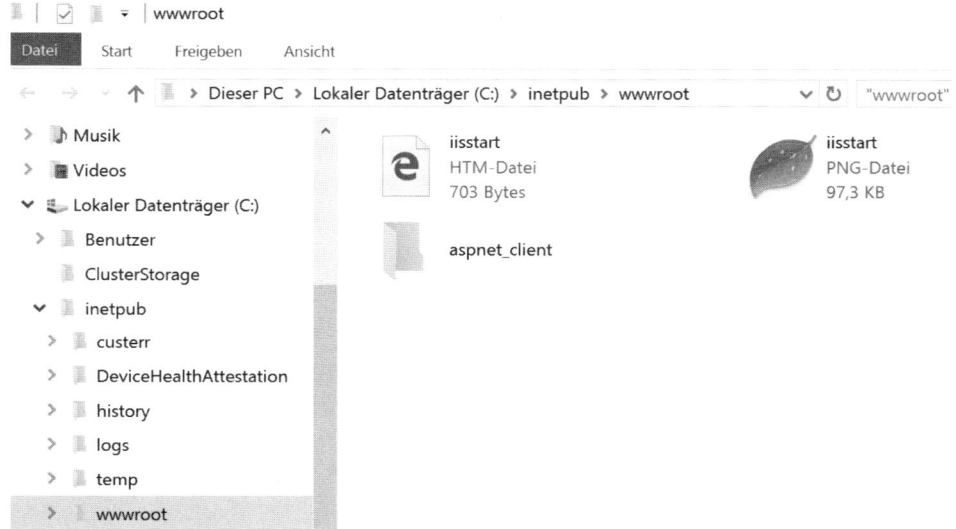

Abb. 16.5: Die iisstart-Dateien im Explorer

16.5 Die Rolle des Standard-Dokuments

Auf Microsoft-Webservern lautet der Dateiname der Standard-Datei meist `Default.htm`. Im Gegensatz dazu sind Linux-Benutzer eher an den Dateinamen `index.htm` oder `index.html` gewöhnt. Diese Konvention lässt sich allerdings in der IIS-Konfiguration schnell anpassen:

1. Navigieren Sie zunächst im IIS-Manager auf der linken Seite zum Bereich DEFAULT WEB SITE und schalten Sie dann in der Mitte des Fensters zur ANSICHT "FEATURES" um.

2. In der Liste der möglichen Einstellungen findet sich unter anderem auch das Modul STANDARD-DOKUMENT, das Sie jetzt doppelt anklicken.

Daraufhin sehen Sie eine Liste sämtlicher Dateien, die infrage kommen und aufgerufen werden, wenn eine Anfrage des Benutzers nicht mit einem Dateinamen endet, der in dem jeweiligen Pfad enthalten ist. Als letzten Eintrag finden Sie hier unter anderem auch `iisstart.htm` – das ist der Grund dafür, dass die Eingabe der IP-Adresse des Servers ausreicht, damit diese Platzhalter-Seite sichtbar wird.

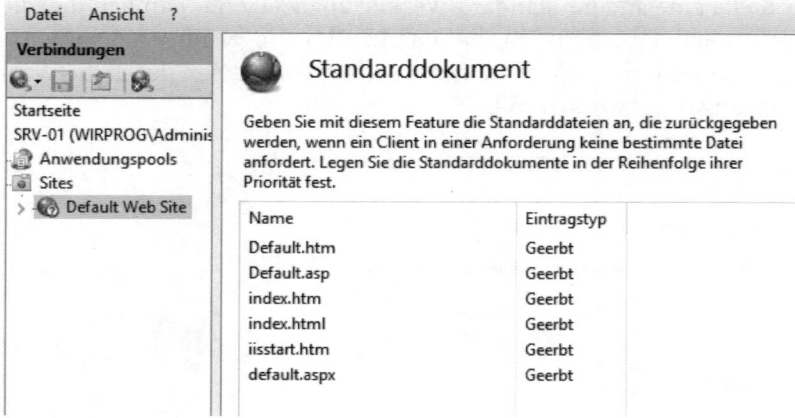

Abb. 16.6: Standard-Dokumente in IIS

Wir möchten natürlich jetzt eine neue Zeile in dieser Tabelle einfügen. Dazu klicken wir auf der rechten Seite im Bereich AKTIONEN auf HINZUFÜGEN? und geben dann den gewünschten Dateinamen ein, beispielsweise `index.htm` oder `index.html` (oder nacheinander beides).

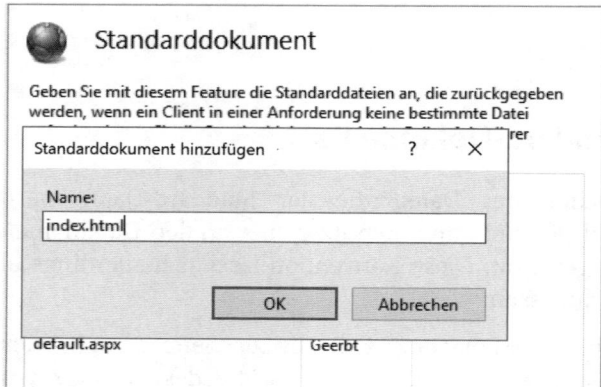

Abb. 16.7: Standard-Dokument hinzufügen

16.6 Weitere Websites bereitstellen

Bisher haben wir unsere erste Website einfach mithilfe der Standard-Website im IIS-Manager konfiguriert. Jetzt ist es an der Zeit, eine zweite Seite hinzuzufügen. Dazu möchten wir eine separate Site im Manager einrichten, sodass wir später auch zusätzliche Funktionen für diese Site aktivieren können, ohne dass davon die Einstellungen der Standard-Website betroffen sind.

Ähnlich einfach wie das Konfigurieren des IIS-Managers an sich ist auch das Hinzufügen einer neuen Site. Gehen Sie dazu wie folgt vor:

1. Zunächst öffnen Sie den IIS-Manager und markieren in der Struktur auf der linken Seite den Eintrag SITES.
2. Klicken Sie jetzt mit der rechten Maustaste auf diesen Eintrag und wählen Sie aus dem Kontextmenü die Funktion WEBSITE HINZUFÜGEN? aus.
3. Jetzt den gewünschten Namen der Site eingeben.

Hinweis

Dabei muss es sich nicht um den Namen handeln, den die Besucher später in die Adresszeile Ihres Browsers eintippen. Geben Sie einfach einen beschreibenden Namen für die neue Website ein.

Anschließend klicken Sie auf die Schaltfläche mit den drei Punkten und wählen den Ordner aus, in dem die Dateien für diese Website gespeichert sind. Standardmäßig gehören Websites auf einem Windows-Webserver in den Ordner `C:\inetpub` – erstellen Sie also am besten innerhalb dieses Ordners einen neuen Unter-Ordner, in dem die betreffenden Dateien abgelegt werden. Anschließend wählen Sie diesen erstellten Ordner im Dialogfeld WEBSITE HINZUFÜGEN als PHYSISCHEN PFAD aus.

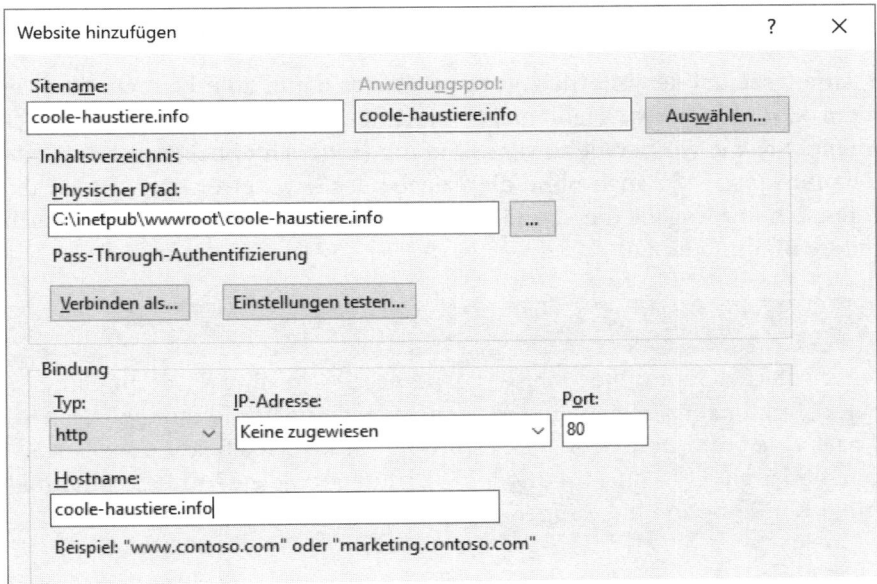

Abb. 16.8: Neue Website zu IIS hinzufügen

Damit die neue Website auch für Besucher erreichbar wird, geht es jetzt noch um die Einrichtung der Bindung. Zuvor hatten wir dieses Thema bereits kurz angeschnitten, wir beschränken uns hier also auf eine Kurz-Übersicht.

- Da es sich bei unserer Website um eine HTTP-Website handelt, belassen wir das PROTOKOLL auf dem voreingestellten Wert.

- Dahinter haben Sie Gelegenheit, die Website an eine spezifische IP-ADRESSE des Servers zu binden. Zum Zugriff auf die Website muss die Anfrage des Clients dann an eben diese IP-Adresse erfolgen. Falls der Eintrag hier auf KEINE ZUGEWIESEN stehen bleibt, spielt es keine Rolle, über welche IP-Adresse der Client mit dem Server kommuniziert.

- Für das HTTP-Protokoll laut der Standard-PORT 80 – das hat den Vorteil, dass Besucher nicht am Ende der Domäne in ihrer Adresszeile noch einen Doppelpunkt, gefolgt von dem Port, eintippen müssen. Belassen wir also die Angabe des Ports auf dem voreingestellten Wert 80.

- Wichtiger ist da die Angabe des HOSTNAMENS. Denn dabei handelt es sich um die Domäne oder URL, über die diese Website erreichbar sein soll. In unserem Beispiel handelt es sich um die Seite `coole-haustiere.info` – eines der Design-Projekte von Wir-Programmieren.

Da die Website sofort online gehen soll, können wir den Haken bei der Option WEBSITE SOFORT STARTEN so stehen lassen, wie er ist, und das Dialogfeld dann durch Klick auf OK bestätigen.

16.7 Die Sache mit dem WWW

In den Anfangszeiten des Internets waren Websites daran zu erkennen, dass sie mit einem `www.` begannen. Heutzutage verzichten viele auf die Angabe dieser Subdomäne. So, wie wir gerade unsere Bindung eingerichtet haben, ist die Seite `coole-haustiere.info` auch ohne die Angabe des `www.` erreichbar. Damit die Seite aber auch *mit* Angabe dieses Präfixes zu erreichen ist, finden wir jetzt noch eine weitere Bindung hinzu.

Hinweis

Falls eine Internet-Seite unter mehreren Adressen erreichbar ist, können Sie auch dafür Bindungen verwenden. Eine andere Nutzung der Bindungen besteht darin, dass eine bestimmte Seite nicht nur über HTTP erreichbar sein soll, sondern auch über HTTPS. Auch in diesem Fall müssten Sie eine weitere Bindung zur Seiten-Konfiguration hinzufügen.

Wir gehen also jetzt hin und richten eine weitere Bindung für unsere frisch erstellte Website ein. Dazu führen Sie die folgenden Schritte aus:

1. Als Erstes klicken Sie mit der rechten Maustaste auf den Eintrag der neuen Website, den Sie auf der linken Seite des IIS-Managers sehen.

2. Im Kontextmenü folgt ein Klick auf die Funktion BINDUNGEN BEARBEITEN...

3. Sobald wir jetzt auf den Button HINZUFÜGEN? klicken, erscheint wieder ein ähnliches Formular, wie wir es bereits aus dem Dialogfeld zum Erstellen einer neuen Website kennen. Auch hier werden wiederum die Parameter der Bindung abgefragt, darunter der Protokoll-TYP (in unserem Fall handelt es sich immer noch um HTTP), die IP-ADRESSE, auf der der Server nach Anfragen für diese Seite horchen soll (wir belassen den Eintrag wiederum auf KEINE ZUGEWIESEN) sowie der PORT, den wir ebenfalls auf 80 stehen lassen.

4. Als Hostnamen geben wir nun wieder die gleiche Domäne ein wie vorher, aber diesmal mit dem Präfix www. Anschließend bestätigen wir unsere Eingabe durch Klick auf OK, wodurch die neue Bindung automatisch aktiviert wird.

Die Website, die wir soeben erstellt haben, ist also jetzt sowohl mit als auch ohne das www. erreichbar.

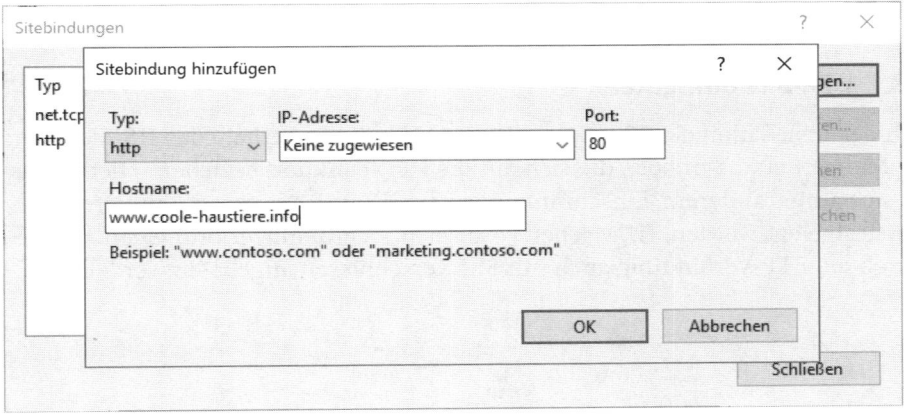

Abb. 16.9: Weitere Bindung zur Site hinzufügen

16.8 Integration des FTP-Moduls

In Zeiten all dieser Cloud-Dienste, die sich zur Speicherung von Daten eignen, könnte man der Ansicht sein, das gute alte FTP habe schon längst ausgedient. Doch überraschenderweise ist dem längst nicht so: Noch immer werden viele Websites über eine FTP-Verbindung auf dem neuesten Stand gehalten.

In Windows Server 2016 unterstützt der integrierte FTP-Server des IIS-Webservers sogar erweiterte Sicherheits-Funktionen – beispielsweise die Begrenzung von Anmelde-Versuchen sowie die Integration der Kontingente zur Speicherung von

Daten –wir haben bereits in einem vorherigen Kapitel darüber gesprochen, wie sich diese Kontingente für Freigaben im Netzwerk einrichten lassen.

16.8.1 FTP-Rolle hinzufügen

Bevor Sie auf FTP-Funktionen zugreifen können, muss zunächst der entsprechende Rollen-Dienst zur Webserver-Rolle hinzugefügt werden. Dazu öffnen Sie als Erstes den Server-Manager, und dann oben rechts auf das VERWALTEN-Menü und darin auf die Funktion ROLLEN UND FEATURES HINZUFÜGEN ZU klicken.

Blättern Sie in dem Assistenten bis zur Seite SERVER-ROLLEN AUSWÄHLEN und erweitern Sie dann die Zeile, die mit einem halb ausgefüllten Häkchen versehen ist, nämlich WEBSERVER (IIS) (X VON 43 INSTALLIERT).

Darin finden Sie unter anderem auch ein Feld für den FTP-SERVER, das Sie nur mit einem Haken versehen müssen, damit diese untergeordnete Rolle installiert wird.

Bestätigen Sie die Installation dann, indem Sie unten auf WEITER klicken. Die Seite für die einzelnen Features können Sie getrost überspringen, sodass Sie auf der Seite BESTÄTIGUNG landen. Hier folgt noch ein Klick auf INSTALLIEREN, damit der FTP-Server schlussendlich eingerichtet wird.

16.8.2 FTP-Site einrichten

Nach der Installation der FTP-Server-Rolle finden Sie innerhalb des IIS-Managers jede Menge neuer Symbole, die sich auf die FTP-Funktion beziehen. Hiermit lassen sich unter anderem Einschränkungen für FTP-IP-Adressen definieren, hier kann festgelegt werden, in welcher Form sich FTP-Benutzer anmelden müssen oder ob die FTP-Verbindung auch mit SSL verschlüsselt angeboten werden soll.

Abb. 16.10: FTP-Optionen im IIS-Webserver

Sehen wir uns an, wie das Einrichten einer FTP-Site im Einzelnen funktioniert:

1. Da wir eine FTP-Site für unsere bereits eingerichtete Website hinzufügen möchten, markieren wir zunächst diese Site auf der linken Seite im Bereich VERBINDUNGEN des IIS-Managers.

2. Anschließend sehen wir auf der rechten Seite im Bereich WEBSITE VERWALTEN auch einen neuen Link, der mit FTP-PUBLISHING HINZUFÜGEN? beschriftet ist.

3. Anschließend tragen wir noch die gewünschte IP-Adresse ein und geben an, ob und wie die Verbindung verschlüsselt werden soll. Für unser Beispiel genügt uns die Option KEIN SSL, wonach wir unten auf WEITER klicken.

4. Jetzt folgen noch die Auswahl der Benutzer, die auf diese FTP-SITE zugreifen dürfen, sowie die Aktivierung der entsprechenden Berechtigungen – sprich, ob die Benutzer nach erfolgter Anmeldung die Daten lesen oder auch verändern dürfen.

Nach abgeschlossener Einrichtung der FTP-Site können wir die Verbindung zu ihr mit jedem beliebigen FTP-Programm testen – vorausgesetzt, dass auf Ihrem Windows Server 2016 die entsprechenden eingehenden Firewall-Regeln für den FTP-Zugriff aktiviert wurden.

Übrigens lassen sich FTP-Sites nicht nur über die grafische Oberfläche einrichten, sondern alternativ natürlich auch über die PowerShell. Der Vorteil besteht hier ganz klar darin, dass sich diese Methode zum Beispiel durch Skripte automatisieren und auch aus der Ferne ausführen lässt.

Beispiel

Zur Erstellung einer neuen FTP-Site namens FTPTest mit den Standard-Parametern, allerdings einem abgewandelten Port von 1234 und dem Daten-Ordner S:\Programme, wäre folgender Befehl der richtige in einer PowerShell:

```
New-WebFTPSite -Name FTPTest -Port 1234
   -PhysicalPath S:\Programme Enter
```

16.9 PHP im IIS-Server einrichten

Für viele Websites wird eine PHP-Skript-Umgebung benötigt, da sie eben mit PHP erstellt sind anstelle von ASP.net. Zum Glück sind Sie bei der Nutzung von PHP nicht auf einen Linux-Webserver angewiesen, sondern können PHP-Seiten natürlich auch mit dem IIS-Server von Microsoft verwenden. Dazu hat Microsoft selbst sogar einen praktischen Installer erstellt, mit dem die Einrichtung der PHP-Module für den IIS-Webserver deutlich vereinfacht wird.

Navigieren Sie also als Erstes auf die Webseite `https://php.iis.net/`, und klicken Sie dort auf den grünen Button INSTALL PHP NOW. Dadurch landen Sie auf einer Download-Seite für das PHP-Modul.

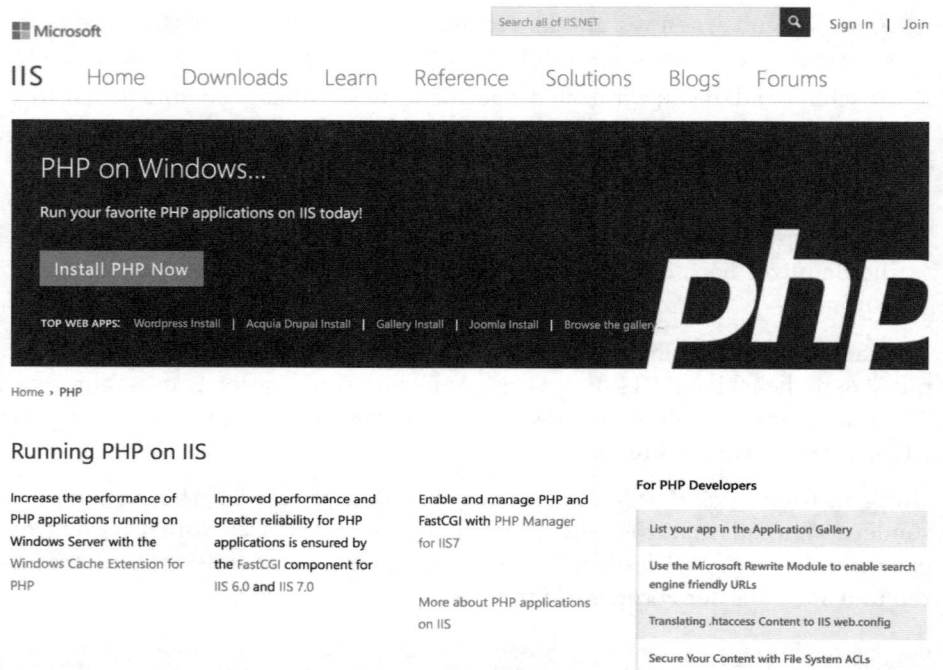

Abb. 16.11: PHP auf der Microsoft-Website herunterladen

Hinweis

Auf diesem Weg wird PHP über den sogenannten *Web Platform Installer* eingespielt, einer Art Galerie, mit der Sie auch beliebte und häufig zum Einsatz kommende CMS-Systeme und weitere PHP-basierte Software auf Ihrem Webserver einspielen können, darunter zum Beispiel WordPress oder auch Drupal.

16.10 Lesbare URLs im IIS-Server nutzen

Bei vielen Content-Management-Systemen werden fast alle Seiten dynamisch zusammengebaut und tragen dann in ihrer Adresse eine ID oder einen anderen Bezeichner, damit das System weiß, welche Seite gerade angefordert wird. Besonders gut lesbar sind solche dynamischen Adressen allerdings nicht.

Für solche Situationen lässt sich leicht Abhilfe schaffen. Linux-Nutzer kennen sicher das Konzept der Rewrite-Regeln, mit deren Hilfe sich leicht lesbare URLs nach außen hin darstellen lassen, wobei die Funktionalität des Systems dahinter nicht betroffen ist. Für die entsprechende Übersetzung der externen in die intern zu nutzende Adresse sorgt dabei ein sogenanntes *Rewrite-Modul*.

Auch für den IIS-Webserver existiert ein solches Modul, mit dem sich Adressen in lesbare URLs verwandeln lassen. Dieses Modul heißt passenderweise *IIS URL Rewrite* und steht auf der Microsoft-Website zum kostenlosen Download bereit.

Link

Sie können das Modul *URL Rewrite* unter der folgenden Adresse herunterladen:

`http://go.microsoft.com/fwlink/?LinkID=615137`

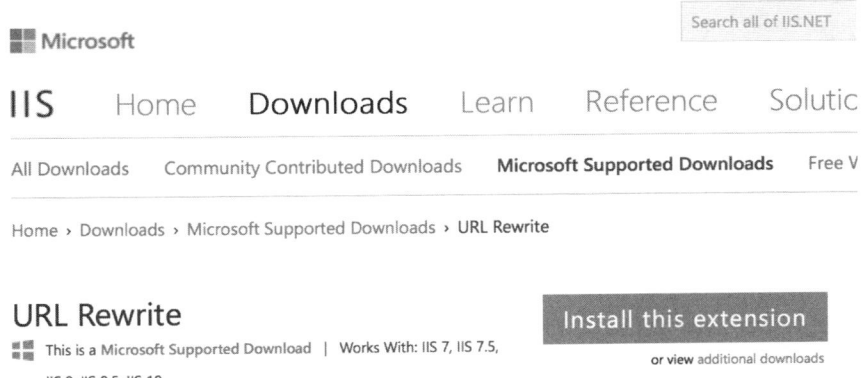

Abb. 16.12: URL Rewrite auf der IIS-Website

Nach erfolgter Installation des Rewrite-Moduls können wir uns an einem Beispiel ansehen, wie es sich nutzen lässt. Dazu erstellen wir zunächst eine einfache ASP.net-Seite. Sie liest die Variablen im Webserver aus und gibt ihre Werte als Rückgabe im Browser aus. Erstellen Sie also zunächst eine neue Datei, in die Sie folgenden Quellcode eingeben:

```
<%@ Page Language="C#" %>
<!DOCTYPE HTML>
<html>
<head>
<meta http-equiv="Content-Type" content="text/html; charset=utf-8" />
```

```
<title>Test des URL Rewrite-Moduls</title>
</head>
<body>
  <h1>Test des URL Rewrite-Moduls</h1>
  <table>
    <tr>
      <th>Server-Variable </th>
      <th>Wert</th>
    </tr>
    <tr>
      <td>Original-URL: </td>
      <td><%= Request.ServerVariables
        ["HTTP_X_ORIGINAL_URL"] %></td>
    </tr>
    <tr>
      <td>Umgeschriebene URL: </td>
      <td><%= Request.ServerVariables["SCRIPT_NAME"] + "?" +
Request.ServerVariables["QUERY_STRING"] %></td>
    </tr>
  </table>
</body>
</html>
```

Nachdem Sie diese Datei im Ordner C:\inetpub\wwwroot als beitrag.aspx gespeichert haben, starten Sie einen Browser und rufen Sie die Adresse http://localhost/beitrag.aspx auf. So sehen Sie, dass die Datei korrekt gespeichert wurde und über ASP.net richtig verarbeitet wird.

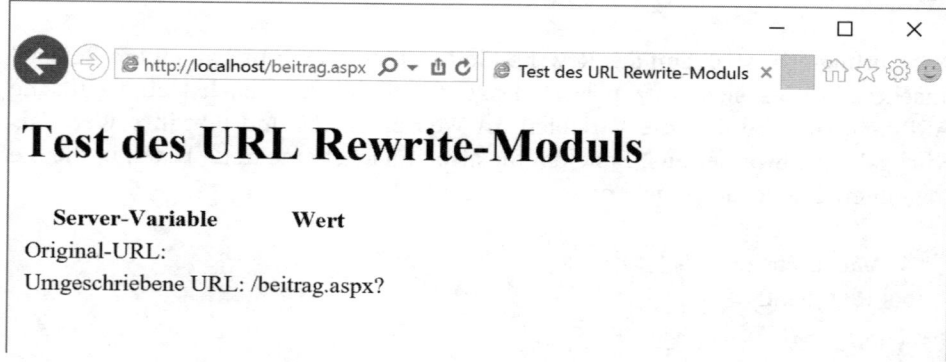

Abb. 16.13: Die Test-Seite im Browser

Unser Ziel ist es, interne URLs des folgenden Formats

```
http://localhost/beitrag.aspx?id=1234&titel=lesbar
```

auf lesbare URLs abzubilden, die wie folgt aussehen sollen:

```
http://localhost/beitrag/1234/lesbar
```

Im nächsten Schritt öffnen wir jetzt den IIS-Manager und wählen dann auf der linken Seite den Eintrag DEFAULT WEB SITE aus.

In der Ansicht, die dann in der Mitte des Fensters erscheint, findet sich auch ein Eintrag für URL REWRITE, auf den wir doppelklicken.

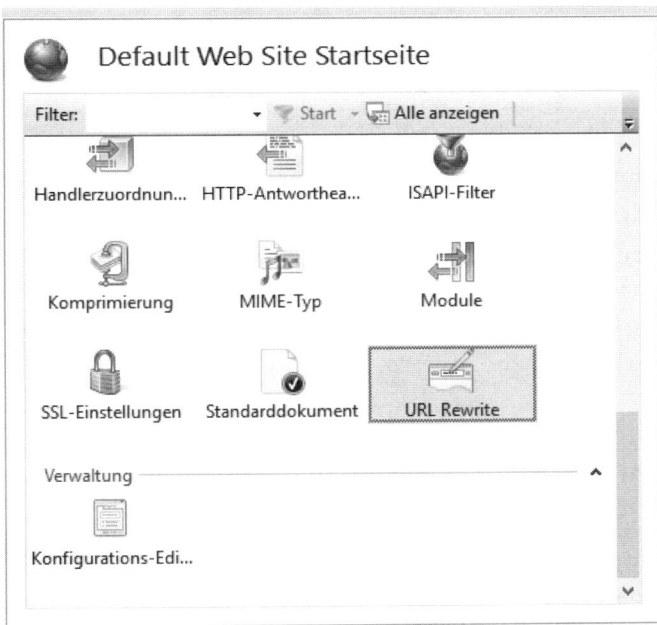

Abb. 16.14: URL Rewrite in der IIS-Konfiguration

Daraufhin sehen Sie eine noch leere Liste mit Regeln für die Umschreibung von URLs. Auf der rechten Seite im Bereich für die Aktionen folgt jetzt ein Klick auf ADD RULE(S)... (Regel(n) hinzufügen).

Als Vorlage für die neue Regel, die wir jetzt erstellen möchten, entscheiden Sie sich für eine BLANK RULE (leere Regel). Bestätigen Sie Ihre Auswahl dann durch Klick auf OK.

Nun ist es an der Zeit, die neue Umschreibungs-Regel zu definieren. Dazu werden vier Informationen benötigt:

- der Name der Regel,
- das Muster, auf das die URL passen muss,
- optional eine weitere Reihe mit Bedingungen, die zutreffen müssen, damit diese Regel ausgeführt wird, sowie
- die Aktion, die ausgeführt werden soll, wenn das Muster zutrifft und (optional) alle Bedingungen positiv ausgewertet wurden.

Als Namen für die neue Regel tragen wir in unserem Beispiel `beitrag.aspx umschreiben` ein.

Im Feld für das Muster machen wir Gebrauch von einer Text-Vorlage in Form eines regulären Ausdrucks, für unser Beispiel lautet sie wie folgt:

```
^beitrag/([0-9]+)/([_0-9a-z-]+)
```

Der reguläre Ausdruck lässt sich wie folgt erklären:

- Das Muster muss auf den Anfang des Textes passen (^).
- Anschließend folgt der URL-Ordner `beitrag/`.
- Danach beschreiben wir einen variablen Teil, der aus mindestens einer Ziffer bestehen muss (`[0-9]+`).
- Nach einem weiteren Schrägstrich folgen als Titel des Beitrags eine Reihe von Zeichen, dabei sind Unterstriche, Ziffern, Buchstaben und Bindestriche erlaubt.

Dadurch, dass wir die variablen Teile in Klammern gesetzt haben, können wir sie gleich bei der Umschreibung auf die interne URL als Bausteine weiterverwenden.

Im Bereich ACTION (Aktion) entscheiden wir uns dann für die Aktion REWRITE – also Umschreibung –, denn wir möchten ja die leicht lesbare Variante auf die intern benötigte Variante abbilden.

Als Rewrite-URL tragen wir dann folgenden Ziel-Pfad ein:

```
beitrag.aspx?id={R:1}&titel={R:2}
```

Die Regel wird wirksam, sobald wir sie durch Klick auf den gleichnamigen Link oben rechts ÜBERNEHMEN.

Ein Blick hinter die Kulissen

Wenn wir uns ansehen möchten, welche Einträge dieser Assistent erstellt hat, öffnen wir ein Explorer-Fenster und navigieren zum Ordner `C:\inetpub\wwwroot`.

An dieser Stelle finden wir nun eine Datei namens `web.config`. Wenn wir sie über einen Rechtsklick im Editor öffnen, finden wir darin unter anderem folgenden Abschnitt:

```
<rewrite>
 <rules>
  <rule name="beitrag.aspx umschreiben">
   <match url="^beitrag/([0-9]+)/([_0-9a-z-]+)" />
   <action type="Rewrite"
    url="beitrag.aspx?id={R:1}&titel={R:2}" />
  </rule>
 </rules>
</rewrite>
```

Dabei handelt es sich also um eine genaue Abbildung der Einstellungen, die wir soeben über die grafische Oberfläche festgelegt haben.

Zum Schluss können wir testen, dass unsere Rewrite-Regel wie gewünscht funktioniert. Dazu rufen wir im Browser die folgende Adresse auf:

```
http://localhost/beitrag/1234/ein-titel
```

Wie wir an der Beispiel-Ausgabe der ASP.net-Seite erkennen können, funktioniert die Umleitung jetzt wie erwartet.

Abb. 16.15: Die erfolgreich umgeschriebene URL

16.11 Fehler- und Status-Codes

Bei jeder Anfrage eines Clients an den Webserver wird neben der eigentlichen Antwort auch ein passender Status-Code generiert, der angibt, ob die Anfrage erfolgreich war oder nicht. Basierend auf diesem HTTP-Status kann der Client dann entscheiden, wie er reagieren möchte – die meisten Browser geben beispielsweise bei Rückgabe eines Status-Codes 404 eine entsprechende Fehlermeldung aus, da dieser Code angibt, dass die Seite nicht gefunden wurde.

Diese numerischen HTTP-Status-Codes sind normiert; auch der IIS-Webserver hält sich an diese Standard-Liste. Zusammen mit einem Fehler-Code sendet der Webserver von Windows auch eine informative Fehler-Beschreibung. Allerdings wird diese Fehler-Beschreibung für Besucher, die aus dem Internet auf den Server zugreifen, absichtlich allgemein gehalten. Dies geschieht aus Sicherheits-Gründen, damit Angreifer über Fehler-Seiten nicht auf potenzielle Dateinamen schließen können.

Wenn Sie nachträglich herausfinden möchten, welche Aufrufe an den Webserver gestellt wurden und welche Status-Codes sie zur Folge hatten, werfen Sie am besten einen Blick in die Protokoll-Dateien des Servers. Diese befinden sich normalerweise in folgendem Ordner:

```
C:\inetpub\logs\Logfiles
```

Wenn Sie diesen Ordner im Explorer anzeigen, finden Sie darin mehrere Unter-Ordner – einen Ordner für jede Site, die im IIS-Manager eingerichtet wurde. Innerhalb dieser Ordner existiert für jeden Tag jeweils eine Protokoll-Datei, die im Dateinamen das Datum trägt, an dem sie erstellt wurde.

Beispiel

```
ex161012.log –
```
Diese Datei wäre eine Protokoll-Datei vom 12. Oktober 2016.

Wir können hier zwar nicht sämtliche Status-Codes aufführen, die der IIS-Server zurückliefern kann, es sei aber auf die ausführliche Liste von Microsoft verwiesen, die Sie zu Referenz-Zwecken unbedingt konsultieren sollten.

Link

Sie finden die Liste der HTTP-Status-Codes unter der folgenden Adresse:

```
https://support.microsoft.com/de-de/kb/943891
```

Festzustellen ist: Neben den standardisierten HTTP-Codes liefert der IIS-Server auch sogenannte erweiterte Status-Codes zurück. Sie werden über einen Punkt vom Standard-Code getrennt.

Beispiel

Der Standard-Code für einen verbotenen Zugriff lautet 403. Falls der verbotene Zugriff allerdings daher kommt, dass für den Zugriff auf eine bestimmte URL unbedingt die Verschlüsselung über SSL zu verwenden ist, liefert der Webserver entsprechend einen erweiterten Code zurück, der 403.4 lautet.

Tipp

Auf der zuvor erwähnten Microsoft-Webseite finden Sie auch eine Referenz zu diesen IIS-proprietären erweiterten Codes.

16.11.1 Detaillierte Fehler anzeigen

Wie gerade erwähnt, verstecken Windows und der IIS-Webserver im Normalfall sämtliche Details zu Fehlern, die im IIS-Webserver bei der Bearbeitung einer URL-Anfrage auftreten. Aus Sicherheits-Gründen ist dies auch sinnvoll.

Wenn Sie allerdings gerade dabei sind, die Ursache für einen Fehler zu suchen, sind diese allgemein gehaltenen Fehler-Meldungen nicht sonderlich hilfreich. In diesem Fall wäre es besser, wenn Sie sämtliche Details zu einem aufgetretenen Fehler erkennen könnten.

Mit einer einfachen Änderung in Ihrer `web.config`-Datei wird genau dies ermöglicht. Fügen Sie dabei folgende Kommandos in die Datei ein:

```
<configuration>
  <system.web>
    <customErrors mode="Off" />
  </system.web>

  <system.webServer>
    <httpErrors errorMode="Detailed" />
  </system.webServer>
</configuration>
```

Wenn Sie anschließend die Seite mit dem zuvor allgemein angezeigten Fehler neu laden, erfahren Sie jetzt deutlich mehr Details – im Falle von ASP.net-Anwendungen erscheinen hier auch Informationen über die Code-Zeile, die den Fehler verursacht hat. Zu Debugging-Zwecken äußerst nützlich.

16.12 Verschlüsselung

In Zeiten von immer mehr Cyber-Kriminalität müssen wir nicht darüber diskutieren, dass die Verschlüsselung bei Websites ein wichtiges Thema ist – und das umso mehr, wenn eine Seite personenbezogene Daten verarbeitet.

Natürlich unterstützt auch der IIS-Webserver die verschlüsselte Übertragung von Inhalten über das Internet und Intranet. Dazu dient im IIS-Manager die Option für SSL-Einstellungen.

Um eine bestimmte Site im IIS-Manager über SSL absichern zu können, benötigen Sie ein entsprechendes Zertifikat. Solche Zertifikate können entweder selbstsigniert sein oder werden von einer offiziellen Registrierungs-Stelle ausgestellt.

Der Unterschied: Bei selbstsignierten Zertifikaten müssen Sie zwar kein Geld dafür bezahlen, profitieren aber andererseits auch nicht von der Vertrauenswürdigkeit der Registrierungs-Stelle. Im Produktiv-Einsatz sollte daher nie ein selbstsigniertes Zertifikat verwendet werden. Jedes Mal, wenn ein Benutzer auf einer Website zugreift, die zwar verschlüsselt ist, aber ein selbstsigniertes Zertifikat einsetzt, erscheint eine entsprechende Warnung im Browser, die die Person davon abhalten soll, auf dieser nicht vertrauenswürdigen Seite irgendwelche persönlichen Informationen preiszugeben.

16.12.1 Zertifikat anfordern

Der Ablauf zum Erstellen eines SSL-Zertifikats gliedert sich in mehrere Teile:

- Zuerst erstellen Sie im Server eine Zertifikat-Anforderung. Zeitgleich erstellt das System damit auch den zugehörigen privaten Schlüssel.
- Durch diese Zertifikat-Anforderung wird eine Datei mit den nötigen Informationen erstellt, die Sie dann bei Ihrem SSL-Anbieter hochladen können. Nach erfolgter Bezahlung wird dieser dann das gewünschte Zertifikat ausstellen.
- Anschließend laden Sie das erstellte Zertifikat wiederum im IIS-Manager hoch, wodurch das Zertifikat für die Nutzung freigegeben wird.
- Jetzt können Sie bei der Site, die mit SSL abgesichert werden soll, eine neue Bindung erstellen und dabei das HTTPS-Protokoll sowie den richtigen Hostnamen auswählen, für den das Zertifikat ausgestellt wurde.

Gehen wir diese Schritte jetzt im Einzelnen durch. Zunächst kümmern wir uns um die Erstellung einer Zertifikat-Anforderung.

1. Rufen Sie als Erstes über den Server-Manager oder direkt über die Gruppe WINDOWS-VERWALTUNGSPROGRAMME im START-Menü den IIS-MANAGER auf.

2. Danach markieren Sie auf der linken Seite im Bereich VERBINDUNGEN den Server, auf dem das Zertifikat erstellt werden soll. Daraufhin erscheint in der Mitte des Fensters die Startseite für den ausgewählten Server.

3. Hier klicken Sie nun im Abschnitt IIS doppelt auf das Symbol SERVER-ZERTIFIKATE.

4. In der rechten Spalte, die mit AKTIONEN überschrieben ist, findet sich unter anderem auch ein Link namens ZERTIFIKAT-ANFORDERUNG ERSTELLEN...

5. Daraufhin erscheint ein Formular, in das Sie die abgefragten Informationen eingeben. Als da wären:

- **Gemeinsamer Name** – Hierbei handelt es sich um den Domänen-Namen der Website, die über SSL abgesichert werden soll. Für unser Beispiel tragen wir hier `wir-programmieren.de` ein.

- **Organisation** – Hier sollten Sie den registrierten bzw. offiziellen Namen Ihres Unternehmens eintippen.

- **Organisations-Einheit** – Hierbei handelt es sich um die Abteilung innerhalb Ihres Unternehmens, für die Sie tätig sind (beispielsweise IT, `Web-Sicherheit`).

- **Ort** – Tragen Sie hier den Namen der Stadt ein, in der Ihr Unternehmen seine Niederlassung hat.

- **Bundesland/Kanton** – In dieses Feld gehört der Name des Bundeslandes bzw. des Kantons, in dem die angegebene Stadt sich befindet.

- **Land/Region** – Hier sollten Sie das ein- oder zweibuchstabige Kürzel des Landes eintragen, in dem sich Ihr Unternehmen befindet. Für Deutschland ist dies demzufolge DE; für Österreich wäre das Kürzel AT und in der Schweiz würden Sie das Kürzel CH benutzen.

 Eigenschaften für definierten Namen

Geben Sie die erforderlichen Informationen für das Zertifikat an. Für "Bundesland/Kanton" und "Ort" müssen die offiziellen Namen ohne Abkürzungen angegeben werden.

Gemeinsamer Name:	wir-programmieren.de
Organisation:	Wir-Programmieren
Organisationseinheit:	IT
Ort:	Meerbusch
Bundesland/Kanton:	NRW
Land/Region:	DE

Abb. 16.16: Zertifikat anfordern

6. Auf der nächsten Seite des Assistenten kommen wir zur Auswahl der Schlüssel-Länge. In Anbetracht der immer größer werdenden Anforderungen an die Sicherheit sollten Sie eine Bit-Länge von mindestens 2048 auswählen, die Sie anschließend durch Klick auf WEITER bestätigen.

7. Danach tragen Sie noch einen DATEI-PFAD ein. In dieser Datei wird die Zertifikat-Anforderung gespeichert.

> ## Tipp
>
> Es ist in Ihrem Interesse, wenn Sie hier nicht nur einen Dateinamen eingeben, sondern eine vollständige Pfad-Angabe. Denn wenn nur ein Dateiname ohne Pfad eingetragen wird, landet die Zertifikat-Anforderung direkt im System32-Ordner unter `C:\Windows\system32`, wo Sie sie erst mühsam heraussuchen müssten. Da ist die Auswahl des `Dokumente`-Ordners oder des `Desktops` doch viel komfortabler.

8. Sobald Sie einen Dateipfad angegeben haben, schließen Sie den Assistenten durch Klick auf FERTIG STELLEN ab. Am angegebenen Pfad finden Sie anschließend eine Datei, die der Assistent dort gespeichert hat und die Sie zum Erstellen des Zertifikats bei Ihrem Anbieter hochladen müssen.

16.12.2 Zertifikat installieren

Sobald Sie Ihr Zertifikat vom SSL-Anbieter erhalten haben, können wir es über den IIS-Manager installieren. Auch dazu ist zunächst wieder in der linken Spalte ein Klick auf den Namen des betreffenden Servers nötig. Danach rufen Sie erneut das Modul SERVER-ZERTIFIKATE auf.

In der Spalte AKTIONEN rechts klicken Sie jetzt auf ZERTIFIKAT-ANFORDERUNG ABSCHLIESSEN…

Daraufhin fragt das System Sie nach der Datei, die der SSL-Anbieter Ihnen gesendet hat. Zudem hinterlegen Sie hier auch einen Namen für das Zertifikat – dieser dient nur der Erkennung innerhalb des IIS-Managers und hat keine Auswirkung auf den zuvor erwähnten Gemeinsamen Namen (CN) oder auf die URL der Website, die Sie absichern möchten.

Sobald Sie nun unten auf OK klicken, wird das neue SSL-Zertifikat im Server eingerichtet.

16.12.3 SSL-Funktion für Website aktivieren

Nun, da wir das Zertifikat auf dem Server installiert haben, können wir es der Website zuweisen, die wir damit absichern möchten. Führen Sie dazu die folgenden Schritte aus:

1. Zunächst auf der linken Seite im Bereich SITES die Website markieren, deren SSL-Funktion aktiviert werden soll.

2. Anschließend klicken Sie mit der rechten Maustaste auf diese Site und wählen dann im Kontextmenü die Funktion BINDUNGEN BEARBEITEN... aus.

3. In der Liste der Bindungen, die daraufhin erscheint, klicken Sie auf der rechten Seite auf den Button HINZUFÜGEN?

4. Daraufhin erscheint wieder das Formular für die Bindungen, das wir zuvor bereits mehrfach kennengelernt hatten. Einziger Unterschied: Jetzt stellen wir nicht HTTP als Typ ein, sondern HTTPS.

5. Durch die Änderung des Typs auf HTTPS passt der IIS-Manager den Port automatisch auf den Standard-Port für HTTPS an, nämlich 443.

6. Ins Feld HOSTNAME geben wir hier die gleiche Kennung ein, die wir bereits zuvor beim Erstellen der Zertifikat-Anforderung in das Feld GEMEINSAMER NAME eingetragen haben, nämlich die Domäne, die die Besucher später im Browser eintippen oder anklicken sollen.

7. Etwas weiter unten im Dialogfeld sehen Sie ein Klappfeld, über das sich das korrekte SSL-Zertifikat auswählen lässt.

Tipp

Ob Sie auch tatsächlich das korrekte Zertifikat ausgewählt haben, können Sie durch Klick auf den Button ANZEIGEN... leicht ermitteln.

8. Sobald Sie das Erstellen der neuen Bindung durch Klick auf OK bestätigen, ist die Site wie gewünscht auch über SSL erreichbar.

Wichtig

Mehrere SSL-Sites auf demselben Server nutzen

Normalerweise ist für jede SSL-Site eine eigene IP-Adresse nötig. Allerdings gibt es seit geraumer Zeit eine Erweiterung des SSL-Protokolls, mit der eine ähnliche Funktion möglich wird wie bei den Bindungen für normale HTTP-Sites. Wir reden hier vom sogenannten SNI-Protokoll (*Server Name Indication*). Im Dialogfeld zum Erstellen einer neuen Bindung müssen Sie für die zweite und alle weiteren SSL-Sites, die auf einem IIS-Webserver erstellt werden, die entsprechende Option für SNI mit einem Haken versehen. Nur so ist sichergestellt, dass beim Aufruf einer SSL-Site, die auf diesem Webserver gehostet ist, auch tatsächlich die richtige der Sites im Browser des Besuchers erscheint.

Wie wir gesehen haben – und dabei haben wir nur wenige der Funktionen des IIS-Webservers betrachtet –, enthält Windows Server 2016 einen umfangreichen Webserver, mit dem sich viele Aufgaben schnell und effizient umsetzen lassen. Besonders dann, wenn es um das Hosting von ASP.net-Websites geht, ist IIS ungeschlagen.

Wenn Sie allerdings aus der Linux-Welt kommen, sind Sie sicher viel besser vertraut mit dem Apache-Webserver. Im nächsten Kapitel werfen wir daher einen Blick darauf, wie sich auch dieser alternative Webserver problemlos in Windows Server 2016 installieren und nutzen lässt.

Kapitel 17

Die Alternative: Apache

Schon seit vielen Jahrzehnten ist der Apache-Webserver der De-facto-Standard unter den Webservern. Da ist es auch nicht verwunderlich, dass heute eine Vielzahl aller erreichbaren Websites auf Apache basieren.

17.1   Warum Apache auf Windows?

Wer seit Jahren unter Linux mit Apache gearbeitet hat, findet sich natürlich auch auf einem Windows-System schneller mit dem zurecht, als sich erst in die Gegebenheiten des IIS-Webservers einarbeiten zu müssen. Ein weiterer Vorteil kommt dann zum Tragen, wenn in Ihrem Unternehmen nicht nur Windows-Server genutzt werden, sondern – wie in vielen Netzwerken – sowohl Windows- als auch Linux-Server eingesetzt werden.

Denn ist eine bestimmte Website erst einmal auf die Nutzung mit dem Apache-Webserver angepasst – wir denken da zum Beispiel an die Verwendung von `.htaccess`-Dateien –, wäre es sicher unsinnig, diese auf ein anderes Format umzustellen, nur damit die jeweilige Seite auch auf einem Windows-Webserver betrieben werden kann.

Welcher Grund es auch immer ist, der Sie zur Überlegung veranlasst, Apache auf Windows Server 2016 einzusetzen: Die Installation und Einrichtung sind nicht schwer.

Natürlich gibt es beim Apache-Webserver nicht so eine bequeme grafische Oberfläche, wie Sie diese beim IIS-Webserver in Form des IIS-Managers nutzen können. Stattdessen erfolgt die Konfiguration primär über Konfigurations-Dateien, die sich mit einem normalen Text-Editor bearbeiten lassen. Dazu kommen wir gleich noch näher.

17.2   Apache installieren

Sehen wir uns zunächst an, wie sich der Apache-Webserver auf einem System mit Windows Server 2016 installieren lässt.

Wichtig

Damit die Installation erfolgreich verläuft, sollte auf dem betreffenden System nach Möglichkeit kein IIS-Webserver vorhanden sein. Falls Sie aber doch in die Verlegenheit kommen, beide Webserver auf demselben System betreiben zu müssen, sollten Sie zunächst in der IIS-Konfiguration dafür Sorge tragen, dass keinerlei Bindungen den Port 80 (also den Standard-Port für HTTP) belegen. Denn jeder der beiden Webserver kann nur jeweils einen Port in Anspruch nehmen – die gemeinsame Nutzung des Standard-Ports durch IIS und Apache ist leider nicht möglich. Deswegen müssen Sie den IIS-Server so einstellen, dass Anfragen für die darin konfigurierten Sites auf einem anderen Port entgegengenommen werden – empfehlenswert sind hier beispielsweise der Port 81 oder der Port 8080.

Bevor Sie den Apache-Webserver auf Ihrem Windows-Server installieren können, müssen Sie die Software natürlich zunächst einmal herunterladen. Der Download von Apache ist kostenlos möglich – verschiedene Anbieter bieten bereits vollständig kompilierte Versionen der Software zum direkten Einsatz auf einem Windows-Server zum Herunterladen an.

Link

Ein guter Anbieter, bei dem Sie immer die neueste Apache-Version finden, ist Apache Haus. Die Downloads finden Sie auf der folgenden Webseite:

`http://www.apachehaus.com/cgi-bin/download.plx`

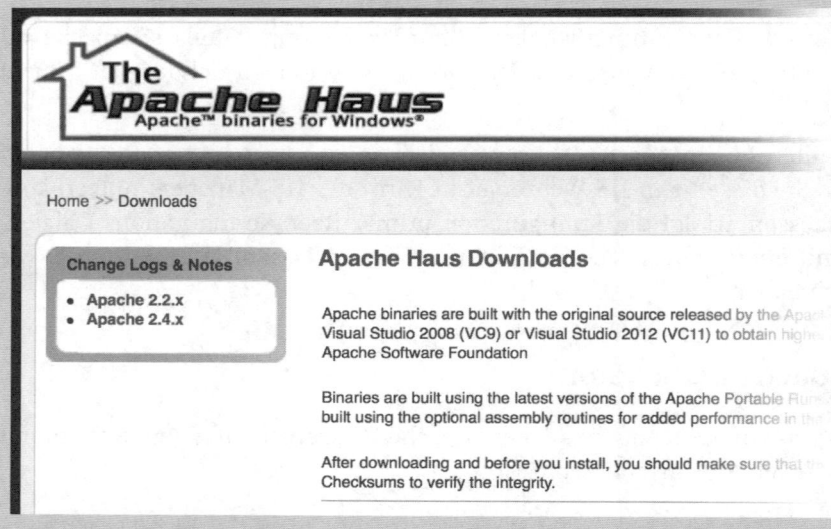

Abb. 17.1: Website von Apache Haus

Bei den dort angebotenen Downloads entscheiden Sie sich für eine 64-Bit-Version, die mit den Visual-C++-Bibliotheken der Version 14 (VC 14) kompiliert wurde. Einige häufig benötigte Apache-Module sind bereits in diesem Download mit enthalten, darunter die für SSL-Verbindungen benötigte OpenSSL-Bibliothek sowie Unterstützung für IPv6-Adressen.

Nachdem der Download der entsprechenden Datei abgeschlossen ist, entpacken Sie diese direkt in das Stamm-Verzeichnis von Laufwerk C. Dadurch entsteht der Ordner C:\Apache24. Die Ziffern am Ende des Ordners können natürlich auch anders lauten, wenn Sie nicht Apache 2.4 heruntergeladen haben, sondern eine andere Version.

Wichtig

In Windows Server 2016 sind die Visual C++-Bibliotheken nicht immer enthalten. Falls nötig, müssen Sie sie noch herunterladen, entpacken und die darin enthaltene Datei vcruntime140.dll in den Ordner C:\Apache24\bin kopieren:

```
http://d.pr/f/1bXAH
```

Damit ist der Apache-Webserver auch schon einsatzbereit. Was jetzt noch fehlt, ist die Registrierung als Windows-Dienst. Das hat den Vorteil, dass der Apache-Server fortan bei jedem Start des Systems hochfährt und bei jedem Herunterfahren des Systems automatisch beendet wird.

Die Einrichtung als Dienst lässt sich mit wenigen Befehlen über eine Eingabe-Aufforderung vornehmen. Hier die nötigen Schritte im Einzelnen:

1. Klicken Sie als Erstes mit der rechten Maustaste auf den START-Button und wählen Sie dann aus dem Menü die Option EINGABE-AUFFORDERUNG (ADMINISTRATOR) aus.

2. Jetzt werden bei Bedarf die Daten des Administrator-Kontos abgefragt, die Sie folglich eintippen müssen.

3. Sobald das Fenster der Eingabe-Aufforderung auf dem Bildschirm erscheint, wechseln Sie zu dem Ordner, in denen wir die Daten des Apache-Webservers entpackt hatten. Meist funktioniert dies mit folgendem Befehl:
cd \Apache24\bin [Enter]

4. Mithilfe des folgenden Kommandos wird Apache jetzt als Dienst in der Liste der System-Dienste von Windows Server 2016 registriert:
httpd -k install [Enter]

5. Nach Absenden dieses Befehls sollten Sie eine entsprechende Bestätigung in der Eingabe-Aufforderung sehen.

6. Nun haben wir den System-Dienst von Apache zwar installiert, aber noch nicht gestartet. Dies holen wir jetzt (einmalig) durch Eingabe des folgenden Befehls nach:

`httpd -k start` [Enter]

> **Hinweis**
>
> Diesen Befehl müssen Sie nicht bei jedem Start des Apache-Servers eingeben, sondern nur dieses eine Mal. Ab dem nächsten Start des Windows-Systems wird der Apache-Webserver automatisch mit gestartet.

Jetzt ist es an der Zeit zu testen, ob die Installation des Apache-Webservers erfolgreich war. Dazu starten Sie einen Browser und geben in die Adresszeile die URL `http://localhost` ein.

Anhand der erscheinenden Platzhalter-Seite können Sie erkennen, dass der Apache-Webserver jetzt erfolgreich eingerichtet ist.

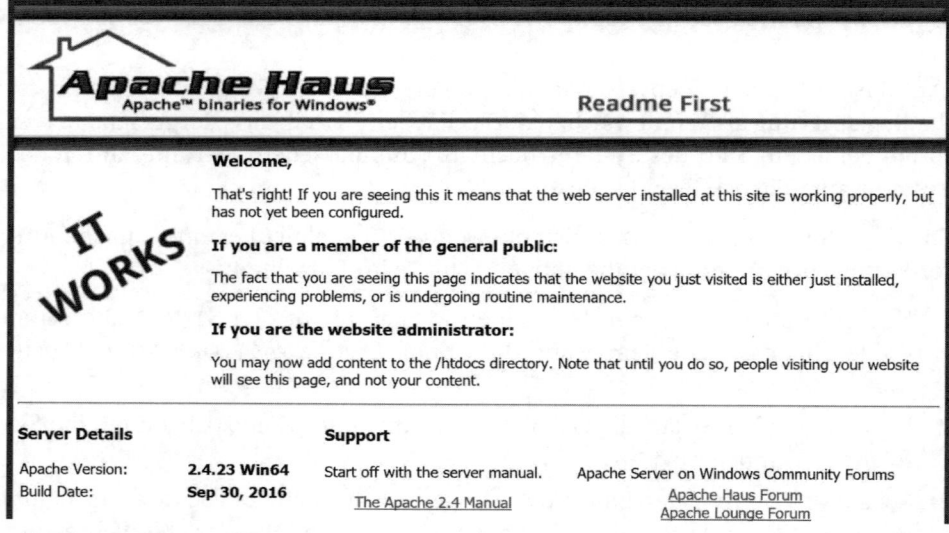

Abb. 17.2: Der Apache läuft

17.3   Website mit Apache hosten

Ähnlich wie das Standard-Verzeichnis beim IIS-Webserver gibt es ein solches Verzeichnis auch beim Apache. Sie finden es auf der Festplatte im Ordner `C:\Apache 24\htdocs`.

Tipp

Das »ht« im Ordner-Namen steht dabei für Hypertext und ist dasselbe »ht«, das auch im Namen HTTP vorkommt.

Um eine erste Website mit dem Apache-Webserver anzubieten, genügt es daher, wenn Sie die zugehörigen Daten der Seite in den Ordner htdocs hineinkopieren. Ein Neustart des Apache-Webservers ist nicht nötig – die geänderten Dateien stehen sofort im Intranet bzw. im Internet bereit.

17.4 Apache-Webserver konfigurieren

Die wichtigsten Parameter der Apache-Konfiguration sind wie gesagt in einer Text-Datei gespeichert. Sie finden diese Datei innerhalb des Apache-Ordners im Unter-Ordner conf. Die Datei heißt httpd.conf und lässt sich mit einem beliebigen Editor bearbeiten.

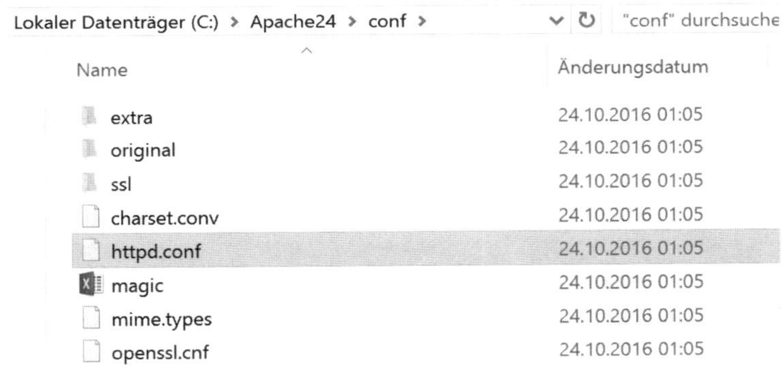

Lokaler Datenträger (C:) › Apache24 › conf ›		"conf" durchsuche
Name		Änderungsdatum
extra		24.10.2016 01:05
original		24.10.2016 01:05
ssl		24.10.2016 01:05
charset.conv		24.10.2016 01:05
httpd.conf		24.10.2016 01:05
magic		24.10.2016 01:05
mime.types		24.10.2016 01:05
openssl.cnf		24.10.2016 01:05

Abb. 17.3: Die Konfigurations-Datei von Apache

Verschaffen wir uns einen Überblick über die wichtigsten beiden Einstellungen, die Sie über diese Konfigurations-Datei vornehmen können:

- **Listen 80** – Hierbei handelt es sich um den Standard-Port für den Apache-Server. Im Normalfall besteht kein Grund, diesen Port zu ändern – es sei denn, der Port 80 ist bereits durch einen anderen Webserver belegt, etwa den in Windows integrierten IIS-Server.
- **LoadModule** – Innerhalb der Konfigurations-Datei finden Sie jede Menge Zeilen, die mit diesem Wort beginnen. Dabei handelt es sich um Module, die beim Start des Apache-Webservers geladen werden. Beginnt eine solche Zeile allerdings mit einer Raute, bedeutet das, dass das zugehörige Modul auskommen-

tiert ist, also beim Start des Servers nicht geladen wird, weil es abgeschaltet wurde. Standardmäßig sind längst nicht alle Apache-Module aktiviert. Sie sollten nur die Module einschalten, deren Funktionen auch tatsächlich benötigt werden.

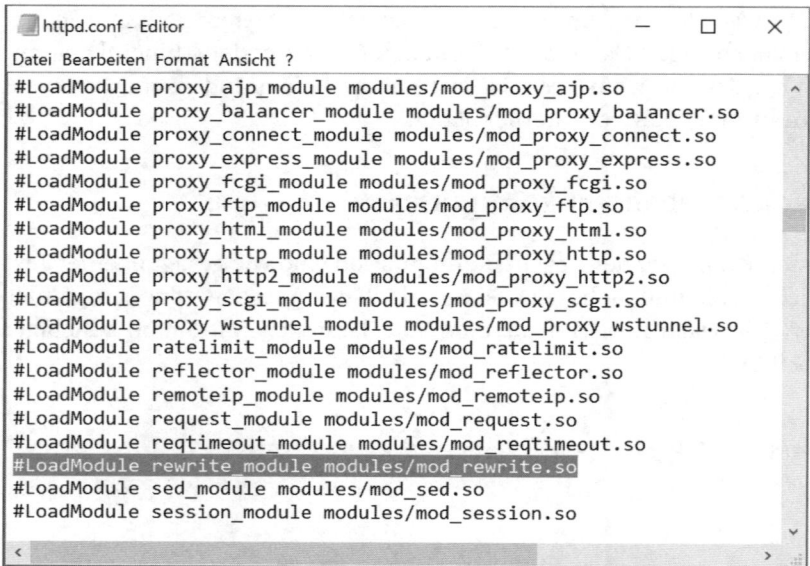

Abb. 17.4: Modul-Anweisungen in der Konfiguration

Tipp

Wenn Sie die im vorherigen Kapitel unter dem Abschnitt »Umleitungen« beschriebenen besser lesbaren URLs auch unter dem Apache-Webserver nutzen möchten, müssen Sie auch hier das zugehörige Rewrite-Modul aktivieren. Sie finden es in der Zeile, die mit LoadModule rewrite_module beginnt – entfernen Sie einfach die Raute, die zu sehen ist, speichern und schließen Sie die Konfigurations-Datei. Damit das jetzt aktivierte Modul geladen wird, muss der Apache-Webserver danach neu gestartet werden, zum Beispiel über den Task-Manager und dessen DIENSTE-Tab.

17.5   Mehrere Websites mit Apache anbieten

Gegen Ende der Konfigurations-Datei finden Sie auch noch durch Referenz einbezogen einen Verweis auf eine andere Konfigurations-Datei, nämlich die Datei für virtuelle Hosts.

Diese separate Konfigurations-Datei für virtuelle Hosts heißt `httpd-vhosts.conf`. Sie finden Sie ebenfalls im Konfigurations-Ordner des Apache-Webservers.

Zuvor hatten wir gesehen, dass bei Apache die Inhalte der Websites im Ordner `htdocs` gespeichert werden. Wie wir beim IIS-Webserver gesehen haben, lassen sich aber durchaus mehrere Websites über ein und denselben Webserver hosten. Zur Verwaltung dieser Sites werden beim IIS-Webserver die Bindungen verwendet; beim Apache-Webserver handelt es sich um virtuelle Hosts.

Diese virtuellen Hosts werden in der eben erwähnten Konfigurations-Datei definiert. Ein Eintrag für einen virtuellen Host sieht beispielsweise wie folgt aus:

```
<VirtualHost *:80>
  ServerName coole-haustiere.info
  ServerAlias www.coole-haustiere.info
  DocumentRoot C:/Apache24/htdocs/coole-
    haustiere.info
  ErrorLog C:/Apache24/logs/vhost-coole-
    haustiere.info-error.log
  CustomLog C:/Apache24/logs/vhost-coole-
    haustiere.info-access.log common
  ServerAdmin webmaster@wir-programmieren.de
</VirtualHost>
```

In diesem Fall würde ein HTTP-Host für eines der Design-Projekte unserer Web-Agentur auf dem Apache-Webserver laufen, und zwar unter dem angegebenen Ort. Zudem werden hier auch separate Protokoll-Dateien für diesen virtuellen Host definiert, über die sich Fehler und Zugriffe genau auswerten lassen.

Wichtig

In sämtlichen Apache-Konfigurationen sollten Sie darauf achten, unbedingt statt der in Windows üblichen Back-Slashes die normalen Schrägstriche zu verwenden. Diese Besonderheit ist der Tatsache geschuldet, dass der Apache-Webserver aus der Linux-Welt stammt, und dort verwendet man eben zur Trennung von Pfad-Angaben die normalen Schrägstriche.

Dies war nur eine kurze Einführung in die Installation, Einrichtung und Nutzung des Apache-Webservers auf einem Windows-Server. Hier profitieren Sie von der Original-Technik, die auf den meisten Linux-Servern zum Einsatz kommt. Dies hat wie gesagt den Vorteil, dass die für Apache gedachten Konfigurations-Dateien nicht erst an die IIS-Technik angepasst werden müssen.

Tipp

Wirklich nützlich wird Apache-Webserver erst im Zusammenspiel mit einer Scripting-Sprache wie zum Beispiel PHP oder Python. Für diese Skript-Sprachen gibt es auch für Apache in Windows entsprechende Module, die sich – ähnlich wie das Rewrite-Modul – über die Konfigurations-Datei bequem einbinden und dadurch laden lassen.

Exchange

Mit Microsoft Exchange steht Ihnen als Administrator von Windows Server 2016 ein perfekt auf dieses System angepasster Email-Server zur Verfügung. Dies ist zwar ein Buch über Windows Server 2016, auf die Details der Bereitstellung und Nutzung von Exchange Server können wir hier allerdings nicht in aller Ausführlichkeit eingehen.

Sehen wir uns daher kurz folgende Themen an:

- Welche Neuerungen gibt es in Exchange Server 2016?
- Welche Vorteile bietet Exchange gegenüber anderen Lösungen?
- Wie können Sie von einer älteren Exchange-Version auf Exchange 2016 aktualisieren?
- Welche Schritte sind zur Vorbereitung des Active Directory erforderlich?
- Wie können Fehler gefunden werden?

18.1 Neuerungen in Exchange Server 2016

Bei Exchange 2016 dreht sich alles um das Arbeitsumfeld von morgen. Hier laufen also viele Aktionen direkt in der Cloud ab. Deswegen enthält Exchange 2016 viele innovative Funktionen, die sich mehr auf die Zusammenarbeit als auf die bloße Kommunikation konzentrieren. Zudem gibt es einige Änderungen an der Architektur, die für mehr Schnelligkeit, bessere Vernetzung und höhere Leistung sorgen.

18.1.1 Outlook im Web

- Für Exchange 2016 hat Microsoft die Outlook-Web-App radikal überarbeitet, sowohl im Aussehen als auch in ihren Funktionen. Ab sofort trägt sie auch einen neuen Namen, nämlich **Outlook im Web**.
- Möchte ein Benutzer von Outlook im Web auf eine Email-Nachricht antworten, kann die **Antwort direkt innerhalb der Unterhaltung** erfolgen – dazu muss kein separates Fenster mehr geöffnet werden.
- Zudem hat Microsoft auch an der Darstellung von **HTML-Emails** gearbeitet, denn jetzt werden mehr Standards unterstützt.

■ Für eine optimale Nutzung von Outlook im Web sorgt der neue **Responsive-Modus**: Damit lassen sich Emails ab sofort auch von unterwegs aus bequem bearbeiten – egal, ob der Benutzer dazu ein Smartphone oder ein Tablett einsetzt.

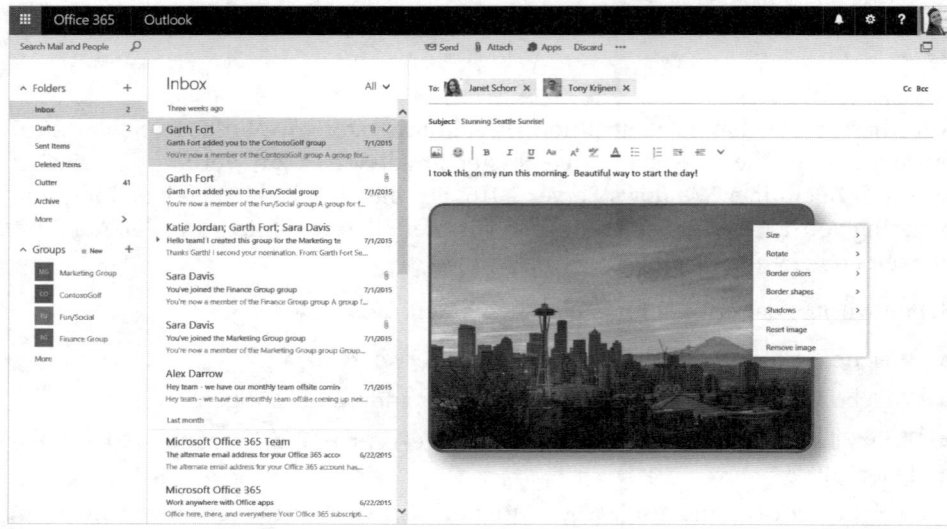

Abb. 18.1: Outlook im Web

18.1.2 Leichtere Weitergabe von in der Cloud gespeicherten Dateien

In Outlook 2016 und im Web lassen sich jetzt Dateien, die in OneDrive for Business oder auf SharePoint 2016 gespeichert sind, als Link einfügen, anstatt die gesamte Datei mitsamt Inhalt anhängen zu müssen. Dies vereinfacht den Umgang mit verschiedenen Versionen der Datei, denn nun arbeiten alle Empfänger sowie der Absender mit derselben Datei, eben derjenigen, die in der Cloud abgelegt ist. So entfällt langwieriges Zusammenführen von Änderungen an Offline-Kopien mit der Original-Version aus der Cloud.

18.1.3 Schnellere Such-Funktion

Wer nach einer Email sucht, möchte die Ergebnisse schnell auf dem Bildschirm haben – egal, ob die Nachricht nun zwei Tage oder zwei Jahre alt ist. Dank der verbesserten Such-Funktion in Exchange 2016 klappt dies jetzt entschieden besser. Dabei hat Microsoft auch eine intelligente Such-Technik integriert, die proaktiv Vorschläge für Ergebnisse macht, die zu der angegebenen Suchanfrage passen könnten.

18.1.4 Mehr Sicherheit

Damit auch im Notfall keine Daten verloren gehen, verfügt Exchange 2016 über erweiterte DLP-Funktionen. Zur Klassifizierung von besonders vertraulichen Informationen wurden mehr als 30 neue Daten-Typen eingeführt; zudem verfügt Exchange auch eine bessere Unterstützung zur Klassifizierung von Inhalten durch externe Systeme, die ihre Einschätzung an Exchange zurückgeben. Anschließend kann der Exchange Server je nach Ergebnis der Prüfung auf die Nachricht entsprechend reagieren und sie als Spam oder harmlose Email einstufen.

18.1.5 Automatische Archivierung

Sie kennen das sicher aus Ihrem Netzwerk: Einige Benutzer speichern jede Menge an Daten in ihrem Postfach. Für Benutzer, die über große Mengen von Emails und Anlagen verfügen, bietet Exchange Server 2016 weitere Postfächer, die der Archivierung dienen. Dies passiert automatisch, sobald ein bestimmtes Archivierungs-Postfach größer als 100 GB wird.

Für die zusätzlichen Archivierungs-Postfächer ist dann eine Größe von 50 GB gültig, nach der jeweils eine weitere Postfach-Datei erstellt wird. Optisch sehen alle diese zusätzlichen Postfächer zur Archivierung von Nachrichten gegenüber dem Benutzer und auch für Sie als Administrator wie ein einzelnes Archiv aus.

18.1.6 Bessere kombinierte Bereitstellung innerhalb und außerhalb der Cloud

Über die Hybrid-Funktion von Exchange 2016 lässt sich eine Exchange-Installation auch auf die Cloud erweitern, sodass ein Umstieg oder eine Zusammenfassung bei der Bereitstellung viel einfacher von der Hand geht. Dabei ist der Assistent zur Konfiguration solcher Hybrid-Bereitstellungen jetzt cloudbasiert. Dies hat den Vorteil, dass er immer die neueste Technik nutzt und auf dem neuesten Stand bleibt, wenn es zu Änderungen bei Office 365 kommt.

> **Beispiel**
>
> Bei einer derartig vernetzten Bereitstellung von Exchange innerhalb und außerhalb der Cloud lassen sich zum Beispiel die Postfächer von Benutzern lokal speichern, wobei trotzdem die Vorteile von weiteren Cloud-Diensten ermöglicht werden, beispielsweise *Exchange Online Protection* oder auch die Rechte-Verwaltung von Azure.

Wichtig

Wenn in Ihrem Unternehmen noch Clients mit Outlook 2007 zum Einsatz kommen, sollten Sie den Umstieg auf Exchange Server 2016 gut durchdenken. Denn diese Outlook-Version arbeitet nicht mit der neuen Exchange Server-Version zusammen. Stattdessen wird **mindestens Outlook 2010** benötigt, damit sämtliche Funktionen unterstützt werden.

18.2 Von Exchange Server 2010 auf 2016 umsteigen

Wie wir gesehen haben, enthält Microsoft Exchange 2016 interessante Neuigkeiten, wenn es beispielsweise um die Cloud-Bereitstellung, verbesserte Zuverlässigkeit oder auch um die neue Architektur geht, die viel angepasster an das Geschäftsumfeld von heute ist.

18.2.1 Installierte Version überprüfen

Zur Aktualisierung Ihres Exchange Servers sollten wir zuerst herausfinden, welche Version aktuell installiert ist. Dazu rufen Sie zunächst Ihre EXCHANGE MANAGEMENT SHELL auf und geben folgenden Befehl ein:

```
Get-ExchangeServer | Format-List Name, Edition,
    AdminDisplayVersion [Enter]
```

Hier sollte als Version EXCHANGE 2010 gegeben sein.

Hinweis

Damit sich die Installation von Exchange Server 2010 direkt auf 2016 aktualisieren lässt, muss mindestens das Exchange 2010 Service Pack 3 und das Exchange 2010 Service Pack 3 Update-Rollup 11 installiert sein.

18.2.2 Voraussetzungen erfüllen

Für Exchange Server 2016 wird in Active Directory mindestens die Funktions-Ebene WINDOWS SERVER 2008 benötigt. Was den Outlook-Client angeht, wird von Exchange Server 2016 mindestens Outlook-Version 2010 verlangt.

Das heißt: Zum Zugriff auf Exchange Server 2016 ist entweder Outlook 2010, Outlook 2013 oder Outlook 2016 nötig. Mitarbeiter, die von einem Mac aus auf Exchange Server 2016 zugreifen möchten, müssen entweder Outlook 2011 oder Outlook 2016 auf ihrem Mac nutzen.

Neben diesen Voraussetzungen gibt es noch System-Voraussetzungen, die Sie als Administrator vor der Aktualisierung auf Exchange Server 2016 unbedingt beachten sollten.

- **Arbeitsspeicher** – In Sachen Arbeitsspeicher genehmigt sich der Exchange Server mindestens 8 GB für den Postfach-Server. Zusätzlich sind mindestens 4 GB für den Zustellungs-Dienst erforderlich.

- Was die **Auslagerungs-Datei** geht, sollte diese auch nicht allzu knapp bemessen sein –-so groß wie der Arbeitsspeicher sollte sie schon sein.

- Auf dem **Laufwerk**, auf dem Exchange installiert wird, müssen mindestens 30 GB frei sein. Zudem sind weitere 500 MB für jedes Sprachpaket nötig, das installiert werden soll. Zusätzlich brauchen Sie 200 MB Speicherplatz auf dem System-Laufwerk und mindestens 500 MB Speicher für die Nachrichten-Warteschlange.

- Diese Laufwerke sollten dabei mit dem **NTFS-Dateisystem** formatiert sein.

- Auch sollte das **.NET Framework** bereits vorhanden sein.

Wichtig

Bevor Sie fortfahren, erstellen Sie unbedingt eine Komplett-Sicherung Ihres Active Directory. Denn im nachfolgenden Schritt werden wir das Schema aktualisieren, das für die Kompatibilität von Exchange mit Active Directory sorgt. Da dieser Vorgang nicht rückgängig gemacht werden kann, ist es gut, wenn Sie ein vollständiges Back-up in der Tasche haben.

18.2.3 Active-Directory-Schema für Exchange Server 2016 installieren

Im nächsten Schritt ist die Aktualisierung des Verzeichnis-Dienstes nötig:

1. Starten Sie als Erstes das Set-up von Exchange Server 2016 und merken Sie sich den Pfad, in dem die Dateien der Installation entpackt werden.

2. Anschließend öffnen Sie eine Eingabe-Aufforderung mit Administrator-Rechten und wechseln in das Verzeichnis, in das die Dateien soeben entpackt wurden.

3. Durch Aufruf des folgenden Befehls wird das Schema nun aktualisiert:

```
setup.exe /PrepareSchema
    /IAcceptExchangeServerLicenseTerms [Enter]
```

4. Sobald das Schema aktualisiert wurde, können auch die restlichen Active-Directory-Eigenschaften auf den neuesten Stand gebracht werden:

```
setup.exe /PrepareAD
  /IAcceptExchangeServerLicenseTerms Enter
```

5. Zum Schluss wird auch die Domäne für Exchange Server 2016 vorbereitet, und zwar mit folgendem Kommando:

```
setup.exe /PrepareDomain:Wir-Programmieren.de
  /IAcceptExchangeServerLicenseTerms Enter
```

18.2.4 Exchange Server 2016 installieren

Nach Abschluss dieser vorbereitenden Aufgaben in Verbindung mit dem Active Directory können wir die eigentliche Installation von Exchange Server 2016 vornehmen.

Dazu öffnen Sie ein Explorer-Fenster in dem Ordner, in dem die Set-up-Dateien von Exchange 2016 entpackt wurden. Hier starten Sie durch einen Doppelklick die Datei setup.exe und folgen dann den Anweisungen des Assistenten, der die restlichen Arbeiten für uns übernimmt.

18.2.5 AutoDiscover-URL aktualisieren

Nach Abschluss der Installation über den Assistenten muss noch die URL für die automatische Erkennung der Dienste auf den neuesten Stand gebracht werden. Dazu benötigen wir wieder die EXCHANGE MANAGEMENT SHELL und geben darin folgenden Befehl ein:

```
Set-ClientAccessService -Identity E2016
  -AutoDiscoverServiceInternalURI
    https://autodiscover.wir-programmieren.de
    /Autodiscover/Autodiscover.xml Enter
```

Zum Schluss noch einmal den IIS-Webserver neu starten – besonders einfach gelingt dies über den Aufruf des folgenden Befehls in einer Eingabe-Aufforderung mit Administrator-Rechten:

```
iisreset Enter
```

18.2.6 Ursachen möglicher Fehler herausfinden

Nach erfolgreicher Installation von Exchange Server 2016 können Sie mit einem PowerShell-Cmdlet nachsehen, ob alles ordnungsgemäß geklappt hat. Dieses

Cmdlet wird über die EXCHANGE MANAGEMENT SHELL aufgerufen und lautet wie folgt:

```
Test-ServiceHealth [Enter]
```

Nach Ausführung dieses Skripts erhalten Sie eine Ausgabe ähnlich wie die in dem Foto. Darin sind unter anderem sämtliche Dienste aufgeführt, die für die einzelnen Rollen des Exchange-Servers benötigt werden, sodass Sie leicht erkennen können, welche dieser Dienste momentan nicht ausgeführt werden, was ein Problem darstellen könnte, um das Sie sich kümmern sollten.

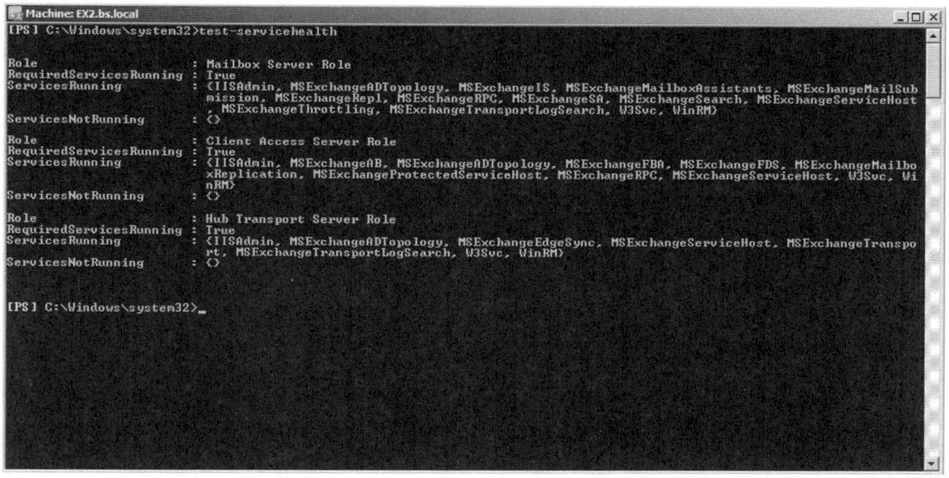

Abb. 18.2: Test-ServiceHealth

Falls aber bereits ein Fehler während der Installation des Exchange-Servers aufgetreten war – die Installation wurde also gar nicht erst zu Ende durchgeführt –, finden Sie weitere Informationen über den aufgetretenen Fehler garantiert in der entsprechenden Installations-Protokoll-Datei. Diese wird in dem Ordner C:\ExchangeSetupLogs unter dem Namen ExchangeSetup gespeichert, von wo sie sich einfach über einen Doppelklick öffnen und anzeigen lässt.

Teil III

Sicherheit genauer betrachtet

In diesem Teil:

■ **Kapitel 19**
  Wirksamer Schutz gegen Bedrohungen. 475

■ **Kapitel 20**
  Konfiguration der Firewall 491

■ **Kapitel 21**
  Windows-Updates verwalten. 501

Zu Recht steht die Sicherheit bei fast allen IT-Unternehmen an oberster Stelle. Dies trifft besonders dann zu, wenn die Netzwerke im Unternehmen direkt oder indirekt mit dem Internet verbunden sind. Denn über dieses Online-Einfallstor fällt es Hackern oft nur allzu leicht, sich unerlaubt Zugriff auf die Server und Daten eines Unternehmens zu verschaffen.

Wegen dieser großen Gefahren für die Sicherheit und damit auch für das geistige Eigentum Ihres Unternehmens sollte auch für Sie die Sicherheit eine hohe Priorität haben. Denn heutzutage verfügen Angreifer über so hoch entwickelte Techniken, dass sie selbst in große, bekannte Unternehmen eindringen und dort oft über lange Zeit unerkannt bleiben können.

Da ist es gerade gut, dass Microsoft bei Windows Server 2016 für erweiterte Sicherheits-Funktionen gesorgt hat, derentwegen wir mit Bestimmtheit sagen können: Das ist das sicherste Windows, das es je gab.

In diesem Abschnitt nehmen wir nicht nur unter die Lupe, welche Schutz-Funktionen in Windows Server 2016 enthalten sind, sondern werfen auch einen Blick darauf, wie sich virtuelle Maschinen effektiv absichern lassen. Außerdem sehen wir uns an, welche Mittel Sie kurz-, mittel- und langfristig ergreifen können, um die Sicherheit effektiv zu steigern.

Zudem untersuchen wir, wie die Windows-Firewall arbeitet und wie Sie bei Bedarf bestimmte Ports, Port-Bereiche oder IP-Adressen für die Kommunikation freischalten können.

Schließlich sind auch Updates ein wirksames Mittel gegen viele Lücken im System. Denn oft nutzen Hacker aus, dass im geschäftlichen Umfeld Aktualisierungen bei Produktiv-Systemen nur sporadisch eingespielt werden. Dagegen lässt sich etwas unternehmen.

Kapitel 19

Wirksamer Schutz gegen Bedrohungen

Aus gutem Grund enthält Windows Server 2016 Technologien, die Angriffe aktiv abwehren können. So arbeitet das System nicht nur passiv, sondern fördert die Sicherheit im Netzwerk maßgeblich.

Um welche Technologien handelt es sich? Sie reichen von der Sperrung externer Angriffe, bei denen Lücken im Schutzschild ausgenutzt werden sollen (*Control Flow Guard*), bis hin zu anderen Komponenten, die den Server auch im Falle eines erfolgreichen Eindringens und Erlangens von Administrator-Rechten schützen – egal, ob das Problem von einem Benutzer oder von einer schädlichen Software ausgeht (*Credential Guard* und *Device Guard*). Was steckt hinter diesen Techniken?

19.1   Control Flow Guard

Die Systeme Windows 10 und Windows Server 2016 werden durch den sogenannten *Control Flow Guard* geschützt (wörtlich: Kontrollfluss-Wächter). Dabei handelt es sich um eine optimierte Sicherheits-Funktion für die System-Plattform. Sie macht es deutlich schwerer, ungeprüften Code über nicht erkannte Lücken, etwa Puffer-Überläufe, auszuführen.

Beispiel

Wenn der Entwickler eines Programms seine Anwendung kompiliert, führt der Compiler eine Prüfung der Sicherheit des Codes aus. Dabei wird bestimmt, welche Funktionen den Code des Programms indirekt, also von außen, aufrufen können. Bei einem Puffer-Überlauf versucht der Angreifer nämlich, von seinem eigenen Code aus interne Funktionen in vertrauenswürdigen Programmen indirekt aufzurufen – und genau das soll ja verhindert werden.

Hat der Compiler also eine Liste mit potenziell gefährlichen Quellen, die eine Funktion des Programms aufrufen könnten, erfolgen vor der Ausführung solcher indirekten Aufrufe zunächst weitere Checks. Nur wenn diese grünes Licht geben, darf der Aufruf ausgeführt werden. Andernfalls wird das Programm beendet, damit kein Schaden am System entstehen kann.

19.2 Device Guard

Jeden Tag werden unzählige schädlichen Dateien erstellt und über das Internet an ahnungslose Personen versendet. Mit klassischen Mitteln – etwa der Nutzung von Anti-Viren-Programmen, die schädliche Software anhand ihres Fingerabdrucks erkennen –, kommt man hier also nicht sehr weit.

Daher muss ein anderer Ansatz her. Den realisiert Windows Server 2016 über den *Device Guard* (wörtlich: Geräte-Wächter). Dabei wird nicht wie bisher angenommen, dass alle Programme vertrauenswürdig sind, es sei denn, sie werden durch eine Sicherheits-Lösung geblockt. Vielmehr geht das System jetzt davon aus, dass nur Anwendungen, die vorab durch Administratoren Ihres Unternehmens freigeschaltet wurden, vertrauenswürdig sind.

19.2.1 So arbeitet Device Guard

Mit Device Guard können sowohl Programme geschützt werden, die im Kernel-Modus laufen, also im Inneren von Windows, als auch Anwendungen, die – und das ist bei den meisten Programmen der Fall – im normalen Benutzer-Modus ausgeführt werden.

Zum Schutz von Anwendungen im Kernel-Modus prüft Device Guard, ob die Treiber mindestens mit einer schon bekannten Signatur signiert sind (*WHQL*). Alternativ können Sie Treiber des Kernel-Modus auch über eine Whitelist-Richtlinie weiter absichern.

In diesem Fall würde Device Guard sämtliche Versuche von Treibern blocken, dynamisch Code auszuführen, und der Start von Treibern, die sich nicht in der Whitelist befinden, wird von vornherein verhindert. Das Ziel: Ist ein schädlicher Treiber vorhanden, der Code im Speicher ändern will, kann er nicht auf dem Server gestartet werden.

Neben dem Schutz des Kernel-Modus bietet Device Guard wie gesagt auch mehr Sicherheit für den Benutzer-Modus. Dabei erhalten Sie als Administrator Gelegenheit, Richtlinien für die Code-Integrität anzulegen. In diesen wird dann festgelegt, welche Apps auf den Servern, für die die Richtlinie gilt, als vertrauenswürdig gelten und daher ausgeführt werden dürfen.

19.3 Die wichtige Rolle des TPM-Moduls

Damit ein sicherer Start des Systems stets gewährleistet ist, übernimmt der sogenannte TPM-Chip auf dem Mainboard die Prüfung der einzelnen Komponenten, bevor diese aktiviert werden und das System weiter hochfahren.

Deswegen sollte Windows Server 2016 grundsätzlich nur auf Hardware installiert werden, die sowohl über die Funktion zum sicheren Systemstart (*UEFI Secure*

Boot) als auch über einen TPM-Chip verfügt. Dies ist der einzige Weg, um sicher-zustellen, dass ein Server nicht bereits während des Boot-Vorgangs durch schädli-che Software beeinflusst werden kann.

Bei Windows Server 2016 gibt es gute Nachrichten für virtuelle Maschinen: Denn ab sofort steht eine TPM-Funktion für diese virtuellen Maschinen auch dann zur Verfügung, wenn der Host-Computer selbst nicht über einen solchen Chip ver-fügt. Diese Funktion wird *virtuelles TPM* genannt und steht für virtuelle Maschi-nen zur Verfügung, die über Hyper-V betrieben werden.

19.4 Festplatte mit BitLocker verschlüsseln

Wer die auf einer lokalen Festplatte gespeicherten Daten sicher aufbewahren möchte, sollte diese verschlüsselt ablegen. Dazu gibt es in Windows die BitLocker-Laufwerk-Verschlüsselung. Neben Daten-Laufwerken können mit BitLocker auch System-Partitionen verschlüsselt werden. Ein Zugriff außerhalb des Computers ist dann nur nach Eingabe des entsprechenden Wiederherstellungs-Schlüssels mög-lich.

19.4.1 BitLocker installieren

Standardmäßig ist die BitLocker-Laufwerk-Verschlüsselung in Windows Server 2016 nicht installiert. Wer sie nutzen möchte, muss daher erst das entsprechende Feature einrichten. Dazu gehen Sie wie folgt vor:

1. Öffnen Sie als Erstes den Server-Manager und klicken Sie dann darin oben rechts auf das VERWALTEN-Menü. In diesem Menü folgt der Aufruf der Funk-tion ROLLEN UND FEATURES HINZUFÜGEN.

2. Daraufhin erscheint wieder der bereits bekannte Assistent zum Hinzufügen von Rollen und Features. In diesem wählen Sie zunächst die ROLLENBASIERTE INSTALLATION und markieren dann den Server, auf dem die BitLocker-Funktion genutzt werden soll.

3. Nachdem Sie die Liste der Rollen unverändert bestätigt haben, erscheint die Liste der Features, die auf diesem Server hinzugefügt werden können. Hier set-zen Sie einen Haken bei der Zeile BITLOCKER DRIVE ENCRYPTION, bevor Sie auch diese Seite des Assistenten durch Klick auf WEITER verlassen.

4. Sobald Sie dieses Feature mit einem Haken versehen, fragt der Assistent nach, ob weitere erforderliche Features hinzugefügt werden sollen, die zum Betrieb von BitLocker auf Windows Server 2016 ebenfalls erforderlich sind, darunter etwa die ADMINISTRATIONS-TOOLS sowie die zugehörigen ACTIVE DIRECTORY VERWALTUNGS- UND BEFEHLSZEILEN-TOOLS.

5. Wenn die Seite BESTÄTIGUNG angezeigt wird, können Sie die Installation der Bit-Locker-Laufwerk-Verschlüsselung durch Klick auf INSTALLIEREN veranlassen.

6. Zum Abschluss der Installation dieses Features ist dann auch noch ein Neustart von Windows Server 2016 erforderlich.

19.4.2 BitLocker aktivieren

Nach erfolgreicher Installation der BitLocker-Funktion kann diese jetzt für eine der Partitionen des Servers aktiviert werden – wir beginnen hierbei mit der System-Partition. Dazu führen Sie die folgenden Schritte aus:

1. Öffnen Sie als Erstes ein neues Explorer-Fenster und klicken Sie anschließend in der linken Spalte auf BITLOCKER AKTIVIEREN.

2. Folgen Sie dann den weiteren Schritten des BitLocker-Assistenten, um die Laufwerks-Verschlüsselung für die ausgewählte Partition zu aktivieren.

3. Währenddessen ist auch ein Neustart des Servers notwendig, damit die Verschlüsselung der bereits auf dem Laufwerk gespeicherten Daten beginnen kann.

Wichtig

Da ein TPM-Chip zur Nutzung von BitLocker Voraussetzung ist, wird bei der Einrichtung eine Fehlermeldung angezeigt, falls der Server, auf dem Sie Bit-Locker gerade aktivieren möchten, über keinen solchen Chip verfügt. Der Einsatz von BitLocker ohne einen solchen TPM-Chip ist zwar möglich – dazu muss eine entsprechende Gruppen-Richtlinie aktiviert werden –, aber generell nicht zu empfehlen. Denn dann muss entweder bei jedem Start des Systems das zugehörige Kennwort eingetippt werden oder ein USB-Laufwerk mit dem Schlüssel muss angeschlossen sein.

19.5 Credential Guard

In Windows Server 2016 sorgt das Modul *Credential Guard* dafür, dass geheime Daten geheim bleiben. Dazu werden Technologien genutzt, die aus der Ecke der Virtualisierung stammen. Auf diese Weise wird dafür gesorgt, dass nur berechtigte Systeme Zugriff darauf bekommen. Credential Guard bietet folgende Funktionen:

- **Sicherheit der Hardware** – Erhöht die Sicherheit abgeleiteter Domänen-Zugangsdaten durch Nutzung von Sicherheits-Funktionen der Plattform, darunter Secure Boot und Virtualisierung.

- **Auf Virtualisierung basierende Sicherheit** – System-Dienste, die mit abgeleiteten Domänen-Zugangsdaten und anderen geheimen Informationen hantieren, laufen grundsätzlich in einer geschützten Umgebung, die vom ausführenden System isoliert ist.

- **Besserer Schutz gegen fortgeschrittene Bedrohungen** – Durch Nutzung auf Virtualisierung basierender Sicherheit werden Angriffs-Vektoren abgeblockt, die heutzutage bei vielen Attacken zum Einsatz kommen. Auf diese Weise kann selbst schädliche Software, die mit Administrator-Rechten im System läuft, keine geheimen Informationen stehlen, da diese durch die erweiterten Sicherheits-Funktionen geschützt sind.

- **Verwaltung** – Die zuvor beschriebenen Funktionen lassen sich über Gruppen-Richtlinien, über WMI, von einer Eingabe-Aufforderung sowie über die Power-Shell verwalten.

Normalerweise werden geheime Informationen, etwa Kennwörter, im Speicher des Prozesses *Lokale Sicherheits-Autorität* abgelegt. Wenn die Funktion Credential Guard zum Einsatz kommt, kommuniziert dieser Prozess mit einer neuen Komponente, die *isolierte lokale Sicherheits-Autorität* genannt wird. Diese isolierte LSA basiert auf Virtualisierung und ist vom Rest des Betriebssystems getrennt, sodass niemand anders darauf zugreifen kann.

> **Wichtig**
>
> Wenn Credential Guard eingeschaltet ist, funktionieren andere, ältere Varianten von NTLM oder Kerberos (beispielsweise NTLM Version 1, MS-CHAP Version 2 usw.) nicht mehr.

19.5.1 Anforderungen an die Hard- und Software

Da Credential Guard auf Virtualisierung basiert, sind bestimmte Anforderungen an die Hardware gegeben, damit Sie diese neue Funktion nutzen können. Hier eine Übersicht:

- Windows Server 2016-Edition – Credential Guard steht auf sämtlichen Ausgaben von Windows Server 2016 zur Verfügung (also sowohl auf Standard als auch bei Data Center) außer beim Nano Server. Das liegt daran, dass der Nano Server nur eine entfernte Verwaltung unterstützt.
- UEFI-Firmware Version 2.3.1 oder höher mit Secure Boot
- Prozessor-Erweiterungen zur Virtualisierung – Die CPU muss entweder Intel VT-x oder AMD-V unterstützen. Zudem müssen sich Prozesse auch in die zweite Ausführungs-Ebene verschieben lassen (SLAT, Second Level Address Translation).
- Die Funktionen, die die Sicherheit erhöhen und dafür Virtualisierung setzen, laufen nur auf einem 64-Bit-Computer.
- TPM Version 1.2 oder 2.0 – Sie können Credential Guard zwar aktivieren, auch wenn kein TPM-Chip im Server vorhanden ist. Allerdings werden die Schlüssel, mit denen Credential Guard verschlüsselt ist, dann nicht über das TPM geschützt.

19.5.2 Credential Guard einrichten

Am einfachsten lässt sich die Credential Guard-Funktion über eine neue Gruppen-Richtlinie konfigurieren. Dabei können Sie auswählen, für welche Server im Netzwerk diese Funktion aktiv sein soll.

> **Tipp**
>
> Je nachdem, welches Dialogfeld Sie gerade vor sich haben, wird die Credential-Guard-Funktion teilweise auch eingedeutscht und erscheint dann als ÜBERWACHUNG VON ANMELDE-INFORMATIONEN.

1. Im ersten Schritt öffnen Sie die Management-Konsole für Gruppen-Richtlinien – zum Beispiel über den Server-Manager.

2. In der Gruppen-Richtlinien-Verwaltung navigieren Sie zu Ihrer Gesamt-Struktur und darin zu der Domäne, für die Credential Guard aktiviert werden soll. Anschließend öffnen Sie den Bereich GRUPPENRICHTLINIEN-OBJEKTE und klicken dann mit der rechten Maustaste auf den leeren Bereich unterhalb der Tabelle INHALT.

3. Aus dem Kontextmenü folgt der Aufruf der Funktion NEU.

4. Geben Sie dann einen Namen für das neue Gruppen-Richtlinien-Objekt ein und bestätigen Sie Ihre Auswahl durch Klick auf OK.

5. Sobald das neue Objekt erstellt und auf der linken Seite sichtbar ist, klicken Sie es dort mit der rechten Maustaste an und wählen aus dem Kontextmenü BEARBEITEN... aus.

6. Im Bearbeitungs-Editor für die Gruppen-Richtlinie wechseln Sie dann zum Bereich COMPUTER-KONFIGURATION, RICHTLINIEN, ADMINISTRATIVE VORLAGEN, SYSTEM, DEVICEGUARD.

7. Daraufhin erscheinen auf der rechten Seite zwei Einstellungs-Möglichkeiten. Hier folgt ein Doppelklick auf den Eintrag VIRTUALISIERUNGS-BASIERTE SICHERHEIT AKTIVIEREN.

8. Über das Dialogfeld, das daraufhin auf dem Bildschirm erscheint, lässt sich diese Richtlinie aktivieren und einstellen. Markieren Sie dazu die Option AKTIVIERT.

9. Etwas weiter unten, im Bereich OPTION, können Sie dann die PLATTFORM-SICHERHEITSSTUFE auswählen. Für unser Beispiel entscheiden wir uns für den Wert SICHERER START UND DMA-SCHUTZ.

10. Als dritte Option finden Sie in diesem Dialogfeld auch das Klappfeld, das mit KONFIGURATION VON ANMELDE-INFORMATIONEN beschriftet ist. Hier wählen Sie den Eintrag OHNE SPERRE AKTIVIERT aus.

11. Zum Schluss klicken Sie unten auf OK, damit die neue Richtlinie wirksam wird. Sie muss jetzt gegebenenfalls noch der richtigen Organisations-Einheit bzw. Sicherheits-Gruppe in Active Directory zugewiesen werden, damit sie dadurch für die enthaltenen Server angewendet werden kann.

19.6 Windows Defender

Windows Defender wird automatisch mit installiert, wenn Sie Windows Server 2016 einrichten. Über diese Technik müssen Sie sich also im Allgemeinen keine Gedanken machen – sie läuft automatisch im Hintergrund und wird auch automatisch über die Windows Update-Funktion auf dem Stand halten.

Falls in Ihrem Unternehmen eine andere Sicherheits-Lösung bevorzugt wird, lässt sich Windows Defender bei Bedarf auch deinstallieren. Dazu dient das folgende Kommando, das in einer PowerShell mit Administrator-Rechten ausgeführt werden:

```
Uninstall-WindowsFeature
  -Name Windows-Server-Antimalware [Enter]
```

Tipp

Falls Updates in Ihrem Unternehmen über eine besondere Bereitstellung für Updates verwaltet werden (mehr dazu in Kapitel 21), sollten Sie sicherstellen, dass die Updates, mit denen Windows Defender und dessen Definitionen auf dem neuesten Stand gehalten werden, auf jeden Fall heruntergeladen und installiert werden. Zur Installation dieser Defender-Updates ist kein Neustart des Windows Server-Systems erforderlich.

19.7 Windows Defender ATP

Heutzutage gehen Angreifer, die es auf Daten im Unternehmens-Netzwerk abgesehen haben, immer gewiefter vor. Daher gibt es in Windows Server 2016 jetzt eine neue Technologie, mit der gezielte und fortschrittliche Angriffe auf Netzwerke erkannt, unter die Lupe genommen und behandelt werden können: die sogenannte *Windows Defender Advanced Threat Protection* (Windows Defender ATP, wörtlich etwa »erweiterter Schutz gegen Bedrohungen, der in Windows Defender integriert ist«).

Die klassischen Schutz-Mechanismen, die durch Windows Defender gesetzt werden, versuchen Angriffe zu erkennen, bevor sie stattfinden. Mit dem neuen Dienst Windows Defender ATP wird es Ihnen als Administrator auch möglich, Details über bereits erfolgten Angriffe zu erkennen bzw. darauf so zu reagieren, dass diese keine weitergehenden Schäden anrichten können.

Windows Defender ATP besteht dabei aus drei Teilen:

- Zunächst gibt es den Sensor, der direkt in das System integriert ist und schädliche Software anhand ihres Verhaltens erkennen und protokollieren kann. Dieser Dienst ist nicht nur in Windows Server 2016 integriert, sondern auch in Windows 10 ab Version 14332. Dieser Client protokolliert dabei relevante Sicherheits-Ereignisse und -Verhaltensweisen.

- Des Weiteren steht hinter Windows Defender ATP ein Analyse-Dienst, der in der Cloud läuft und die erfassten Daten auf Bedrohungen für die Sicherheit untersucht. Dabei werden Daten von Endpunkten verarbeitet und mit historischen Daten sowie der großen Feedback-Sammlung von Microsoft kombiniert, um ein normales Verhalten zu erkennen, das bekannten Angriffen ähnlich sieht. Dieser Dienst wird auf der skalierbaren Big-Data-Plattform von Microsoft ausgeführt und kombiniert Angriffs-Indikatoren mit allgemeinen Analysen und Regeln zum maschinellen Lernen sowie Kennzeichen dafür, dass ein System kompromittiert wurde, die bei vorangehenden Angriffen erfasst wurden.

- Das dritte Standbein von Windows Defender ATP sind die Experten, die für Microsoft tätig sind und die erfassten Daten analysieren und untersuchen. Dadurch können neue Verhaltensmuster erkannt werden, wobei die Daten mit bereits bekanntem Wissen aus den Sicherheits-Communities kombiniert werden können.

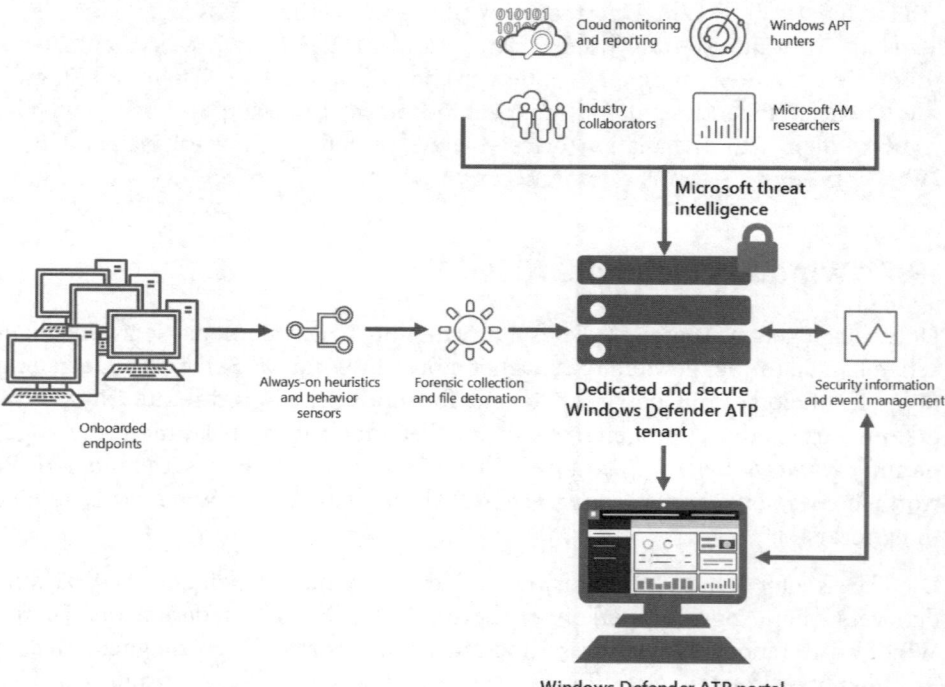

Abb. 19.1: Komponenten von Windows Defender ATP

19.8 Strategien zur Sicherung des privilegierten Zugriffs

Egal wie abgesichert ein Betriebssystem oder Gerät ist: Es ist nur so sicher wie das schwächste Kennwort. Was bedeutet das?

Beispiel

Nehmen wir an, Sie müssen hochgradig vertrauliche Daten sichern und verschlüsseln sie daher mit der genialsten Technik, die dafür zur Verfügung steht. Als Kennwort tragen Sie allerdings »qwertz« ein. Dadurch untergraben Sie jeden noch so komplizierten Sicherheits-Mechanismus – faktisch ist hier die Sicherheit gleich null.

Nehmen wir jetzt ein anderes Beispiel. Überlegen Sie doch einmal, wie viele der Mitarbeiter in Ihrem Unternehmen die Kennwörter, die sie täglich benötigen, auf kleine Zettelchen an den Rand des Monitors geklebt haben. Denken Sie auch daran, wie viele der Mitarbeiter Fotos von Familien-Angehörigen oder Haustieren auf dem Schreibtisch stehen haben. Wenn diese Mitarbeiter sich ein neues Kennwort ausdenken müssen, woran werden sie wohl als Erstes denken?

Betrachten wir noch ein drittes Beispiel. Hierbei geht es um sogenanntes Social Engineering. Dabei wird ein Mitarbeiter des Unternehmens aus heiterem Himmel von irgendjemand angerufen, der angibt, er sei in der IT-Abteilung tätig und müsse die Zugangsdaten des Benutzers überprüfen. Natürlich handelt es sich hierbei nicht um einen echten IT-Mitarbeiter, sondern um einen Angreifer, der über diesen gezielten Angriff Kenntnis von den Zugangsdaten des Mitarbeiters erlangen möchte, um diese anschließend für seine eigenen Zwecke nutzen zu können.

Mit diesen Szenarien im Hinterkopf sind Hacker nicht selten in der Lage, sich unerlaubt Zugriff zu einem System oder sogar zu einem Server zu verschaffen. Doch was, wenn er nicht die Zugangsdaten eines gewöhnlichen Benutzers erbeutet hat, sondern die Anmelde-Informationen eines Administrators?

Jetzt verstehen Sie, worum es bei der Sicherung des privilegierten Zugriffs geht: Wer als Mitarbeiter besondere Rechte bekommt, dessen Zugangsdaten müssen besonders geschützt werden. Bei der Sicherung des privilegierten Zugriffs handelt es sich also nicht um eine Einzel-Technologie, sondern vielmehr um mehrere Techniken, die zusammenspielen müssen, damit die IT-Infrastruktur in einem Unternehmen sicherer wird.

Dabei bezieht sich die Sicherung des privilegierten Zugriffs vornehmlich auf Administratoren und ähnliche Benutzer mit erhöhten Rechten. Zur ganzheitlichen Anwendung dieses Prinzips muss im Unternehmen aber eine Implementierung und Prüfung sämtlicher Richtlinien erfolgen, die mit der Sicherheit in Verbindung stehen. Anschließend können nötige Änderungen umgesetzt werden, damit die Mitarbeiter sich dessen bewusst werden, an welchen Stellen potenziell Informationen nach außen dringen bzw. offen gelegt werden können.

Natürlich ist kein Netzwerk, auf das Benutzer zugreifen können, jemals hundertprozentig sicher. Folgende Bereiche verdienen denn auch Ihre ungeteilte Aufmerksamkeit, denn sie haben eine direkte Auswirkung auf den Grad der Sicherheit, der in Ihrem Netzwerk erreicht wird:

- **Updates** – Updates sollten auf Domänen-Controller installiert werden, maximal eine Woche, nachdem sie vom Hersteller freigegeben wurden.

- **Keine lokalen Administratoren zulassen** – Auf den Computern der Benutzer sollten die Konten nach Möglichkeit keine lokalen Administrator-Rechte haben. Dazu gilt es unter anderem, das lokale Administrator-Konto zu sperren, sodass kein Zugriff hierüber möglich ist. Stattdessen sollte der Administrations-Zugriff zentral über Active Directory gesteuert werden.

- **Zentrale Sicherheits-Richtlinien** – Richten Sie Richtlinien ein, mit denen sich eine Standard-Konfiguration für das gesamte Unternehmens-Netzwerk durchsetzen lässt. Natürlich gibt es hier und da Ausnahmen, wenn bestimmte Anwendungen oder Erfordernisse diese bedingen; jede Ausnahme sollte allerdings regelmäßig geprüft werden, um festzustellen, ob sie noch sinnvoll ist und weiterhin benötigt wird.

- **Schutz-Programme nutzen** – Sorgen Sie für regelmäßige Aktualisierungen und stetige Prüfungen der Netzwerk-Umgebung einschließlich aller Computer und Server, die sich darin befinden. Bedrohungen sollten so schnell wie möglich erkannt und beseitigt werden.

- **Protokolle und Analysen** –Für die Sicherheit relevante Informationen sollten fortlaufend erfasst werden, sodass im Falle eines Falles die Protokoll-Dateien ausgewertet werden können. Außerdem sollte jedes erkannte schädliche Element genauer unter die Lupe genommen werden, damit ermittelt werden kann, woher es kam und wie der Zugriff auf das Netzwerk möglich war.

- **Installierte Software im Auge behalten** – Wenn Sie sichergehen möchten, dass keine schädliche Software in einem Netzwerk eingeschleppt werden kann, muss dazu unbedingt kontrolliert werden, welche Programme installiert und ausgeführt werden können. Neben der Hoheit über die Installation neuer Programme ist es genauso wichtig, dass Sie wissen, welche Software überhaupt installiert ist. Dazu sollten Sie eine Bestandsliste führen, mit der sich jederzeit nachvollziehen lässt, ob der Zustand eines Systems inzwischen geändert wurde.

Wie bei den meisten Strategien zur Umsetzung dieser Prinzipien gilt eine dreigeteilte Struktur. Dabei gibt es kurz-, mittel- und langfristige Ziele. Sehen wir uns kurz an, in welchem Zeitrahmen sich welche Details dieser Grund-Prinzipien realisieren lassen.

19.8.1 Kurzfristig: Häufige Angriffe unterbinden

Als kurzfristiges Ziel, das sich innerhalb von 2 bis 4 Wochen umsetzen lässt, geht es vornehmlich darum, dass Sie die am häufigsten vorkommenden Angriffe in Ihrem Unternehmen verhindern, sodass eine sichere Grundlage geschaffen wird.

Dazu ist es sinnvoll, dass Sie als Erstes eine **Trennung der Verantwortlichkeiten** durchsetzen. Dies bedeutet, dass bei Ausführung einer Aufgabe, für die erweiterte Rechte nötig sind, ein speziell dafür eingerichtetes Konto genutzt wird. Wenn dies der Fall ist, braucht kein Standard-Benutzer erweiterte Rechte für solche Aufgaben zu erhalten. Denn ein Standard-Konto dient immer für den normalen Betrieb und sollte als Benutzer-Konto und nicht als Administrator-Konto angesehen werden.

Dieses Vorgehen hat auch den Vorteil, dass anschließend sämtliche Aktivitäten, die über diese besonderen Administrator-Konten erfolgen, detaillierter unter die Lupe genommen und nachvollzogen werden können.

Die Absicherung des lokalen Administrator-Kontos wurde klassischerweise während der Installation des Systems vorgenommen und das Kennwort wurde später nur noch selten geändert. Das einmal zugewiesene Kennwort blieb dabei während der gesamten Laufzeit des Servers oder Computers dasselbe. Das Problem: Wenn ein solches Administrator-Kennwort einmal geknackt wird, stehen dem Angreifer Tür und Tor offen – die Sicherheit im Netzwerk ist grundlegend gefährdet.

Andererseits stellt es Sie als Administrator vor neue Herausforderungen, wenn auf jedem Computer im Netzwerk ein anderes Kennwort für das Administrator-Konto genutzt werden soll. Denn wer kann sich schon 10, 20 oder gar 100 verschiedene Administrator-Kennwörter zuverlässig merken?

Diese Aufgabe ist wie geschaffen für ein Computer-Programm. Zu diesem Zweck, also zur Verwaltung des Kennworts für die lokalen Administrator-Konten bei Computern und Servern, stellt Microsoft ein Tool namens *Kennwort-Lösung für lokale Administratoren (LAPS)* zur Verfügung.

Dabei erstellt LAPS ein eindeutiges Kennwort für jeden Server und jeden Computer innerhalb des Netzwerks. Anschließend werden diese Kennwörter in Active Directory als vertrauliche Attribute des jeweiligen Computer-Objekts gespeichert. Für diese Attribute gibt es auch eine angemessene Zugriffs-Beschränkung – so können nur die berechtigten Konten auf diese lokalen Kennwörter zugreifen und sie bei Bedarf abrufen.

Link

Weitere Informationen über LAPS finden Sie auf der Website
`http://aka.ms/LAPS`.

Das letzte Element der kurzfristig umsetzbaren Lösungen zur Sicherheit besteht darin, spezielle Computer einzurichten, die nur für administrative Zwecke genutzt werden und entsprechend über mehr Sicherheit verfügen. Hier können zum Beispiel der Zugriff auf das Internet sowie auf externe Datenträger – etwa USB-Stick – eingeschränkt werden, was zu einer Senkung des Risikos führt, auf diesen Computern schädliche Software einzuschleppen.

Fassen wir zusammen – kurzfristig sollten Sie folgende Punkte abarbeiten, möglichst in einem Zeitrahmen von 2-4 Wochen:

- Erstellen Sie einen separaten Administrator-Account für administrative Aufgaben.

- Stellen Sie separate Computer zur Durchführung administrativer Vorgänge im Active Directory bereit.

- Legen Sie separate Administrator-Konten für Computer an, die von Mitarbeitern benutzt werden.

- Erstellen Sie separate Administrator-Konten auch für die Server in Ihrem Netzwerk.

19.8.2 Mittelfristig: Aktivitäten von Administratoren im Auge behalten

Der mittelfristige Plan, den Sie innerhalb von ein bis drei Monaten umsetzen können sollten, soll für mehr Transparenz und Kontrolle der administrativen Tätigkeiten sorgen.

Als Teil dieser Strategie sollten Sie sich um die weitere Bereitstellung von speziell für Administration-Aufgaben gedachten Computern kümmern, sodass immer mehr wichtige Computer sich nur über diese Arbeits-Stationen verwalten lassen.

Ebenfalls einen Gedanken wert ist es, Personen nicht für unbegrenzte Zeit Berechtigungen einzuräumen, sondern nur für einen vorübergehenden Zeitraum. Das bedeutet, dass diese zur Durchführung administrativer Aufgaben jeweils eine Berechtigung anfordern müssen, die später wieder verfällt. Dazu muss die Person nicht zwingend ein Administrator sein – sie kann einfach für einen begrenzten Zeitraum, zum Beispiel mehrere Stunden, das benötigte Recht erhalten, welches dann im Anschluss automatisch wieder verfällt.

Zur weiteren Eingrenzung von möglichen Angriffen auf Konten mit privilegiertem Zugriff sollten Sie sich auch um die Einrichtung der Zwei-Faktor-Authentifizierung für solche Administrator-Konten kümmern. Dabei wird für jede Anmeldung mit einem solchen Konto neben dem Kennwort auch ein Einweg-Code benötigt, der sich über eine Authentikator-App zum Beispiel auf dem Smartphone erzeugen lässt.

Zur mittelfristigen Absicherung gehört es auch, für mehr Sicherheit bei den Domänen-Controllern zu sorgen. Dazu wird eine Erkennung von möglichen

Bedrohungen über ATA (*Advanced Threat Analytics*) eingerichtet. Mit ATA kann anormales Verhalten in diesen Systemen erkannt werden, worauf Sie schnellstmöglich eine entsprechende Benachrichtigung erhalten. Die Erkennung erfolgt dabei über eine Beobachtung dessen, was der Benutzer tut, gefolgt von einem Vergleich mit der normalen Verhaltensweise eines Benutzers. Wenn der Benutzer eine Aktion durchführt, die nicht typisch für seine Arbeit ist, erhalten Sie eine Warn-Meldung.

Link

Dies ist nur eine sehr kurze Beschreibung der grundlegenden Funktionen von ATA. Weitere Informationen zu diesem leistungsstarken Sicherheit-Modul erhalten Sie auf der Microsoft Website unter der Adresse `http://aka.ms/ATA`.

Fassen wir zusammen – zu Ihrer mittelfristigen Strategie gehören folgende Punkte:

- Sämtliche Administratoren müssen für ihre Aufgaben separate Computer nutzen und der Zugriff auf privilegierte Ressourcen ist nur über diese Computer möglich. Darüber hinaus sollten Sie auch Credential Guard und eingeschränkte Administrator-Rechte über Remote-Desktop bereitstellen.

- Benutzer müssen Berechtigungen anfordern; diese Rechte laufen nach kurzer Zeit wieder ab. Das sorgt dafür, dass Administratoren nie dauerhaft Administratoren sind.

- Zur Anmeldung bei Administrator-Konten ist die Eingabe eines Einweg-Codes Pflicht, der sich über ein drittes Gerät erstellen lässt.

- Domänen-Controller über ATA absichern, was zu einer automatischen Erkennung seltsamer Verhaltensweisen und einer entsprechenden Benachrichtigung des zuständigen Administrators führt.

19.8.3 Langfristig: Proaktiv für Sicherheit sorgen

Neben den kurz- und mittelfristigen Sicherheits-Plänen gibt es auch einen Plan zur langfristigen Umsetzung. Mit »langfristig« meinen wir hier eine Umsetzung in einem Zeitrahmen von mehr als sechs Monaten.

Bei der langfristigen Strategie geht es um die letzten Bausteine, damit Sie in einer immer komplexeren Netzwerk-Umgebung für optimale Sicherheit sorgen können. Denn Ihre Aufgabe, das Netzwerk zu sichern, ist nie zu Ende. Daher muss die Strategie, die wir uns hier angesehen haben, ständig auf dem neuesten Stand gehalten und überprüft werden.

Wie bei der Entwicklung von Software lohnt es sich auch bei der Sicherheits-Strategie, einen Zeitrahmen festzulegen, nach dessen Ablauf die Strategie überdacht und gegebenenfalls angepasst werden kann. Bei der Anpassung sollten Sie dann jeweils nach den neuesten Erkenntnissen in punkto Sicherheit vorgehen. Zudem sollte für sämtliche Administratoren die bestmögliche, sichere Anmelde-Methode zwingend erforderlich sein – etwa über eine Smartcard oder über Windows Hello for Business.

> **Tipp**
>
> Wenn Sie für besonders kritische Systeme ganz auf Nummer sicher gehen möchten, können Sie auch eine separate, komplett abgesicherte Gesamt-Struktur in Active Directory erstellen, die völlig isoliert von der normal verwendeten Benutzer-Gesamt-Struktur ist. In dieser Gesamt-Struktur und der darin enthaltenen Domäne werden dann die kritischsten Systeme der Umgebung betrieben und sind so völlig isoliert vom Rest des Netzwerks. Dazu lässt sich noch die Integrität des ausgeführten Codes überprüfen, wodurch sichergestellt wird, dass nur berechtigter Code auf diesen Servern ausgeführt werden kann.

Schließlich können Sie zur Steigerung der Sicherheits-Stufe auch eine neue Funktion im Hyper-V Server 2016 nutzen, nämlich die sogenannten abgeschirmten virtuellen Maschinen. Dabei wird eine virtuelle Maschine der zweiten Generation genutzt, um deren Inhalt verschlüsselt zu speichern. Möglicherweise möchten Sie diese Technik zuerst für Ihre Domänen-Controller einsetzen, wodurch Angreifer keine Chance haben, sich in eine solche virtuelle Maschine einzubringen und etwa Ihre Festplatte direkt über den Host-Server zu klonen.

Fassen wir zusammen – zur langfristigen Strategie gehören folgende Punkte:

- Modernisierung der Rollen und der Weitergabe von Berechtigungen
- Durchsetzung der sicheren Anmeldung für sämtliche Administratoren, beispielsweise über Microsoft Passport oder Windows Hello for Business
- Erstellen einer separaten, isolierten Gesamt-Struktur ausschließlich für Active-Directory-Administratoren
- Einrichten einer Richtlinie für Code-Integrität zur Anwendung auf Domänen-Controller in Windows Server 2016
- Umsetzung von abgeschirmten virtuellen Maschinen für Domänen-Controller in Windows Server 2016 und Hyper-V Server

19.9 Microsoft Passport

Wer für mehr Sicherheit sorgen will, sollte zu Beginn bei der Anmeldung ansetzen. Denn wenn ein Administrator sich durch ausschließliche Eingabe seines Kennworts bereits anmelden kann und dann über sämtliche Rechte verfügt, sorgt dies nicht für eine besonders hohe Sicherheits-Stufe.

Wenn Sie sich heute im Internet bei einer Website registrieren, erhalten Sie oft neben der klassischen Anmeldung über eine Email-Adresse und ein zugehöriges Kennwort auch die Option zur Registrierung und Anmeldung über einen anderen Identität-Anbieter, etwa Microsoft, Google oder auch Facebook. Das sorgt dafür, dass Sie sich ein Kennwort weniger merken müssen.

Durch diese Technik der delegierten Anmeldung übernehmen diese Internet-Dienste mehr und mehr die Rolle eines klassischen Authentifizierungs-Providers.

Microsoft Passport ist eine ähnliche Authentifizierungs-Methode, die auf Schlüsseln basiert und über die Nutzung von Kennwörtern hinausgeht, wodurch herkömmliche Angriffs-Methoden an Gewicht verlieren. Zunächst registriert sich ein Benutzer für Microsoft Passport, muss allerdings sichergehen, dass der genutzte Authentifizierungs-Provider die sogenannte *Fast Identity Online*-Authentifizierung (FIDO) unterstützt. Über einen Prozess mit zwei Schritten richtet der Benutzer dann Microsoft Passport auf dem eigenen Gerät ein und fügt gleichzeitig eine Geste oder eine PIN hinzu. Über diese Daten erfolgt dann die Authentifizierung des Benutzers mit Microsoft Passport.

Während der Einrichtung wird ein Zertifikat mit einem asymmetrischen Schlüssel-Paar auf dem Gerät gespeichert. Dabei legt Microsoft Passport den privaten Schlüssel dieses Schlüssel-Paares innerhalb des TPM-Chips auf dem Gerät ab. Der private Schlüssel verlässt das Gerät auch während der Authentifizierung nie. Der öffentliche Schlüssel hingegen wird in Azure Active Directory und in Windows Server Active Directory registriert. Damit verfügt das Benutzer-Konto über eine Zuordnung zwischen dem öffentlichen und privaten Schlüssel, wodurch der Benutzer erfolgreich validiert werden kann. Zusätzliche Kontroll-Möglichkeiten gibt es in Microsoft Passport etwa durch die Nutzung von Einweg-Passwörtern und vielem mehr.

Link

Weitere Informationen über die Bereitstellung von Microsoft Passport in Ihrem Netzwerk erhalten Sie unter der Adresse `https://aka.ms/bh1m24`.

19.10 Active Directory Federation Services

Da heutzutage immer mehr Dienste und Aufgaben direkt im Internet, also in der Cloud, ausgeführt werden, entstehen ganz neue Probleme, wenn es darum geht, sich bei solchen Cloud-basierten Anwendungen anzumelden. Da ist es umso wichtiger, dass eine genaue Kontrolle der eigenen Identität sowie der eigenen Benutzer-Daten trotzdem weiterhin möglich bleibt. Zu diesem Zweck muss eine Lösung dafür gefunden werden, sich mit einem lokal gespeicherten Benutzer-

Konto bei einem Programm anzumelden, das in der Cloud gespeichert ist – also eigentlich keinerlei Verbindung zum lokalen Netzwerk aufweist.

Mit den *Active Directory Federation Services* (AD FS) wird genau das möglich. Ist diese Funktion eingerichtet, können die Mitarbeiter in Ihrem Unternehmen sich mit Anwendungen verbinden, die entweder lokal oder auch in der Cloud gespeichert sind – all das mit derselben Benutzer-Anmeldung.

Sie sehen also: In Windows Server 2016 sind viele Technologien integriert, die für mehr Sicherheit und eine kleinere Angriffsfläche sorgen. Ob es nun um die Code-Integrität in Form des Device Guard geht, um die Absicherung des System-Starts in Verbindung mit einem TPM-Chip, um die Verschlüsselung einer Festplatte mit BitLocker oder um die erweiterten Technologien zur Erkennung von Bedrohungen – all das soll dafür sorgen, dass Server mit Windows Server 2016 seltener angegriffen werden bzw. dass weniger Angriffe erfolgreich verlaufen.

Zu jeder guten Sicherheits-Konfiguration gehört aber auch die Mitarbeit des Administrators – also Ihre Mitarbeit. Dabei ist es von Vorteil, wenn Sie sich eine gute Strategie zurechtlegen, die für nachhaltige Sicherheit im gesamten Unternehmens-Netzwerk sorgt. Die Schritte, die Ihnen dabei helfen können, lassen sich entweder kurzfristig, mittelfristig oder langfristig umsetzen und resultieren dann in einer gesteigerten Sicherheit und weniger Anfälligkeit für Angriffe, ob nun von außen oder von innen.

Kapitel 20

Konfiguration der Firewall

Wie jedes moderne System enthält auch Windows Server 2016 eine integrierte Firewall. Sie sorgt dafür, dass Anfragen an den Server nicht ungehindert passieren dürfen, sondern zuerst auf ihre Berechtigung geprüft werden.

Bei der Einschätzung, ob eine bestimmte Anfrage durchgelassen werden soll oder nicht, spielen mehrere Faktoren eine wichtige Rolle, darunter:

- die IP-Adresse des Clients, die eine Verbindung herstellen möchte,
- der Port, auf dem eine Verbindung hergestellt werden soll,
- das Programm, das innerhalb des Servers auf dem angegebenen Port lauscht.

Wir stellen fest: Die Windows-Firewall dient als ein Filter für eingehende (und ausgehende) Kommunikation über Netzwerk-Schnittstellen.

Nicht umsonst trägt die Rolle in Windows Server 2016 den etwas umständlichen Namen *Windows-Firewall mit erweiterter Sicherheit*. Im Gegensatz zur früher in Windows Server üblichen Firewall gibt es seit Windows Server 2008 diese erweiterte Version, die sich viel genauer konfigurieren lässt und damit erheblich flexibler ist.

Wenn über den Server-Manager eine neue Rolle zu dem Server hinzugefügt wird – etwa ein IIS-Webserver –, sorgt die Installations-Routine normalerweise dafür, dass die erforderlichen Ausnahmen in der Windows-Firewall automatisch eingerichtet werden.

Anders kann es zum Teil aussehen, wenn Sie auf dem Server auch Alternativ-Programme bzw. -Dienste einsetzen, wie zum Beispiel den beliebten Apache-Webserver. In diesem Fall müssen Sie die zugehörigen Ports manuell in der Firewall freigeben, damit die Dienste des jeweiligen Programms von außen zugänglich gemacht werden.

20.1 Standard-Einstellungen festlegen

Im ersten Schritt sehen wir uns an, welche Standard-Einstellungen in der Windows-Firewall gesetzt sind. Primär geht es hierbei darum, ob im Allgemeinen eingehende oder ausgehende Verbindungen standardmäßig geblockt oder erlaubt werden. Diese Standard-Einstellungen werden immer dann verwendet, wenn es für eine bestimmte Verbindung keine konkretere Regel gibt. Sehen wir also nach, wie die Windows-Firewall auf Ihrem System konfiguriert ist. Dazu führen Sie die folgenden Schritte aus:

1. Zunächst rufen wir die Verwaltungs-Konsole der Windows-Firewall auf. Wir erreichen sie unter anderem direkt über das START-Menü, wenn wir hier zum Bereich WINDOWS-VERWALTUNGSPROGRAMME wechseln.

2. Sobald das Fenster der Konsole auf dem Bildschirm erscheint, markieren wir auf der linken Seite den Bereich WINDOWS-FIREWALL MIT ERWEITERTER SICHERHEIT – LOKALER COMPUTER. Anschließend werfen wir einen Blick auf die rechte Spalte des Fensters, die mit AKTIONEN überschrieben ist. Hier findet sich unter anderem auch ein Link namens EIGENSCHAFTEN, auf den wir jetzt klicken.

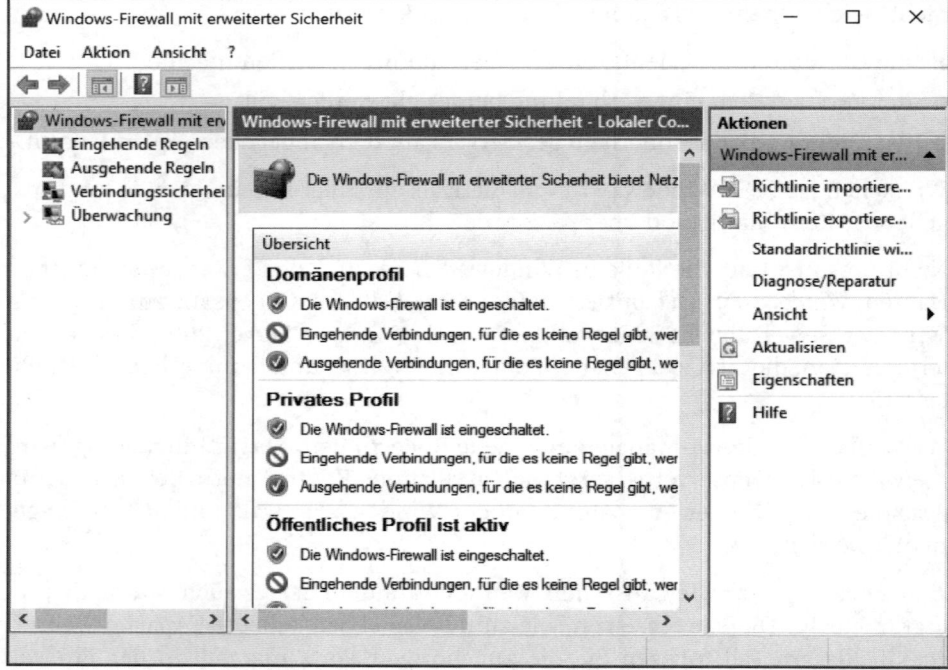

Abb. 20.1: Das Fenster der Windows-Firewall

Wir stellen fest: Sämtliche Einstellungen der Windows-Firewall sind bei einem Computer, der entweder selbst ein Domänen-Controller oder doch zumindest ein Mitglied in einer Domäne ist, dreigeteilt:

- Erstens gibt es die Einstellungen, die bei Verbindungen von und in die **Domäne** gelten.

- Dann wären da noch die Einstellungen, die bei einer Verbindung zu einem als **privat** gekennzeichneten Netzwerk gültig sind. Private Netzwerke sind solche, in denen der Zugriff auf Freigaben sowie die gegenseitige Erkennung der Teilnehmer des Netzwerks eingeschaltet sind.

■ Drittens gibt es noch die Einstellungen der Firewall, die im Falle von **öffentlichen** Netzwerken angewendet werden. Hierbei handelt es sich etwa um Verbindungen, die direkt aus dem Internet eingehen oder an Computer im Internet gesendet werden.

Entsprechend finden wir in den Eigenschaften der Windows-Firewall auch drei Tabs: das Domänen-Profil, das private Profil sowie das öffentliche Profil.

Für alle drei Profile sollte die Einstellung FIREWALL-STATUS unbedingt auf EIN (EMPFOHLEN) gesetzt sein. Ist sie nämlich auf AUS gesetzt, bedeutet das schlichtweg, dass keinerlei Filterung eingerichtet ist – Daten-Pakete können die Schnittstelle für den jeweiligen Bereich ungehindert eingehend und ausgehend passieren.

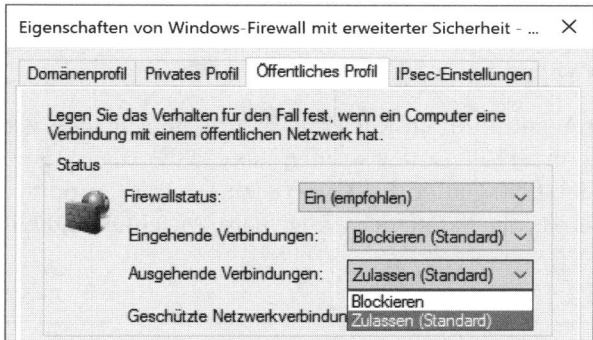

Abb. 20.2: Profil-Standards festlegen

Auch die beiden Optionen direkt unterhalb des Firewall-Status, die mit EINGEHENDE VERBINDUNGEN und AUSGEHENDE VERBINDUNGEN beschriftet sind, sollten auf ihre Standard-Werte gestellt sein, nämlich BLOCKIEREN im Falle der eingehenden Verbindungen und ZULASSEN im Falle der ausgehenden Verbindungen. Dies bedeutet, dass standardmäßig keine Anfragen an den Server gestellt werden dürfen, dass der Server selbst aber andere Server und Computer ungehindert erreichen kann.

Tipp

Aus Sicherheits-Gründen ist es hier am sinnvollsten, nach der Ausschluss-Methode zu verfahren, d.h. wir blockieren zunächst sämtliche eingehenden Verbindungen und geben anschließend durch Ausnahme-Regeln genau solche Verbindungen frei, die wir zulassen möchten. Dies sorgt für maximale Sicherheit.

20.2 Eingehenden Port öffnen

Sehen wir uns nun am Beispiel unseres Apache-Webservers an, wie Sie manuell eine Ausnahme-Regel einrichten. Wir möchten dabei eingehenden Daten-Verkehr auf dem TCP-Port 80 erlauben, damit andere Benutzer im Netzwerk oder im Internet unseren Apache-Server und dessen Websites erreichen können.

Werfen wir einen Blick auf die einzelnen Schritte:

Innerhalb der Konsole der Windows-Firewall mit erweiterter Sicherheit navigieren wir zunächst in der linken Spalte zum Bereich EINGEHENDE REGELN. Als Nächstes folgt auf der rechten Seite ein Klick auf den Link NEUE REGEL...

Daraufhin landen wir im Assistenten für eine neue eingehende Regel. Zunächst möchte dieser Assistent wissen, ob die Regel für sämtliche Verbindungen gelten soll, die sich an ein bestimmtes Programm auf dem Server richten, ob wir einen bestimmten Port freigeben möchten oder ob wir eine komplett eigene Regel ohne eine Vorlage anlegen wollen. In unserem Fall entscheiden wir uns für die Option PORT, denn wir möchten ja den HTTP-Port freischalten.

Nach erfolgter Bestätigung der Auswahl durch Klick auf WEITER entscheiden wir uns für das TCP-Protokoll, denn HTTP-Daten werden über TCP übertragen. Direkt darunter markieren wir jetzt die Option BESTIMMTE LOKALE PORTS und tippen dahinter 80,443 ein, wie bereits der Assistent es vorschlägt. Anschließend klicken wir unten erneut auf WEITER.

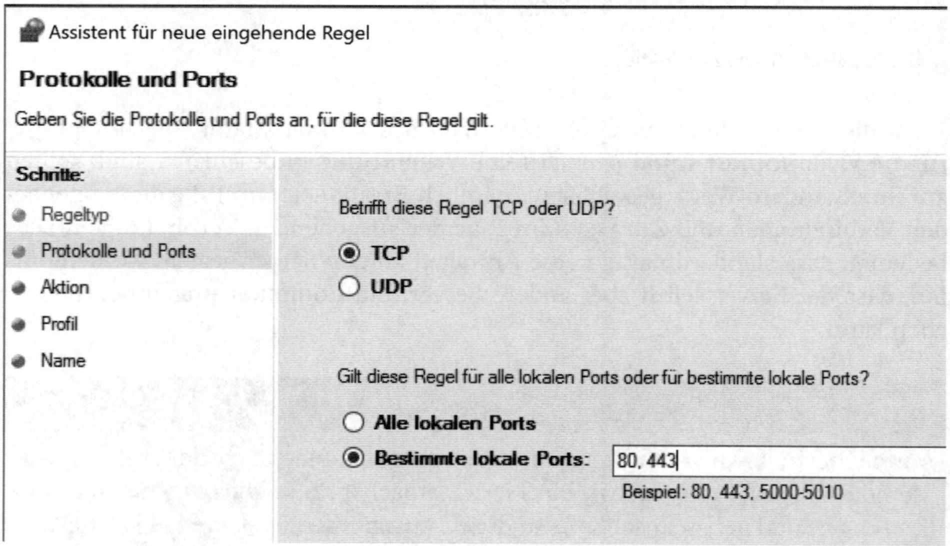

Abb. 20.3: Neue Firewall-Regel für Port 80 und 443

Tipp

Für unser Beispiel beschränken wir uns hier nicht ausschließlich auf die Angabe des Ports 80, denn möglicherweise möchten wir über kurz oder lang auch SSL-Websites über den Apache-Webserver anbieten, und der Standard-Port für HTTPS-Daten ist 443.

Jetzt möchte der Assistent wissen, um welche Art von Regeln es hier eigentlich geht: Soll mit dieser Regel der zuvor beschriebene Daten-Verkehr zugelassen oder blockiert werden?

Da wir uns zuvor in den Eigenschaften der Windows-Firewall bereits für eine standardmäßige Blockade aller eingehenden Verbindungen entschieden haben, möchten wir hier natürlich eine Ausnahme-Regel definieren und markieren daher die Option VERBINDUNG ZULASSEN. Danach blättern wir durch Klick auf WEITER erneut zur nächsten Seite des Assistenten.

Wie bereits in den Eigenschaften der Firewall erhalten wir auch hier wieder die Gelegenheit, genau festzulegen, für welche der drei Profile – Domäne, Privat und Öffentlich – unsere neue Regel gelten soll. Da der Apache-Webserver nicht nur von Computern aus dem lokalen Netzwerk, also von Computern derselben Domäne, erreichbar sein soll, sondern auch bei Anfragen, die aus dem Internet kommen, müssen wir hier zumindest die Optionen DOMÄNE und ÖFFENTLICH markieren. Wenn wir aber schon soweit den Zugriff gewähren, macht es wenig Sinn, die PRIVATEN Netzwerke hier auszusparen. Deswegen aktivieren wir einfach alle drei Haken.

Im letzten Schritt des Assistenten müssen wir noch einen aussagekräftigen Namen für die neu zu erstellende Regel angeben. In unserem Fall geben wir einfach HTTP-, HTTPS-Daten zulassen ein, bevor wir die Regel durch Klick auf FERTIG STELLEN anlegen.

Wichtig

Die neu erstellte Regel wird sofort wirksam. Falls Sie über Remote-Desktop auf den Windows-Server zugreifen, müssen Sie daher unbedingt darauf achten, dass Sie sich durch das Erstellen einer neuen Firewall-Regel nicht selbst den Ast abschneiden, auf dem Sie sitzen. Denn ansonsten wird es unter Umständen schwierig, den Zugriff wiederherzustellen.

20.3   Firewall über die PowerShell konfigurieren

Natürlich lässt sich die Windows-Firewall nicht nur über die grafische Oberfläche konfigurieren, sondern auch über die PowerShell. Dies ist besonders dann von Vorteil oder sogar der einzige Weg, wenn die Verwaltung der Firewall-Regel über Skripte oder im sogenannten Server Core-Modus erfolgen soll.

20.3.1 Standard-Einstellungen anpassen

Sehen wir uns zunächst an, wie Sie die Standard-Einstellungen zum generellen Blockieren aller unbekannten Verbindungen über die PowerShell einrichten können:

```
# Windows-Firewall generell aktivieren
Set-NetFirewallProfile -All -Enabled "true" Enter

# eing. Verbindungen blocken, ausgehende zulassen
Set-NetFirewallProfile -All -DefaultInboundAction
  Block -DefaultOutboundAction Allow Enter
```

Tipp

Wenn Sie anstelle der generellen Einstellung aller drei Profile diese Werte nur für ein bestimmtes Profil ändern möchten, variieren Sie den Befehl leicht, und zwar wie folgt:

```
Set-NetFirewallProfile -Name Public ...
```

Dabei können Sie als Namen einen der drei folgenden Werte angeben:

- Für das öffentliche Profil verwenden Sie den Namen Public,
- wenn es um das Domänen-Profil geht, schreiben Sie Domain,
- für das private Profil ist folglich Private zuständig.

20.3.2 Genaue Kontrolle über die einzelnen Profile

Soeben haben wir festgestellt, dass es in der Windows-Firewall drei Profile gibt, die für unterschiedliche Konnektivität mit anderen Teilnehmern stehen, nämlich das Domänen-Profil, das Profil für private Netzwerke sowie das Profil für öffentliche Netzwerke.

Dahinter steckt ein einfaches Prinzip: die Windows-Firewall weist jeder aktiven Netzwerk-Verbindung eines dieser drei Firewall-Profile zu. Dabei erhalten auch Pseudo-Verbindungen, zum Beispiel VPN-Verbindungen, eine eigene Zuweisung zu einem der Firewall-Profile.

Über die PowerShell können wir leicht herausfinden, welchem Profil die Windows Firewall jede Verbindung zugewiesen hat. Geben Sie dazu folgendes Kommando ein:

```
Get-NetConnectionProfile [Enter]
```

Daraufhin werden Informationen über sämtliche Netzwerk-Verbindungen angezeigt. Innerhalb dieser Tabelle finden Sie unter anderem auch die Einstufung, in welche Netzwerk-Kategorie, also welches Profil, das System die jeweilige Verbindung einsortiert hat.

> **Tipp**
>
> Falls Windows sich einmal bei der automatischen Einstufung vertan hat, lässt sich die Profil-Zuordnung der Netzwerk-Verbindungen auch manuell korrigieren. Dies ist ebenfalls über die PowerShell möglich, und zwar mit folgendem Befehl:
>
> **Set-NetConnectionProfile** -interfacealias
>   "*Netzwerk 2*" -NetworkCategory *Private* [Enter]
>
> Durch diesen Befehl wird die Netzwerk-Verbindung, die in der zuvor angegebenen Tabelle mit NETZWERK 2 markiert ist, von *Öffentlich* auf *Privat* umgestellt.

20.3.3 Ausnahme-Regel für einen Server-Dienst erstellen

Sehen wir uns jetzt an, wie sich eine Ausnahme-Regel für einen bestimmten Dienst auf unserem Windows-Server anlegen lässt. Für unser Beispiel möchten wir die Remote-Desktop-Verbindungen zulassen. Das Problem: Je nach Situation und Version nutzt Remote-Desktop entweder UDP- oder TCP-Konnektivität mit der Port-Nummer 3389.

Um einen oder mehrere Ports in der Firewall über die PowerShell zu öffnen, gehen wir zunächst auf die Suche nach einer vorhandenen Firewall-Regel, die für unseren Bedarf geeignet ist. Anschließend aktivieren wir sie über ein Cmdlet, das sinnigerweise den Namen `Enable-NetFirewallRule` trägt. Doch wo können wir nachsehen, um festzustellen, ob es schon eine passende Regel gibt?

Entweder Sie sehen in der grafischen Oberfläche nach, indem wir zunächst die WINDOWS-FIREWALL MIT ERWEITERTER SICHERHEIT aufrufen und darin als Nächstes zum Bereich EINGEHENDE REGELN umschalten. Wenn wir dann einen Blick in die Liste der Regeln auf der rechten Seite werfen, können wir den jeweiligen Anzeige-Namen der Regel ablesen. Neben diesem gut lesbaren Namen verfügt jede Regel auch über eine Art internen Namen, der in der PowerShell einfach nur »Name« genannt wird.

Wenn wir also nähere Informationen über die Firewall-Regel in Bezug auf die Remote-Desktop-Verbindungen erhalten möchten, können wir dazu folgende PowerShell-Befehls-Zeile nutzen:

```
Get-NetFirewallRule -DisplayName
   "Remotedesktop - Benutzermodus (TCP eingehend)"
   Enter
```

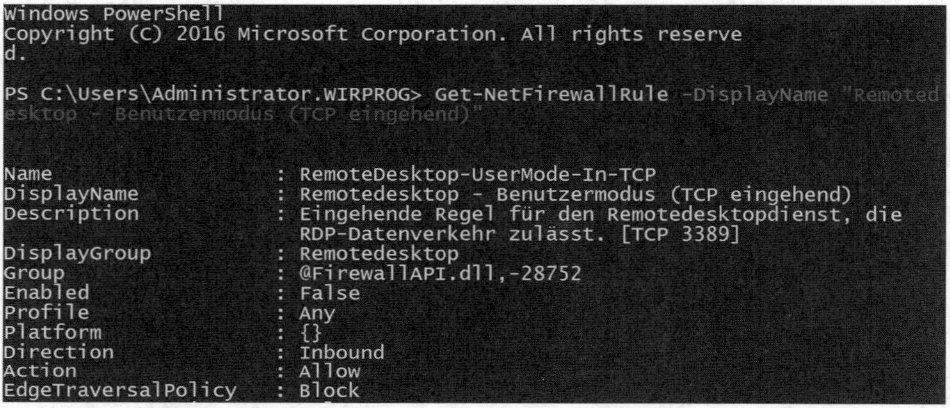

```
Windows PowerShell
Copyright (C) 2016 Microsoft Corporation. All rights reserve
d.

PS C:\Users\Administrator.WIRPROG> Get-NetFirewallRule -DisplayName "Remoted
esktop - Benutzermodus (TCP eingehend)"


Name              : RemoteDesktop-UserMode-In-TCP
DisplayName       : Remotedesktop - Benutzermodus (TCP eingehend)
Description       : Eingehende Regel für den Remotedesktopdienst, die
                    RDP-Datenverkehr zulässt. [TCP 3389]
DisplayGroup      : Remotedesktop
Group             : @FirewallAPI.dll,-28752
Enabled           : False
Profile           : Any
Platform          : {}
Direction         : Inbound
Action            : Allow
EdgeTraversalPolicy : Block
```

Abb. 20.4: Nach einer Firewall-Regel suchen

Daraufhin sehen Sie sofort den Namen, eine Beschreibung und die Tatsache, ob diese Regel aktiviert ist, in welchen Profilen sie enthalten ist, ob es sich um eine eingehende oder um eine ausgehende Regel handelt, zu welcher Anzeige-Gruppe sie gehört sowie weitere Informationen. Die Regel kann dann entweder durch Bezugnahme auf ihren Anzeigenamen oder durch Verwenden des internen Namens aktiviert werden. Im Falle der Regel für Remote-Desktop funktioniert also am einfachsten der folgende PowerShell-Befehl, was das TCP-Protokoll angeht:

```
Enable-NetFirewallRule
   RemoteDesktop-UserMode-In-TCP  Enter
```

Hinweis

Wenn auf Ihrem System eine Gruppen-Richtlinie gültig ist, die eine bestimmte Regel der Windows-Firewall kontrolliert, bringen sämtliche Aufrufe der Firewall-Befehle in der PowerShell überhaupt nichts – in so einem Fall haben die Regeln der Gruppen-Richtlinie einfach mehr Gewicht.

20.3.4 Gruppierte Regeln bearbeiten

Was meinten wir vorhin, als wir über eine Anzeige-Gruppe sprachen? Nun, in vielen Fällen erfordert die Konfiguration der Firewall zur Genehmigung einer Windows-Rolle oder einer Anwendung das Öffnen mehr als nur die Festlegung eines Ports. Beispielsweise enthält Windows Server 2016 eine Firewall-Gruppe namens *Active Directory Domain Services*. Wenn wir die Liste der zugehörigen Firewall-Regeln über die PowerShell abrufen, etwa mit folgendem Befehl:

```
Get-NetFirewallRule -DisplayGroup
  "Active Directory Domain Services" Enter
```

... sehen wir etliche Firewall-Ausnahmen – von der Aktivierung der Pings über den LDAP-Daten-Verkehr bis hin zur Synchronisierung der Zeit-Server über das Netzwerk via NTP.

Das Gute an diesen Anzeige-Gruppen ist: Zur Aktivierung eines solchen Zusammenschlusses müssen nicht alle einzelnen Dienste separat aktiviert werden. Stattdessen genügt die Eingabe des folgenden Befehls:

```
Enable-NetFirewallRule -DisplayGroup
  "Active Directory Domain Services" Enter
```

Tipp

Offensichtlich werden Sie nie in die Verlegenheit kommen, diesen Befehl manuell einzugeben. Denn wenn Sie die Server-Rolle für Active Directory über den Server-Manager hinzufügen, sorgt der Assistent automatisch im Hintergrund für die Aktivierung der zugehörigen Firewall-Gruppe.

Wie wir gesehen haben, lässt sich die Windows-Firewall sowohl über die grafische Oberfläche als auch über die PowerShell bequem und effizient verwalten. Dabei hat der Weg über die PowerShell den Vorteil, dass diese Art der Konfiguration sich über Skripte völlig automatisieren lässt.

Somit stellt die korrekte Konfiguration der Windows-Firewall einen einfachen, aber effektiven Weg dar, um die Sicherheit eines Servers und damit über die Gruppen-Richtlinien auch im gesamten Netzwerk Ihres Unternehmens zu erhöhen.

Kapitel 21

Windows-Updates verwalten

Zu den wichtigsten Komponenten in einem guten Sicherheits-Konzept für Unternehmens-Netzwerke zählt die regelmäßige und vor allem zeitnahe Installation verfügbarer Updates. Denn diese schließen oft gefährliche Sicherheits-Lücken, über die Angreifer sonst unter Umständen die Kontrolle über Ihr Netzwerk übernehmen und Daten daraus stehlen könnten.

21.1 Nach Updates suchen

Über die Einstellungen lässt sich auf jedem Windows Server 2016-Gerät jederzeit nach verfügbaren Updates bei Microsoft suchen, wonach diese automatisch heruntergeladen und installiert werden können. Die Funktion lässt sich wie folgt aufrufen:

1. Als Erstes klicken Sie auf den START-Button.
2. Jetzt im START-Menü auf das Zahnrad-Symbol (EINSTELLUNGEN) klicken.
3. Wechseln Sie als Nächstes zum Bereich UPDATE UND SICHERHEIT.
4. Jetzt noch auf den Button NACH UPDATES SUCHEN klicken und danach einfach warten, bis das System sämtliche verfügbaren Updates gefunden und heruntergeladen hat.

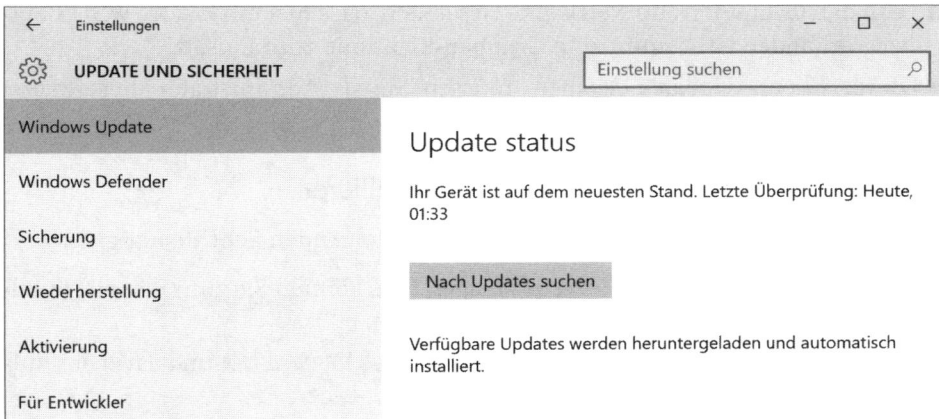

Abb. 21.1: Nach Updates suchen

> **Tipp**
>
> Um die Installation einiger Updates abzuschließen, ist unter Umständen ein Neustart des Systems erforderlich. Falls dem so ist, weist Windows Sie gesondert darauf hin, sodass Sie den Neustart selbst durch Anklicken des entsprechenden Buttons auslösen können.

21.2 Die Rolle der Windows Server Update Services

Im Unternehmens-Netzwerk ist es natürlich nur selten praktisch, wenn die bisweilen recht großen Updates unkontrolliert und einzeln auf jeden Server bzw. jedes Endgerät installiert werden müssen. Viel einfacher geht dies über eine spezielle Funktion von Microsoft: *Windows Server Update Services (WSUS)*.

Dabei dient ein spezieller Server im Netzwerk als Zwischen-Glied und ist dafür verantwortlich, verfügbare Updates von der Microsoft-Website herunterzuladen und für sämtliche anderen Computer im lokalen Netzwerk bereitzustellen. Diese Art der Bereitstellung von Aktualisierungen für das System und Programme hat folgende Vorteile:

- Über WSUS können Updates bezogen werden, die sich auf das Betriebssystem sowie auf allgemein häufig genutzte Microsoft-Programme anwenden lassen, darunter Microsoft Office und Microsoft SQL Server.

- In der einfachsten Konfiguration, einem kleineren Unternehmen, kann es einen einzigen WSUS-Server geben, der die Updates von der Microsoft Website herunterlädt.

- Der WSUS-Server verteilt die Updates seinerseits an Computer, die zur Konfiguration automatischer Updates vom WSUS-Server konfiguriert sind.

- Um den Computern im Netzwerk mitzuteilen, dass hier ein lokaler WSUS-Server vorhanden ist, kommt eine Gruppen-Richtlinie zum Einsatz.

- Bevor Clients Updates erhalten, müssen Sie als Administrator diese zuerst genehmigen.

21.2.1 WSUS in Windows Server 2016 installieren

Zur Bereitstellung eines WSUS-Servers sind die folgenden Schritte nötig:

1. Starten Sie als Erstes den Server-Manager. Dies können Sie zum Beispiel durch Klick auf die Kachel im START-Menü erledigen.

2. Anschließend folgt oben rechts ein Klick auf das VERWALTEN-und darin der Aufruf der Funktion ROLLEN UND FEATURES HINZUFÜGEN.

3. Darin sehen Sie wieder den altbekannten Assistenten, über den sich neue Funktionen zu Ihrem Windows-Server hinzufügen lassen.

4. Entscheiden Sie sich für die ROLLENBASIERTE INSTALLATION und wählen Sie anschließend den Server aus, der fortan als WSUS-Server im Netzwerk dienen soll.

5. In der Liste der Features setzen Sie jetzt einen Haken bei der Zeile WINDOWS SERVER UPDATE SERVICES.

Hinweis

Durch Setzen dieser Option werden Sie automatisch gefragt, ob weitere dafür benötigte Funktionen ebenfalls mit installiert werden sollen – etwa der IIS-Webserver oder auch gewisse PowerShell-Cmdlets, die zum Betrieb eines lokalen Windows Server Update Servers notwendig sind.

6. Nach Bestätigung der Auswahl durch Klick auf WEITER sehen Sie eine Liste aller separaten Features, die wir in unserem Fall allerdings unverändert übernehmen können, weswegen Sie unten erneut auf WEITER klicken.

7. Daraufhin erhalten Sie Gelegenheit, die gewünschten Rollen-Dienste für die WSUS-Rolle auszugehen. Hier sollten Sie mindestens die beiden Optionen aktivieren, nämlich WD-KONNEKTIVITÄT sowie die WSUS-SERVICES. Danach folgt unten erneut ein Klick auf WEITER.

Im nächsten Schritt, der Auswahl des Inhalts-Speicherorts, geht es darum, ob der WSUS-Server die Updates auf der lokalen Festplatte zwischenspeichern soll. Dies hätte den Vorteil, dass die Clients im Netzwerk die Updates nicht direkt von Microsoft herunterladen müssen, sondern sie aus dem lokalen Netzwerk beziehen können. Somit würden die Updates schneller herunterzuladen sein und könnten dadurch auch schneller eingespielt werden.

Hinweis

Damit eine lokale Kopie der Updates angelegt werden kann, muss ein NTFS-Laufwerk mit mindestens 6 GB freiem Speicherplatz dafür erhalten. Wenn Sie die Updates lokal zwischenspeichern möchten, aktivieren Sie also das entsprechende Kontrollkästchen und geben den gewünschten Speicher-Pfad dann in das Textfeld darunter ein.

Vorsicht

Die von Microsoft angegebenen 6 GB sind nur eine absolute Untergrenze. Nicht selten wird die Sammlung der heruntergeladenen Updates mit der Zeit 100 GB oder mehr umfassen. Stellen Sie also sicher, dass genügend Speicher vorhanden ist, oder nutzen Sie alternativ einen Speicherplatz, den Sie bei Bedarf einfach um eine neue Festplatte erweitern können.

> **Tipp**
>
> Mehr zum Thema Speicherplätze finden Sie übrigens in Kapitel 8 dieses Buches.

Die weiteren Seiten des Assistenten zum Hinzufügen von Rollen und Features können Sie unverändert übernehmen (darunter die Auswahl der Rollen-Features für die IIS-Webserver-Rolle), bis Sie zur Seite BESTÄTIGUNG gelangen.

Auf dieser Seite sehen Sie nochmals eine Zusammenfassung der Änderungen, die der Assistent an Ihrem Server vornehmen wird. Sobald Sie unten auf INSTALLIE-REN klicken, erfolgt die Installation der benötigten Komponenten, die danach nicht mehr unterbrochen werden kann.

> **Tipp**
>
> Den Assistenten können Sie trotzdem getrost durch Klick auf SCHLIEßEN been-den; die Installation der Komponenten läuft auch ungeachtet des Assistenten einfach weiter. Sobald sie abgeschlossen ist, erhalten Sie eine entsprechende Be-nachrichtigung im Server-Manager.

21.2.2 WSUS konfigurieren

Jetzt haben wir die Windows Server Update Services installiert und können diese neue Rolle entsprechend konfigurieren, damit sie für die Clients im Netzwerk ein-satzbereit ist.

Die Konfiguration von WSUS ist sehr wichtig und notwendig, damit die Teilneh-mer des Netzwerks ihre Updates kontrolliert von diesem WSUS-Server beziehen können.

Am einfachsten ist die Konfiguration des WSUS-Servers über den Server-Manager aufzurufen. Starten Sie dazu als Erstes den Server-Manager und klicken Sie anschließend oben rechts auf TOOLS, WINDOWS SERVER UPDATE SERVICES (WSUS).

Beim ersten Aufruf des WSUS-Moduls werden Sie dazu aufgefordert, zum Abschluss der Installation einen lokalen Zwischenspeicher der Updates anzule-gen. Dazu setzen Sie einen Haken bei der Option UPDATES LOKAL SPEICHERN und tragen darunter dann den gewünschten Ort ein, den Sie bereits bei der Installation der WSUS-Rolle angegeben hatten (Abbildung 21.2).

Im Anschluss landen Sie automatisch in dem Assistenten zur Konfiguration der Windows Server Update Services. Bevor Sie fortfahren, sollten Sie sicherstellen, dass die Firewall-Einstellungen auf den Clients und auf dem WSUS-Server so gesetzt sind, dass diese mit dem Server kommunizieren können. Dazu sollten ent-sprechende Firewall-Regeln für die Ports 80 und 443 gesetzt sein.

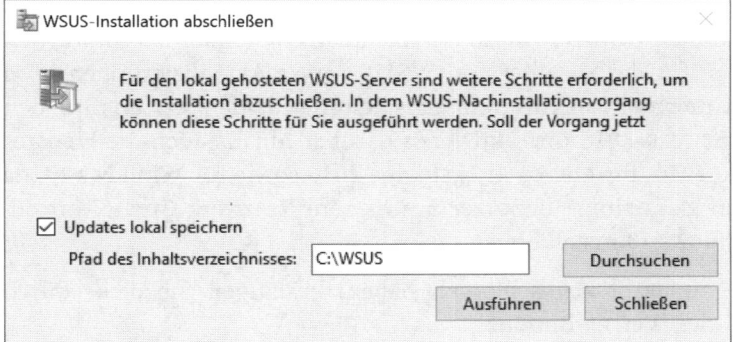

Abb. 21.2: WSUS-Installation abschließen

Zweitens müssen Sie auch sicherstellen, dass der WSUS-Server die Berechtigung hat, im Internet mit den Microsoft Update-Servern in Kontakt zu treten.

Anschließend fragt Sie der Assistent, ob die Liste der verfügbaren Updates direkt von Microsoft synchronisiert werden soll oder von einem anderen Windows Server Update Services-Server. Letztere Option kann sinnvoll sein, wenn es in Ihrem Netzwerk mehrere WSUS-Server gibt, die alle den gleichen Update-Stand anbieten sollen. Für unser Beispiel reicht es allerdings aus, wenn wir die Liste der Aktualisierungen direkt von Microsoft Update herunterladen.

In den meisten Fällen kann der WSUS-Server direkt eine Verbindung zu Microsoft erstellen, ein Proxy-Server ist nicht erforderlich. Falls aber doch – wegen der Sicherheits-Einstellungen in Ihrem Netzwerk –, erhalten Sie auf der nächsten Seite des Assistenten Gelegenheit, die entsprechenden Zugangsdaten zu hinterlegen. In unserem Fall überspringen wir diese Seite allerdings einfach durch Klick auf WEITER.

Zur Fortsetzung des Assistenten muss dieser sich jetzt mit dem Microsoft-Update-Server in Verbindung setzen und die Liste der verfügbaren Update-Arten herunterladen. Zudem wird auch eine Liste der Produkte sowie eine Liste der verfügbaren Sprachen ermittelt. Dies erfolgt, sobald Sie auf den Button VERBINDUNG AUFBAUEN klicken.

Hinweis

Die Synchronisierung mit dem Microsoft-Update-Server kann einige Minuten in Anspruch nehmen. Nach Abschluss des Vorgangs wird die Schaltfläche WEITER aktiv, sodass Sie sie anklicken können.

Im nächsten Schritt sehen wir eine Liste sämtlicher Produkte, für die Microsoft Update Aktualisierungen zum Download anbietet. Setzen Sie hier bei sämtlichen Produkten Häkchen, für die Sie über den WSUS-Server Aktualisierungen lokal zwischenspeichern möchten. In unserem Beispiel entscheiden wir uns für den Eintrag WINDOWS SERVER 2016 und aktivieren darüber hinaus auch die Updates für Microsoft Office 2016, für Microsoft Exchange 2016 sowie für Windows 10, da wir davon ausgehen, dass einige Benutzer in unserem Netzwerk Geräte verwenden, auf denen Windows 10 installiert ist.

Nachdem Sie Ihre Auswahl abgeschlossen haben, bestätigen Sie diese durch erneutes Anklicken des WEITER-Buttons.

Danach erscheint schon die nächste Liste, um die Sie sich kümmern müssen. Dabei handelt es sich um die Klassifizierungen – also etwa, ob nur kritische Updates heruntergeladen werden sollen oder auch Definition-Updates, Treiber oder Service Packs.

Schließlich erhalten Sie auch noch Gelegenheit festzulegen, in welchen zeitlichen Abständen die Liste der Updates von Microsoft automatisch neu geladen werden soll. Empfehlenswert ist diese Option allemal, denn besonders, wenn auch Definitions-Updates für Windows Defender und Co. über diesen WSUS-Server verteilt werden sollen, empfiehlt sich die automatische Aktualisierung der verfügbaren Updates. Nur so können Sie sichergehen, dass sämtliche Clients in Ihrem Netzwerk verfügbare Updates schnell und effizient beziehen können, sodass für die bestmögliche Sicherheit gesorgt ist.

Nach Abschluss des Einrichtungs-Assistenten für die Update-Services landen Sie automatisch in der entsprechenden Konsole, über die Sie im laufenden Betrieb sämtliche Updates und deren Bereitstellung beeinflussen können.

Wann und wie oft nach neuen Updates gesucht werden soll, definieren Sie hier, indem Sie auf der linken Seite die Rubrik SYNCHRONISIERUNGEN markieren und dann in der rechten Spalte, die mit AKTIONEN überschrieben ist, auf SYNCHRONISIERUNG STARTEN klicken.

Über die Liste auf der linken Seite erhalten Sie zudem auch Gelegenheit, Einblick in die heruntergeladenen und bereitgestellten Updates zu werfen. Dies kann nützlich sein, wenn Sie zum Beispiel verhindern möchten, dass bestimmte Updates überhaupt bereitgestellt werden – in diesem Fall können Sie sie einfach sperren.

Hinweis

Je nach Geschwindigkeit Ihrer Internet-Verbindung kann die Synchronisierung der verfügbaren Updates mit dem Microsoft-Server einige Minuten dauern.

21.2.3 WSUS-Server im Netzwerk bereitstellen

Jetzt haben wir zwar den WSUS-Server in unserem lokalen Netzwerk eingerichtet, müssen aber noch dafür sorgen, dass die Computer und Server im Netzwerk ihre Updates nicht mehr direkt von Microsoft beziehen, sondern nur noch von unserem neu installierten WSUS-Server. Dazu richten wir ein entsprechendes Gruppen-Richtlinien-Objekt ein. Hier die nötigen Schritte im Einzelnen:

Zunächst öffnen Sie die Update-Services-Konsole und wechseln hier auf der linken Seite zum Bereich OPTIONEN. In der Mitte der Ansicht folgt dann ein Klick auf die Rubrik COMPUTER.

Hier lässt sich die standardmäßig ausgewählte Option, die Update-Services-Konsole zur Zuweisung der Computer in bestimmte Gruppen zu verwenden, auf die Möglichkeit der Nutzung einer Gruppen-Richtlinie umschalten. Diese Option ist flexibler, da wir über unsere Organisations-Einheiten und sonstigen Strukturen in Active Directory dafür sorgen können, dass die richtigen Server und Computer die richtigen Einstellungen für unseren WSUS-Server erhalten.

Damit Updates an die Server im Netzwerk bereitgestellt werden können, müssen Sie diese zunächst genehmigen. Wechseln Sie dazu in der Update Services-Konsole auf der linken Seite zum Bereich ALLE UPDATES und markieren Sie dann in der Mitte des Fensters die erscheinende Liste der Updates (hierzu ist natürlich eine vorherige Synchronisierung mit dem Microsoft-Server erforderlich).

Um die ausgewählten Updates freizuschalten, genügt jetzt ein Klick in der rechten Spalte auf den Link GENEHMIGEN…

Jetzt ist es an der Zeit, die Teilnehmer des Netzwerks über unseren neuen WSUS-Server in Kenntnis zu setzen. Dazu erstellen wir ein neues Gruppen-Richtlinien-Objekt. Wir brauchen folglich also die Gruppen-Richtlinien-Verwaltung, die wir unter anderem über den Server-Manager aufrufen können.

Jetzt navigieren wir zu dem Ordner für die Gruppen-Richtlinien-Objekte und erstellen darin eine neue Gruppen-Richtlinie.

Nachdem wir ihr einen Namen gegeben und die entsprechenden Sicherheits-Gruppen eingefügt haben, damit diese für die Server freigeschaltet ist, klicken wir die neue Gruppen-Richtlinie mit der rechten Maustaste an und wählen aus dem Kontextmenü den Eintrag BEARBEITEN…

Daraufhin erscheint der Editor für die Gruppen-Richtlinie. In diesem navigieren wir in der Struktur auf der linken Seite zu folgendem Bereich: COMPUTER-KONFIGURATION, RICHTLINIEN, ADMINISTRATIVE VORLAGEN, WINDOWS-KOMPONENTEN, WINDOWS UPDATE.

Auf der rechten Seite folgt jetzt ein Doppelklick auf die Einstellung AUTOMATISCHE UPDATES, die wir hier auf AKTIVIERT setzen. In der unteren linken Ecke des

Dialogfeldes findet sich hier auch ein Bereich, der mit AKTIONEN überschrieben ist. Hier aktivieren wir die Einstellung mit der Ziffer 4 und stellen ebenfalls einen Zeitpunkt ein, zu dem die verfügbaren Updates jeweils eingespielt werden sollen. Danach bestätigen wir diese neue Einstellung durch Klick auf OK.

Im gleichen Ordner findet sich auch eine Richtlinie namens INTERNEN PFAD FÜR DEN MICROSOFT UPDATEDIENST ANGEBEN, die wir per Doppelklick ebenfalls auf AKTIVIERT setzen.

Auch diese verfügt über einen Bereich namens OPTIONEN, hier sehen wir zwei Textfelder, in die wir jeweils die Adresse des WSUS-Servers eingeben.

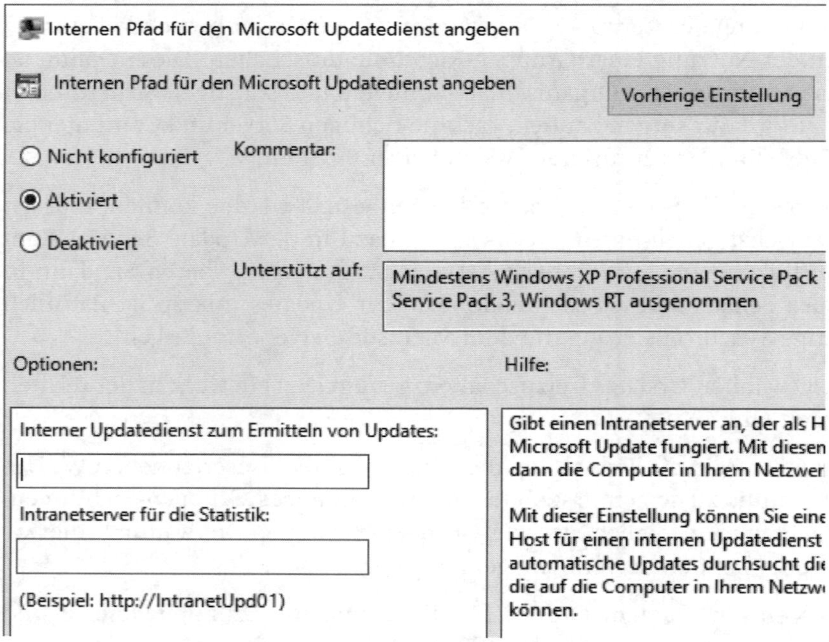

Abb. 21.3: Gruppen-Richtlinie zur Aktivierung von WSUS

Schließlich aktivieren wir noch eine dritte Richtlinie, und zwar die Richtlinie, die angibt, dass Nicht-Administratoren ebenfalls Update-Benachrichtigungen erhalten dürfen.

Zum Schluss sorgen wir dafür, dass die Clients, die auf den WSUS-Server zugreifen soll, über die aktualisierte Gruppen-Richtlinie in Kenntnis gesetzt werden. Dazu drücken wir auf dem entsprechenden Gerät gleichzeitig ⊞+Ⓡ und geben dann folgenden Befehl ein: cmd [Enter].

In der daraufhin erscheinenden Eingabe-Aufforderung genügt die Eingabe des folgenden Kommandos, damit die Gruppen-Richtlinien von Domänen-Controller neu geladen werden:

```
gpupdate /force Enter
```

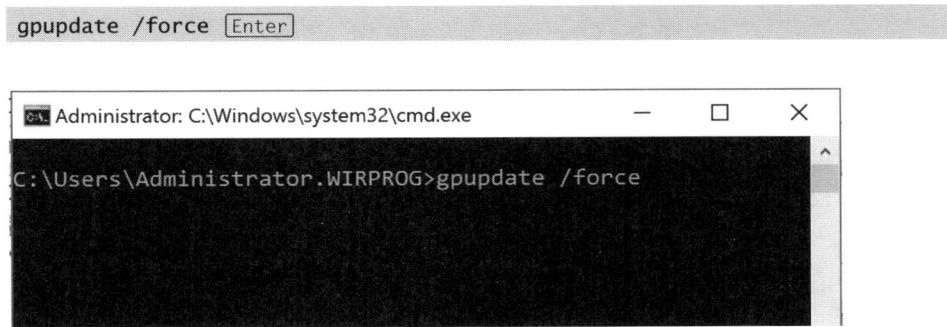

Abb. 21.4: Gruppen-Richtlinie aktualisieren

Sobald die Gruppen-Richtlinien aktualisiert sind, genügt ein erneuter Klick auf START, EINSTELLUNGEN, UPDATE UND SICHERHEIT, WINDOWS UPDATE, NACH UPDATES SUCHEN, damit das System den jetzt hinterlegten WSUS-Server kontaktiert und eventuell verfügbare Updates von dort herunterlädt.

Teil IV

Erweiterte Funktionen

In diesem Teil:

■ **Kapitel 22**
Server-Virtualisierung mit Hyper-V 513

■ **Kapitel 23**
Minimalistisch, aber nützlich: Der Nano Server 541

■ **Kapitel 24**
Isolierte Anwendungen mit Containern 553

■ **Kapitel 25**
Active Directory Federation Services 563

■ **Kapitel 26**
Kompatible Server-Anwendungen von Microsoft . . . 565

In diesem letzten Abschnitt untersuchen wir, wie Sie ohne viel Aufwand und ohne Mehrkosten mehrere Dienste unabhängig voneinander auf dem gleichen Server betreiben können. Besonders effektiv lässt sich diese Aufgabe durch Einsatz von virtuellen Maschinen lösen. Hier sehen wir uns an, wie deren Einrichtung mithilfe des Hyper-V-Moduls von Windows Server 2016 klappt.

Einfache Struktur, einfache Wartung, einfache Nutzung: Das ist der Nano Server. Den hat Microsoft zusammen mit Windows Server 2016 vorgestellt. Dabei hat Microsoft sich überlegt, wie sich das doch recht große Windows Server-System so verkleinern lässt, dass weniger Speicher und weniger Ressourcen belegt werden – und das bei voller Funktion. Grund genug, sich den Nano Server näher anzusehen.

Geht es bei der Trennung der Bereiche auf einem Server nur darum, dass verschiedene Services eines Servers unabhängig voneinander arbeiten, muss es nicht immer gleich ein ganzer virtueller Server sein. Hier genügt oft auch der Einsatz von Containern. Auch bei einer anstehenden Umstellung auf die Cloud sind Container eine Unterstützung zur Migration von Diensten und Programmen – mitsamt der dazu gehörigen Konfiguration.

Schließlich lernen Sie noch kurz die Active Directory Federation Services kennen. Damit können Anmeldungen von zentraler Stelle erfolgen und gelten dann beispielsweise im gesamten Unternehmen – die Daten und Berechtigungen werden passend weitergegeben. So lassen sich etwa Single-Sign-On-Lösungen realisieren, bei denen für verschiedene Dienste im Intranet jeweils die gleichen Anmelde-Daten genutzt werden können.

Kapitel 22

Server-Virtualisierung mit Hyper-V

Mit Virtualisierung lassen sich komplexe Netzwerk- und Server-Szenarien kostengünstig umsetzen. Viele setzen bei der Virtualisierung auf Linux-Server. Genauso gut ist allerdings auch das Angebot von Microsoft, das sich *Hyper-V* nennt.

In diesem Kapitel sehen wir uns an, wie Hyper-V im Detail funktioniert. So haben Sie sämtliches Wissen, das Sie benötigen, um Ihre eigene kleine Umgebung ausschließlich unter Verwendung von Windows-Software einzurichten.

Dabei geht es um Themen wie zum Beispiel, ...

- was Server-Virtualisierung ist und wofür sie genutzt wird,
- wie sich Hyper-V installieren und verwenden lässt,
- aus welchen Komponenten Hyper-V besteht und
- wie diese in einer neu erstellten virtuellen Maschine zusammenarbeiten.

22.1 Server-Virtualisierung – was steckt dahinter?

Der Ausdruck Virtualisierung wird heutzutage für vieles genutzt. Er tritt im Zusammenhang mit Anwendungen, mit Speicher, Netzwerken, Servern, der Darstellung von Bildschirmen und vielem mehr auf. In diesem Kapitel meinen wir mit Virtualisierung allerdings die Fähigkeit, ein vollständiges System auf einer Software-Plattform so auszuführen, dass das System der Ansicht ist, es würde auf einem echten Computer laufen. Diese Virtualisierung wird auch Hardware-Virtualisierung oder Server-Virtualisierung genannt. Wozu ist sie nützlich?

Als System-Administrator sind Sie wahrscheinlich verantwortlich für eine Reihe an Servern in Ihrem Unternehmen. Wenn Sie Ihre Aufgaben schon eine Weile ausführen, haben Sie sicher auch bemerkt, dass die Leistung von Servern immer weiter steigt – und zwar schneller als die Anforderungen von Programmen.

Wer in der Vergangenheit ein neues Programm im Unternehmen bereitstellen musste, hätte wahrscheinlich einen neuen Server dafür eingerichtet. Dieser Server wäre vermutlich ein ziemlich günstiger Server, der aber über die passende Menge Arbeitsspeicher verfügt. Wenn die Software auf Windows Server laufen soll, müssten auch die Hardware-Anforderungen des Systems beim Einkauf beachtet werden. Nicht selten wurden dann immer mehr neue Programme im Unternehmen genutzt und das Ergebnis war eine ganze Reihe von Servern, die nur sehr wenig ausgelastet sind. Natürlich ist das eine Verschwendung der Ressourcen und des Budgets. An diesem Punkt erkennen wir, welchen Sinn es macht, Virtualisierung einzusetzen.

Durch Virtualisierung können viele Server auf der physischen Hardware zusammengefasst werden. Dadurch nutzen die Server die Hardware nicht nur besser, es wird auch weniger Strom verbraucht und Platz im Rechen-Zentrum belegt, da weniger physische Server zum Einsatz kommen. Mit der richtigen Software lassen sich virtuelle Server sogar leicht zwischen physischen Servern umziehen, was für eine flexible Konfiguration sorgt.

Beispiel

Sie könnten einen physischen Server haben, auf dem Windows Server 2016 mit der Hyper-V-Virtualisierung läuft. Auf diesem physischen Server lässt sich eine Reihe virtuelle Maschinen installieren, die unterschiedliche Gast-Systeme haben – zum Beispiel Linux, Windows 8.1, Windows Server 2012 oder 2016. Dabei wird das Gerät, auf dem die Hyper-V-Komponente läuft, als *Host* bezeichnet.

22.1.1 Der technische Hintergrund

Wie funktioniert dieses Prinzip technisch? Natürlich können auf einem Computer (oder Server) nicht zwei Systeme gleichzeitig laufen, die parallel auf die Hardware zugreifen. Stattdessen muss eines der Systeme die Kontrolle übernehmen, und das andere System greift über Emulation, künstliche Treiber oder andere Techniken auf die Hardware zu. Im Prinzip gilt dasselbe auch für die Ausführung von Prozessor-Anweisungen und sogar für den Zugriff auf den Speicher.

Moderne Systeme zur Virtualisierung, darunter auch Hyper-V, nehmen nicht selbst System-Ressourcen in Anspruch – jedenfalls nicht viele. Stattdessen werden der Speicher und der Prozessor direkt verwendet, sodass die virtuelle Maschine ohne Umleitung darauf zugreifen kann. Das gleiche gilt für Hochleistung-Geräte wie Netzwerk, Festplatten oder Grafik-Schnittstellen.

Hinweis

Alles, worauf die virtuelle Maschine direkt zugreifen kann, funktioniert ohne Einbußen bei der Leistung. Müssen Komponenten aber emuliert werden, kostet das Performance. Manchmal lässt sich das nicht vermeiden, doch Hyper-V nutzt einen anderen Ansatz. Für jede Art von Host-Gerät werden eigene Treiber genutzt, sodass beispielsweise die Architekturen von Intel und AMD direkt angesprochen werden können. So arbeitet Hyper-V problemlos mit häufig eingesetzter Hardware-Architektur zusammen.

22.1.2 Einsatz-Beispiele für Virtualisierung

Jetzt haben wir uns angesehen, worum es bei Virtualisierung eigentlich geht. Überlegen wir nun konkret, wofür sie sich einsetzen lässt.

Eine große Rolle spielt die Virtualisierung zum Beispiel beim Testen und in der Entwicklung, bei der Zusammenführung von Servern sowie bei der Wiederherstellung nach einem Notfall. In allen diesen Anwendungen profitieren Sie durch den Einsatz von Virtualisierung von einem hohen Maß an Flexibilität.

Ihren Anfang nahm die Technik als Test-Umgebung für Administratoren und Berater, die schnell Hardware für Tests benötigten und durch die neue Virtualisierungs-Technik vorhandene Geräte mit passender Software zum Ausführen von virtuellen Maschinen verwenden konnten. In größeren Unternehmen gibt es gewöhnlich mehrere Test-Umgebungen für verschiedene Zwecke. Durch die Virtualisierung lassen sich schnell Server hinzufügen und entfernen – je nach Bedarf. Immer wenn eine neue Anwendung installiert werden muss oder eine neue Komponente in die Infrastruktur integriert werden soll, wird zu ihrer Bereitstellung nur eine neue virtuelle Umgebung benötigt.

Viele Administratoren haben eine Reihe virtueller Maschinen für die eigene Nutzung, sodass sich Änderungen schnell testen und analysieren lassen, bevor sie auf das Live-Netzwerk angewendet werden.

Beispiel

Zum Testen von Einstellungen im Active Directory lassen sich drei oder vier Domänen-Controller sowie ein Desktop-Computer, auf dem Windows 10 läuft, auf einem normalen 8-Gigabyte-Gerät betreiben, das mit Windows Server 2016 ausgestattet ist. Über Hyper-V ist das kein Problem. Mit einem solchen virtuellen Netzwerk lassen sich Feinheiten von Active Directory, beispielsweise in Sachen Replikation oder bei den Auswirkungen einer Gruppen-Richtlinie, bequem testen, ohne dass das Live-System betroffen ist.

Genauso gut lässt sich Virtualisierung auch zur Demonstration von neuen Techniken nutzen. Dafür wird keine hohe Leistung benötigt, weswegen sich mehrere virtuelle Maschinen auf einem Laptop ausführen lassen, um also beispielsweise neue Programme vorab interessierten Personen zu zeigen.

Neben dem Einsatz für Test- und Bereitstellungs-Demonstrationen findet sich die größte Bereitstellung von Server-Virtualisierung direkt in unseren Rechen-Zentren. Hier werden oft mehrere Server für die allgemeine und private Nutzung von Cloud-Diensten auf einer physischen Hardware-Komponente zusammengefasst. Dies nennt sich *VPS* (virtueller privater Server). Zudem stellen immer mehr Unternehmen, ob groß oder klein, ihre physischen IT-Umgebungen auf virtuelle Plattformen um, um dadurch Kosten zu sparen und flexibler zu werden.

22.1.3 Vorteile einer virtuellen Umgebung

In einer virtuellen Umgebung sparen Sie Ressourcen und damit auch Kosten. Ein Host, auf dem mehrere virtuelle Maschinen ausgeführt werden, spart nicht nur Platz im Rechen-Zentrum, sondern verbraucht auch weniger Strom und muss weniger gekühlt werden als fünf Server. Werden momentan 20 oder noch mehr physische Geräte nur wenig genutzt, lassen sie sich oft auf eine einzige Umgebung reduzieren, die dafür etwas besser ausgestattet ist.

Über Virtualisierung kann auch Hardware gemeinsam genutzt werden. Denn der Server, auf dem der Hypervisor läuft, bietet jeder virtuellen Maschine das gleiche Funktions-Set von virtueller Hardware an. Das bedeutet, dass virtuelle Maschinen identische Konfigurationen erhalten können. Dies sorgt für weniger Wartungs-Aufwand, denn auf allen Geräten müssen dann dieselben Treiber installiert werden. Somit ist auch die Bereitstellung von virtuellen Maschinen einfacher als die Bereitstellung physischer Geräte, denn Treiber spielen faktisch keine Rolle mehr.

Dadurch steigt auch die Flexibilität. Beispielsweise lassen sich virtuelle Maschinen zum Ausgleich der Auslastung oder bei Wartung zwischen Host-Computern hin und her schieben. Zudem spielt auch bei der Umstellung auf die Cloud die Virtualisierung eine große Rolle in Sachen Flexibilität – egal, ob in Ihrem Unternehmen über einen Wechsel auf eine Public Cloud oder eine Private Cloud nachgedacht wird.

Durch Cloud Computing und Virtualisierung lassen sich auch ältere Systeme bequem konsolidieren. Denn nicht selten kommen in einem Unternehmen verschiedene Versionen eines Systems zum Einsatz – beispielsweise Windows 2000, Windows Server 2003, 2008, 2012 oder 2012 R2. Solche älteren Systeme verbrauchen oft auf neuerer Hardware kaum Ressourcen, was sie zu idealen Kandidaten für eine Virtualisierung macht, damit die Hardware besser ausgenutzt wird.

In großen Netzwerk-Umgebungen mit breit gefächerten Storage Area Network (SAN)-Bereitstellungen, gespiegelten Rechen-Zentren und ähnlichen Infrastrukturen hilft die Server-Virtualisierung auch im Notfall. Hier spielt nicht nur die Konsolidierung von Servern eine Rolle, sondern auch der Betrieb sämtlicher virtueller Maschinen auf der gleichen Hardware-Konfiguration. Dadurch entstehen keinerlei Probleme mit Treibern, wenn eine virtuelle Maschine im Bedarfsfall auf einem anderen Hyper-V-Host gestartet wird.

22.1.4 Nachteile der Virtualisierung

Leider gibt es auch Seiten, durch die bei der Virtualisierung Probleme entstehen können. Selbst wenn die Vorteile die Nachteile bei weitem überwiegen, sollten Sie sich dennoch dessen bewusst sein:

Durch Virtualisierung entsteht mehr Komplexität bei den vorhandenen Bereitstellungen. Denn jetzt muss der Administrator immer im Hinterkopf haben, ob ein bestimmter Server eine virtuelle Maschine oder ein physischer Server ist. Gibt es zum Beispiel in Ihrem Unternehmen Datenbanken, die in SQL-Server umgesetzt sind, genügt es jetzt nicht mehr zu wissen, dass sie auf einem Server laufen. Wenn dieser Server virtualisiert ist, muss der Datenbank-Administrator sich auch auf den Server-Administrator verlassen können, damit die virtuelle Maschine erreichbar bleibt. Denn sonst kann auch die Datenbank nicht erreicht werden.

Bei der Bereitstellung einer neuen Technologie wie der Virtualisierung muss man sich die Zeit dafür nehmen, sich mit den Gegebenheiten und den Techniken zu ihrer Nutzung gut vertraut zu machen. Allerdings lässt es sich nicht vermeiden, während dieses Trainings auch Fehler zu machen. Einige davon können sich dabei auch auf das Live-System auswirken.

22.2 Erste Schritte mit Hyper-V

Zum Betrieb eines Hyper-V-Hosts gibt es Anforderungen, die ein Server erfüllen muss. Dabei geht es sowohl um die Hard- als auch um die Software. Sehen wir uns konkret an, welche Voraussetzungen erfüllt sein müssen:

22.2.1 Hardware-Anforderungen

- **Prozessor und BIOS** – Benötigt wird eine x64-CPU und ein BIOS, das sowohl CPU-gestützte Virtualisierung als auch die Datenausführungs-Verhinderung (DEP) unterstützt. Zwar werden diese Funktionen oft von dem Computer angeboten, sie sind bei älterer Server-Hardware aber meist nicht aktivierbar oder nicht aktiviert. Wenn sie sich aktivieren lassen, müssen Sie sie oft erst im BIOS einschalten.

> **Wichtig**
>
> Zur Aktivierung der Virtualisierung oder der DEP-Funktion genügt es nicht, wenn der Server neu gestartet wird. Stattdessen muss er komplett aus- und anschließend wieder eingeschaltet werden. Nur so kann der Prozessor zurückgesetzt werden. Auf diese Hardware-Einstellungen müssen Sie vor der Bereitstellung von Hyper-V unbedingt achten.

- **Zertifizierung für Windows Server 2016** – Wenn Sie wirklich sichergehen möchten, dass die Server zum Betrieb von Hyper-V geeignet sind, sollten Sie sich direkt an Ihren Händler wenden. Denn dieser ist dafür zuständig zu testen, dass Hyper-V tatsächlich funktioniert. Die meisten größeren Anbieter nehmen auch am Microsoft-Programm »Zertifiziert für Windows Server 2016« teil, wozu die zugehörige Hardware mithilfe von Standard-Prozeduren, die von Microsoft vorgegeben werden, geprüft werden muss. Nach erfolgreichem Absolvieren des Tests kann der Hersteller die Konfiguration an Microsoft senden, damit sie in den öffentlichen Katalog eingefügt werden kann. Allerdings übermitteln nicht alle Hersteller ihre Hardware an Microsoft.

Link

Der Microsoft-Katalog mit kompatibler Server-Hardware findet sich im Internet unter der Adresse `http://windowsservercatalog.com`. Hier sollten Sie konkret nach Hyper-V kompatiblen Systemen suchen.

22.2.2 Software-Anforderungen

Sehen wir uns nun auch an, welche Voraussetzungen auf der Software-Seite erfüllt sein müssen. Denn nicht in jeder Windows-Server-Edition können alle Hyper-V-Funktionen uneingeschränkt genutzt werden. Stattdessen wird die Anzahl der virtuellen Maschinen-Instanzen beschränkt, die ausgeführt werden dürfen.

In Windows Server 2016 Datacenter Edition lassen sich uneingeschränkt viele virtuelle Maschinen oder Hyper-V-Container betreiben. Im Gegensatz dazu erlaubt die Windows Server 2016 Standard Edition nur den Betrieb von maximal zwei solcher virtuellen Server oder Hyper-V-Container.

Wenn Sie ausschließlich den Einsatz virtueller Maschinen planen, ohne auf die sonstigen Funktionen von Windows Server 2016 zurückgreifen zu müssen, können Sie auch einen Blick auf den kostenlos erhältlichen Hyper-V Server werfen. Der Microsoft Hyper-V Server 2016 gibt Ihnen alles, was Sie zur Virtualisierung von Komponenten im Rechen-Zentrum und im Netzwerk Ihres Unternehmens benötigen.

Im Microsoft Hyper-V Server 2016 sind ausschließlich der Windows-Hypervisor, ein Windows Server-Treiber-Modell sowie Komponenten für die Virtualisierung enthalten. Er bietet eine einfache und zuverlässige Lösung, mit der sich die Server-Auslastung verbessern lässt, wodurch Kosten gesenkt werden können.

Link

Die Installations-Datei (ISO) für Microsoft Hyper-V Server 2016 findet sich zum Gratis-Download unter der folgenden Adresse:

`https://www.microsoft.com/de-de/evalcenter/evaluate-hyper-v-server-2016`

Hinweis

Der Hyper-V Server verfügt nicht über eine grafische Oberfläche. Die virtuellen Maschinen lassen sich entweder über eine Eingabe-Aufforderung, über den Hyper-V Manager eines anderen Windows-Server-2016-Geräts oder über die Remote-Verwaltung von einem Windows-10-Computer aus administrieren.

22.3 Die Hyper-V-Architektur

Jetzt wissen wir, wozu sich Server-Virtualisierung nutzen lässt und welche Anforderungen sie an die Hard- und Software stellt. Sehen wir uns nun einige der Techniken an, die hinter den Kulissen von Hyper-V dafür sorgen, dass die Virtualisierung reibungslos funktioniert.

Bei der Implementierung von Server-Virtualisierung spielen die Fähigkeiten des Prozessors eine wesentliche Rolle. Denn bei den Intel- und AMD-Spezifikationen für Prozessoren gibt es eine Anzahl unterschiedlicher Berechtigungs-Ebenen, die auch als Ringe bekannt sind. Im klassischen Modell hat der Ring 0 dabei die höchste Berechtigung. Der Windows-Kernel und Geräte-Treiber nutzen diese Ebene. Prozesse, die im Ring 0 ablaufen, können auf alle Hardware-Komponenten des Systems zugreifen.

Neben dem Ring 0 gibt es auch noch die Ringe 1 und 2. Beide werden in aktuellen Windows-Versionen zunächst nicht verwendet. Dann wäre auch noch Ring 3 zu nennen, die niedrigste Berechtigungs-Ebene. Auf diesem Ring laufen normale Benutzer-Programme. In der Praxis heißt das: Auf diesem Ring werden sämtliche Anwendungen ausgeführt, die keine Kernel-Privilegien erfordern.

Der Trick besteht darin, dass der Prozessor verhindert, dass Code, der auf einem höheren Ring läuft, Daten oder Code verändern kann, der auf einem niedrigeren Ring ausgeführt wird. Somit handelt es sich bei den Ringen um eine Art Sicherheits-Funktion für Hardware.

Bei der Bereitstellung der Hyper-V-Rolle auf Ihrem Server schaffen Sie dadurch eine Hypervisor-Architektur. Ein Hypervisor ist eine Software-Ebene zwischen der Hardware und den Systemen, die auf dem Host ausgeführt werden. Dieser Ansatz wird auch Bare-Metal genannt: Virtualisierung auf der niedrigsten möglichen Ebene. Dabei besteht der Hauptzweck des Hypervisors darin, eine isolierte Umgebung zur Ausführung der Systeme bereitzustellen. Im Zusammenhang damit ist der Hypervisor auch verantwortlich dafür, den Zugriff auf die Hardware zu regeln. Daher muss der Server während der Bereitstellung der Hyper-V-Rolle neu gestartet werden, damit Hyper-V im Ring -1 installiert werden kann.

Dieser Ring -1 ist nicht zwangsläufig zu verwenden – Hyper-V lässt sich auch auf Ring 0 betreiben. Allerdings kann die Hardware besser ausgenutzt werden, wenn es sich um einen Intel- oder AMD-Prozessor mit der VT- oder V-Funktion handelt. Somit muss der Kernel nicht mehr dazu gezwungen werden, auf Ring 1 zu laufen, was für eine saubere Architektur und weniger Fehler sorgt und eine bessere Leistung erzielt.

22.4 Installation und Konfiguration von Hyper-V

Sehen wir uns als Nächstes genau an, welche Schritte zur Bereitstellung und Nutzung von Hyper-V auf Windows Server 2016 erforderlich sind. Dabei untersuchen wir auch die verschiedenen Optionen in der Verwaltungs-Konsole.

Bevor wir uns an die eigentliche Installation machen, untersuchen wir zunächst, welche Voraussetzungen für die Installation von Hyper-V auf unserem Windows-Server gegeben sein müssen:

Einstellung	Konfiguration
Arbeitsspeicher	8 GB, mindestens 4 GB sind erforderlich.
Festplatten	Mindestens 200 GB. Für ein Test-System, das nicht im Produktiv-Einsatz verbleibt, genügt eine einzelne Festplatte. Hierbei ist die Leistung aber deutlich niedriger, weil der Zugriff auf die Festplatte sowohl vom Host-System als auch vom Gast erfolgen muss, und zwar abwechselnd.
Partitionen	Die erste Partition ist das System-Laufwerk, das den Host-Computer und dessen Komponenten enthält. Es trägt den Laufwerk-Buchstaben C:. Das zweite Laufwerk ist reserviert für Hyper-V und hat den Buchstaben D:.
Netzwerk	Mindestens zwei Netzwerk-Adapter mit jeweils 1 Gbit Leistung werden für den Produktiv-Einsatz empfohlen. Eine einzelne Netzwerk-Karte ist für ein Test-System in Ordnung, sollte aber nicht im Produktiv-Einsatz genutzt werden, da es auch hier zu Leistung-Einbußen kommen kann.
System	Entweder Windows Server 2016 Datacenter-Edition oder Windows Server 2016 Standard Edition (bei letzterem allerdings nur mit maximal zwei virtuellen Maschinen).
Modus	Im Folgenden verwenden wir die grafische Oberfläche, weswegen der Server-Core-Modus für uns hier nicht interessant ist. Natürlich lassen sich virtuelle Maschinen auch im Server-Core-Modus betrieben, die Verwaltung des Hyper-V-Servers muss dann allerdings über einen anderen Windows-Server-2016-Computer oder ein System mit Windows 10 erfolgen.

Hinweis

Beim Produktiv-Einsatz empfiehlt sich, dass der Host-Server für den Hyper-V-Modus Mitglied einer Domäne ist. Zu Test-Zwecken eignet sich auch der Einsatz einer Arbeitsgruppe. In diesem Fall ist allerdings die Konfiguration der entfernten Verwaltung schwieriger – dies klappt viel einfacher über ein Active Directory.

Nachdem diese Voraussetzungen geklärt sind, können wir uns jetzt an die Installation der Hyper-V-Rolle auf dem Host-Computer machen. Dazu führen wir die folgenden Schritte aus:

Zunächst wird der Server mithilfe der zuvor aufgelisteten Parameter konfiguriert. Das betrifft den Namen des Servers, dessen IP-Konfiguration usw. Auch sollten Sie darauf achten, dass für die Hyper-V-Daten eine eigene Partition zur Verfügung steht.

Jetzt muss der Server auch zur Domäne hinzugefügt werden, die wir nutzen möchten. In unserem Beispiel handelt es sich um die Domäne `wir-programmieren.de`.

Als Nächstes melden Sie sich bei der Windows-Server-2016-Installation mit einem Konto an, das über die Berechtigung zur Administration der Domäne verfügt. Daraufhin klicken Sie im Server-Manager auf LOKALER SERVER, VERWALTEN und rufen darin die Funktion ROLLEN UND FEATURES HINZUFÜGEN auf.

Das anfängliche Dialogfeld mit erläuternden Hinweisen können wir durch Klick auf WEITER überspringen.

Markieren Sie als Nächstes die Option ROLLEN- ODER FEATUREBASIERTE INSTALLATION.

Nach einem Klick auf WEITER markieren Sie den Server, auf dem die Hyper-V-Rolle installiert werden soll. Danach bestätigen wir unsere Auswahl durch erneuten Klick auf WEITER.

Jetzt ist wieder die lange Liste mit Server-Rollen sichtbar, die zur Installation auf dem ausgewählten System zur Verfügung stehen. In dieser Liste findet sich unter anderem auch die Option HYPER-V, die wir jetzt durch einen Haken markieren.

Daraufhin werden Sie aufgefordert, weitere erforderliche Funktionen nach zu installieren, die zur Verwaltung benötigt werden – etwa die HYPER-V MANAGEMENT TOOLS. Bestätigen Sie auch diese Installation, indem Sie auf den Button FEATURES HINZUFÜGEN klicken.

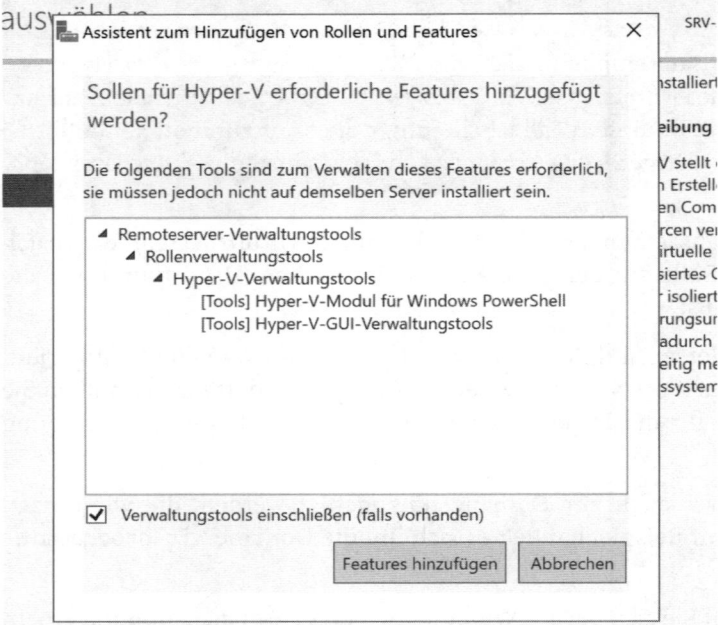

Abb. 22.1: Hyper-V-Zusätze installieren

Nach einem Klick auf WEITER erscheint auch die Liste der einzelnen Features, die wir in unserem Fall allerdings unverändert übernehmen können, sodass wir unten nochmals auf WEITER klicken. Auch die nachfolgende Seite des Assistenten lässt sich durch Klick auf WEITER überspringen.

Daraufhin fragt der Assistent, welcher Netzwerk-Adapter zum Anlegen eines virtuellen Switches verwendet werden soll. Aus dieser Liste sollten Sie sämtliche Netzwerk-Adapter markieren, die zukünftig für virtuelle Maschinen verwendet werden sollen. Falls mindestens zwei Netzwerk-Adapter im Server vorhanden sind, lassen Sie einen davon außen vor, der zukünftig zur Verwaltung des Host-Computers dienen soll.

Im nächsten Fenster haben Sie die Möglichkeit, vorhandene virtuelle Maschinen umzustellen, also zu migrieren. In unserem Fall ist das zunächst nicht interessant, weswegen wir diese Seite durch Klick auf WEITER einfach überspringen können.

Daraufhin sehen Sie die Seite STANDARD-SPEICHERORTE. Hier wird festgelegt, an welchem Ort die virtuellen Maschinen und ihre Daten abgelegt werden. Da wir zuvor dafür Sorge getragen haben, dass eine separate Partition bereitsteht, die ausschließlich zur Nutzung durch Hyper-V vorgesehen ist, stellen wir jetzt den entsprechenden Pfad ein, der also mit D: beginnen sollte.

Hinweis

Selbst auf einem Computer, der nur über eine einzige Festplatte verfügt, sollte zur Speicherung der virtuellen Maschinen eine eigene Partition genutzt werden. Nur auf diese Weise lässt sich effektiv verhindern, dass der Host-Computer Speicherplatz-Probleme bekommt, wenn die virtuellen Maschinen mehr Platz benötigen als am Anfang gedacht.

Jetzt wird die Seite BESTÄTIGUNG angezeigt, in der Sie auf INSTALLIEREN klicken, damit die nötigen Rollen eingespielt werden.

Zum Abschluss der Installation muss der Server noch neu gestartet werden, damit die Einrichtung der Hyper-V-Komponenten auch im Kernel erfolgen kann. Melden Sie sich nach dem Neustart wieder bei einem Administrator-Konto an.

Nach dem Start des Server-Managers fährt Windows mit der Konfiguration der Hyper-V-Rolle fort und führt die restlichen noch zu erledigenden Arbeiten aus. Das sollte nicht länger als ein oder zwei Minuten dauern. Anschließend sehen Sie die neue Hyper-V-Rolle im Server-Manager mit einem grünen Titel markiert, was bedeutet, dass sie jetzt einsatzbereit ist.

22.5 Der Hyper-V-Manager

Über den Server-Manager und dessen Tools-Menü lässt sich der Hyper-V-Manager schnell erreichen. Dabei handelt es sich um eine Administrations-Oberfläche, über die sich sämtliche virtuellen Maschinen sowie die Einstellungen von Hyper-V zentral verwalten lassen. Sehen wir uns an, welche Elemente in diesem Fenster zu finden sind (Abbildung 22.2):

- **Virtuelle Computer** – In diesem Abschnitt finden Sie die virtuellen Maschinen, die auf diesem Host vorhanden sind, wobei auch einige wichtige Eigenschaften in der Tabelle angezeigt werden (zum Beispiel, ob eine bestimmte virtuelle Maschine momentan ausgeführt wird, ausgeschaltet oder gespeichert ist usw.).

- **Prüfpunkte** – Bei Prüfpunkten handelt es sich um Schnappschüsse, die den Status der Festplatte, des Arbeitsspeichers und des Prozessors enthalten. Mithilfe von Prüfpunkten lässt sich zu einem bestimmten statt eines virtuellen Servers zurückkehren. Daher eignen sie sich besonders gut zur Sicherung, etwa bevor eine größere Installation oder Änderung der Konfiguration erfolgt. Denn falls etwas fehlschlägt, ist es ganz einfach, über den Hyper-V-Manager diese virtuelle Maschine auf ihren gesicherten Prüfpunkt zurückzusetzen.

- **Details** – In diesem Abschnitt finden Sie weitere Informationen über die aktuell ausgewählte virtuelle Maschine, etwa über die Auslastung des Speichers, den Zustand der Netzwerk-Komponenten sowie die Replikation.

■ Im Moment ist für uns die Spalte auf der rechten Seite des Hyper-V-Managers am interessantesten, die mit **Aktionen** überschrieben ist. Hier können Sie verschiedene Aspekte Ihrer Hyper-V-Umgebung verwalten. Beispielsweise lässt sich der zugehörige System-Dienst starten oder stoppen – darüber hinaus können Sie hier auch die Konfiguration der virtuellen Switches ändern, Festplatten bearbeiten und ihren Zustand unter die Lupe nehmen.

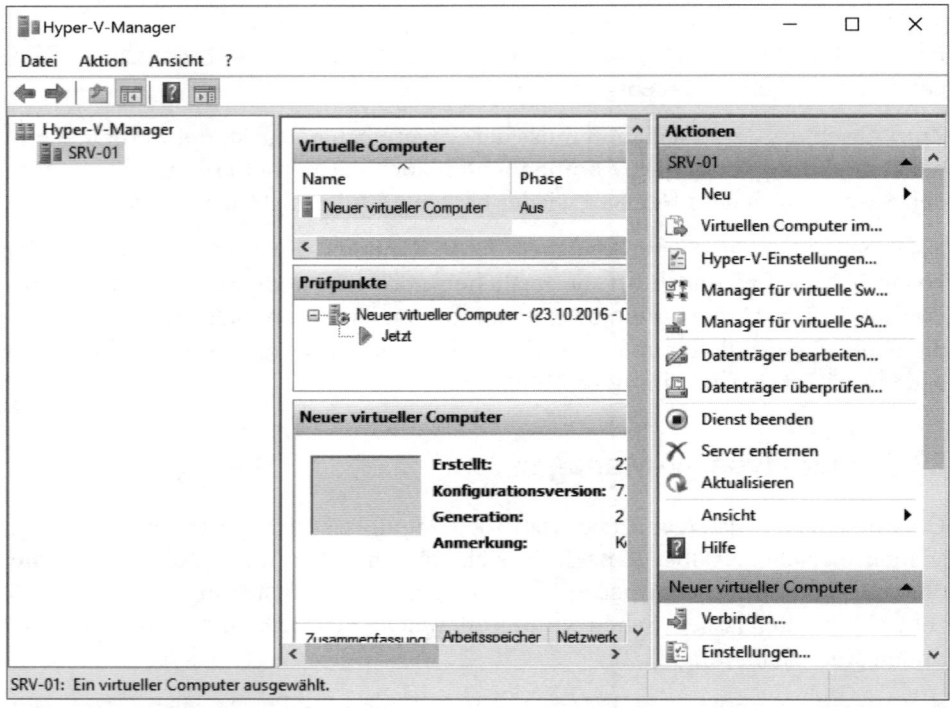

Abb. 22.2: Der Hyper-V-Manager

22.6 Virtuelle Datenträger verstehen

Beim Erstellen einer virtuellen Maschine weisen Sie dieser unter anderem virtuelle Geräte für Netzwerk, Grafik usw. zu. Natürlich benötigt der virtuelle Server auch eine virtuelle Festplatte. Welche? Denn sämtliche physischen Datenträger werden ja bereits vom Host verwendet.

Die Lösung ist einfach und eigentlich klar: Wenn sowieso schon Virtualisierung im Spiel ist, nehmen wir einfach eine Datei und behaupten gegenüber der virtuellen Maschine, das sei eine ganz normale Festplatte. Eine solche virtuelle Festplatte ist nichts weiter als eine sehr große Datei – bei Bedarf bis zu 64 TB groß.

In Hyper-V gibt es verschiedene Arten virtueller Festplatten, die einer virtuellen Maschine angeboten werden können. Sehen wir uns kurz an, welche Typen Ihnen zur Verfügung stehen:

- **Dynamisch erweiterbar** – Eine virtuelle Festplatte in diesem Format nimmt nur jeweils den Speicher auf der physischen Festplatte in Anspruch, der tatsächlich durch Daten belegt ist. Wenn Sie beispielsweise eine Festplatte mit 120 GB für eine virtuelle Maschine mit Windows Server 2016 anlegen, zunächst aber nur das Grund-System installieren, nimmt die Datei dieser virtuellen Festplatte nur rund 10 GB in Anspruch. Erst wenn weitere Daten auf der Festplatte abgelegt werden, vergrößert sich die zugehörige Container-Dateien entsprechend. Der Nachteil: Bei solchen Dateien kann es zu Fragmentierung kommen, wodurch sich die Leistung entsprechend verringert. Außerdem müssen Sie als Administrator immer im Blick behalten, dass der Speicherplatz, der für virtuelle Festplatten belegt wird, nicht den tatsächlich verfügbaren Speicherplatz auf dem Host übersteigt.

- **Feste Größe** – Wenn sowieso genügend Speicher zur Verfügung steht, müssen Sie sich nicht unbedingt mit den Nachteilen dynamisch erweiterbarer Festplatten herumplagen. In diesem Fall können Sie gleich eine Festplatte mit fester Größe erstellen. Dabei wird der gesamte Speicherplatz direkt beim Anlegen zugewiesen – so erkennen Sie direkt, wie viel Speicher belegt ist und noch verfügbar bleibt. Im Produktiv-Einsatz ist dies im Allgemeinen das empfohlene Format.

> **Tipp**
>
> Wenn der Hyper-V-Manager eine virtuelle Festplatte mit fester Größe erstellt, werden die Daten darin zunächst mit Nullen beschrieben. Das kann je nach Größe der zu erstellenden Festplatte einige Zeit dauern.

- **Differenzierung** – Diese Variante ist interessant, wenn Sie viele gleichartige virtuelle Maschinen auf Basis von gemeinsamen Daten erstellen. In diesem Fall ist die übergeordnete Festplatte eine statische, schreibgeschützte Referenz. Sobald Schreib-Vorgänge ausgelöst werden, werden diese automatisch in der differenzierenden Festplatte gespeichert. Das spart nicht nur Speicherplatz auf dem Host, sondern virtuelle Maschinen lassen sich auch schneller erstellen. Der Vorteil geht allerdings verloren, wenn die virtuelle Maschine mit der differenzierenden Festplatte jede Menge neuer Daten schreibt. Daher eignet sich diese Funktion nur zu Test-Zwecken.

- **Physische Festplatte** – Bei dieser Option wird keine virtuelle Festplatte genutzt, sondern die Daten werden von Hyper-V-System direkt von der virtuellen Maschine aus auf eine echte physische Festplatte geschrieben. Dabei kann es sich nicht um eine Partition handeln, sondern eine gesamte Festplatte muss dafür vorgesehen werden. Damit sich eine Umleitung auf diese Weise einrichten lässt, muss die physische Festplatte zunächst am Host-Computer über die Datenträger-Verwaltung auf Offline gestellt werden. Allerdings kommt diese Variante bei virtuellen Maschinen selten zum Einsatz.

22.6.1 Festplatten-Controller

Windows greift über Controller auf Festplatten zu, eine virtuelle Maschine in Hyper-V bildet da keine Ausnahme. Dabei sind zwei Arten von Controller allgemein gebräuchlich: IDE und SCSI. Auf einem physischen Gerät arbeiten SCSI-Systeme im Allgemeinen schneller. Sie sind nicht nur schneller als IDE-Festplatten, sondern können auch mehrere Ein- und Ausgabe-Befehle gleichzeitig verarbeiten. Auf die Art der virtuellen Festplatte hat die Entscheidung, welcher Controller-Typ genutzt werden soll, allerdings keine Auswirkung – virtuelle .vhdx-Dateien funktionieren sowohl mit einem IDE- als auch mit einem SCSI-Controller.

22.6.2 Virtuelle Festplatte anlegen

Virtuelle Festplatten lassen sich entweder bei der Bereitstellung einer neuen virtuellen Maschine anlegen, während ihrer Konfiguration oder unabhängig von einer virtuellen Maschine ganz nach Bedarf. Sehen wir uns im Folgenden an, wie sich eine neue virtuelle Festplatte im VHDX-Format mit fester Größe über den entsprechenden Assistenten in der Hyper-V-Konsole erstellen lässt:

1. Öffnen Sie als Erstes den Hyper-V-Manager – etwa über den Server-Manager.

2. Auf der rechten Seite folgt jetzt ein Klick auf NEU, worauf Sie aus dem Menü die Funktion FESTPLATTE... auswählen.

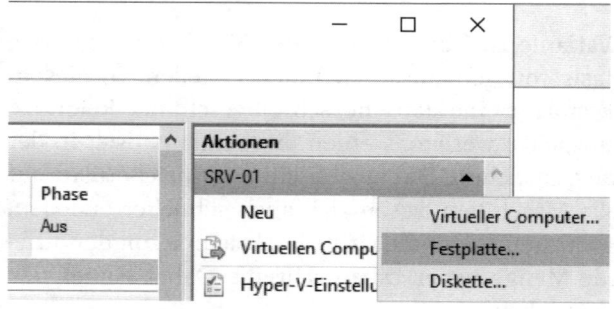

Abb. 22.3: Neue Festplatte erstellen

3. Nach einem Klick auf WEITER markieren Sie die Option VHDX und bestätigen durch Klick auf WEITER.

4. Jetzt entscheiden wir uns für die Option FESTE GRÖSSE – sie bietet die zuvor erläuterten Vorteile gegenüber einer Festplatte mit dynamischer Erweiterung.

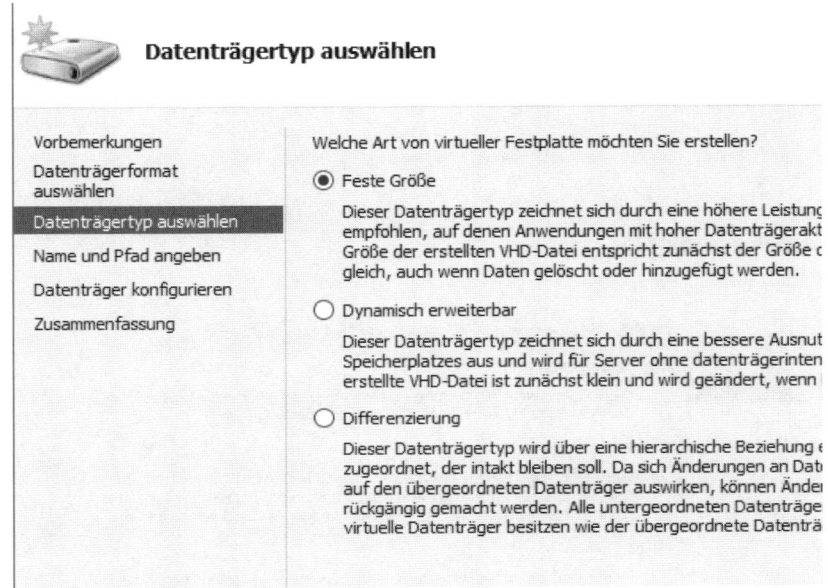

Abb. 22.4: Art der virtuellen Festplatte markieren

5. Anschließend legen wir den Namen und den Speicher-Ort für diese neue Festplatten-Datei fest. Auch diese Einstellungen werden wieder durch WEITER bestätigt.

Tipp

Als Standard-Größe für neue virtuelle Festplatten werden 127 GB vorgeschlagen, das sollte für die meisten virtuellen Computer zunächst völlig ausreichen und kann bei Bedarf jederzeit geändert werden.

22.6.3 Virtuelle Festplatten warten

Die wichtigsten Teile einer virtuellen Maschine sind ihre Festplatten. Sie enthalten nicht nur die Daten des virtuellen Computers, sondern bestimmen in großen Teilen auch seine Leistung. Kein Wunder, dass auch virtuelle Festplatten gewartet werden wollen. Sehen wir uns an, welche Optionen der Hyper-V-Manager für diesen Zweck zur Verfügung stellt.

Wenn ein virtueller Computer dynamische oder differenzierende Festplatten verwendet und dann viele Daten geschrieben und anschließend wieder gelöscht werden, bleibt viel leerer Speicher auf der virtuellen Festplatte zurück. Das Problem: Hyper-V schrumpft die virtuelle Festplatte nicht automatisch. Wenn das Dateisystem auf der virtuellen Festplatte NTFS ist, ist aber Abhilfe in Sicht: Der Hyper-V-Manager ist dann in der Lage, die Inhalte der virtuellen Festplatte unter die Lupe zu nehmen und herauszufinden, in welchen Clustern keine Daten gespeichert sind. Basierend auf diesen Informationen kann die virtuelle Festplatte dann geschrumpft werden, sodass sie weniger Speicherplatz auf dem Host in Anspruch nimmt.

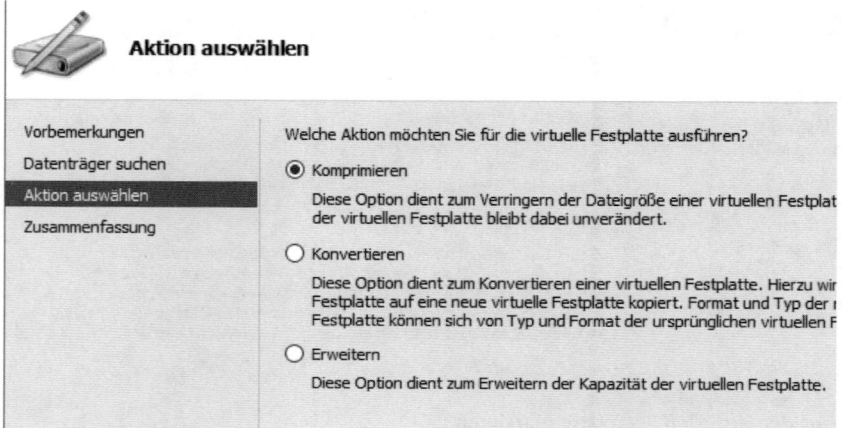

Abb. 22.5: Virtuelle Festplatte komprimieren

Dieser Vorgang nennt sich KOMPRIMIEREN. Zur Komprimieren einer vorhandenen virtuellen Festplatte gehen Sie wie folgt vor:

1. Starten Sie als Erstes den Hyper-V-Manager.

2. Auf der rechten Seite im Bereich AKTIONEN findet sich auch eine Option namens DATENTRÄGER BEARBEITEN?

3. Daraufhin erscheint ein Assistent, in dem Sie zunächst den Datenträger auswählen, der komprimiert werden soll.

4. Nach einem Klick auf WEITER markieren Sie jetzt die Option KOMPRIMIEREN und bestätigen diese durch erneuten Klick auf WEITER.

5. Die Komprimierung der virtuellen Festplatte beginnt, sobald Sie den Assistenten durch Klick auf FERTIG STELLEN schließen.

Hinweis

Je nach Größe und Fragmentierung der virtuellen Festplatte kann dieser Vorgang einige Zeit dauern.

22.6.4 Typ einer virtuellen Festplatte ändern

Bei Bedarf lässt sich übrigens auch nachträglich noch eine dynamisch erweiterbare oder differenzierende Festplatte in eine Festplatte mit fester Größe ändern. So profitieren Sie später auch von einem Leistungs-Gewinn. Auch die Konvertierung einer virtuellen Festplatte erfolgt über den Assistenten zum Bearbeiten von Datenträgern. Markieren Sie einfach im zweiten Schritt statt der Option zum KOMPRIMIEREN die Option KONVERTIEREN.

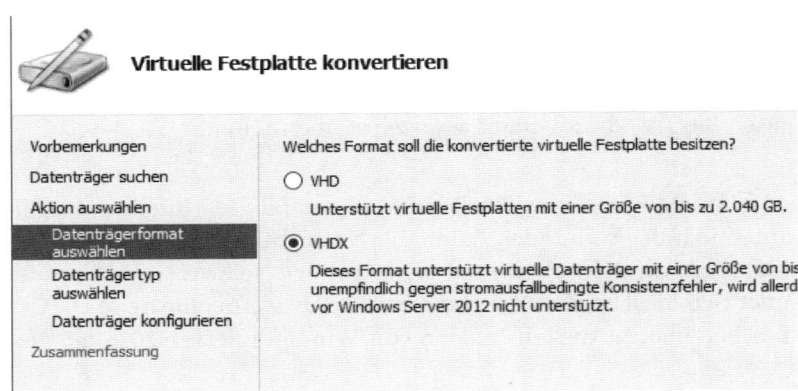

Abb. 22.6: Festplatte in ein anderes Format konvertieren

22.7 Virtuelle Switches

Die Netzwerk-Anbindung von virtuellen Maschinen erfolgt über sogenannte virtuelle Switches. Dabei kann es sich entweder um externe oder interne Switches handeln. Was steckt dahinter?

22.7.1 Arten virtueller Switches

Sehen wir uns die verschiedenen Arten von Switches für virtuelle Maschinen näher an.

- **Externe Switches** – Dabei handelt es sich um Switches, durch die die virtuelle Maschine vollen Zugriff auf das Netzwerk bekommt. Dabei sehen andere Geräte im Netzwerk den virtuellen Computer so, als würde es sich um einen physischen Computer oder Server handeln. Einzige Ausnahme: Der echte Switch, mit dem der Host-Computer verbunden ist, sieht einen Computer mit zwei MAC-Adressen und zwei IP-Adressen.

- **Interne Switches** – Dieser Art von Switches ermöglicht den virtuellen Maschinen die Kommunikation mit dem Host-Computer, aber nicht mit dem Rest des Netzwerks oder mit dem Internet. Somit eignen sich interne Switches für Test-

Installationen, bei denen die virtuellen Maschinen untereinander erreichbar sein sollen, sodass sich Dateien und Ordner untereinander und mit dem Host austauschen lassen – wobei ein Zugriff auf das externe Netzwerk unterbunden werden soll. Für jeden internen virtuellen Switch, der erstellt wird, legt Hyper-V eine zusätzliche Netzwerk-Verbindung an, die direkt mit dem Switch verknüpft ist.

> **Tipp**
>
> Der Hyper-V-Manager sorgt bei der Erstellung dieser internen Switches nicht für einen DHCP-Server – es existiert daher die Möglichkeit, dass die virtuellen Maschinen untereinander und mit dem Host kommunizieren können, die IP-Konfiguration müssen Sie als Administrator aber selbst übernehmen.

- PRIVATER SWITCH – Mit privaten virtuellen Switches sind die virtuellen Maschinen zwar untereinander verbunden, können aber nicht den Host sehen. Das bedeutet, dass sie komplett isoliert sind vom Rest des Netzwerks. Auch diese Variante eignet sich ideal zu Test-Zwecken, etwa dann, wenn eine neue DHCP-Konfiguration bei einer virtuellen Instanz von Windows Server 2016 ausprobiert werden soll.

> **Hinweis**
>
> Auch nach dem Erstellen eines virtuellen Switches kann seine Funktion später jederzeit geändert werden. Möglicherweise wird eine virtuelle Maschine zunächst mit einem internen Switch verbunden, bevor später festgestellt wird, dass sie ebenfalls einen externen Zugang benötigt. In diesem Fall muss kein neuer virtueller Switch erstellt werden, sondern der vorhandene kann einfach umgeschaltet werden.

22.7.2 Virtuelle Switches erstellen und konfigurieren

Zur Konfiguration eines virtuellen Netzwerks werden zwei Komponenten benötigt: virtuelle Netzwerk-Adapter und virtuelle Switches. Die virtuellen Netzwerk-Adapter lassen sich direkt über die Einstellungen der virtuellen Maschine konfigurieren (dazu später mehr). Sehen wir uns daher zunächst an, wie sich ein neuer virtueller Switch durch den Hyper- V-Manager erstellen lässt:

1. Nach dem Start des Hyper-V-Managers klicken Sie auf der rechten Seite im Bereich AKTIONEN auf den Link MANAGER FÜR VIRTUELLE SWITCHES?

2. Jetzt wählen Sie die Art des Switches aus, der erstellt werden soll – zur Auswahl stehen hier entweder EXTERN, INTERN oder PRIVAT. Die Unterschiede zwischen den einzelnen Switch-Arten hatten wir uns gerade bereits angesehen.

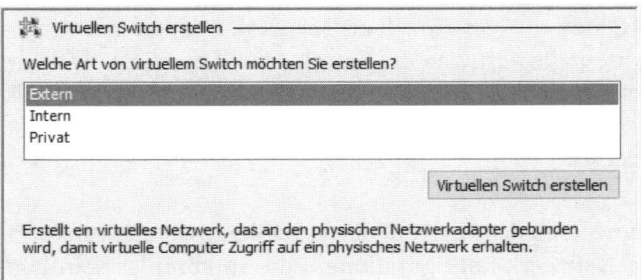

Abb. 22.7: Virtuellen Switch erstellen

3. Nach einem Klick auf VIRTUELLEN SWITCH ERSTELLEN trägt der Hyper-V-Manager den gewünschten Switch in die Konfiguration ein.

4. Über das Menü auf der linken Seite haben Sie jederzeit Zugriff auf sämtliche erstellten virtuellen Switches. Wenn eine Konfiguration für einen virtuellen Switch geändert werden soll, genügt es, wenn Sie diesen in der Liste auswählen und anschließend auf der rechten Seite die gewünschten Änderungen vornehmen.

Tipp

Wenn es sich bei dem Switch um einen externen Switch handelt, der mit einem Netzwerk verbunden ist, spielt die Option GEMEINSAMES VERWENDEN DIESES NETZWERK-ADAPTERS FÜR DAS VERWALTUNGS-BETRIEBSSYSTEM ZULASSEN eine Rolle. Damit wird angegeben, ob die Daten, die über diese Netzwerk-Schnittstelle gesendet und empfangen werden, sowohl vom Gast- als auch vom Host-System stammen können.

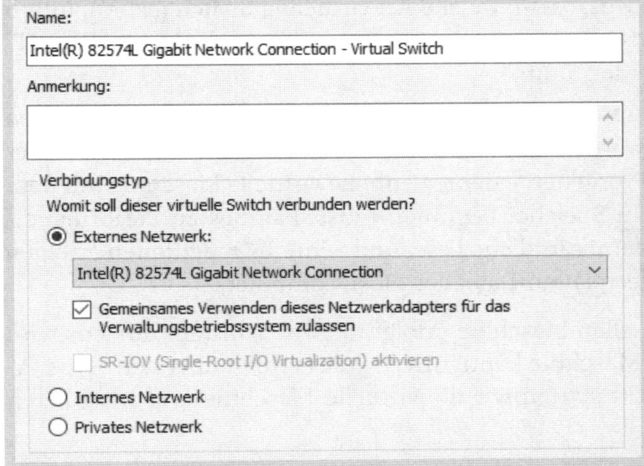

Abb. 22.8: Gemeinsame Nutzung des Netzwerks

In Test-Umgebungen, bei denen nur ein einzelner Netzwerk-Adapter zur Verfügung steht, sollte diese Option aktiviert werden, damit sowohl der Gast als auch der Host Zugriff auf das Netzwerk bekommen. Für Produktiv-Einsätze ist es allerdings besser und leistungsstärker, wenn jede virtuelle Maschine ihre eigene Netzwerk-Verbindung bekommt.

Wie wir gesehen haben, eignet sich das Konzept der virtuellen Switches hervorragend zum Testen virtueller Netzwerk-Konfigurationen, die so komplex sein können wie für den Einsatz-Zweck benötigt.

22.8 Virtuellen Computer erstellen

Jetzt haben wir einen Server, auf dem die Hyper-V-Rolle läuft, und wissen auch, wie wir mit virtuellen Switches umgehen können. Daher können wir uns jetzt an das Erstellen einer virtuellen Maschine begeben.

22.8.1 Voraussetzungen

Zur Einrichtung einer neuen virtuellen Maschine benötigen wir folgende Komponenten:

- Eine **ISO-Datei** (Abbild), die das System enthält, das installiert werden soll. Für das nachfolgende Beispiel haben wir den Host-Computer so eingestellt, dass er über eine Freigabe mit den nötigen ISO-Dateien verfügt.

- Zudem müssen wir auch wissen, wie der neue virtuelle Computer heißen soll. Das bedeutet, wir müssen uns einen **Namen** überlegen, der im Netzwerk für dieses virtuelle Gerät verwendet werden soll.

- Außerdem sollte uns bewusst sein, welche Art virtuellen **Switch** (extern, intern oder privat) für die virtuelle Maschine genutzt werden soll und welche **IP-Adresse** zugewiesen werden kann.

- Schließlich sollten wir auch wissen, wieviel **Arbeitsspeicher** der virtuellen Maschine zugewiesen werden kann. Bei dieser Einstellung sollten wir lieber großzügig als zu knapp vorgehen – denn wenn die virtuelle Maschine mit dem Auslagern von virtuellem Speicher beginnen muss, kann es zu Performance-Engpässen kommen – denn sämtliche Lese- und Schreib-Operationen erfolgen dann in der virtuellen Festplatten-Datei des Host-Computers.

Die Einrichtung einer virtuellen Maschine erfolgt in zwei Schritten: Erstens wird die virtuelle Hardware der Maschine konfiguriert – dies erfolgt über den Hyper-V-Manager. Im zweiten Schritt starten wir die virtuelle Maschine und installieren das System.

22.8.2 Eintrag in Hyper-V anlegen

Hier die nötigen Schritte im Einzelnen:

Zunächst öffnen wir den Hyper-V-Manager und klicken darin auf NEU, VIRTUELLE MASCHINE... Nach einem Klick auf WEITER tragen wir den gewünschten Namen und den Speicher-Ort für diesen neuen virtuellen Computer ein. Auch diese Angaben werden durch Klick auf WEITER bestätigt.

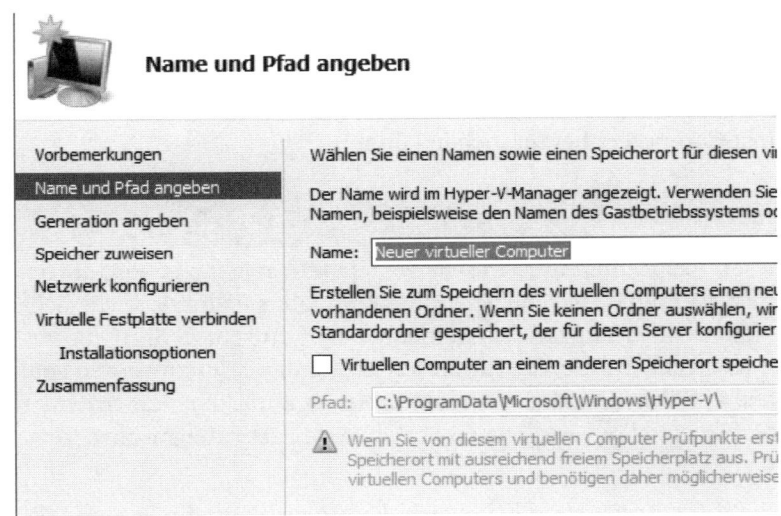

Abb. 22.9: Virtuellen Computer benennen

> **Tipp**
>
> Der Name, der hier eingetragen wird, ist nicht unbedingt der Name, der später im Netzwerk sichtbar ist, sondern nur der Name, unter dem dieser virtuelle Computer im Hyper-V-Manager aufgelistet wird. Natürlich macht es Sinn, beide Namen identisch anzulegen, damit es zu keinen Missverständnissen kommt.

Im nächsten Schritt steht die Auswahl der Generation bereit. Computer der ersten Generation unterstützen 32-Bit- und 64-Bit-Gäste und sind auch mit älteren Versionen von Hyper-V kompatibel. Im Gegensatz dazu lassen sich mit virtuellen Maschinen der Generation 2 auch neuere Features von Hyper-V nutzen, etwa den System-Start über EFI – diese Maschinen sind dafür aber nicht kompatibel mit älteren Hyper-V-Versionen und erfordern ein 64-Bit-Gast-System.

Auf der nächsten Seite des Assistenten tragen wir die gewünschte Menge an Speicher ein, auf die der Computer während des Betriebs zugreifen können soll. Hier tragen wir zunächst 1024 MB ein, aktivieren aber die Funktion zur Nutzung des dynamischen Speichers. Was dahinter steckt, sehen wir uns gleich noch an.

Daraufhin fragt der Assistent danach, welcher virtuelle Switch für diesen Computer genutzt werden soll. An dieser Stelle muss nicht zwangsläufig bereits ein Netzwerk-Switch ausgewählt werden, dies ist aber sinnvoll, wenn der virtuelle Computer direkt zu Beginn über Netzwerk- oder Internet-Konnektivität verfügen soll.

Jetzt entscheiden wir uns noch, welche virtuelle Festplatte für diesen Computer genutzt werden soll. Dabei können wir entweder eine neue virtuelle Festplatte anlegen, die dynamisch erweitert wird, oder wir entscheiden uns für eine vorhandene virtuelle Festplatte, die wir dann durch Klick auf DURCHSUCHEN... von der Festplatte des Host-Computers heraussuchen können.

> **Tipp**
>
> Da sich über diesen Assistenten nur virtuelle Festplatten erstellen lassen, die dynamisch erweitert werden – welche Leistungs-Probleme dadurch verursacht werden könnten, hatten wir uns zuvor bereits überlegt –, macht es Sinn, die virtuelle Festplatte mit fester Größe, die für diesen Computer genutzt werden soll, bereits im Vorfeld anzulegen und dann im Assistenten zum Erstellen virtueller Computer die bereits erstellte Festplatte als vorhandene Festplatte auszuwählen.

Auf der letzten Seite des Assistenten bietet sich die Möglichkeit, direkt eine DVD oder eine ISO-Datei auszuwählen, über die der Computer beim ersten Mal gestartet werden soll, sodass das System installiert werden kann. In unserem Fall entscheiden wir uns daher für die Option BETRIEBSSYSTEM VON EINER STARTBAREN CD/DVD-ROM INSTALLIEREN und markieren dann die darin enthaltene Option ABBILD-DATEI (ISO). Danach klicken wir auf DURCHSUCHEN... und wählen die ISO-Datei, die das System enthält, das auf diesen virtuellen Computer installiert werden soll.

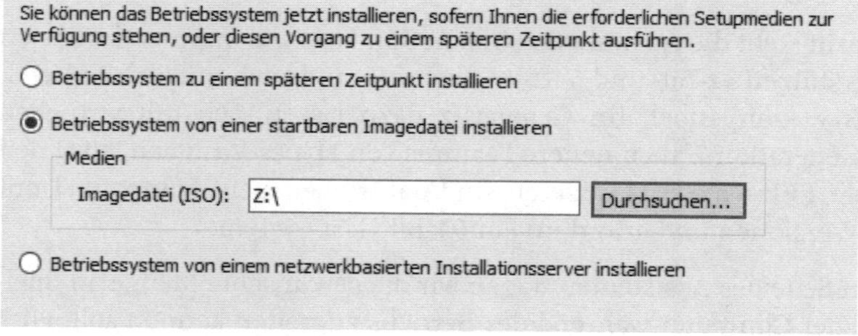

Sie können das Betriebssystem jetzt installieren, sofern Ihnen die erforderlichen Setupmedien zur Verfügung stehen, oder diesen Vorgang zu einem späteren Zeitpunkt ausführen.

- ○ Betriebssystem zu einem späteren Zeitpunkt installieren
- ● Betriebssystem von einer startbaren Imagedatei installieren
  - Medien
  - Imagedatei (ISO): [Z:\ ] [Durchsuchen...]
- ○ Betriebssystem von einem netzwerkbasierten Installationsserver installieren

Abb. 22.10: System-DVD-Abbild auswählen

Nach einem Klick auf WEITER werden sämtliche Einstellungen für die neue virtuelle Maschine nochmals in der Übersicht zusammengefasst. Sobald Sie jetzt unten auf FERTIG STELLEN klicken, legt der Hyper-V-Manager den virtuellen Computer an.

Tipp

Auch nachträglich lassen sich viele Einstellungen der virtuellen Maschine noch verändern. Dazu muss die virtuelle Maschine zunächst beendet werden, anschließend lassen sich ihre EIGENSCHAFTEN über den Hyper-V-Manager aufrufen. Daraufhin erhalten Sie eine zweigeteilte Ansicht, wobei auf der linken Seite die verschiedenen Bereiche der Hard- und Software aufgelistet werden. Werden diese links markiert, erscheinen rechts die zugehörigen Optionen, die sich per Klick bequem bearbeiten lassen.

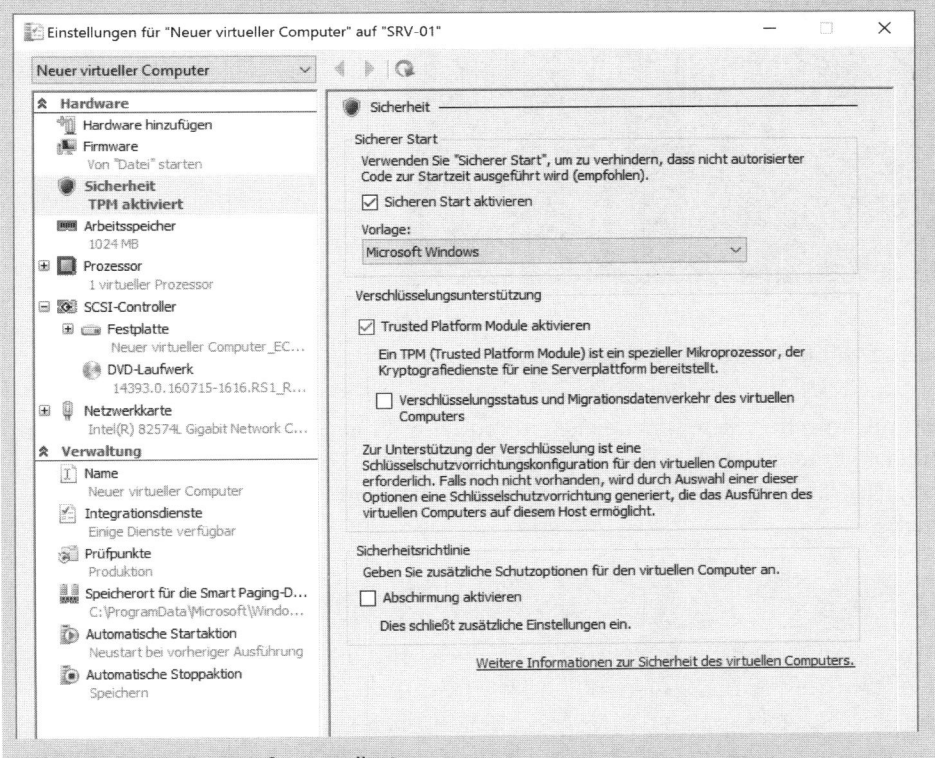

Abb. 22.11: Einstellungen für virtuelle Computer

22.8.3 Konsole öffnen

Jetzt haben wir die Konfiguration der Hardware-Komponenten für unsere virtuelle Maschine abgeschlossen und können uns nun daran begeben, das Gast-System darauf zu installieren. Dazu müssen wir die virtuelle Maschine als Nächstes starten:

Markieren Sie die virtuelle Maschine also in der linken Spalte des Hyper-V-Managers und klicken dann auf der rechten Seite im Bereich AKTIONEN auf den Link VERBINDEN...

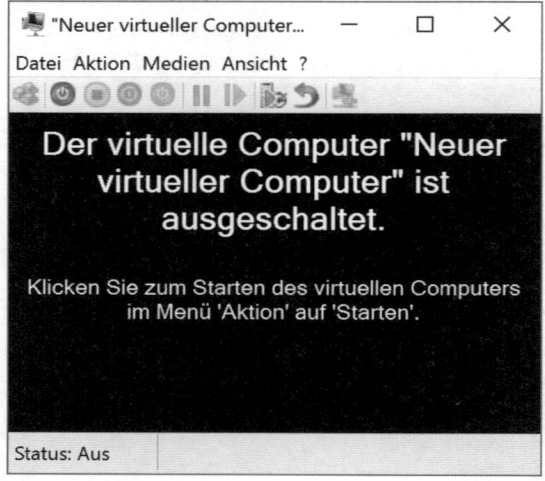

Abb. 22.12: Die Konsole des virtuellen Computers

Daraufhin sehen Sie ein neues Fenster mit der Konsole für diesen virtuellen Computer und dem Hinweis DER VIRTUELLE COMPUTER "MEINE VM" IST AUSGESCHALTET. Das ändert sich, wenn Sie oben in der Symbolleiste auf den Einschalter klicken.

> **Tipp**
>
> Über die Symbole in der Leiste lässt sich die virtuelle Maschine bei Bedarf starten, beenden, ordnungsgemäß herunterfahren oder in den Stand-by-Modus versetzen. Darüber hinaus kann sie auch angehalten oder fortgesetzt werden. Außerdem ist über die Symbole auch ein Zugriff auf die Prüfpunkte der virtuellen Maschine möglich – wir erinnern uns: Dabei handelt es sich um Schnappschüsse, die einen bestimmten Zustand des Speichers und der Festplatte widerspiegeln und auf die Sie bei Bedarf jederzeit zurückkehren können.

Wichtig

Vor dem Start des virtuellen Computers sollten Sie darüber nachdenken, woher der Computer weiß, ob Maus- und Tastatur-Eingaben an den Host-PC oder einen virtuellen Computer gesendet werden sollen. Dazu gibt es im Hyper-V-Manager das Konzept der sogenannten Erfassung.

Die Hyper-V-Konsole kann Maus und Tastatur sozusagen einfangen. Das passiert, wenn Sie mit der Maus in das Fenster der Konsole klicken. Sobald die Maus und Tastatur eingefangen sind, werden sämtliche Daten an die virtuelle Maschine gesendet. Dabei ist wichtig zu wissen, dass die Maus nicht einfach durch Schieben aus dem virtuellen Fenster befreit werden kann. Stattdessen drücken Sie die Tasten Strg+Alt+←, um die Maus und Tastatur wieder aus dem Fenster der virtuellen Maschine zu befreien.

Später, nach Installation der Integrations-Dienste, sorgen diese dafür, dass die Maus und Tastatur automatisch eingefangen und auch wieder befreit werden.

Tipp

Sonderfall: Strg+Alt+Entf

Diese besondere Tasten-Kombination wird direkt von Windows verarbeitet und landet daher immer auf dem Host-Computer – selbst dann, wenn die Tastatur-Eingaben von Hyper-V für die virtuelle Maschine eingefangen wurden. Wenn Sie daher die Tasten-Kombination Strg+Alt+Entf an einen virtuellen PC senden müssen, drücken Sie stattdessen Strg+Alt+Ende und rufen die entsprechende Funktion im Menü auf, die dann das nötige Tasten-Kürzel an den virtuellen Computer sendet.

22.8.4 Gast-System installieren

Sobald der virtuelle Computer gestartet ist, beginnt automatisch die Installation des Systems. Auf diese Weise können Sie zum Beispiel einen virtuellen PC mit Windows Server 2016 aufsetzen, der dann im Netzwerk eigenständig arbeiten kann. Die nötigen Schritte zur Installation von Windows Server 2016 haben wir uns bereits in den ersten Kapiteln dieses Buches genau angesehen – sie gelten unverändert auch für virtuelle Computer.

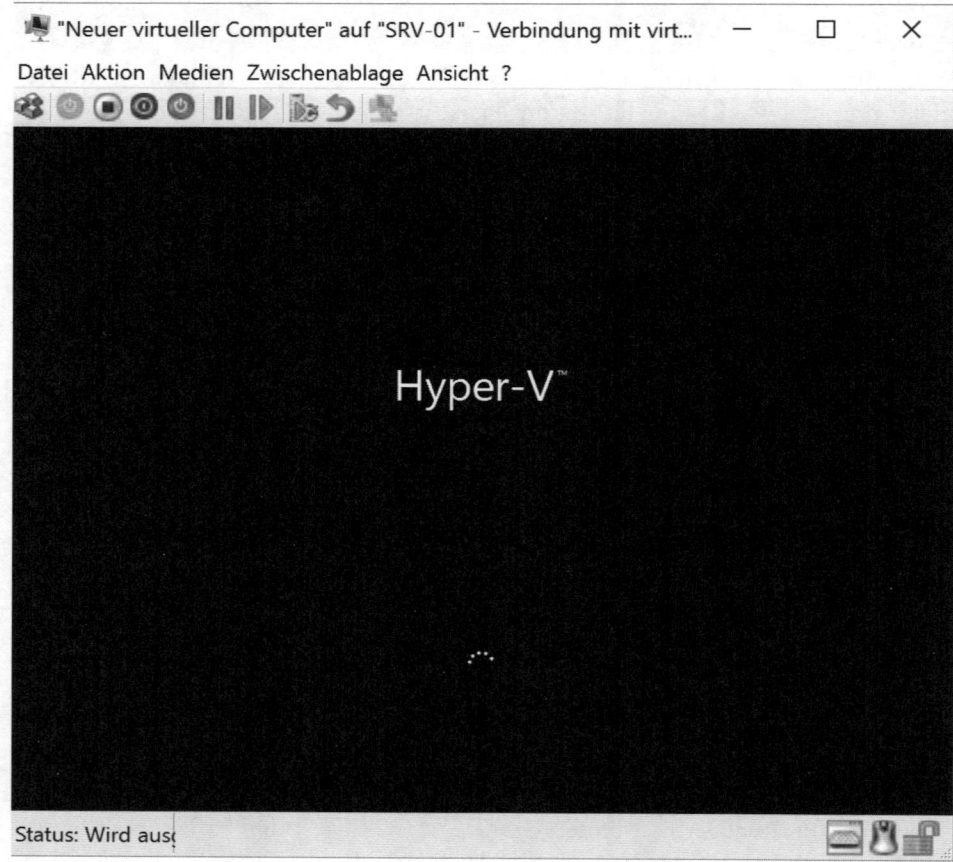

Abb. 22.13: Das virtuelle System startet

22.9 Virtuellen Computer mit der PowerShell anlegen

Natürlich lassen sich virtuelle PCs im Hyper-V-Manager binnen weniger Minuten über die grafische Oberfläche anlegen. Allerdings können sie nicht auf diese grafische Oberfläche zurückgreifen, wenn der Server im Server-Core-Modus ausgeführt wird. In diesem Fall lassen sich virtuelle Maschinen aber auch über die PowerShell erstellen – dazu wird das Cmdlet New-VM genutzt.

Welche Optionen für dieses Cmdlet zur Verfügung stehen, darüber gibt die PowerShell Auskunft, wenn Sie folgendes Kommando eintippen: Get-Help New-VM [Enter].

Nach der Installation des Gast-Systems, in unserem Fall handelt es sich ebenfalls Windows Server 2016, stehen die Integrations-Dienste automatisch zur Verfügung, da sie mit dem Gast-System installiert werden.

Hinweis

Eine separate ISO-Datei zur Installation der Integrations-Dienste wie in früheren Versionen steht in Windows Server 2016 nicht mehr zur Verfügung. Stattdessen plant Microsoft, Aktualisierungen automatisch über Windows Update auszuliefern.

22.10 Zeit-Reise mit Prüfpunkten

Wie wir gesehen haben, eignen sich viele Funktionen von Hyper-V besonders zum Betrieb von Test-Umgebungen – entweder zu Hause oder in Ihrem Unternehmen. Wir haben auch schon des Öfteren kurz über die sogenannten Prüfpunkte besprochen – eine Art Schnappschüsse, die den Zustand eines Systems, darunter den Inhalt des Speichers, der Festplatte und des Bildschirms, archivieren und diesem Prüfpunkt einen Namen geben, zu dem später jederzeit zurückgekehrt werden kann – etwa bei Problemen.

Im Hintergrund arbeitet die Funktion für Prüfpunkte im Hyper-V-Manager etwa wie folgt:

1. Für jede virtuelle Festplatte, die an die virtuelle Maschine angeschlossen ist, wird eine differenzierende Festplatte erstellt.
2. Anschließend werden die Original-Festplatten vom virtuellen Computer getrennt und durch die differenzierenden Festplatten ersetzt.
3. Die Konfiguration der virtuellen Maschine wird kopiert.
4. Sofort veranlasst der Hyper-V-Manager, dass die virtuelle Maschine jetzt weiter ausgeführt werden kann.
5. Während des laufenden Betriebs kopiert der Hyper-V-Manager den Inhalt des Speichers und schreibt ihn auf die physische Festplatte. Dabei werden Änderungen auf der Festplatte mitgeschrieben.
6. Nach Abschluss des Speicher-Abbilds ist der Prüfpunkt fertig angelegt und kann jetzt bei Bedarf genutzt werden.

Prüfpunkte lassen sich während des laufenden Betriebs von virtuellen Maschinen ganz einfach erstellen, indem in der Konsole auf AKTION, PRÜFPUNKT? geklickt und dann ein passender Name für diesen Prüfpunkt eingetragen wird.

So könnten Sie zum Beispiel einen Prüfpunkt anlegen, direkt nachdem das Gast-System installiert ist. Des Weiteren eignet sich ein neuer Prüfpunkt dazu, den Stand des Systems nach Installation aller notwendigen Komponenten zu archivieren. Tritt später ein Problem mit dem virtuellen Computer auf, können Sie jederzeit auf diesen Punkt zurückkehren und sparen sich jede Menge Zeit und Arbeit bei der erneuten Konfiguration der virtuellen Maschine.

Wichtig

Nur bei Domänen-Controllern sollten Sie Acht geben, wenn es um die Nutzung von Prüfpunkten geht – hier können die Datensätze des Active Directory allzu schnell veraltet sein, etwa was den Ablauf von Kennwörtern angeht. Ein Zurücksetzen des entsprechenden virtuellen Domänen-Controllers wäre dann mit erheblicher Mehrarbeit verbunden.

Kapitel 23

Minimalistisch, aber nützlich: Der Nano Server

Windows Server 2016 bietet eine ganz neue Installations-Option: den Nano Server. Dabei handelt es sich um ein aus der Ferne verwaltetes Server-System, das für private Clouds und Rechenzentren optimiert ist.

Der Nano Server ähnelt dem Windows Server im Server-Core-Modus, ist aber deutlich kleiner, verfügt nicht über eine lokale Anmelde-Option und unterstützt nur 64-Bit-Programme, -Tools und Dienste. Dafür belegt der Nano Server viel weniger Festplatten-Platz, lässt sich schneller einrichten und benötigt weniger Updates und Neustarts als ein normaler Windows Server. Und wenn ein Neustart nötig ist, erfolgt auch dieser erheblich schneller.

Hinweis

Die Installations-Option NANO SERVER ist für die Standard- und Datacenter-Edition von Windows Server 2016 verfügbar.

Der Nano Server eignet sich besonders in den folgenden Fällen:

- als Host-Server für Hyper-V-virtuelle Maschinen,
- als Speicher-Host für Datei-Server,
- als DNS-Server,
- als Webserver, auf dem der IIS (Internet Information Services) läuft,
- als Host für Anwendungen, die so ähnlich wie in der Cloud laufen und in Containern oder virtuellen Maschinen ausgeführt werden.

23.1 Wichtige Unterschiede beim Nano Server

Da der Nano Server als leichtes System zur Ausführung Cloud-ähnlicher Anwendungen optimiert ist und dazu gedacht ist, agil und kostengünstig im Rechenzentrum betrieben zu werden, gibt es wichtige Unterschiede zwischen dem Nano

Server und dem Server-Core-Modus oder dem Desktop-Modus von Windows Server 2016. Nennenswert sind unter anderem folgende Unterschiede:

- Der Nano Server verfügt über keinerlei grafische Oberfläche. Das bedeutet, dass Sie sich als Administrator nicht lokal anmelden können.

- Es werden ausschließlich 64-Bit-Programme und -Tools unterstützt.

- Nano Server eignet sich nicht zum Betrieb eines Active Directory Domänen-Controller aus.

- Es werden keine Gruppen-Richtlinien unterstützt.

- Nano Server lässt sich nicht als Proxy-Server zum Zugriff auf das Internet konfigurieren.

- Die mit Nano Server bereitgestellte PowerShell arbeitet anders als die normale PowerShell von Windows Server 2016. Im Nano Server arbeitet die PowerShell Core, eine kleinere Version der PowerShell, die auf .NET Core basiert und bei der nicht alle Funktionen der PowerShell verfügbar sind.

Link

Details darüber, welche PowerShell-Cmdlets in PowerShell Core verfügbar sind, finden sich auf der Microsoft-Website unter der folgenden Adresse:
`https://technet.microsoft.com/de-de/windows-server-docs/`
`get-started/powershell-on-nano-server`

23.2 Installation von Nano Server

Da der Nano Server durch Konfiguration einer virtuellen Festplatte im VHD- oder VHDX-Format bereitgestellt wird, ist eine Neu-Installation die schnellste und einfachste Methode. Sehen wir an, wie sich eine grundlegende Bereitstellung von Nano Server mit automatischer Einrichtung der IP-Adresse über DHCP umsetzen lässt.

Dabei gibt es grundsätzlich zwei unterschiedliche Methoden, den Nano Server zu starten:

- entweder die virtuelle Festplatte wird innerhalb einer virtuellen Maschine von Hyper-V gestartet

- oder sie wird in einem echten Computer hochgefahren.

Je nachdem, fürwelche Variante Sie sich entscheiden, unterscheiden sich die auszuführenden Schritte etwas.

23.2.1 Nano Server in einer virtuellen Maschine

Mit den folgenden Schritten lässt sich eine virtuelle Festplatte mit Nano Server in einer Hyper-V-Maschine bereitstellen und ausführen:

1. Melden Sie sich zunächst in Windows Server 2016 mit einem Benutzer-Konto an, das über Administrator-Rechte verfügt.
2. Laden Sie jetzt die ISO-Datei von Windows Server 2016, indem Sie darauf doppelklicken.
3. Navigieren Sie dann im Explorer zum Laufwerk, in dem die ISO-Datei geladen wurde, und öffnen Sie darin den Ordner `Nano Server`.
4. Darin enthalten ist ein Ordner namens `NanoServerImageGenerator`, den Sie auf die Festplatte kopieren.
5. Anschließend wird eine PowerShell mit Administrator-Rechten aufgerufen; dann in den Ordner wechseln, in dem die Kopie des soeben kopierten Ordners liegt.
6. Daraufhin wird das zugehörige Modul in die PowerShell importiert, wozu folgender Befehl dient:
   ```
   Import-Module .\NanoServerImageGenerator
     -Verbose [Enter].
   ```

> **Hinweis**
>
> Damit die Berechtigung zum Ausführen lokaler Skripte gesetzt ist, muss gegebenenfalls folgendes Cmdlet aufgerufen werden: `Set-ExecutionPolicy RemoteSigned` [Enter].

Über das folgende Cmdlet lässt sich jetzt eine Standard-Edition erstellen, ein Computer-Name setzen und die Gast-Treiber für Hyper-V integrieren:

```
New-NanoServerImage -Edition Standard
  -DeploymentType Guest
  -MediaPath W:\ -BasePath .\Base
  -TargetPath .\NanoServerVM\NanoServerVM.vhd
  -ComputerName EinNanoServer [Enter]
```

Dabei steht der Parameter `-MediaPath` für den Pfad zu den Installations-Daten des ISO-Abbilds von Windows Server 2016.

Durch Aufruf dieses Befehls fragt die PowerShell sogleich nach dem einzurichtenden Administrator-Kennwort für diesen Server.

```
PS C:\Users\Administrator.WIRPROG\Downloads> New-NanoServerImage -Edit
ion Standard -DeploymentType Guest -MediaPath E:\ -BasePath .\Base -Ta
rgetPath .\NanoServerVM\NanoServerVM.vhd -ComputerName EinNanoServer

Cmdlet New-NanoServerImage an der Befehlspipelineposition 1
Geben Sie Werte für die folgenden Parameter an:
AdministratorPassword: *********
```

Abb. 23.1: Abfrage des Administrator-Kennworts

Im nächsten Schritt öffnen wir den Hyper-V-Manager und erstellen eine virtuelle Maschine, bei der wir die soeben erstellte virtuelle Festplatte im VHD-Format auswählen.

Nach dem Start der virtuellen Maschine verbinden wir uns mit der entsprechenden Konsole und sehen daraufhin die Wiederherstellungs-Konsole, bei der wir uns mit dem Administrator-Konto und dem zugehörigen Kennwort anmelden, das wir bei der Erstellung der virtuellen Maschine angegeben hatten.

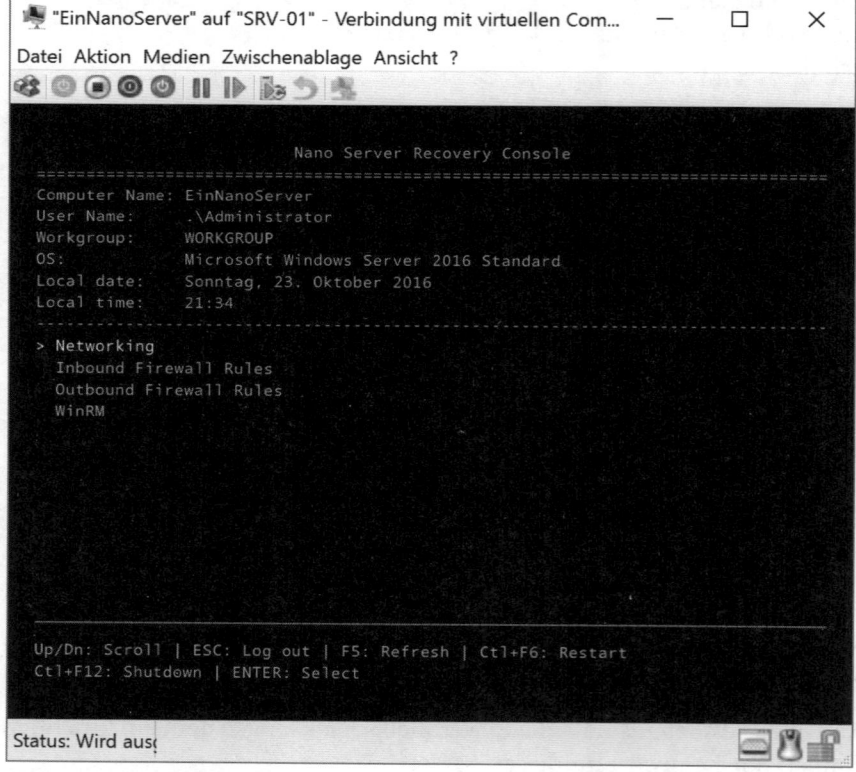

Abb. 23.2: Die Nano Server Recovery Console

Hinweis

In der Wiederherstellungs-Konsole werden nur grundlegende Tastatur-Funktionen unterstützt. Sie ist demzufolge auch nicht für den Produktiv-Einsatz gedacht, denn die Verwaltung von Nano Server soll über PowerShell und Remote-Funktionen erfolgen.

Fertig! Der Nano Server ist jetzt erfolgreich bereitgestellt und kann über seine IP-Adresse und die PowerShell-Remote-Funktionen oder sonstige Tools zur entfernten Verwaltung administriert werden.

23.2.2 Nano Server auf einem physischen Computer

Ähnlich wie bei der Erstellung einer VHD-Datei, mit der Nano Server über einen Hyper-V-Manager als virtuelle Maschine betrieben werden kann, lässt sich auch eine virtuelle Festplatte erzeugen, mit der sich ein echter PC anschließend starten lässt. Dazu müssen die nötigen Geräte-Treiber bereits in dieses Abbild integriert werden. Die am häufigsten vorkommenden Festplatten-Treiber und dergleichen werden automatisch mit in das Abbild integriert.

Hier die nötigen Schritte zur Bereitstellung von Nano Server auf einem physischen Computer:

Als Erstes kopieren wir wieder, wie bei der Bereitstellung als virtuelle Maschine, den Ordner `NanoServerImageGenerator` vom Ordner `\NanoServer` auf der Windows Server 2016-ISO-Dateien in einem Ordner auf der Festplatte.

Dann öffnen wir wieder die PowerShell als Administrator, wechseln in den Ordner, in den wir den anderen Ordner soeben kopiert haben, und importieren das zugehörige PowerShell-Modul durch Eingabe des Befehls `Import-Module .\NanoServer ImageGenerator –Verbose` Enter.

Jetzt können wir die VHD-Datei erzeugen, die die Daten des Nano Servers enthält:

```
New-NanoServerImage –Edition Standard
   –DeploymentType Host
   –MediaPath W:\ –BasePath .\Base
   –TargetPath .\NanoServerPhysisch\NanoServer.vhd
   –ComputerName EinEchterNano
   –OEMDrivers –Compute –Clustering Enter
```

Auch hier steht der Parameter –`MediaPath` wieder für das Wurzel-Verzeichnis des ISO-Abbilds von Windows Server 2016, in dem die Installations-Dateien liegen.

545

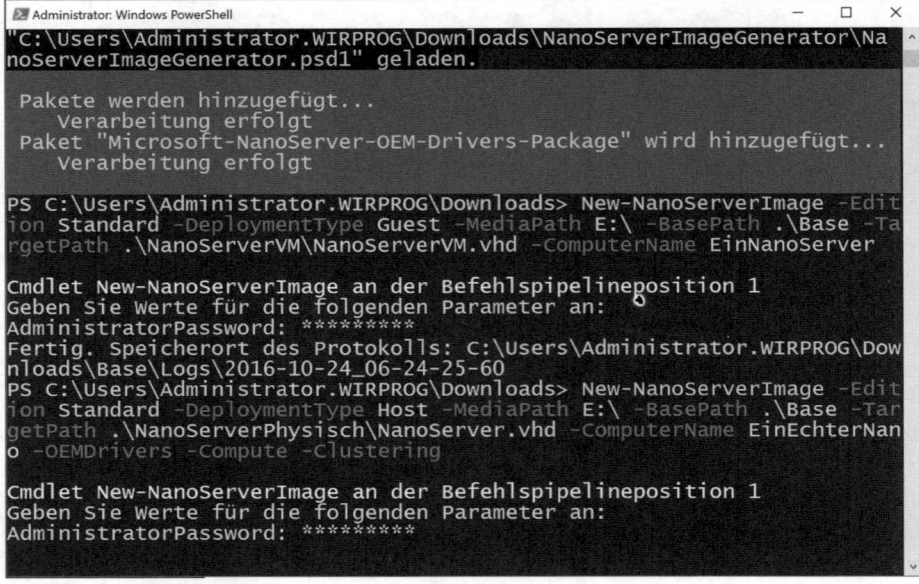

Abb. 23.3: Nano Server-Pakete werden hinzugefügt.

Anschließend wird die VHD-Datei, die vom soeben aufgerufenen Cmdlet erstellt wurde, auf die physische Maschine kopiert, von der das System gleich starten soll.

Jetzt wird die VHD-Datei als eigenes Laufwerk geladen – in unserem Beispiel entsteht dabei Laufwerk D:. Nun eine Eingabe-Aufforderung mit Administrator-Rechten starten und folgendes Kommando eintippen:

```
bcdboot D:\windows Enter
```

Zum Schluss wird die VHD-Datei über die Datenträger-Verwaltung wieder entladen.

Jetzt lässt sich der physische Computer mit der VHD-Datei des Nano Servers starten. Auch hier ist wieder eine Anmeldung in der Wiederherstellungs-Konsole möglich, um zu testen, dass die Bereitstellung erfolgreich war.

23.3 Nano Server als Teil einer Domäne in Active Directory

Das Cmdlet New-NanoServerImage bietet zwei Methoden, wie sich ein Nano Server einer Domäne beitreten lässt. Am einfachsten ist es, wenn Sie das Cmdlet zum Erstellen eines neuen Nano-Server-Abbilds auf einem Server ausführen, der bereits Teil der Domäne ist, zu der auch der Nano Server gehören soll. In diesem Fall rufen Sie einen Befehl ähnlich wie das folgende Kommando auf:

```
New-NanoServerImage
  -MediaPath W:\ -BasePath .\Base
  -TargetPath NanoServerDomain\NanoServer.vhdx
  -ComputerName NanoInDomain
  -DomainName Wir-Programmieren.de [Enter]
```

Nach Abschluss der Ausführung dieses Cmdlets findet sich im angegebenen Ordner eine neue virtuelle Festplatte; gleichzeitig erscheint auch im Active Directory ein neuer Computer mit dem entsprechenden Namen. Sobald diese virtuelle Festplatte jetzt auf einem virtuellen oder physischen Gerät gestartet wird, ist sie automatisch Teil der angegebenen Domäne.

23.4 Weitere Treiber hinzufügen

Beim Nano Server werden eine Reihe häufig benötigter Treiber für Netzwerk-Adapter und Speicher-Controller bereits mitgeliefert. Es kann aber durchaus sein, dass der Nano Server sich ausgerechnet mit den Netzwerk-Adaptern, die in Ihrem System verwendet werden, nicht automatisch versteht. In diesem Fall müssen die passenden Treiber bei der Erstellung des Abbilds mit integriert werden. Dazu dient ein PowerShell-Befehl ähnlich wie der folgende:

```
New-NanoServerImage
  -MediaPath W:\ -BasePath .\Base
  -TargetPath .\NanoMitTreibern.vhdx
  -DriversPath .\ExtraTreiber [Enter]
```

Dabei müssen im Ordner ExtraTreiber die benötigten Treiber sowohl als *.sys als auch als *.inf-Dateien vorliegen.

Wichtig

Nano Server unterstützt wie gesagt 64-Bit-Programme, dazu gehören auch Treiber. Somit müssen Sie an dieser Stelle unbedingt signierte 64-Bit-Treiber nutzen.

23.5 Installation häufig benötigter Funktionen im Nano Server

Wie bereits erwähnt, eignet sich der Nano Server hervorragend zur Nutzung als DNS- oder Webserver mithilfe der IIS-Funktion. Auch als Hyper-V-Host oder zur Nutzung eines Failover-Clusters ist der Nano Server hervorragend geeignet.

Dabei werden alle diese Rollen über zugehörige Parameter für das Cmdlet New-NanoServerImage installiert. In der nachfolgenden Tabelle sehen Sie, welche Optionen für die Integration der jeweiligen Rolle oder des Features zuständig sind:

Funktion	Cmdlet-Parameter
Hyper-V	-Compute
Failover-Clustering	-Clustering
Hyper-V-Gast-Treiber, sodass Nano Server als virtueller Computer gehostet werden kann	-GuestDrivers
Generische Treiber für Netzwerk und Speicher	-OEMDrivers
Datei-Server und andere Speicher-Komponenten	-Storage
Windows Defender	-Defender
DNS-Server	-Packages Microsoft-NanoServer-DNS-Package
Webserver (IIS)	-Packages Microsoft-NanoServer-IIS-Package
Host für Windows-Container (siehe nächstes Kapitel)	-Containers

23.6 Nano Server nachträglich zu einem Domänen-Controller hinzufügen

Auch nach der Bereitstellung kann ein Nano Server noch zu einer Domäne hinzugefügt werden. Dazu wird zunächst eine Bereitstellungs-Datei von einem Server gespeichert, der bereits Mitglied der Domäne ist. Anschließend wird diese Datei auf den Nano Server übertragen. Hier die nötigen Schritte im Einzelnen:

1. Melden Sie sich als Erstes als Administrator bei einem Server an, der bereits Mitglied der Domäne ist, zu der der Nano Server hinzugefügt werden soll.

2. Jetzt klicken Sie mit der rechten Maustaste auf den START-Button und wählen dort die EINGABE-AUFFORDERUNG (ADMINISTRATOR) aus.

3. Danach werden folgende Kommandos eingetippt:

```
cd %userprofile%\Desktop  Enter
djoin /provision /domain Wir-Programmieren.de
  /machine DerNanoServer /savefile odjblob  Enter
```

4. Anschließend findet sich eine Datei namens objblob auf Ihrem Desktop. Die kopieren wir gleich auf den Nano Server. Dazu müssen wir aber zuerst eine Firewall-Regel anpassen. Zu diesem Zweck fügen wir zunächst den Nano Server zur Liste der vertrauenswürdigen Hosts hinzu.

5. Starten Sie also jetzt die PowerShell, indem Sie PowerShell Enter eintippen.

6. Nun verbinden wir uns mithilfe der folgenden Befehle mit der PowerShell des Nano Servers:

```
$ip = "192.168.123.100" [Enter]
Set-Item WSMan:\localhost\Client\TrustedHosts
    $ip [Enter]
Enter-PSSession -ComputerName $ip
    -Credential $ip\Administrator [Enter]
```

7. Geben Sie dann bei Nachfrage das Administrator-Kennwort für den Nano Server ein.

8. Mit dem folgenden Befehl lässt sich nun die nötige Firewall-Regel einrichten, sodass wir die Datei zum Beitritt zur Domäne auf den Server überspielen können:

```
netsh advfirewall firewall set rule group="Datei-
    und Druckerfreigabe" new enable=yes [Enter]
```

9. Jetzt können wir die Verbindung zur PowerShell wieder beenden und deren System-Laufwerk lokal als Netz-Laufwerk einbinden. Dazu dienen folgende Befehle:

```
Exit-PSSession [Enter]
Exit [Enter]
net use N: \\192.168.123.100\c$ [Enter]
```

10. Nach erfolgreicher Verbindung steht einem Kopieren der Datei odjblob nichts mehr im Wege:

```
md N:\Temp [Enter]
copy objblob N:\Temp [Enter]
```

11. Danach muss die kopierte Domänen-Datei nur noch auf dem Nano Server aktiviert werden. Folgende Befehle helfen dabei:

```
Powershell [Enter]
$ip = "192.168.123.100" [Enter]
Set-Item WSMan:\localhost\Client\TrustedHosts
    $ip [Enter]
Enter-PSSession -ComputerName $ip
    -Credential $ip\Administrator [Enter]
```

12. Nach erneuter Eingabe des Administrator-Kennworts wird der Nano Server mit dem folgenden Befehl zur Domäne hinzugefügt:

```
djoin /requestodj /loadfile C:\Temp\objblob
   /windowspath C:\Windows /localos Enter
```

13. Zum Schluss muss der Nano Server nur noch neu gestartet werden, damit der Beitritt zur Domäne wirksam wird. Geben Sie also folgende Befehle ein:

```
shutdown /r /t 10 Enter
Exit-PSSession Enter
```

Nach dem Beitritt des Nano Servers zur Domäne sollten Sie dann noch den Domänen-Benutzer zur Gruppe der Administratoren auf dem Nano Server hinzufügen.

23.7 Nachträglich weitere Rollen und Features installieren

Bei Bedarf lassen sich die für einen Nano Server nötigen Rollen und Features nicht nur bei dessen Erstellung angeben, sondern auch noch später im laufenden Betrieb. Dazu gibt es in Windows Nano Server 2016 ein neues Online-Repository, über das sich die benötigten Pakete leicht im Nachhinein installieren lassen. Sehen wir uns an, wie das genau funktioniert.

Hinweis

Damit sich Features nachträglich installieren lassen, muss der Nano Server über eine Verbindung zum Internet verfügen.

Als Erstes verbinden wir uns wieder mit der PowerShell-Konsole des Nano Servers – dazu benötigen wir Administrator-Zugriff auf einen anderen Server, der über eine grafische Oberfläche verfügt:

Zunächst auf diesem Server eine Eingabe-Aufforderung mit Administrator-Rechten starten. Anschließend folgende Befehle eintippen, wobei die IP-Adresse des Nano Servers natürlich entsprechend angepasst werden muss:

```
Powershell Enter
$ip = "192.168.123.100" Enter
Set-Item WSMan:\localhost\Client\TrustedHosts
   $ip Enter
Enter-PSSession -ComputerName $ip
   -Credential $ip\Administrator Enter
```

Damit haben wir eine Verbindung zur PowerShell auf dem Nano Server hergestellt. Im nächsten Schritt richten wir das Online-Angebot mit Paketen für den
Nano Server ein:

```
Install-PackageProvider NanoServerPackage [Enter]
```

Nach Eingabe dieses Befehls werden Sie dazu aufgefordert, weitere benötigte
Dateien automatisch nachzuladen. Bestätigen Sie diese Nachfrage, indem Sie auf
die Taste [Enter] drücken.

Sobald das Online-Paket installiert ist, können wir es mit dem folgenden Kommando in den Nano Server importieren:

```
Import-PackageProvider NanoServerPackage [Enter]
```

Im Anschluss lassen sich sämtliche verfügbaren Pakete für den Nano Server auflisten, sodass wir einen Überblick darüber bekommen, was wir nachträglich alles
installieren können. Tippen Sie also folgenden Befehl ein:

```
Find-NanoServerPackage -Name * [Enter]
```

Damit sehen wir eine Liste mit Paketen, die unter anderem auch den Failover-
Cluster, den IIS, die OEM-Treiber, den DNS-Server sowie die Funktionen für Container und Speicher-Rollen enthält.

Haben wir uns für eines dieser Pakete entschieden und möchten es installieren,
genügt dazu zum Beispiel die Eingabe des folgenden Befehls:

```
Install-NanoServerPackage
  -Name Microsoft-NanoServer-DNS-Package
  -culture de-de [Enter]
```

Hinweis

Zur Installation des richtigen Pakets muss hier unbedingt auch die gewünschte
Sprache angegeben werden, die mit der System-Sprache des Nano Servers über-
einstimmen sollte.

Haben wir auf diese Weise zum Beispiel den IIS-Webserver installiert, ist die Ein-
richtung der ersten zu hostenden Website ein Leichtes. Dazu genügt nach der
Bereitstellung der Webserver-Rolle der Neustart des Nano Servers mithilfe des
Befehls `Restart-Computer` [Enter] in der entfernten PowerShell-Konsole.

Nach dem Neustart verbinden wir uns erneut mit der PowerShell und richten unsere Website mithilfe der folgenden Kommandos ein – dabei gehen wir davon aus, dass die Dateien der Website sich auf der Festplatte des Nano Servers im Ordner C:\inetpub\coole-haustiere.info befinden:

```
Import-Module IIS* Enter
New-IISSite -Name Coole-Haustiere
   -BindingInformation "*:80:coole-haustiere.info"
   -PhysicalPath C:\inetpub\coole-haustiere.info
Enter
```

Wenn dann noch die passenden DNS-Einstellungen für diese Website gesetzt sind, lässt sie sich über den Browser schon erreichen.

Die Standard-Website des IIS-Servers auf den Nano Server können wir bereits ohne die Einrichtung der DNS-Einstellungen aufrufen, dazu genügt die Eingabe der Adresse http://192.168.123.100 in den Browser.

Wie wir gesehen haben, handelt es sich bei dem Nano Server Windows Server 2016 um einen leistungsstarken, minimalistischen Server, der sich primär als Host zur Bereitstellung von Diensten im Netzwerk eignet, etwa einen Webserver oder einen DNS-Server. Nano Server lässt sich auch für Datei-Freigaben und dergleichen nutzen und hat dabei den Vorteil, dass er weniger anfällig für Störungen ist und weniger System-Ressourcen verbraucht als ein vollwertiger Windows-Server – selbst wenn dieser im Server-Core-Modus läuft.

Kapitel 24

Isolierte Anwendungen mit Containern

Heute redet jeder, der in der IT-Welt etwas auf sich hält, von Containern. Diese relativ neue Technologie verspricht viel: Sie erweitert das Konzept der Virtualisierung, indem nur noch Teile des Gast-Systems virtuell laufen – das spart Ressourcen.

Daher stehen Virtualisierung und Container nicht im Wettbewerb miteinander, sondern lassen sich ergänzen, um verschiedene Ergebnisse bei der Verwaltung von Programmen zu erzielen sowie für die nötige Sicherheit und Isolierung dieser Software zu sorgen.

Im Zentrum der Entwicklungen rund um das Cloud Computing steht seit jeher die Virtualisierung. Die schnelle Akzeptanz virtueller Maschinen hat zu drastischen Änderungen in der Architektur von Prozessoren geführt. Das geht so weit, dass die großen Anbieter der Clouds von heute ohne Virtualisierung gar nicht existieren würden. In diesen Bereich fallen Namen wie Amazon, Digital Ocean oder auch Microsoft mit seiner Azure-Cloud.

24.1 Was ist ein Container?

Bei einer virtuellen Maschine handelt es sich um eine komplett virtualisierte Umgebung, bei der die physische Hardware abstrahiert wird. Jede virtuelle Maschine hat ihr eigenes BIOS, virtuelle Netzwerk-Adapter, Festplatten, einen virtuellen Prozessor und ein vollständiges System, das beim Hochfahren zunächst gestartet werden muss – ganz wie bei einem echten Computer oder Server. Virtuelle Maschinen starten oft zwar schneller als physische Geräte, es kann aber trotzdem mehrere Sekunden oder Minuten dauern, bis ein virtuelles System hochgefahren ist.

Im Gegensatz dazu werden bei Containern nur bestimmte Funktionen des Systems virtualisiert – die Hardware bleibt gleich. Dies sorgt für enorme Ressourcen-Einsparungen.

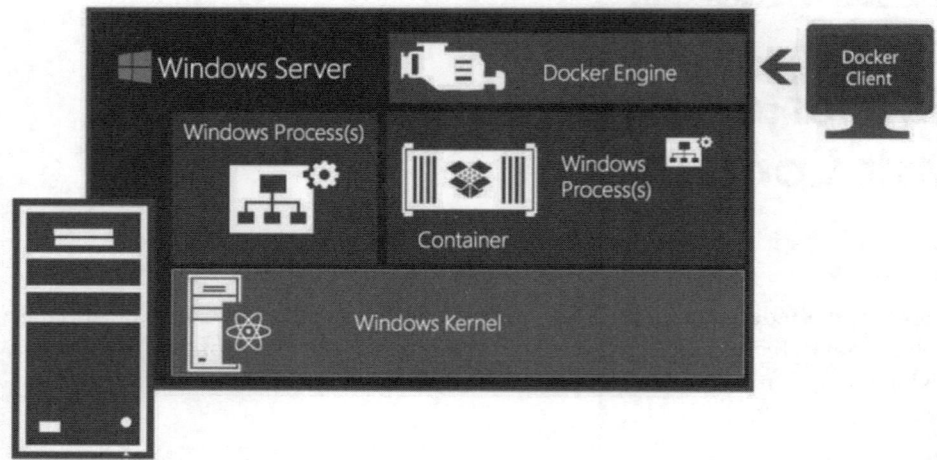

Abb. 24.1: Container in Windows Server 2016

Dabei greift jede Container-Instanz auf das gleiche System, Netzwerk und Datei-System zu. Da der Kernel nur einmal ausgeführt werden muss, wird durch den Einsatz von Containern die Prozessor-Auslastung deutlich gesenkt.

In Windows Server 2016 gibt es zwei Arten von Containern:

- Windows-Server-Container und
- Hyper-V-Container.

Das Interessante an einem Container ist das auszuführende Programm. Es hängt möglicherweise von einigen anderen Bibliotheken ab. Diese Abhängigkeiten existieren aber nur innerhalb des Containers. Der Vorteil: Wenn ein Problem mit Programm 1 und seinen Abhängigkeiten auftritt, wirkt sich das nicht auf Programm 2 mit dessen Abhängigkeiten aus – vorausgesetzt, die Programme 1 und 2 werden beide in eigenen Containern ausgeführt.

24.2 Container am Desktop-PC nutzen

Die Container-Technologie lässt sich natürlich nicht nur in Windows Server nutzen, sondern auch auf dem Desktop-Computer. Möglich macht's die kostenlose Software *Sandboxie*. Genau wie ein Windows-Server-Container wird hier eine virtuelle Umgebung geschaffen, in der Schreib-Zugriffe auf einen isolierten Ordner und einen Klon der Windows-Registry umgeleitet werden. So können Sie etwa neue oder unbekannte Software gefahrlos ausprobieren, ohne Ihr System dadurch zu gefährden.

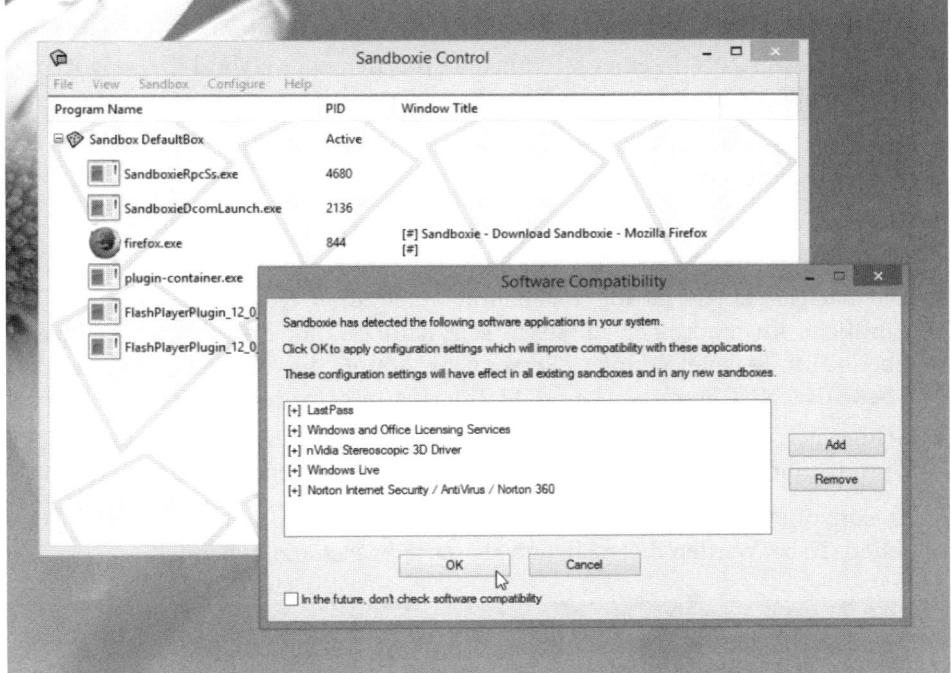

Abb. 24.2: Sandboxie: Container für den Desktop

Link

Sandboxie steht als Gratis-Download unter der folgenden Adresse zur Verfügung: www.sandboxie.com.

24.3 Interne Struktur von Containern

Da alle binären Komponenten, darunter auch die Abhängigkeiten wie etwa Bibliotheken, direkt im Container enthalten sind, ist das Programm, das im Container ausgeführt wird, portabel und kann auch auf anderen Systemen genutzt werden. Das bedeutet, dass sich dieser Container auf jedem Host bereitstellen lässt, auf dem die Verwaltung-Software für Container installiert ist. So kann der Container ohne Probleme oder Änderungen gestartet und ausgeführt werden.

> ### Beispiel
>
> Ein Entwickler beginnt mit der Erstellung seiner Anwendung in einem Container, der in Hyper-V bereitgestellt und mit Windows 10 Anniversary Update betrieben wird. Beim späteren Produktiv-Einsatz kann dieser Container auf Windows Server 2016 in einer öffentlichen, privaten oder Hybrid-Cloud laufen – wenn gewünscht, auch in einem Nano-Server.

Container basieren auf Ebenen:

- Die erste Ebene ist die *Basis-Ebene*. In dieser Ebene ist das Abbild des Systems gespeichert, auf dem alle anderen Ebenen basieren.

- Die nächste Ebene ist die sogenannte *Application Framework-Ebene*, die für sämtliche Anwendungen identisch sein kann. Handelt es sich bei der Basis-Ebene zum Beispiel Windows Server Core, könnte die Application Framework-Ebene das .NET Framework und die Internet Information Services (IIS) sein.

- Schließlich ist die dritte Ebene die Schicht, in der das Programm selbst gespeichert ist und sich bei Bedarf auf die beiden vorhergehenden Ebenen bezieht.

Jeder Container, der auf einem Host betrieben wird, kann sich auf diese Ebenen beziehen. Dabei werden diese Ebenen als schreibgeschützt behandelt.

> ### Beispiel
>
> Wenn Sie einen Container bereitstellen, der nur auf dem Windows Server Core-Abbild passiert, wird eine Sandbox eingerichtet, die sämtliche Schreib-Vorgänge und Änderungen während der Laufzeit speichert. Diese Änderungen lassen sich dann zur späteren Verwendung als separates Abbild speichern.

24.4 Vorteile von Containern

Container bieten einige wichtige Vorteile gegenüber dem klassischen Modell der Bereitstellung eines Programms mit einer virtuellen Maschine oder auf einem physischen Host. Sehen wir uns diese Vorteile etwas genauer an:

24.4.1 Einfachere Entwicklung

Der erste Vorteil dreht sich um die Entwicklung. Bisher ist es für Anwendungs-Entwickler schwierig, ein Programm während der verschiedenen Phasen der Entwicklung auf unterschiedlichen Systemen bereitzustellen – von der Entwicklungs-Umgebung zur Test- und schließlich zur Produktions-Umgebung. Dafür müssen Entwickler normalerweise jede Menge Zeit und Mühe aufwenden, um die benötigten Abhängigkeiten ordnungsgemäß einzurichten. Wird ein Programm allerdings mit einem Container bereitgestellt, lässt sich dieser Container zwischen mehreren Umgebungen hin- und her bewegen, denn er ist isoliert. Sämtliche binären Dateien sind im Container selbst enthalten.

24.4.2 Besser skalierbar

Ein weiterer Grund zur Nutzung von Containern liegt darin, dass sich diese besser skalieren lassen als bei Nutzung einer virtuellen Maschine. Zum Testen der verschiedenen Umgebungen für Entwicklung, Test und Produktion werden mindestens drei virtuelle Maschinen benötigt – bei Verwendung von Containern genügt eine einzige. Auf dieser virtuellen Maschine wird ein Container-Manager ausgeführt, in dem drei Container laufen, die jeweils für die Umgebungen zum Entwickeln, zum Testen und für den Produktions-Einsatz dienen. Mit Containern werden also weniger virtuelle Maschinen zum Betrieb dieser Umgebungen benötigt, wodurch sich eine bessere Skalierung bei den Cloud-Umgebungen erreichen lässt.

24.4.3 Schnellere Bereitstellung

Zudem ermöglichen Container auch eine schnellere Bereitstellung und den leichteren Einsatz von Programmen. Im Gegensatz zu virtuellen Maschinen verfügen Container nämlich nicht über das zugrunde liegende System. Soll eine neue Anwendung bereitgestellt oder eine vorhandene Anwendung für mehr Auslastung installiert werden, muss nur ein neuer Container geladen werden, da das System ja bereits vorhanden ist. Das bedeutet, dass die Zeit zur Bereitstellung eines Containers wesentlich kürzer ist als bei Einrichtung einer neuen virtuellen Maschine, da das System niemals erst hochgefahren oder gar installiert werden muss.

24.5 Windows-Server-Container im Vergleich mit Hyper-V-Containern

Wie gesagt sind in Windows Server 2016 zwei Arten von Containern verfügbar: einerseits die Windows-Server-Container und andererseits den Hyper-V-Container.

Windows-Server-Container lassen sich am besten mit Linux-Containern vergleichen. Dabei werden bei Windows-Server-Containern Programme auf demselben Container-Host voneinander isoliert, sodass jeder Container über seine eigene Perspektive des Host-Systems verfügt, was zum Beispiel den Kernel, die Prozesse, das Datei-System, die Registrierung und weitere Komponenten betrifft. Windows-Server-Container arbeiten somit zwischen dem Benutzer-Modus und dem Kernel-Modus.

Im Gegensatz dazu basieren Hyper-V-Container auf einer Technik, die auf Hardware-unterstützter Virtualisierung basiert. Dadurch verfügen Hyper-V-Container und ihre Programme über eine hochgradig isolierte Umgebung, in der sie betrieben werden. So kann das Host-System auf keinen Fall durch einen der laufenden Container verändert werden.

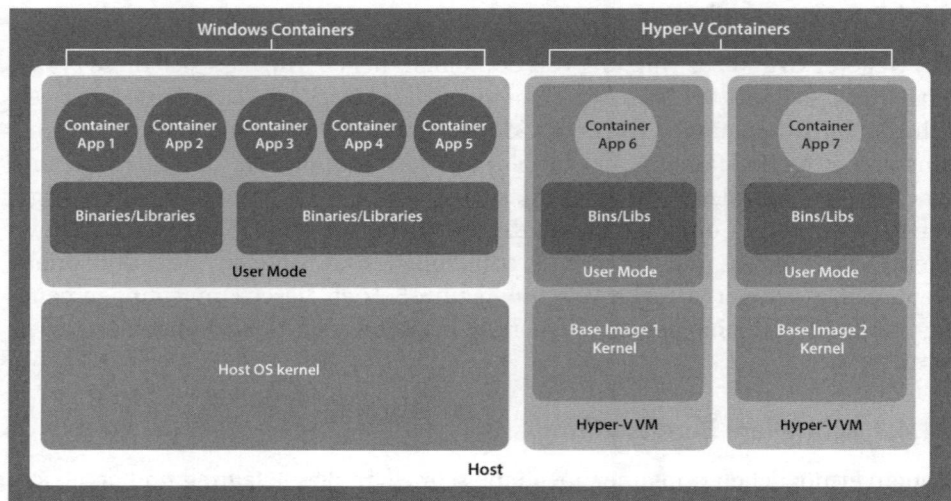

Abb. 24.3: Windows- und Hyper-V-Container im Vergleich

Auf einem physischen Host können dabei sowohl Windows-Server-Container als auch virtuelle Maschinen und Hyper-V-Container laufen. Die Frage ist: Wann sollten Sie Windows-Server-Container und wann Hyper-V-Container einsetzen? Das hängt davon ab, welche Anforderungen an das Programm oder den Kunden bezüglich der Skalierung und der Hardware-unterstützten Isolierung bestehen.

Muss sich ein Programm zum Beispiel hochgradig skalieren lassen, sind Windows-Server-Container die beste Option, denn damit kann dieses Ziel am einfachsten erreicht werden. Ist im Gegensatz dazu die Isolierung der Hardware von höherem Vorteil für das Programm als die Skalierung, eignen sich Hyper-V-Container besser.

Ungeachtet dessen, für welche Technik Sie sich entscheiden, ist das bereitgestellte Programm, das in einem Container läuft, mit beiden Technologien kompatibel. Das bedeutet, dass ein Entwickler ein Programm mit einem Container erstellen kann, der als Windows-Server-Container betrieben wird, und es später auf einen Hyper-V-Container umstellen kann. Dadurch wird dieses Container-Modell von Windows Server 2016 sehr flexibel, besonders dann, wenn sich die Anforderungen an die Skalierung oder Isolierung während der Laufzeit eines virtualisierten Containers ändern.

24.6 Verwaltung von Containern

Mit der Einführung von Windows Server-Containern und Hyper-V-Containern wird auch die sogenannten Docker-Umgebung nativ auf Windows unterstützt. Das bedeutet, dass sich ab sofort Docker-Container auf Windows und auf Linux verwalten lassen.

Dabei arbeitet die Docker-Laufzeit-Umgebung als Abstraktion der Windows-Server- und Hyper-V-Container und stellt sämtliche Tools zur Entwicklung und Bereitstellung passender Programme bereit. Somit lässt sich ein Programm in einem Container-Typ entwickeln und anschließend an jedem anderen Ort ausführen.

24.7 Voraussetzungen zum Betrieb von Windows-Server- und Hyper-V-Containern

Zur Nutzung von Hyper-V-Containern innerhalb einer virtuellen Maschine müssen zusätzliche Gegebenheiten erfüllt sein:

- Für den Container-Host muss die verschachtelte Virtualisierung aktiviert sein – nur so lassen sich innerhalb einer virtuellen Maschine weitere untergeordnete Container ausführen.
- Der Host muss über mindestens 4 GB Speicher verfügen.
- Auf dem Host muss Windows 10 oder Windows Server 2016 laufen.
- Der virtuellen Maschine, in der die Container betrieben werden sollen, müssen mindestens zwei virtuelle Prozessoren zugewiesen sein.

24.8 Windows Server-Container bereitstellen

Mithilfe der folgenden Schritte lässt sich ein Windows-Server-Container auf Windows Server 2016 bereitstellen. Dazu müssen wir zunächst die Funktion für Container auf dem Server installieren und die Software Docker einrichten. Anschließend ist ein Neustart nötig, um diese neu hinzugefügten Komponenten zu aktivieren.

> **Tipp**
>
> Zum Betrieb von Windows-Server-Containern ist die Software *Docker* nötig. Sie besteht aus einem Modul sowie dem zugehörigen Client, über den sich Docker steuern lässt.

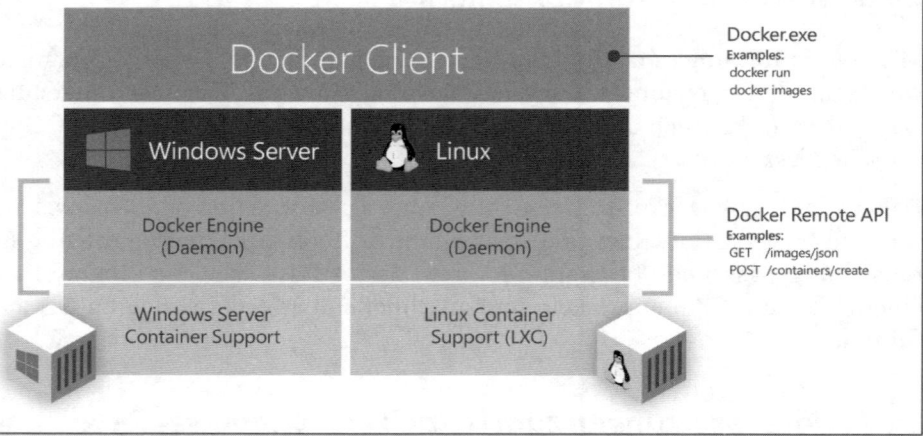

Abb. 24.4: Docker ist mit Windows und Linux kompatibel.

1. Im ersten Schritt rufen Sie eine PowerShell mit Administrator-Rechten auf und geben darin folgendes Kommando ein:

```
Install-Module -Name DockerMsftProvider
  -Repository PSGallery -Force Enter
```

2. Jetzt haben wir bereits das Docker-Modul installiert – es fehlt noch die Einrichtung des zugehörigen Pakets. Dies holen wir mit dem folgenden Befehl nach:

```
Install-Package -Name docker
  -ProviderName DockerMsftProvider Enter
```

3. Daraufhin erscheint unter Umständen eine Meldung, in der Sie danach gefragt werden, ob die angegebene Paket-Quelle als vertrauenswürdig einzustufen ist. Durch Drücken der Taste [A] kann die Installation fortgesetzt werden. Zum Abschluss der Einrichtung muss der Server noch neu gestartet werden, wofür folgendes Kommando sorgt:

```
Restart-Computer Enter
```

Nachdem wir die Docker-Komponenten erfolgreich installiert haben, können wir unseren ersten Container ausprobieren – dazu verwenden wir ein Beispiel-Paket von Microsoft, dessen Download bei der ersten Nutzung einige Augenblicke dauern kann:

```
docker run microsoft/sample -dotnet Enter
```

Sobald der Container aus dem Internet heruntergeladen ist, wird er gestartet und Sie sehen in der Konsole die folgende Ausgabe:

```
Welcome to .NET Core!
```

Dann können wir erkennen, dass die Bereitstellung dieses Windows Server-Containers über Docker erfolgreich geklappt hat.

24.9 Basis-Abbilder bereitstellen

Bevor andere Arten von Containern verwendet werden können, können die erforderlichen Basis-Abbilder aus dem Internet heruntergeladen werden. Zur Installation des Basis-Abbilds zu Windows Server Core ist etwa folgender Befehl nötig:

```
docker pull microsoft/windowsservercore Enter
```

Und zur Installation des Basis-Abbilds für Nano Server ist folgendes Kommando hilfreich:

```
docker pull microsoft/nanoserver Enter
```

> **Tipp**
>
> Diese Basis-Abbilder werden von Microsoft einmal pro Monat auf den neuesten Stand gebracht.

Wie Sie sehen, lassen sich mit Docker, den Windows-Server- und Hyper-V-Containern selbst komplexe Anwendungen virtualisieren und Ressourcen sparend bereitstellen. Wir können hier allerdings nicht auf sämtliche Feinheiten von Containern und der Konfiguration von Docker eingehen, daher sei an dieser Stelle auf die Website von Microsoft verwiesen, auf der Sie weitere Informationen über dieses interessante und nützliche Thema finden.

> **Link**
>
> https://msdn.microsoft.com/de-de/virtualization/
> windowscontainers/about/about_overview

Kapitel 25

Active Directory Federation Services

Mit AD FS in Windows Server 2016 können Sie Programme mit einem standardisierten Anmelde- und Authentifizierungs-Schema ausstatten. Dadurch können Benutzer sich bei Ihrem Active-Directory-Konto einloggen und nutzen dabei OpenID Connect und OAuth 2.0 – weitverbreitete Standards zur Anmeldung bei vielen Diensten und Programmen.

Darüber hinaus unterstützt AD FS 2016 auch die Protokolle WS-Federation, WS-Trust und SAML sowie Profile, die bereits in vorherigen Versionen von AD FS unterstützt wurden.

25.1 Moderne Technik zur Anmeldung – warum nötig?

Durch Nutzung von AD FS wird die Anmeldung bei den Programmen und Anwendungen, die in Ihrem Netzwerk bereitgestellt sind, für deren Benutzer einfacher – sie müssen sich nur ein einziges Benutzer-Konto und Kennwort merken, nämlich das Domänen-Konto.

Hier die Vorteile in der Zusammenfassung:

25.1.1 Einfach und konsistent

Dieselbe Schnittstelle mit Parametern und Mustern zur Anmeldung lassen sich für verschiedene Anwendungs-Typen realisieren (Server, Desktop, mobil und im Browser). Die Anmeldung wird dadurch auch auf mehreren Plattformen möglich (Android, iOS, Windows). Zudem lassen sich Programme jetzt nicht nur im lokalen Unternehmens-Netzwerk bereitstellen, sondern wahlweise auch in der Cloud.

25.1.2 Flexibler

Zusätzlich zur normalen Benutzer-Anmeldung werden durch AD FS auch folgende Varianten möglich:

- **Dreiecks-Anmeldung** – hierbei meldet sich der Benutzer bei einer Web-Anwendung oder einem Web-Dienst an und kann anschließend auf Ressourcen zugreifen, die in einer anderen Web-Anwendung oder einem anderen Web-Dienst enthalten sind.

- **Server-übergreifende Zugriffe**, bei der eine Server-Anwendung auf die Inhalte einer anderen Server-Anwendung aus der Ferne zugreift und dazu die Anmelde-Informationen des Benutzers verwendet

- Auf **JavaScript** basierende Anwendungen, die nur aus einer einzelnen HTML-Seite bestehen (*Single Page Applications*)

25.2 Prinzip von AD FS

Bei AD FS stellen Benutzer ihre Anmelde-Informationen bereit und erhalten im Gegenzug – entweder direkt oder indirekt – Tokens, mit denen der Zugriff auf bestimmte Ressourcen möglich ist.

Im einfachsten Fall meldet sich ein Benutzer zunächst beim AD FS-Autorisierungs-Server an und verwendet das daraufhin erhaltene Token dann zum Zugriff auf die Ressourcen in einer Web-App.

Dabei wird die Web-Anwendung als Client bezeichnet, denn sie startet die Anfrage an den Autorisierungs-Server (AD FS), um ein Zugriffs-Token auf die Ressourcen zu erhalten. Dabei kann die angefragte Ressource entweder von der Web-App selbst gehostet werden oder über eine Web-API irgendwo im Netzwerk oder Internet verfügbar sein. Der Benutzer autorisiert die Web-App durch Eingabe seiner Anmelde-Daten dazu, das angefragte Zugriffs-Token zu bekommen.

25.3 Erforderliche Komponenten

Zum Betrieb von AD FS mit moderner OAuth-Anmeldung sind folgende Komponenten nötig:

- *Active Directory Authentication Library* (ADAL) – Client-Bibliotheken, mit denen die Erfassung von Anmelde-Daten von Benutzern, das Erstellen und Übermitteln von Token-Anfragen sowie der Abruf der Zugriffs-Token vereinfacht wird

- *Open Web Interface for .NET* (OWIN) – Dabei handelt es sich um eine Reihe serverseitiger Bibliotheken, mit denen sich Web-Apps und Web-APIs mit OpenID Connect und OAuth 2.0 schützen lassen.

Link

Weitere Informationen und detaillierte Dokumentation zur Bereitstellung von AD FS erhalten Sie auf der Microsoft Website unter der folgenden Adresse: `https://technet.microsoft.com/de-de/windows-server-docs/identity/active-directory-federation-services`.

Kapitel 26

Kompatible Server-Anwendungen von Microsoft

In der folgenden Tabelle werden Server-Programme von Microsoft aufgeführt, die auf Windows Server 2016 installiert und betrieben werden können.

> **Hinweis**
>
> Weitere technische Daten und vollständige System-Voraussetzungen finden sich in der jeweiligen Produkt-Beschreibung und sind hier aus Gründen der Übersichtlichkeit nicht mit aufgeführt. Folgen Sie einfach dem jeweils angegebenen Link, um mehr Details zu erfahren.

Server-Anwendung	Link
SQL Server 2016	`bit.ly/sqlserver2016-de`
System Center Virtual Machine Manager 2016	`bit.ly/systemcenter2016-de`
System Center Operations Manager 2016	
System Center Data Protection Manager 2016	
System Center Configuration Manager, Version 1606	`bit.ly/configmanager1606-de`
SharePoint Server 2016	`bit.ly/sharepoint2016-de`
Project Server 2016	`bit.ly/project2016-de`
Exchange Server 2016	`bit.ly/exchange2016-de`
Skype for Business Server 2015	`bit.ly/skype-biz15-de`
Biztalk Server 2016	`bit.ly/biztalk2016-de`
Visual Studio Team Foundation Server 15	`bit.ly/tfs2016-de`
Host Integration Server 2016	`bit.ly/hostintegration2016-de`

Stichwortverzeichnis

A

A, AAAA (DNS-Datensätze) 351
AAD *siehe* Azure Active Directory
Active Directory 409
    AD DS 410
    Arbeitsgruppe 410
    Azure Active Directory 425
    Begriffe 410
    DNS 418
    Domäne 410
    Freigaben veröffentlichen 180
    Funktions-Ebene 418
    Gesamt-Struktur 413
    Gesamt-Struktur einrichten 413
    Globaler Katalog 420
    Gruppen 140
    Gruppen-Richtlinien 411
    Integrierte DNS-Zonen 348
    Objekte 411
    Organisations-Einheiten 412
    Replikation 411
    Schema 411
    Schema für Exchange Server 469
    Server zu Domäne hinzufügen 423
    Site 411
    Verwaltungscenter 149
    Zweiten Domänen-Controller hinzufügen 419
Active Directory Federation Services 489, 563
    Prinzip 564
AD *siehe* Active Directory
AD FS *siehe* Active Directory Federation Services
ADAC *siehe* Active-Directory-Verwaltungscenter
Administrator 53
Administrator-Konto 116
    Nur im Notfall nutzen 69
Aktivierung 65
Analyse 289
Anwendungen (IIS) 433

Apache-Webserver 457
    Hosting 460
    Installation 457
    Virtuelle Hosts 462
applicationhost.config 433
AutoDiscover (Exchange Server) 470
Automatische Updates 71
AXFR 347
Azure Active Directory 425
    Einrichtung 427
    Synchronisierung 428
Azure Back-up 281
    Agent 284
    Drosselung 286
    Recovery Services-Tresor 282
    Redundanz 284

B

Back-up *siehe* Sicherung
Bare Metal 519
Bash in Windows 214
Batch-Dateien *siehe* Shell-Scripting
Benachrichtigungen 92
Benutzer 113
    Administrator-Konto 116
    Benutzer löschen 132
    Domänen-Benutzer erstellen 120
    Eigenschaften ändern 124
    Gast-Konto 115
    Kennwort vergessen 147
    Lokale Benutzer erstellen 114
    Profil-Größe ermitteln 271
Benutzer-Modus 476
Berechtigungen
    Freigaben 182
    NTFS 181
Best Practices Analyzer 297
    PowerShell 301
    Prüfung starten 299
    Schweregrade 298
Bindungen (IIS) 432

BitLocker 477
    Aktivierung 478
    Installation 477
Block-Speicher 385
BPA *siehe* Best Practices Analyzer
Buffer Overflow 475
BYOD *siehe* Bring Your Own Device

C

Cluster 383, 397
    Anforderungen 399
    Einrichtung 399
    Funktion prüfen 403
    Funktionen 399
    Knoten 1 hinzufügen 400
    Knoten 2 hinzufügen 404
    Vorteile 398
Cmdlets
    Add-ADGroupMember 167
    ConvertTo-Html 304
    Disable-ADAccount 165
    Enable-ADAccount 156, 165
    Enable-NetFirewallRule 498
    Enter-PSSession 549
    Exit-PSSession 549
    Find-NanoServerPackage 551
    Format-List 234
    Format-List, FL 303
    Format-Table 168
    FT 168
    gci env 228
    Get-ADGroupMember 168
    Get-ADUser 164
    Get-BPAModel 301
    Get-BPAResult 302
    Get-Cluster 406
    Get-Command 216, 295
    Get-Disk 269
    Get-ExchangeServer 468
    Get-Help 160, 218
    Get-ItemProperty 234
    Get-NetConnectionProfile 497
    Get-NetFirewallRule 498
    Get-PhysicalDisk 270
    Get-PSDrive 191
    Get-StorageReliabilityCounter 269
    Get-WindowsFeature 295
    Import-PackageProvider 551
    Install-Module 560
    Install-NanoServerPackage 551

Install-Package 560
Install-PackageProvider 551
Install-WindowsFeature 296
Invoke-BPAModel 302
Invoke-IpamGpoProvisioning 334
more 165
New-ADGroup 166
New-ADOrganizationUnit 422
New-ADUser 156, 160
New-NanoServerImage 543
New-PSDrive 190
New-VM 538
Out-File 304
Remove-ADGroup 170
Remove-ADGroupMember 169
Remove-ADUser 165
Remove-WindowsFeature 297
Restart-Computer 551
Restart-Service 111
Rest-Host 162
Set-ADAccountControl 156
Set-ADAccountPassword 156, 163
Set-ADUser 156, 165
Set-ClientAccessService (Exchange) 470
Set-Content 304
Set-ExecutionPolicy 234
Set-Item 549
Set-NetConnectionProfile 497
Set-NetFirewallProfile 496
Set-NetFirewallRule 326
Start-Service 111
Stop-Service 110
Test-ServiceHealth (Exchange) 470
Uninstall-ADDSDomainController 425
Uninstall-WindowsFeature 481
Unlock-ADAccount 163
Update-ClusterFunctionalLevel 407
Where-Object 296
CNAME 351
ComSpec 229
Container 553
    Basis-Abbilder 561
    Bereitstellung 559
    Docker 559
    Grundlagen 553
    Sandboxie 554
    Struktur 555
    Unterschied zwischen Windows Server- und Hyper-V-Containern 23
    Voraussetzungen 559

Vorteile 556
Windows Server oder Hyper-V 557
Control Flow Guard 475
Cortana 82
Credential Guard 478

D

DAC 204
Geräte-Attribute 207
Gruppen, AD-Eigenschaften 206
Vorlagen 208
Datacenter *siehe* Editionen
Datei-/Speicherdienste *siehe* Freigaben
Datei-Namen filtern 394
Datenträger-Verwaltung 57, 260
Laufwerk formatieren 262
Partition vergrößern 262
Partition verkleinern 261
Defragmentieren 263
DEP (Datenausführungs-Verhinderung) 517
Desktop 81
Desktop Experience 49
Device Guard 476
dfrgui *siehe* Defragmentieren
DFS 194
Beispiele 203
Replikation 200
Rollen installieren 194
Wurzel 198
DHCP 329, 373
Failover 381
Funktion 374
Installation 375
Konfiguration 377
Lease 375
Prinzip 374
Dienste 98
Abhängigkeiten 106
Aktion bei Absturz 105
Anmelde-Konto 105
Dienste-Verwaltung 101
Manuell entfernen 106
Per Eingabe-Aufforderung verwalten 108
Per PowerShell verwalten 109
Per Task-Manager verwalten 98
Starttyp ändern 103
diskmgmt.msc *siehe* Datenträger-Verwaltung
diskpart 272
Distributed File System *siehe* DFS

djoin 548
DNS 340
Active Directory-integriert 348
Begriffe 341
Datensatz-Typen 351
Installation 343
PTR 349
Rekursion 342
Rückwärts-Suche 349
Stub-Zonen 348
Vernetzung 344
Zonen 345
Zonen-Transfer 347
Do/While 237
Docker *siehe* Container
Domäne
Server hinzufügen 423
Domänen-Controller
Außer Betrieb nehmen 425
Dynamic Access Control *siehe* DAC

E

Editionen 30, 48
Effektiver Zugriff 209
Ein/Aus 84
Eingabe-Aufforderung 212
Entfernte Verwaltung 355
Ereignisanzeige 305
Abonnements 314
Anwendungs- und Dienst-Protokolle 314
Benutzerdefinierte Ansichten 309
Ereignis-Ebenen 308
Übersicht 305
Windows-Protokolle 313
Essentials 30
eventvwr *siehe* Ereignisanzeige
Exchange Management Shell 468
Exchange Server 2016 465
AutoDiscover-URL 470
Fehler-Suche 470
Neuerungen 465
Umstieg von Exchange Server 2010 468
Explorer *siehe* Windows-Explorer

F

Failover Clustering 400
Fehler beheben
Festplatten 269
Festplatten
Fehler beheben 269

Firewall 491
    Eingehenden Port öffnen 494
    Gruppierte Regeln 499
    Konfiguration über die PowerShell 496
    Standards 491
ForEach 239
Formatieren von Laufwerken 262
FQDN 342
Freigaben 173
    Benutzer-Limits 179
    Berechtigungen 181
    DAC *siehe* DAC
    DFS *siehe* DFS
    Effektiver Zugriff 209
    Erstellen 175
    In Active Directory veröffentlichen 180
    Laufwerk-Buchstaben 187
    Remote-Computer 178
    Verbindung herstellen 187
FTP
    Installation 442
    Port 325
    Site einrichten 442
FTP-Server 441

G
GAN 321
Gast-Konto 115
Geräte-Attribute 207
Gruppen 134
    Benutzer entfernen 139
    Benutzer hinzufügen 138
    Gruppen löschen 139
    Lokale Gruppen 134

H
Herunterfahren 84
HOSTS-Datei 342
HTTP
    Port 325
HTTPS
    Port 325
HTTP-Status-Codes (IIS) 450
Hyper-V 513
    Architektur 519
    Container 557
    Einsatz-Beispiele 515
    Emulation 514
    Erste Schritte 517
    Grundlagen 513

    Hyper-V-Manager 523
    Installation 520
    PowerShell 538
    Prinzip 514
    Prüfpunkte 539
    Virtuelle Datenträger 524
    Virtuelle Switches 529
    Virtuellen Computer erstellen 532
    Vorteile 516

I
ICMP 325
If/Then 235
IIS *siehe* Webserver (IIS)
in-addr.arpa 350
index.htm, index.html 437
Info-Center 92
Initiator *siehe* iSCSI
Installation 37
    Per PowerShell 62
    Per USB-Stick 41
    Upgrade 63
Internet Information Services *siehe*
    Webserver (IIS)
IP-Adresse 322, 327
    Adressbereich hinzufügen 337
    IPAM 329
    Statisch 327
IP-Adressen
    DHCP 373
IPAM 329
    Gruppen-Richtlinien 334
    Installation 331
    IP-Adressbereich hinzufügen 337
    Konfiguration 332
    Nutzung 337
    Server-Bestand 337
    Voraussetzungen 330
    Vorteile 329
IPv4 322
IPv6 323
    Unicast 338
iSCSI 385
    Installation, Konfiguration 386
IXFR 347

K
Kacheln
    Anheften 87
    Lösen 88

Kennwort vergessen 147
Kernel-Modus 476
Konsole *siehe* Shell
Konten
    Administrator 116
    Gast 115
Kosten *siehe* Lizenzierung

L
LAN 321
Laufwerk
    Defragmentieren 263
    Fehler beheben 269
    Formatieren 262
Laufwerk-Buchstaben 96
Laufwerke verwalten *siehe* Datenträger-
    Verwaltung
Leistungsüberwachung 248
Lesbare URLs (Rewrite) 444
Lizenzierung 29
    Software Assurance 32
    Volumen-Lizenzierung 34

M
MAN 321
Microsoft Edge 93
Microsoft Passport 488
mstsc *siehe* Remote-Desktop
MX 352

N
Namen-Server 342
Nano Server 24, 541
    Active Directory 546
    Installation 542
    objblob 548
    Rollen und Features nachrüsten 550
    Treiber 547
    Unterschiede 541
NAT 324
net use 189
netsh 549
Netz-Laufwerke 187
Netzwerk 321
    DHCP 329
    DNS 340
    IP-Adresse 322
    Lokale Adressblöcke 324
    NAT 324
    Ping 325
    Ports 325
    Protokolle 322
    Statische IP 327
    Subnetz-Maske 323
Neu starten 84
Neuerungen 23
NS (Datensatz) 353
NTFS-Berechtigungen 181

O
OAuth 2.0 563
OpenID Connect 563
Operatoren 230
Ordner-Struktur 96

P
Packet Direct 28
PAN 321
Partitionen
    Vergrößern 262
    Verkleinern 261
Partitionierung 51, 57
Passphrasen 113
Patches *siehe* Updates
PATH 226
PerfLogs 97
PHP einrichten
    IIS-Webserver 443
Ping 325
    Firewall-Regel 326
Pipe-Zeichen 221
Port öffnen (Firewall) 494
Ports 325
PowerShell 212
    Active Directory 160
    Best Practices Analyzer 301
    Entfernte Server verwalten 294
    Firewall konfigurieren 496
    System-Info abrufen 257
    Verlauf (ADAC) 156
PowerShell-Befehle 233
Preise *siehe* Lizenzierung
Product Key *siehe* Aktivierung
Programme-Ordner 97
Protokolle 322
Protokolle *siehe* Ereignisanzeige
Prozessor
    Lizenzierung nach Kernen 30
PTR 349
PTR (DNS) 351
Puffer-Überlauf 475

R

RAID 59
RDP *siehe* Remote-Desktop
Redundanz 273
ReFS 26, 266, 416
Reguläre Ausdrücke (URL Rewrite) 448
Remote Server Administration Tools 120, 391
Remote-Desktop 73, 355
    Clients und Apps 364
    Funktionsweise 355
    Installation 356
    RD CAP 363
    RD Gateway installieren 361
    RD RAP 363
    RD-Gateway 359
    Sicherheit 356
    Verbindung herstellen 358
Remote-Server
    Neu starten 293
Remote-Steuerung 125
Ressourcen-Manager für Datei-Server 391
    Filter 394
    Installation 391
    Kontingente 392
Ressourcen-Monitor 250
RIPE 340
Rollen und Features 74
    Entfernen 77
    Hinzufügen 74
Rollende Cluster-Upgrades 404
    Ablauf 406
    Einschränkungen 408
    Funktions-Ebene 406
    Prinzip 406
    Vorteile 405
RSAT *siehe* Remote Server Administration
  Tools

S

S2D *siehe* Storage Spaces Direct
SAN *siehe* Storage Area Network
Sandboxie 554
Secure Boot 40
Server
    Gruppen 291
    Mehrere verwalten 289
    Remote neu starten 293
    Zu Domäne hinzufügen 423
Server Core 49

Server-Manager 67
    Einstellungen exportieren 294
    Nicht automatisch öffnen 79
    Server-Gruppen 291
Server-Namen ändern 69
Server-Zustand 243
    PowerShell 255
    Sysinternals Tools 252
    Task-Manager 243
Services *siehe* Dienste
services.msc *siehe* Dienste
  Dienste-Verwaltung
Setup *siehe* Installation
Shell 211
    Aufrufen 214
    Befehle eingeben 215
    Darstellung anpassen 224
    Definition 211
    Variablen 226
Shell-Scripting 228
    Bedingungen 235
    Operatoren 230
    Schleifen 237
    Variablen 230
Sicherheit 474
    Änderung des Kennworts erzwingen 118
    BitLocker 477
    Control Flow Guard 475
    Device Guard 476
    Firewall 491
    Microsoft Passport 488
    Passphrasen 113
    Strategien 483
    TPM 476
    Windows Defender ATP 481
    Windows Update 501
Sicherheits-Gruppe 141
Sicherung 273
    Azure 281
    Bare-Metal-Recover 276
    Cloud 274
    Einzelne Dateien wiederherstellen 280
    Lokal 275
    Netzwerk 275
    Online 274
    System-Abbild sichern 275
    System-Abbild wiederherstellen 278
    Vorteile 273
    Windows Server-Sicherung 275
    Zeitplan 276

SMB 3 384
SNI (Server Name Indication) 455
SOA 347, 353
Software Assurance 32
Speicher
    Gemeinsam genutzt 383
    iSCSI 385
    Storage Area Network 385
    Storage Spaces Direct 384
Speicherplätze 265, 383
    Einrichten 266
    Resilienz 266
    Storage Spaces Direct 268
    Vorteile 265
Speicher-Replikat 25, 268
SPF 350
SRV (DNS) 352
SSB 384
SSD-Laufwerke
    Keine Defragmentierung 264
SSL
    SNI 455
SSL (IIS) 452
SSL-Zertifikat 452
    Anfordern 452
    Installieren 454
Standard *siehe* Editionen
Standard-Dokument (IIS) 437
Start-Menü 83
    Kacheln 87
Status-Codes (IIS) 450
Storage Area Network 385
Storage Fabric 385
Storage Spaces Direct 25, 268, 384
    Vorteile 384
Storage Spaces *siehe* Speicherplätze
Subnetz-Maske 323
Sysinternals Tools 252
    Sysinternals Live 254
Systemanforderungen 37
System-Partition 51

T

Task-Leiste 82
Task-Manager 243
TCP 322
TCP/IP *siehe* TCP
Tools
    Windows Server-Sicherung 275
TPM 476

Treiber
    WHQL 476

U

Überwachung 289
UDP 322
Umgebungs-Variablen *siehe* Shell, Variablen
Umleitung 220
Unattend.xml 62
Updates 501
    Windows Server Update Services 502
Updates suchen 56
Upgrade 63
    Rollende Cluster-Upgrades 404

V

Verkettung 222
Verschlüsselung (IIS) 452
Verteilungs-Gruppe 141
vEthernet 328
Virtualisierung
    Container 553
Virtualisierung *siehe* Hyper-V
Virtuelle Desktops 89
Virtuelle Hosts (IIS) 432
Volumen-Lizenzierung 34
VPN 322

W

WAN 321
Web Platform Installer 444
web.config 433
Webserver (Apache) *siehe* Apache-Webserver
Webserver (IIS) 431
    Anwendungen 433
    applicationhost.config 433
    Bindung hinzufügen 440
    Bindungen 432
    FTP 441
    Installation 431
    Lesbare URLs (Rewrite) 444
    PHP 443
    Planung der Bereitstellung 434
    SSL für Website aktivieren 454
    Standard-Dokument 437
    Status-Codes 450
    Verschlüsselung 452
    web.config 433
    Zertifikat 452
WHQL 476

Wiederherstellung *siehe* Sicherung
windir 226
Windows Defender 481
Windows Defender ATP 481
Windows Remote Management 368
    Befehle aus der Ferne ausführen 369
    Installation 369
Windows Script Host 232
Windows Server 2016
    Editionen 48
    ISO herunterladen 34
    Systemanforderungen 37
Windows Server Update Services
    Bereitstellung 507
    Installation 502
    Konfiguration 504
Windows Server-Container 557
Windows Server-Sicherung 275
    Installation 275
Windows Update 56
    Automatische Updates 71
Windows Update *siehe* Updates

Windows-Explorer 93
    Schnell-Zugriff 94
Windows-Firewall *siehe* Firewall
WinRM
    config/client, TrustedHosts 290
WinRM *siehe* Windows Remote Management
WinRS *siehe* Windows Remote Management
WMI
    Win32_ComputerSystem 257
    Win32_LogicalDisk 257
    Win32_OperatingSystem 257
    Win32_PhysicalMemory 257
    Win32_PingStatus 256
WSUS *siehe* Windows Server Update Services
WWW 440

Z

Zeitzone 72
Zertifikat *siehe* SSL-Zertifikat
Zwei-Faktor-Authentifizierung 486
Zweiten Benutzer erstellen 69

Karl Matthias
Sean P. Kane

Docker
Praxiseinstieg

Deployment, Testen und Debugging von Containern in Produktivumgebungen

Docker-Images und -Container verwenden

Container deployen und debuggen

Einsatz von Tools: Docker Swarm, Centurion, Amazon EC2 Container Services

Linux-Container besitzen das Potenzial, das Deployment von Applikationen für verschiedene Umgebungen stark zu verändern. Dieses Buch weist Ihnen den Weg zu einer funktionierenden Docker-Umgebung. Die Autoren zeigen Ihnen, wie Sie Docker-Images Ihrer Anwendungen inklusive aller Abhängigkeiten erstellen, wie Sie diese testen, deployen und skalieren können, und wie Sie die Container in der Produktivumgebung pflegen und warten. Dabei kommen Themen wie die Einrichtung, das Testen und das Deployment von Docker-Anwendungen ebenso zur Sprache wie das Debugging eines laufenden Systems.

Mit diesem Buch werden Sie verstehen, was Docker wirklich leistet, welche Relevanz es hat, wie Sie es zum Laufen bekommen, wie Sie damit Ihre Anwendungen deployen können und was erforderlich ist, um es in einer Produktivumgebung einzusetzen.

Die Autoren dieses Buches sind in dem Unternehmen New Relic für die Sicherstellung der Stabilität der dort entwickelten Anwendungen zuständig und lassen Sie an ihren im praktischen Umgang mit Docker gesammelten Erfahrungen teilhaben. Ihre Zielsetzung lautet, Sie von ihren Erkenntnissen profitieren zu lassen und davor zu bewahren, dieselben Rückschläge hinnehmen zu müssen, die den Autoren in diesem Kontext widerfahren sind.

ISBN 978-3-95845-407-1

Probekapitel und Infos erhalten Sie unter:
www.mitp.de/407

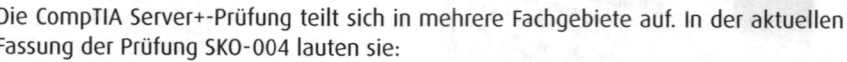